Passo a Passo

Microsoft® Word 2013

As autoras

JOAN LAMBERT atuou no setor de treinamento e certificação durante 16 anos. Como presidente da Online Training Solutions, Inc., OTSI, é responsável por orientar a conversão das informações e requisitos técnicos em ferramentas úteis, relevantes e mensuráveis de treinamento e certificação.

Tem as certificações Microsoft Certified Trainer (MCT – Instrutor Certificado pela Microsoft), Microsoft Certified Application Specialist (MCAS – Especialista em Aplicativos Certificados pela Microsoft) e Microsoft Certified Technology Specialist (MCTS – Especialista em Tecnologias Certificadas pela Microsoft). É autora de mais de 20 livros sobre Windows e Office (para Windows e Mac). Joan compartilha entusiasticamente sua paixão pela tecnologia participando da criação de livros, manuais de treinamento e exames de certificação, e aprecia falar sobre os benefícios das novas tecnologias em treinamentos e eventos do Microsoft Experience Center.

Atualmente, Joan vive com sua filha, Trinity Preppernau – que ajudou orgulhosamente na criação dos elementos gráficos deste livro –, em uma pequena cidade do Texas.

JOYCE COX tem mais de 30 anos de experiência em desenvolvimento de materiais de treinamento sobre assuntos técnicos para públicos não técnicos e já escreveu dezenas de livros sobre o Microsoft Office e o Windows. É vice-presidente da OTSI.

Como presidente e principal autora da Online Press, desenvolveu a série Quick Course de manuais de treinamento em computadores para alunos adultos nos níveis principiante e intermediário. Além disso, foi a primeira gerente editorial da Microsoft Press e foi editora na Sybex e na Universidade da Califórnia.

L222m Lambert, Joan.
Microsoft Word 2013 passo a passo / Joan Lambert, Joyce Cox ; tradução: Scientific Linguagem Ltda. – Porto Alegre : Bookman, 2014.
xvi, 552 p. : il. ; 25 cm.

ISBN 978-85-8260-115-0

1. Informática. 2. Programa de computador. 3. Software. 4. Microsoft Office Word 2013. I. Cox, Joyce. II. Título.

CDU 004.4Word 2013

Catalogação na publicação: Ana Paula M. Magnus – CRB 10/2052

Joan Lambert e Joyce Cox

Microsoft

Passo a Passo

Microsoft® Word 2013

Tradução:
Scientific Linguagem Ltda.

bookman

2014

Obra originalmente publicada sob o título
Microsoft® Word 2013 Step by Step, de Joan Lambert e Joyce Cox.
ISBN 978-0-7356-6912-3

Gerente editorial: *Arysinha Jacques Affonso*

Colaboraram nesta edição:

Editora: *Mariana Belloli*

Capa: *VS Digital*, arte sobre capa original

Leitura final: *Fernanda Vier*

Editoração eletrônica: *Techbooks*

Reservados todos os direitos de publicação, em língua portuguesa, à
BOOKMAN EDITORA LTDA., uma empresa do GRUPO A EDUCAÇÃO S.A.
Av. Jerônimo de Ornelas, 670 – Santana
90040-340 – Porto Alegre – RS
Fone: (51) 3027-7000 Fax: (51) 3027-7070

Unidade São Paulo
Av. Embaixador Macedo Soares, 10.735 – Pavilhão 5 – Cond. Espace Center
Vila Anastácio – 05095-035 – São Paulo – SP
Fone: (11) 3665-1100 Fax: (11) 3667-1333

SAC 0800 703-3444 – www.grupoa.com.br

IMPRESSO NO BRASIL
PRINTED IN BRAZIL

Sumário

Parte 1
Documentos básicos do Word

2 Digitação, edição e revisão de textos 51

3 Como modificar a estrutura e a aparência do texto 93

4 Como organizar informações em colunas e tabelas 139

5 Como adicionar elementos gráficos simples 169

6 Visualização, impressão e distribuição de documentos 193

Parte 2

Aperfeiçoamento de documentos

11 Como criar documentos para uso fora do Word 321

Parte 3

Técnicas complementares

12 Como vincular informações e conteúdo 347

13 Como referenciar conteúdo e fontes de conteúdo 373

14 Como trabalhar com mala direta 403

15 Colaboração em documentos 429

16 Como trabalhar no Word com mais eficiência 453

Introdução

Como parte do pacote de programas do Microsoft Office 2013, o Microsoft Word 2013 é um programa sofisticado de processamento de texto que ajuda a redigir, formatar e publicar com rapidez e eficiência documentos profissionais e pessoais. O *Microsoft Word 2013 Passo a Passo* oferece uma visão abrangente dos recursos do Word que a maioria das pessoas utilizará com mais frequência.

A quem este livro se destina

O *Microsoft Word 2013 Passo a Passo* e outros livros da série *Passo a Passo* são destinados a usuários de computadores de nível inicial a intermediário. Os exemplos mostrados no livro geralmente dizem respeito a empresas de pequeno e médio porte, mas mostram técnicas que podem ser utilizadas em empresas de qualquer tamanho. Seja você alguém mais experiente com o Word, que esteja querendo apenas aprender novos recursos, ou um novato, este livro oferece uma experiência prática valiosa para criar e modificar documentos profissionais com facilidade.

Como este livro está organizado

Este livro está dividido em três partes: a Parte 1 ensina a criar, imprimir e distribuir documentos padrão no Word 2013. Tutoriais guiam o leitor pelo processo de criação de elementos do documento, como texto formatado, colunas, listas, tabelas e gráficos simples. A Parte 2 mostra maneiras de aprimorar o conteúdo do documento padrão com diagramas, gráficos e outros elementos visuais; organizar e ordenar conteúdo; e salvar arquivos do Word em vários formatos. A Parte 3 se aprofunda em técnicas e ferramentas avançadas que incluem a criação de elementos de referência e documentos de mala direta; a colaboração na criação de documentos; e a personalização de funcionalidades do programa para se adequarem à maneira como você trabalha. Essa estrutura em três partes permite que os leitores que estejam conhecendo o programa adquiram habilidades básicas e, então, prossigam a partir delas, enquanto os mais experientes nos princípios básicos do Word podem focar no material de maior interesse para eles.

O Capítulo 1 contém informações introdutórias que serão de interesse principalmente dos leitores que estejam conhecendo o Word ou fazendo uma atualização a partir do Word 2003 ou de uma versão anterior. Se você estiver trabalhando com uma versão mais recente do Word, talvez passe diretamente para o Capítulo 2.

Este livro foi planejado para conduzi-lo, passo a passo, por todas as tarefas que provavelmente queira realizar com o Word 2013. Se você partir do início e avançar por todos os exercícios, obterá proficiência suficiente para poder criar e trabalhar com a maioria dos tipos de documentos do Word. Contudo, cada tópico é independente, portanto, você pode pular para qualquer parte para adquirir as habilidades que quiser.

Como baixar os arquivos de prática

Para realizar os exercícios deste livro, você precisa baixar os arquivos de prática para o seu computador. Faça download desses arquivos em nosso site:

http://www.grupoa.com.br.

Cadastre-se no site, se ainda não for cadastrado, acesse a página do livro por meio do campo de busca e clique no link Conteúdo Online.

> **IMPORTANTE** O programa Word 2013 não está disponível nesse site. Ele deve ser adquirido e instalado antes da utilização deste livro.

Se quiser consultar a versão completa dos arquivos de prática posteriormente, salve os arquivos que modificar à medida que avançar nos exercícios deste livro. Se salvar suas alterações e, depois, quiser repetir o exercício, baixe os arquivos originais novamente.

A tabela a seguir lista os arquivos de prática para este livro:

Capítulo	Arquivo
Capítulo 1: Como explorar o Microsoft Word 2013	Normas.docx Preços.docx Procedimentos.docx
Capítulo 2: Digitação, edição e revisão de textos	Carta.docx Folheto.docx Normas.docx Orientação.docx
Capítulo 3: Como modificar a estrutura e a aparência do texto	BambuEstilizado.docx Chalé.docx Condomínio.docx Diretrizes.docx InformaçõesBambu.docx
Capítulo 4: Como organizar informações em colunas e tabelas	ConsultoriaA.docx ConsultoriaB.docx CustosReparos.docx ProjetoAmbiente.docx

Capítulo	**Arquivo**
Capítulo 5: Como adicionar elementos gráficos simples	Autoras.docx Comunicados.docx Joan.jpg Joyce.jpg Logo-OTSI.png Pauta.docx
Capítulo 6: Visualização, impressão e distribuição de documentos	InformaçõesA.docx InformaçõesB.docx InformaçõesC.docx InformaçõesEscritório.docx
Capítulo 7: Como inserir e modificar diagramas	Bosque.jpg Jardim.jpg Lago.jpg Parque.jpg ServiçoA.docx ServiçoB.docx Vizinhança.docx
Capítulo 8: Como inserir e modificar gráficos	ChaléA.docx ChaléB.docx ChaléC.docx Temperatura.xlsx
Capítulo 9: Como adicionar elementos visuais	Bem-vindos.docx Cronograma.docx Logo-OTSI.png PisoMármore.jpg ProjetoAmbiente.docx ProjetoAutoras.docx
Capítulo 10: Como organizar e ordenar conteúdos	ComparaçõesEmpréstimo.docx CompraCaminhãoEntrega.docx Empréstimo.xlsx InformaçõesBambu.docx ProcedimentosEscritório.docx
Capítulo 11: Como criar documentos para uso fora do Word	RegrasEstacionamento.docx PlanejadorWeb.docx
Capítulo 12: Como vincular informações e conteúdo	CamposProcedimentos.docx IndicadoresNormas.docx Sinfonia.docx GuiaVisitante.docx

Capítulo	Arquivo
Capítulo 13: Como referenciar conteúdo e fontes de conteúdo	BibliografiaBambu.docx ConteúdosProcedimentos.docx ÍndiceRegras.docx InformaçõesBambuA.docx InformaçõesBambuB.docx Maestros.docx Maestros.pptx
Capítulo 14: Como trabalhar com mala direta	CartaComemoração.docx EmailAgradecimento.docx ListaClientes.xlsx
Capítulo 15: Colaboração em documentos	AnáliseCompetitivaA.docx AnáliseCompetitivaB.docx Empréstimos.docx ProcedimentosRestrito.docx Serviço.docx ServiçoCP.docx ServiçoTA.docx
Capítulo 16: Como trabalhar no Word com mais eficiência	Agenda.docx Bambu.docx FlyerAmbientes.docx ModeloAutoras.docx

Suporte técnico*

Todos os esforços foram feitos para garantir a exatidão deste livro e do conteúdo dos arquivos de prática que o acompanham. Em caso de comentários, dúvidas, sugestões ou identificação de erros, escreva diretamente para a Microsoft Press pelo endereço mspinput@microsoft.com ou acesse o link View/Submit Errata na página do livro em http://microsoftpress.oreilly.com.

* N. de E.: Comentários e sugestões relativos à edição brasileira desta obra podem ser enviados para secretariaeditorial@grupoa.com.br.

Parte 1

Documentos básicos do Word

Visão geral do capítulo

Identificar

Identifique os novos recursos do Word 2013, página 6

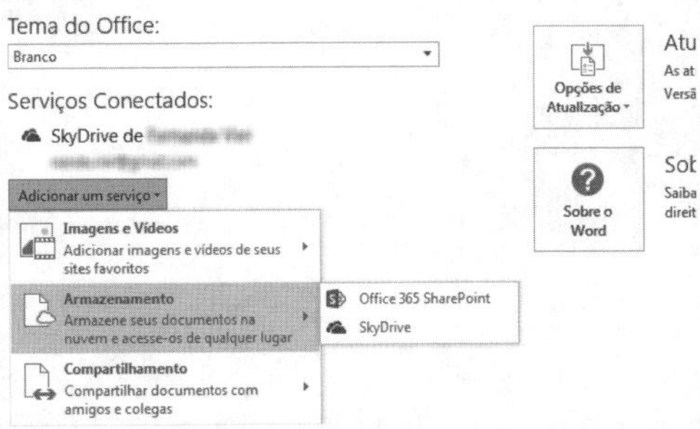

Trabalhar

Trabalhe na interface do usuário do Word 2013, página 9

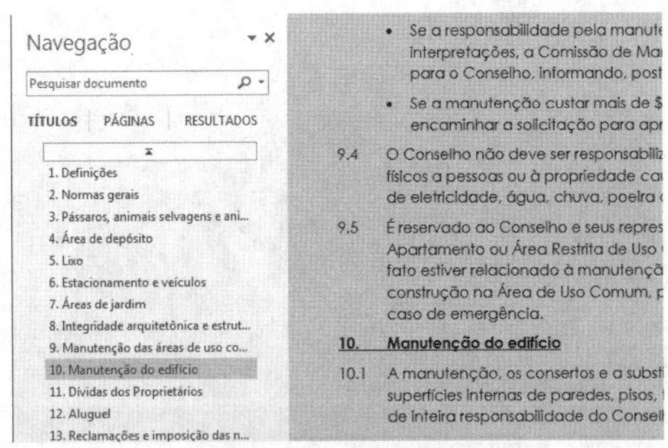

Navegar

Abra, navegue por e feche documentos, página 31

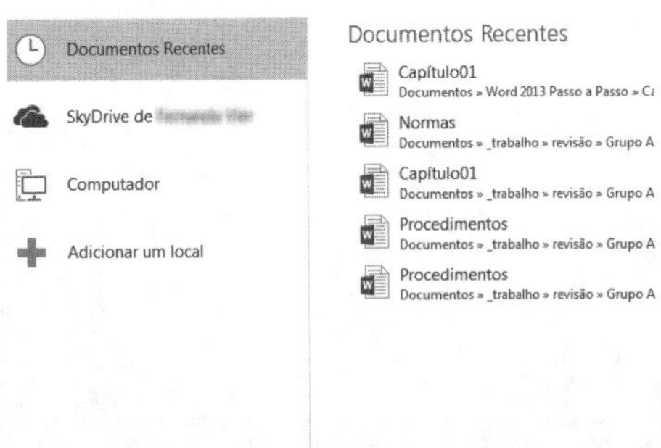

Visualizar

Visualize documentos em diferentes modos, página 37

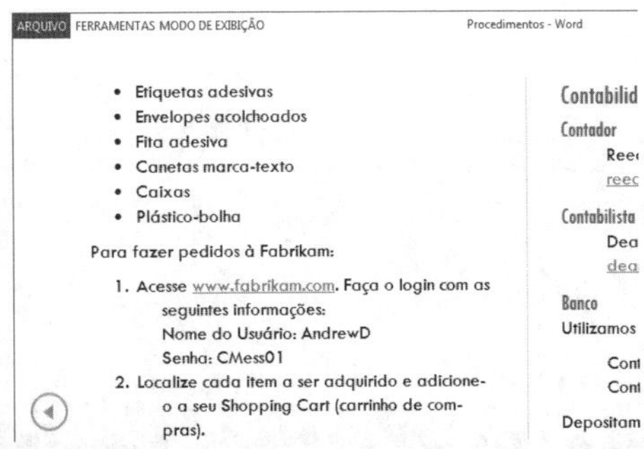

Como explorar o Microsoft Word 2013

1

NESTE CAPÍTULO, VOCÊ APRENDERÁ A:

- Identificar os novos recursos do Word 2013.
- Trabalhar na interface de usuário do Word 2013.
- Abrir, navegar por e fechar documentos.
- Visualizar documentos de maneiras diferentes.
- Obter ajuda com o Word 2013.

Quando você utiliza um programa de computador para criar, editar e formatar documentos de texto, está realizando uma tarefa conhecida como processamento de texto. Como parte do pacote de programas Microsoft Office 2013, o Microsoft Word 2013 é um dos mais sofisticados programas de processamento de texto disponíveis. Usando o Word, é fácil criar com eficiência uma grande gama de documentos profissionais e pessoais, desde a carta mais simples até o relatório mais complexo. O Word inclui muitos recursos de publicação na área de trabalho que você pode utilizar para aperfeiçoar a aparência de documentos para que sejam visualmente atraentes e fáceis de ler.

Você pode utilizar o Word para:

- Criar documentos com aspecto profissional que incorporem gráficos impressionantes.
- Dar uma aparência coerente a documentos aplicando estilos e temas que controlam a fonte, o tamanho, a cor e os efeitos do texto e do plano de fundo da página.
- Armazenar e reutilizar elementos pré-formatados, como capas e barras laterais.
- Criar correspondência personalizada para múltiplos destinatários sem digitação repetitiva.
- Tornar acessíveis as informações em documentos longos compilando tabelas de conteúdo, índices e bibliografias.
- Redigir documentos junto com membros de equipe.
- Proteger documentos controlando quem pode fazer alterações e os tipos de alterações que podem ser feitos, bem como removendo informações pessoais e confidenciais.

Para muitas pessoas, o Word será o primeiro programa do Office que utilizam. Todos os programas do Office 2013 compartilham um ambiente de trabalho em comum, chamado de interface do usuário, para que você possa aplicar técnicas básicas que aprende no Word, como aquelas para criar e trabalhar com arquivos, em outros programas do Office.

Neste capítulo, você conhecerá as diferente versões do Word disponíveis. Depois, apresentaremos uma visão geral dos novos recursos nas versões recentes do Word para ajudá-lo a identificar as mudanças caso você tenha feito uma atualização. Você terá a oportunidade de explorar a interface do usuário do programa e poderá abrir, navegar por, visualizar e fechar apresentações de várias maneiras. Por fim, você aprenderá a conseguir ajuda com o programa.

ARQUIVOS DE PRÁTICA Para realizar os exercícios deste capítulo, você precisa dos arquivos de prática contidos na pasta Capítulo01. Para mais informações, consulte "Como baixar os arquivos de prática" na Introdução deste livro.

O Word 2013 faz parte do Microsoft Office 2013, que abrange uma grande variedade de programas, incluindo Access 2013, Excel 2013, InfoPath 2013, Lync 2013, OneNote 2013, Outlook 2013, Publisher 2013 e PowerPoint 2013. O Office está disponível em várias edições que incluem diferentes combinações de programas; você também pode adquirir a maioria dos programas individualmente.

Os programas do pacote Office são desenvolvidos para serem utilizados em conjunto, a fim de proporcionar métodos altamente eficientes de realizar tarefas. Você pode instalar um ou mais programas do Office em seu computador; alguns programas têm diversas versões desenvolvidas para diferentes plataformas. Embora a finalidade principal de um programa permaneça a mesma independentemente da plataforma em que é executado, as funcionalidades disponíveis e a maneira como você interage com o programa podem ser diferentes. Fornecemos aqui uma breve descrição das diferentes versões do Word 2013 para que você possa identificar as diferenças entre o que aparece em sua tela e o que está descrito neste livro.

- **INSTALAÇÃO PADRÃO DO WORD 2013 NA ÁREA DE TRABALHO** O programa com o qual trabalhamos e do qual retiramos as imagens incluídas neste livro é uma instalação padrão do Word 2013 na área de trabalho, ou seja, instalamos o programa diretamente em nossos computadores. A instalação da versão para desktop tem todas as funcionalidades disponíveis no Word. Ela está disponível como parte do pacote de programas do Office 2013, como um programa independente ou como parte de uma assinatura do Office 365, que permite que usuários instalem os programas de área de trabalho a partir da Internet.

  DICA O Office 365 é uma solução em nuvem que oferece uma variedade de produtos e serviços por meio de um programa licenciado por assinatura. Dependendo do plano de assinatura adquirido, os usuários terão acesso à instalação completa da versão do Word 2013 para desktop e ao Word Web App, ou apenas ao Word Web App.

- **WORD 2013 RT** Tablets com o Windows RT (uma versão do Windows 8 que funciona somente em dispositivos com um tipo de processador chamado processador ARM) vêm pré-carregados com o Office Home & Student 2013 RT, que inclui Word, Excel, PowerPoint e OneNote.

  Os programas do Office 2013 RT têm as funcionalidades dos programas completos e também incluem um recurso Modo de Toque para ajudá-lo a trabalhar com o programa e inserir conteúdo por meio de toque na tela com a ponta do dedo ou com ferramentas como uma caneta de toque (stylus). Quando o Modo de Toque é ativado, a interface do usuário é modificada levemente para simplificar as interações na tela, e um teclado virtual fica disponível para a entrada de texto (você pode simplificar ainda mais suas interações anexando um teclado e um mouse ao seu computador com o Windows RT para interagir com o Office normalmente).

- **WORD WEB APP** O Word Web App pode ficar disponível em seu navegador Web quando você estiver trabalhando com um documento que esteja armazenado no Microsoft SharePoint ou no Microsoft SkyDrive. Você pode revisar e editar um documento utilizando o Web App, que é executado diretamente em seu navegador, em vez de em seu computador. Os Web Apps são instalados no ambiente online em que você estiver trabalhando e não fazem parte da versão de área de trabalho instalada em seu computador. O Word Web App está disponível como parte das assinaturas Office 365 e SharePoint, e é gratuito em sites de armazenamento do SkyDrive.

  CONSULTE TAMBÉM Para informações sobre como salvar documentos no SkyDrive e no SharePoint, consulte "Como iniciar, digitar texto em e salvar documentos" no Capítulo 2, "Digitação, edição e revisão de textos".

  O Word Web App exibe o conteúdo de um documento de forma muito parecida à da versão para desktop. Embora o Web App ofereça apenas um subconjunto dos comandos disponíveis no aplicativo da versão para desktop, ele fornece as ferramentas de que você precisa para editar, imprimir e compartilhar documentos. Os comandos que *não* estão disponíveis no Word Web App são aqueles que controlam funcionalidades de um nível mais alto, como os para navegar por seção ou página; localizar e substituir conteúdo; inserir elementos gráficos sofisticados; modificar elementos de design do documento; controlar quebras de página, numeração de linhas e hifenização; organizar elementos gráficos na página; trabalhar com elementos de referência; criar documentos de mala direta; utilizar as ferramentas de pesquisa e idioma; trabalhar com comentários e controle de alterações; e trabalhar com múltiplos documentos ou janelas do documento.

Tanto o Word Web App quanto a versão para desktop do programa podem estar disponíveis no ambiente online. Para visualizar um documento no Web App, você pode clicar no menu Editar Documento e escolher a versão que deseja utilizar clicando em Editar no Word ou Editar no Word Web App. Se estiver editando um documento no Web App e descobrir que precisa de mais funcionalidades do que as disponíveis, e se tiver a versão completa do Word instalada em seu computador, você pode clicar em Abrir no Word para abrir o documento na versão completa.

Identificação dos novos recursos do Word 2013

O Word 2013 foi aperfeiçoado a partir das versões anteriores para fornecer ferramentas poderosas que atendam a todas as suas necessidades de processamento de texto. Se você já utilizava versões anteriores do programa e estiver fazendo uma atualização para o Word 2013, provavelmente estará interessado em descobrir o mais rápido possível as diferenças entre as versões antigas e a nova e em como elas irão afetá-lo. Nas próximas seções, listaremos novos recursos (dependendo da versão do Word que você utilizava anteriormente). Comece pela primeira seção e passe para a versão que você utilizava para ter uma visão global das mudanças.

Se estiver atualizando a partir do Word 2010

Se estava utilizando o Word 2010, talvez esteja se perguntando como a Microsoft poderia ter aperfeiçoado o que parecia ser um conjunto bastante abrangente de recursos e ferramentas. Os novos recursos introduzidos no Word 2013 incluem:

- **TELA INICIAL** Ao iniciar o Word sem abrir um documento específico, a Tela Inicial proporciona acesso rápido a documentos recentes e a modelos de documento.
- **ACESSO À NUVEM** Ao conectar o Office ou Word a uma conta da Microsoft (anteriormente chamada de conta Windows Live) ou a uma conta Office 365, você tem a opção de salvar documentos no SharePoint ou no SkyDrive. Após salvar um documento em um local compartilhado, você e seus colegas podem trabalhar simultaneamente em uma versão do documento, usando a versão completa do Word ou o Word Web App.
- **MARCAÇÃO DO ÚLTIMO LOCAL** Ao fechar um documento, o Word marca o local no qual você estava trabalhando. Na próxima vez em que abrir o documento (mesmo em um computador diferente, se o documento estiver salvo em uma localização compartilhada), um alerta de Continuar Leitura aparecerá para facilitar o retorno àquela localização.
- **GUIAS INTELIGENTES** Ao posicionar ou mover um elemento gráfico em uma página, aparecem guias na tela para ajudá-lo a alinhar o gráfico com outros elementos da página, como margens e parágrafos.
- **MODO DE LEITURA** Este modo de exibição, que substitui o de Leitura em Tela Inteira, proporciona uma interface mais simples para examinar documentos.
- **RESPONDER COMENTÁRIO** Com este novo recurso, você pode colocar comentários junto ao texto que estiver discutindo, de modo que seja fácil acompanhar a conversa.

- **APRESENTAR ONLINE** Compartilhe seu documento com outras pessoas, mesmo que elas não tenham o Word. Conforme você exibir o documento em sua tela, elas poderão acompanhar em seus navegadores.
- **LAYOUT DINÂMICO** O texto reflui de forma instantânea quando você arrasta uma foto, um vídeo ou uma forma para sua nova posição. Ao liberar o botão do mouse, seu objeto e o texto circundante permanecem onde você deseja.
- **REFLUXO DO PDF** Ao abrir um PDF no Word, seus parágrafos, listas, tabelas e demais conteúdos agem como o conteúdo do Word.

Se estiver atualizando a partir do Word 2007

Além dos recursos listados na seção anterior, se estiver atualizando a partir do Word 2007, você deve ficar atento aos seguintes recursos que foram introduzidos no Word 2010:

- **MODO DE EXIBIÇÃO BACKSTAGE** Todas as ferramentas das quais você precisa para trabalhar com seus arquivos, em oposição ao seu conteúdo, podem ser acessadas em um mesmo local. Para visualizar o modo de exibição Backstage, clique na guia Arquivo, que substitui o botão do Microsoft Office no canto esquerdo da Faixa de Opções.
- **FAIXA DE OPÇÕES PERSONALIZADA** O próximo passo lógico na evolução da central de comandos que foi introduzida com o Word 2007: criar seus próprios grupos e guias adequados à maneira como você trabalha.
- **PAINEL DE NAVEGAÇÃO** O substituto do Mapa do Documento não apenas fornece um meio de navegação para qualquer posição, mas também para qualquer página ou termo de pesquisa que digitar.
- **RECUPERAÇÃO DE ARQUIVO NÃO SALVO** O Word conserva versões temporárias de seus arquivos não salvos para que possa recuperá-los se precisar deles.
- **VISUALIZAÇÃO DE COLAGEM** Sem mais tentativa e erro ao mover itens para novos locais. Visualize a aparência que um item terá em cada um dos formatos disponíveis e escolha a que deseja.
- **COAUTORIA** Uma equipe de autores pode trabalhar simultaneamente em um documento armazenado em uma biblioteca de documentos do site SharePoint ou em uma pasta do SkyDrive.
- **SUPORTE DE IDIOMA** Atualmente, cada vez mais as empresas têm negócios no exterior. Você pode não apenas ajustar com facilidade o idioma de seu ambiente de trabalho, como também utilizar ferramentas de tradução para colaborar com membros de equipe em outros países.
- **EDIÇÃO DE GRÁFICOS** Após inserir uma imagem, você pode editá-la de diversas formas. Além de alterar a cor, o brilho e o contraste, você pode remover o plano de fundo e, o mais empolgante de tudo, aplicar efeitos

artísticos que façam a imagem parecer com uma aquarela, um desenho a lápis ou um esboço em pastel.

- **EFEITOS DE TEXTO** O WordArt passou por uma remodelação. Além de serem usados para criar títulos diferentes, seus efeitos também podem ser aplicados em qualquer texto.
- **INSTANTÂNEOS DE TELA E RECORTES DE TELA** Você não precisa mais sair do Word quando quiser inserir uma captura de tela em um documento. Essa capacidade já vem integrada ao Word.
- **SMARTART APRIMORADA** Você pode incluir imagens, além de texto, em seus diagramas do SmartArt.

Se estiver atualizando a partir do Word 2003

Além dos recursos listados nas seções anteriores, se estiver atualizando a partir do Word 2003, você deve dar atenção aos recursos que foram introduzidos no Word 2007. A atualização do Word 2007 proporcionou um ambiente de trabalho mais eficiente e incluiu uma longa lista de recursos novos e aprimorados, incluindo os seguintes:

- **A FAIXA DE OPÇÕES** O fim da busca por menus, submenus e caixas de diálogo. Essa interface organiza todos os comandos que a maioria das pessoas utiliza com mais frequência, tornando-os facilmente acessíveis a partir de guias no topo da janela do programa.
- **VISUALIZAÇÃO DINÂMICA** Examine o efeito de um estilo, tema ou outra opção de formatação antes de sua aplicação.
- **BLOCOS DE CONSTRUÇÃO** Pense no AutoTexto turbinado! Os blocos de construção predefinidos incluem conjuntos de folhas de rosto, caixas de citação, barras laterais e cabeçalhos e rodapés correspondentes.
- **CONJUNTOS DE ESTILO E TEMAS DE DOCUMENTO** Altere com rapidez a aparência de um documento aplicando um conjunto de estilo ou tema diferente, visualizando seu efeito antes de fazer uma seleção.
- **SMARTART** Utilize essa incrível ferramenta de diagramação para criar diagramas sofisticados com formas tridimensionais, transparência, sombras e outros efeitos.
- **GRÁFICOS APRIMORADOS** Insira dados em uma planilha do Excel vinculada e veja-os representados instantaneamente no tipo de gráfico de sua escolha.
- **LIMPEZA DO DOCUMENTO** Faça o Word verificar e remover comentários, texto oculto e informações pessoais armazenados como propriedades antes de declarar um documento como final.
- **NOVO FORMATO DE ARQUIVO** O Microsoft Office Open XML Formats reduz o tamanho do arquivo e ajuda a evitar a perda de dados.

Como trabalhar na interface de usuário do Word 2013

O objetivo do ambiente de trabalho do Microsoft Office é tornar o trabalho com documentos do Office, incluindo documentos do Microsoft Word, planilhas do Excel, apresentações do PowerPoint, mensagens de email do Outlook e tabelas de banco de dados do Access, o mais intuitivo possível.

Como em todos os programas do Office 2013, a forma mais comum de iniciar o Word é a partir da Tela Inicial (Windows 8) ou do menu Iniciar (Windows 7), que é exibido quando você clica na extremidade esquerda da Barra de Tarefas do Windows. Quando você inicia o Word sem abrir um documento específico, uma tela inicial do programa aparece, a partir da qual você pode criar um novo documento ou abrir um existente. De qualquer forma, quando estiver trabalhando com um documento, ele será exibido em uma janela do programa que contém todas as ferramentas de que você necessita para adicionar e formatar conteúdo.

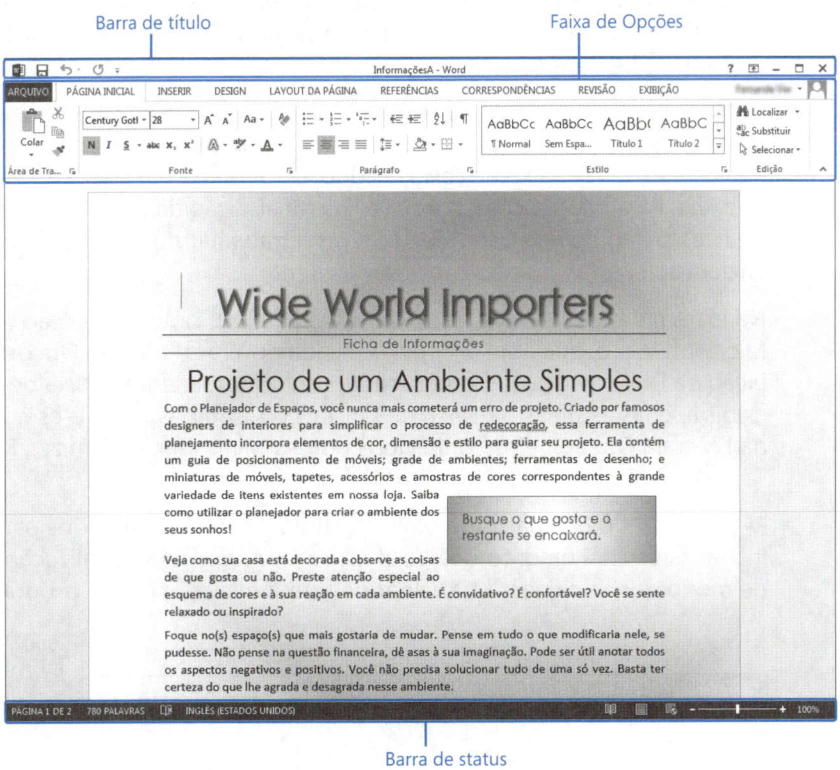

Janela do programa Word 2013 exibindo um documento e os elementos padrão da janela do programa.

Identificação de elementos da janela do programa

A janela do programa contém os seguintes elementos:

- **BARRA DE TÍTULO** No topo da janela do programa, essa barra exibe o nome do documento ativo e fornece ferramentas para o gerenciamento do programa e da janela do programa.

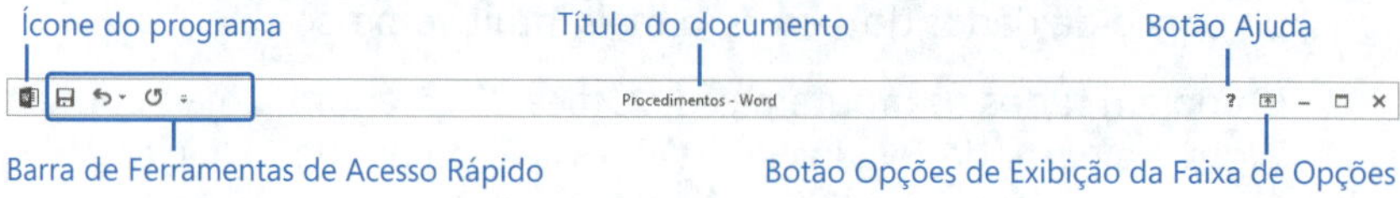

Barra de título de uma janela do programa de um documento existente.

Na extremidade esquerda da barra de título está o ícone do programa, no qual você clica para exibir comandos de restaurar, mover, ajustar, minimizar, maximizar e fechar a janela do programa.

À direita do ícone do programa está a Barra de Ferramentas de Acesso Rápido, que por padrão exibe os botões Salvar, Desfazer e Repetir. Você pode personalizar a Barra de Ferramentas de Acesso Rápido para exibir qualquer comando que deseje.

DICA Você pode descobrir que trabalha com mais eficiência se organizar os comandos que utiliza com frequência na Barra de Ferramentas de Acesso Rápido e exibi-la abaixo da Faixa de Opções, diretamente acima do espaço de trabalho. Para informações, consulte "Personalização da Barra de Ferramentas de Acesso Rápido" no Capítulo 16, "Como trabalhar no Word de forma mais eficiente".

Na extremidade direita da barra de título há cinco botões: o botão Ajuda do Microsoft Word, que abre a janela de Ajuda do Word; o botão Opções de Exibição da Faixa de Opções, que permite ocultar totalmente a Faixa de Opções, exibir apenas as guias da Faixa de Opções ou exibir as guias e os comandos da Faixa de Opções; e os conhecidos botões Minimizar, Maximizar/Restaurar Tamanho e Fechar.

- **FAIXA DE OPÇÕES** Abaixo da barra de título, todos os comandos para trabalhar com um documento do Word estão reunidos nessa localização central, de modo que você possa trabalhar de forma eficiente com o programa.

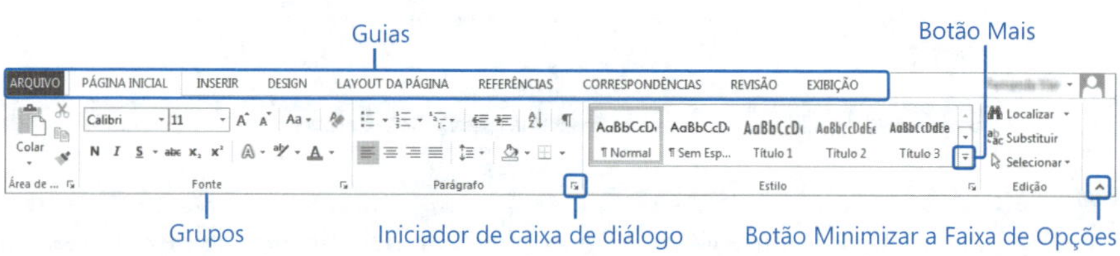

Faixa de Opções exibindo a guia Página Inicial.

DICA Não se assuste se sua Faixa de Opções parecer diferente daquelas mostradas em nossas telas. Você pode ter instalado programas que adicionem suas próprias guias à Faixa de Opções, ou suas configurações de tela podem ser diferentes. Para maiores informações, consulte "Como trabalhar com a Faixa de Opções" mais adiante neste capítulo.

Ao longo do topo da Faixa de Opções há um conjunto de guias. Um conjunto associado de comandos será exibido ao clicar em uma guia.

Os comandos relacionados ao gerenciamento do Word e seus documentos (e não do conteúdo do documento) estão reunidos no modo de exibição Backstage, que você exibe clicando na guia colorida Arquivo localizada na extremidade esquerda da Faixa de Opções. Os comandos disponíveis no modo de exibição Backstage estão organizados em páginas, que você exibe clicando nas guias de página no painel colorido à esquerda. Você volta a exibir o documento e a Faixa de Opções clicando na seta Voltar localizada acima das guias de página.

Modo de exibição Backstage, no qual você pode gerenciar arquivos e personalizar o programa.

CONSULTE TAMBÉM Para informações sobre as funcionalidades disponíveis no modo de exibição Backstage, consulte o Capítulo 6, "Visualização, impressão e distribuição de documentos", o Capítulo 15, "Colaboração em documentos" e o Capítulo 16, "Como trabalhar no Word com mais eficiência".

Os comandos relacionados ao trabalho com o conteúdo de documentos são representados como botões nas guias restantes da Faixa de Opções. A guia Página Inicial, que está ativa por padrão, contém os comandos que a maioria dos usuários do Word utilizarão com mais frequência. Quando um elemento gráfico, como uma imagem, uma tabela ou um gráfico, é selecionado em um documento, uma ou mais *guias de ferramentas* podem aparecer na extremidade direita da Faixa de Opções para tornar facilmente acessíveis comandos relacionados a esse objeto específico. As guias de ferramentas estão disponíveis somente quando o objeto relevante estiver selecionado.

DICA Alguns comandos mais antigos não aparecem mais como botões na Faixa de Opções, mas ainda estão disponíveis no programa. Você pode tornar esses comandos disponíveis adicionando-os à Barra de Ferramentas de Acesso Rápido. Para mais informações, consulte "Personalização da Barra de Ferramentas de Acesso Rápido" no Capítulo 16, "Como trabalhar no Word com mais eficiência".

Em cada guia, os botões representando comandos estão organizados em grupos nomeados. Você pode apontar para qualquer botão para exibir uma Dica de Tela com o nome do comando, uma descrição de sua função e seu atalho de teclado (se ele tiver um).

CONSULTE TAMBÉM Para informações sobre o controle da exibição e do conteúdo das Dicas de Tela, consulte "Alteração das opções padrão do programa" no Capítulo 16, "Como trabalhar no Word com mais eficiência".

Quando uma galeria contiver mais miniaturas do que pode ser mostrado no espaço disponível da Faixa de Opções, você pode exibir mais conteúdo clicando na seta de rolagem ou no botão Mais localizado no canto direito da galeria.

Comandos relacionados, mas menos comuns, não são representados como botões em um grupo. Em vez disso, estão disponíveis em uma caixa de diálogo ou painel, que você pode exibir clicando no iniciador de caixa de diálogo localizado no canto inferior direito do grupo.

À direta dos grupos na Faixa de Opções está o botão Recolher a Faixa de Opções, que tem a forma de uma divisa. Um clique nesse botão oculta os grupos de botões, mas deixa os títulos das guias visíveis. Quando os grupos estão ocultos, o botão Recolher a Faixa de Opções se transforma no botão Fixar a Faixa de Opções, que tem o formato de um alfinete. Você pode clicar em qualquer título de guia para exibir de forma temporária os grupos, a seguir clicar em um comando da Faixa de Opções ou clicar fora da Faixa de Opções para ocultar os grupos de novo, ou clicar no botão Fixar a Faixa de Opções para exibir de novo os grupos de forma permanente.

ATALHO DE TECLADO Pressione Ctrl+F1 para desafixar ou fixar a Faixa de Opções. Para mais informações sobre os atalhos de teclado, consulte "Atalhos de teclado" ao fim deste livro.

Sobre botões e setas

Alguns botões incluem uma seta, que pode estar integrada ao botão ou separada dele. Para determinar se um botão e sua seta estão integrados, aponte para o botão para ativá-lo. Se o botão e sua seta estiverem sombreados, ao clicar no botão as opções para refinar a ação do botão serão exibidas. Se apenas o botão ou a seta estiver sombreada quando você apontar, o clique no botão executará sua ação padrão atual. Clicar na seta e, depois, clicar na ação que deseja, realiza a ação e a atribui ao botão.

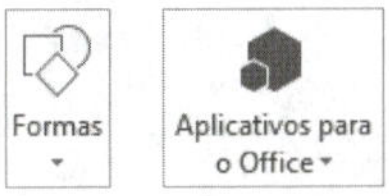

O botão Desenhar uma Forma tem uma seta integrada; o botão Inserir um Aplicativo tem uma seta separada.

- **BARRA DE STATUS** Ao longo da parte inferior da janela do programa, essa barra exibe informações sobre o documento atual e fornece acesso a certas funções do programa.

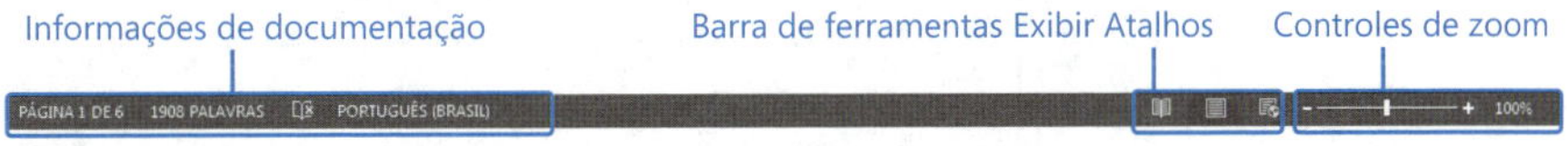

Barra de status

Por padrão, o Word exibe: Número da Página, Contar Palavras, Verificação Ortográfica e Gramatical e Idioma na extremidade esquerda da barra de status. Cada um desses indicadores à esquerda exibe uma visão geral do status daquele recurso; um clique em qualquer desses indicadores exibirá o painel ou a caixa de diálogo relacionado.

DICA Clicar no botão Gravação de Macro permite que você examine as macros incorporadas em um documento. As macros estão além do escopo deste livro. Para informações, consulte a Ajuda do Word.

Na extremidade direita da barra de status, o Word exibe por padrão os controles Exibir Atalhos, Controle Deslizante de Zoom e Nível de Zoom. A barra de ferramentas Exibir Atalhos inclui botões para os três principais modos de exibição de conteúdo do documento. O Controle Deslizante de Zoom e o Nível de Zoom permitem que você ajuste o nível de ampliação do documento ativo.

CONSULTE TAMBÉM Para informações sobre as diversas formas em que você pode exibir o conteúdo de um documento, consulte "Diferentes modos de exibição de documentos" mais adiante neste capítulo. Para informações sobre a personalização da barra de status, consulte "Personalização da barra de status" no Capítulo 16, "Como trabalhar no Word com mais eficiência".

O objetivo de todos esses recursos da interface do usuário é tornar o trabalho em um documento o mais intuitivo possível. Os comandos para tarefas que você realiza com frequência estão prontamente disponíveis, e mesmo aqueles que utilize de forma infrequente são fáceis de encontrar.

Quando uma opção de formatação tiver diversas escolhas disponíveis, muitas vezes elas serão exibidas em uma galeria de imagens, chamadas *miniaturas*, que fornecem uma representação visual de cada escolha. Quando você aponta para uma miniatura em uma galeria, o recurso de Visualização Dinâmica mostra a aparência que o conteúdo ativo terá caso clique na miniatura para aplicar a formatação associada.

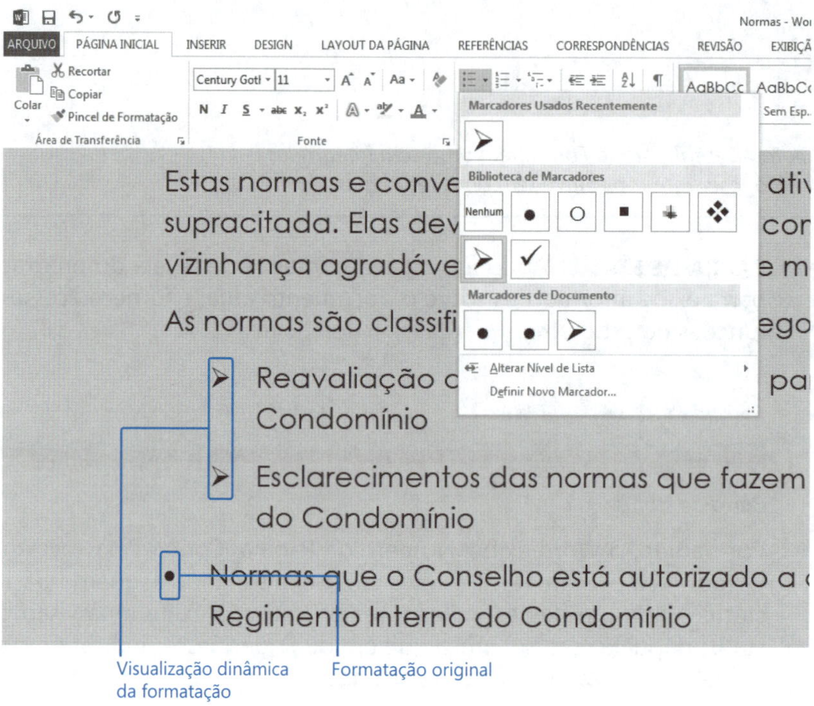

A Visualização Dinâmica mostra o efeito no conteúdo ativo ao aplicar a formatação para a qual esteja apontando.

Você pode mostrar o conteúdo do documento ativo em cinco modos de exibição: Rascunho, Estrutura de Tópicos, Layout de Impressão, Modo de Leitura e Layout da Web. Todos os modos de exibição estão disponíveis a partir da guia Exibição; os modos de exibição Modo de Leitura, Layout de Impressão e Layout da Web estão disponíveis a partir da barra de ferramentas Exibir Atalhos na barra de status. Você executa a maior parte do trabalho de desenvolvimento em um documento no modo de exibição Layout de Impressão, que é o padrão.

Como trabalhar com a Faixa de Opções

Como em todos os programas do Office 2013, o objetivo da Faixa de Opções é tornar o trabalho com o conteúdo de documentos o mais intuitivo possível. A Faixa de Opções é dinâmica, o que significa que, à medida que sua largura muda, seus botões se adaptam ao espaço disponível. Como resultado, um botão pode ser grande ou pequeno, pode ou não ter um rótulo ou pode até mesmo se transformar em uma entrada em uma lista.

Por exemplo, quando houver espaço horizontal suficiente, os botões na guia Revisão serão espalhados, e você poderá ver todos os comandos disponíveis em cada grupo.

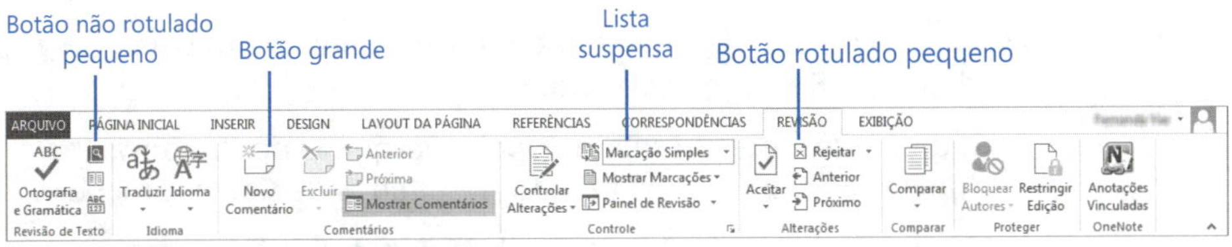

A guia Revisão na largura de 1024 pixels.

Se diminuir o espaço horizontal disponível para a Faixa de Opções, os rótulos de botões pequenos desaparecerão e grupos inteiros de botões poderão se ocultar sob um botão que representa o grupo todo. Um clique no botão do grupo exibirá uma lista dos comandos disponíveis nesse grupo.

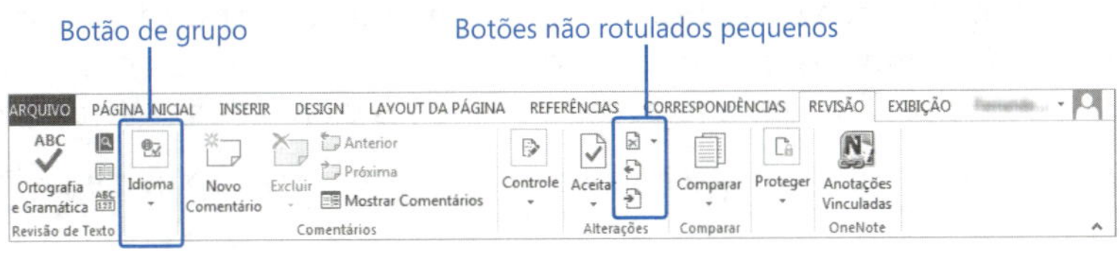

A guia Revisão na largura de 660 pixels.

Quando a Faixa de Opções se torna muito estreita para exibir todos os grupos, uma seta de rolagem aparece em sua extremidade direita. Um clique na seta de rolagem exibirá os grupos ocultos.

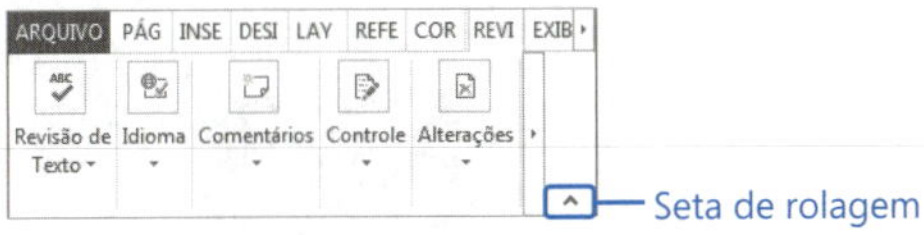

A guia Revisão na largura de 325 pixels.

A largura da Faixa de Opções depende destes três fatores:

- **LARGURA DA JANELA DO PROGRAMA** A maximização da janela do programa proporciona mais espaço para a Faixa de Opções. Para maximizar a janela, clique no botão Maximizar, arraste as bordas de uma janela não maximizada ou arraste a janela para o topo da tela.
- **RESOLUÇÃO DA TELA** A resolução da tela é o tamanho de seu vídeo expressado como largura × altura em pixels. Quanto maior a resolução da tela, maior será a quantidade de informações que caberá em uma tela. Suas

opções de resolução da tela dependem do adaptador de vídeo instalado em seu computador e de seu monitor. As resoluções de tela comuns vão de 800 × 600 a 2560 × 1600. Quanto maior o número de pixels de largura (o primeiro número), maior o número de botões que podem ser exibidos na Faixa de Opções.

Para alterar sua resolução da tela, primeiro exiba o item do painel de controle Resolução da tela usando um dos seguintes métodos:

- Clique com o botão direito do mouse na área de trabalho do Windows e clique em **Resolução da tela**.
- Digite **resolução da tela** na opção Pesquisar do Windows 8 e clique em **Ajustar a resolução da tela** nos resultados de **Configurações**.
- Abra o item do painel de controle **Vídeo** e clique em **Ajustar a resolução da tela**.

Uma maneira fácil de fazer isso é clicando com o botão direito do mouse na área de trabalho do Windows e depois em Resolução da tela. Na página Resolução de Tela, clique na seta de Resolução, clique ou arraste para selecionar a resolução da tela que deseja e clique em Aplicar ou OK.

- **A AMPLIAÇÃO DE SEU VÍDEO** Se você alterar a configuração de ampliação de tela no Windows, o texto e os elementos da interface do usuário serão maiores e, portanto, mais legíveis, mas menos elementos caberão na tela.

  Você pode alterar a ampliação da tela a partir do item do painel de controle Vídeo.

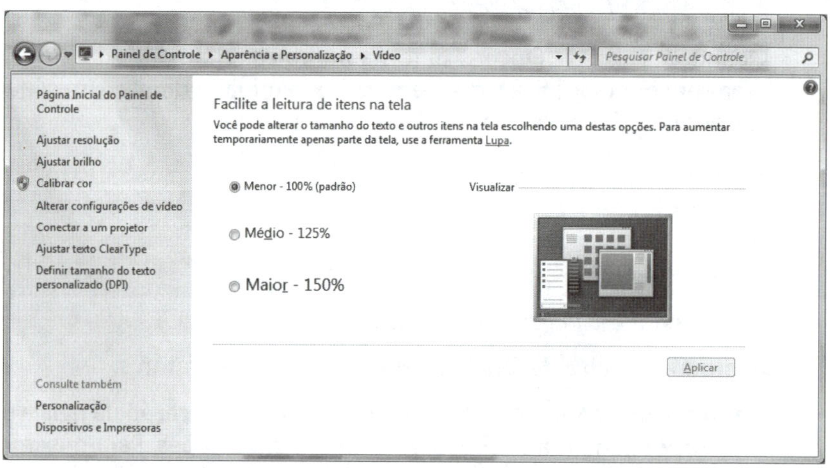

Na janela Vídeo, você pode escolher uma das opções de ampliação padrão ou alterar o tamanho de texto de elementos específicos.

Você pode abrir a janela Vídeo diretamente a partir do Painel de Controle ou usando um dos seguintes métodos:

- Clique com o botão direito do mouse na área de trabalho do Windows, clique em **Personalizar** e, no canto inferior esquerdo da janela **Personalização**, clique em **Vídeo**.
- Digite **vídeo** na opção Pesquisar do Windows 8 e clique em **Vídeo** nos resultados de **Configurações**.

Para alterar a ampliação da tela para uma que esteja disponível na janela Vídeo, clique nessa opção. Para selecionar outra ampliação, clique no link Opções de dimensionamento personalizado e, na caixa de diálogo Opções de dimensionamento personalizado, clique na ampliação que deseja na lista ou arraste a régua para alterar ainda mais a ampliação (o cursor se torna um ponteiro para indicar que você está arrastando).

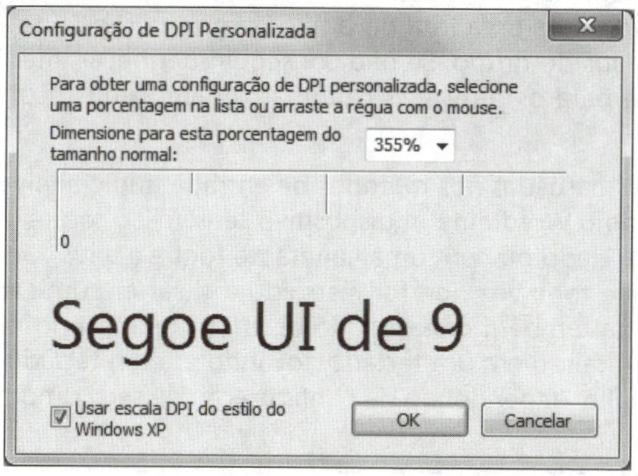

Você pode definir a ampliação para até 500% arrastando a régua na caixa de diálogo Opções de dimensionamento personalizado.

Depois de clicar em OK na caixa de diálogo Opções de dimensionamento personalizado, a ampliação personalizada é mostrada na janela Vídeo junto com qualquer alerta sobre possíveis problemas que podem ocorrer caso a selecione. Clique em Aplicar na janela Vídeo para aplicar a ampliação selecionada.

Adaptação de passos dos exercícios

As capturas de tela mostradas neste livro foram obtidas com uma resolução da tela de 1024 × 768 em uma ampliação de 100%. Se suas configurações forem diferentes, a Faixa de Opções em sua tela pode não parecer similar à mostrada neste livro. Como resultado, as instruções de exercícios que envolverem a Faixa de Opções poderão exigir um pouco de adaptação. Nossas instruções utilizam este formato:

- Na guia **Inserir**, no grupo **Ilustrações**, clique no botão **Gráfico**.

Se o comando estiver em uma lista, nossas instruções utilizarão este formato:

- Na guia **Página Inicial**, no grupo **Edição**, clique na seta de **Localizar** e, na lista **Localizar**, clique em **Ir para**.

Se as diferenças entre as suas configurações de vídeo e as do livro fizerem com que um botão em sua tela pareça diferente, você pode adaptar os passos com facilidade para localizar o comando. Primeiro clique na guia especificada e localize o grupo especificado. Se um grupo tiver sido recolhido para uma lista ou botão de grupo, clique na lista ou no botão para exibir os comandos do grupo. Se não conseguir identificar imediatamente o botão que deseja, aponte para os prováveis candidatos para exibir seus nomes em Dicas de Tela.

Neste livro damos instruções baseadas nos métodos de entrada tradicionais de teclado e mouse. Se estiver utilizando o Word em um dispositivo sensível ao toque, poderá dar comandos tocando com seu dedo ou com uma caneta de toque (stylus). Se for esse o caso, substitua por um toque toda vez que for instruído a clicar em um elemento da interface do usuário. Perceba também que quando dizemos para inserir informações no Word, poderá fazê-lo digitando em um teclado, tocando em um teclado virtual ou até mesmo falando em voz alta, dependendo da configuração de seu computador e de suas preferências pessoais.

Neste exercício você iniciará o Word, criará um documento de exemplo e explorará as funcionalidades disponíveis a partir da Faixa de Opções e do modo de visualização Backstage.

PREPARAÇÃO Você não precisa de arquivos de prática para realizar este exercício. Faça logon em seu computador, mas não inicie o Word. Depois, siga os seguintes passos:

1 Inicie o Word seguindo os passos apropriados para seu sistema operacional.

- Caso seu computador tenha o Windows 7, no menu **Iniciar**, clique em **Todos os programas**, clique em **Microsoft Office** e em **Microsoft Word 2013**.

- Caso seu computador tenha o Windows 8, clique no bloco do programa na Tela Inicial do Windows ou pressione a tecla **Windows**, digite **word** para exibir o painel Pesquisar e, na lista **Aplicativos** dos resultados da pesquisa, clique em **Word 2013**.

O Word será iniciado e exibirá uma lista de documentos recentes no painel esquerdo e modelos de documentos no painel direito.

A partir da Tela Inicial do Word você pode abrir um documento existente ou criar um novo.

SOLUÇÃO DE PROBLEMAS Visto que os modelos apresentados na Tela Inicial são atualizados de forma dinâmica para refletir as ofertas sazonais, as miniaturas em seu computador podem ser diferentes das deste livro.

2 Percorra a lista para examinar os modelos apresentados atualmente. Depois, pressione a tecla **Esc** para criar um novo documento em branco.

3 Se a janela do Word não estiver maximizada, clique no botão **Maximizar** próximo à extremidade direita da barra de título para maximizá-la agora. Observe que a guia **Página Inicial** exibe botões relacionados ao trabalho com o conteúdo do documento e que eles estão organizados em cinco grupos: **Área de Transferência**, **Fonte**, **Parágrafo**, **Estilo** e **Edição**.

4 Aponte para cada botão na guia **Página Inicial** para exibir informações sobre o botão em uma Dica de Tela. Observe que algumas Dicas de Tela fornecem mais informações do que o padrão nome do botão, atalho do teclado e descrição.

SOLUÇÃO DE PROBLEMAS Se sua Faixa de Opções mostrar os nomes das guias, mas nenhum botão, ou não mostrar qualquer guia, clique no botão Opções de Exibição da Faixa de Opções e clique em Exibir Guias e Comandos. Ao longo deste livro as instruções dos exercícios presumirão que a Faixa de Opções seja exibida, a menos que seja pedido de forma explícita para que você a oculte.

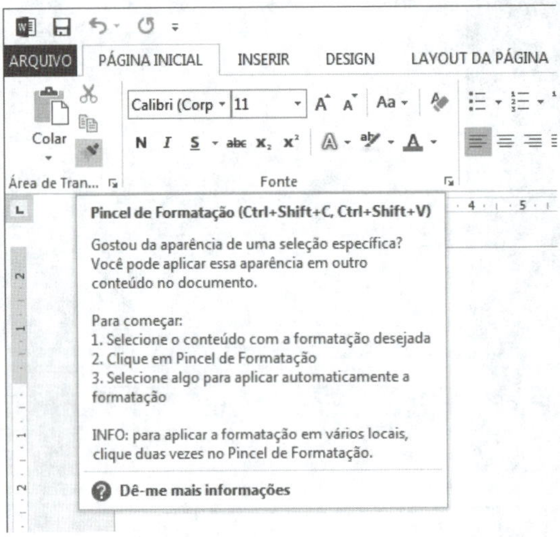

A Dica de Tela para o botão Pincel de Formatação exibe o nome do botão, seu atalho de teclado e sua função.

DICA Um botão representando um comando que não pode ser executado no elemento selecionado do documento está inativo (cinza), mas, ao apontar para ele, sua Dica de Tela ainda será exibida.

5 Na barra de rolagem à direita das miniaturas no grupo **Estilo**, clique na seta para baixo para exibir a próxima linha de miniaturas de estilo de parágrafo.

6 Na parte inferior da barra de rolagem de **Estilo**, clique no botão **Mais** para expandir toda a galeria **Estilo**.

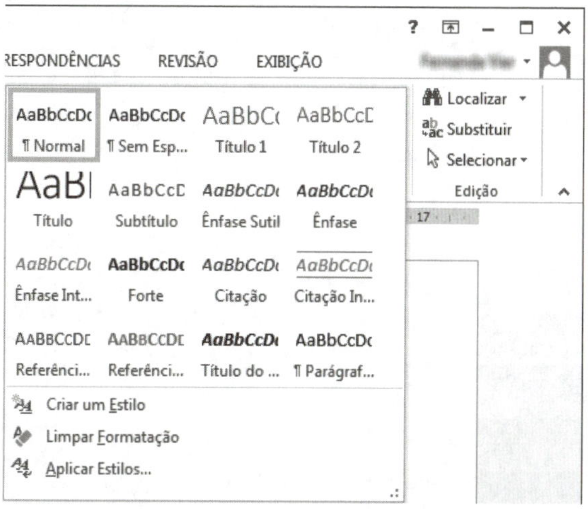

A galeria Estilo expandida, exibindo os estilos que você pode aplicar de forma rápida a esse documento.

7 Pressione a tecla **Esc** para fechar a galeria sem aplicar um estilo.

8 No canto inferior direito do grupo **Estilo**, clique no iniciador da caixa de diálogo **Estilo** para abrir o painel **Estilos**. Observe que o painel exibe uma lista simples de estilos. Se você conhecer os estilos em seu documento, pode achar mais eficiente trabalhar com uma lista não formatada como essa. Senão, você pode selecionar o botão **Mostrar Visualização** na parte inferior do painel para exibir pré-visualizações dos estilos da mesma forma em que aparecem na galeria **Estilo**.

9 Arraste o painel **Estilos** por seu cabeçalho para o lado direito da janela do programa, soltando o botão do mouse quando o painel se anexar à borda da janela (isso se chama ajuste).

CONSULTE TAMBÉM Para informações sobre como criar uma estrutura e garantir a consistência com o uso de estilos, consulte "Aplicação de estilos ao texto" no Capítulo 3, "Como modificar a estrutura e a aparência do texto".

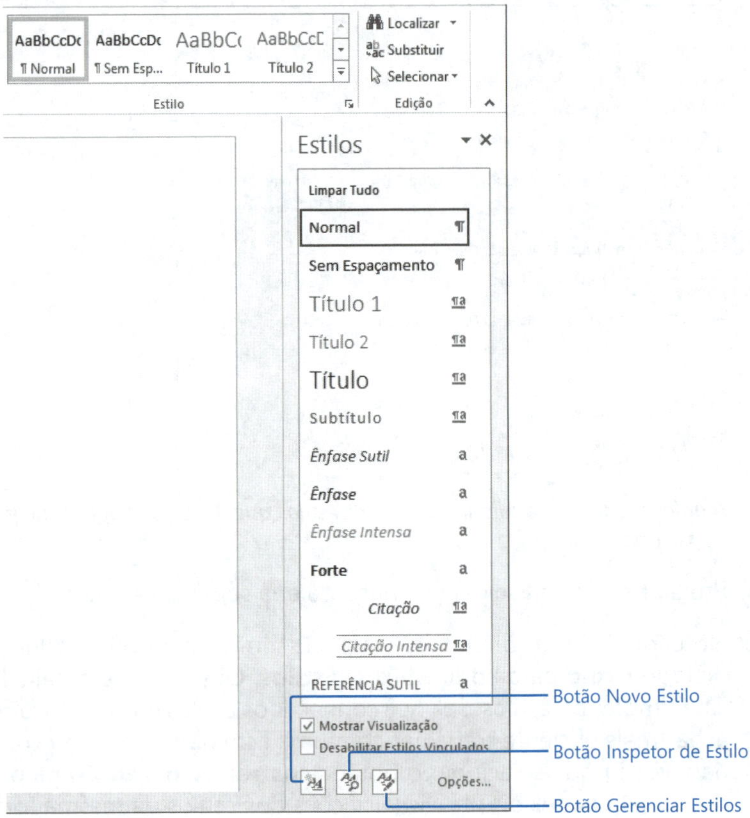

O painel Estilos, exibindo os estilos disponíveis e o estilo do conteúdo selecionado no momento.

10 Clique no botão Fechar (o X) no canto superior direito do painel **Estilos** para fechá-lo. Depois, clique na guia **Inserir** para exibir botões relacionados a todos os itens que você pode inserir em um documento. Familiarize-se com os tipos de conteúdo que podem ser inseridos em um documento examinando os botões nos dez grupos desta guia.

A partir da guia Inserir, você pode inserir muitos elementos gráficos e de documento diferentes.

11 Clique na guia **Design** para exibir botões relacionados à formatação visual de seu documento. Familiarize-se com essas opções de formatação examinando os botões nos dois grupos desta guia.

A partir da guia Design, você pode formatar elementos temáticos e aplicar efeitos visuais às páginas de documentos.

12 No grupo **Formatação do Documento**, clique no botão **Temas** para expandir a galeria de temas disponíveis.

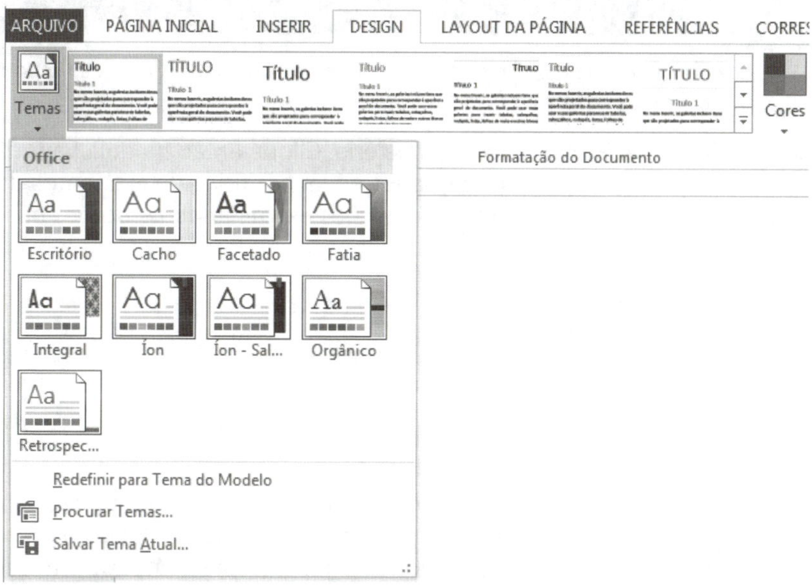

O tema controla o esquema de cores, fontes e efeitos especiais aplicados ao texto de um documento.

13 No grupo **Plano de Fundo da Página**, clique no botão **Cor da Página**. Na galeria **Cor da Página**, aponte para cada amostra na linha superior da paleta de **Cores do Tema**. Observe que o plano de fundo da página muda a cada cor apontada.

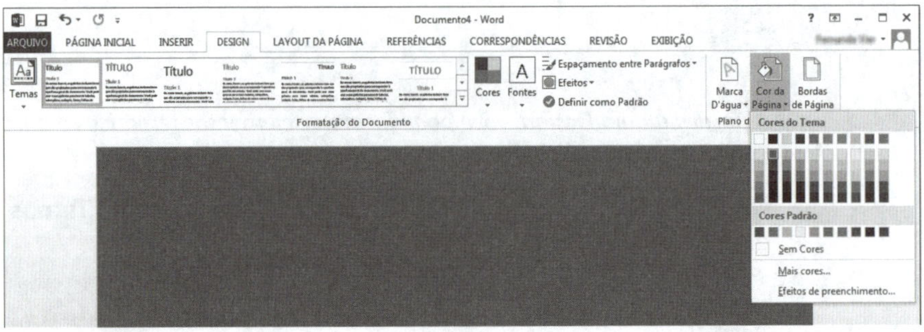

A formatação do plano de fundo da página não afeta o plano de fundo de outros elementos coloridos da página.

14 Pressione **Esc** para fechar a galeria. Clique então na guia **Layout da Página** para exibir botões relacionados ao layout físico de elementos do documento. Familiarize-se com essas opções examinando os botões nos três grupos desta guia.

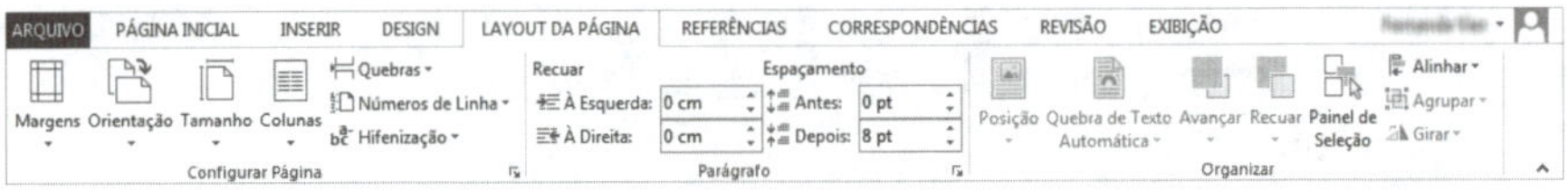

A partir da guia Layout da Página, você pode formatar o layout físico do conteúdo do documento.

15 No canto inferior direito do grupo **Configurar Página**, clique no iniciador para abrir a caixa de diálogo **Configurar página**. Observe as três guias no topo dessa caixa de diálogo: **Margens**, **Papel** e **Layout**. Um clique na guia exibirá uma página de opções relacionadas.

CONSULTE TAMBÉM Para informações sobre o uso da caixa de diálogo Configurar página, consulte "Visualização e ajuste do layout de página" no Capítulo 6, "Visualização, impressão e distribuição de documentos".

16 Clique em **Cancelar** para fechar a caixa de diálogo. Depois clique na guia **Referências** para exibir botões relacionados a informações de referência que você pode adicionar a um documento. Familiarize-se com essas opções examinando os botões nos seis grupos desta guia.

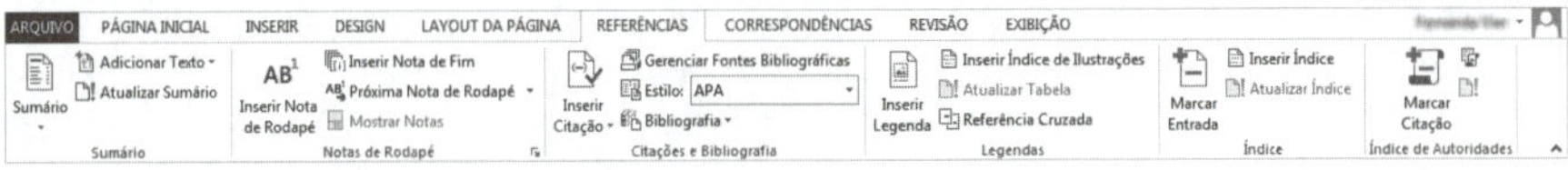

A partir da guia Referências, você pode inserir elementos de referência e compilar tabelas de referência.

DICA Normalmente referências são adicionadas a documentos mais longos, como relatórios.

17 Clique na guia **Correspondências** para exibir botões relacionados à criação de malas diretas. Familiarize-se com essas opções examinando os botões nos cinco grupos desta guia.

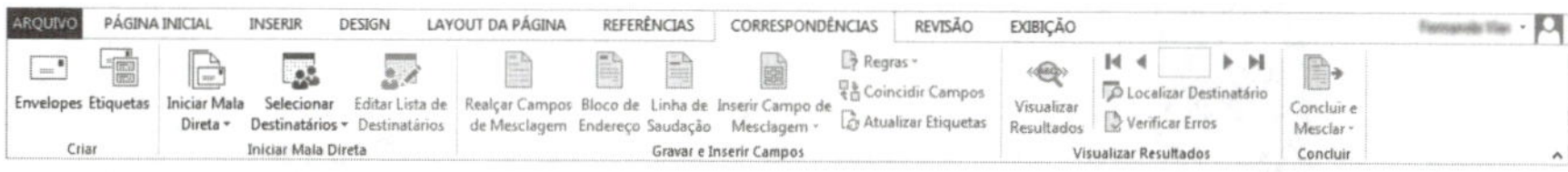

A partir da guia Correspondências, você pode criar malas diretas, mensagens de email, envelopes, etiquetas e outros documentos.

18 Clique na guia **Revisão** para exibir botões relacionados à revisão de documentos, ao trabalho com outros idiomas, à inclusão de comentários, ao controle de alterações do documento e à proteção de documentos. Familiarize-se com essas opções examinando os botões nos sete grupos desta guia.

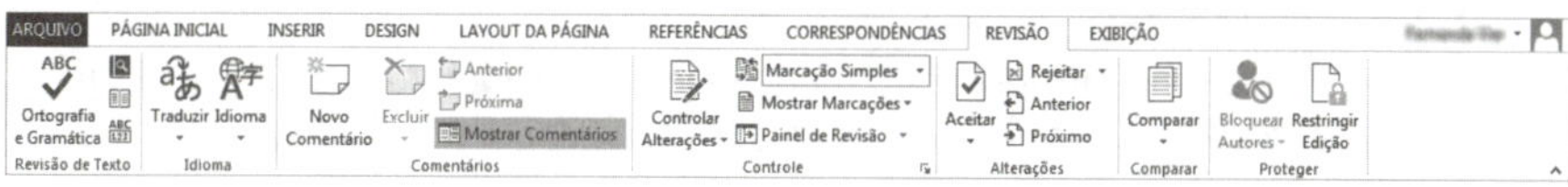

A partir da guia Revisão, você pode revisar e traduzir o conteúdo de documentos, inserir e revisar comentários, controlar alterações, comparar múltiplas versões de um documento e proteger um documento de alterações não autorizadas.

19 Clique na guia **Exibição** para exibir botões relacionados à alteração do modo de exibição e a outros aspectos da exibição. Familiarize-se com essas opções examinando os botões nos cinco grupos desta guia.

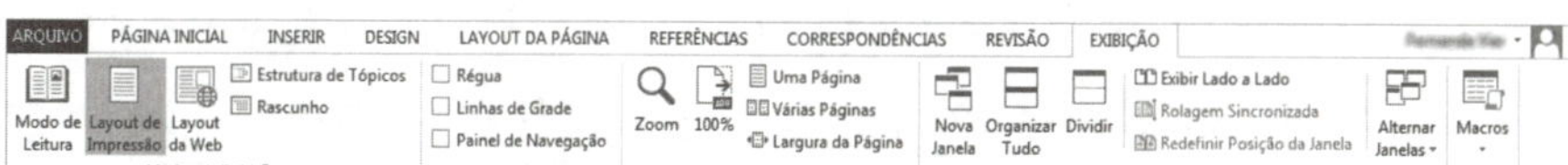

A partir da guia Exibição, você pode controlar a exibição do documento e de vários elementos do Word, exibir e ordenar múltiplas janelas do documento e trabalhar com macros.

Vamos examinar o modo de exibição Backstage, no qual comandos relacionados ao gerenciamento de documentos (como criar, salvar e imprimir) estão disponíveis.

20 Clique na guia **Arquivo** para exibir a página **Informações** do modo de exibição **Backstage** do Word 2013. O painel do meio oferece comandos para controlar quem pode trabalhar no documento, remover propriedades (informações associadas ao documento) e acessar versões do documento (cópias mais antigas do documento que você salvou ou que o Word salvou de forma automática).

O painel direito exibe as propriedades associadas, assim como datas de modificação, criação e impressão e quem criou e editou o documento.

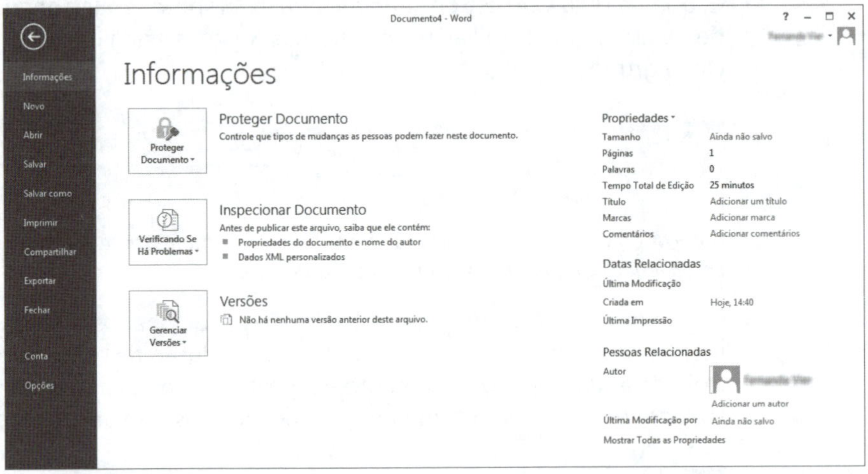

A página Informações do modo de exibição Backstage oferece comandos para revisar e gerenciar as informações de bastidores sobre um documento.

DICA Quando estiver trabalhando em um documento compartilhado com outras pessoas, as informações sobre essas pessoas e maneiras de contatá-las também aparecerão na página Informações. Para saber mais sobre coautoria, consulte "Coautoria de documentos" no Capítulo 15, "Colaboração em documentos".

CONSULTE TAMBÉM Para informações sobre o trabalho com propriedades, consulte "Preparação de documentos para distribuição eletrônica" no Capítulo 6, "Visualização, impressão e distribuição de documentos".

21 No painel esquerdo, clique na guia **Novo**. Observe que os modelos que estavam disponíveis na Tela Inicial do Word também estão disponíveis aqui. Você pode clicar nos links no início da página para localizar modelos adicionais online.

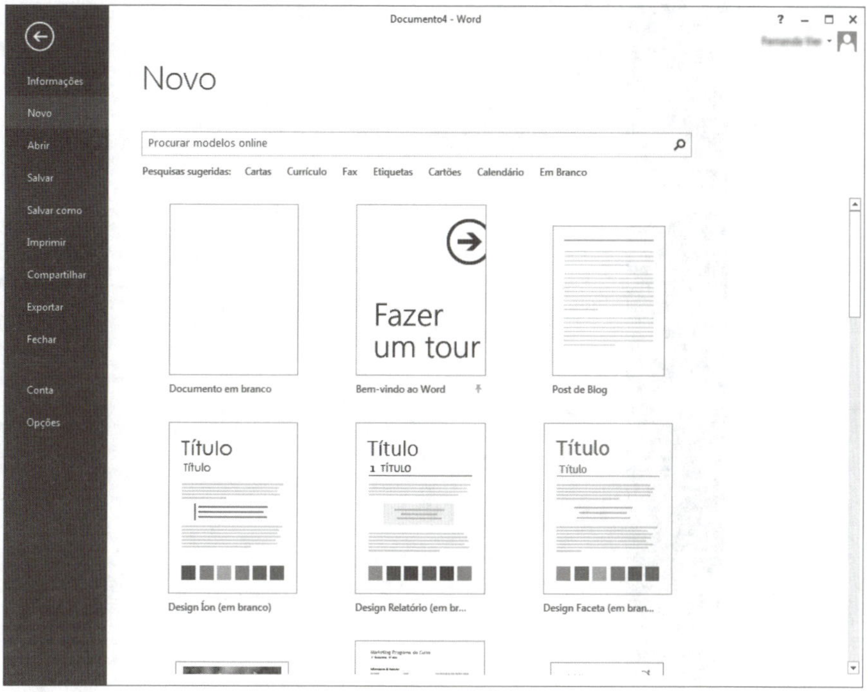

A página Novo do modo de exibição Backstage oferece acesso a modelos de documentos salvos localmente (em seu computador) e online.

SOLUÇÃO DE PROBLEMAS As miniaturas em sua página Novo podem ser diferentes das deste livro.

CONSULTE TAMBÉM Para informações sobre a criação de documentos, consulte "Como iniciar, inserir textos em e salvar documentos" no Capítulo 2, "Digitação, edição e revisão de textos".

22 Clique na guia da página **Abrir**. Esta página exibe localizações a partir das quais você pode abrir documentos existentes, bem como uma lista de documentos em que trabalhou recentemente. O conteúdo da lista **Locais** variará com base em seus recursos disponíveis. Por exemplo, se sua empresa tiver um site SharePoint, essa localização poderá estar disponível na lista – se não estiver, você poderá clicar em **Outros Locais da Web** para localizar o site.

DICA Por padrão, a lista Documentos Recentes exibe um máximo de 20 documentos. Você pode alterar esse número na página Avançado da caixa de diálogo Opções do Word.

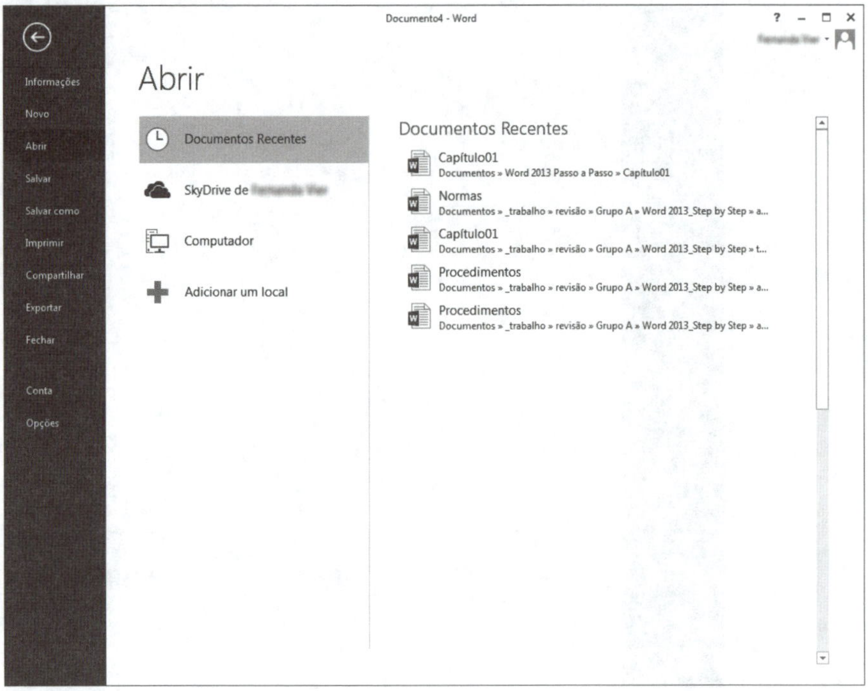

A página Abrir do modo de exibição Backstage fornece links para localizações a partir das quais você pode abrir documentos existentes.

CONSULTE TAMBÉM Para informações sobre a caixa de diálogo Opções do Word, consulte "Alteração das opções padrão do programa" no Capítulo 16, "Como trabalhar no Word com mais eficiência". Para informações sobre a recuperação de documentos não salvos, consulte "Gerenciamento de versões do documento" no Capítulo 15, "Colaboração em documentos".

23 Na caixa de diálogo **Abrir**, clique em **Cancelar**. Clique na guia **Arquivo** para retornar ao modo de exibição **Backstage** e clique na guia da página **Salvar como**. (Como ainda não salvamos esse arquivo, as páginas **Salvar** e **Salvar como** são idênticas.) Observe que as localizações para salvar na lista **Locais** nesta página são as mesmas que aquelas na página **Abrir**, com a exceção de **Documentos Recentes**.

24 Na lista **Locais**, clique em **Computador**. No painel direito, o Word fornece uma lista de pastas em seu computador nas quais salvou documentos recentemente. Selecionar uma pasta na lista **Pastas Recentes** é um atalho fácil para localizar uma pasta usada com frequência e é muito mais simples do que ter de pesquisar pela estrutura de pastas de seu computador para encontrar a localização em que deseja salvar seu documento.

DICA Quando Computador estiver selecionado, clicar em Pesquisar no painel direito exibirá a caixa de diálogo Abrir. Na primeira vez em que utilizar esse comando, a caixa de diálogo Abrir exibirá o conteúdo de sua biblioteca Documentos. Se exibir a caixa de diálogo de novo na mesma sessão do Word, ela exibirá o conteúdo da última pasta que tiver sido utilizada. Para abrir um documento de uma pasta diferente, utilize técnicas padrão do Windows para navegar até a pasta e clicar duas vezes no nome do documento com o qual deseja trabalhar.

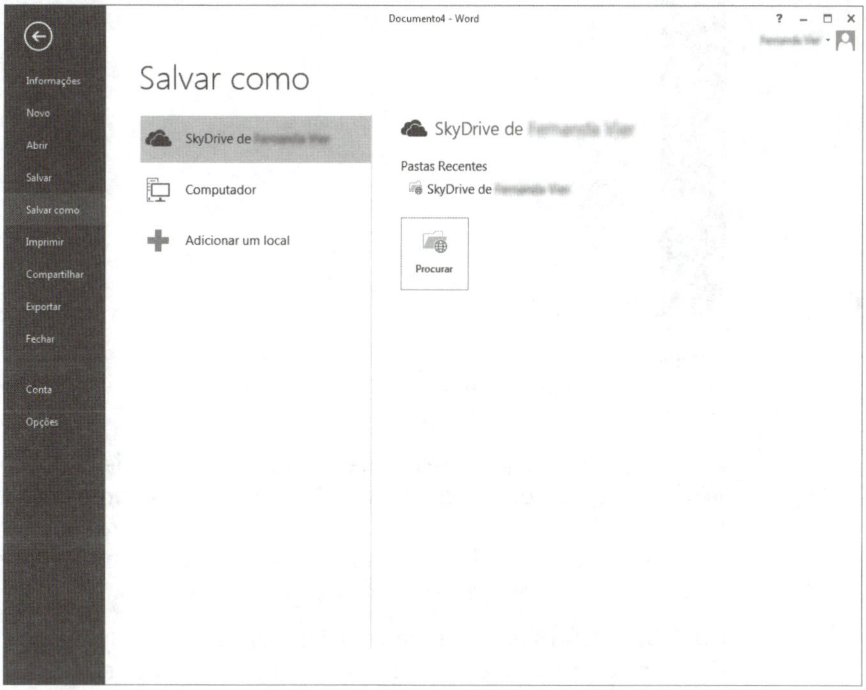

A página Salvar como do modo de exibição Backstage fornece links para identificar localizações existentes e novas nas quais salvar documentos.

25 Exiba as páginas **Imprimir**, **Compartilhar** e **Exportar** para ter uma visão geral das suas funcionalidades, as quais discutiremos em profundidade em capítulos posteriores deste livro. A seguir, clique na guia da página **Conta** para exibir informações sobre sua instalação do Word 2013. Explore as opções nessa página.

CONSULTE TAMBÉM Para informações sobre como imprimir, compartilhar e exportar documentos, consulte o Capítulo 6, "Visualização, impressão e distribuição de documentos", e o Capítulo 11, "Como criar documentos para uso fora do Word".

Observe que você pode escolher um plano de fundo decorativo do Office (não serão mostrados neste livro para evitar a confusão de imagens, mas você pode querer utilizar um) e se conectar a uma variedade de serviços.

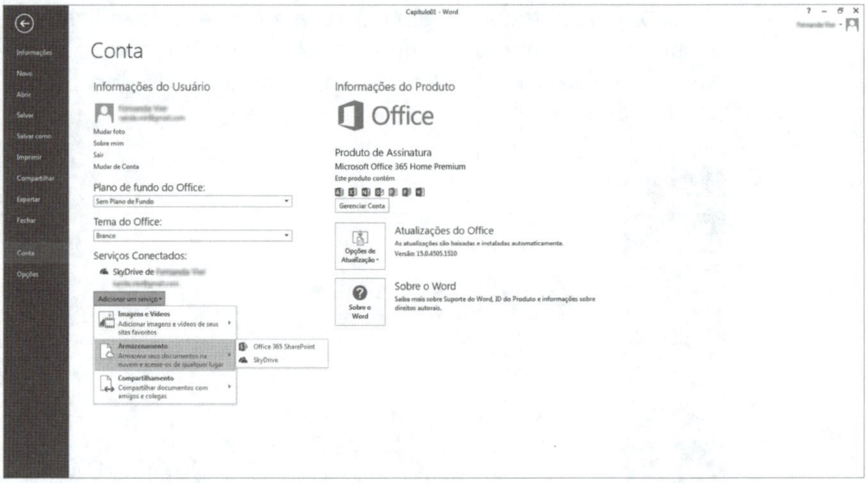

A página Conta do modo de exibição Backstage fornece informações sobre sua instalação ou assinatura, bem como links para conectar o Word a uma variedade de serviços internos e externos.

26 Clique na guia da página **Opções** para abrir a caixa de diálogo **Opções do Word**, na qual você pode personalizar a maneira como o Word funciona para torná-lo mais eficiente para seus objetivos. Explore rapidamente as páginas dessa caixa de diálogo para observar as opções disponíveis, que serão abordadas em profundidade em capítulos posteriores.

CONSULTE TAMBÉM Para informações sobre a caixa de diálogo Opções do Word, consulte "Alteração das opções padrão do programa" no Capítulo 16, "Como trabalhar no Word com mais eficiência".

27 Na parte inferior da caixa de diálogo **Opções do Word**, clique em **Cancelar** para retornar ao documento atual com a guia **Página Inicial** ativa na Faixa de Opções.

ENCERRAMENTO Deixe o documento não salvo aberto para o próximo exercício.

Como abrir, navegar por e fechar documentos

Se o Word ainda não estiver em execução, você pode iniciá-lo e abrir um documento existente ao mesmo tempo a partir do Explorador de Arquivos clicando duas vezes no nome de arquivo do documento.

DICA No Windows 8, o Explorador de Arquivos substituiu o Windows Explorer. Ao longo deste livro, esse utilitário de navegação é referido por seu nome no Windows 8. Se tiver um computador com o Windows 7, utilize o Windows Explorer.

Se o Word já estiver em execução, a partir da Página Inicial, selecione um documento existente no painel Recentes, crie um novo documento a partir de um modelo ou clique em Abrir Outros Documentos para exibir o modo de exibição Backstage. A partir da página Novo do modo de exibição Backstage, crie um documento em branco ou um documento baseado em um modelo, ou clique na guia da página Abrir, selecione uma localização a partir do painel Locais, navegue até um arquivo e o selecione para abrir.

DICA Clicar no nome de um arquivo e na seta Abrir exibirá uma lista de formas alternativas com as quais se pode abrir o documento. Para examinar o documento sem fazer alterações, você pode abri-lo como somente leitura, ou pode abrir uma cópia independente do documento. Se estiver preocupado com a possibilidade de o documento ter conteúdo mal-intencionado, você pode abri-lo no modo de exibição Protegido. Seu computador poderá exibir, mas não interagir com o documento. Após um desligamento inesperado do computador ou outro problema, você pode dizer para o Word abrir o documento e tentar reparar qualquer dano.

Se abrir um documento que seja muito longo para caber por inteiro na tela, você pode colocar conteúdo fora da tela na visualização sem alterar a localização do cursor usando a barra de rolagem vertical que aparece quando você move o ponteiro.

- Clique nas setas de rolagem para mover uma linha para cima ou para baixo.
- Clique acima ou abaixo da caixa de rolagem para mover para cima ou para baixo uma janela.
- Arraste a caixa de rolagem na barra de rolagem para exibir a parte do documento correspondente à localização da caixa de rolagem. Por exemplo, arrastando a caixa de rolagem para o meio da barra de rolagem, o meio do documento será exibido.
- Clique com o botão direito do mouse na barra de rolagem e clique em Rolar Aqui, Superior, Inferior, Uma Página Acima, Uma Página Abaixo, Rolar para Cima ou Rolar para Baixo.

Se o documento for muito largo para caber na tela, o Word exibirá uma barra de rolagem horizontal que você pode utilizar de forma similar para mover de um lado para o outro.

Você também pode se movimentar por um documento movendo o cursor. Para posicionar o cursor em uma localização específica, simplesmente clique nela. Você também pode pressionar atalhos de teclado para mover o cursor. Por exemplo, pressionar a tecla Home move o cursor para a extremidade esquerda de uma linha e pressionar Ctrl+Home move-o para o início do documento.

DICA A localização do cursor é exibida na barra de status. Por padrão, a barra de status informa em que página está o cursor, mas você também pode exibir a localização do cursor por seção, número de linha e coluna e em polegadas a partir do início da página. Simplesmente clique com o botão direito do mouse na barra de status e clique na opção que deseja exibir.

A tabela a seguir lista maneiras de utilizar seu teclado para mover o cursor:

Movimento do cursor	Tecla ou atalho de teclado
Um caractere para a esquerda	Seta para a esquerda
Um caractere para a esquerda	Seta para a direita
Uma linha para cima	Seta para cima
Uma linha para baixo	Seta para baixo
Um parágrafo para cima	Ctrl+Seta para cima
Um parágrafo para baixo	Ctrl+Seta para baixo
Uma palavra para a esquerda	Ctrl+Seta para a esquerda
Para o início da linha atual	Home
Para o fim da linha atual	End
Para o início do documento	Ctrl+Home
Para o fim do documento	Ctrl+End
Para o início da janela	Alt+Ctrl+Page Up
Para o fim da janela	Alt+Ctrl+Page Down
Uma tela para cima	Page Up
Uma tela para baixo	Page Down
Para o início da página anterior	Ctrl+Page Up
Para o início da próxima página	Ctrl+Page Down
Para uma revisão anterior	Shift+F5
Imediatamente após a abertura, para onde estava trabalhando ao fechar pela última vez	Shift+F5

CONSULTE TAMBÉM Para informações sobre revisões, consulte "Como acompanhar e gerenciar alterações em documentos" no Capítulo 15, "Colaboração em documentos".

Em um documento longo, você talvez queira se mover de forma rápida entre elementos de um certo tipo; por exemplo, de um gráfico para outro. A partir da página Ir para da caixa de diálogo Localizar e substituir, você pode selecionar a partir de uma variedade de elementos de navegação, incluindo página, seção, linha, marcador, comentário, nota de rodapé, nota de fim, campo, tabela, gráfico, equação, objeto e título. Você também pode exibir o painel Navegação e se mover de um título para outro, de uma página para outra ou para o próximo resultado da pesquisa.

CONSULTE TAMBÉM Para informações sobre o uso do painel Navegação para procurar conteúdo específico em um documento, consulte "Como encontrar e substituir texto" no Capítulo 2, "Digitação, edição e revisão de textos".

Se mais de um documento estiver aberto, você pode fechar o documento ativo sem sair do Word clicando no botão Fechar na extremidade direita da barra de título. Se apenas um documento estiver aberto, um clique no botão Fechar fechará o documento e também o Word. Para fechar apenas o documento aberto, mas deixar o Word em execução, clique em Fechar no modo de exibição Backstage.

Neste exercício, você abrirá um documento existente e explorará várias maneiras de se mover dentro dele. Depois, você fechará o documento.

PREPARAÇÃO Você precisa do documento Normas localizado na pasta de arquivos de prática Capítulo01 para realizar este exercício. Com o documento não salvo do exercício anterior aberto no Word, siga os seguintes passos:

1 A partir da página **Abrir** do modo de exibição **Backstage**, navegue até a localização em que salvou os arquivos de prática deste livro. Abra a pasta **Capítulo01** e clique duas vezes no documento **Normas** para abri-lo em uma nova instância do Word.

   SOLUÇÃO DE PROBLEMAS Não se preocupe se uma barra de informações abaixo da Faixa de Opções informar que o documento foi aberto no Modo de Exibição Protegido. Por padrão, o Word abre qualquer documento com origem na Internet ou em uma localização potencialmente insegura, incluindo anexos de email, no Modo de Exibição Protegido. Se confiar no arquivo e quiser trabalhar com ele, clique no botão Habilitar Edição na barra de informações.

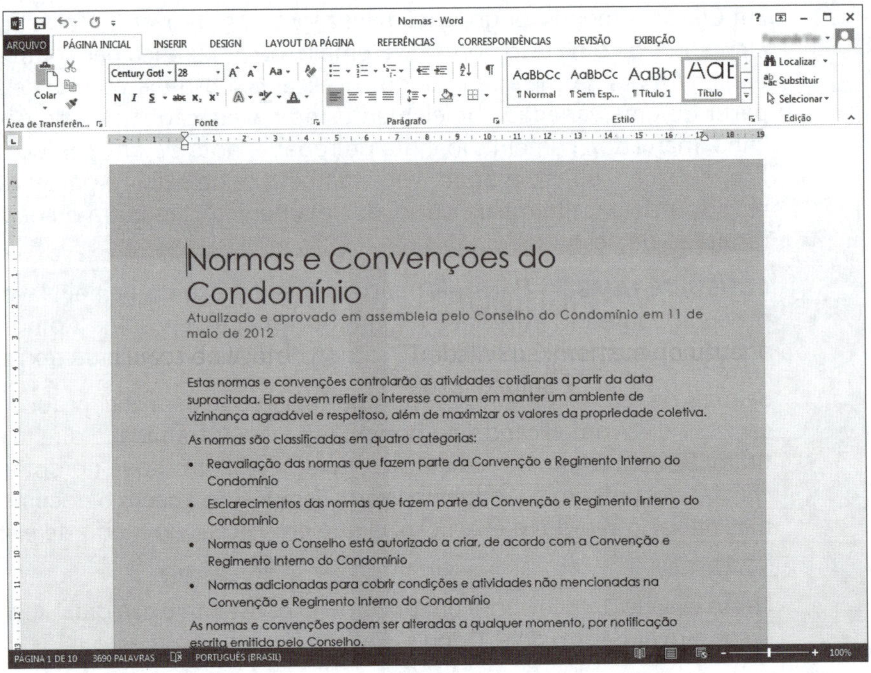

A barra de status exibe informações sobre o tamanho do documento.

2 Na segunda linha do título do documento, clique na extremidade direita do parágrafo para posicionar o cursor.

3 Pressione a tecla **Home** para mover o cursor para o início da linha.

4 Pressione a tecla **Seta para a direita** seis vezes para mover o cursor para o início da palavra **e**.

5 Pressione **Ctrl+Seta para a direita** para mover o cursor para o início da palavra **Normas**.

6 Pressione a tecla **End** para mover o cursor para o fim da linha.

7 Pressione **Ctrl+End** para mover o cursor para o fim do documento.

8 Pressione **Ctrl+Home** para mover o cursor para o início do documento.

9 Clique com o botão direito do mouse no centro da barra de rolagem vertical e clique em **Rolar Aqui** para ir até o meio do documento.

SOLUÇÃO DE PROBLEMAS Se a barra de rolagem vertical não estiver visível, mova o ponteiro e ela aparecerá.

10 Clique acima da caixa de rolagem na barra de rolagem para alterar o modo de exibição do documento em uma janela.

11 Arraste a caixa de rolagem para o início da barra de rolagem para exibir o início do documento. Observe que a localização do cursor não foi alterada – somente a parte do documento que está visível.

12 Na guia **Página Inicial**, no grupo **Edição**, clique na seta de **Localizar** (não no botão) e clique em **Ir para** para exibir a página **Ir para** da caixa de diálogo **Localizar e substituir**.

ATALHO DE TECLADO Pressione Alt+Ctrl+G para exibir a página Ir para da caixa de diálogo Localizar e substituir.

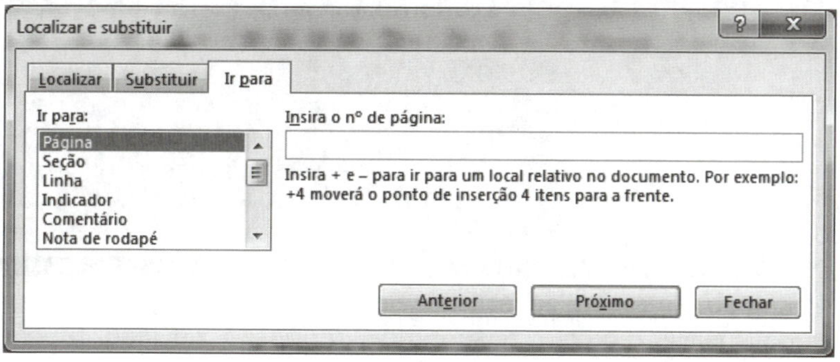

A partir da página Ir para, você pode se mover entre tipos específicos de conteúdo.

13 Com **Página** selecionada na lista **Ir para**, digite **3** na caixa de diálogo **Insira o nº de página** e clique em **Ir para** para se mover ao início da página **3**. A seguir, digite **+3** na caixa **Insira o nº de página** e clique em **Ir para** para se mover até o início da página **6**.

14 Role a lista **Ir para** para visualizar os outros tipos de elementos de documento entre os quais pode se mover, e então clique em **Comentário**. Observe que o título da caixa de entrada de texto muda para **Insira o nome do revisor** e aparece uma lista a partir da qual você pode selecionar um revisor para se mover entre os comentários dessa pessoa.

15 Feche a caixa de diálogo **Localizar e substituir** e, na guia **Exibição**, no grupo **Mostrar**, marque a caixa de seleção **Painel de Navegação** para abrir o painel Navegação no lado esquerdo da janela do programa. Observe que **Títulos** está selecionado no início do painel. A página **Títulos** do painel **Navegação** exibe uma estrutura dos títulos no documento. O título da seção contendo o cursor está destacado.

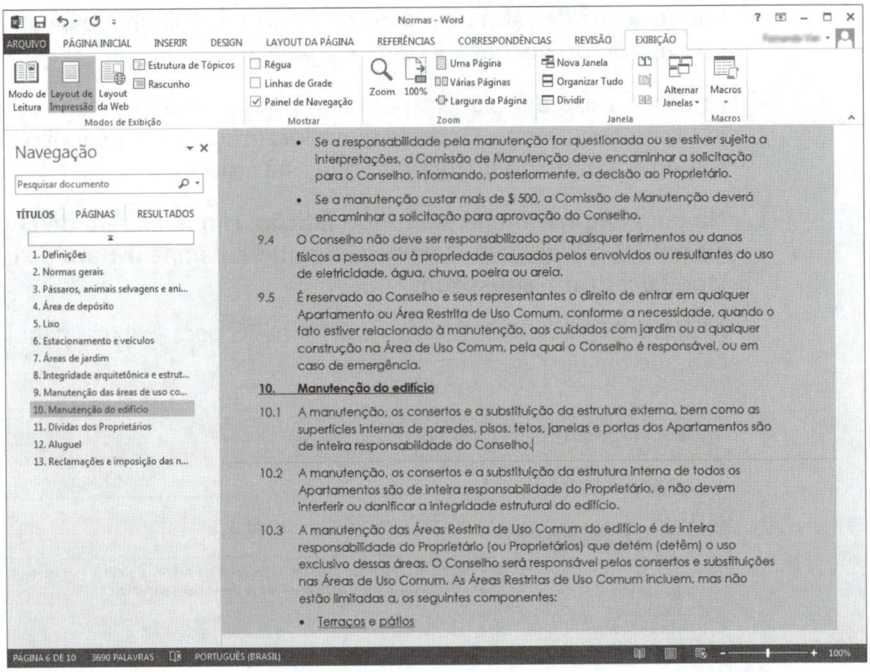

A partir do painel Navegação, você pode se mover entre títulos, páginas ou resultados da pesquisa.

DICA Os títulos mostrados no painel Navegação estão baseados em títulos formatados no documento com o uso de estilos. Para informações sobre criar uma estrutura e garantir a consistência com o uso de estilos, consulte "Aplicação de estilos ao texto" no Capítulo 3, "Como modificar a estrutura e a aparência do texto".

16 No painel **Navegação**, clique no título **Paisagismo** para mover o cursor diretamente para o título selecionado.

17 No início do painel **Navegação**, clique em **Páginas**. Na página **Páginas**, role pelas miniaturas para examinar a quantidade de detalhes visíveis e clique na miniatura da página **5** para mover o cursor diretamente para o início da página selecionada.

18 Na extremidade direita da barra de título do painel **Navegação**, clique no botão **Fechar** (no X) para fechar o painel.

19 Na extremidade direita da barra de título da janela do programa, clique no botão **Fechar** para fechar o documento Normas.

20 Se o **Documento1** não estiver ativo, exiba-o. Clique na guia **Arquivo** e, a seguir, no modo de exibição Backstage, clique em **Fechar**. Se o Word perguntar se quer salvar as alterações feitas nesse documento, clique em **Não Salvar**. Observe que, quando o **Documento1** é fechado, o Word continua em execução.

SOLUÇÃO DE PROBLEMAS No passo 20, se clicar no botão Fechar na extremidade direita da barra de título em vez de clicar em Fechar no modo de exibição Backstage, você fechará o documento aberto do Word e sairá do programa. Para continuar trabalhando, abra o Word de novo.

ENCERRAMENTO Deixe o Word aberto para o próximo exercício.

Diferentes modos de exibição de documentos

No Word, você pode exibir um documento em uma variedade de modos, cada um adequado a um objetivo específico. Você alterna o modo de exibição clicando nos botões do grupo Modos de Exibição, na guia Exibição, ou nos botões da barra de ferramentas Exibir Atalhos no canto inferior direito da janela do programa.

- **MODO DE EXIBIÇÃO LAYOUT DE IMPRESSÃO** Esse modo de exibição mostra um documento na tela da maneira que ele parecerá ao ser impresso. Você pode examinar elementos como margens, quebras de página, cabeçalhos, rodapés e marcas d'água.
- **MODO DE EXIBIÇÃO MODO DE LEITURA** Esse modo de exibição mostra tanto conteúdo do documento quanto couber na tela em um tamanho confortável para a leitura. A Faixa de Opções é substituída por uma barra de ferramentas no topo da tela com botões para pesquisar e navegar no documento. Você pode visualizar comentários, mas não pode editar o documento.
- **MODO DE EXIBIÇÃO LAYOUT DA WEB** Esse modo de exibição mostra o documento da maneira que parecerá quando visualizado em um navegador da Web. Você pode examinar planos de fundo e outros efeitos. Você também pode verificar como o texto é quebrado de forma automática para caber na janela e como os gráficos são posicionados.
- **MODO DE EXIBIÇÃO ESTRUTURA DE TÓPICOS** Esse modo de exibição mostra a estrutura de um documento como níveis aninhados de títulos e corpo de texto e fornece ferramentas para visualizar e alterar a hierarquia.

  CONSULTE TAMBÉM Para informações sobre como exibir e modificar um documento no modo de exibição Estrutura de Tópicos, consulte "Reorganização de estruturas de tópicos de documentos" no Capítulo 10, "Organização e ordem dos conteúdos". Para informações sobre documentos da Web, consulte "Como criar e modificar documentos da Web" no Capítulo 11, "Como criar documentos para uso fora do Word".

- **MODO DE EXIBIÇÃO RASCUNHO** Esse modo de exibição mostra o conteúdo de um documento com um layout simplificado, de modo que você possa inserir e editar o texto de forma rápida. Você não pode visualizar elementos de layout como cabeçalhos e rodapés.

Quando quiser focar no layout de um documento, você pode exibir réguas e linhas de grade para ajudá-lo a posicionar e alinhar elementos. Simplesmente marque as caixas de seleção correspondentes no grupo Mostrar na guia Exibição. Você também pode ajustar a ampliação do documento usando as ferramentas disponíveis no grupo Zoom na guia Exibição ou o botão Nível de Zoom ou no Controle Deslizante de Zoom na extremidade direita da barra de status. Um clique no botão Zoom ou no botão Nível de Zoom exibirá uma caixa de diálogo na qual você pode selecionar ou digitar uma porcentagem; ou você pode arrastar o Controle Deslizante de Zoom para a esquerda ou para a direita ou clicar no botão Reduzir ou Ampliar de cada lado do controle deslizante para alterar a porcentagem de forma progressiva.

CONSULTE TAMBÉM Para informações sobre como controlar linhas de grade do documento, consulte "Ordem de objetos na página" no Capítulo 10, "Organização e ordem dos conteúdos".

Você não está limitado a trabalhar com um documento por vez. Você pode alternar com facilidade entre documentos abertos e pode exibir mais de uma janela do programa de forma simultânea.

Se quiser trabalhar com diferentes partes do mesmo documento, pode abrir o documento ativo em uma segunda janela e exibir ambos, ou pode dividir uma única janela em dois painéis e rolar pelo conteúdo de cada painel de forma independente.

DICA Na extremidade direita da guia Exibição está o grupo Macros, que inclui comandos para exibir, gravar e pausar macros. A discussão sobre macros está além do escopo deste livro. Se estiver interessado em saber sobre elas, procure *macros* na Ajuda do Word.

Há um recurso não representado na guia Exibição que pode ser de grande valor quando estiver refinando o layout de um documento. Um clique no botão Mostrar Tudo ¶ no grupo Parágrafo da guia Página Inicial ativa e desativa a exibição de marcas de formatação e caracteres ocultos. As marcas de formatação, como guias, marcas de parágrafo, quebras de página e quebras de seção, controlam o layout de seu documento, e os caracteres ocultos fornecem a estrutura para processos nos bastidores, como a indexação. Quando estiver desenvolvendo um documento, pode querer exibir essas marcas e caracteres.

ATALHO DE TECLADO Pressione Ctrl+* para ativar e desativar a exibição de marcas de formatação e texto oculto. (Você precisa manter a tecla Shift pressionada para ativar a tecla *. Portanto, na verdade, você estará pressionando Ctrl+Shift+8.)

DICA Você pode formatar qualquer texto como texto oculto selecionando-o, clicando no iniciador da caixa de diálogo Fonte na guia Página Inicial, marcando a caixa de seleção Oculto e clicando em OK. Quando o botão Mostrar Tudo ¶ estiver ativo, o texto oculto estará visível e identificado no documento com um sublinhado pontilhado.

Neste exercício, primeiro você aprenderá mais uma forma de abrir um documento existente. Você explorará várias maneiras de personalizar o modo de exibição Layout de Impressão para tornar o trabalho com documentos em desenvolvimento mais eficiente. A seguir, você trocará para os outros modos de exibição principais, observando as diferenças para que tenha uma ideia de qual é mais apropriado para cada tarefa. Por fim, você alternará entre documentos abertos e exibirá um documento em múltiplas janelas ao mesmo tempo.

PREPARAÇÃO Você precisa dos documentos Procedimentos e Preços localizados na pasta de arquivos de prática Capítulo01 para realizar este exercício. Com o Word em execução, siga os seguintes passos:

1 Na página **Abrir** do modo de exibição **Backstage**, na lista **Locais**, clique em **Computador**. Depois, na lista **Pastas Recentes**, clique na pasta **Capítulo01**.

SOLUÇÃO DE PROBLEMAS Se a pasta Capítulo01 não aparecer na lista, clique no botão Procurar e localize a pasta.

2 Na caixa de diálogo **Abrir** exibindo o conteúdo da pasta **Capítulo01**, clique duas vezes no documento **Procedimentos** para abri-lo na instância existente do Word.

3 Com o documento no modo de exibição **Layout de Impressão** (o modo de exibição padrão), percorra o documento.

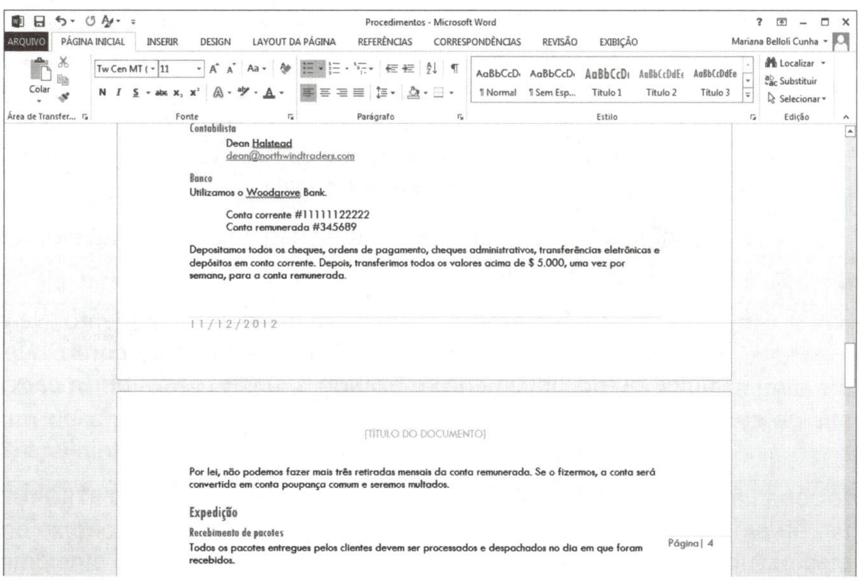

Os cabeçalhos e rodapés do documento estão visíveis no modo de exibição Layout de Página quando quebras de página são mostradas.

Observe que em todas as páginas, menos na primeira, o documento impresso terá o título no cabeçalho no início da página, o número de página na margem direita e a data no rodapé no fim da página.

CONSULTE TAMBÉM Para informações sobre cabeçalhos e rodapés, consulte "Inserção de partes pré-formatadas do documento" no Capítulo 9, "Como adicionar elementos visuais".

4 Aponte para a lacuna entre quaisquer duas páginas e, quando o ponteiro se transformar em duas setas opostas, clique duas vezes no botão do mouse para ocultar o espaço em branco no início e no fim de cada página e o espaço cinza entre páginas. A seguir, percorra o documento de novo para examinar a mudança.

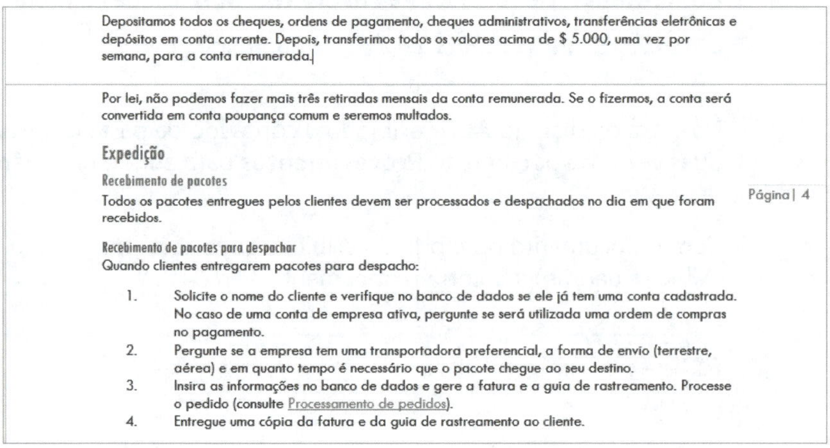

Depositamos todos os cheques, ordens de pagamento, cheques administrativos, transferências eletrônicas e depósitos em conta corrente. Depois, transferimos todos os valores acima de $ 5.000, uma vez por semana, para a conta remunerada.

Por lei, não podemos fazer mais três retiradas mensais da conta remunerada. Se o fizermos, a conta será convertida em conta poupança comum e seremos multados.

Expedição

Recebimento de pacotes

Todos os pacotes entregues pelos clientes devem ser processados e despachados no dia em que foram recebidos.

Página | 4

Recebimento de pacotes para despachar

Quando clientes entregarem pacotes para despacho:

1. Solicite o nome do cliente e verifique no banco de dados se ele já tem uma conta cadastrada. No caso de uma conta de empresa ativa, pergunte se será utilizada uma ordem de compras no pagamento.
2. Pergunte se a empresa tem uma transportadora preferencial, a forma de envio (terrestre, aérea) e em quanto tempo é necessário que o pacote chegue ao seu destino.
3. Insira as informações no banco de dados e gere a fatura e a guia de rastreamento. Processe o pedido (consulte Processamento de pedidos).
4. Entregue uma cópia da fatura e da guia de rastreamento ao cliente.

Ocultar o espaço em branco torna mais rápido percorrer um documento longo e mais fácil de comparar o conteúdo em duas páginas.

5 Aponte para a linha que separa uma página da seguinte e clique duas vezes para restaurar o espaço.

6 Pressione **Ctrl+Home** para ir para o início do documento. Na extremidade direita da barra de status, clique no botão **Nível de Zoom**, que atualmente indica que o documento é exibido a 100%, para abrir a caixa de diálogo **Zoom**.

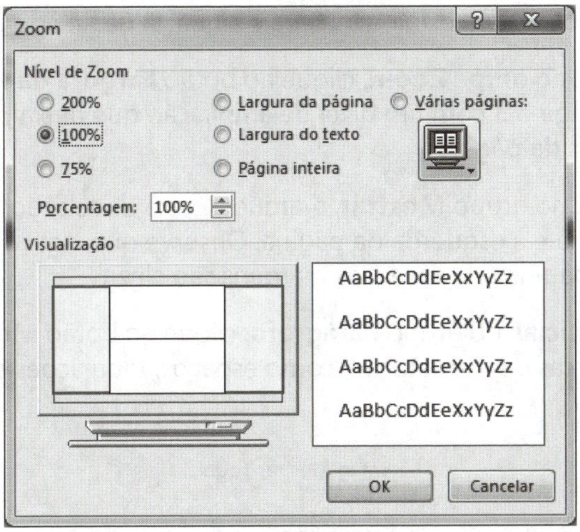

Você pode clicar em uma porcentagem predefinida ou especificar a sua.

7 Na caixa de diálogo **Zoom**, clique em **Várias páginas**. A seguir, clique no botão do monitor, clique na segunda miniatura da primeira linha e clique em **OK** para mudar a ampliação, de modo que duas páginas apareçam lado a lado. Na barra de status, observe que os indicadores do **Nível de Zoom** e do **Controle Deslizante de Zoom** mudaram para refletir a nova ampliação.

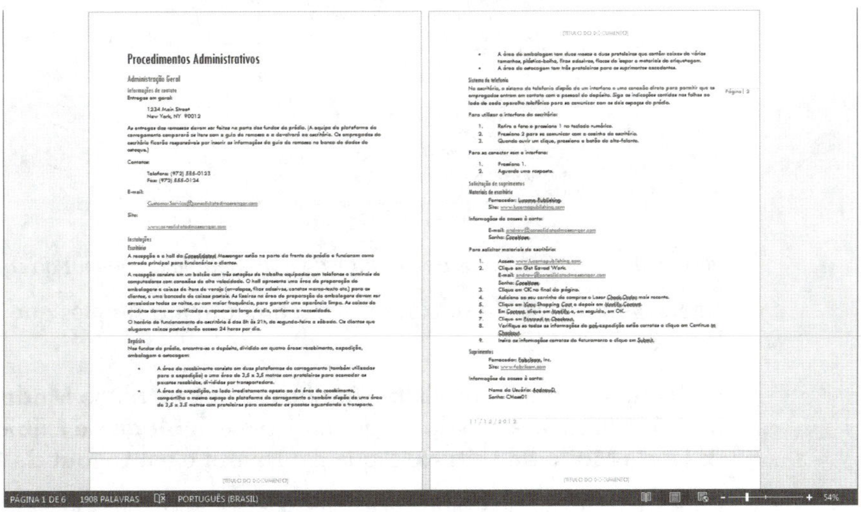

Você pode percorrer o documento duas páginas por vez.

8 Pressione **Page Down** para exibir a terceira e a quarta página do documento.

9 Na guia **Exibição**, no grupo **Zoom**, clique no botão **Largura da Página** para exibir apenas a página **3** com um nível de ampliação que deixa pouco espaço vazio nos lados da página.

10 Na guia **Exibição**, no grupo **Mostrar**, marque a caixa de seleção **Régua** para exibir réguas acima e à esquerda da página. Observe que, nas réguas, a área de conteúdo da página é branca e as margens são cinza.

11 Na guia **Página Inicial**, no grupo **Parágrafo**, clique no botão **Mostrar Tudo** ¶ para tornar marcas de formatação, como espaços, tabulações e marcas de parágrafo, visíveis.

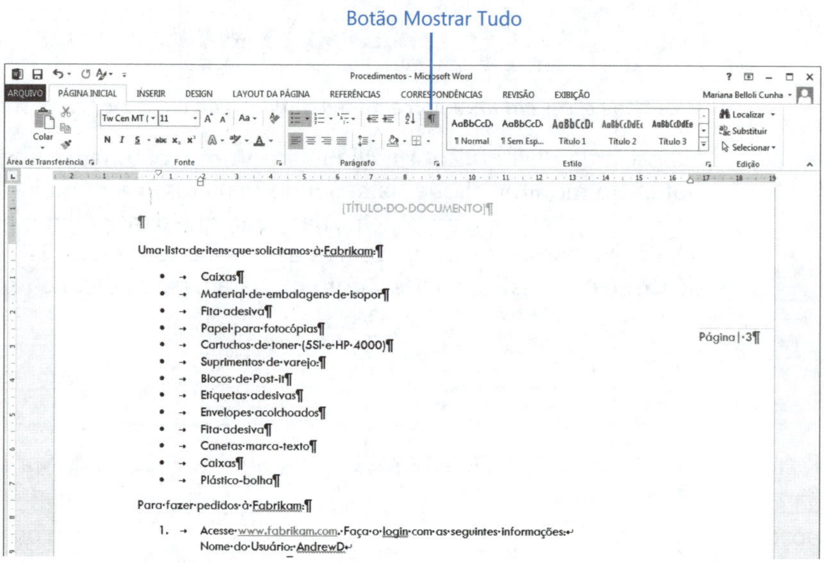

Você pode exibir as marcas de formatação que controlam o layout do conteúdo.

Agora, vamos exibir o documento em um formato simples que seja de fácil leitura.

12 Na barra de ferramentas **Exibir Atalhos**, clique no botão **Modo de Leitura** para simplificar a janela do programa. No menu **Modo de Exibição** no topo da janela **Modo de Leitura**, clique em **Layout** e em **Layout de Coluna**.

DICA Se o Layout de Coluna já estiver selecionado, selecioná-lo de novo não alterará o layout.

13 No menu **Modo de Exibição**, clique em **Largura da Coluna** e em **Estreitar** para exibir o documento em duas colunas. Então, no lado direito da janela, clique no botão **Avançar** para exibir as próximas duas telas do documento.

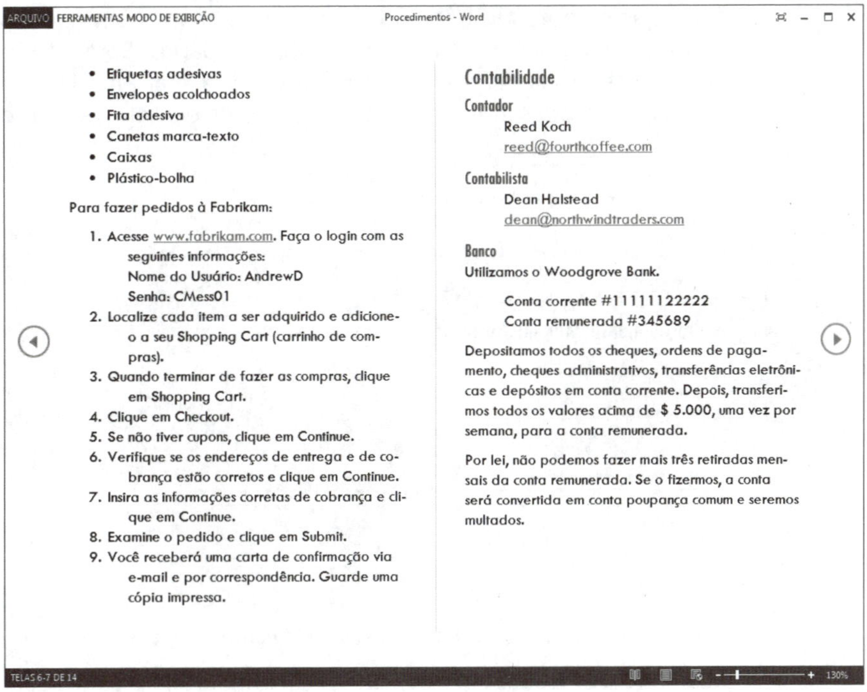

Você não pode editar o conteúdo no modo de exibição Modo de Leitura.

14 Investigue as opções nos menus **Ferramentas** e **Modo de Exibição**. Observe que você pode definir a cor da página para **Sépia** ou **Inverso** (texto branco em uma tela preta), caso a leitura de texto preto em uma tela branca incomode seus olhos. A seguir, no menu **Modo de Exibição**, clique em **Editar Documento** para retornar ao modo de exibição **Layout de Impressão**.

> **IMPORTANTE** Em versões anteriores do Word, um clique no botão Fechar no canto superior direito do modo de exibição de leitura (anteriormente conhecido como Modo de Exibição de Leitura em Tela Inteira) voltaria ao modo de exibição anterior para que o documento pudesse ser editado. No Word 2013, um clique no botão Fechar no canto superior direito da janela enquanto estiver no modo de exibição Modo de Leitura fechará o documento.

Agora, vamos exibir o documento como aparecerá em um navegador da Web.

15 Pressione **Ctrl+Home** para retornar ao início do documento. Na barra de ferramentas **Exibir Atalhos**, clique no botão **Layout da Web**. A seguir, percorra o documento. Observe que a coluna de texto preenche a janela e não há quebras de página.

16 Pressione **Ctrl+Home** para retornar ao início do documento. Na guia **Exibição**, no grupo **Modos de Exibição**, clique no botão **Rascunho** e percorra o documento.

Note que o conteúdo básico do documento aparece sem qualquer elemento externo, como margens, cabeçalhos e rodapés. Somente a régua horizontal está visível. A área ativa na régua indica a largura da coluna de texto, linhas pontilhadas indicam quebras de página e a rolagem é rápida e fácil.

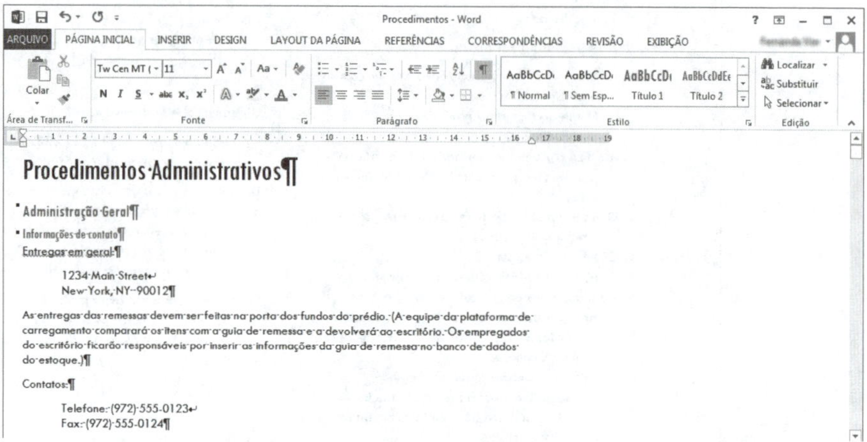

O modo de exibição Rascunho não exibe elementos gráficos.

SOLUÇÃO DE PROBLEMAS Se você tiver configurado o painel de área de estilo para aparecer nos modos de exibição Estrutura de Tópicos e Rascunho, ele estará visível no lado esquerdo da página. Para informações sobre como utilizar o painel de área de estilo, consulte "Reorganização da estrutura de tópicos de documentos" no Capítulo 10, "Organização e ordem dos conteúdos".

Agora vamos abrir um segundo documento.

17 Na página **Abrir** do modo de exibição **Backstage**, no painel esquerdo, clique em **Computador**. Na lista **Pasta Atual**, clique em **Capítulo01**. A seguir, na caixa de diálogo **Abrir**, clique duas vezes no documento **Preços** para abri-lo em sua própria janela do programa.

Observe que o documento Preços será aberto no modo de exibição Layout da Web, o último dos três principais modos de exibição (aqueles disponíveis a partir da barra de ferramentas Exibir Atalhos) que você usou. O Word se lembra dessa configuração.

18 No documento **Preços**, na barra de ferramentas **Exibir Atalhos**, clique no botão **Layout de Impressão**. Observe que o número de telefone no corpo do memorando está sublinhado por uma linha pontilhada, o que indica que está formatado como oculto.

DICA A configuração Mostrar Tudo permanece ativa no Word quando você abre ou inicia outro documento. Quando tiver múltiplos documentos abertos, poderá ativar ou desativar a configuração para cada documento.

19 Na guia **Página Inicial**, no grupo **Parágrafo**, clique no botão **Mostrar Tudo** para ocultar texto oculto e marcas de formatação neste documento. Observe que o número de telefone não está mais visível.

20 Na guia **Exibição**, no grupo **Janela**, clique no botão **Alternar Janelas** e, a seguir, na lista de documentos abertos, clique em **Procedimentos** para reexibir o documento **Procedimentos**. Observe que ele ainda está no modo de exibição **Rascunho** com marcas de formatação e texto oculto ativos.

DICA Você pode controlar o modo de exibição e as marcas de formatação para cada janela de forma separada.

21 Na guia **Exibição**, no grupo **Janela**, clique no botão **Organizar Tudo** para redimensionar as janelas abertas e empilhá-las uma sobre a outra. Observe que cada janela tem uma Faixa de Opções, de modo que você possa trabalhar com cada documento de forma independente.

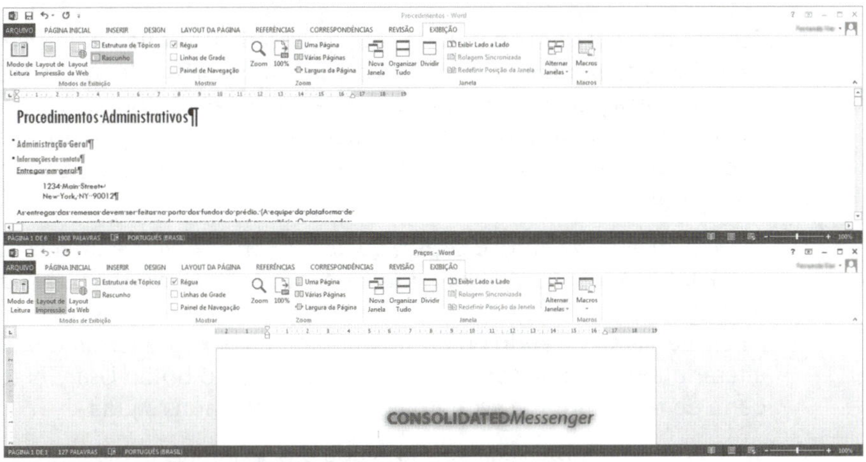

Você pode exibir mais de uma janela ao mesmo tempo.

DICA As faixas de opções em cada janela ocupam muito espaço da tela. Para exibir mais de cada documento, clique no botão Recolher a Faixa de Opções em cada janela para ocultar tudo, menos os nomes das guias.

22 Na extremidade direita da barra de título de **Procedimentos**, clique no botão **Fechar**. Se o Word perguntar se quer salvar as alterações, clique em **Não Salvar**. Observe que a janela do documento **Preços** permanece em meia altura.

23 Na extremidade direita da barra de título de **Preços**, clique no botão **Maximizar** para expandir a janela e preencher a tela.

24 Na guia **Exibição**, no grupo **Mostrar**, limpe a caixa de seleção **Régua** para desativar as réguas.

ENCERRAMENTO Feche o documento Preços, mas deixe o Word em execução para o próximo exercício.

Como obter ajuda com o Word 2013

Sempre que tiver uma pergunta sobre o Word 2013 que não esteja respondida neste livro, seu primeiro recurso é o sistema de Ajuda do Word. Esse sistema é uma combinação de artigos, vídeos e ferramentas e informações de treinamento disponíveis a partir do site do Office para referência quando estiver online e informações básicas armazenadas em seu computador para referência quando estiver offline.

DICA Para alternar entre o conteúdo de referência online e offline, clique na seta à direita da Ajuda do Word e clique em Ajuda do Word do Office.com ou Ajuda do Word do seu computador. Você pode imprimir as informações exibidas na janela da Ajuda clicando no botão Imprimir na barra de ferramentas. Você pode alterar o tamanho da fonte do tópico clicando no botão Usar Texto Grande na barra de ferramentas à esquerda da caixa Procurar na Ajuda.

Você pode encontrar recursos da Ajuda das seguintes maneiras:

- Para saber mais sobre um item na tela, você exibir uma Dica de Tela. Por exemplo, para exibir uma Dica de Tela para um botão, aponte para ele sem clicar. A Dica de Tela informa o nome do botão, o atalho de teclado associado, se houver um, e, a menos que especifique o contrário, uma descrição do que o botão faz ao ser clicado. Algumas Dicas de Tela também incluem informações avançadas, como instruções e links para tópicos relacionados da Ajuda.
- Na janela do Word, você pode clicar no botão Ajuda do Microsoft Word (o ponto de interrogação) próximo à extremidade direita da barra de título para exibir a janela da Ajuda do Word.
- Em uma caixa de diálogo, você pode clicar no botão Ajuda (também um ponto de interrogação) próximo à extremidade direita da barra de título da caixa de diálogo para abrir a janela da Ajuda do Word e exibir qualquer tópico relacionado disponível para as funções dessa caixa de diálogo.

Neste exercício, você explorará a janela da Ajuda do Word e procurará informações sobre como imprimir e usar o SkyDrive.

PREPARAÇÃO Você não precisa de arquivos de prática para realizar este exercício. Com o Word em execução, siga os seguintes passos:

1 Próximo à extremidade direita da barra de título, clique no botão **Ajuda do Microsoft Word** para abrir a janela da **Ajuda do Word**.

ATALHO DE TECLADO Pressione F1 para exibir a janela da Ajuda do Word.

Sua janela da Ajuda pode parecer diferente desta, pois o site do Office é atualizado com regularidade.

2 No topo da janela da **Ajuda do Word**, digite **imprimir** na caixa **Procurar** e clique no botão **Procurar** para exibir uma lista de tópicos relacionados à impressão de documentos do Office. Clique no link **Criar e imprimir etiquetas** para exibir o artigo correspondente.

DICA Links para artigos relacionados estão indicados por texto colorido.

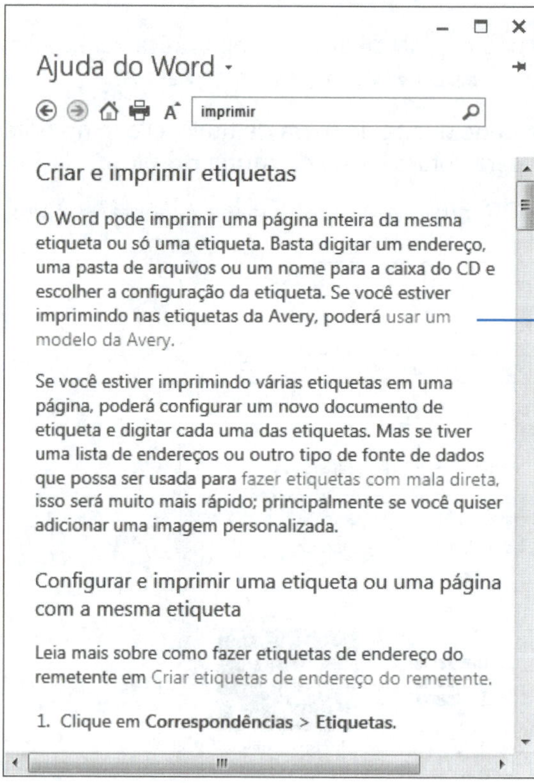

Um artigo típico da Ajuda.

3 Pule para as informações relacionadas clicando em qualquer link identificado por texto colorido.

4 Digite **SkyDrive** na caixa **Procurar** e pressione **Enter** para exibir tópicos relacionados ao termo da pesquisa. Na lista de resultados, clique em **Compartilhar um documento usando o SharePoint ou o SkyDrive** para exibir esse tópico.

5 Na extremidade esquerda da barra de ferramentas, clique no botão **Voltar** para retornar aos tópicos exibidos anteriormente. Quando terminar sua exploração, feche a janela da **Ajuda do Word** clicando no botão **Fechar** no canto superior direito.

ENCERRAMENTO Se tiver terminado de usar o Word por enquanto, feche a janela do programa.

Pontos-chave

- A principal funcionalidade do Word 2013 permanece a mesma, independentemente da versão do programa que estiver usando. Contudo, os recursos disponíveis e a maneira como você interage com o programa podem ser diferentes em diferentes versões.
- A interface do usuário do Word fornece acesso intuitivo a todas as ferramentas necessárias para desenvolver um documento sofisticado adequado às necessidades de seu público.
- Você pode abrir mais de um documento do Word e pode exibir mais de um documento por vez, mas somente um documento por vez pode estar ativo.
- É fácil mover o cursor clicando no texto ou pressionando teclas e atalhos de teclado.
- Quando salva um documento do Word, você especifica sua localização na página Salvar como do modo de exibição Backstage e seu nome e formato de arquivo na caixa de diálogo Salvar como.
- Você pode exibir um documento de diversas formas, dependendo de suas necessidades enquanto cria o documento e do objetivo para o qual o esteja criando.
- A janela da Ajuda do Word proporciona acesso instantâneo a informações e treinamento atuais na maioria dos aspectos do programa.

Visão geral do capítulo

Iniciar

Inicie, digite texto em e salve **documentos**, página 52

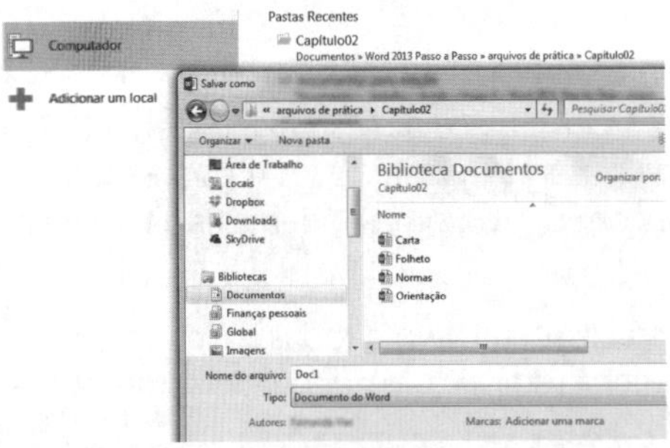

Modificar

Modifique o texto, página 58

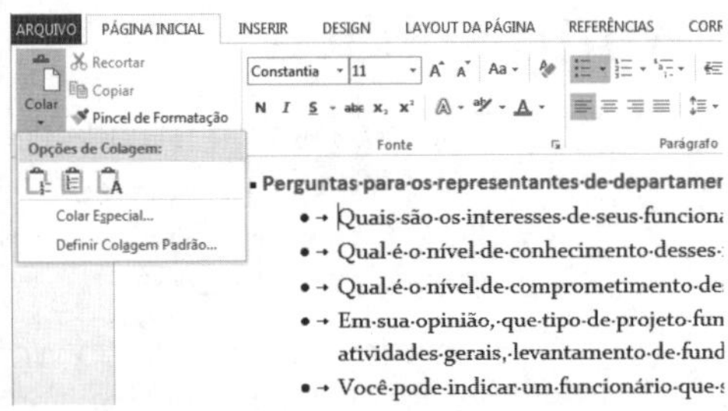

Localizar

Localize e substitua texto, **página 68**

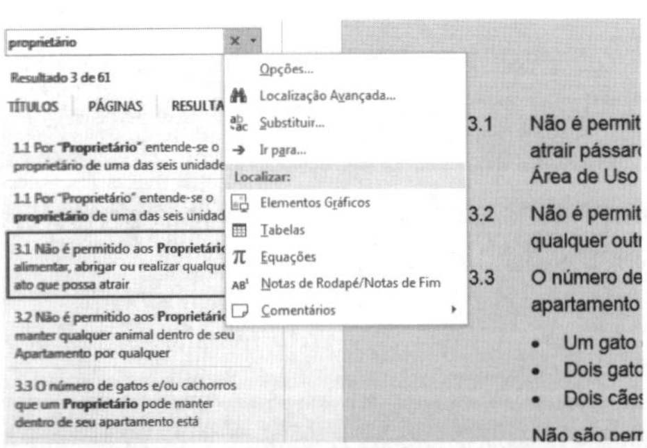

Corrigir

Corrija erros de ortografia e gramática, página 86

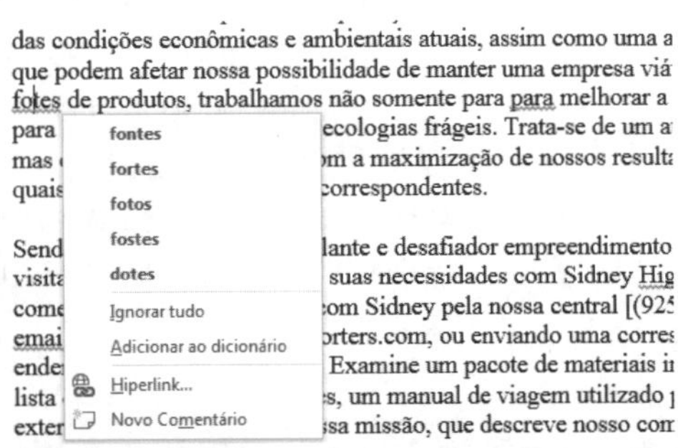

Digitação, edição e revisão de textos

2

NESTE CAPÍTULO, VOCÊ APRENDERÁ A:

- Iniciar, digitar texto em e salvar documentos.
- Modificar o texto.
- Localizar e substituir texto.
- Aperfeiçoar o texto.
- Corrigir erros de ortografia e gramática.

Inserir texto em um documento do Microsoft Word é uma simples questão de digitação – seja em um teclado tradicional ou em um virtual; em alguns casos, é uma questão de escrever (em um tablet) ou falar (em um microfone conectado a seu computador). Contudo, mesmo os digitadores mais precisos ocasionalmente cometem erros, e a exatidão de uma entrada manuscrita ou falada pode ser ainda menos confiável. A menos que seus documentos sejam destinados para ninguém mais além de você mesmo, você vai querer garantir que eles estejam não apenas corretos, mas também profissionais. O Word 2013 tem diversas ferramentas que tornam a criação de documentos profissionais fácil e eficiente, seja você um escritor novato ou experiente.

- **FERRAMENTAS DE EDIÇÃO** Estas ferramentas fornecem técnicas de seleção rápida e edição do tipo "arrastar e soltar" para que seja fácil mover e copiar texto para onde você quiser.
- **FERRAMENTAS DE BUSCA** Essas ferramentas podem ser utilizadas para localizar e substituir palavras, frases e caracteres especiais, seja um por vez ou em todo o documento.

  CONSULTE TAMBÉM Para informações sobre o uso das ferramentas de pesquisa para localizar e substituir formatação, consulte o texto "Como localizar e substituir formatação" no Capítulo 3, "Como modificar a estrutura e a aparência do texto".

- **FERRAMENTAS DE PESQUISA** Essas ferramentas facilitam a localização de sinônimos, a pesquisa de informações e a tradução de palavras e frases.
- **AUTOCORREÇÃO E ORTOGRAFIA E GRAMÁTICA** Esses recursos facilitam a correção de erros de digitação e de gramática antes que o documento seja compartilhado com outras pessoas.

Neste capítulo, serão apresentados diversos recursos novos e aperfeiçoados do Word 2013. Você começará criando um documento em branco no qual digitará um texto; editará o texto em um documento inserindo, excluindo, copiando, colando e movimentando-o; e aprenderá sobre as opções que tem ao mover texto. Localizará e substituirá palavras e frases ao longo de um documento e substituirá uma frase por outra. A seguir, pesquisará a definição de uma palavra, substituirá uma palavra por um sinônimo e localizará traduções para outras palavras. Você também personalizará sua lista de AutoCorreção e verificará a ortografia e a gramática de um documento.

ARQUIVOS DE PRÁTICA Para realizar os exercícios deste capítulo, você precisa dos arquivos de prática contidos na pasta Capítulo02. Para mais informações, consulte "Como baixar os arquivos de prática" na Introdução deste livro.

Como iniciar, digitar texto em e salvar documentos

Quando você inicia o Word 2013, pode abrir um documento existente ou criar um novo. Ao criar um novo documento – seja um em branco ou um baseado em um modelo –, um cursor piscando mostra onde o próximo caractere que for digitado aparecerá. Quando o cursor alcança a margem direita, a palavra que estiver digitando passa para a próxima linha. Pressiona-se a tecla Enter apenas para iniciar um novo parágrafo, não uma nova linha.

Você pode criar um novo documento durante uma sessão do Word a partir da página Novo do modo de exibição Backstage. Os documentos listados na página Novo são baseados em modelos, que são conjuntos de formatos que foram salvos de tal forma que se pode usá-los como padrões para novos documentos. Alguns modelos são instalados em seu computador com o Office; muitos outros estão disponíveis online. Para localizar um modelo adequado para seus objetivos, digite uma frase de pesquisa na caixa Procurar modelos online e clique no botão Iniciar pesquisa, ou clique em uma categoria na lista Pesquisas sugeridas abaixo da caixa.

Quando encontrar um modelo que talvez queira usar como base para seu novo documento, um clique em sua miniatura exibirá uma visualização e descrição do documento, junto com classificações dadas por quem o baixou. Você pode clicar no botão Criar no painel de visualização para criar o documento.

DICA Clicar duas vezes na miniatura de um modelo cria o documento sem exibi-lo antes no painel de visualização.

Cada documento que você criar será temporário, indicado por um nome de arquivo como Documento1, até que o salve. Para salvar um documento pela primeira vez, clique no botão Salvar na Barra de Ferramentas de Acesso Rápido ou clique em Salvar no modo de exibição Backstage. Ambas as ações exibirão a página Salvar como do modo de exibição Backstage, na qual é possível escolher um local de armazenamento, atribuir um nome, anexar marcas de metadados e especificar um tipo de arquivo para o documento.

Ao escolher uma localização na página Salvar como, a caixa de diálogo Salvar como será aberta exibindo essa localização na Barra de endereço no topo da caixa de diálogo. Se quiser salvar o documento em uma pasta diferente da mostrada na Barra de endereço, pode clicar na seta ou nas divisas na Barra de endereço ou clicar em locais no painel Navegação à esquerda para exibir a pasta que deseja. Se quiser criar uma pasta para armazenar o documento, pode clicar no botão Nova pasta na barra de ferramentas.

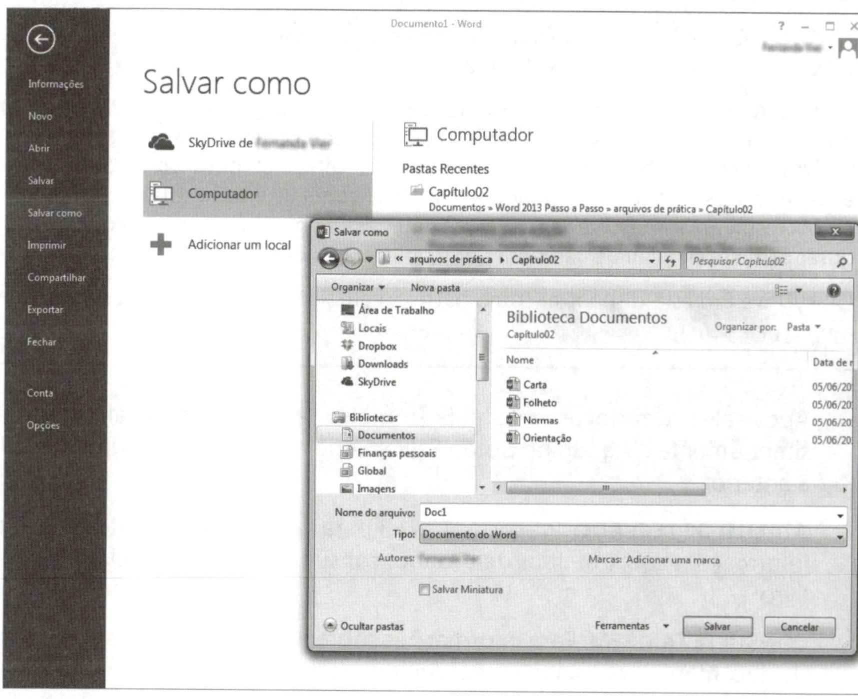

Como salvar um arquivo a partir da página Salvar como do modo de exibição Backstage.

SOLUÇÃO DE PROBLEMAS Se o painel Navegação não estiver aberto na caixa de diálogo Salvar como, clique no link Procurar Pasta no canto inferior esquerdo da caixa de diálogo ou clique em Organizar na barra de ferramentas, aponte para Layout e clique em Painel de navegação. (Somente uma dessas opções estará disponível.)

Como salvar arquivos no SkyDrive

Se você estiver trabalhando em um ambiente corporativo ou em casa, existe a opção de salvar arquivos no SkyDrive. A localização do SkyDrive na qual você irá salvar pode fazer parte do ambiente Microsoft SharePoint de sua empresa ou pode ser um local de armazenamento baseado em nuvem que esteja associado a sua conta da Microsoft. Ao salvar um arquivo em qualquer um dos dois tipos de localização do SkyDrive, é possível compartilhar o arquivo com outras pessoas.

Para salvar um documento no SkyDrive, abra a página Salvar como do modo de exibição Backstage, clique em seu SkyDrive e especifique a pasta na qual deseja salvar o arquivo. Se o seu SkyDrive ainda não aparecer na lista de locais, clique em Adicionar um local, clique em SkyDrive e digite as credenciais associadas ao SkyDrive que deseja acessar.

Quando você salva um documento do Word no SkyDrive, você e outras pessoas com quem o documento for compartilhado poderão trabalhar no arquivo utilizando uma instalação local do Word ou o Word Web App, disponível no ambiente do SkyDrive.

CONSULTE TAMBÉM Para mais informações sobre o Word Web App, consulte o Capítulo 1, "Como explorar o Microsoft Word 2013".

A Microsoft fornece 7 gigabytes (GB) de armazenamento gratuito no SkyDrive para quem possui uma conta Microsoft. Se você já possui uma conta Microsoft, pode acessar seu SkyDrive diretamente de qualquer programa do Office, ou em *skydrive.live.com*. Se você ainda não possui uma, pode configurar qualquer conta de email existente como uma conta da Microsoft em *signup.live.com* (se você não possui uma conta de email que queira configurar para essa finalidade, também pode obter uma nova conta).

O SkyDrive Pro está disponível como parte do ambiente SharePoint 2013, e o armazenamento nele será gerenciado por sua empresa ou provedor do SharePoint.

Após salvar um documento pela primeira vez, você pode salvar as alterações simplesmente clicando no botão Salvar. A nova versão do documento substituirá a anterior.

ATALHO DE TECLADO Pressione Ctrl+B para salvar o documento atual. Para mais informações sobre atalhos de teclado, consulte "Atalhos de teclado" ao fim deste livro.

CONSULTE TAMBÉM Para informações sobre a recuperação de versões anteriores de documentos, consulte "Gerenciamento de versões do documento" no Capítulo 15, "Colaboração em documentos".

Se quiser salvar uma versão separada de um documento salvo anteriormente, salve a nova versão com um nome diferente no mesmo local ou com o mesmo nome em um local diferente. (Você não pode armazenar dois arquivos do mesmo tipo com o mesmo nome na mesma pasta.)

DICA Por padrão, o Word salva de forma periódica o documento em que esteja trabalhando para o caso de o programa parar de responder ou de seu computador se desligar de forma inesperada. Para ajustar o intervalo de tempo entre salvamentos automáticos, exiba a página Salvar da caixa de diálogo Opções do Word, especifique o período de tempo na caixa de rolagem Salvar informações de AutoRecuperação a cada e clique em OK.

Neste exercício, você criará um documento em branco, digitará um texto e salvará o documento em uma pasta que criará.

PREPARAÇÃO Você não precisa de arquivos de prática para realizar este exercício; apenas siga os seguintes passos:

1 Se o Word não estiver em execução, inicie-o e clique duas vezes na miniatura **Documento em branco** no painel direito da **Tela Inicial** para criar um documento em branco temporariamente nomeado **Documento1**. Se o Word já estiver em execução, clique duas vezes na miniatura **Documento em branco** na página **Novo** do modo de exibição **Backstage** para criar um documento em branco.

SOLUÇÃO DE PROBLEMAS Se você já tiver criado documentos em sua sessão atual do Word, o nome do arquivo temporário refletirá o número de documentos já criados e não corresponderá às imagens mostradas neste exercício.

2 Como o conteúdo do documento ainda não será formatado, clique no botão **Recolher a Faixa de Opções** para ocultar os grupos de modo a se concentrar no conteúdo.

ATALHO DE TECLADO Pressione Ctrl+F1 para fixar ou desafixar a Faixa de Opções.

3 Com o cursor no início do novo documento, digite **Dia de Valorização dos Parques** e pressione a tecla **Enter** para criar um novo parágrafo.

4 Digite **Ajude a embelezar nossa cidade participando da limpeza anual do Log Drift Park, Swamp Creek Park e Tall Tree Park. Os voluntários receberão uma camiseta grátis e churrasco no almoço. Traga suas ferramentas e luvas de jardinagem e prepare-se para a diversão!** Observe que não foi preciso pressionar Enter quando o cursor chegou à margem direita, pois o texto foi quebrado para a próxima linha de forma automática.

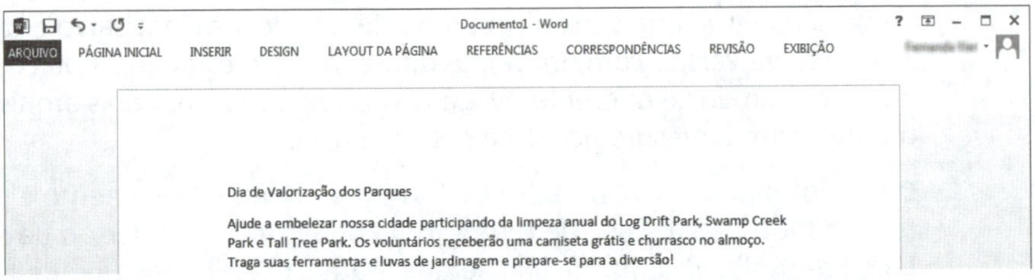

Pressiona-se Enter ao fim de cada parágrafo; o recurso Quebra automática de linha quebra cada linha dentro do parágrafo.

DICA Se uma linha ondulada aparecer sob uma palavra ou frase, o Word está sinalizando um possível erro. Para informações sobre a revisão de erros, consulte "Correção de erros ortográficos e gramaticais" mais adiante neste capítulo.

5 Pressione **Enter** e digite **O Comitê de Serviço do Parque está coordenando a participação de grupos neste evento. Se estiver interessado em passar algum tempo ao ar livre com sua família e seus amigos enquanto melhora a qualidade de nossos parques, contate Nancy Anderson por email, nancy@adventure-works.com.** Agora, vamos salvar o novo documento.

6 Na **Barra de Ferramentas de Acesso Rápido**, clique no botão **Salvar** para exibir a página **Salvar como** do modo de exibição **Backstage**. Na lista **Locais**, clique no lugar em que salvou os arquivos de prática deste livro. No painel direito, clique no botão **Procurar** para abrir a caixa de diálogo **Salvar como**. Note que o Word sugere o nome de arquivo **Dia de Valorização dos Parques** baseado no conteúdo atual do arquivo.

7 Usando técnicas padrão do Windows, navegue até as pastas de arquivos de prática. Clique duas vezes na pasta de arquivos de prática **Capítulo02**.

8 Na caixa de diálogo **Salvar como**, na barra de ferramentas, clique no botão **Nova pasta** para criar uma nova pasta. Com o nome da pasta selecionado para edição, digite **Novos Documentos** e pressione **Enter** uma vez para salvar o nome da pasta e uma vez para abri-la.

9 Na caixa **Nome do arquivo**, clique em qualquer parte de **Dia de Valorização dos Parques** para selecioná-lo e substitua o nome sugerido digitando **Meu Comunicado**.

IMPORTANTE Os programas executados em sistemas operacionais Windows utilizam extensões de nome de arquivo para identificar diferentes tipos de arquivos. Por exemplo, a extensão .docx identifica documentos do Word 2013. O Windows 7 e o Windows 8, por padrão, não exibem essas extensões, e você não deve digitá-las na caixa de diálogo Salvar como. Quando salvar um arquivo, o Word adicionará de forma automática qualquer extensão associada ao tipo de arquivo selecionado na lista Tipo de Salvar como.

10 Clique em **Salvar** para fechar a caixa de diálogo e salvar o documento **Meu Comunicado** na pasta **Novos Documentos**. Observe que o novo nome do arquivo aparecerá na barra de título da janela do programa.

11 Exiba a página **Informações** do modo de exibição **Backstage**. Observe que a localização atual do documento é mostrada abaixo do nome do arquivo.

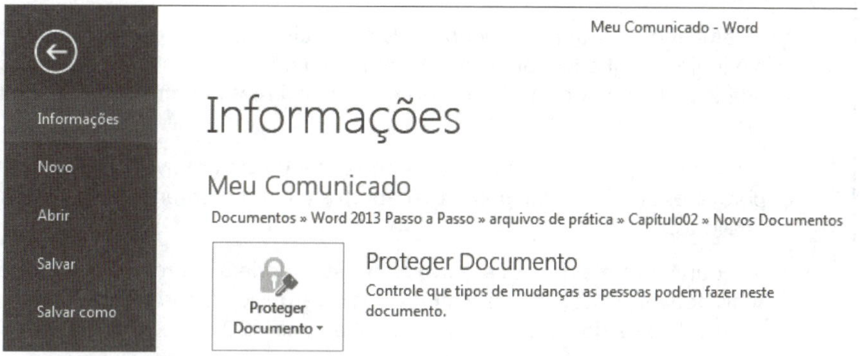

A página Informações exibe a localização atual do arquivo.

12 Clique na guia da página **Salvar como**. Na lista **Pasta Atual**, clique em **Novos Documentos** para abrir a caixa de diálogo **Salvar como** para a pasta atual. Na **Barra de endereço** da caixa de diálogo **Salvar como**, à esquerda de **Novos Documentos**, clique em **Capítulo02** para exibir o conteúdo da pasta de arquivos de prática **Capítulo02** na qual você criou a pasta **Novos Documentos**.

13 Clique em **Salvar** para salvar uma cópia separada do documento **Meu Comunicado** na pasta **Capítulo02**. Você agora tem duas versões do documento salvas com o mesmo nome, mas em pastas diferentes.

CONSULTE TAMBÉM Para informações sobre como salvar um documento em um formato de arquivo diferente, consulte "Como salvar documentos do Word em outros formatos" no Capítulo 11, "Como criar documentos para uso fora do Word". Para informações sobre como trabalhar com propriedades do arquivo que apareçam no fim da caixa de diálogo Salvar como, consulte "Preparação de documentos para distribuição eletrônica" no Capítulo 6, "Visualização, impressão e distribuição de documentos".

ENCERRAMENTO Na extremidade direita da barra de título, clique no botão Fechar para fechar o documento Meu Comunicado.

Compatibilidade de documentos com versões anteriores do Word

Os programas do Microsoft Office 2013 utilizam formatos de arquivo baseados em XML. Por padrão, os arquivos do Word 2013 são salvos no formato .docx, que proporciona os seguintes benefícios:

- O tamanho do arquivo é menor, pois os arquivos são compactados ao serem salvos, diminuindo a quantidade de espaço em disco necessária para armazená-los e a quantidade de largura de banda necessária para enviá-los por email, por uma rede ou pela Internet.
- A recuperação de ao menos parte do conteúdo de arquivos danificados é possível porque os arquivos XML podem ser abertos em um programa de texto como o Bloco de Notas.
- A segurança é maior, pois arquivos .docx não podem conter macros e os dados pessoais podem ser detectados e removidos do arquivo. (O formato de arquivo .docm foi planejado para documentos que contenham macros.)

O Word 2003 e versões anteriores do Word utilizavam o formato de arquivo .doc. Você pode abrir arquivos .doc no Word 2013, mas alguns recursos do Word 2013 não estarão disponíveis. Ao abrir um arquivo criado em uma versão anterior do Word (mesmo um arquivo .docx criado no Word 2010), a barra de título exibe *[Modo de Compatibilidade]* à direita do nome do documento. Você pode trabalhar no modo de compatibilidade ou pode converter o documento para o formato do Word 2013 clicando no botão Converter na página Informações do modo de exibição Backstage, ou salvando uma cópia do documento com Documento do Word como tipo de arquivo.

Se trabalhar com pessoas que usem uma versão do Word anterior à 2007, elas poderão instalar o Microsoft Office Compatibility Pack For Word, Excel, and PowerPoint File Formats gratuito a partir do Centro de Download da Microsoft em *download.microsoft.com*. O Compatibility Pack não proporciona funcionalidades adicionais na versão mais antiga do programa, mas permite que os usuários abram arquivos .docx na versão mais antiga do Word.

CONSULTE TAMBÉM Para informações sobre formatos de arquivo, consulte "Como salvar documentos do Word em outros formatos" no Capítulo 11, "Como criar documentos para uso fora do Word".

Como modificar o texto

Raramente você escreverá um documento perfeito que não exija qualquer edição. Quase sempre desejará adicionar ou remover alguma palavra, alterar uma frase ou mover texto de uma parte para outra. Ou talvez queira editar um documento que criou para uma finalidade, de modo que possa utilizá-lo para outra. Você pode editar um documento à medida que o cria, ou pode escrevê-lo primeiro e depois revisá-lo.

Como inserir um documento em outro

Algumas vezes você desejará inserir conteúdo de um ou mais documentos existentes em outro documento. Por exemplo, pode querer compilar 12 relatórios mensais em um relatório anual. Seria cansativo selecionar e copiar o texto de cada relatório e colá-lo no documento do relatório anual. Em vez disso, você pode fazer com que o Word insira os documentos existentes. Veja como:

1. No documento de destino, posicione o cursor onde quer inserir o documento existente.
2. Na guia **Inserir**, no grupo **Texto**, clique na seta de **Objeto** (não no botão) e, na lista, clique em **Texto do Arquivo**.
3. Na caixa de diálogo **Inserir arquivo** que será aberta, procure o arquivo de origem que deseja e clique duas vezes nele para inserir seu conteúdo no ponto do cursor.

A inserção de texto é fácil; você clica para posicionar o cursor e começa a digitar. Qualquer texto existente à direita do cursor se move para dar espaço ao novo texto.

A exclusão de texto é igualmente fácil. Se quiser excluir um ou mais caracteres, pode simplesmente posicionar o cursor e pressionar a tecla Backspace ou Delete até que os caracteres tenham desaparecido. Ao pressionar Backspace, o caractere à esquerda do cursor será excluído; ao pressionar Delete, o caractere à direita do cursor será excluído.

Para excluir mais do que alguns caracteres de forma eficiente, você precisa saber como selecionar o texto. O texto selecionado aparece destacado na tela. Pode-se arrastar o mouse por uma seção de texto para selecioná-lo ou selecionar itens específicos, como segue:

- **PALAVRA** Clique duas vezes em qualquer parte da palavra. A palavra e o espaço imediatamente seguinte a ela serão selecionados, mas não qualquer pontuação depois dela.
- **FRASE** Mantenha a tecla **Ctrl** pressionada e clique em qualquer parte da frase. O Word selecionará todos os caracteres da frase, desde o primeiro até o espaço seguinte à marca de pontuação final.

  SOLUÇÃO DE PROBLEMAS Você não pode selecionar uma frase usando essa técnica se outro texto já estiver selecionado. Isso ativaria a funcionalidade de multisseleção não adjacente descrita no fim desta lista.

- **PARÁGRAFO** Clique três vezes em qualquer parte do parágrafo. O Word selecionará o texto do parágrafo e a marca de parágrafo.
- **PALAVRAS, LINHAS OU PARÁGRAFOS ADJACENTES** Posicione o cursor no início do texto que deseja selecionar, mantenha a tecla **Shift** pressionada e pressione as teclas de seta para selecionar um caractere ou linha por vez; mantenha as teclas **Shift** e **Ctrl** pressionadas e pressione as teclas de seta

para selecionar uma palavra por vez; ou clique no fim do texto que deseja selecionar.

- **PALAVRAS, LINHAS OU PARÁGRAFOS NÃO ADJACENTES** Faça a primeira seleção e mantenha a tecla **Ctrl** pressionada enquanto seleciona o próximo bloco de texto.

DICA Quando você seleciona conteúdo, o Word exibe uma Minibarra de ferramentas, a partir da qual se pode formatar a seleção ou realizar outras ações de forma rápida, dependendo do tipo de conteúdo selecionado. Para informações sobre como aplicar formatação a partir da Minibarra de ferramentas, consulte "Alteração manual da aparência de caracteres" no Capítulo 3, "Como modificar a estrutura e a aparência do texto". Para informações sobre como desativar a exibição da Minibarra de ferramentas, consulte "Alteração das opções padrão do programa" no Capítulo 16, "Como trabalhar no Word com mais eficiência".

Como forma alternativa de seleção, você pode utilizar uma área da margem esquerda do documento, chamada de *área de seleção*, para selecionar itens. Quando o ponteiro do mouse está na área de seleção, se transforma em uma seta que aponta em direção ao canto superior direito da página.

Você pode selecionar itens específicos a partir da área de seleção, como segue:

- **LINHA** Clique na área de seleção à esquerda da linha.
- **PARÁGRAFO** Clique duas vezes na área de seleção à esquerda do parágrafo.
- **DOCUMENTO INTEIRO** Clique três vezes na área de seleção.

  ATALHO DE TECLADO Pressione Ctrl+T para selecionar todo o conteúdo no corpo do documento.

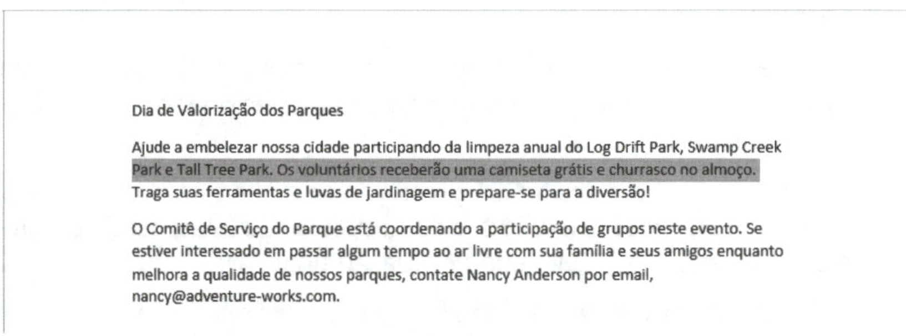

Dia de Valorização dos Parques

Ajude a embelezar nossa cidade participando da limpeza anual do Log Drift Park, Swamp Creek Park e Tall Tree Park. Os voluntários receberão uma camiseta grátis e churrasco no almoço. Traga suas ferramentas e luvas de jardinagem e prepare-se para a diversão!

O Comitê de Serviço do Parque está coordenando a participação de grupos neste evento. Se estiver interessado em passar algum tempo ao ar livre com sua família e seus amigos enquanto melhora a qualidade de nossos parques, contate Nancy Anderson por email, nancy@adventure-works.com.

Um clique na área de seleção enquanto o ponteiro estiver apontando na direção do texto selecionará a linha adjacente.

Após selecionar o texto que deseja excluir, pressione a tecla Backspace ou Delete.

DICA Para liberar uma seleção, clique em qualquer parte da janela fora a área de seleção.

Se quiser mover ou copiar o texto selecionado, você tem três opções:

- **EDIÇÃO ARRASTE E SOLTE** Utilize esse recurso, conhecido como *arrastar*, quando precisar mover ou copiar um texto somente a uma pequena distância – por exemplo, dentro de um parágrafo. Comece utilizando qualquer um dos métodos descritos anteriormente para selecionar o texto. Em seguida, aponte para a seleção, mantenha o botão do mouse pressionado, arraste o texto para sua nova posição (indicada por uma linha vertical pontilhada) e solte o botão do mouse. Para copiar a seleção, mantenha a tecla **Ctrl** pressionada enquanto arrasta.
- **BOTÕES RECORTAR, COPIAR E COLAR** Utilize esse método quando quiser mover ou copiar texto entre dois locais que você pode exibir ao mesmo tempo – por exemplo, entre páginas ou documentos. Selecione o texto e clique no botão **Recortar** ou no **Copiar** no grupo **Área de Transferência** da guia **Página Inicial** (o item recortado ou copiado será armazenado em uma área da memória do seu computador chamada de *Área de Transferência do Microsoft Office*, que dá nome ao grupo.) A seguir, reposicione o cursor e clique em **Colar** para inserir a seleção no seu novo local. Se você clicar na seta de **Colar** e não no botão, o Word exibirá uma lista com outras maneiras de colar a seleção.

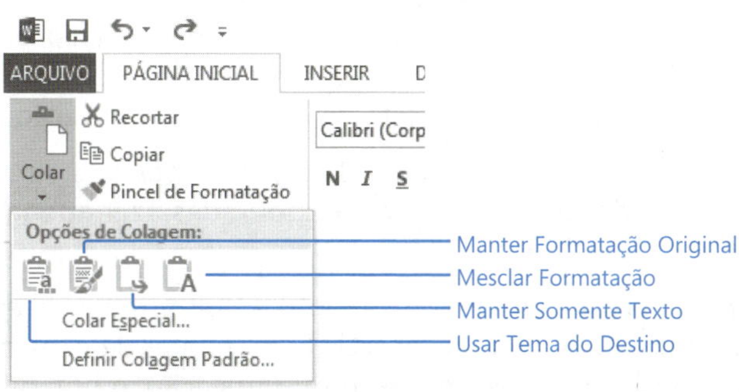

O Word oferece diversos métodos diferentes para colar conteúdo.

Os botões disponíveis dependem do formato da seleção recortada ou copiada (da origem) e do formato do lugar em que a esteja colando (do destino). Ao apontar para um botão, será exibida uma visualização de como o conteúdo original parecerá se utilizar essa opção para colá-lo na localização atual.

CONSULTE TAMBÉM Para mais informações sobre como trabalhar com conteúdo recortado e copiado, consulte "Sobre a área de transferência" mais adiante neste capítulo.

- **ATALHOS DE TECLADO** Quando estiver trabalhando com um teclado e mouse tradicionais, ou em um computador portátil com um mouse pad integrado, pode ser mais eficiente pressionar combinações de teclas para recortar, copiar e colar seleções em vez de clicar em botões na Faixa de Opções. Os principais atalhos de teclado para a edição de tarefas são mostrados aqui:

Tarefa	Atalho de teclado
Recortar	Ctrl+X
Copiar	Ctrl+C
Colar	Ctrl+V
Desfazer	Ctrl+Z
Repetir/Refazer	Ctrl+R

Ao utilizar um atalho de teclado para recortar ou copiar uma seleção, o item será armazenado na Área de Transferência, como se você tivesse clicado no botão correspondente.

DICA Independentemente do método utilizado, ao recortar texto o Word o removerá de sua localização original. Ao copiar texto, o Word o deixará na localização original e o repetirá na nova.

Se fizer uma alteração em um documento e, depois, perceber que cometeu um erro, você pode revertê-la com facilidade. Você pode desfazer sua última edição clicando no botão Desfazer na Barra de Ferramentas de Acesso Rápido. Para desfazer uma ação anterior, clique na seta de Desfazer e nessa ação na lista.

DICA A seleção de uma ação a partir da lista Desfazer desfaz essa ação e todas as edições realizadas depois dela. Você não pode desfazer apenas uma ação diferente da última que realizou.

Se você fizer uma alteração em um documento e quiser repeti-la em outro lugar, pode clicar no botão Repetir na Barra de Ferramentas de Acesso Rápido. Se a última tarefa que realizou tiver sido desfazer uma ação, o botão Repetir será substituído pelo botão Refazer. Portanto, se mudar de ideia sobre qualquer coisa que tenha desfeito, pode clicar no botão Refazer para que o texto retorne a seu estado anterior. Você não pode refazer múltiplas ações clicando nelas em uma lista como com o botão Desfazer, mas pode clicar no botão Refazer de forma repetida até que o texto seja restaurado ao que deseja.

ATALHO DE TECLADO Pressione Ctrl+Z para desfazer uma ação ou Ctrl+R para repetir ou refazer uma ação.

Neste exercício, você editará texto em um documento. Você inserirá e excluirá texto, desfará a exclusão, copiará e colará uma frase e moverá um parágrafo.

PREPARAÇÃO Você precisa do documento Orientação localizado na pasta de arquivos de prática Capítulo02 para realizar este exercício. Abra o documento no modo de exibição Layout de Impressão e siga os seguintes passos:

1 Se a Faixa de Opções estiver desafixada (oculta), clique no botão **Opções de Exibição da Faixa de Opções** e em **Mostrar Guias e Comandos**. Caso símbolos de formatação, como espaços e marcas de parágrafo, não estejam visíveis no documento, clique no botão **Mostrar Tudo** ¶ no grupo **Parágrafo** da guia **Página Inicial**.

ATALHO DE TECLADO Pressione Ctrl+* para ativar e desativar a exibição de marcas de formatação e texto oculto.

2 No segundo marcador depois de **Objetivos do projeto**, clique duas vezes na palavra **natural** para selecioná-la e pressione a tecla **Backspace** para excluir a palavra selecionada.

3 No terceiro marcador, clique à esquerda da palavra **e**, mantenha as teclas **Shift** e **Ctrl** pressionadas e pressione a tecla **Seta para a direita** duas vezes para selecionar as palavras **e motivá-los**.

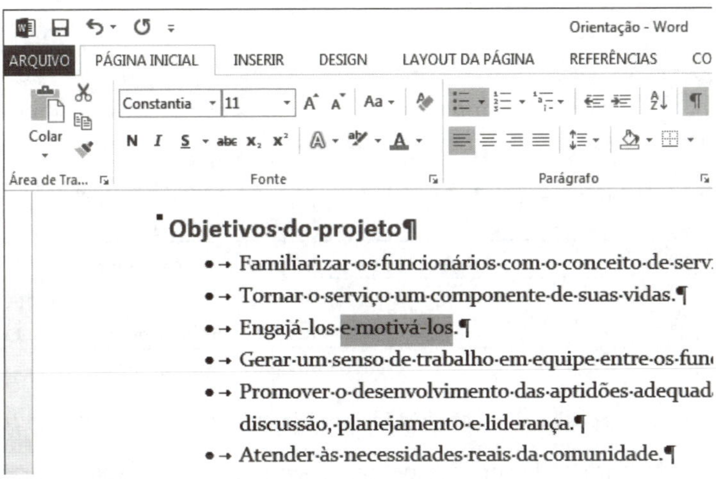

Ao pressionar Shift+Ctrl+Seta para a direita, uma palavra para a direita será selecionada.

4 Pressione **Delete** para excluir a seleção.

5 No quarto marcador, clique duas vezes na palavra **Gerar** e a substitua digitando **Criar**. Observe que não é preciso digitar um espaço após **Criar**. O Word insere o espaço para você.

DICA O Word insere e exclui espaços, pois a caixa de seleção Usar Recortar e Colar avançados está marcada na página Avançado da caixa de diálogo Opções do Word. Para informações sobre a configuração de opções do Word, consulte "Alteração das opções padrão do programa" no Capítulo 16, "Como trabalhar no Word com mais eficiência".

Agora, vamos copiar e mover texto usando a Área de Transferência.

6 No fim da página **1**, posicione o ponteiro do mouse na área de seleção à esquerda do primeiro marcador após **Perguntas para os líderes de equipe**. Clique para selecionar o parágrafo.

7 Na guia **Página Inicial**, no grupo **Área de Transferência**, clique no botão **Copiar** para copiar a seleção para a Área de Transferência.

8 No início da página **2**, clique à esquerda de **Quais** no primeiro marcador depois de **Perguntas para os representantes de departamento**. No grupo **Área de Transferência**, clique na seta de **Colar** para expandir o menu **Opções de Colagem**. Observe que, por estar colando o item de uma lista em uma lista, dois dos três botões disponíveis têm ícones relacionados a listas.

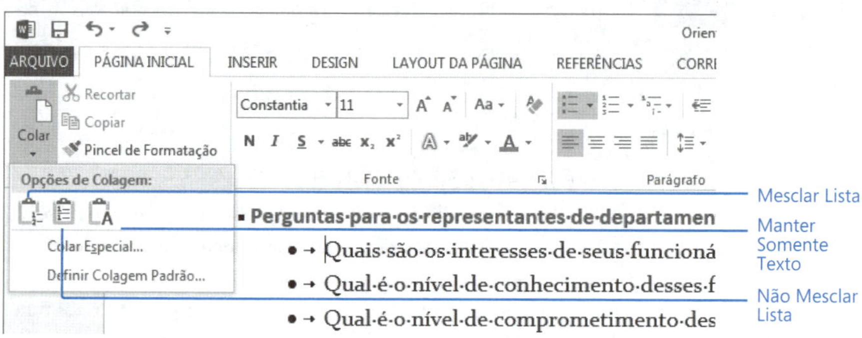

O menu Opções de Colagem inclui botões representando as opções de colagem.

9 Aponte para cada um dos botões de opções de colagem para examinar a aparência do texto original com essa opção de colagem implementada.

10 Clique no botão **Mesclar Lista** para colar o marcador copiado na segunda lista e manter sua formatação. Clique no botão **Opções de Colagem** que aparece abaixo e à direita do marcador inserido. Observe que a maioria das mesmas opções de colagem que estavam disponíveis a partir da Faixa de Opções também está disponível nesse menu; o botão **Mesclar Lista** está selecionado para indicar que a opção foi aplicada.

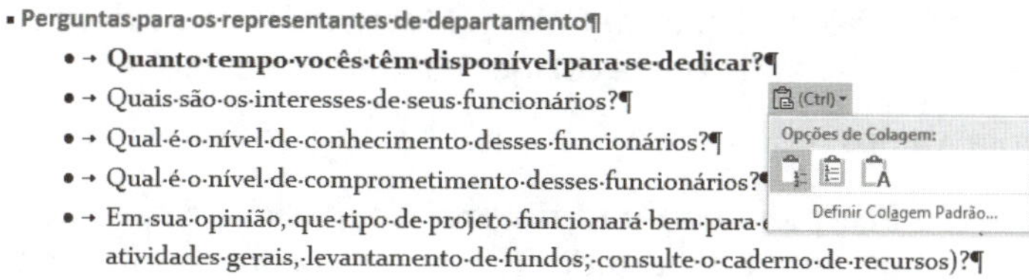

Pode-se selecionar opções de colagem como parte do processo de colagem ou após colar o conteúdo.

DICA Observe que, na Dica de Tela de cada botão, uma única letra aparece entre parênteses após o nome do botão. Essa letra é o atalho de teclado para invocar a opção de colagem a partir desse menu ou do minimenu Opções de Colagem que aparece quando você cola qualquer conteúdo em um documento.

11 Na seção **Formação da equipe**, clique três vezes em qualquer parte do parágrafo que começa com **Explicará as responsabilidades do cargo** para selecionar o parágrafo inteiro.

12 No grupo **Área de Transferência**, clique no botão **Recortar**. Pressione a tecla **Seta para cima** para ir até o início do parágrafo anterior e, no grupo **Área de Transferência**, clique no botão **Colar** para inverter a ordem dos dois parágrafos.

DICA Se você edita documentos com frequência, pressionar Ctrl+X para recortar, Ctrl+C para copiar e Ctrl+V para colar provavelmente se tornará um hábito natural. Fique à vontade para usar os atalhos de teclado em lugar dos botões da Faixa de Opções enquanto avança pelos exercícios deste livro.

13 Na **Barra de Ferramentas de Acesso Rápido**, clique na seta de **Desfazer** e, na lista **Desfazer**, aponte para a terceira ação (**Colar – Mesclar Lista**). Observe que o texto no fim da lista indica que três ações serão desfeitas se clicar nessa entrada.

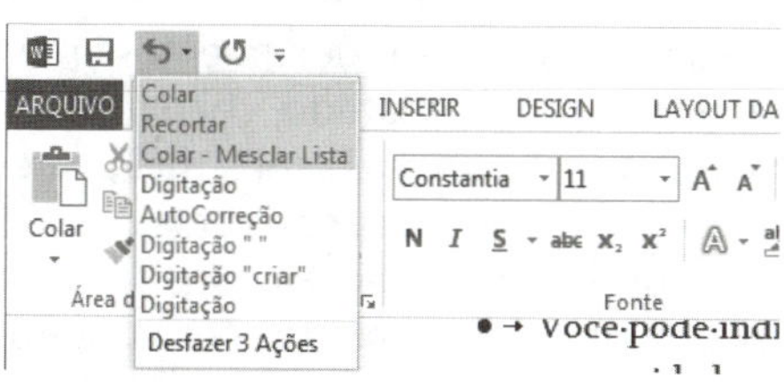

A seleção de uma ação na lista Desfazer reverte essa ação e todas as subsequentes que você tenha realizado.

14 Na lista **Desfazer**, clique em **Colar – Mesclar Lista** para desfazer a operação recortar e colar anterior e a colagem do texto copiado.

Agora, vamos mover texto sem utilizar a Área de Transferência.

15 Na seção **Pré-planejamento do projeto**, posicione o ponteiro na área de seleção adjacente ao marcador que começa com **Se alguns funcionários participarem** e clique duas vezes para selecionar o parágrafo.

16 Aponte para a seleção, mantenha o botão do mouse pressionado e arraste o parágrafo para a esquerda da palavra **Se** no início do marcador precedente. Solte o botão do mouse para alternar a ordem dos marcadores.

17 Com o texto ainda selecionado, pressione a tecla **End** para liberar a seleção e mover o cursor para o fim do parágrafo.

18 Pressione a **Barra de espaços** e pressione **Delete** para excluir a marca de parágrafo e mesclar os dois marcadores.

- → Se·alguns·funcionários·participarem,·indique·alguns·projetos·a·serem·escolhidos·ou·esboce·um·processo·de·discussão.·Se·nenhum·funcionário·participar·dessa·escolha,·selecione·um·projeto.¶
- → Quais·tarefas·integrarão·a·execução·do·projeto?·Quem·as·executará?·(Dentro·das·possibilidades,·dê·espaço·para·que·os·funcionários·participem·no·planejamento·e·na·execução·dessas·tarefas.)¶
- → De·que·modo·nos·engajaremos·na·parte·de·desenvolvimento·de·aptidões·desse·projeto?·As·alternativas·seriam·ler·livros·ou·artigos·sobre·a·população·sendo·auxiliada,·solicitar·aos·representantes·das·organizações·de·serviços·que·venham·conversar·com·as·equipes·etc.·Para·uma·melhoria·contínua,·os·funcionários·podem·manter·um·diário·do·andamento,·criar·um·pôster·no·departamento,·preparar·relatórios·periódicos,·atualizar·gráficos·e·quadros·etc.¶

Dois marcadores foram combinados em um.

ENCERRAMENTO Se preferir não exibir símbolos de formatação, desative-os. Feche o documento Orientação, salvando suas alterações, se quiser.

DICA Outra forma de garantir a coerência em seus documentos enquanto poupa tempo é utilizar objetos de conteúdo pré-formatado, chamados de blocos de construção. O Word 2013 vem com muitos blocos de construção integrados para itens formatados, como capas, cabeçalhos e rodapés, tabelas e caixas de texto. Você também pode salvar seus blocos de construção. Para mais informações, consulte "Inserção de partes de documento pré-formatadas" no Capítulo 9, "Como adicionar elementos visuais", e "Criação de blocos de construção personalizados" no Capítulo 16, "Como trabalhar no Word com mais eficiência".

Sobre a Área de Transferência

Você pode visualizar os itens que foram recortados ou copiados para a Área de Transferência clicando no iniciador de caixa de diálogo da Área de Transferência na guia Página Inicial para exibir o painel Área de Transferência.

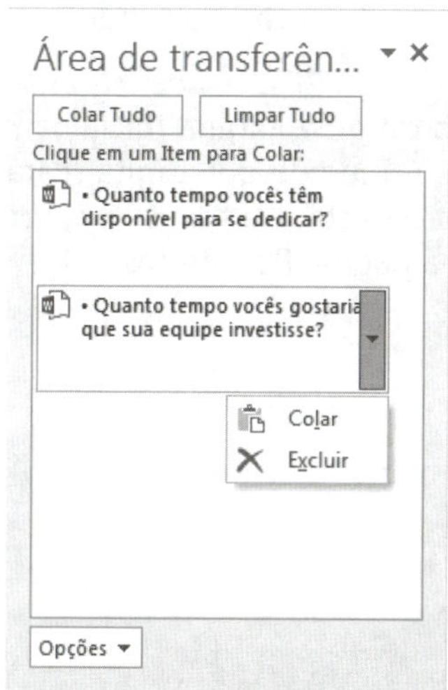

A Área de Transferência armazena itens que tenham sido recortados ou copiados de qualquer programa do Office.

Você pode trabalhar com itens armazenados no painel Área de Transferência das seguintes maneiras:

- Para colar um item individual no ponto do cursor, clique no item; ou aponte para o item, clique na seta que aparece e clique em **Colar**. Para colar todos os itens armazenados na Área de Transferência na mesma localização, clique no botão **Colar Tudo**.
- Para remover um item da Área de Transferência, aponte para o item no painel **Área de Transferência**, clique na seta que aparece e clique em **Excluir**. Para remover todos os itens da Área de Transferência, clique no botão **Limpar Tudo**.

Você pode controlar o comportamento do painel Área de Transferência clicando em Opções no fim do painel e na opção de exibição que desejar.

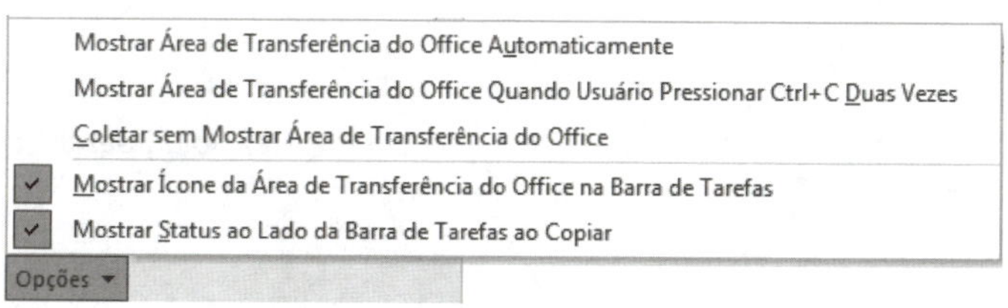

Opções de exibição da Área de Transferência.

Como localizar e substituir texto

Uma maneira de garantir que o texto em seus documentos seja coerente e preciso é utilizar o recurso Localizar para procurar e examinar todas as ocorrências de uma palavra ou frase específica. Por exemplo, se você for responsável por anunciar o produto de uma marca registrada, pode pesquisar seu material de marketing para verificar que todas as ocorrências do nome do produto estejam corretamente identificadas como uma marca registrada.

Ao clicar no botão Localizar no grupo Edição da guia Página Inicial, a página Resultados do painel Navegação será exibida. À medida que digitar caracteres na caixa de pesquisa no início do painel, o Word destacará todas as ocorrências desses caracteres no documento e as exibirá na página Resultados.

ATALHO DE TECLADO Pressione Ctrl+L para exibir a página Resultados do painel Navegação e ativar a caixa de pesquisa.

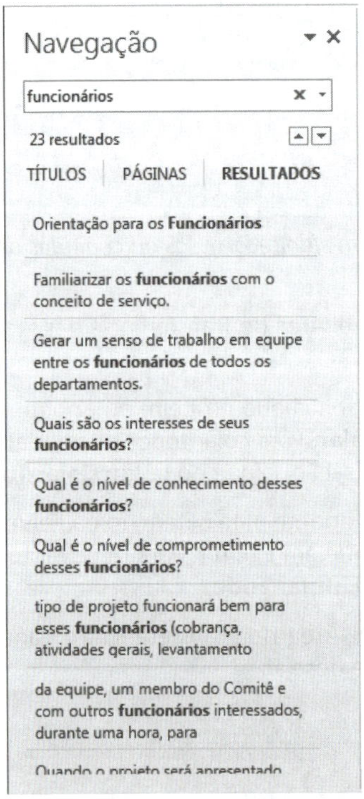

A página Resultados mostra o suficiente do texto que circunda o termo da pesquisa para identificar seu contexto.

Quando apontar para um resultado da pesquisa na página Resultados, uma Dica de Tela exibirá o número da página em que o resultado aparece e o nome do título precedendo o resultado da pesquisa. Você pode clicar em um resultado da pesquisa para ir diretamente a essa localização no documento.

DICA A página Resultados do painel Navegação permite que você continue a editar seu documento normalmente, enquanto ainda tem acesso a todos os resultados da pesquisa.

Se quiser ser mais específico a respeito do texto que está procurando – por exemplo, se quiser procurar mais ocorrências que correspondam ao uso exato de maiúsculas e minúsculas de seu termo de pesquisa – clique na seta de Pesquisar mais coisas na extremidade direita da caixa de pesquisa no painel Navegação e clique em Localização Avançada para exibir a página Localizar da caixa de diálogo Localizar e substituir. Ao clicar em Mais no canto inferior esquerdo, a caixa de diálogo será expandida para tornar disponíveis opções adicionais de pesquisa.

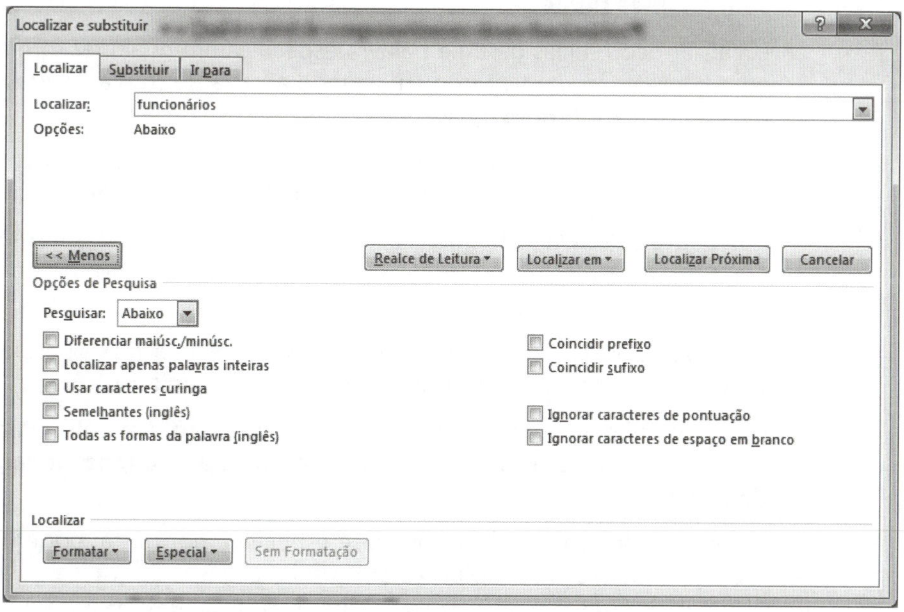

É possível tornar uma pesquisa mais específica usando os critérios na área Opções de Pesquisa da página Localizar.

Na caixa de diálogo expandida, você pode fazer o seguinte:

- Guiar a direção da pesquisa selecionando **Abaixo**, **Acima** ou **Tudo** a partir da lista **Pesquisar**.
- Localizar somente texto que corresponda ao uso de maiúsculas e minúsculas do termo da pesquisa marcando a caixa de seleção **Diferenciar maiúsc./minúsc**.

- Excluir ocorrências do termo da pesquisa que apareçam dentro de outras palavras marcando a caixa de seleção **Localizar apenas palavras inteiras**.
- Localizar duas palavras similares, como *efeito* e *enfeito*, marcando a caixa de seleção **Usar caracteres curinga** e incluindo um ou mais caracteres curinga no termo da pesquisa. Os dois caracteres curinga mais comuns são os seguintes:
    - **?** Representa qualquer caractere individual em sua localização no texto de **Localizar**
    - * Representa qualquer quantidade de caracteres em sua localização no texto de **Localizar**

  DICA Para obter uma lista dos caracteres curinga disponíveis, marque a caixa de seleção Usar caracteres curinga e clique em Especial.

- Localizar ocorrências do texto da pesquisa que tenham o mesmo som, mas diferente grafia, como *censo* e *senso*, marcando a caixa de seleção **Semelhantes (inglês)**.
- Localizar ocorrências de uma palavra específica em qualquer forma, como em *tentar*, *tentarei* e *tentaram*, marcando a caixa de seleção **Todas as formas da palavra (inglês)**.
- Localizar formatação, como negrito, ou caracteres especiais, como tabulações, selecionando-os a partir da lista **Formatar** ou **Especial**.

  CONSULTE TAMBÉM Para informações sobre como localizar e substituir formatação, consulte "Como localizar e substituir formatação" no Capítulo 3, "Como modificar a estrutura e a aparência do texto".

- Localizar palavras com o mesmo início ou fim que o termo da pesquisa marcando a caixa de seleção **Coincidir prefixo** ou **Coincidir sufixo**.
- Localizar palavras com hifenização ou espaçamento diferente marcando a caixa de seleção **Ignorar caracteres de pontuação** ou **Ignorar caracteres de espaço em branco**.

Se quiser substituir uma palavra ou frase específica por outra, pode utilizar o recurso Substituir. Ao clicar no botão Substituir no grupo Edição da guia Página Inicial, a página Substituir da caixa de diálogo Localizar e substituir será exibida.

ATALHO DE TECLADO Pressione Ctrl+U para exibir a página Substituir da caixa de diálogo Localizar e substituir.

DICA Se o painel Navegação estiver aberto, você pode clicar na seta Pesquisar mais coisas na extremidade direita da caixa de pesquisa e clicar em Substituir. A caixa de diálogo Localizar e substituir será aberta com o termo da pesquisa a partir do painel Navegação já na caixa Localizar.

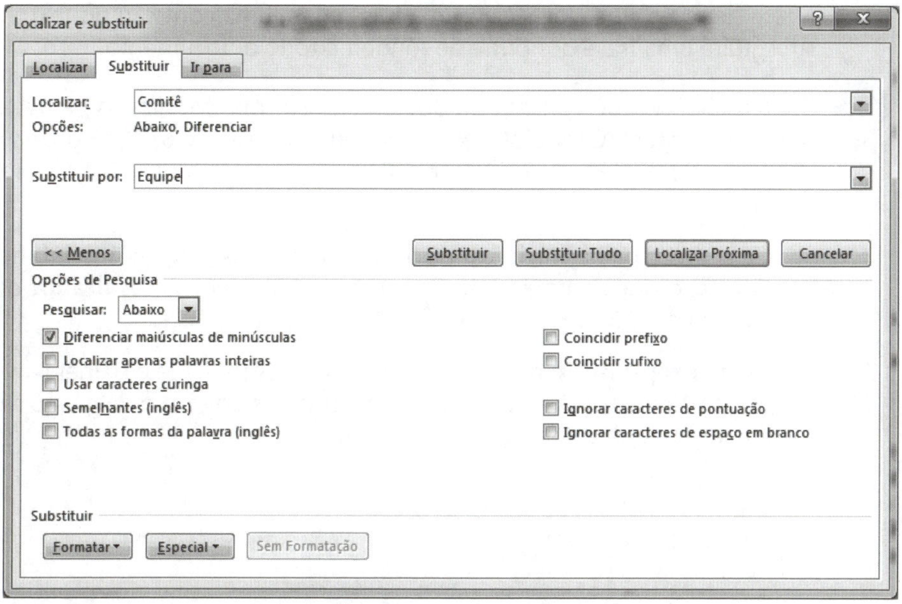

É fácil corrigir erros e incoerências com o recurso Substituir.

Para cada instância do termo da pesquisa que o Word localizar, você poderá clicar em uma das seguintes escolhas na página Substituir:

- **SUBSTITUIR** Substitui a ocorrência selecionada com o texto na caixa Substituir por e passa para a próxima ocorrência
- **SUBSTITUIR TUDO** Substitui todas as ocorrências com o texto na caixa Substituir por

  DICA Antes de clicar em Substituir Tudo, assegure-se de que a substituição está definida de forma clara. Por exemplo, se quiser trocar *trip* por *journey*, certifique-se de dizer ao Word para localizar apenas a palavra *trip* inteira; caso contrário, *triple* poderia virar *journeyle*.

- **LOCALIZAR PRÓXIMA** Localiza a primeira ocorrência ou deixa a ocorrência selecionada como está e localiza a próxima

Assim como na página Localizar, um clique em Mais exibirá as opções que você pode utilizar para realizar operações mais complicadas de substituição. Observe que as configurações na área Opções de Pesquisa se aplicam ao termo da pesquisa e não à sua substituição.

Neste exercício, você localizará uma frase e fará uma correção no texto. Depois, substituirá uma frase por outra ao longo de todo o documento.

PREPARAÇÃO Você precisa do documento Normas localizado na pasta de arquivos de prática Capítulo02 para realizar este exercício. Abra o documento, oculte as marcas de formatação (se estiverem sendo exibidas) e siga os seguintes passos:

1 Com o cursor no início do documento, na guia **Página Inicial**, no grupo **Edição**, clique no botão **Localizar** para exibir a página **Resultados** do painel **Navegação**.

2 Digite **Proprietário** na caixa de pesquisa. Observe que o painel **Navegação** exibe 61 resultados e que todas as ocorrências do termo da pesquisa no documento estão destacadas.

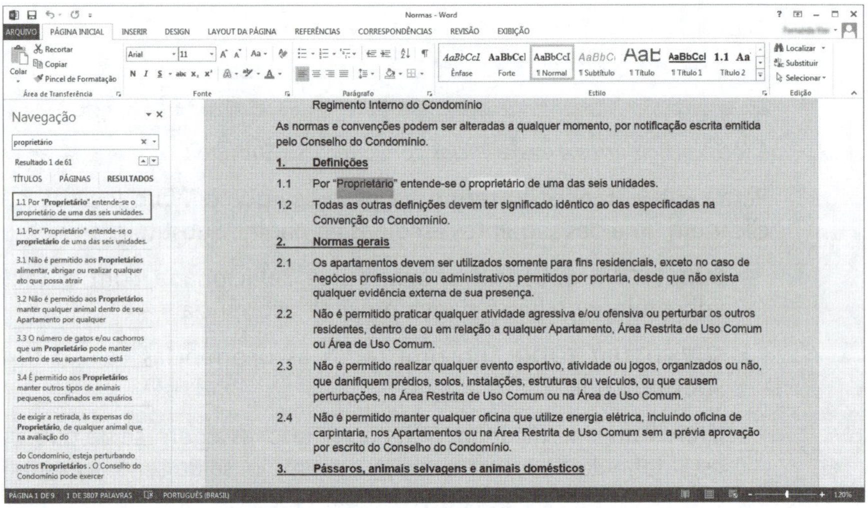

Pode-se percorrer o documento para examinar os resultados destacados ou clicar em cada correspondência no painel Navegação para exibir sua localização no documento.

3 No painel **Navegação**, clique no botão **Próxima** (no triângulo apontando para baixo) para ir ao segundo e ao terceiro resultado da pesquisa. A seguir, percorra o documento para exibir outros resultados destacados. Observe que na página **2**, na seção **3**, o Word destacou as palavras **Proprietários**.

Você precisa restringir a pesquisa para a palavra *Proprietário* inteira.

4 No painel **Navegação**, clique no botão **Pesquisar mais coisas** para expandir um menu de opções e refinar a pesquisa.

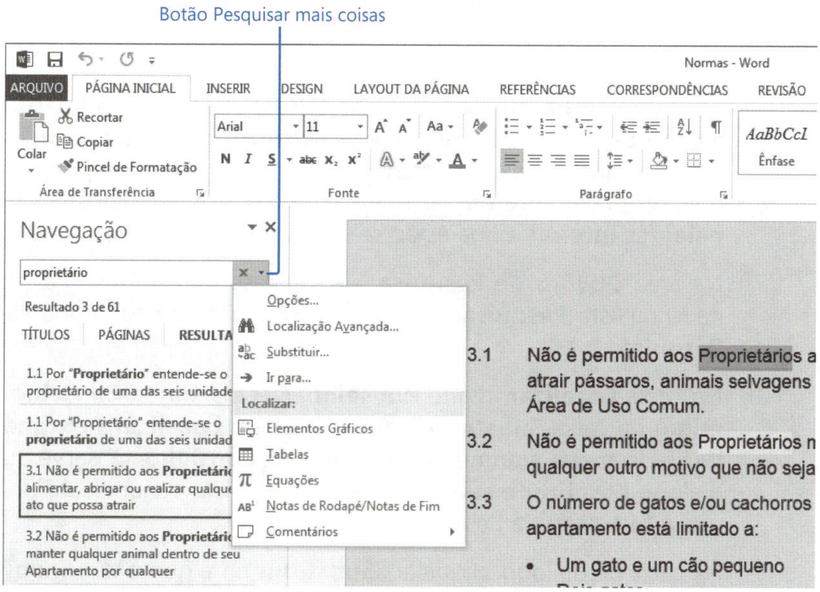

A partir desse menu, pode-se localizar tipos específicos de objetos e também refinar pesquisas de texto.

5 No menu **Pesquisar mais coisas**, clique em **Opções** para abrir a caixa de diálogo **Opções de Localização**.

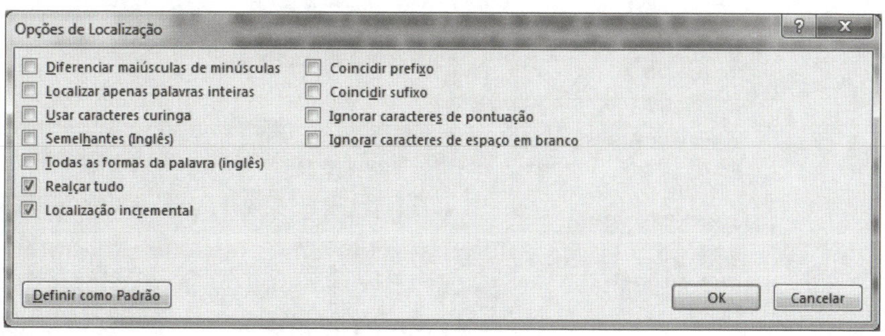

A caixa de diálogo Opções de Localização contém a maioria das opções para refinar a pesquisa atual, diferentes das opções estilo e caractere especial.

6 Na caixa de diálogo, marque as caixas de seleção **Diferenciar maiúsculas de minúsculas** e **Localizar apenas palavras inteiras** e clique em **OK**. Digite **Proprietário** na caixa de pesquisa de novo e percorra a lista de resultados. Observe que a palavra **proprietários** não está mais destacada.

Agora, vamos substituir uma palavra por outra.

7 Pressione **Ctrl+Home** para mover o cursor para o início do documento.

8 Na guia **Página Inicial**, no grupo **Edição**, clique em **Substituir** para abrir a caixa de diálogo **Localizar e substituir** com a página **Substituir** ativa. Observe que a caixa **Localizar** mantém a entrada da pesquisa anterior e que as opções **Diferenciar maiúsculas de minúsculas** e **Localizar apenas palavras inteiras** ainda estão selecionadas.

9 Na área **Opções de Pesquisa**, assegure-se de que **Abaixo** esteja selecionado na lista **Pesquisar**. Clique em **Menos** para ocultar a área **Opções de Pesquisa**.

10 Na caixa **Localizar**, digite **Conselho**. Depois, digite **Conselho do Condomínio** na caixa **Substituir por** e clique em **Localizar Próxima** para que o Word destaque a primeira ocorrência de **Conselho**. Observe que a caixa de diálogo **Localizar e substituir** vai para o início da janela do programa para que o resultado da pesquisa seja visível.

11 Na caixa de diálogo, clique em **Substituir** para que o Word substitua a ocorrência selecionada de **Conselho** por **Conselho do Condomínio** e localize a próxima ocorrência.

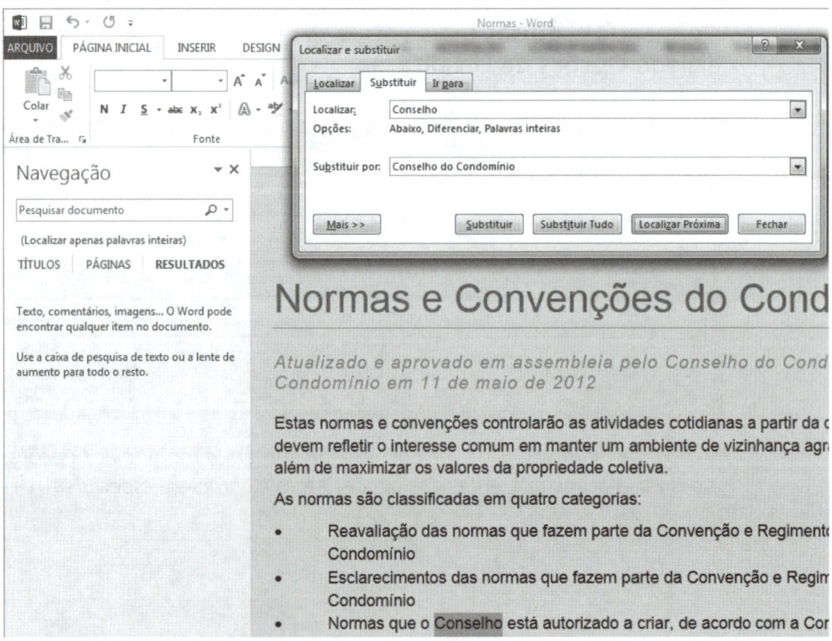

Se não quiser substituir uma ocorrência, clique em Localizar próxima para pulá-la.

12 Após testar o processo de substituição, clique em **Substituir Tudo**. Por ter clicado nesse comando no meio do documento enquanto realizava uma pesquisa de sentido único, o Word informará quantas substituições fez desde o ponto de partida e perguntará se deve reiniciar desde o princípio.

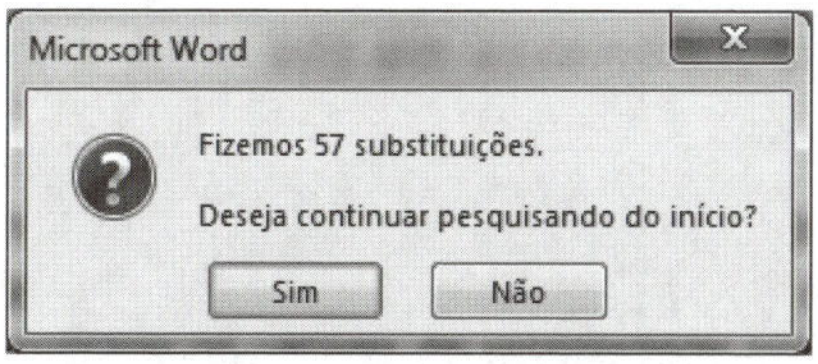

Você pode reiniciar uma pesquisa de sentido único ou uma operação de substituição.

SOLUÇÃO DE PROBLEMAS Se Tudo estiver selecionado na lista Pesquisar, a operação Substituir Tudo transformará a primeira instância de *Conselho do Condomínio* em *Conselho Conselho do Condomínio*. Se uma operação de substituição não retornar os resultados que deseja, feche qualquer caixa de mensagem ou caixa de diálogo aberta e utilize o comando Desfazer para desfazer as operações de substituição conforme necessário.

13 Clique em **Não** para fechar a caixa de mensagem. Feche a caixa de diálogo **Localizar e substituir**.

ENCERRAMENTO Feche o painel Navegação. Feche o documento Normas, salvando suas alterações, se quiser.

Como refinar textos

A linguagem é muitas vezes contextual – em um folheto de propaganda, utilizamos palavras e frases diferentes das de uma carta solicitando pagamento imediato de uma fatura ou de um memorando informal sobre uma reunião social após o trabalho. Para ajudar a garantir que esteja utilizando as palavras que melhor transmitam o que quer dizer em determinado contexto, você pode pesquisar definições, sinônimos e antônimos de palavras de um documento usando as ferramentas de revisão de texto integradas.

SOLUÇÃO DE PROBLEMAS Antes de poder pesquisar o significado de uma palavra, é preciso instalar um dicionário. O Word solicitará que o faça, caso seja necessário.

Você pode instalar qualquer um dos dicionários gratuitos da Loja do Office. Seu dicionário padrão fornecerá definições quando utilizar o recurso Definir ou Dicionário de Sinônimos. Para pesquisar a definição de uma palavra, clique com o botão direito do mouse nela e clique em Definir; ou clique em qualquer parte da palavra e no botão Definir no grupo Revisão de Texto da guia Revisão.

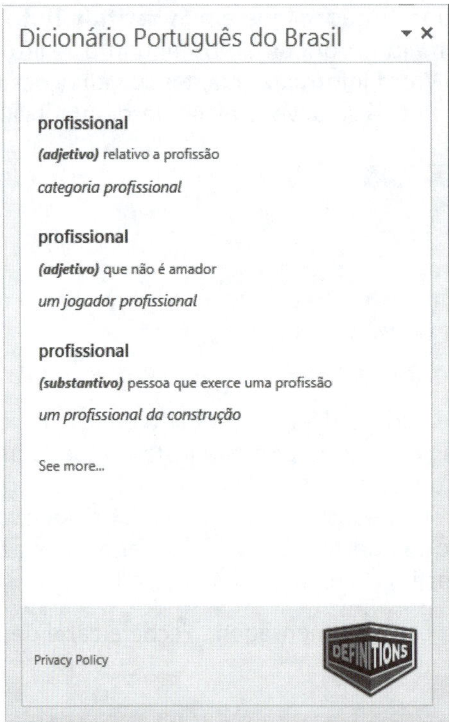

Quando o painel Dicionário estiver aberto, exibirá definições para qualquer palavra que tenha selecionado no documento ou digitado na caixa de pesquisa no início do painel.

ATALHO DE TECLADO Pressione Ctrl+F7 para exibir definições do dicionário padrão para a palavra ativa.

Para gerenciar os dicionários instalados, clique no canto superior direito do painel de definição (dentro do quadro abaixo da barra de título do painel), clique na seta que aparecerá e faça uma das seguintes ações:

- Clique no nome de um dicionário para alterar o dicionário.
- Clique em **Recarregar** para atualizar o conteúdo do painel **Dicionário**.
- Clique em **Exibir Código-fonte** para visualizar o código HTML que chama a entrada de dicionário exibida.
- Clique em **Bloqueio** para bloquear o painel **Dicionário** para a janela do programa. (É preciso desbloquear o painel antes de poder fechá-lo.)

Às vezes é difícil pensar na melhor palavra para utilizar em uma situação específica. Você pode pesquisar sinônimos (palavras que têm o mesmo significado) para uma palavra selecionada usando o recurso Dicionário de Sinônimos. Para pesquisar alternativas para uma palavra, clique com o botão direito do mouse nela e clique em Sinônimos para exibir uma lista a partir da qual você pode escolher a que desejar. Como alternativa, você pode selecionar a palavra (ou clicar em qualquer parte dela) e clicar no botão Dicionário de Sinônimos no grupo Revisão de Texto da guia Revisão. Assim, o painel Dicionário de Sinônimos será aberto, exibindo a palavra selecionada na caixa Pesquisar, sinônimos para essa palavra e a definição de dicionário mais comum.

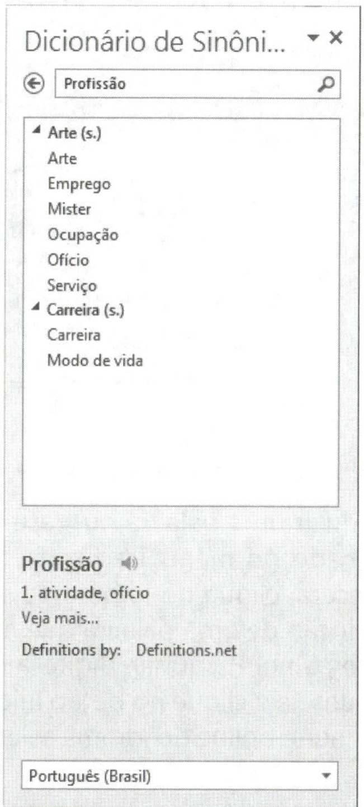

Se você instalar dicionários para vários idiomas, poderá exibir definições de outros dicionários clicando na lista de idiomas na parte inferior do painel e no idioma que desejar.

ATALHO DE TECLADO Pressione Shift+F7 para abrir o painel Dicionário de Sinônimos e exibir sinônimos para a palavra ativa.

Você pode clicar em um sinônimo para exibir seus sinônimos e repetir esse processo até encontrar exatamente a palavra que deseja. Para substituir a palavra selecionada por um sinônimo, aponte para o sinônimo escolhido, clique na seta que aparecerá e em Inserir. Se nenhum dos sinônimos sugeridos atender às suas necessidades, a palavra que está usando pode não ser a que pretende.

Você pode utilizar ferramentas integradas e online para traduzir palavras e frases, ou até mesmo documentos inteiros, para outros idiomas. Pode-se acessar essas ferramentas clicando no botão Traduzir no grupo Idioma da guia Revisão e, no menu Traduzir, clicando na ferramenta que deseja utilizar.

- **MINITRADUTOR** Clique em Minitradutor no menu Traduzir para ativar ou desativar esse útil recurso (quando ativado, seu ícone no menu Traduzir aparece selecionado). Quando o Minitradutor está ativado, você pode apontar para uma palavra ou frase selecionada para exibir a tradução no idioma especificado. Do painel Dicionário Bilíngue contendo a tradução, você pode clicar no botão Expandir para exibir mais informações e opções no painel Pesquisar. Você também pode copiar a palavra ou frase traduzida, ou ouvir a palavra ou frase original ser pronunciada.

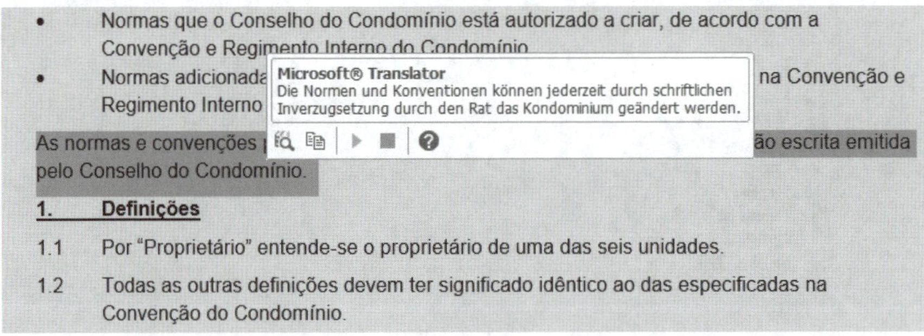

Usar o Minitradutor é a forma mais rápida de obter a tradução de uma seleção.

- **DICIONÁRIO BILÍNGUE ONLINE** Para traduzir uma palavra ou frase selecionada, clique em Traduzir Texto Selecionado no menu Traduzir e, na área Tradução do painel Pesquisar que aparecerá, clique no idioma de e para o qual deseja traduzir. Para obter uma tradução de uma palavra que não apareça no texto de um documento, exiba o painel Pesquisar, digite-a na caixa de pesquisa, especifique os idiomas que deseja e clique no botão Iniciar pesquisa. O Word consultará o dicionário bilíngue online do idioma selecionado e exibirá o resultado.

As opções de tradução disponíveis variam conforme o idioma selecionado.

- **SERVIÇO DE TRADUÇÃO ONLINE** Para traduzir um documento inteiro, clique em Traduzir Documento no menu Traduzir. Quando o Word exibir uma mensagem informando que o documento será enviado para tradução pelo serviço Microsoft Translator (que é gratuito), clique em Enviar. O documento e sua tradução aparecerão lado a lado em seu navegador da Web. Você pode modificar os idiomas da tradução nas caixas no início da página Web e apontar para qualquer parte da tradução para exibir o texto original.

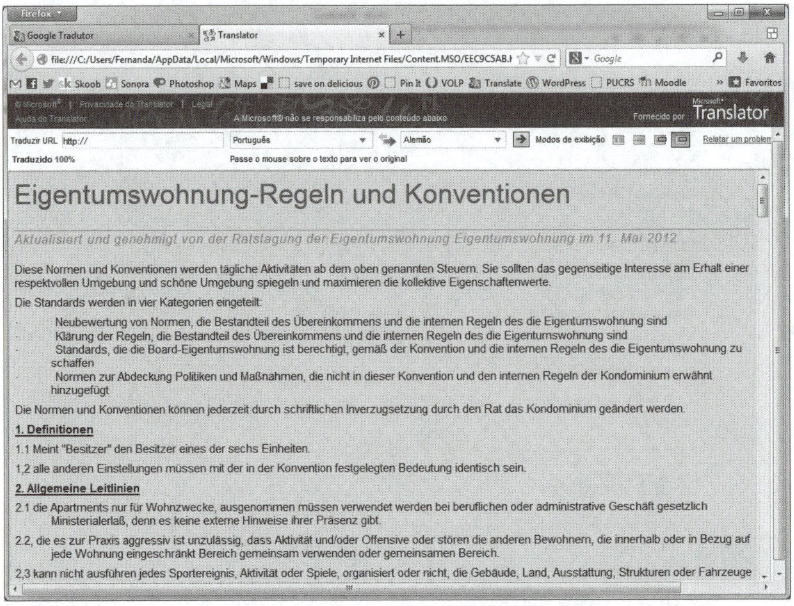

Pode-se utilizar o serviço gratuito Microsoft Translator para traduzir um documento para mais de 40 idiomas.

Para alterar o idioma padrão utilizado pelo Minitradutor ou pelo serviço de tradução online, clique em Escolher o Idioma de Tradução no menu Traduzir. A seguir, na caixa de diálogo Opções de Idioma de Tradução, você pode selecionar diferentes pares de idiomas para cada tipo de tradutor.

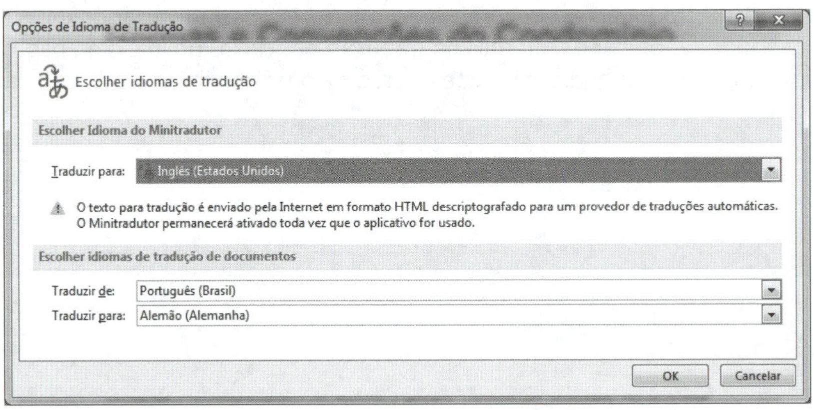

Pode-se traduzir de e para muitos idiomas, incluindo árabe, chinês, grego, hebraico, italiano, japonês, coreano, polonês, português, russo, espanhol e sueco.

Neste exercício, você pesquisará uma palavra no dicionário, substituirá uma palavra por um sinônimo e experimentará o Minitradutor.

PREPARAÇÃO Você precisa do documento Folheto localizado na pasta de arquivos de prática Capítulo02 para realizar este exercício. Abra o documento e siga os seguintes passos:

1 Primeiro verificaremos se um dicionário foi instalado, pois você precisará de um para realizar o restante do exercício. Na guia **Revisão**, no grupo **Revisão de Texto**, clique no botão **Definir** para abrir o painel **Dicionários**. Se um dicionário ainda não tiver sido instalado, o painel exibirá uma lista de dicionários que podem ser instalados a partir da Office Store.

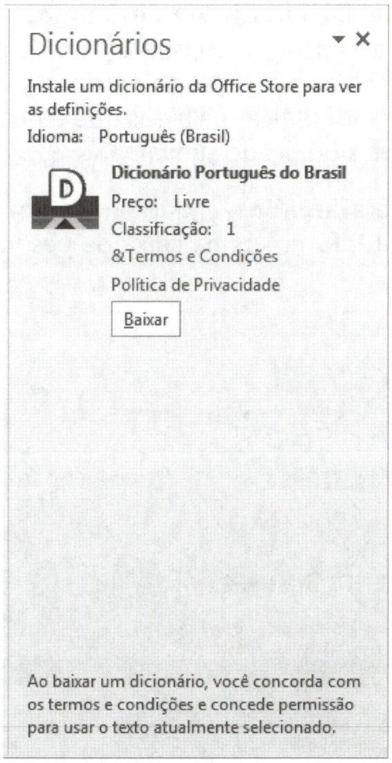

Se um dicionário ainda não tiver sido instalado, as opções serão listadas aqui.

CONSULTE TAMBÉM Para informações sobre a Office Store, consulte "Instalação das ferramentas do Office" mais adiante neste capítulo.

2 Se o painel **Dicionário** exibir uma definição, pule para o passo 4. Caso contrário, no painel **Dicionários**, clique no botão **Baixar** abaixo de **Dicionário Português do Brasil** para instalar o dicionário.

3 Quando um dicionário tiver sido instalado, o painel **Dicionário** listará definições para a palavra **projeto** (a primeira palavra no documento). Quando o painel exibir as definições, feche-o.

Agora, vamos encontrar um sinônimo para uma palavra.

4 Na segunda linha do primeiro parágrafo, clique duas vezes na palavra **famosos**.

5 Na guia **Revisão**, no grupo **Revisão de Texto**, clique no botão **Dicionário de Sinônimos** para abrir o painel **Dicionário de Sinônimos** e exibir uma lista de sinônimos para a palavra famosos. Percorra a lista de sinônimos e observe que um antônimo aparece no fim dela, de modo que o dicionário de sinônimos pode ser usado para identificar palavras que tenham o significado oposto além de aquelas com significado similar.

6 Na lista de sinônimos, abaixo de **afamados**, clique em **célebres**. Observe que a palavra selecionada substitui **famosos** na caixa de pesquisa no topo do painel.

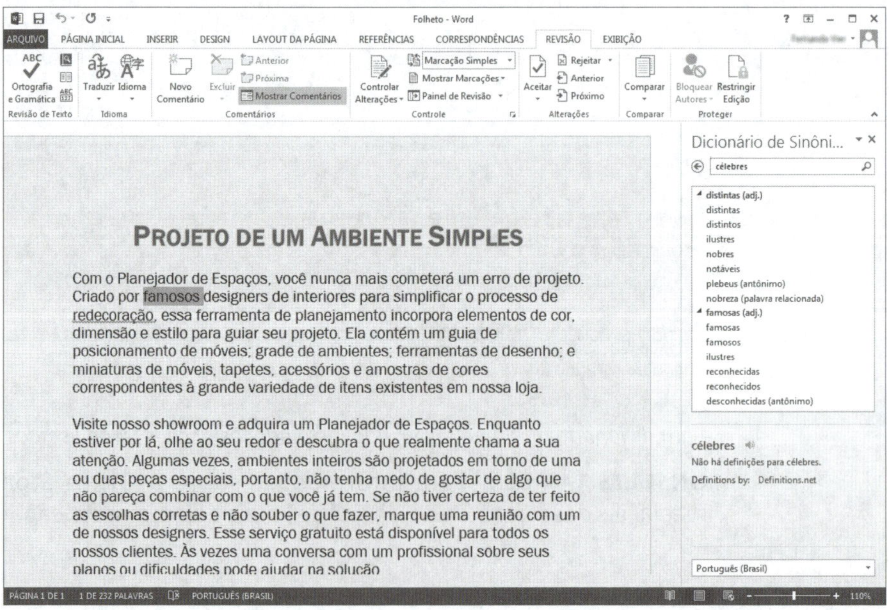

O painel Dicionário de Sinônimos agora lista sinônimos para a palavra célebres e sua definição.

7 Aponte para a palavra **reconhecidos**, clique na seta que aparece à sua direita e clique em **Inserir** para substituir a palavra **famosos** por **reconhecidos** no documento. Feche o painel **Dicionário de Sinônimos**.

Agora, vamos traduzir uma palavra.

8 No grupo **Idioma**, clique no botão **Traduzir** e em **Escolher o Idioma de Tradução** para abrir a caixa de diálogo **Opções de Idioma de Tradução**.

9 Na área **Escolher Idioma do Minitradutor**, clique na seta de **Traduzir para** e clique em **Francês (França)** na lista. Clique em **OK** para fechar a caixa de diálogo.

10 No grupo **Idioma**, clique no botão **Traduzir** e clique em **Minitradutor [Francês (França)]** para ativar o **Minitradutor**.

11 No último parágrafo do documento, aponte para a palavra **guarda-roupa** e passe o ponteiro sobre a caixa translúcida que aparece sobre a palavra. Observe que o **Minitradutor** aparecerá, exibindo uma tradução em francês para a palavra *guarda-roupa*: *garde-robe*.

12 Na caixa **Minitradutor**, clique no botão **Expandir** para abrir o painel **Pesquisar**, que exibe as configurações para traduzir de português para francês.

13 No painel **Pesquisar**, na tradução de **guarda-roupa** abaixo de **Dicionário Bilíngue**, clique duas vezes na palavra **garde-robe** para selecioná-la.

14 Clique com o botão direito do mouse na seleção e clique em **Copiar**.

15 No documento, clique duas vezes na palavra **guarda-roupa**.

16 Clique com o botão direito do mouse na seleção e aponte (não clique) para o botão **Manter Somente Texto** abaixo do título **Opções de Colagem**. Observe que o Word exibe uma visualização dinâmica da aparência do texto caso substitua **guarda-roupa** por **garde-robe**.

17 Pressione a tecla **Esc** para fechar o menu de atalho e deixar a palavra **guarda-roupa** no texto.

ENCERRAMENTO Feche o painel Pesquisar e desative o Minitradutor clicando em Minitradutor no menu Traduzir. Feche o documento Folheto, salvando suas alterações, se quiser.

Instalação das ferramentas do Office

Ao utilizar as ferramentas de revisão de texto do Word 2013, na verdade estará exibindo resultados de um programa de dicionário (referido como *aplicativo*) que se integra ao Word e se conecta a recursos online. Muitos aplicativos úteis estão disponíveis para o Word e outros programas do Office, inclusive dicionários, serviços de fax, mapas, news feeds e conectores sociais.

Para gerenciar aplicativos de dentro do Word, clique no botão Aplicativos para o Office no grupo Aplicativos na guia Inserir e, na janela Aplicativos para o Office, clique em Ver Tudo. Os aplicativos instalados em seu computador aparecem na lista Meus Aplicativos. Você pode localizar aplicativos que estejam disponíveis para o Word clicando no botão Loja do Office. Alguns aplicativos podem ser instalados diretamente do Word (por exemplo, você pode instalar um aplicativo de dicionário a partir do painel Dicionários, Ortografia e Gramática ou Dicionário de Sinônimos).

Se não quiser mais utilizar um aplicativo, exiba a janela Aplicativos para o Office e clique no link Gerenciar Meus Aplicativos no canto superior direito da janela. Assim, você faz logon no site do Office utilizando a conta da Microsoft associada à sua instalação do Office e exibe sua página My Apps For Office And SharePoint. Selecione um aplicativo nessa página e clique em Ocultar para tornar o aplicativo não disponível.

Visualização de estatísticas do documento

O Word exibe informações sobre o tamanho de um documento na extremidade esquerda da barra de status. Para exibir o número de palavras em apenas uma parte do documento, como em alguns parágrafos, simplesmente selecione-a. Você pode examinar mais estatísticas e especificar o conteúdo a incluir nelas na caixa de diálogo Contar Palavras, que é aberta clicando no indicador Palavras na barra de status ou no botão Contar Palavras no grupo Revisão de Texto da guia Revisão.

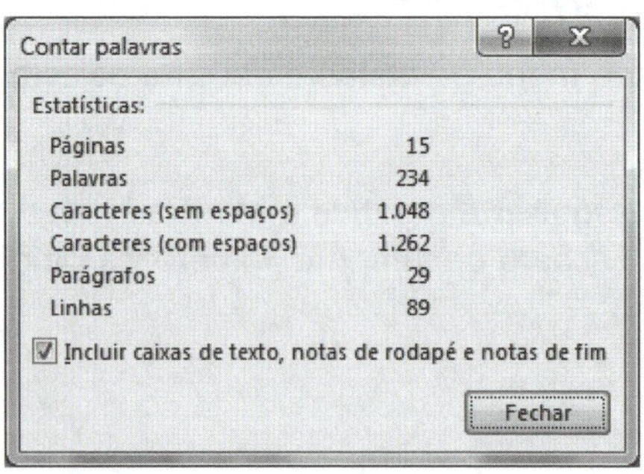

Além de contar páginas e palavras, o Word conta caracteres, parágrafos e linhas.

Como modificar as configurações de verificação de ortografia e gramática

O Word salva com o documento suas respostas a alterações sugeridas de ortografia e gramática. Se escolher ignorar um erro sinalizado, ele não será sinalizado de novo quando executar outra verificação de ortografia e gramática.

Você pode especificar o comportamento da verificação de ortografia e gramática na página Revisão de Texto da caixa de diálogo Opções do Word. Na lista Estilo de Redação, você pode especificar se a verificação de ortografia e gramática também examinará problemas de estilo, como estrutura frasal, falta de clareza e prolixidade. (Sim, é seu editor pessoal!) Para especificar os tipos de erros que a verificação de ortografia e gramática sinalizará, clique no botão Configurações à direita da lista Estilo de Redação. Nem todos os problemas de gramática e estilo são examinados por padrão.

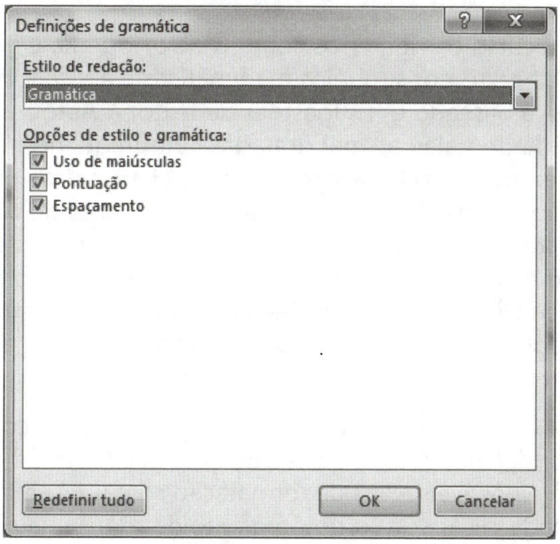

As opções padrão de gramática no Word 2013 são diferentes das de versões anteriores do Word. É uma boa ideia verificar essas configurações antes de começar.

Para verificar a ortografia e a gramática de um documento desde o início, clique no botão Verificar Documento na página Revisão de Texto da caixa de diálogo Opções do Word.

Correção de erros de ortografia e gramática

No tempo dos documentos manuscritos e datilografados, podia-se tolerar um ou outro erro tipográfico ou gramatical, pois a correção desses erros sem fazer uma bagunça era difícil. Os programas de processamento de texto, como o Word, têm verificadores de ortografia e gramática integrados, de modo que, agora, documentos que contenham esse tipo de erro tendem a afetar seus criadores de forma negativa.

DICA Embora o Word possa ajudá-lo a eliminar erros de ortografia e gramática, suas ferramentas não são infalíveis. Você sempre deve ler seu documento inteiro para encontrar problemas que as ferramentas do Word não podem detectar – por exemplo, homônimos, como sessão, seção e cessão.

O Word fornece estas três ferramentas para ajudá-lo na tarefa de eliminar erros de ortografia e gramática:

- **AUTOCORREÇÃO** Esse recurso corrige erros comuns de ortografia e gramática, substitui códigos de texto por símbolos matemáticos e aplica formatação de forma automática baseado em sugestões de texto. A AutoCorreção tem uma lista compilada de palavras mal grafadas com frequência e suas ortografias corretas. Se errar com frequência a ortografia de uma palavra que a AutoCorreção não altera, pode adicioná-la à lista na caixa de diálogo **AutoCorreção**. Se digitar de forma deliberada uma palavra que esteja na lista de **AutoCorreção** e não quiser aceitar a alteração de AutoCorreção, pode reverter a correção clicando no botão **Desfazer** antes de digitar qualquer outra coisa, ou apontando para a barra que aparece abaixo da palavra e clicando em **Desfazer**.
- **INDICADORES DE ERRO** O Word indica possíveis erros de ortografia com um sublinhado vermelho ondulado, possíveis erros de gramática com um sublinhado verde ondulado e possíveis erros de formatação com um sublinhado azul ondulado. Você pode clicar com o botão direito do mouse na palavra ou frase sublinhada para exibir as correções sugeridas e links para recursos de revisão.
- **VERIFICAÇÃO DE ORTOGRAFIA E GRAMÁTICA** Para verificar a ortografia ou gramática do texto selecionado ou do documento inteiro, clique no botão **Ortografia e Gramática** no grupo **Revisão de Texto** da guia **Revisão**. O Word então trabalha na seleção ou no documento e exibe o painel **Ortografia** ou o painel **Gramática** se encontrar um potencial erro.

  ATALHO DE TECLADO Pressione F7 para iniciar a verificação de ortografia e gramática de sua localização atual no documento.

  O painel que aparece exibirá uma explicação do provável problema e sugerirá correções. Você pode implementar uma sugestão clicando nela duas vezes.

Os botões no painel Ortografia refletem o tipo de erro encontrado.

Neste exercício, você alterará uma configuração de AutoCorreção e adicionará uma palavra à lista de AutoCorreção. A seguir, examinará e corrigirá a ortografia e a gramática de um documento e adicionará termos ao dicionário personalizado.

PREPARAÇÃO Você precisa do documento Carta localizado na pasta de arquivos de prática Capítulo02 para realizar este exercício. Abra o documento e siga os seguintes passos:

1 Na última linha do primeiro parágrafo, clique entre a palavra **negativos** e o ponto-final, pressione espaço e digite **corespondentes**, seguido de outro espaço. Observe que, ao pressionar a **Barra de espaços**, a função de AutoCorreção altera **corespondentes** para **correspondentes**.

2 No modo de exibição **Backstage**, clique em **Opções** para exibir a caixa de diálogo **Opções do Word** e clique na guia da página **Revisão de Texto**.

3 No topo da página **Revisão de Texto**, clique no botão **Opções de AutoCorreção** para exibir a página **AutoCorreção** da caixa de diálogo **AutoCorreção**.

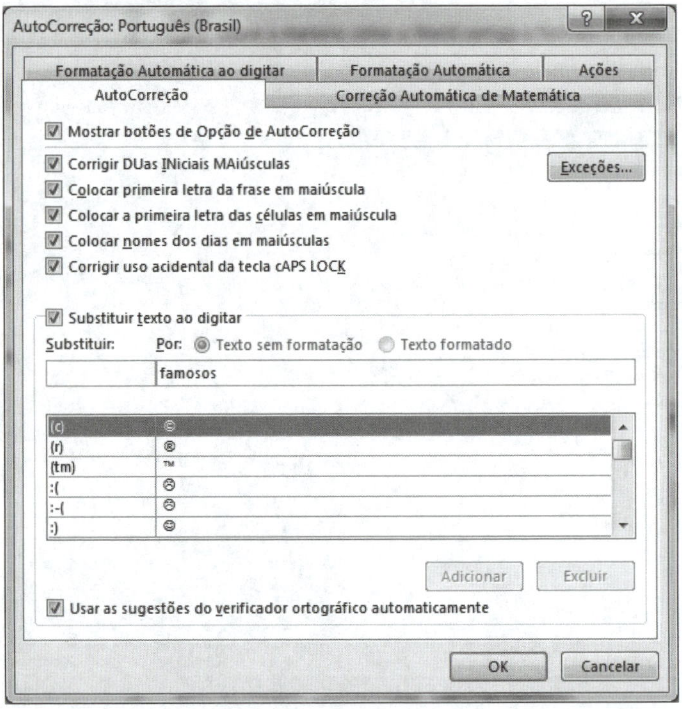

Uma caixa de seleção marcada indica uma categoria de erro que a AutoCorreção corrigirá de forma automática.

DICA Você pode desmarcar a caixa de seleção de qualquer categoria de erro para a qual não queira alterações automáticas. Por exemplo, se não quiser que a AutoCorreção coloque em maiúscula a primeira letra que suceda um período, desmarque a caixa de seleção Colocar primeira letra da frase em maiúscula.

4 Na caixa **Substituir**, digite **diponível**. Observe que o Word percorre a lista abaixo da caixa para exibir a entrada mais próxima da que foi digitada.

5 Pressione a tecla **Tab** para mover o cursor para a caixa **Por** e digite **disponível**.

6 Clique em **Adicionar** para adicionar a entrada à lista de correções, clique em **OK** para fechar a caixa de diálogo **AutoCorreção** e clique em **OK** para fechar a caixa de diálogo **Opções do Word**.

7 Posicione o cursor no fim do segundo parágrafo, pressione a **Barra de espaços** e digite **Sidney não estará diponível de 10 a 14 de maio**. Observe que a palavra **diponível** com erro de ortografia se transforma em **disponível** assim que você digita o espaço que sucede a palavra.

Agora, vamos corrigir um dos erros de ortografia que o Word identificou.

8 No primeiro parágrafo, clique com botão direito do mouse em **fotes**, a primeira palavra com um sublinhado vermelho ondulado, para que o Word liste as possíveis ortografias corretas para essa palavra.

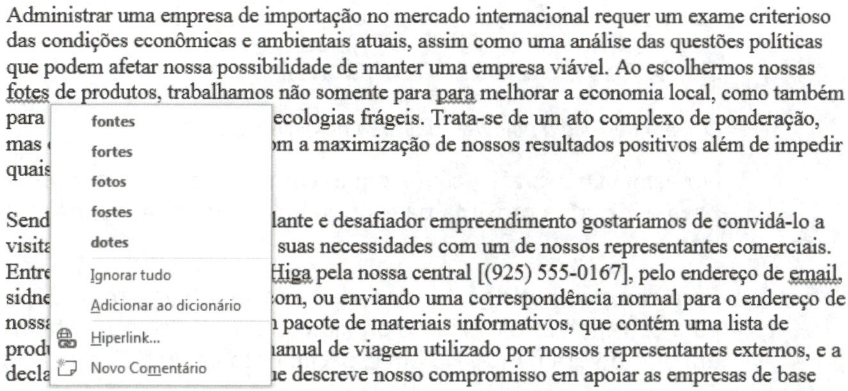

O menu de atalho também lista ações que você talvez queira executar, como adicionar a palavra ao dicionário.

CONSULTE TAMBÉM Para informações sobre a opção de hiperlink no menu de atalho, consulte "Vinculação a fontes externas" no Capítulo 12, "Vinculação de informações e conteúdo".

9 Na lista, clique em **fontes** para inserir a palavra com a ortografia correta.

DICA A verificação gramatical do Word ajuda a identificar frases e orações que não sigam as regras gramaticais tradicionais, mas nem sempre é precisa. É fácil adquirir o hábito de ignorar os sublinhados verdes ondulados. Contudo, é prudente examiná-los para garantir que seus documentos não contenham erros constrangedores.

Agora, vamos verificar a ortografia e a gramática do documento inteiro.

10 Pressione **Ctrl+Home** para retornar ao início do documento. Na guia **Revisão**, no grupo **Revisão de Texto**, clique no botão **Ortografia e Gramática** para abrir o painel **Ortografia**. Observe que a palavra duplicada **para** está destacada no primeiro parágrafo do documento e o painel **Ortografia** indica que a palavra está repetida.

SOLUÇÃO DE PROBLEMAS Se os erros mencionados não parecerem estar no arquivo de prática, exiba a página Revisão de Texto da caixa de diálogo Opções do Word e, na área Ao corrigir a ortografia e a gramática no Word, clique em Verificar Documento Novamente. Clique em Sim para redefinir a verificação de ortografia e gramática e clique em OK.

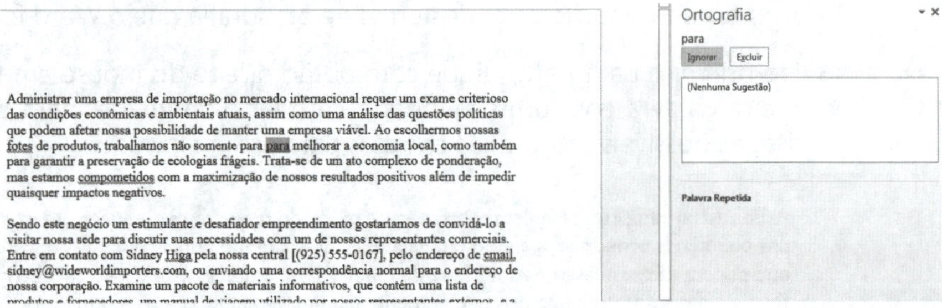

O Word destaca a palavra duplicada no documento.

11 No painel **Ortografia**, clique em **Excluir** para excluir a segunda instância de **para** e ir para a próxima palavra que o Word não reconhece, **compometidos**.

12 Com **comprometidos** selecionada na caixa de sugestões, clique em **Alterar** para corrigir o erro e exibir o próximo possível erro, que está marcado como um erro de gramática. Há um espaçamento incorreto entre as palavras.

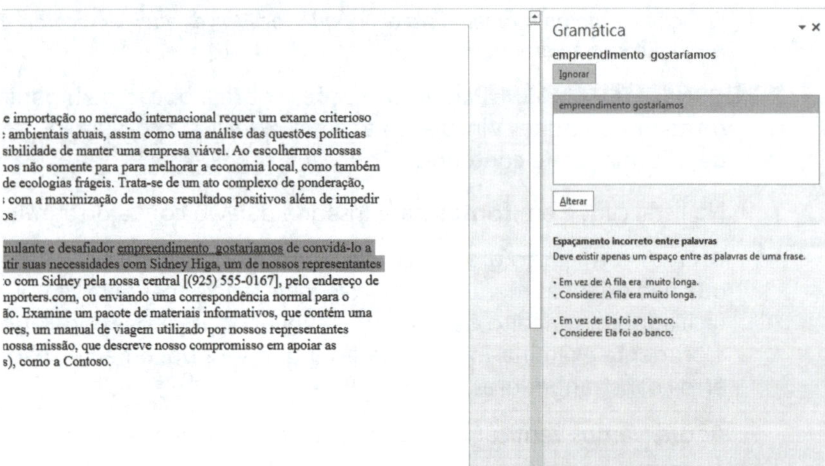

O painel Gramática exibe a regra de espaçamento entre palavras e sugere alterações.

13 No painel **Gramática**, clique em **Alterar** para substituir a palavra selecionada e exibir o próximo possível erro – o sobrenome do representante comercial. Visto que o nome completo de Sidney provavelmente aparecerá com frequência na correspondência dessa empresa, vamos adicionar **Higa** ao dicionário personalizado de modo que o Word não o sinalize como um erro no futuro.

14 Próximo ao início do painel **Ortografia**, abaixo de **Higa**, clique no botão **Adicionar**. O Word adicionará o nome ao dicionário e exibirá uma mensagem indicando que concluiu a verificação de ortografia e gramática do documento.

O Word talvez sugira substituições que não aparecem no dicionário.

15 Clique em **Não** para fechar a caixa de mensagem.

DICA A verificação de gramática nem sempre reconhece uma expressão estranha. Por exemplo, observe o erro não marcado ("não trabalhamos não somente") na segunda frase do primeiro parágrafo do documento Carta. É um bom exemplo de por que você deve sempre revisar seus documentos (ou conseguir que alguém o faça para você).

ENCERRAMENTO Feche o documento Carta, salvando suas alterações, se quiser.

Pontos-chave

- Crie documentos simples do Word selecionando um modelo e digitando texto onde o cursor está.
- Você pode arrastar texto de uma localização para outra em um documento.
- Você pode recortar ou copiar texto e colá-lo em outra parte do mesmo documento ou em um diferente. O texto recortado e copiado é armazenado na Área de Transferência.
- Desfaça uma ação ou as últimas ações realizadas clicando no botão Desfazer (ou em sua seta) na Barra de Ferramentas de Acesso Rápido. Clique no botão Refazer se mudar de ideia de novo.
- Você pode localizar cada ocorrência de uma palavra ou frase e substituí-la por outra.
- Confie na AutoCorreção para corrigir erros comuns de ortografia. Corrija outros erros de ortografia e gramática à medida que digita o texto, ou verificando o documento inteiro de uma vez.

Visão geral do capítulo

Estilo

Aplique estilos ao texto, página 94

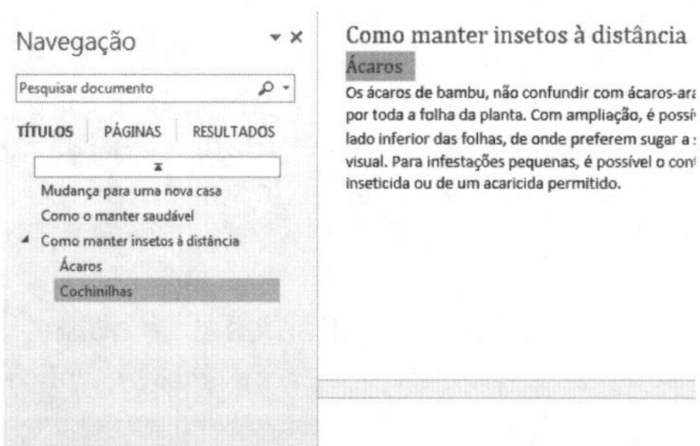

Cor

Altere o tema de um documento, página 102

Formato

Altere manualmente a aparência de caracteres, página 108

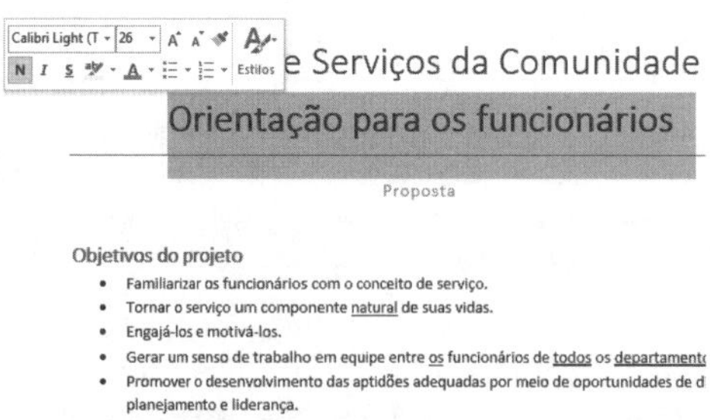

Lista

Crie e modifique listas, página 130

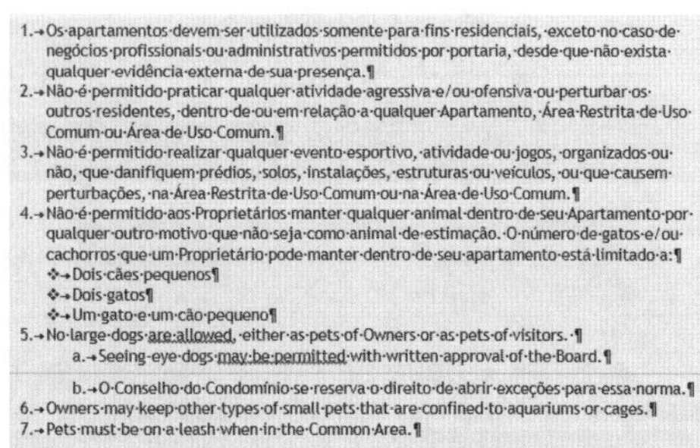

Como modificar a estrutura e a aparência do texto

3

NESTE CAPÍTULO, VOCÊ APRENDERÁ A:

- Aplicar estilos ao texto.
- Alterar o tema de um documento.
- Alterar manualmente a aparência de caracteres.
- Alterar manualmente a aparência de parágrafos.
- Criar e modificar listas.

A aparência de seus documentos ajuda a transmitir sua mensagem. O Microsoft Word 2013 pode ajudá-lo a desenvolver documentos com aparência profissional e apropriada a seu conteúdo. Você pode formatar palavras e parágrafos com facilidade de modo que pontos-chave se sobressaiam e a estrutura do documento seja clara. Você também pode alterar a aparência dos principais elementos dentro de um documento aplicando conjuntos predefinidos de formatação, chamados de *estilos*, e pode alterar a aparência do texto selecionado aplicando combinações predefinidas, chamadas de *efeitos de texto*. Além disso, pode alterar fontes, cores e efeitos ao longo do documento com um único clique ao aplicar um tema.

Neste capítulo, você primeiro testará estilos internos e efeitos de texto e, em seguida, alterará o tema aplicado ao documento. Você alterará a aparência de palavras e depois alterará recuo, alinhamento e espaçamento de parágrafos. Também adicionará bordas e sombreamento para destacar parágrafos. Por fim, você criará e formatará listas com marcadores e numeradas.

ARQUIVOS DE PRÁTICA Para realizar os exercícios deste capítulo, você precisa dos arquivos de prática contidos na pasta Capítulo03. Para mais informações, consulte "Como baixar os arquivos de prática" na Introdução deste livro.

Como aplicar estilos ao texto

Não é preciso saber muito sobre a formatação de caracteres e parágrafos para poder formatar seus documentos de formas que tornarão a leitura mais fácil e a aparência mais profissional. Com alguns cliques do mouse, você pode alterar com facilidade a aparência de palavras, frases e parágrafos usando estilos. E o mais importante, você pode estruturar um documento aplicando estilos que estão vinculados a níveis da estrutura de tópicos. Ao fazê-lo, você constrói uma estrutura de tópicos do documento que se reflete no painel Navegação e que pode ser utilizada para criar um sumário.

CONSULTE TAMBÉM Para informações sobre sumários, consulte "Criação e modificação de sumários" no Capítulo 13, "Como referenciar conteúdo e fontes de conteúdo".

Os estilos podem incluir formatação de caracteres (como fonte, tamanho e cor), formatação de parágrafo (como espaçamento entre linhas e nível da estrutura de tópicos) ou uma combinação de ambas. Os estilos estão armazenados no modelo que está anexado ao documento. Por padrão, novos documentos em branco são baseados no modelo Normal. O modelo Normal inclui uma seleção padrão de estilos que atendem às necessidades básicas da maioria dos documentos. Esses estilos incluem nove níveis de títulos, vários estilos de texto, inclusive aqueles para múltiplos níveis de listas com marcadores e numeradas, estilos de índice e sumário de entrada e muitos estilos especializados, como aqueles para hiperlinks, citações, espaços reservados, legendas e outros elementos.

Por padrão, o Word disponibiliza os estilos predefinidos mais comuns na galeria Estilos da guia Página Inicial.

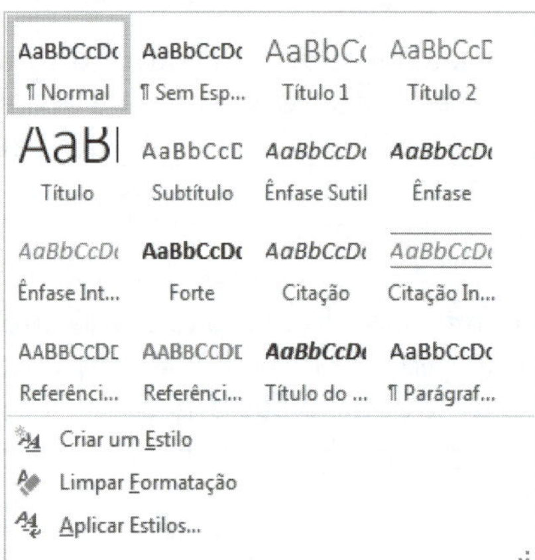

A galeria Estilos em um novo documento em branco baseado no modelo Normal.

Os estilos podem ser utilizados para múltiplas finalidades: para afetar a aparência do conteúdo, para construir uma estrutura de tópicos do documento e para etiquetar conteúdo de um certo tipo, de modo que possa ser localizado com facilidade.

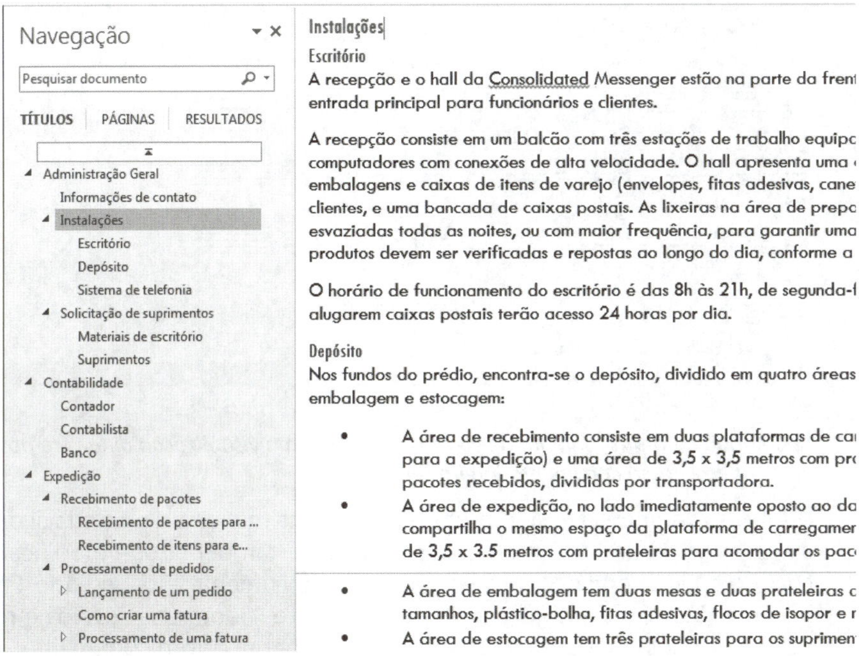

Os estilos de título definem a estrutura de tópicos de um documento.

Os estilos armazenados em um modelo geralmente são baseados no estilo Normal e utilizam apenas as fontes padrão de corpo e título associadas ao tema do documento para que todos funcionem bem juntos. Por essa razão, a formatação do conteúdo de documentos usando estilos produz um efeito harmonioso. Depois de aplicar estilos a partir do conjunto atual de estilo, você pode alterar com facilidade a aparência de todo o documento trocando para um conjunto diferente de estilo, que associe diferentes regras de formatação com os mesmos estilos. Portanto, se tiver aplicado o estilo Título 1 a um parágrafo, pode alterar sua formatação simplesmente alterando o conjunto de estilo.

CONSULTE TAMBÉM Para informações sobre elementos do tema de documentos, consulte "Como alterar o tema de um documento", mais adiante neste capítulo.

Os conjuntos de estilo estão disponíveis no menu Formatação do Documento da guia Design.

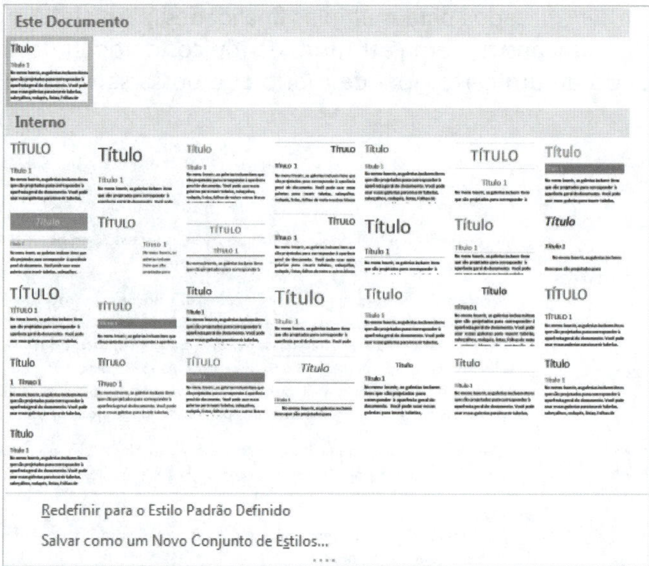

Apontando para um conjunto de estilo na galeria, uma visualização dinâmica dos efeitos dessa aplicação no documento inteiro será exibida.

DICA Os conjuntos de estilo proporcionam uma maneira rápida e fácil de alterar a aparência de um documento existente. Você também pode modificar definições de estilo alterando o modelo no qual o documento está baseado. Para mais informações sobre estilos e modelos, consulte "Como criar estilos e modelos personalizados" no Capítulo 16, "Como trabalhar no Word com mais eficiência".

Neste exercício, você experimentará os estilos do modelo Normal e alterará a aparência de um documento trocando para um conjunto de estilo diferente.

PREPARAÇÃO Você precisa do documento InformaçõesBambu localizado na pasta de arquivos de prática Capítulo03 para realizar este exercício. Abra o documento no modo de exibição Layout de Impressão e siga os seguintes passos:

1 Percorra o documento para obter uma visão geral de seu conteúdo. Observe que o documento começa com um título e subtítulo centralizados e há diversos títulos ao longo dele.

2 Exiba o painel **Navegação**. Observe que a página **Títulos** do painel **Navegação** não reflete os títulos no documento.

3 Na guia **Página Inicial**, clique no iniciador de caixa de diálogo de **Estilo** para exibir o painel **Estilos**. Se ele estiver flutuando sobre a página, arraste-o por sua barra de título para a extremidade direita da janela do programa para encaixá-lo.

4 Se necessário, altere o nível de zoom da página para ajustar o conteúdo da página entre o painel **Navegação** e o painel **Estilos**.

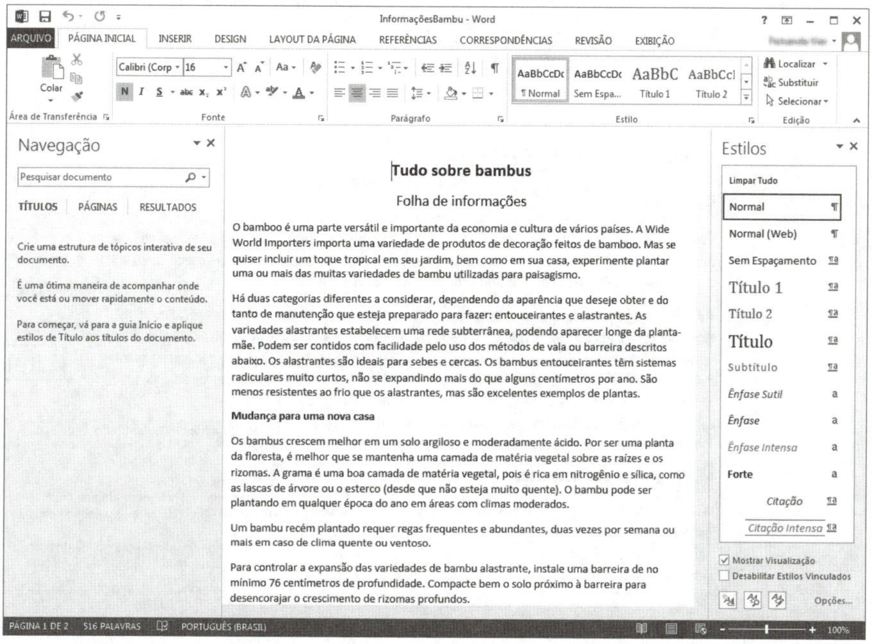

Você está pronto para construir a estrutura de um documento aplicando estilos.

DICA Linhas sinuosas indicando possíveis erros de gramática podem aparecer sob algumas palavras deste documento. Você pode removê-las clicando com o botão direito do mouse sobre cada palavra e clicando em Ignorar.

5 Clique em qualquer parte do título do documento, **Tudo sobre bambus**, e clique no primeiro título, **Mudança para uma nova casa**. No painel **Estilos**, observe que cada um desses parágrafos tem **Normal** como estilo. Como os títulos do documento não têm estilos de título aplicados a eles, não aparecem no painel **Navegação**.

6 Clique de novo no título do documento e, no painel **Estilos**, clique em **Título** para aplicar o estilo. Observe que o Word aplicará o estilo ao parágrafo inteiro, mesmo que não o tenha selecionado.

7 No painel **Estilos**, aponte para o estilo **Título**.

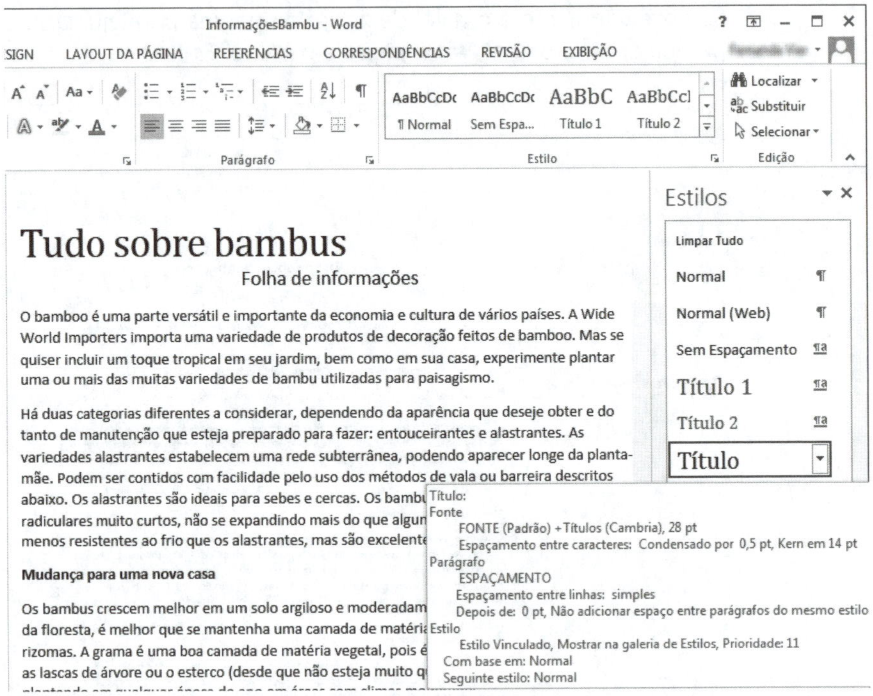

Uma Dica de Tela exibirá a descrição dos formatos de fonte e parágrafo associados ao estilo, bem como informações do estilo base.

8 Clique em qualquer parte do parágrafo **Folha de informações** e, no painel **Estilos**, clique em **Subtítulo** para aplicar o estilo. Observe que o painel **Navegação** ainda não contém títulos. Isso porque os estilos **Título** e **Subtítulo** não estão associados aos níveis da estrutura de tópicos.

9 Selecione o título em negrito **Mudança para uma nova casa**. No painel **Estilos**, aponte para o estilo **Título 1** para exibir uma descrição do estilo. Observe que a descrição do parágrafo inclui **Nível de estrutura de tópicos: Nível 1** para indicar que os parágrafos com esse estilo aparecem no primeiro nível de uma estrutura de tópicos.

10 Na galeria **Estilos**, aponte para o estilo **Título 1** para exibir uma visualização dinâmica do texto selecionado com esse estilo. Observe o resultado diferente de apontar para o estilo na galeria **Estilos** e no painel **Estilos**.

11 Na galeria **Estilos** ou no painel **Estilos**, clique em **Título 1** para aplicar o estilo. Observe que o título selecionado também aparece no painel **Navegação**.

Os títulos do documento proporcionam não apenas uma estrutura de tópicos e formatação; você também pode usá-los para recolher seções inteiras. Este é um prático novo recurso do Word 2013. Vamos experimentá-lo.

12 No documento, aponte para o título para exibir um triângulo cinza apontando para baixo à sua esquerda. Clique no triângulo cinza para ocultar o conteúdo que sucede o título.

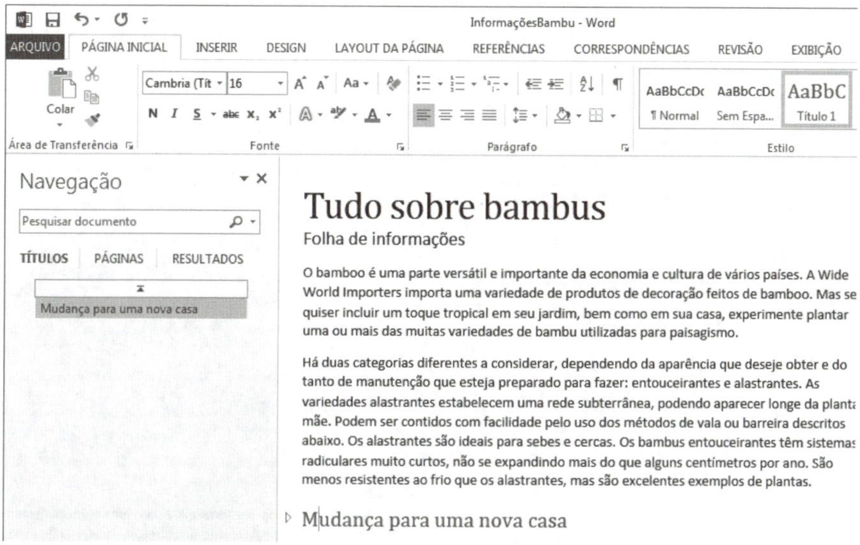

O triângulo cinza se transforma em um triângulo branco voltado para a direita para indicar que o conteúdo está oculto.

13 Clique no texto acima do título. Observe que o triângulo branco permanece visível à esquerda do título para indicar que o conteúdo associado a ele está oculto.

14 Clique no triângulo branco à esquerda do título para exibir o conteúdo oculto do documento.

15 Selecione **Como o manter saudável** e clique no estilo **Título 1** para aplicá-lo. A seguir, selecione **Como manter insetos à distância** e, na **Barra de Ferramentas de Acesso Rápido**, clique no botão **Repetir** para aplicar o mesmo estilo ao texto selecionado. Essa técnica pode ser utilizada para aplicar de forma rápida múltiplas instâncias de um estilo.

ATALHO DE TECLADO Pressione Ctrl+R para repetir a ação anterior. Para mais informações sobre atalhos de teclado, consulte "Atalhos de teclado" ao fim deste livro.

16 Exiba a página para que os títulos sublinhados estejam visíveis. Selecione **Ácaros**, pressione e segure a tecla **Ctrl**, e então selecione **Cochinilhas**. Com ambos os títulos selecionados, clique em **Título 2** na galeria ou no painel **Estilos** para aplicar de forma simultânea o estilo nas duas seleções.

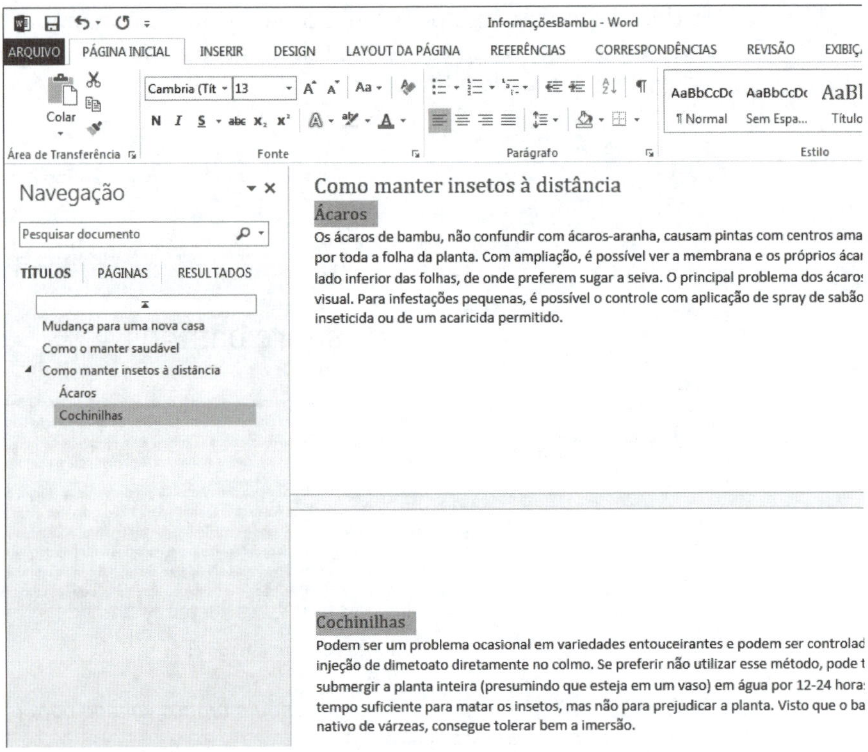

A aplicação múltipla de estilos de título cria uma estrutura de tópicos de vários níveis no painel Navegação.

17 Observe que **Título 3** agora aparece no painel **Estilos**. O modelo **Normal** contém muitos outros títulos que são exibidos no momento no painel ou na galeria **Estilos**. No fim do painel **Estilos**, clique em **Opções** para abrir a caixa de diálogo **Opções do Painel de Estilos**. Observe que **Mostrar próximo título quando o nível anterior for usado** está selecionado por padrão; essa é a configuração que fez com que **Título 3** aparecesse no painel **Estilos** após a aplicação do estilo **Título 2**.

Vejamos os vários estilos disponíveis para uso neste documento.

18 Na caixa de diálogo **Opções do Painel de Estilos**, clique na seta de **Selecione os estilos a serem exibidos**. Observe que se pode exibir todos os estilos, todos os estilos que estão no modelo de documento, todos os estilos que estão sendo usados atualmente ou uma seleção de estilos "recomendados".

CONSULTE TAMBÉM Para mais informações sobre como trabalhar com estilos e o painel Estilos, consulte "Como criar estilos e modelos personalizados" no Capítulo 16, "Como trabalhar no Word com mais eficiência".

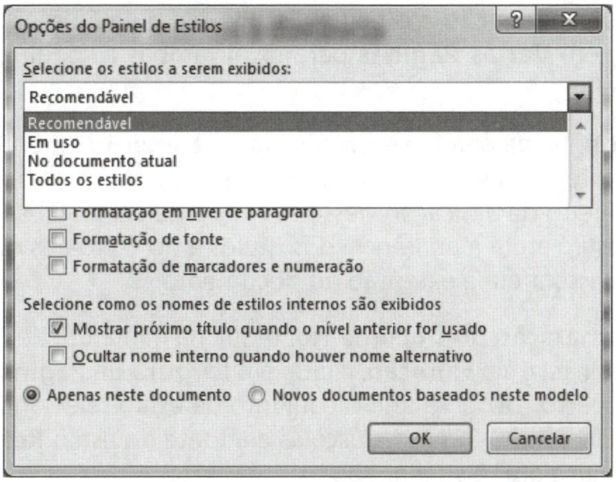

Pode-se escolher a exibição de qualquer das quatro categorias de estilos no painel Estilos.

19 Na lista **Selecione os estilos a serem exibidos**, clique em **Todos os estilos**. Na lista **Selecione a classificação da lista**, clique em **Alfabético**. Então, na caixa de diálogo **Opções do Painel de Estilos**, clique em **OK** para exibir a lista completa de estilos disponíveis no painel **Estilos**.

DICA Para adicionar qualquer estilo do painel Estilos à galeria Estilos, aponte para o nome do estilo, clique na seta que aparecerá e clique em Adicionar à Galeria de Estilos.

20 Percorra o painel **Estilos** para visualizar a ampla variedade de estilos disponíveis e aponte para algum que o interesse para exibir uma descrição. Observe que muitos dos estilos internos são planejados para usos específicos, como os estilos **Índice** e **Sumário**.

21 No painel **Navegação**, logo acima dos títulos, clique no botão **Saltar para o começo** para retornar ao título do documento.

Agora, vamos aplicar alguns estilos de caractere ao conteúdo do documento para vermos como se transformam quando alteramos o conjunto de estilo.

22 No primeiro parágrafo do documento, selecione o nome da empresa **Wide World Importers**. No grupo **Estilos**, clique no botão **Mais** para expandir a galeria **Estilos** e clique na miniatura de **Referência Intensa** para aplicar o estilo.

23 No segundo parágrafo, no início da penúltima frase, selecione a palavra **entouceirantes** e aplique o estilo **Ênfase**. A seguir, na última frase, aplique o mesmo estilo à palavra **alastrantes**. Observe que a aplicação desses estilos de caractere não afeta o conteúdo do painel **Navegação**.

24 Feche o painel **Navegação** e o painel **Estilos**. Na guia **Exibição**, no grupo **Zoom**, clique em **Várias Páginas** para exibir ambas as páginas do documento na janela.

25 Na guia **Design**, na galeria **Formatação do Documento**, aponte para cada um dos conjuntos de estilo na área **Internos** para exibir uma visualização dinâmica do efeito da aplicação desse conjunto de estilo. Observe como o conjunto de estilo afeta a aparência dos títulos e do texto aos quais aplicou estilos e como isso afeta a extensão do documento.

26 Na galeria **Formatação do Documento**, clique na miniatura de **Básico (Elegante)**. A seguir, na guia **Exibição**, clique em **Largura da Página** para ver as alterações de perto. Observe que o conjunto de estilo selecionado formata a fonte do estilo **Título** como maiúsculas e a fonte do estilo **Referência Intensa** como "versalete" e sublinhado.

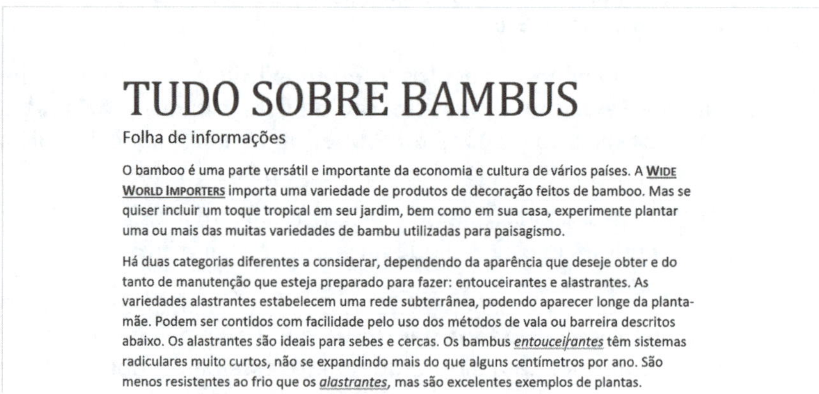

TUDO SOBRE BAMBUS

Folha de informações

O bamboo é uma parte versátil e importante da economia e cultura de vários países. A WIDE WORLD IMPORTERS importa uma variedade de produtos de decoração feitos de bamboo. Mas se quiser incluir um toque tropical em seu jardim, bem como em sua casa, experimente plantar uma ou mais das muitas variedades de bambu utilizadas para paisagismo.

Há duas categorias diferentes a considerar, dependendo da aparência que deseje obter e do tanto de manutenção que esteja preparado para fazer: entouceirantes e alastrantes. As variedades alastrantes estabelecem uma rede subterrânea, podendo aparecer longe da planta-mãe. Podem ser contidos com facilidade pelo uso dos métodos de vala ou barreira descritos abaixo. Os alastrantes são ideais para sebes e cercas. Os bambus *entouceirantes* têm sistemas radiculares muito curtos, não se expandindo mais do que alguns centímetros por ano. São menos resistentes ao frio que os *alastrantes*, mas são excelentes exemplos de plantas.

Você pode controlar o uso de maiúsculas e minúsculas no texto aplicando um estilo.

ENCERRAMENTO Feche o documento InformaçõesBambu, salvando suas alterações, se quiser.

Como alterar o tema de um documento

Cada documento que criar estará baseado em um modelo e a aparência do modelo será controlada por um tema. O tema é uma combinação de cores, fontes e efeitos coordenados que transmitem visualmente um certo tom. Para alterar a aparência de um documento, você pode aplicar um tema diferente clicando no botão Temas no grupo Formatação do Documento da guia Design e fazer, então, uma seleção na galeria Temas.

A instalação padrão do Word 2013 oferece 9 temas para escolha.

Se gostar dos elementos em segundo plano de um tema, mas não das cores ou fontes, pode misturar e combinar elementos do tema. Primeiro aplique o tema que mais se aproxima da aparência que deseja, e então selecione cores e fontes nas galerias Cores do Tema e Fontes do Tema do grupo Formatação do Documento.

Além de cores e fontes, você pode controlar elementos mais sutis, como o espaçamento de parágrafo e os efeitos visuais associados a um tema.

Se criar uma combinação de elementos do tema que gostaria de poder usar em outros documentos, pode salvá-la como um novo tema. Salvando o tema na pasta padrão Document Themes, você o disponibiliza na galeria Temas. Contudo, não é preciso armazenar os temas personalizados na pasta Document Themes; você pode armazená-los em qualquer parte de seu disco rígido, em uma mídia removível ou em um local de rede. Para utilizar um tema que esteja armazenado em uma localização diferente, clique em Procurar Temas no fim do menu Temas, localize o tema que deseja na caixa de diálogo Escolher Tema ou Documento com Tema e clique em Abrir para aplicá-lo ao documento atual.

DICA A pasta padrão Document Themes está armazenada dentro de seu perfil de usuário. Em uma instalação autônoma padrão, a pasta estará localizada em C:\Users\<*nome do usuário*>\AppData\Roaming\ Microsoft\Templates\Document Themes. Em um ambiente corporativo com configurações de computador gerenciado, a pasta do perfil de usuário pode estar localizada em outro lugar. Para descobrir a localização de sua pasta Document Themes, clique em Salvar Tema Atual no fim do menu Temas e, na caixa de diálogo Salvar Tema Atual, clique no ícone na extremidade esquerda da barra de endereços para exibir o caminho completo.

Por padrão, o Word aplica o tema do Office a todos os novos documentos em branco. No Word 2013, o tema do Office utiliza uma paleta predominantemente azul, a fonte Calibri para o corpo de texto e Calibri Light para os títulos. Você pode fazer outro tema ser o padrão aplicando o tema que quiser e clicando em Definir como Padrão no grupo Formatação do Documento.

DICA Se várias pessoas criam documentos corporativos para sua empresa, você pode garantir que os documentos de todos tenham uma aparência similar montando um tema personalizado e disponibilizando-o para todos. Utilize elementos de tema que reflitam as cores, as fontes e o estilo visual de sua empresa e salve-o em uma localização central ou envie o arquivo do tema por email e instrua seus colegas a salvá-lo na pasta padrão Document Themes.

Neste exercício, você aplicará um tema a um documento existente e alterará as cores e fontes. Depois, salvará a nova combinação como um tema personalizado.

PREPARAÇÃO Você precisa do documento BambuEstilizado localizado na pasta de arquivos de prática Capítulo03 para realizar este exercício. Abra o documento e siga os seguintes passos:

1 Na guia **Design**, no grupo **Formatação do Documento**, clique no botão **Temas** para exibir o menu **Temas**.

2 Aponte para uma miniatura de cada vez para exibir uma visualização dinâmica do tema. (Percorra a galeria para explorar todos os temas.)

3 Na galeria **Temas**, clique em **Facetado** para alterar as cores e fontes para as definidas para esse tema.

   DICA Se tiver aplicado formatação de forma manual ao conteúdo do documento, o tema não a substituirá. Para garantir que todos os elementos do documento sejam controlados pelo tema, clique em Redefinir para o Estilo Padrão Definido no menu Formatação do Documento.

4 No grupo **Formatação do Documento**, clique no botão **Cores** para exibir o menu **Cores**.

5 Aponte para qualquer paleta de cores que lhe interesse para visualizar seus efeitos no documento. Observe que a primeira cor em cada paleta é aplicada aos estilos **Título** e **Referência Intensa**, e diferentes tons da terceira cor são aplicados aos estilos **Subtítulo**, **Título 1** e **Título 2**. Cada cor na paleta tem uma função específica atribuída a ela.

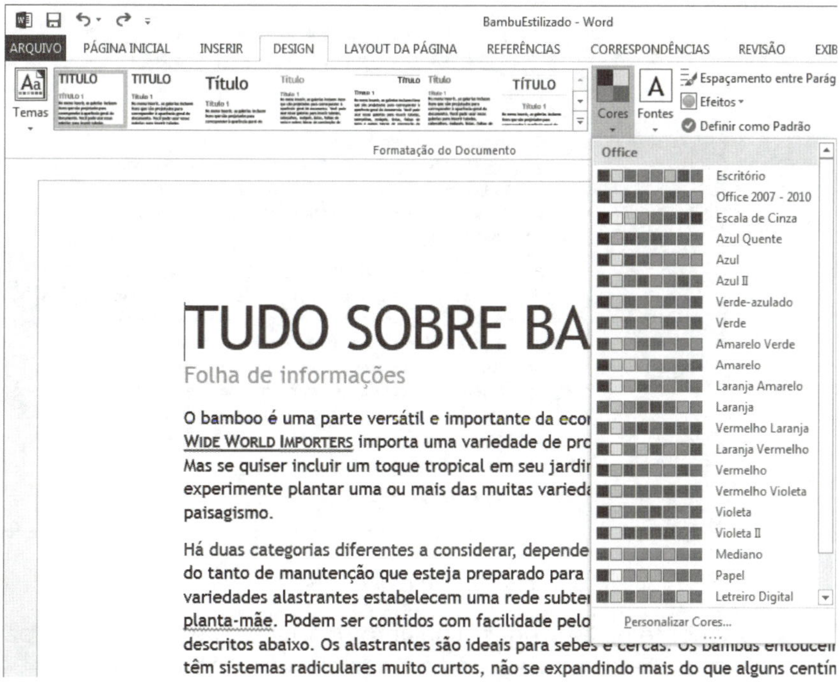

Você pode alterar a paleta de cores de qualquer tema.

6 Na galeria **Cores do Tema**, clique na paleta **Laranja**. As cores selecionadas substituem as cores de **Facetado**, mas nada mais muda no documento.

7 No grupo **Formatação do Documento**, clique no botão **Fontes** para exibir o menu **Fontes do Tema**.

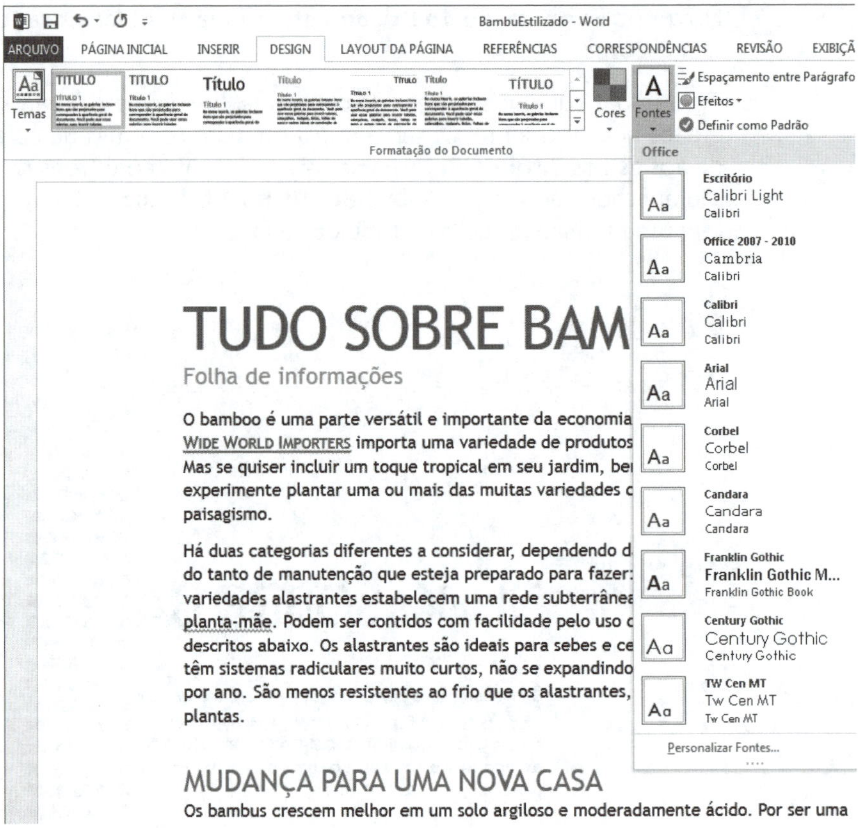

Você pode modificar o tema aplicando qualquer conjunto de fontes.

8 Aponte para qualquer conjunto de fontes que lhe interesse para visualizar seus efeitos no documento. Cada conjunto inclui duas fontes – a primeira é usada para títulos e a segunda para o corpo do texto. Em alguns, as fontes de título e corpo são as mesmas.

9 Na galeria **Fontes do Tema**, clique em **Georgia**. As fontes selecionadas substituirão as fontes de **Facetado**, mas as cores e os elementos de estilo permanecerão os mesmos.

Agora que foram feitas algumas alterações no tema, vamos salvar o tema modificado para que ele possa ser reutilizado em outros documentos.

10 No grupo **Formatação do Documento**, clique no botão **Temas** e, no fim do menu, clique em **Salvar Tema Atual** para exibir o conteúdo da pasta **Document Themes** na caixa de diálogo **Salvar Tema Atual**.

11 Na caixa **Nome do arquivo**, substitua o nome sugerido por **Meu Tema** e clique em **Salvar**.

12 Exiba o menu **Temas**. Observe que ele agora inclui uma área **Personalizar** que contém seu tema.

Você pode aplicar um tema personalizado a qualquer documento.

13 Clique fora do menu para fechá-lo sem fazer uma seleção.

ENCERRAMENTO Feche o documento BambuEstilizado, salvando suas alterações, se quiser.

DICA Se quiser excluir o tema personalizado criado neste tópico, abra o Explorador de Arquivos, navegue até a pasta Document Themes e exclua o arquivo Meu Tema, ou, no Word, exiba o menu Temas, clique com o botão direito do mouse no tema personalizado e clique em Excluir. Note que o segundo método remove a escolha do tema a partir da galeria, mas não remove o arquivo do tema de sua pasta Themes.

Como alterar manualmente a aparência de caracteres

O Word 2013 torna fácil a alteração da aparência de conteúdo em um documento estilizado. Mas os estilos e temas não podem fazer tudo. Para poder controlar com precisão a aparência de seu texto, você precisa saber como alterar manualmente os elementos individuais.

Quando digitamos o texto em um documento, ele é exibido em uma fonte específica. Por padrão, a fonte utilizada em um documento em branco é a Calibri tamanho 11, mas você pode alterar a fonte de qualquer elemento a qualquer momento. As fontes disponíveis variam de um computador para outro, dependendo dos programas instalados. As fontes comuns incluem Arial, Verdana e Times New Roman.

Você pode modificar a aparência de uma fonte alterando os seguintes atributos:

- **TAMANHO** Quase todas as fontes vêm em uma variedade de tamanhos, que são medidos em pontos do topo das letras que tenham partes para cima (ascendentes), como h, até a base das que tenham partes para baixo (descendentes), como p. Um ponto tem aproximadamente 0,04 centímetros.
- **ESTILO** Quase toda fonte tem uma variedade de estilos. Os mais comuns são regular (ou simples), itálico, negrito e negrito itálico.
- **EFEITOS** As fontes podem ser aprimoradas pela aplicação de efeitos, como sublinhado, versalete ou sombreamento.
- **COR** A paleta de cores coordenadas está disponível e você também pode especificar cores personalizadas.
- **ESPAÇAMENTO ENTRE CARACTERES** Você pode alterar o espaçamento entre caracteres expandindo-os ou condensando-os.

Embora alguns atributos possam cancelar outros, em geral eles são cumulativos. Por exemplo, você pode utilizar um estilo da fonte em negrito em vários tamanhos e vários tons de verde para destacar palavras em um boletim informativo. De forma coletiva, a fonte e seus atributos são chamados de formatação de caracteres.

Você aplica a formatação de caracteres a partir de uma destas três localizações:

- **MINIBARRA DE FERRAMENTAS** Diversos botões comuns de formatação estão disponíveis na Minibarra de ferramentas que aparece quando se seleciona o texto.

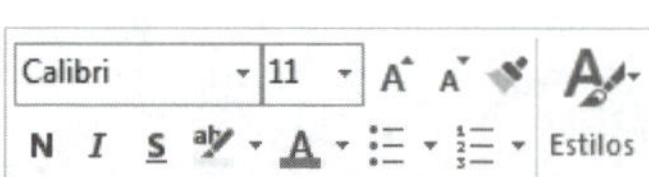

A Minibarra de ferramentas aparece temporariamente quando se seleciona o texto, torna-se transparente quando o ponteiro sai do texto selecionado e então desaparece por completo.

- **GRUPO FONTE DA GUIA PÁGINA INICIAL** Este grupo inclui botões para alterar a fonte e a maioria dos atributos que você provavelmente utilizará.

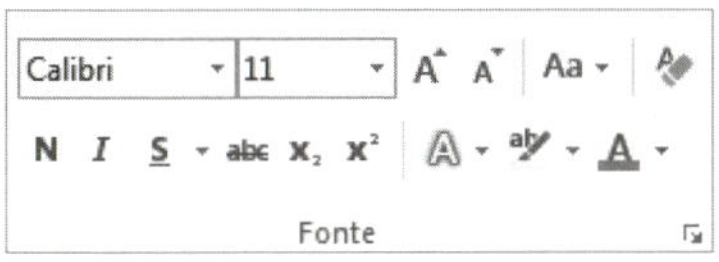

O grupo Fonte.

- **CAIXA DE DIÁLOGO FONTE** Os atributos com aplicação menos comum, como versalete e sublinhado especial, estão disponíveis a partir da caixa de diálogo Fonte, que é exibida clicando no iniciador de caixa de diálogo de Fonte.

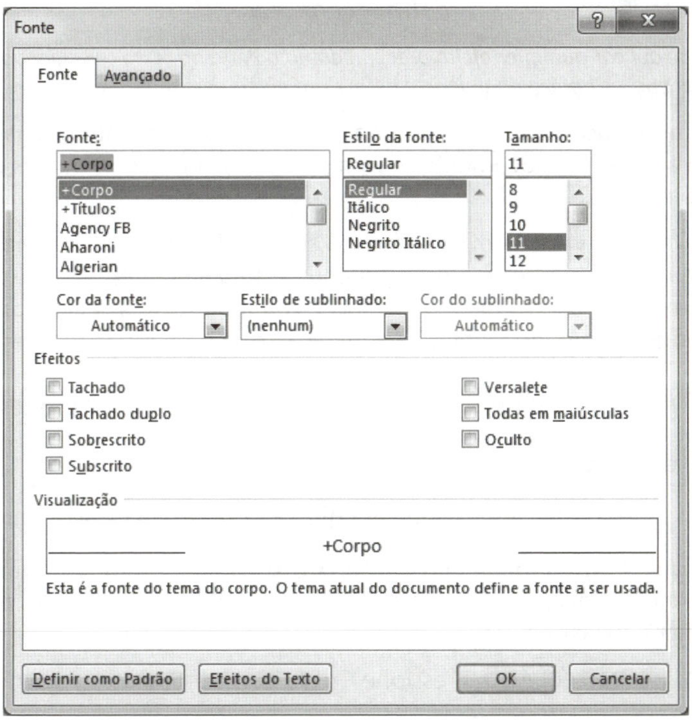

A maioria dos atributos de fontes é definida a partir da página Fonte da caixa de diálogo, exceto o espaçamento entre caracteres e os atributos OpenType, que são definidos na página Avançado.

Além de aplicar formatação de caracteres para alterar a aparência dos caracteres, você pode aplicar efeitos de texto predefinidos a uma seleção para dar mais classe. Clicando no botão Efeitos de Texto e Tipografia no grupo Fonte da guia Página Inicial, uma galeria de efeitos correspondentes às cores dos temas atuais será exibida.

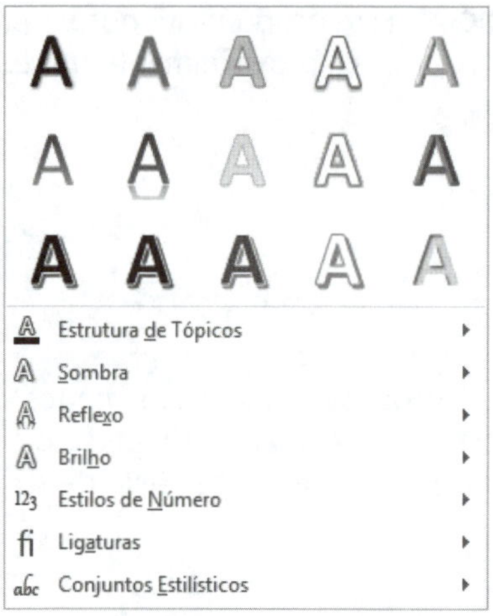

Você pode aplicar qualquer efeito predefinido na galeria ao texto selecionado, ou pode clicar nas opções abaixo da galeria e definir um efeito personalizado.

Esses efeitos são chamativos, portanto, você provavelmente desejará restringir seu uso a títulos de documentos e elementos similares para os quais queira atrair atenção especial.

Neste exercício, você formatará o texto em um documento alterando a fonte, o estilo, o tamanho, a cor e o espaçamento entre caracteres. Você experimentará realçar e aplicar efeitos de texto. Depois, voltará o texto selecionado à sua condição original limpando alguma formatação que não queira mais.

PREPARAÇÃO Você precisa do documento Diretrizes localizado na pasta de arquivos de prática Capítulo03 para realizar este exercício. Abra o documento e siga os seguintes passos:

1 No segundo marcador, clique em qualquer parte da palavra **natural**.

2 Na guia **Página Inicial**, no grupo **Fonte**, clique no botão **Sublinhado** para sublinhar a palavra que contém o cursor. Observe que não foi preciso selecionar a palavra inteira.

   ATALHO DE TECLADO Pressione Ctrl+S para sublinhar a palavra ou seleção ativa.

3 No quarto marcador, clique em qualquer parte da palavra **os** e, na **Barra de Ferramentas de Acesso Rápido**, clique no botão **Repetir**. O Word repetirá o comando anterior de formatação. Mais uma vez, embora não tenha selecionado a palavra inteira, ela agora está sublinhada.

   ATALHO DE TECLADO Pressione Ctrl+R para repetir o comando anterior.

4 No mesmo marcador, clique em qualquer parte da palavra **todos**. No grupo **Fonte**, clique na seta de **Sublinhado** e em **Espesso** (a terceira opção) para aplicar um sublinhado espesso à palavra. A seguir, clique na próxima palavra, **departamentos**, e clique no botão **Sublinhado** (não na seta). Observe que o sublinhado espesso agora foi atribuído ao botão **Sublinhado**.

DICA Você pode escolher um estilo e uma cor de sublinhado a partir da galeria Sublinhado ou da caixa de diálogo Fonte.

5 Selecione o título **Orientação para os funcionários** e deixe o ponteiro no lugar para exibir a **Minibarra de ferramentas**.

6 Na **Minibarra de ferramentas**, clique no botão **Negrito** para aplicar a formatação em negrito ao título. Observe que os botões ativos na **Minibarra de ferramentas** e no grupo **Fonte** da guia **Página Inicial** indicam os atributos aplicados à seleção.

ATALHO DE TECLADO Pressione Ctrl+N para deixar a palavra ou seleção ativa em negrito.

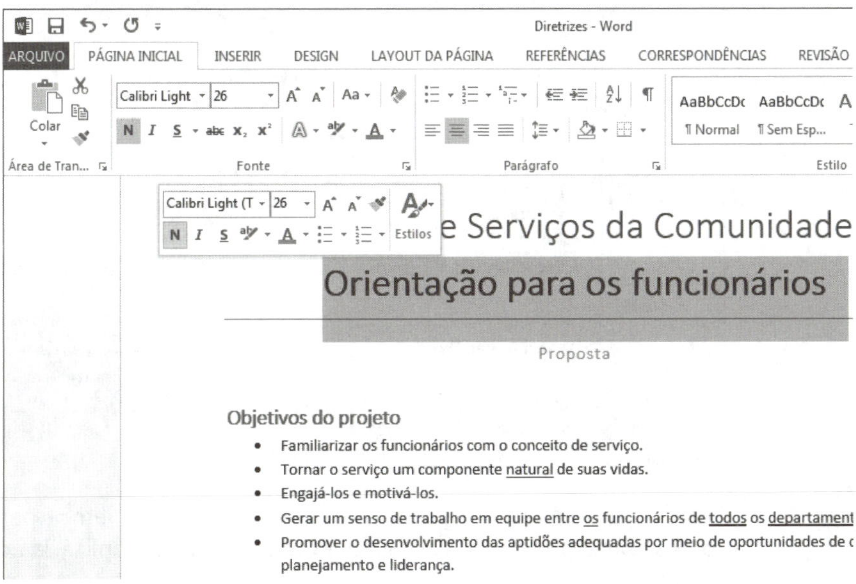

A Faixa de Opções reflete as configurações na Minibarra de ferramentas.

7 Na **Minibarra de ferramentas**, clique no botão **Pincel de Formatação**.

DICA O botão Pincel de Formatação está disponível no grupo Área de Transferência da guia Página Inicial.

8 Mova o ponteiro para a área de seleção à esquerda do subtítulo **Proposta** e clique no botão do mouse para aplicar a formatação de **Orientação para os funcionários** a **Proposta**.

9 Com **Proposta** selecionado, na guia **Página Inicial**, no grupo **Fonte**, clique na seta de **Fonte** para expandir a galeria **Fonte**.

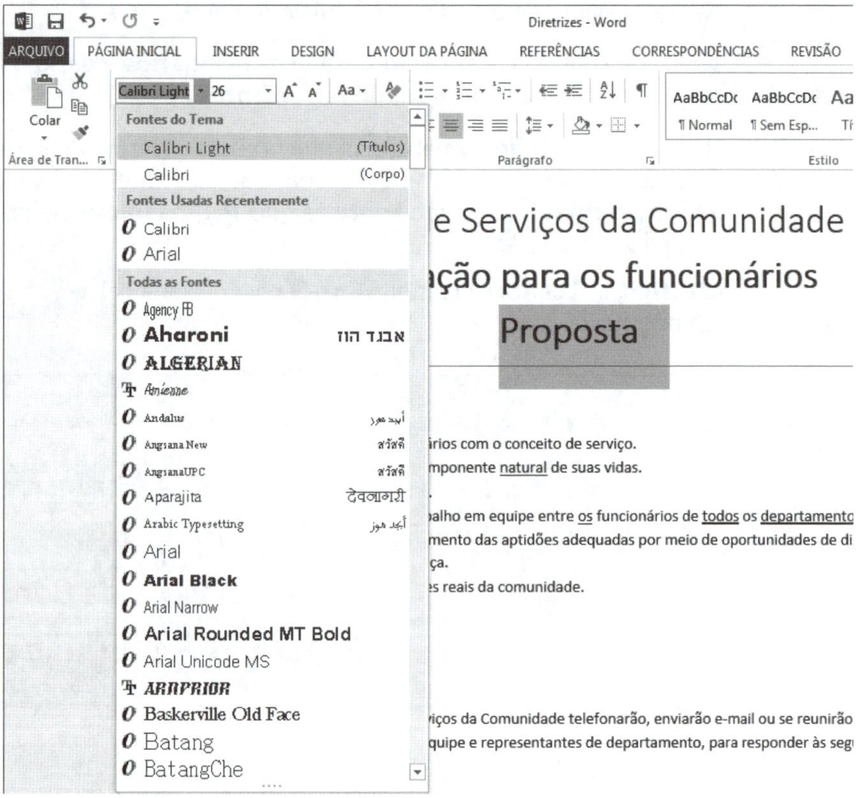

O Word vem com muitas fontes.

10 Percorra a galeria de fontes disponíveis, pressione a letra **I** para ir para as fontes começando com ela e clique em **Impact** para aplicá-la ao título **Proposta**.

SOLUÇÃO DE PROBLEMAS Se a Impact não estiver disponível, selecione qualquer fonte pesada que chame sua atenção.

11 No grupo **Fonte**, clique na seta de **Tamanho da Fonte** e, na lista, clique em **20**. O tamanho do texto do título diminuirá para 20 pontos.

DICA Você pode aumentar ou diminuir o tamanho da fonte de forma progressiva clicando nos botões Aumentar Tamanho da Fonte ou Reduzir Tamanho da Fonte no grupo Fonte ou na Minibarra de ferramentas, ou pressionando Ctrl+> ou Ctrl+<.

A seguir, aplicaremos alguma formatação de fonte que não está disponível a partir da Faixa de Opções.

12 Com **Proposta** ainda selecionado, clique no iniciador de caixa de diálogo de **Fonte** para abrir a caixa de diálogo **Fonte**.

ATALHO DE TECLADO Pressione Ctrl+D para exibir a caixa de diálogo Fonte.

13 Na página **Fonte**, na área **Efeitos**, marque a caixa de seleção **Versalete**.

14 Clique na guia **Avançado** para exibir espaçamento entre caracteres e recursos tipográficos.

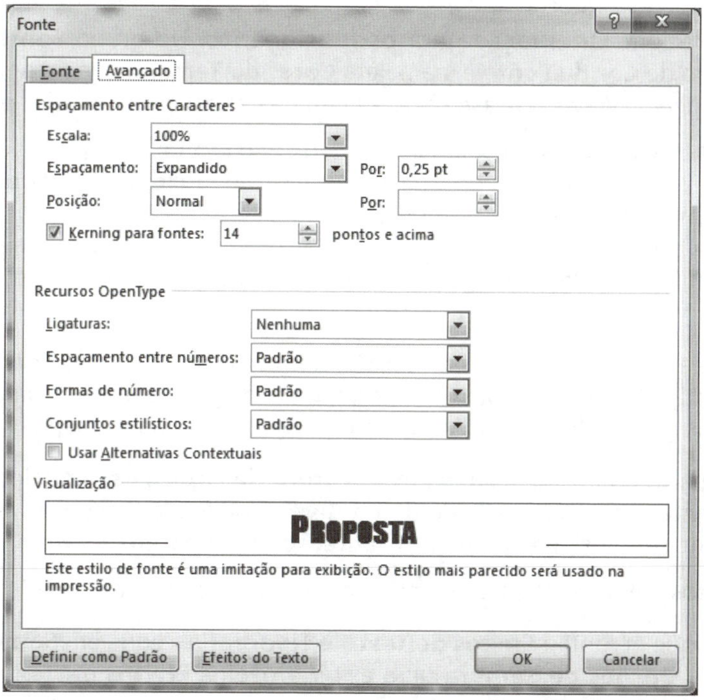

A opção atual de Espaçamento está configurada como Expandido.

DICA OpenType é um formato de fonte de computador redimensionável que incorpora opções para melhorar a capacidade da fonte de suportar capacidades tipográficas avançadas e verter múltiplas linguagens de forma agradável.

15 À direita da lista **Espaçamento**, na caixa **Por**, selecione **0,25 pt** e digite **10 pt** (*pt* representa *pontos*). Clique em **OK**. No documento, pressione a tecla **Home** para liberar a seleção. Observe que o texto formatado de forma manual aparece em versalete com o espaçamento entre caracteres expandido por 10 pontos.

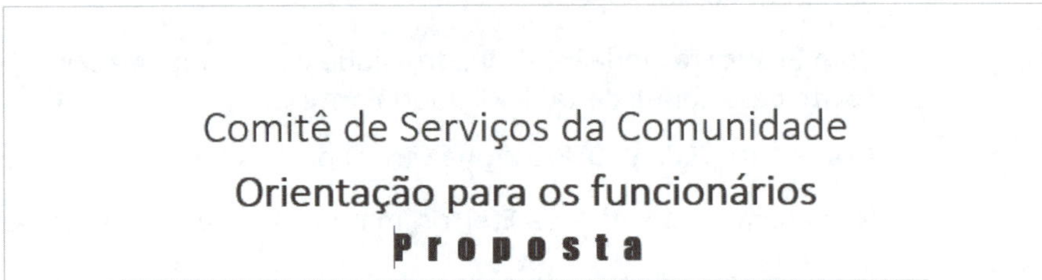

Você pode expandir e reduzir o espaçamento entre as letras para criar efeitos diferentes.

16 Selecione **Orientação para os funcionários**. No grupo **Fonte**, clique na seta de **Cor da Fonte** e, na paleta **Cores do Tema**, clique na amostra verde superior (**Verde, Ênfase 6**) para alterar a cor das palavras selecionadas.

DICA Para aplicar a cor atual do botão Cor da Fonte, você pode simplesmente clicar no botão (não em sua seta). Se quiser aplicar uma cor que não seja mostrada na paleta Cores do Tema ou Cores Padrão, clique em Mais Cores. Na caixa de diálogo Cores, clique na cor que deseja na colmeia da página Padrão, ou clique no gradiente de cor ou digite valores para uma cor na página Personalizar.

17 Selecione **Comitê de Serviços da Comunidade**. No grupo **Fonte**, clique no botão **Efeitos de Texto e Tipografia** e, na galeria, aponte para cada uma das miniaturas para visualizar seu efeito no título selecionado.

18 Abaixo da galeria, clique em **Estrutura de Tópicos** e, na paleta **Cores do Tema**, clique no quadrado de **Verde, Ênfase 6** para contornar as letras com a mesma cor que aplicou a **Orientação para os funcionários**.

Isso é interessante, mas vamos sofisticar um pouco mais.

19 Clique no botão **Efeitos de Texto e Tipografia**, clique em **Sombra** e clique em **Opções de Sombra** para exibir a página **Efeitos de Texto** do painel **Formatar Efeitos de Texto**.

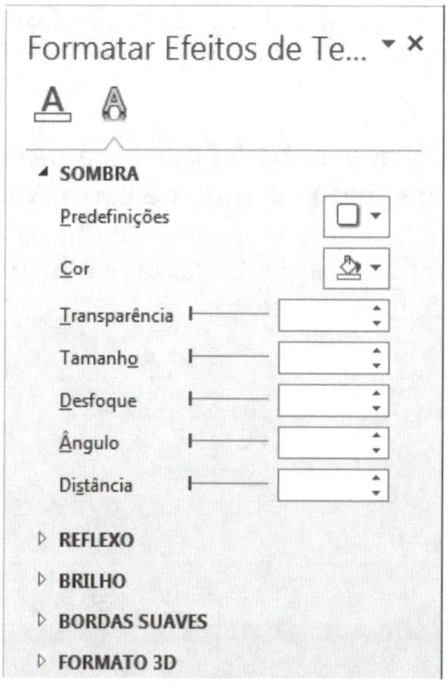

O painel Formatar Efeitos de Texto inclui a página Estrutura de Tópicos de Preenchimento de Texto e a página Efeitos de Texto.

20 Nas configurações de **Sombra**, clique no botão **Predefinições** e, na seção **Externa** da galeria **Predefinições**, clique na miniatura na extremidade direita da linha superior.

21 Clique no botão **Cor** e, na paleta **Cores do Tema**, clique na amostra verde de baixo (**Verde, Ênfase 6, Mais Escuro 50%**) para criar uma sombra verde escura.

22 No topo do painel **Formatar Efeitos de Texto**, clique no botão **Estrutura de Tópicos de Preenchimento de Texto** para exibi-la. Clique no título **Preenchimento de Texto** para expandir essas configurações.

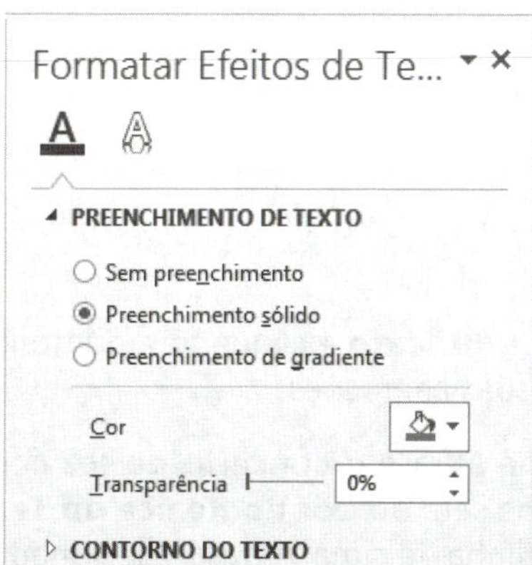

Você pode formatar caracteres com um preenchimento sólido ou gradiente.

23 Com **Preenchimento sólido** selecionado, clique no botão **Cor** e, na paleta **Cores do Tema**, clique na amostra verde superior (**Verde, Ênfase 6**).

24 Clique no título **Contorno do Texto** para expandir essas configurações. Com **Linha sólida** selecionada, clique no botão **Cor** e, na paleta **Cores do Tema**, clique na segunda amostra verde partindo de baixo (**Verde, Ênfase 6, Mais Escuro 25%**). Você aplicou agora três efeitos de texto ao texto selecionado usando três tons do mesmo verde. Observe que há muitas outras opções para a formatação do contorno do texto.

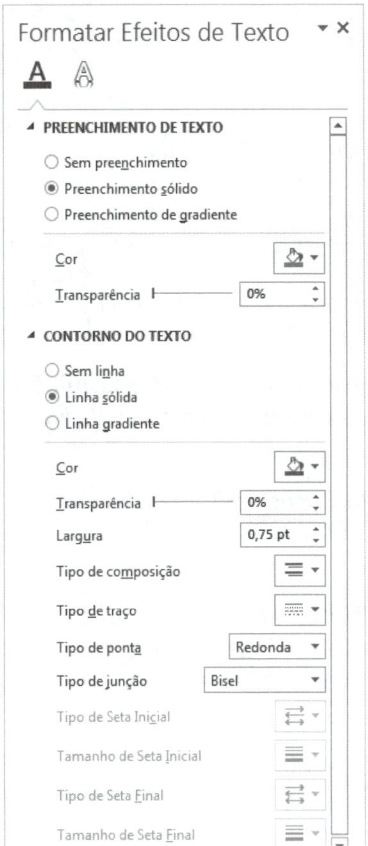

Você pode formatar caracteres com um contorno sólido ou gradiente de larguras variáveis.

25 Feche o painel **Formatar Efeitos de Texto** e clique fora do título selecionado para examinar os efeitos de suas alterações.

26 No primeiro marcador, selecione a frase **o conceito de serviço**. Na **Minibarra de ferramentas**, clique na seta de **Cor do Realce do Texto** e clique na amostra **Verde brilhante** na linha de cima. A frase selecionada agora está realçada em verde e o botão **Cor do Realce do Texto** mostra Verde brilhante como sua cor ativa.

DICA Se você clicar no botão Cor do Realce do Texto sem antes fazer uma seleção, o ponteiro do mouse se transformará em um marca-texto que pode ser arrastado pelo texto. Clique no botão de novo, ou pressione Esc, para desativá-lo.

27 No quinto marcador, clique duas vezes na palavra **discussão**. Mantenha a tecla **Ctrl** pressionada, clique duas vezes em **planejamento** e em **liderança**.

28 No grupo **Fonte**, clique no botão **Maiúsculas e Minúsculas** e clique em **MAIÚSCULAS**.

ATALHO DE TECLADO Pressione Shift+F3 para alterar o uso de maiúsculas e minúsculas no texto selecionado. Pressione Shift+F3 diversas vezes para percorrer as opções de maiúsculas e minúsculas (Primeira letra da sentença em maiúscula, minúscula, MAIÚSCULAS e Colocar Cada Palavra em Maiúscula). Observe que as opções variam com base no texto selecionado. Se a seleção terminar em um ponto final, o Word não incluirá a opção Colocar Cada Palavra em Maiúscula na rotação. Se a seleção não terminar em um ponto final, o Word não incluirá Primeira letra da sentença em maiúscula na rotação.

29 No documento, clique fora do marcador para liberar a seleção e examinar os resultados. As palavras selecionadas agora aparecem em maiúsculas.

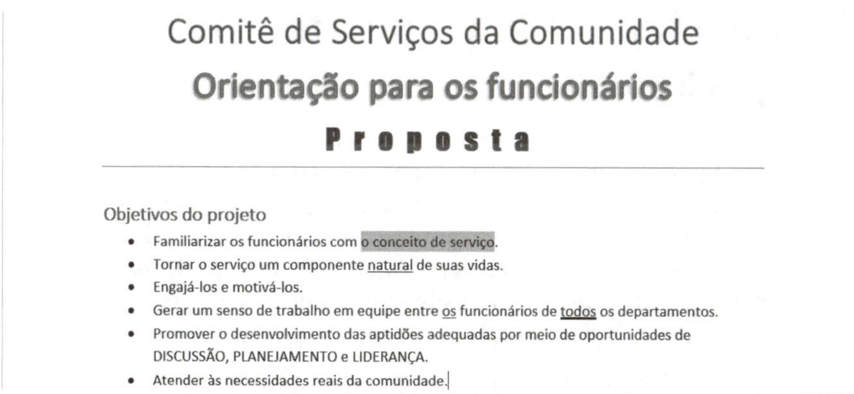
Comitê de Serviços da Comunidade

Orientação para os funcionários

P r o p o s t a

Objetivos do projeto

- Familiarizar os funcionários com o conceito de serviço.
- Tornar o serviço um componente natural de suas vidas.
- Engajá-los e motivá-los.
- Gerar um senso de trabalho em equipe entre os funcionários de todos os departamentos.
- Promover o desenvolvimento das aptidões adequadas por meio de oportunidades de DISCUSSÃO, PLANEJAMENTO e LIDERANÇA.
- Atender às necessidades reais da comunidade.

Em vez de digitar de novo, pode-se fazer com que o Word altere o uso de maiúsculas e minúsculas nas palavras.

DICA Para remover todos os estilos e formatação diferentes do realce do texto selecionado, clique no botão Limpar Toda a Formatação no grupo Fonte. Para remover apenas a formatação aplicada de forma manual (e não estilos), pressione Ctrl+Barra de espaço. Para remover o realce, selecione o texto realçado e, no menu Cor do Realce do Texto, clique em Sem Cores.

ENCERRAMENTO Feche o documento Diretrizes, salvando suas alterações, se quiser.

Considerações sobre a formatação de caracteres e o uso de maiúsculas e minúsculas

A maneira como você utiliza maiúsculas e minúsculas e a formatação de caracteres em um documento pode influenciar seu impacto visual em seus leitores. Usadas de maneira sensata, as maiúsculas e minúsculas e a formatação de caracteres podem tornar um documento simples atraente e profissional, mas seu uso excessivo pode fazer com que pareça amador e distrair o leitor da mensagem. Por exemplo, utilizar muitas fontes no mesmo documento é uma marca da inexperiência, portanto, não use mais do que duas ou três.

Tenha em mente que letras em minúsculas tendem a diminuir, portanto, utilizar maiúsculas pode ser útil para títulos e cabeçalhos ou para certos tipos de ênfase. No entanto, blocos grandes de letras maiúsculas cansam os olhos.

DICA De onde vêm os termos *caixa alta (maiúscula)* e *caixa baixa (minúscula)*? Até o advento dos computadores, os caracteres individuais feitos de chumbo eram reunidos para formar as palavras que apareceriam em uma página impressa. Os caracteres eram armazenados em ordem alfabética em caixas, com as maiúsculas na caixa alta e as minúsculas na caixa baixa.

Como alterar manualmente a aparência dos parágrafos

Um parágrafo é criado quando digitamos um texto e pressionamos a tecla Enter. Ele pode conter uma palavra, uma ou várias frases. Você pode alterar a aparência de um parágrafo mudando seu recuo, alinhamento e espaçamento entre linhas, bem como o espaço antes e depois dele. Pode-se também colocar bordas em torno dele e sombrear seu plano de fundo. De forma coletiva, as configurações que você utiliza para variar a aparência de um parágrafo são chamadas de *formatação de parágrafo*.

No Word, você não define a largura dos parágrafos e a altura das páginas definindo a área ocupada pelo texto; em vez disso, você define o tamanho do espaço em branco – as margens esquerda, direita, superior e inferior – ao redor do texto. Você clica no botão Margens no grupo Configurar Página da guia Layout da Página para defini-las, seja para o documento inteiro ou para seções dele.

CONSULTE TAMBÉM Para informações sobre a configuração das margens, consulte "Visualização e ajuste do layout de página" no Capítulo 6, "Visualização, impressão e distribuição de documentos". Para informações sobre seções, consulte "Controle do que aparece em cada página" no mesmo capítulo.

Mesmo que as margens esquerda e direita estejam definidas para uma seção ou um documento inteiro, você pode variar a posição dos parágrafos entre as margens. A maneira mais rápida de recuar um parágrafo à esquerda é clicar no botão Aumentar Recuo; clicando no botão Diminuir Recuo, tem-se o efeito oposto.

DICA Você não pode aumentar ou diminuir o recuo além das margens usando os botões Aumentar Recuo e Diminuir Recuo. Se precisar expandir um recuo além das margens, pode fazê-lo configurando medidas de recuo negativo na caixa de diálogo Parágrafo.

Outra maneira de controlar o recuo de linhas é arrastar marcadores na régua horizontal para indicar onde cada linha de texto inicia e termina. Você pode definir quatro marcadores individuais de recuo para cada parágrafo:

- **RECUO DA PRIMEIRA LINHA** A primeira linha de texto do parágrafo começa neste marcador.
- **RECUO DESLOCADO** A segunda linha de texto do parágrafo e as subsequentes começam neste marcador na extremidade esquerda da régua.
- **RECUO À ESQUERDA** O lado esquerdo do parágrafo se alinha com este marcador.
- **RECUO À DIREITA** O texto do parágrafo quebra a linha de forma automática quando chega a este marcador na extremidade direita da régua.

As réguas horizontal e vertical são exibidas marcando a caixa de seleção Régua no grupo Mostrar da guia Exibição.

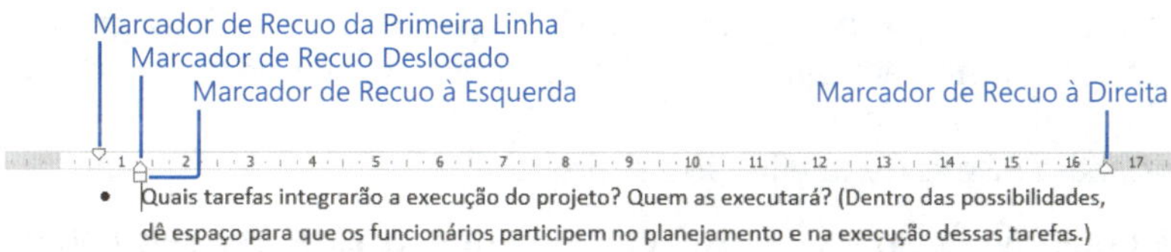

Você pode alterar manualmente o recuo de um parágrafo movendo os marcadores de recuo na régua horizontal.

A configuração de um recuo à direita indica onde as linhas em um parágrafo devem terminar, mas às vezes você pode querer especificar onde apenas uma linha deve acabar. Por exemplo, você pode querer quebrar um título após uma palavra específica para que pareça equilibrado na página. Você pode terminar uma linha individual inserindo uma quebra de disposição do texto (mais conhecida como uma *quebra de linha*). Depois de posicionar o cursor onde quer que a quebra ocorra, clique no botão Quebras no grupo Configurar Página da guia Layout da Página e clique em Quebra Automática de Texto. O Word indica a quebra de linha com uma seta dobrada (visível quando os símbolos ocultos de formatação são exibidos). A inserção de uma quebra de linha não inicia um novo parágrafo, portanto, ao aplicar uma formatação de parágrafo a uma linha de texto que termine com uma quebra de linha, a formatação será aplicada ao parágrafo inteiro, não apenas àquela linha.

ATALHO DE TECLADO Pressione Shift+Enter para inserir uma quebra de linha.

Você também pode determinar o posicionamento de um parágrafo entre as margens esquerda e direita alterando seu alinhamento. Há quatro opções de alinhamento de parágrafo:

- **ALINHAR À ESQUERDA** Alinha cada linha do parágrafo à margem esquerda, com uma borda irregular à direita.

  ATALHO DE TECLADO Pressione Ctrl+Q para alinhar um parágrafo à esquerda.

- **CENTRALIZAR** Alinha o centro de cada linha no parágrafo entre as margens esquerda e direita, com bordas irregulares à esquerda e à direita.

  ATALHO DE TECLADO Pressione Ctrl+E para centralizar um parágrafo.

- **ALINHAR À DIREITA** Alinha cada linha do parágrafo à margem direita, com uma borda irregular à esquerda.

  ATALHO DE TECLADO Pressione Ctrl+G para alinhar um parágrafo à direita.

- **JUSTIFICAR** Alinha cada linha entre as margens e modifica o espaçamento dentro da linha para criar bordas uniformes à esquerda e à direita.

  ATALHO DE TECLADO Pressione Ctrl+J para justificar um parágrafo.

DICA Se você sabe que quer criar um parágrafo centralizado, não precisa digitar o texto e depois alinhá-lo. Você pode utilizar o recurso Clicar e Digitar para criar texto alinhado de forma apropriada. Mova o ponteiro para o centro de uma área em branco da página e, quando a forma do ponteiro se transformar em um I piscando com texto centralizado anexo, clique duas vezes para inserir o cursor em um parágrafo centralizado. De forma similar, você pode clicar duas vezes na borda esquerda da página para inserir texto alinhado à esquerda e na borda direita para inserir texto alinhado à direita.

Você pode alinhar linhas de texto em diferentes localizações pela página usando paradas de tabulação. A maneira mais fácil de definir paradas de tabulação é utilizar a régua horizontal. Por padrão, o Word define paradas de tabulação alinhadas à esquerda a cada 1,27 centímetros. Para definir uma parada de tabulação personalizada, comece clicando no botão Recuo localizado na extremidade esquerda da régua até que o tipo de parada de tabulação que deseja apareça.

Opções de recuo.

Você tem as seguintes opções:

- **ESQUERDO** Alinha a extremidade esquerda do texto com a parada de tabulação.
- **CENTRALIZADO** Alinha o centro do texto com a parada de tabulação.
- **DIREITO** Alinha a extremidade direita do texto com a parada de tabulação.
- **DECIMAL** Alinha o ponto decimal no texto (em geral um valor numérico) com a parada de tabulação.
- **BARRA** Traça uma linha vertical na posição da parada de tabulação.

Após selecionar o tipo de parada de tabulação que quer definir, simplesmente clique onde quer que a parada de tabulação esteja na régua. O Word então remove qualquer parada de tabulação padrão à esquerda da que foi definida.

A régua exibe as paradas de tabulação personalizadas do parágrafo selecionado.

Para alterar a posição de uma parada de tabulação personalizada existente, arraste-a para a esquerda ou direita na régua. Para excluir uma parada de tabulação personalizada, arraste-a para fora da régua. Ou, se achar muito difícil "agarrar" as paradas de tabulação na régua, você pode definir, limpar, alinhar e formatar paradas de tabulação a partir da caixa de diálogo Tabulação, que é aberta clicando no botão Tabulação na parte inferior da caixa de diálogo Parágrafo. Você também pode trabalhar a partir dessa caixa de diálogo se quiser utilizar guias de tabulação – marcas visíveis, como pontos ou traços conectando o texto antes da tabulação ao texto depois dela. Por exemplo, guias de tabulação são úteis em um sumário para conduzir o olhar do texto para o número da página.

Para alinhar o texto à direita do cursor com a próxima parada de tabulação, pressione a tecla Tab. O texto será então alinhado na parada de tabulação de acordo com seu tipo. Por exemplo, se definir uma parada de tabulação centralizada, ao pressionar Tab o texto se moverá de modo que seu centro esteja alinhado com ela.

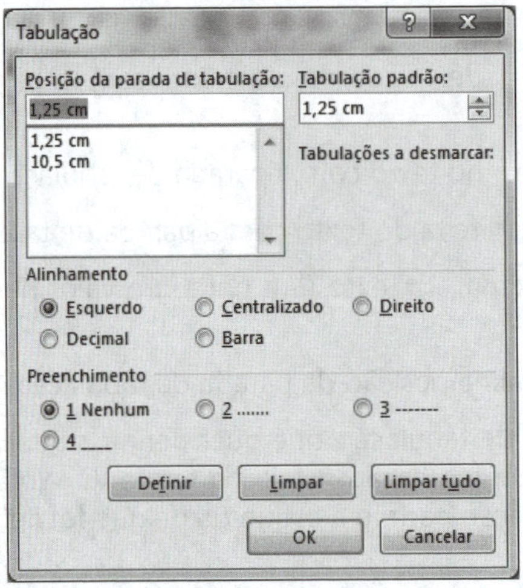

Você pode especificar o alinhamento e a guia de tabulação para cada tabulação.

Para tornar óbvio onde um parágrafo termina e outro começa, você pode adicionar espaço entre eles. Há vários métodos para ajustar o espaçamento de parágrafos dentro de um documento.

- Para definir o espaçamento para todos os parágrafos de um documento, escolha entre as opções de **Espaçamento entre Parágrafos** no grupo **Formatação do Documento** da guia **Design**.

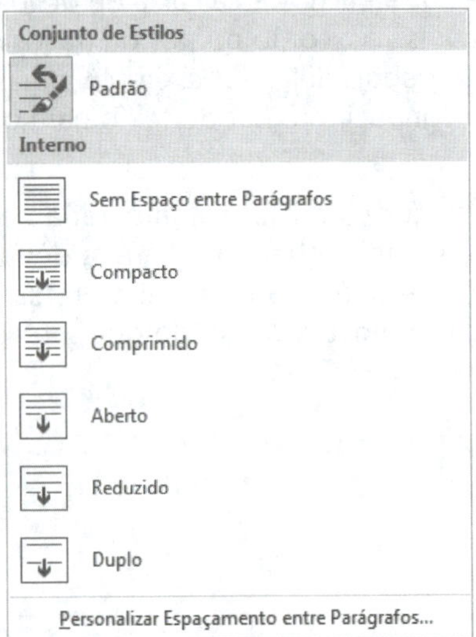

Cada opção de espaçamento de parágrafo controla o espaço em torno e dentro do parágrafo.

- Para definir o espaçamento apenas para parágrafos selecionados, ajuste as configurações **Espaçamento Antes** e **Espaçamento Depois** no grupo **Parágrafo** da guia **Layout da Página**.
- Para fazer um ajuste rápido para parágrafos selecionados, clique nos comandos de espaçamento de parágrafo no menu **Espaçamento de Linha e Parágrafo** que está disponível no grupo **Parágrafo** da guia **Página Inicial**.

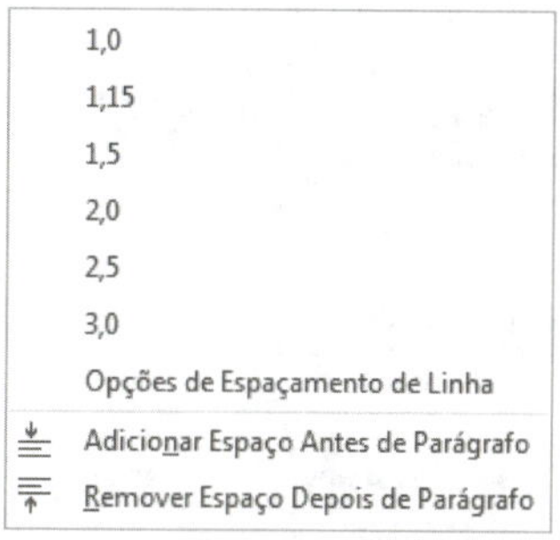

A partir desse menu, pode-se definir o espaçamento interno entre linhas ou adicionar ou remover espaço externo.

Quando você quiser fazer diversos ajustes no alinhamento, recuo e espaçamento de parágrafos selecionados, pode ser mais rápido utilizar a caixa de diálogo Parágrafo do que clicar em botões e arrastar marcadores. Clicando no iniciador de caixa de diálogo de Parágrafo na guia Página Inicial ou Layout da Página, a caixa de diálogo Parágrafo será aberta.

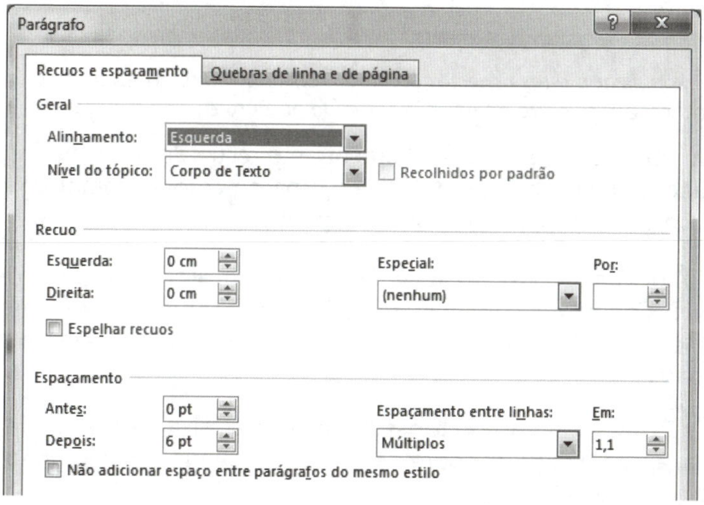

Página Recuos e espaçamento da caixa de diálogo Parágrafo.

Você pode fazer muitas coisas com as opções da caixa de diálogo Parágrafo, mas para realmente destacar um parágrafo, talvez queira colocar uma borda ao redor dele ou sombrear seu plano de fundo. (Para maior impacto, pode fazer ambos.) Clicando na seta de Bordas no grupo Parágrafo da guia Página Inicial, um menu com opções de bordas será exibido. Você pode selecionar uma borda predefinida no menu Bordas ou clicar em Bordas e Sombreamento no inferior do menu para exibir a caixa de diálogo Bordas e sombreamento, na qual pode selecionar o estilo, a cor, a largura e a localização da borda.

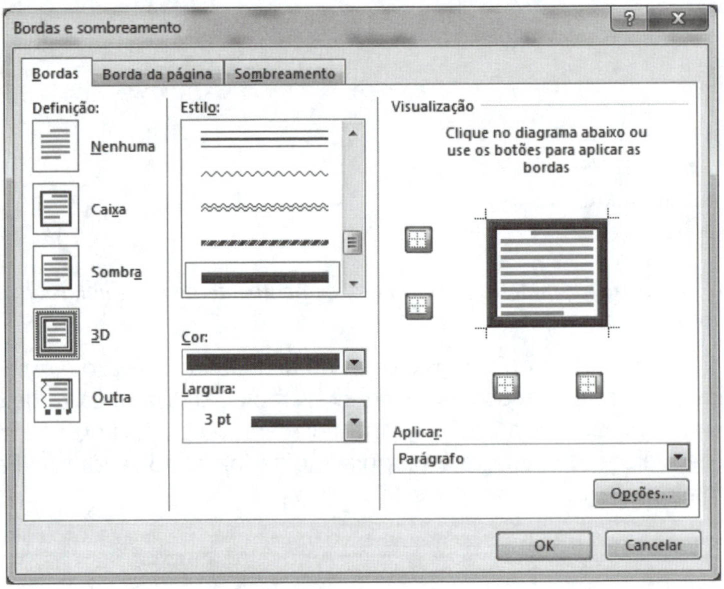

É possível personalizar muitos aspectos da borda. Clicando em Opções, pode-se definir uma distância específica entre o texto e a borda do parágrafo.

Neste exercício, você alterará o alinhamento e o recuo do texto, inserirá e modificará paradas de tabulação, modificará o espaçamento de parágrafo e linha e adicionará bordas e sombreamento a parágrafos.

PREPARAÇÃO Você precisa do documento Chalé localizado na pasta de arquivos de prática Capítulo03 para realizar este exercício. Abra o documento, clique no botão Mostrar Tudo para ativar a exibição de marcas de formatação e siga os seguintes passos:

1 Na guia **Exibição**, no grupo **Mostrar**, marque a caixa de seleção de **Régua**. A seguir, ajuste o nível de zoom para exibir a maioria dos parágrafos ou todos no documento.

DICA Nos passos seguintes, daremos as medidas em centímetros. Se estiver utilizando uma unidade de medida diferente, pode substituir medidas aproximadas nessas unidades. Se quiser alterar as unidades de medida que o Word utiliza, exiba a página Avançado da caixa de diálogo Opções do Word. Na área Exibir, clique nas unidades que deseja na lista Mostrar medidas em unidades de e clique em OK.

Primeiro, vamos modificar a formatação de parágrafo.

2 Selecione os dois primeiros parágrafos (**Bem-vindos**! e o próximo parágrafo). Na guia **Página Inicial**, no grupo **Parágrafo**, clique no botão **Centralizar** para centralizar as linhas entre as margens.

DICA Ao aplicar formatação de parágrafo, não é preciso selecionar o parágrafo inteiro.

3 No segundo parágrafo, clique à esquerda de **seu**. A seguir, na guia **Layout da Página**, no grupo **Configurar Página**, clique no botão **Quebras** e em **Quebra Automática de Texto**. Observe que o Word insere um caractere de quebra de linha e move a parte do parágrafo que o sucede para a próxima linha.

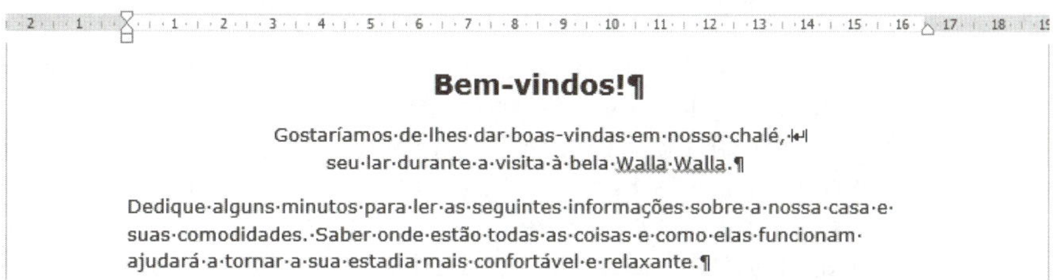

A seta dobrada depois da palavra chalé indica que uma quebra de linha foi inserida.

CONSULTE TAMBÉM Para informações sobre quebras de página e seção, consulte "Controle do que aparece em cada página" no Capítulo 6, "Visualização, impressão e distribuição de documentos".

4 Clique em qualquer parte do terceiro parágrafo e, na guia **Página Inicial**, no grupo **Parágrafo**, clique no botão **Justificar**. O Word inserirá espaço entre as palavras nas linhas do parágrafo para que suas bordas estejam ao mesmo nível das margens esquerda e direita.

5 Com o cursor ainda no terceiro parágrafo, na régua horizontal, arraste o marcador **Recuo à Esquerda** (o retângulo na margem esquerda) para a marca de **1,25** centímetros. Os marcadores **Recuo da Primeira Linha** e **Recuo Deslocado** (os triângulos) se movem com o marcador **Recuo à Esquerda**.

6 Na extremidade direita da régua, arraste o marcador **Recuo à Direita** (o triângulo na margem direita) para a marca de **15,25** centímetros. O parágrafo agora está recuado 1,25 centímetros das margens laterais.

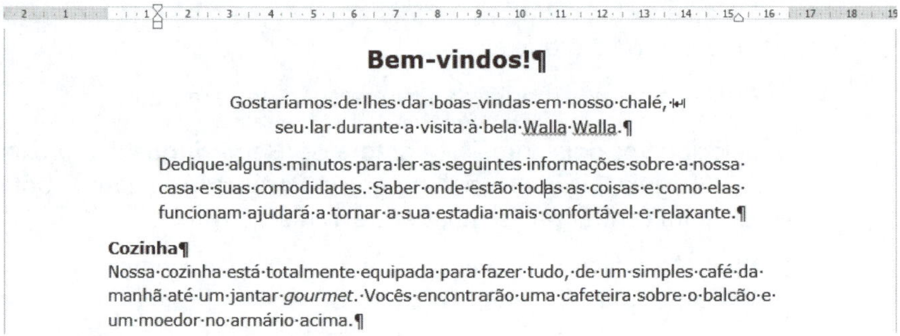

Bem-vindos!¶

Gostaríamos·de·lhes·dar·boas-vindas·em·nosso·chalé,·↵
seu·lar·durante·a·visita·à·bela·Walla·Walla.¶

Dedique·alguns·minutos·para·ler·as·seguintes·informações·sobre·a·nossa·casa·e·suas·comodidades.·Saber·onde·estão·todas·as·coisas·e·como·elas·funcionam·ajudará·a·tornar·a·sua·estadia·mais·confortável·e·relaxante.¶

Cozinha¶
Nossa·cozinha·está·totalmente·equipada·para·fazer·tudo,·de·um·simples·café·da·manhã·até·um·jantar·*gourmet*.·Vocês·encontrarão·uma·cafeteira·sobre·o·balcão·e·um·moedor·no·armário·acima.¶

Os recuos à esquerda e à direita são muitas vezes usados para destacar parágrafos, como os de citações.

7 Clique no parágrafo **Tenham cuidado** e, no grupo **Parágrafo**, clique no botão **Aumentar Recuo**.

Agora, substituiremos as paradas de tabulação padrão.

8 Selecione os parágrafos **Travesseiros**, **Lençóis**, **Toalhas** e **Panos de prato**. Certifique-se de que o marcador **Recuo à Esquerda** esteja ativo no início da régua vertical (se não estiver, clique no marcador de parada de tabulação até que a parada **Recuo à Esquerda** apareça) e clique na régua na marca de **5** centímetros para inserir um recuo personalizado alinhado à esquerda nessa localização e anular as paradas de tabulação padrão anteriores a ela.

9 No parágrafo **Travesseiros**, clique à esquerda de **Existem**, pressione **Backspace** para excluir o espaço e pressione a tecla **Tab** para alinhar a descrição com a parada de tabulação. Repita o processo para inserir recuos em cada um dos próximos três parágrafos. A parte de cada parágrafo que sucede os dois pontos agora está alinhada à marca de 5 centímetros, gerando mais espaço do que necessário.

10 Selecione os quatro parágrafos contendo recuos e, na régua, arraste a parada personalizada **Recuo à Esquerda** da marca de **5** para a de **3** centímetros.

SOLUÇÃO DE PROBLEMAS Caso suas tentativas de arrastar a parada de tabulação resultem na colocação de uma parada de tabulação adicional na régua, arraste a parada de tabulação extra para fora da régua para excluí-la.

11 Com os quatro parágrafos ainda selecionados, na régua, arraste o marcador **Recuo Deslocado** para a parada de tabulação na marca de **3** centímetros (o marcador **Recuo à Esquerda** se move com ele) para fazer com que a segunda linha dos parágrafos comece na mesma localização que a primeira. A seguir, pressione **Home** para liberar a seleção e examinar os resultados.

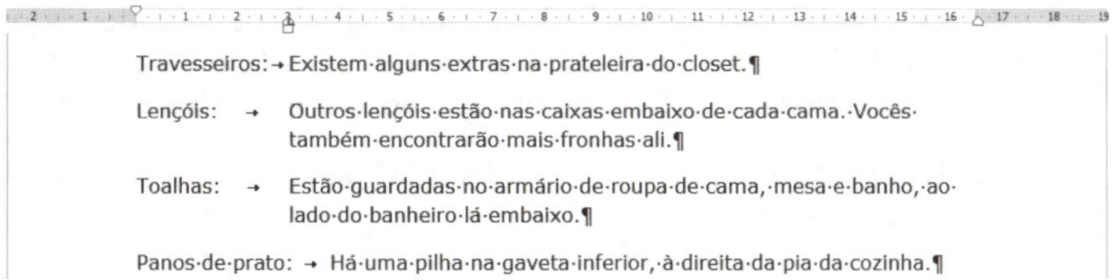

Você pode utilizar recuos deslocados para criar efeitos similares ao de tabelas.

12 No final do documento, selecione os três parágrafos contendo valores em dólares. No início da régua vertical, clique no botão **Recuo** três vezes para exibir o botão **Decimal** e clique na régua na marca de **7,5** centímetros.

13 Em cada um dos três parágrafos, substitua o espaço à esquerda do cifrão com um recuo para alinhar os preços nos pontos decimais.

A seguir, ajustaremos o espaçamento entre linhas.

14 Selecione o parágrafo **Travesseiros**, mantenha a tecla **Ctrl** pressionada e selecione os parágrafos **Lençóis**, **Toalhas**, **Turnê de limusine na vinícola** e **Massagem a domicílio**.

15 Na guia **Página Inicial**, no grupo **Parágrafo**, clique no botão **Espaçamento de Linha e Parágrafo** e clique em **Remover Espaço Depois de Parágrafo**. Pressione a tecla **Home** para examinar os resultados. Agora, apenas os últimos parágrafos das duas listas têm espaço extra depois deles.

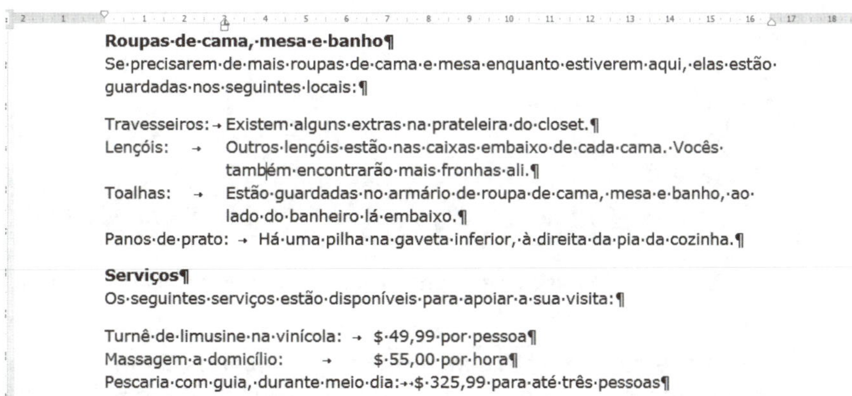

A remoção de espaço entre parágrafos de uma lista torna mais fácil sua leitura.

E, por fim, aplicaremos bordas ao parágrafo.

16 Vá para o início do documento e clique em qualquer parte do parágrafo **Dedique alguns minutos**. Na guia **Página Inicial**, no grupo **Parágrafo**, clique na seta de **Bordas** e em **Bordas Externas**.

17 Clique em qualquer parte do parágrafo **Tenham cuidado**, clique na seta de **Bordas** e, no fim da lista, clique em **Bordas e Sombreamento** para exibir a página **Bordas** da caixa de diálogo **Bordas e sombreamento**.

18 Na área **Definição**, clique no ícone **3D** para selecionar esse estilo de borda. Percorra a lista **Estilo** e clique no quarto estilo partindo de baixo (a borda larga em gradiente). A seguir, clique na seta de **Cor** e, na linha de cima da paleta **Cores do Tema**, clique na amostra **Vermelho**, **Ênfase 2**.

DICA Se quiser que apenas um, dois ou três lados dos parágrafos selecionados tenham borda, clique nos botões em torno da imagem na área Visualização para remover a borda dos outros lados.

19 Na caixa de diálogo **Bordas e sombreamento**, clique na guia **Sombreamento**.

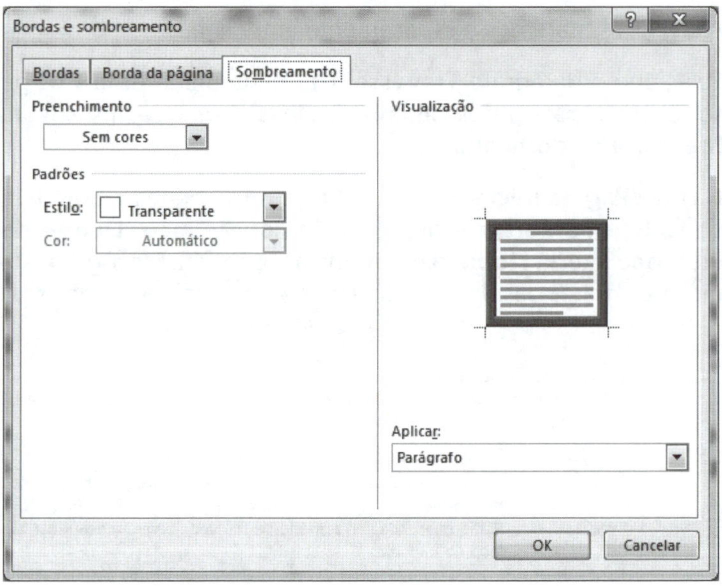

Pode-se utilizar as opções desta página para formatar o plano de fundo do parágrafo selecionado.

20 Clique na seta de **Preenchimento** e, na paleta **Cores do Tema**, clique no quadrado de cor mais clara na coluna vermelha (**Vermelho, Ênfase 2, Mais Claro 80%**). Clique em **OK** para fechar a caixa de diálogo **Bordas e sombreamento**. Uma borda envolve o parágrafo e uma cor vermelha clara preenche seu plano de fundo. A borda se estende até a margem direita.

21 Para obter uma aparência mais equilibrada, na guia **Layout da Página** (não na guia **Página Inicial**), no grupo **Parágrafo**, digite 1,25 cm na caixa **À Direita** e pressione **Enter**. A seguir, na guia **Página Inicial**, no grupo **Parágrafo**, clique no botão **Centralizar**. O parágrafo agora está centralizado entre as margens da página e dentro da caixa que o envolve.

22 No grupo **Parágrafo**, clique no botão **Mostrar Tudo**¶ para ocultar as marcas de formatação e exibir melhor os resultados de seu trabalho.

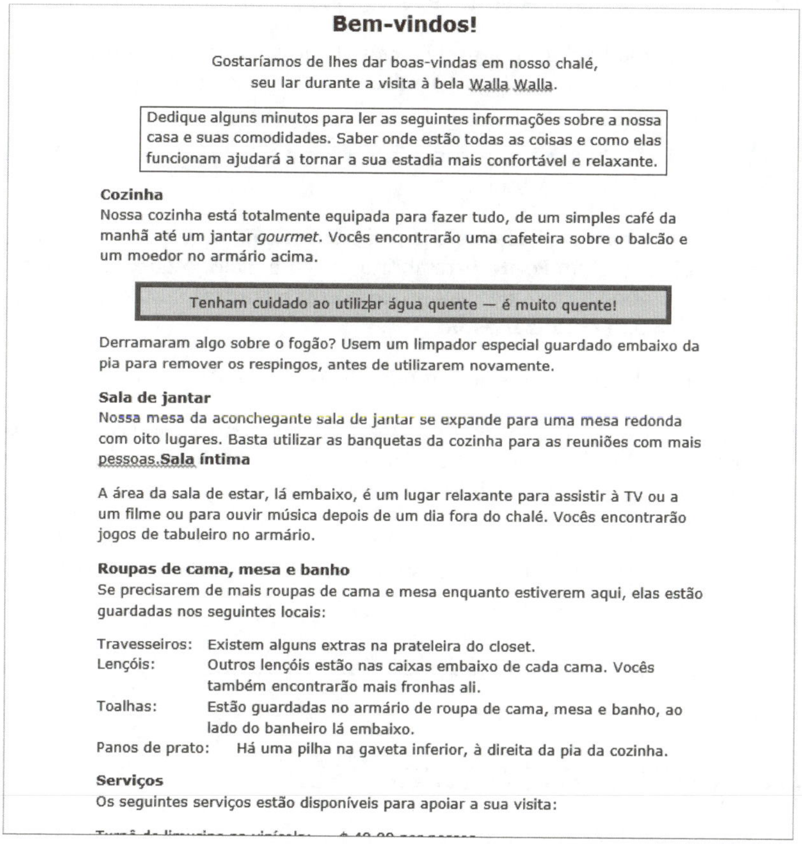

Bem-vindos!

Gostaríamos de lhes dar boas-vindas em nosso chalé,
seu lar durante a visita à bela Walla Walla.

Dedique alguns minutos para ler as seguintes informações sobre a nossa casa e suas comodidades. Saber onde estão todas as coisas e como elas funcionam ajudará a tornar a sua estadia mais confortável e relaxante.

Cozinha
Nossa cozinha está totalmente equipada para fazer tudo, de um simples café da manhã até um jantar *gourmet*. Vocês encontrarão uma cafeteira sobre o balcão e um moedor no armário acima.

Tenham cuidado ao utilizar água quente — é muito quente!

Derramaram algo sobre o fogão? Usem um limpador especial guardado embaixo da pia para remover os respingos, antes de utilizarem novamente.

Sala de jantar
Nossa mesa da aconchegante sala de jantar se expande para uma mesa redonda com oito lugares. Basta utilizar as banquetas da cozinha para as reuniões com mais pessoas.**Sala íntima**

A área da sala de estar, lá embaixo, é um lugar relaxante para assistir à TV ou a um filme ou para ouvir música depois de um dia fora do chalé. Vocês encontrarão jogos de tabuleiro no armário.

Roupas de cama, mesa e banho
Se precisarem de mais roupas de cama e mesa enquanto estiverem aqui, elas estão guardadas nos seguintes locais:

Travesseiros: Existem alguns extras na prateleira do closet.
Lençóis: Outros lençóis estão nas caixas embaixo de cada cama. Vocês também encontrarão mais fronhas ali.
Toalhas: Estão guardadas no armário de roupa de cama, mesa e banho, ao lado do banheiro lá embaixo.
Panos de prato: Há uma pilha na gaveta inferior, à direita da pia da cozinha.

Serviços
Os seguintes serviços estão disponíveis para apoiar a sua visita:

Uma combinação de borda e sombreamento faz o texto realmente se destacar. Não exagere!

ENCERRAMENTO Feche o documento Chalé, salvando suas alterações, se quiser.

Como localizar e substituir formatação

Além de procurar palavras e frases na caixa de diálogo Localizar e substituir, você pode utilizá-la para procurar um formato de caractere, formato de parágrafo ou estilo específico e substituí-lo por um diferente.

CONSULTE TAMBÉM Para informações sobre como localizar e substituir texto, consulte "Como localizar e substituir texto" no Capítulo 2, "Digitação, edição e revisão de textos".

Para procurar um formato específico e substituí-lo por um formato diferente:

1 Na guia **Página Inicial**, no grupo **Edição**, clique no botão **Substituir** para exibir a guia **Substituir** da caixa de diálogo **Localizar e substituir** e clique em **Mais** para expandir a caixa de diálogo.

   ATALHO DE TECLADO Pressione Ctrl+U para exibir a página Substituir da caixa de diálogo Localizar e substituir.

2 Com o cursor na caixa **Localizar**, na seção **Substituir**, clique em **Formatar** e, no menu **Formatar**, clique em **Fonte** para abrir a caixa de diálogo **Localizar fonte**; em **Parágrafo** para abrir a caixa de diálogo **Localizar parágrafo**; ou em **Estilo** para abrir a caixa de diálogo **Localizar estilo**.

3 Na caixa de diálogo, clique no formato ou estilo que deseja encontrar e em **OK**.

4 Clique na caixa de texto **Substituir por**, clique em **Formatar**, clique em **Fonte**, **Parágrafo** ou **Estilo**, clique no formato ou estilo pelo qual deseja substituir o formato ou estilo original e clique em **OK**.

5 Clique em **Localizar próxima** para procurar a primeira ocorrência do formato ou estilo e clique em **Substituir** para substituir essa ocorrência, ou em **Substituir Tudo** para substituir todas as ocorrências.

Como criar e modificar listas

Listas são parágrafos que começam com um caractere e são formatados com um recuo deslocado para que os caracteres se destaquem na extremidade esquerda de cada item da lista. Felizmente, o Word cuida da formatação de listas para você. Você simplesmente indica o tipo de lista que quer criar. Quando a ordem dos itens não for importante – por exemplo, para uma lista de pessoas ou suprimentos –, uma lista com marcadores será a melhor escolha. E quando a ordem for importante – por exemplo, para os passos de um procedimento –, você provavelmente desejará criar uma lista numerada.

Você pode formatar um conjunto existente de parágrafos como uma lista ou criar a lista à medida que digitar as informações no documento.

Para formatar um novo item da lista à medida que insere conteúdo, comece o parágrafo assim:

- **LISTA COM MARCADORES** Digite * (um asterisco) no início de um parágrafo e pressione a **Barra de espaços** ou a tecla **Tab** antes de digitar o texto do item da lista.
- **LISTA NUMERADA** Digite 1. (o número 1 seguido de um ponto) no início de um parágrafo e pressione a **Barra de espaços** ou a tecla **Tab** antes de digitar o texto do item da lista.

Quando iniciamos uma lista dessa maneira, o Word automaticamente a formata como uma lista com marcadores ou numerada. Ao pressionar Enter para iniciar um novo item, o Word continua a formatação para o novo parágrafo. Digitando itens e pressionando Enter, os itens com marcadores ou numerados subsequentes serão adicionados. Para encerrar a lista, pressione Enter duas vezes; ou clique na seta de Marcadores ou de Numeração no grupo Parágrafo da guia Página Inicial e, na biblioteca, clique em Nenhum.

DICA Se quiser iniciar um parágrafo com um asterisco ou número, mas não quiser formatá-lo como uma lista com marcadores ou numerada, clique no botão Opções de AutoCorreção que aparece quando o Word altera a formatação e, na lista, clique na opção Desfazer apropriada. Você também pode clicar no botão Desfazer na Barra de Ferramentas de Acesso Rápido.

Se quiser criar uma lista com vários níveis, comece criando-a da maneira habitual. Quando quiser que o próximo item da lista esteja em um nível inferior (mais recuado), pressione a tecla Tab no início desse parágrafo, antes de digitar o texto do item da lista em nível inferior. Se quiser que o próximo item da lista esteja em um nível superior (menos recuado), pressione Shift+Tab no início do parágrafo. No caso de uma lista com marcadores, o Word alterará o caractere do marcador para cada nível de itens. No caso de uma lista numerada, o Word alterará o tipo de numeração utilizada, com base em um esquema predefinido de numeração.

Se criar um conjunto de parágrafos contendo uma série de itens e, depois, decidir que quer transformar o conjunto em uma lista, você pode selecionar os parágrafos e clicar no botão Marcadores, Numeração ou Lista de Vários Níveis no grupo Parágrafo da guia Página Inicial.

Depois de criá-la, você pode modificar, formatar e personalizar a lista das seguintes maneiras:

- Você pode mover os itens na lista, inserir novos itens ou excluir itens indesejados. Se a lista for numerada, o Word atualizará os números de forma automática.
- Você pode modificar o recuo da lista arrastando os marcadores de recuo na régua horizontal. Você pode alterar tanto o recuo geral da lista quanto a relação da primeira linha com as outras.

  CONSULTE TAMBÉM Para informações sobre o recuo de parágrafo, consulte "Como alterar de forma manual a aparência dos parágrafos" anteriormente neste capítulo.

- Para uma lista com marcadores, você pode classificar os itens da lista em ordem crescente ou decrescente clicando no botão **Classificar** no grupo **Parágrafo** da guia **Página Inicial**.
- Para uma lista com marcadores, você pode alterar o símbolo do marcador clicando na seta de **Marcadores** no grupo **Parágrafo** e fazendo uma seleção a partir da galeria **Marcadores**. Você também pode definir um marcador personalizado (até mesmo um marcador com imagem) clicando em **Definir Novo Marcador**.
- Para uma lista numerada, você pode alterar o estilo do número clicando na seta de **Numeração** no grupo **Parágrafo** e fazendo uma seleção a partir da galeria **Numeração**. Você também pode definir um estilo personalizado clicando em **Definir Novo Formato de Número**.
- Para uma lista numerada, você pode iniciar uma lista ou parte de uma lista em um número predefinido clicando em **Definir Valor de Numeração** na galeria **Numeração** e digitando o número que deseja na caixa de diálogo **Definir numeração**.

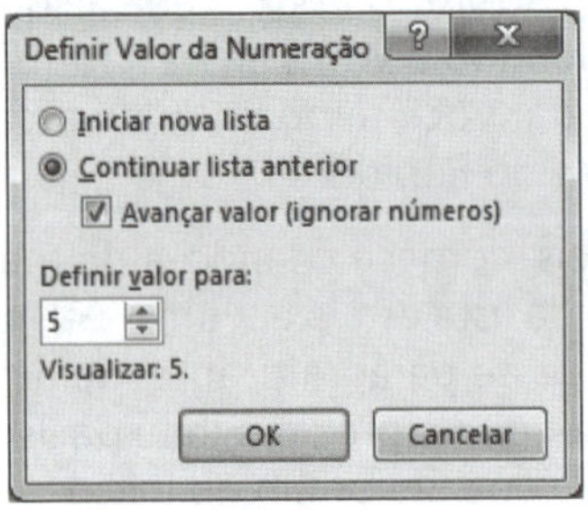

Pode-se iniciar ou reiniciar uma lista numerada em qualquer número.

- Para uma lista de vários níveis, você pode alterar o padrão de numeração ou os marcadores clicando no botão **Lista de Vários Níveis** no grupo **Parágrafo** e clicando no padrão que deseja, ou pode definir um padrão personalizado clicando em **Definir Nova Lista de Vários Níveis**.

Neste exercício, você criará uma lista com marcadores e uma lista numerada, e modificará as listas de diversas formas.

PREPARAÇÃO Você precisa do documento Condomínio localizado na pasta de arquivos de prática Capítulo03 para realizar este exercício. Abra o documento, exiba as marcas de formatação e réguas e siga os seguintes passos:

1 Selecione os primeiros quatro parágrafos abaixo de **As normas são classificadas em quatro categorias**. Na guia **Página Inicial**, no grupo **Parágrafo**, clique no botão **Marcadores** para formatar os parágrafos selecionados como uma lista com marcadores.

2 Com os parágrafos ainda selecionados, no grupo **Parágrafo**, clique na seta de **Marcadores** para exibir o menu **Marcadores**.

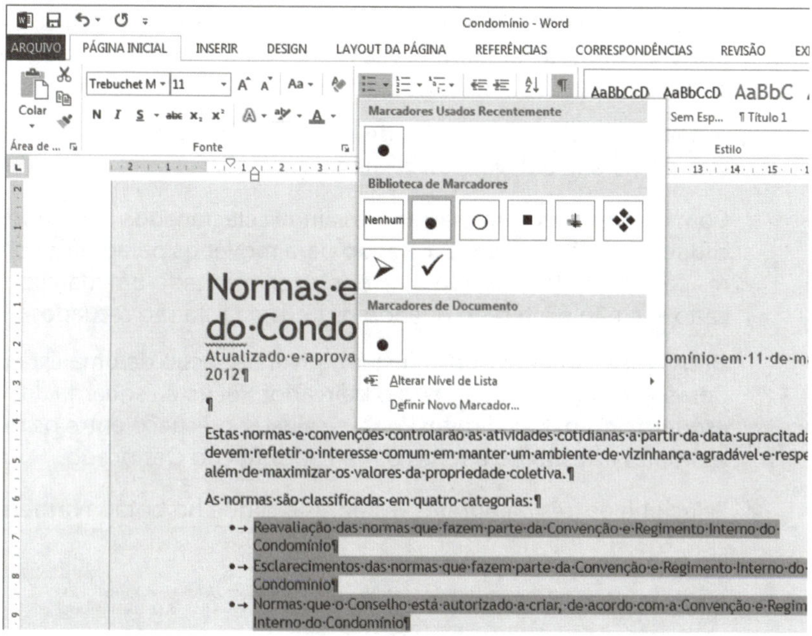

O menu Marcadores oferece diversas opções de marcadores predefinidos.

3 Na galeria **Marcadores**, aponte para cada marcador abaixo de **Biblioteca de Marcadores** para exibir uma visualização dinâmica no documento e, a seguir, clique no marcador composto por quatro diamantes para alterar o marcador que começa cada item da lista selecionada.

4 Selecione os dois parágrafos abaixo do título **Definições** e, no grupo **Parágrafo**, clique no botão **Numeração** para numerar os parágrafos selecionados de forma sequencial.

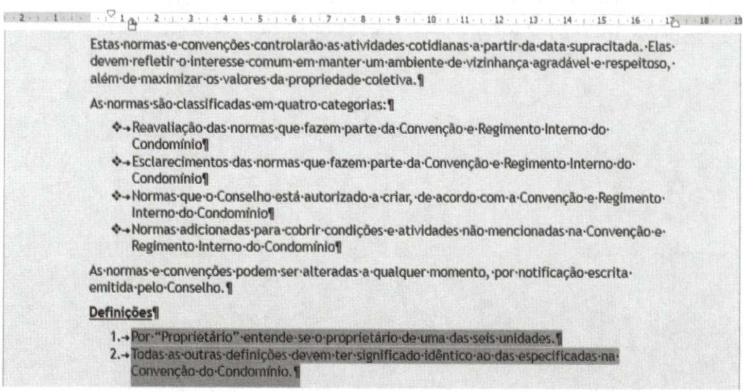

Você pode escolher os marcadores e o estilo de numeração mais adequados ao documento.

5 Selecione os primeiros quatro parágrafos abaixo do título **Normais gerais** e clique no botão **Numeração** para formatá-los como uma segunda lista numerada. Observe que a nova lista começa com o número **1**.

6 Selecione os próximos três parágrafos e, no grupo **Parágrafo**, clique no botão **Marcadores** para formatá-los como uma lista com marcadores. Observe que o Word utiliza o símbolo de marcador especificado anteriormente.

A nova lista com marcadores deve ser um subconjunto do item anterior da lista numerada e deve estar recuada.

7 Com os três itens com marcadores ainda selecionados, no grupo **Parágrafo**, clique no botão **Aumentar Recuo** para mover os parágrafos com marcadores para a direita. Observe que, por ter selecionado um marcador personalizado, ele não é alterado quando os itens da lista são recuados.

DICA Você também pode ajustar o nível de recuo de uma lista com marcadores selecionada arrastando o marcador Recuo à Esquerda da régua para a esquerda ou para a direita. Pode-se ajustar o espaço entre os marcadores e seu texto arrastando apenas o marcador Recuo Deslocado.

8 Selecione os três parágrafos restantes e clique no botão **Numeração**.

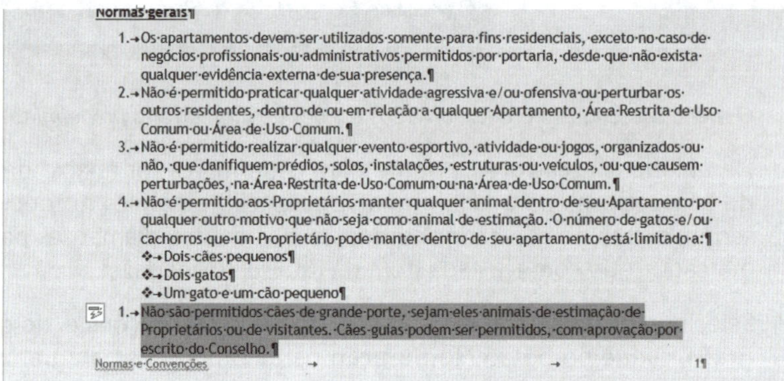

O Word reinicia a lista numerada a partir do 1 e um botão de Opções de AutoCorreção aparece de forma temporária à esquerda dos itens da lista.

Você deseja que a lista numerada continue a sequência da lista numerada anterior.

9 Clique no botão **Opções de AutoCorreção** e clique em **Continuar Numeração**.

SOLUÇÃO DE PROBLEMAS Se o botão Opções de AutoCorreção desaparecer, clique com o botão direito do mouse no número anterior ao item Não são permitidos cães de grande porte e clique em Continuar Numeração.

10 No item numerado **Não são permitidos cães de grande porte**, clique à esquerda de **cães-guias**, pressione **Enter** e pressione **Tab**. Observe que o Word primeiro cria um novo item de número **6** e renumera todo os itens subsequentes. Contudo, ao pressionar **Tab** para transformá-lo em um item de segundo nível, o Word transforma o **6** em um **a**, recua o item e restaura os números originais para os itens subsequentes.

11 Pressione a tecla **End** e pressione **Enter** para iniciar um novo item da lista. Digite **O Conselho do Condomínio se reserva o direito de abrir exceções para essa norma**.

12 Pressione **Enter** e, a seguir, **Shift+Tab**. No novo item de primeiro nível, digite **Todos os animais de estimação devem residir dentro dos apartamentos de seus donos**. Observe que a lista **Normas gerais** agora está organizada de maneira hierárquica.

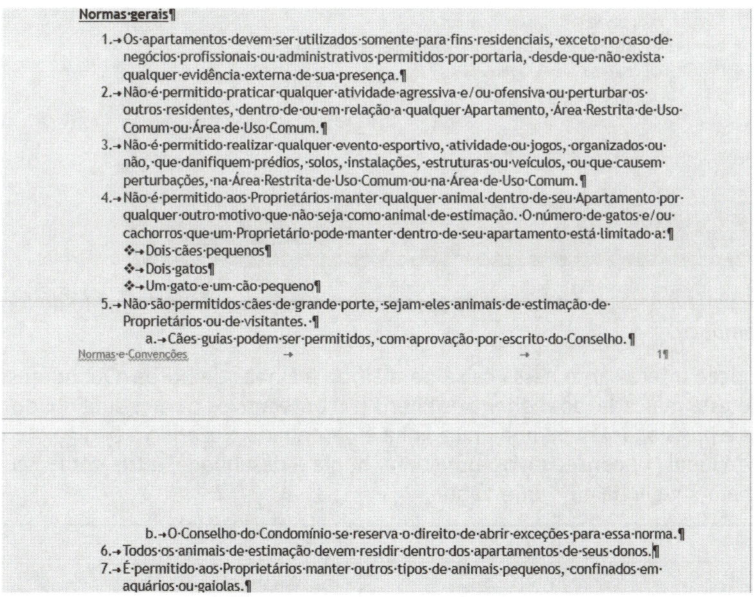
Normas·gerais¶
1.→Os·apartamentos·devem·ser·utilizados·somente·para·fins·residenciais,·exceto·no·caso·de·negócios·profissionais·ou·administrativos·permitidos·por·portaria,·desde·que·não·exista·qualquer·evidência·externa·de·sua·presença.¶
2.→Não·é·permitido·praticar·qualquer·atividade·agressiva·e/ou·ofensiva·ou·perturbar·os·outros·residentes,·dentro·de·ou·em·relação·a·qualquer·Apartamento,·Área·Restrita·de·Uso·Comum·ou·Área·de·Uso·Comum.¶
3.→Não·é·permitido·realizar·qualquer·evento·esportivo,·atividade·ou·jogos,·organizados·ou·não,·que·danifiquem·prédios,·solos,·instalações,·estruturas·ou·veículos,·ou·que·causem·perturbações,·na·Área·Restrita·de·Uso·Comum·ou·na·Área·de·Uso·Comum.¶
4.→Não·é·permitido·aos·Proprietários·manter·qualquer·animal·dentro·de·seu·Apartamento·por·qualquer·outro·motivo·que·não·seja·como·animal·de·estimação.·O·número·de·gatos·e/ou·cachorros·que·um·Proprietário·pode·manter·dentro·de·seu·apartamento·está·limitado·a:¶
❖→Dois·cães·pequenos¶
❖→Dois·gatos¶
❖→Um·gato·e·um·cão·pequeno¶
5.→Não·são·permitidos·cães·de·grande·porte,·sejam·eles·animais·de·estimação·de·Proprietários·ou·de·visitantes.·¶
a.→Cães·guias·podem·ser·permitidos,·com·aprovação·por·escrito·do·Conselho.¶
Normas·e·Convenções → → 1¶
b.→O·Conselho·do·Condomínio·se·reserva·o·direito·de·abrir·exceções·para·essa·norma.¶
6.→Todos·os·animais·de·estimação·devem·residir·dentro·dos·apartamentos·de·seus·donos.¶
7.→É·permitido·aos·Proprietários·manter·outros·tipos·de·animais·pequenos,·confinados·em·aquários·ou·gaiolas.¶

O Word assume o trabalho de criação de listas hierárquicas.

13 Selecione os três parágrafos com marcadores e, no grupo **Parágrafo**, clique no botão **Classificar** para abrir a caixa de diálogo **Classificar Texto**.

Formatação do texto durante a digitação

Os recursos para listas do Word são apenas um exemplo da capacidade do programa de intuir como você quer formatar um elemento com base no que digitar. Você pode aprender mais sobre essa e outras opções de Formatação Automática explorando a caixa de diálogo AutoCorreção, que pode ser aberta na página Revisão de Texto da caixa de diálogo Opções do Word.

A página Formatação Automática ao digitar mostra as opções que o Word implementa por padrão, incluindo listas com marcadores e numeradas.

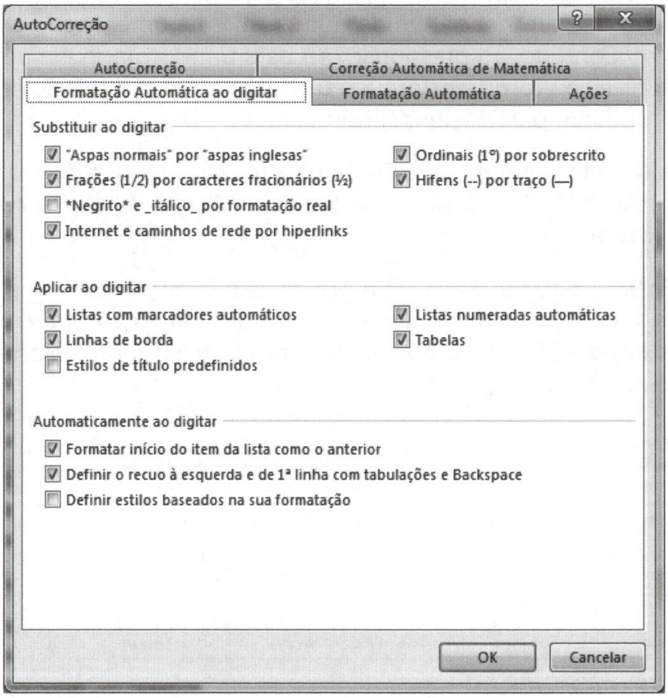

Você pode marcar e desmarcar opções para controlar o comportamento da formatação automática.

Uma opção interessante nessa caixa de diálogo é Linhas de borda. Quando essa caixa de seleção está marcada, ao digitar três hífens (-) consecutivos ou três sublinhados (_) consecutivos e pressionar Enter, uma única linha é desenhada cruzando a página. Ao digitar três sinais de igual (=) consecutivos, uma linha dupla é desenhada, e três tils (~) consecutivos desenham uma linha em zigue-zague.

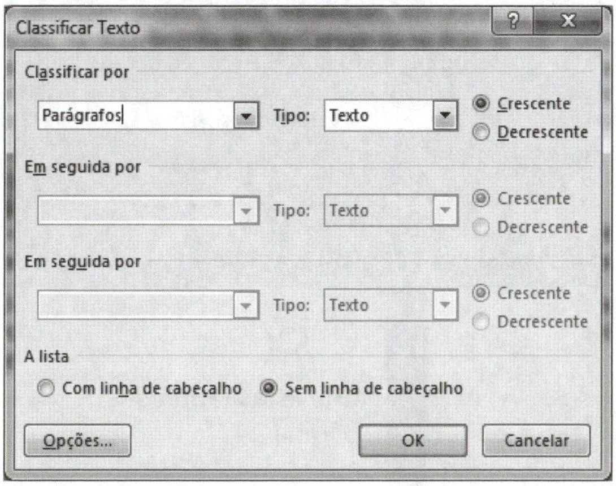

Você pode classificar itens da lista em ordem crescente ou decrescente.

14 Com a opção **Crescente** selecionada, clique em **OK** para reordenar os itens da lista com marcadores em ordem crescente alfabética.

ENCERRAMENTO Feche o documento Condomínio, salvando suas alterações, se quiser.

Pontos-chave

- Os estilos e conjuntos de estilo tornam simples aplicar combinações de formatação de caractere e parágrafo para dar a seus documentos estrutura e uma aparência profissional.
- O mesmo documento pode parecer muito diferente dependendo do tema aplicado. As cores, as fontes e os efeitos podem ser combinados para criar exatamente a aparência que você deseja.
- Você pode formatar caracteres com um número quase infinito de combinações de fonte, tamanho, estilo da fonte e efeito. Para melhores resultados, resista à tentação de usar mais do que algumas combinações.
- Você pode alterar a aparência de parágrafos variando seu recuo, espaçamento e alinhamento, definindo paradas de tabulação e aplicando bordas e sombreamento. Utilize essas opções de formatação de maneira sensata para criar uma aparência equilibrada e organizada.
- As listas com marcadores e numeradas são uma ótima maneira de apresentar informações em um formato de fácil leitura e compreensão. Se os formatos internos de marcadores e numeração não apresentarem o que deseja, você pode definir seus próprios formatos.

Visão geral do capítulo

Organizar

Organize informações em colunas, página 140

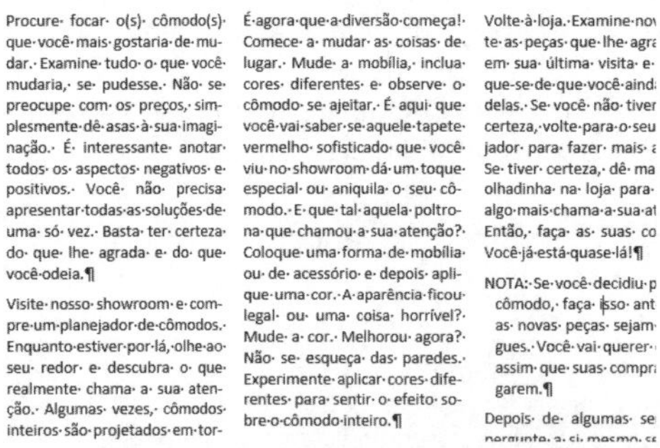

Criar

Crie listas tabuladas, página 147

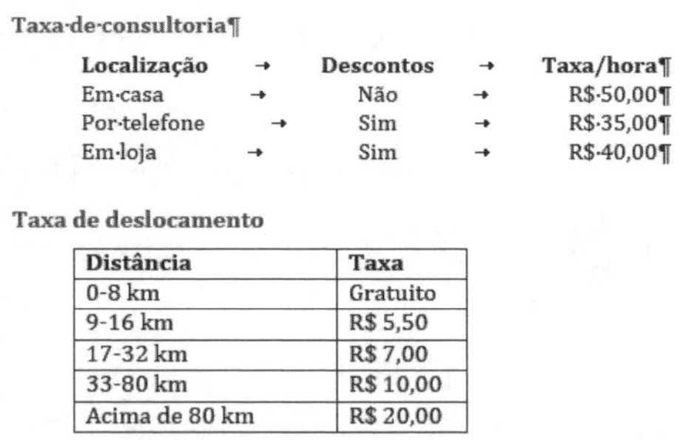

Apresentar

Apresente informações em tabelas, página 149

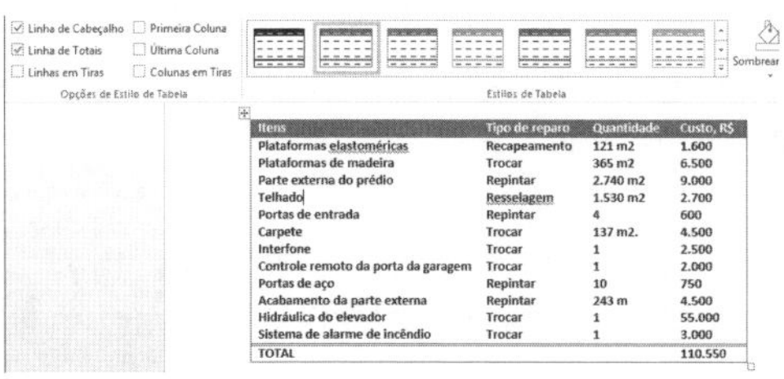

Formatar

Formate tabelas, página 161

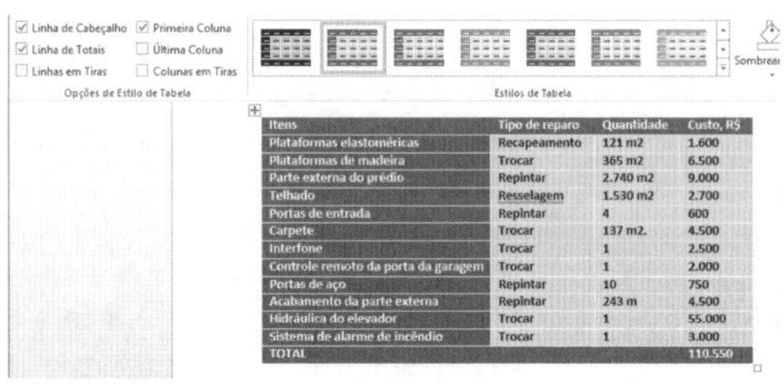

Como organizar informações em colunas e tabelas

4

NESTE CAPÍTULO, VOCÊ APRENDERÁ A:

- Apresentar informações em colunas.
- Criar listas tabuladas.
- Apresentar informações em tabelas.
- Formatar tabelas.

Geralmente, as informações nos documentos são apresentadas em parágrafos de texto. Para deixar mais legível um documento com muito texto, você pode organizá-lo em duas ou mais colunas ou exibir as informações em uma tabela. Por exemplo, boletins informativos, panfletos e folhetos normalmente exibem um texto corrido em várias colunas; relatórios costumam apresentar as informações em tabelas.

Quando você precisar apresentar fatos e dados em um documento, o melhor é usar uma tabela em vez de descrever os dados em um parágrafo, principalmente quando os dados são valores numéricos. As tabelas facilitam a leitura e o entendimento dos dados. Uma quantidade pequena de dados pode ser exibida em colunas simples separadas por tabulação, criando, assim, uma *lista tabulada*. Para uma quantidade grande ou mais complexa de dados, escolha apresentá-los em uma tabela – uma estrutura com linhas e colunas, geralmente com cabeçalhos.

Neste capítulo, você primeiro criará e modificará as colunas de texto. Depois, criará uma lista tabulada simples. Por último, criará tabelas do zero e a partir de textos prontos, e formatará uma tabela de diversas maneiras.

ARQUIVOS DE PRÁTICA Para realizar os exercícios deste capítulo, você precisa dos arquivos de prática contidos na pasta Capítulo04. Para mais informações, consulte "Como baixar os arquivos de prática" na Introdução deste livro.

Como apresentar informações em colunas

Por padrão, o Microsoft Word 2013 exibe o texto em uma coluna que abarca a largura da página entre as margens esquerda e direita. Você pode decidir se o texto será exibido em duas, três ou mais colunas para criar layouts como os usados em jornais e revistas. Quando você configura o texto para correr em colunas, ele preencherá a primeira coluna em cada página e depois irá para a parte superior da próxima coluna. Quando todas as colunas de uma página estão preenchidas, o texto vai para a próxima página. Você pode indicar manualmente onde quer que o texto acabe entre cada coluna.

> **IMPORTANTE** Dispositivos assistenciais, como leitores de tela, nem sempre processam corretamente um texto organizado em colunas. Considere as limitações desses dispositivos se você pretende que os seus documentos estejam de acordo com os requisitos de acessibilidade.

Na guia Layout da Página, no grupo Configurar Página, a galeria Colunas exibe diversas opções padrão para a divisão do texto em colunas. Você pode escolher uma, duas ou três colunas de mesma largura ou duas colunas de larguras diferentes. Se as opções padrão não atendem às suas necessidades, você pode especificar o número e a largura das colunas. O número de colunas é limitado pela largura e pelas margens da página. Cada coluna deve ter, pelo menos, meia polegada (ou 1,27 centímetros) de largura.

A galeria Coluna exibe as opções predefinidas de coluna.

Independentemente de como você configurar inicialmente as colunas, é possível mudar seu layout ou sua largura a qualquer momento.

Você pode formatar em colunas um documento inteiro ou uma seção. Quando você seleciona uma seção do texto e a formata em colunas, o Word insere uma *quebra de seção* no início e no fim do texto selecionado para delinear a área na qual a formatação das colunas é aplicada. No texto em colunas, você pode inserir uma *quebra de coluna* para especificar onde você quer que acabe uma coluna e inicie outra. As quebras de seção e coluna são visíveis quando você exibe as marcas de formatação no documento.

CONSULTE TAMBÉM Para mais informações sobre marcas de formatação, consulte "Diferentes modos de exibição de documentos" no Capítulo 1, "Como explorar o Microsoft Word 2013".

DICA Você pode formatar o conteúdo em uma seção específica de um documento independentemente das outras seções. Por exemplo, você pode criar uma tabela larga na própria seção e configurar a orientação da página como paisagem para acomodar essa tabela. Para mais informações sobre seções, consulte "Como controlar o que aparece em cada página" no Capítulo 6, "Visualize, imprima e distribua documentos".

Você pode aplicar a formatação de caractere e parágrafo ao texto em colunas da mesma forma como aplicaria em qualquer outro texto. Aqui estão algumas dicas de formatação para textos em colunas:

- Quando o texto estiver em colunas, você pode justificar os parágrafos para proporcionar um visual mais legível e organizado.

  CONSULTE TAMBÉM Para mais informações sobre como justificar parágrafos, consulte "Alteração manual da aparência dos parágrafos" no Capítulo 3, "Como modificar a estrutura e a aparência do texto".

- Para melhorar o preenchimento das colunas com texto e diminuir os espaços em branco em uma linha, você pode pedir para o Word hifenizar o texto e quebrar longas palavras em sílabas.

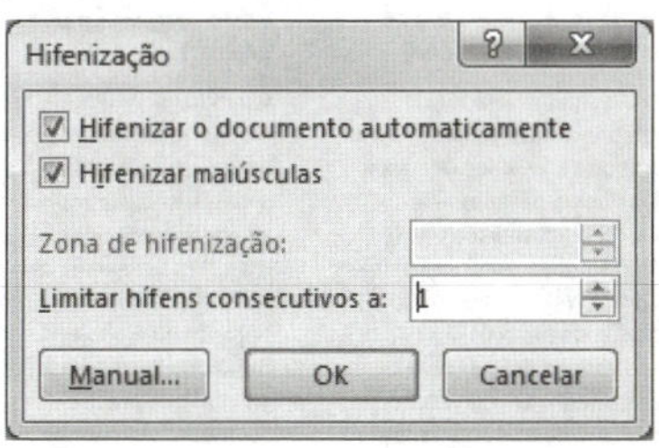

Ao hifenizar um documento, você pode especificar se deseja permitir o uso contínuo de hifens ao fim de linhas consecutivas de um parágrafo.

Neste exercício, você configurará o texto em uma seção de um documento em colunas. Você justificará e hifenizará o texto em colunas e alterará o espaçamento da coluna. Então, você quebrará a coluna em um ponto específico.

PREPARAÇÃO Você precisa do documento ProjetoAmbiente localizado na pasta de arquivos de prática do Capítulo04 para completar esse exercício. Abra o documento, exiba as marcas de formatação e as réguas e siga os seguintes passos:

1 Selecione os parágrafos que estão entre as marcas de parágrafo – do parágrafo que inicia com **Dê uma olhada** até o parágrafo que termina com **cartões de crédito**.

DICA Se você quiser formatar um documento inteiro com o mesmo número de colunas, você pode simplesmente clicar em qualquer lugar do documento – não precisa selecionar o texto.

2 Na guia **Layout da Página**, no grupo **Configurar Página,** clique no botão **Colunas** e, na galeria **Colunas,** clique em **Três** para deixar o texto selecionado em três colunas.

3 Pressione **Ctrl+Home** para voltar ao topo do documento. Note que uma quebra de seção precede as colunas.

Uma quebra de seção contínua altera a formatação do próximo texto, mas o mantém na mesma página.

Agora, vamos alinhar o conteúdo com as bordas da coluna para facilitar a leitura.

4 Clique no início do primeiro parágrafo depois do título (o parágrafo que começa com **Com o planejador de ambientes**). Depois, pressione **Shift+Ctrl+End** para selecionar o conteúdo daquele ponto até o fim do documento.

5 Na guia **Página Inicial**, no grupo **Parágrafo**, clique no botão **Justificar**. Note que o Word ajusta o espaçamento entre as palavras para alinhar os parágrafos nas margens esquerda e direita do documento.

ATALHO DE TECLADO Pressione Ctrl+J para justificar os parágrafos. Para mais informações sobre os atalhos de teclado, consulte "Atalhos de teclado" ao fim deste livro.

Há muito espaço em branco entre as colunas; vamos ampliá-las para que mais conteúdo se encaixe em cada uma.

6 Role pelo documento para visualizar a quebra de seção e de colunas e clique em qualquer lugar na primeira coluna para exibir as margens da coluna na régua horizontal.

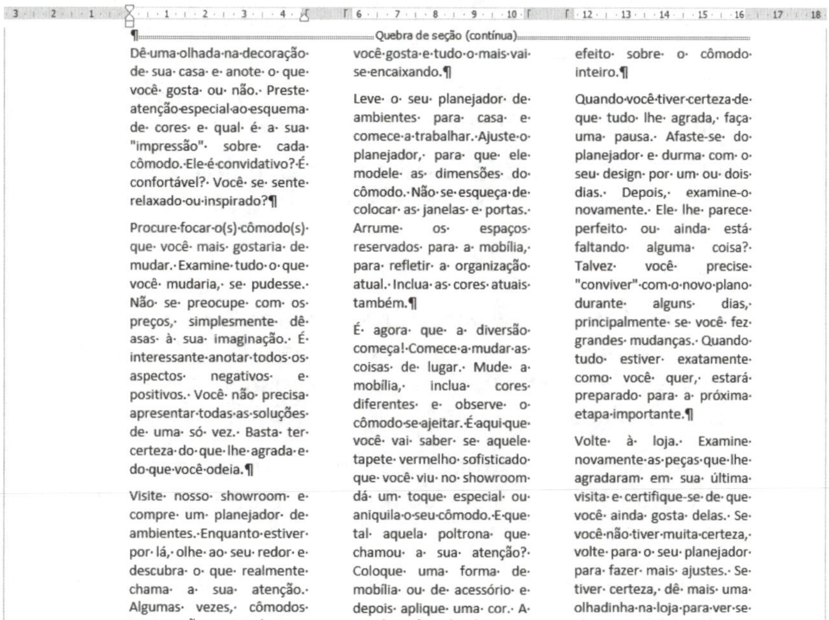

Quebra de seção (contínua)

Dê uma olhada na decoração de sua casa e anote o que você gosta ou não. Preste atenção especial ao esquema de cores e qual é a sua "impressão" sobre cada cômodo. Ele é convidativo? É confortável? Você se sente relaxado ou inspirado?

Procure focar o(s) cômodo(s) que você mais gostaria de mudar. Examine tudo o que você mudaria, se pudesse. Não se preocupe com os preços, simplesmente dê asas à sua imaginação. É interessante anotar todos os aspectos negativos e positivos. Você não precisa apresentar todas as soluções de uma só vez. Basta ter certeza do que lhe agrada e do que você odeia.

Visite nosso showroom e compre um planejador de ambientes. Enquanto estiver por lá, olhe ao seu redor e descubra o que realmente chama a sua atenção. Algumas vezes, cômodos

você gosta e tudo o mais vai se encaixando.

Leve o seu planejador de ambientes para casa e comece a trabalhar. Ajuste o planejador, para que ele modele as dimensões do cômodo. Não se esqueça de colocar as janelas e portas. Arrume os espaços reservados para a mobília, para refletir a organização atual. Inclua as cores atuais também.

É agora que a diversão começa! Comece a mudar as coisas de lugar. Mude a mobília, inclua cores diferentes e observe o cômodo se ajeitar. É aqui que você vai saber se aquele tapete vermelho sofisticado que você viu no showroom dá um toque especial ou aniquila o seu cômodo. E que tal aquela poltrona que chamou a sua atenção? Coloque uma forma de mobília ou de acessório e depois aplique uma cor. A

efeito sobre o cômodo inteiro.

Quando você tiver certeza de que tudo lhe agrada, faça uma pausa. Afaste-se do planejador e durma com o seu design por um ou dois dias. Depois, examine-o novamente. Ele lhe parece perfeito ou ainda está faltando alguma coisa? Talvez você precise "conviver" com o novo plano durante alguns dias, principalmente se você fez grandes mudanças. Quando tudo estiver exatamente como você quer, estará preparado para a próxima etapa importante.

Volte à loja. Examine novamente as peças que lhe agradaram em sua última visita e certifique-se de que você ainda gosta delas. Se você não tiver muita certeza, volte para o seu planejador para fazer mais ajustes. Se tiver certeza, dê mais uma olhadinha na loja para ver se

Na régua, os marcadores de recuo mostram o recuo da coluna selecionada.

DICA Se as réguas não estão aparecendo, selecione a caixa de seleção Régua no grupo Mostrar, na guia Exibição.

7 Na guia **Layout da Página**, no final da galeria **Colunas**, clique em **Mais Colunas** para abrir a caixa de diálogo **Colunas**. Note que o espaçamento entre as colunas está configurado para a distância padrão de meia polegada (1,25 cm).

Como a caixa de seleção Colunas de mesma largura está selecionada, você pode ajustar a largura e o espaçamento somente da primeira coluna.

DICA Para separar as colunas com linhas verticais, selecione a caixa de seleção Linha entre colunas. Se você precisar que um conteúdo maior se ajuste na página, pode diminuir o espaço entre as colunas e inserir uma linha vertical para indicar claramente a separação.

8 Na área **Largura e espaçamento**, na caixa **Espaçamento** da coluna **1**, insira ou selecione **0,51** cm. Note que a medida de **Espaçamento** da coluna **2** também se altera para **0,51** cm e a largura das três colunas sobe para **5,06** cm. As colunas na miniatura **Visualização** refletem as novas configurações.

9 Clique na seta em **Aplicar a**. Note que você pode escolher entre aplicar a alteração à seção inteira, ao documento inteiro ou do local atual do cursor até o fim do documento.

10 Na caixa **Aplicar a**, clique em **Nesta seção**. Depois, clique em **OK** para aplicar as alterações às colunas no documento.

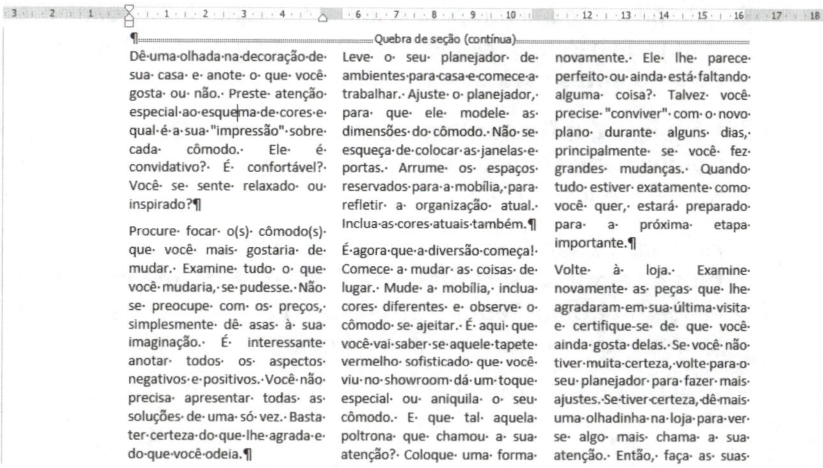

Colunas mais largas exibem mais conteúdo e geralmente parecem mais organizadas na página.

11 No grupo **Configurar Página**, clique no botão **Hifenização** e, então, clique em **Automático** para hifenizar o texto do documento.

Vamos fazer a nota se destacar do resto do texto.

12 Na terceira coluna, clique em qualquer lugar no parágrafo **NOTA**.

13 Na régua horizontal, arraste para a direita o marcador do **Recuo Deslocado** da terceira coluna até a primeira marca (0,32 cm), para deslocar a nota do resto do texto, recuando todas as linhas, menos a primeira do parágrafo.

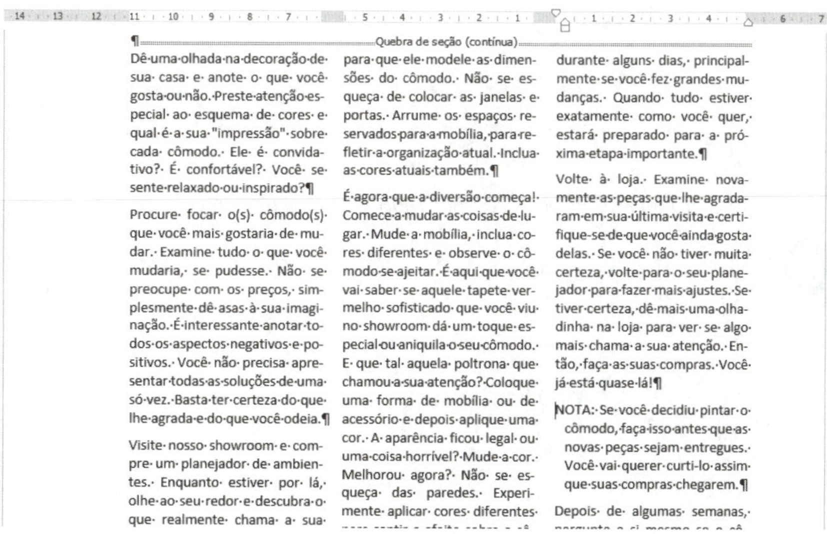

Você pode alterar o recuo de parágrafos individuais em uma coluna.

14 Role pelo documento para exibir a parte inferior da página **1**. Na primeira coluna da página 1, clique no começo do parágrafo **Leve o seu planejador de ambientes para casa**.

15 No grupo **Configurar Página**, clique no botão **Quebras** e, então, clique em **Coluna** para inserir uma quebra de coluna e mover o texto seguinte para o topo da segunda coluna.

16 No final da terceira coluna da página **1**, clique no início do parágrafo **Depois de algumas semanas** e, na **Barra de Ferramentas de Acesso Rápido**, clique no botão **Repetir Inserção** para inserir outra quebra de coluna e mover o texto seguinte para o topo da primeira coluna na página **2**.

ATALHO DE TECLADO Pressione Ctrl+R para repetir a ação anterior.

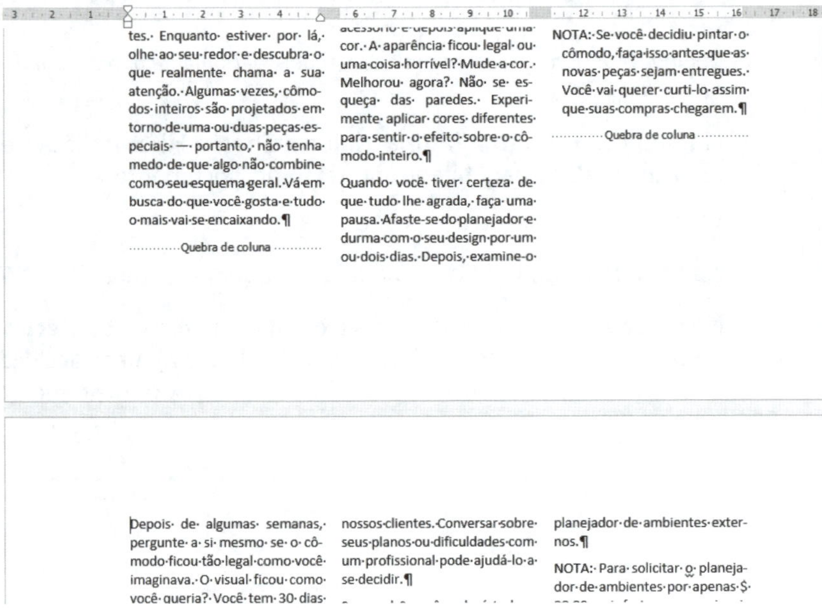

Considere quebrar as colunas manualmente para nivelar o texto ao fim da página.

ENCERRAMENTO Feche o documento ProjetoCômodo; se quiser, salve as suas alterações.

Como criar listas tabuladas

Se você tem uma quantidade de dados relativamente pequena para apresentar, pode escolher exibi-los em uma lista tabulada, a qual organiza o texto em colunas simples separadas por tabulações. Você pode alinhar o texto em colunas usando a parada de tabulação esquerda, direita, centralizada ou decimal.

CONSULTE TAMBÉM Para mais informações sobre a configuração das paradas de tabulação, consulte "Alteração manual da aparência dos parágrafos" no Capítulo 3, "Modifique a estrutura e a aparência do texto".

Quando um texto é inserido em uma lista tabulada, usuários inexperientes do Word têm a tendência de pressionar várias vezes a tecla Tab para alinhar as colunas da lista à parada de tabulação padrão. Se você fizer isso, não terá controle sobre a largura da coluna, e alterar o texto entre duas tabulações pode desalinhar a próxima seção do texto. Para ajustar as colunas, você precisa configurar as paradas de tabulação personalizadas em vez de confiar nas paradas padrão.

Quando você for configurar uma lista tabulada, insira o texto e pressione Tab somente uma vez entre os itens que você deseja que apareçam em colunas separadas. Aplique qualquer formatação necessária para que você possa configurar corretamente a largura da coluna. Em seguida, configure a parada de tabulação personalizada. Configure as paradas de tabulação esquerda, direita, centralizada e decimal para controlar o alinhamento do conteúdo da coluna ou configure a barra de tabulação para separar visualmente as colunas da lista com uma linha vertical. Ao configurar a tabulação em ordem, da esquerda para a direita, você pode conferir o alinhamento do texto em cada coluna conforme for fazendo.

DICA É melhor fazer todas as alterações de formatação de caractere e parágrafo no texto antes de configurar as paradas de tabulação. Do contrário, você pode precisar ajustar a parada de tabulação depois de aplicar a formatação.

Neste exercício, você inserirá o texto separado por tabulações, formatará o texto e configurará a parada de tabulação personalizada para criar uma lista tabulada.

PREPARAÇÃO Você precisa do documento ConsultoriaA localizado na pasta de arquivos de prática do Capítulo04 para completar esse exercício. Abra o documento, exiba as marcas de formatação e as réguas e siga os seguintes passos:

1 Pressione **Ctrl+End** para mover o cursor à linha em branco no fim do documento.

2 Digite **Localização**, pressione **Tab**, digite **Descontos**, pressione **Tab**, digite **Taxa/hora**, e pressione **Enter**.

3 Adicione mais três linhas à lista digitando o texto a seguir e pressionando as teclas **Tab** e **Enter** onde indicado. Os caracteres de tabulação empurram os itens para a próxima parada de tabulação padrão, mas alguns itens não alinham por terem tamanhos diferentes uns dos outros.

Em casa Tab Não Tab R$ 50,00 Enter

Por telefone Tab Sim Tab R$ 35,00 Enter

Em loja Tab Sim Tab R$ 40,00 Enter

Wide·World·Importers¶

SOLICITAÇÃO·DE·CONSULTORIA¶

¶

Preencha·este·formulário¶

Tipo·de·consultoria·(marque·todas·as·aplicáveis)¶
Design·geral·de·cômodo¶
Tratamentos·de·janelas¶
Esquemas·de·cores¶
Seleção·de·tecidos¶

Consultores·disponíveis·(marque·o·nome·de·seu·consultor)¶
Susan·Burk¶
Andy·Ruth¶
Carlos·Carvallo¶

Taxa·de·consultoria¶

Localização→ Descontos → Taxa/hora¶

Em·casa → Não → R$·50,00¶

Por·telefone→ Sim → R$·35,00¶

Em·loja → Sim → R$·40,00¶

¶

Em uma lista tabulada, é importante pressionar a tecla Tab somente uma vez entre as colunas.

4 Selecione a primeira linha da lista tabulada e, na **Minibarra de ferramentas** que aparece, clique no botão de **Negrito** para formatar os itens como cabeçalhos da tabela.

ATALHO DE TECLADO Pressione Ctrl+N para aplicar o negrito.

5 Selecione as quatro linhas da lista tabulada, incluindo os cabeçalhos.

6 Na guia **Layout da Página**, no grupo **Parágrafo**, na área **Recuar**, digite ou selecione **1,25 cm** na caixa **À Esquerda.**

7 No grupo **Parágrafo**, na área **Espaçamento**, digite ou selecione **0 pt** na caixa **Depois**.

8 Clique no botão **Recuo**, no topo da régua vertical, até que o botão **Centralizado** esteja selecionado. (Provavelmente você somente clicará uma vez.) Em seguida, clique na marca de 6,5 cm na régua horizontal para configurar uma parada de tabulação alinhada ao centro e centralize nesta posição os itens da segunda coluna da lista tabulada.

9 Clique uma vez no botão **Recuo** para selecionar o botão **Direito**.

10 Com o botão **Direito** selecionado, clique na marca de 11,5 cm na régua horizontal para configurar uma parada de tabulação alinhada à direita e alinhe à direita nesta posição os itens da terceira coluna da lista tabulada.

11 Pressione **Home** para mover o cursor para o início da lista tabulada e desative as marcas de formatação para ver o resultado. Note que a lista tabulada está semelhante a uma tabela simples.

ATALHO DE TECLADO Pressione Ctrl+Shift+8 para alternar a exibição das marcas de formatação.

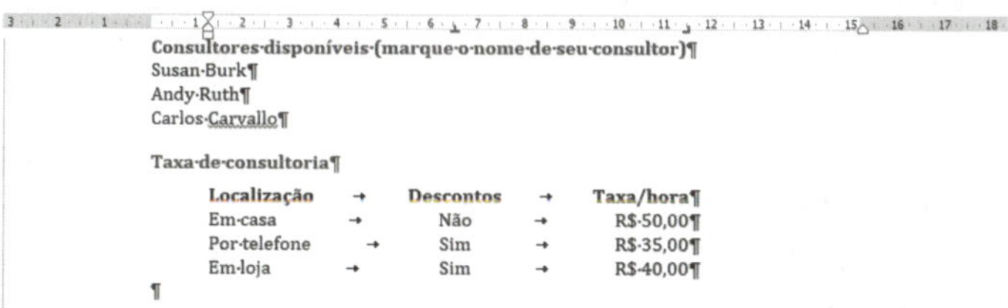

Você criou um layout parecido ao de uma tabela simples com apenas alguns cliques.

ENCERRAMENTO Feche o documento ConsultoriaA; se quiser, salve as alterações.

Como apresentar informações em tabelas

Tabela é uma estrutura de colunas verticais e linhas horizontais. Cada coluna e linha pode ser identificada por um cabeçalho, embora algumas tabelas possuam somente cabeçalhos de coluna ou cabeçalhos de linha. A caixa na junção de cada coluna e linha é uma *célula*, na qual você pode inserir dados (informação textual ou numérica).

Em um documento de Word, você pode criar tabelas das seguintes maneiras:

- Para criar uma tabela em branco com até 10 colunas e oito linhas, clique na guia **Inserir** e depois em **Tabela**. Isso exibe o menu e a galeria **Inserir Tabela**. A galeria é uma grade simples que representa as colunas e as linhas das células. Posicionar o ponteiro em cima de uma célula da grade ilustra as células que serão incluídas em uma tabela criada após clicar naquela célula e exibe uma visualização dinâmica da futura tabela.

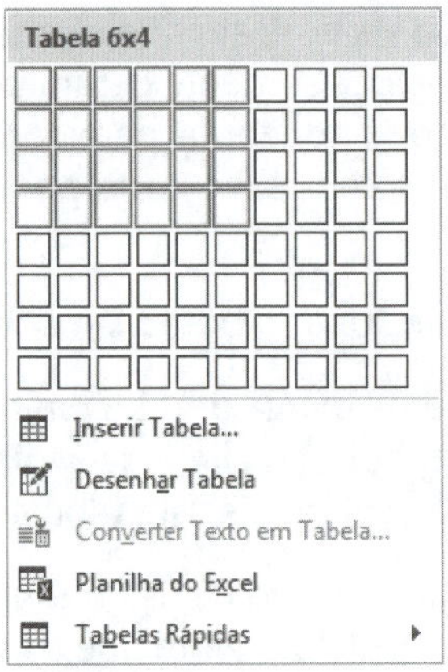

As dimensões da tabela planejada (expressa em colunas x linhas) estão ilustradas no cabeçalho da galeria.

Ao clicar em uma célula na grade, uma tabela vazia com a largura da coluna do texto será inserida. A tabela terá o número de linhas e colunas indicado na grade, com todas as linhas com uma linha acima e todas as colunas com a mesma largura.

- Para criar uma tabela vazia mais personalizada, clique em **Inserir Tabela** no menu **Inserir Tabela**. Isso exibirá a caixa de diálogo **Inserir Tabela**, na qual você pode especificar o número de colunas e linhas e a largura da tabela e de suas colunas.

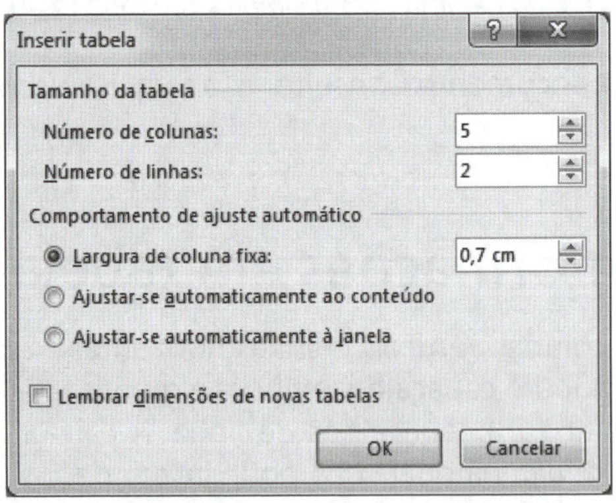

Você pode criar uma tabela com largura personalizada a partir da caixa de diálogo Inserir Tabela.

- Para criar uma tabela vazia menos definida, clique em **Desenhar Tabela** no menu **Inserir Tabela**. Isso exibirá um lápis com o qual você poderá desenhar células para criar uma tabela diretamente no documento. As células desenhadas se juntam ao se ajustar a uma grade, mas você tem um certo controle em relação ao tamanho e ao espaçamento das linhas e colunas. Depois de desenhar uma tabela base, você pode apagar as partes que não quer e ajustar o tamanho da tabela, coluna e linha. Para isso, use as ferramentas na guia de ferramenta **Layout** para tabelas.

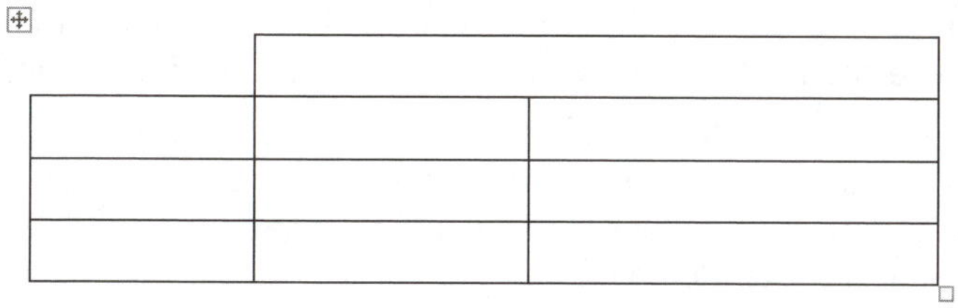

Você pode desenhar uma tabela diretamente no documento.

TIP Ao desenhar uma tabela, você pode exibir as réguas ou linhas de grade para lhe ajudar a colocar as linhas. Para mais informações sobre réguas, consulte "Exibição de documentos de formas diferentes" no Capítulo 1, "Como explorar o Microsoft Word 2013". Para informações sobre como controlar as linhas de grade do documento, consulte "Ordem de objetos na página" no Capítulo 10, "Organização e ordem dos conteúdos".

IMPORTANTE Dispositivos assistenciais como leitores de tela geralmente podem acessar o conteúdo das tabelas criadas através do comando Inserir Tabela, mas não de tabelas desenhadas manualmente. Considere as limitações desses dispositivos se você pretende que os seus documentos estejam de acordo com os requisitos de acessibilidade.

CONSULTE TAMBÉM Para mais informações sobre como desenhar tabelas, consulte "Como usar tabelas para controlar o layout da página" no Capítulo 10, "Organização e ordem dos conteúdos".

- Para apresentar em tabela dados já existentes no documento (como um texto normal ou como uma lista tabulada), selecione os dados e clique em **Converter texto em tabela** no menu **Inserir Tabela**. (Inversamente, você pode converter a tabela selecionada em texto normal; clique em **Converter em Texto** no grupo **Dados**, na guia de ferramenta **Layout**.
- Para criar uma tabela com dados inseridos em uma planilha do Microsoft Excel, clique em **Planilha do Excel** no menu **Inserir Tabela**. Insira os dados desejados na planilha que aparece no documento – você pode usar os recursos do Excel como funções e fórmulas para criar e manipular os dados. Formate os dados no Excel como você gostaria que aparecessem no Word. Em seguida, clique no documento fora da janela da planilha para inserir uma tabela instantânea dos dados. Você pode modificar os dados clicando duas vezes na tabela e editando o conteúdo da planilha que abrirá.

IMPORTANTE Inserir o conteúdo da planilha do Excel não cria uma tabela do Word, somente uma imagem do conteúdo do Excel. Você não pode trabalhar com o conteúdo no Word ou usar qualquer ferramenta de tabela vista neste capítulo.

As tabelas aparecem no documento como um conjunto de células, geralmente delineadas por bordas ou linhas de grade. (Em algumas Tabelas Rápidas, as bordas e as linhas de grade são desativadas.) Cada célula contém um marcador de fim de célula e cada linha termina com um marcador de fim de linha.

SOLUÇÃO DE PROBLEMAS Dois elementos distintos no Word 2013 estão nomeados como *linhas de grade* e ambos podem ser associados a tabelas. Pelo grupo Mostrar, na guia Exibição, você pode exibir as *Linhas de Grade* do documento para posicionar o conteúdo na página. Pelo grupo Tabela, na guia de ferramenta Layout, você pode exibir as *Linhas de Grade* da tabela para exibir as células sem borda de uma tabela.

Quando você posiciona o ponteiro sobre uma tabela, uma alça de movimentação aparece no canto superior esquerdo, e uma alça de dimensionamento aparece no canto inferior direito. Quando o ponteiro está sobre uma tabela, duas guias de ferramenta de tabela – Design e Layout – aparecem na Faixa de Opções.

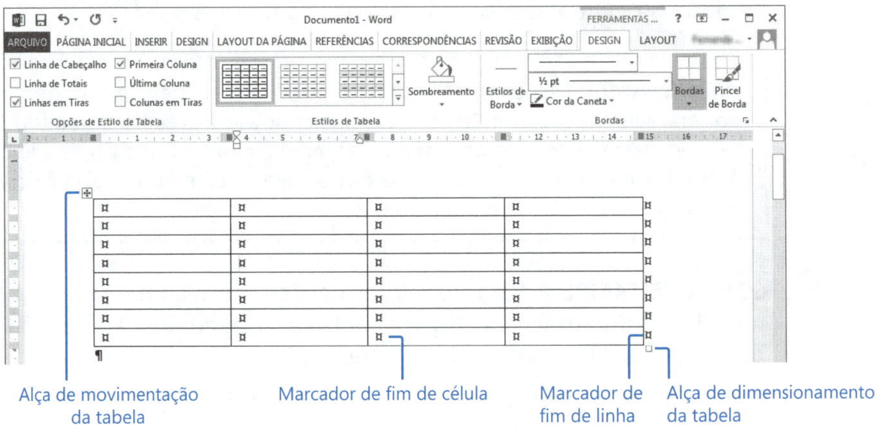

Uma tabela tem suas próprias guias de controle e ferramenta.

DICA Os marcadores de fim de célula e de linha têm a mesma aparência e somente são visíveis quando você seleciona a exibição das marcas de formatação no documento. As alças de movimentação e dimensionamento aparecem somente na exibição Layout de Impressão e Layout da Web.

Depois de criar uma tabela no Word, você pode inserir os dados (como texto, números ou gráficos) nas células da tabela. Você pode mover e posicionar o cursor ao pressionar a tecla Tab ou as teclas de direção ou ao clicar em uma célula da tabela. Para mover o cursor para a próxima célula, pressione a tecla Tab; para mover o cursor para a célula anterior, pressione Shift+Tab. Quando o cursor estiver na última célula de uma linha, pressione Tab para movê-lo para a primeira célula da próxima linha. Quando o cursor estiver na última célula da última linha, pressione Tab para adicionar uma nova linha à tabela e mova o cursor para a primeira célula daquela linha.

Você pode modificar a estrutura da tabela alterando o seu tamanho, o tamanho de uma ou mais colunas ou linhas ou adicionando ou removendo linhas, colunas ou células individuais.

DICA Para alterar a estrutura de uma tabela, você geralmente precisa selecionar toda a tabela ou uma linha ou coluna específica. A maneira mais simples de selecionar uma tabela inteira é posicionar o ponteiro em cima ou clicar na tabela para que a alça de movimentação apareça e você possa clicá-la. Para selecionar um elemento específico, posicione o ponteiro na tabela, coluna ou linha, clique no botão Selecionar no grupo Tabela da guia de ferramenta Layout e clique no elemento da tabela que você quer. Outra alternativa é mover o ponteiro para a borda superior de uma coluna ou borda esquerda de uma linha e, quando o ponteiro se transformar em uma seta, clicar para selecionar a coluna ou a linha.

Os passos básicos para a manipulação de uma tabela ou seus conteúdos são os seguintes:

- **INSERIR LINHAS OU COLUNAS** Um novo recurso no Word 2013 torna mais fácil do que nunca a inserção de uma linha ou coluna em uma tabela já existente. Leve o ponteiro à borda esquerda da tabela no local onde você deseja inserir uma linha ou à parte superior da tabela no local onde você deseja inserir uma coluna. Um indicador de inserção cinza, com um sinal de adição, aparece quando você se aproxima de um possível ponto de inserção (depois da criação de linhas ou colunas). Quando o indicador de inserção ficar azul, clique para inserir uma linha ou coluna no local indicado.

Itens	Tipo de reparo	Quantidade	Custo, R$
Plataformas elastoméricas	Recapeamento	121 m2	1.600
Plataformas de madeira	Trocar	365 m2	6.500
Parte externa do prédio	Repintar	2.740 m2	9.000
Telhado	Resselagem	1.530 m2	2.700
Portas de entrada	Repintar	4	600
Carpete	Trocar	137 m2.	4.500
Interfone	Trocar	1	2.500
Controle remoto da porta da garagem	Trocar	1	2.000
Portas de aço	Repintar	10	750
Acabamento da parte externa	Repintar	243 m	4.500
Hidráulica do elevador	Trocar	1	55.000
Sistema de alarme de incêndio	Trocar	1	3.000
TOTAL			110.550

Agora, inserir uma linha ou coluna demora só um clique.

Para inserir uma ou mais linhas ou colunas, selecione o mesmo número de linhas ou colunas adjacentes ao local onde você deseja inseri-las. Na **Minibarra de Ferramentas** que aparece, clique em **Inserir** e depois em **Inserir Acima**, **Inserir Abaixo**, **Inserir à Esquerda** ou **Inserir à Direita**. Se a **Minibarra de ferramentas** não aparecer, na guia de ferramenta **Layout**, no grupo **Linhas e Colunas**, clique nos botões **Inserir Acima**, **Inserir Abaixo**, **Inserir à Esquerda** ou **Inserir à Direita**.

- **INSERIR CÉLULAS** Para inserir uma ou mais células em uma tabela, selecione o número de células adjacentes ao local onde você deseja inseri-las e clique no iniciador de caixa de diálogo **Linhas e Colunas** para abrir a caixa de diálogo **Inserir Células**. Em seguida, especifique para onde as células adjacentes devem ir para acomodar as novas.

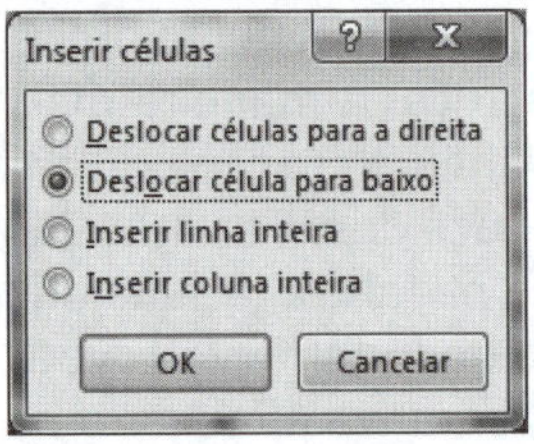

Quando você inserir menos de uma linha ou coluna inteira, é preciso especificar o movimento das células circundantes.

- **EXCLUIR ELEMENTOS DA TABELA** Selecione uma ou mais linhas, colunas ou células. Na barra **Minibarra de Ferramentas** que aparece ou no grupo **Linhas e Colunas**, clique em **Excluir** e, em seguida, clique em **Excluir Células**, **Excluir Colunas**, **Excluir Linhas** ou **Excluir Tabela**.

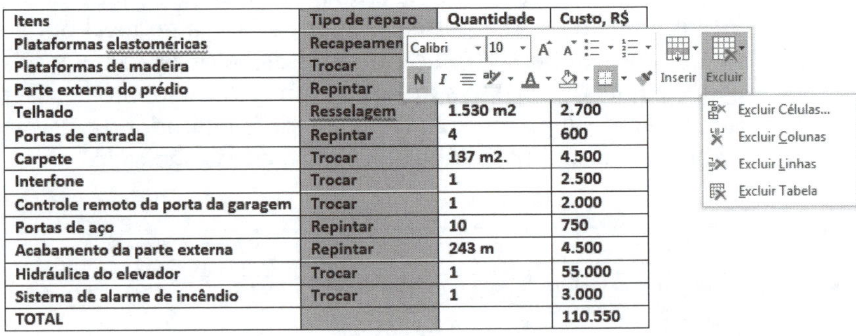

Itens	Tipo de reparo	Quantidade	Custo, R$
Plataformas elastoméricas	Recapeamen		
Plataformas de madeira	Trocar		
Parte externa do prédio	Repintar		
Telhado	Resselagem	1.530 m2	2.700
Portas de entrada	Repintar	4	600
Carpete	Trocar	137 m2.	4.500
Interfone	Trocar	1	2.500
Controle remoto da porta da garagem	Trocar	1	2.000
Portas de aço	Repintar	10	750
Acabamento da parte externa	Repintar	243 m	4.500
Hidráulica do elevador	Trocar	1	55.000
Sistema de alarme de incêndio	Trocar	1	3.000
TOTAL			110.550

Agora você pode inserir ou deletar elementos de tabela a partir da Minibarra de ferramentas.

- **REDIMENSIONAR UMA TABELA INTEIRA** Posicione o ponteiro sobre a tabela e arraste a alça de dimensionamento que aparece no canto inferior direito. Mantenha pressionada a tecla **Shift** ao arrastar a alça de dimensionamento para manter a taxa de proporção original da tabela.

- **REDIMENSIONAR UMA COLUNA OU LINHA** Arraste a borda direita da coluna para a esquerda ou direita para determinar manualmente a largura, ou clique duas vezes na borda da coluna para ajustar a largura de acordo com o seu conteúdo. Arraste para cima ou para baixo a borda inferior de uma linha para configurar manualmente a altura, ou use os comandos no grupo **Tamanho da Célula** na guia de ferramenta **Layout** para gerenciar a largura da coluna e a altura da linha.

- **MOVIMENTAR UMA TABELA** Posicione o ponteiro sobre a tabela e arraste a alça de movimentação que aparece no canto superior esquerdo para um novo local ou use os comandos **Cortar** e **Colar** no grupo **Área de Transferência** na guia **Página Inicial** para mover a tabela.

- **MESCLAR CÉLULAS** Crie células que se estendem à múltiplas colunas ou linhas selecionando as células que você deseja mesclar e clicando no botão **Mesclar Células** no grupo **Mesclar** na guia de ferramenta **Layout**. Por exemplo, para centralizar um título na primeira linha de uma tabela, você pode mesclar todas as células da linha para criar uma célula mesclada que abrange toda a largura da tabela.
- **DIVIDIR CÉLULAS** Divida uma célula em múltiplas células clicando no botão **Dividir Células** no grupo **Mesclar** da guia de ferramenta **Layout** e especificando o número de colunas e linhas com o qual você deseja dividir a célula.
- **CLASSIFICAR INFORMAÇÃO** Clique no botão **Classificar** no grupo **Dados**, na guia de ferramenta **Layout**, para classificar as linhas em ordem crescente ou decrescente dos dados em qualquer coluna. Por exemplo, em uma tabela com **Nome**, **Endereço**, **CEP** e **Telefone** como título de coluna, você pode classificar as informações em ordem alfabética e numérica em qualquer uma dessas colunas.

Como fazer cálculos em tabelas

Quando você quiser fazer cálculos com os números de uma tabela no Word, você pode criar uma fórmula que use uma função matemática interna. Você cria uma fórmula usando as ferramentas na caixa de diálogo Fórmula – exibida após clicar no botão Fórmula no grupo Dados da guia de ferramenta Layout.

Uma fórmula consiste em um sinal de igual (=), seguido do nome de uma função (como SUM), seguido de um parêntese com o local da célula que você deseja usar para o cálculo. Por exemplo, a fórmula =SUM(LEFT) soma as células que possuem a fórmula à esquerda da célula.

Para usar uma função além de SUM na caixa de diálogo Fórmula, você deve clicar na função desejada na lista Colar Função. Você pode usar as funções internas para fazer cálculos, incluindo calcular a média (AVERAGE) de um conjunto de valores, contar (COUNT) a quantidade de valores em uma coluna ou linha ou encontrar o valor máximo (MAX) ou mínimo (MIN) em várias células.

Embora as fórmulas geralmente se referiram às células acima ou à esquerda da célula ativa, você também pode usar o conteúdo de células específicas ou valores constantes nas fórmulas. Para usar o conteúdo de uma célula, você deve inserir a referência da célula mais o nome da função. A referência da célula é uma combinação da letra da coluna e a letra da linha – por exemplo, A1 é a célula na interseção da primeira coluna e da primeira linha. Uma série de células em uma linha pode ser referenciada como uma gama que consiste na primeira e última células separadas por dois pontos, como em A1:D1. Por exemplo, a fórmula =SUM(A1:D1) soma os valores da linha 1 da coluna A até a coluna D. Uma série de células em uma coluna podem ser referenciadas do mesmo modo. Por exemplo, a fórmula =SUM(A1:A4) soma os valores na coluna A da linha 1 até a linha 4.

Neste exercício, você trabalhará com duas tabelas. Primeiro, você criará uma tabela vazia, modificará o layout de tabela, inserirá o texto nas células e fará um cálculo na tabela usando uma fórmula. Em seguida, você criará uma segunda tabela ao converter uma lista tabulada existente e modificará a tabela para se ajustar ao seu conteúdo.

PREPARAÇÃO Você precisa do documento ConsultoriaB localizado na pasta de arquivos de prática Capítulo04 para realizar este exercício. Abra o documento, exiba as marcas de formatação e as réguas e siga os seguintes passos:

1 Clique à esquerda do segundo parágrafo em branco abaixo de **Preencha este formulário**. Na guia **Inserir**, no grupo **Tabelas**, clique no botão **Tabela**. Em seguida, na galeria **Inserir Tabela**, posicione o ponteiro (sem clicar) sobre a célula que está cinco colunas à direita e cinco linhas abaixo do topo para visualizar o efeito de criação da tabela no documento.

Você pode visualizar a tabela com o número de colunas e linhas especificadas.

2 Clique na célula para criar uma tabela em branco com cinco colunas e cinco linhas, com o cursor localizado na primeira célula. Quando a tabela está selecionada, o Word exibe as guias de ferramenta **Design** e **Layout**.

3 No lado esquerdo da tabela, aponte para a primeira linha da tabela e clique uma vez para selecionar as cinco células da linha. Na guia de ferramenta **Layout**, no grupo **Mesclar**, clique no botão **Mesclar Células** para transformar as cinco células em uma única.

4 Com as células mescladas selecionadas, clique no grupo **Alinhamento** e no botão **Centralizar**. O marcador de fim de célula vai para o centro da célula mesclada para indicar que este conteúdo será centralizado horizontal e verticalmente.

5 Clique na célula mesclada e digite **Estimativa de Consultoria**. Agora, a tabela parece ter um título.

Estimativa de Consultoria				

Geralmente as células mescladas são usadas para títulos de tabela e cabeçalhos de coluna.

6 Digite **Tipo** na primeira célula da segunda linha e pressione **Tab**.

7 Digite **Local**, **Consultor**, **Taxa horária** e **Total**, pressionando **Tab** após cada entrada para criar uma linha de títulos de coluna. Pressionar **Tab** depois do título **Total** leva o cursor à primeira célula da terceira linha.

8 Selecione a linha do título de coluna e clique no botão **Negrito** na **Minibarra de ferramentas.**

9 Na terceira linha, digite **Tratamento de Janelas**, **Em casa**, **Patrick Hines**, **R$ 50,00** e **R$ 50,00**, pressionando **Tab** após cada entrada para criar uma linha inteira com informações.

Agora, iremos mesclar algumas células para criar as linhas Subtotal e Total.

10 Selecione as duas últimas linhas da tabela. Na **Minibarra de ferramentas**, clique no botão **Inserir** e em **Inserir Abaixo** para adicionar duas linhas ao final da tabela.

11 Na última linha da tabela, selecione as primeiras quatro células. Na guia de ferramenta **Layout**, no grupo **Mesclar**, clique no botão **Mesclar Células** para agrupar as células selecionadas em uma única célula.

12 Na célula mesclada, digite **Subtotal**. Em seguida, no grupo **Alinhamento**, clique no botão **Centralizar à Direita** para mover a palavra para a borda direita da célula.

13 Pressione duas vezes a tecla **Tab** para criar uma nova linha com a mesma formatação da linha **Subtotal**.

Estimativa de Consultoria				
Tipo	**Local**	**Consultor**	**Taxa horária**	**Total**
Tratamento de Janelas	Em casa	Patrick Hines	R$ 50,00	R$ 50,00
			Subtotal	

Quando você adiciona uma nova linha, ela tem a mesma formatação da linha anterior.

14 Digite **Custo de viagem extra**, pressione duas vezes a tecla **Tab** e digite **Total**. Agora, vamos fazer o Word calcular o Subtotal.

15 Clique na célula à direita de **Subtotal**. Na guia de ferramenta **Layout**, clique no botão **Fórmula** para abrir a caixa de diálogo **Fórmula**, a qual contém uma fórmula simples para adicionar os valores nas linhas acima da célula.

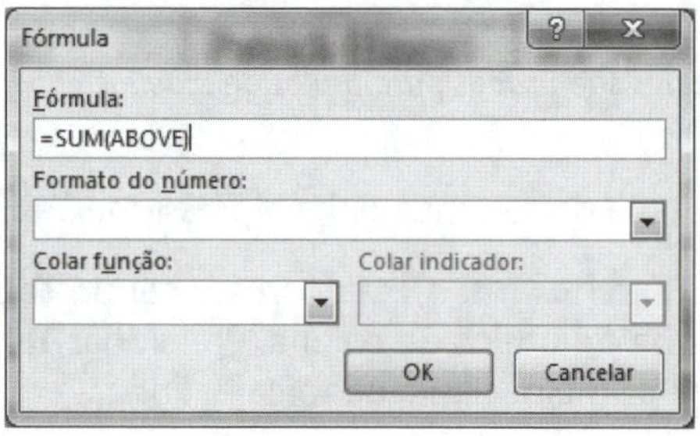

Você pode criar facilmente uma fórmula para calcular um valor na tabela.

16 Na caixa de diálogo **Fórmula**, clique em **OK** para inserir a fórmula na célula **Subtotal** e exibir o resultado da fórmula, **R$ 50,00**.

17 Clique na última célula da tabela e repita os dois passos anteriores para inserir a mesma fórmula na célula **Total**. Quando você clicar em **OK**, note que o resultado da fórmula (**R$ 50,00**) não inclui os números incluídos na fórmula anterior.

18 Na célula à direita de **Custo de viagem extra**, digite **R$ 10,00**. Na célula **Total**, clique com o botão direito do mouse no resultado da fórmula e clique em **Atualizar campo** para recalcular. Oculte as marcas de formatação para exibir os resultados.

Estimativa de Consultoria				
Tipo	**Local**	**Consultor**	**Taxa horária**	**Total**
Tratamento de Janelas	Em casa	Patrick Hines	R$ 50,00	R$ 50,00
			Subtotal	R$ 50,00
			Custo de viagem extra	R$ 10,00
			Total	R$ 60,00

Você pode inserir fórmulas matemáticas até mesmo em uma tabela simples como esta.

Agora, vamos criar uma tabela usando um método diferente.

19 Role até o fim do documento e, sob o cabeçalho **Taxa de deslocamento**, selecione todas as linhas da lista tabulada – de **Distância** até **R$ 20,00**.

20 Na guia **Inserir**, no grupo **Tabelas**, clique no botão **Tabela** e em **Converter Texto em Tabela** para abrir a caixa de diálogo **Converter texto em tabela**, a qual exibe o número de colunas e linhas correspondentes à lista selecionada.

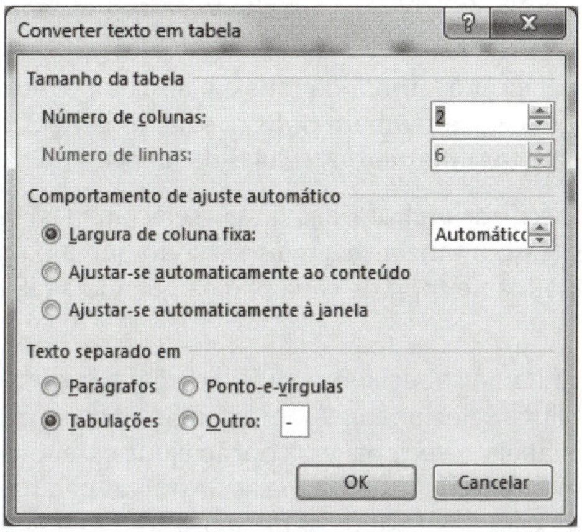

Você pode converter corretamente o conteúdo separado por marcas de parágrafo, tabulações, vírgulas ou qualquer caractere que você especificar.

21 Verifique se a caixa **Número de colunas** exibe **2** e clique em **OK** para reformatar a lista tabulada como uma tabela de duas colunas e seis linhas.

22 Posicione o ponteiro no topo da coluna **Distância**. Quando o ponteiro se transformar em uma seta grossa com a ponta para baixo, clique e arraste para direita para selecionar duas colunas.

23 Posicione o ponteiro na borda direita da tabela. Quando o ponteiro se transformar em duas setas opostas, clique duas vezes na borda para redimensionar as colunas e encaixar as entradas maiores. Clique longe da tabela para desfazer a seleção e exibir os resultados.

Taxa de deslocamento

Distância	**Taxa**
0-8 km	Gratuito
9-16 km	R$ 5,50
17-32 km	R$ 7,00
33-80 km	R$ 10,00
Acima de 80 km	R$ 20,00

Converter uma lista tabulada em uma tabela organizada é simples.

DICA Você também pode ajustar a largura da coluna alterando as configurações da Largura da Coluna da Tabela, no grupo Tamanho da Célula da guia de ferramenta Layout.

ENCERRAMENTO Feche o documento ConsultaB; se quiser, salve as alterações.

Outras opções para layout de tabela

Você pode controlar muitos aspectos de uma tabela; vá para a caixa de diálogo Propriedades da Tabela, exibida depois de clicar no botão Propriedades, no grupo Tabela, na guia de ferramenta Layout. Você pode configurar uma das opções a seguir:

- Na guia **Tabela**, você pode especificar a largura da tabela e a sua disposição no texto circundante. A partir dessa página, você também pode acessar as opções de borda e sombreamento, incluindo as margens internas das células da tabela.
- Na guia **Linha**, você pode especificar a altura das linhas selecionadas, se as linhas podem quebrar entre páginas (caso a tabela seja mais larga do que a página) e se a linha de cabeçalho deve ser repetida no topo de cada página quando a tabela é maior do que uma página.

  DICA A opção Repetir como linha de cabeçalho no início de cada página se aplica à tabela inteira e não somente à linha selecionada. A opção só fica disponível quando o cursor está na linha superior da tabela. Selecionar essa opção ajuda os leitores do documento a interpretar mais facilmente os dados em tabelas de muitas páginas. Também permite aos dispositivos assistenciais, como leitores de tela, interpretar corretamente o conteúdo da tabela.

- Na guia **Coluna**, você pode configurar a largura de cada coluna.
- Na guia **Célula**, você pode configurar a largura das células selecionadas e o alinhamento vertical do texto. Clique no botão **Opções** dessa página para configurar as margens internas e a disposição do texto de células individuais.
- Na guia **Texto Alternativo**, você pode inserir um texto que descreve o assunto da tabela. O texto alternativo pode ser usado quando a tabela não pode ser exibida na página ou quando o documento é lido em voz alta a uma pessoa com deficiência visual por um dispositivo assistencial. Incluir todo o texto ou a legenda da tabela melhora a sua acessibilidade.

  DICA Você também pode controlar a largura, o alinhamento e as margens da célula usando as configurações nos grupos Tamanho da Célula e Alinhamento, na guia de ferramenta Layout.

Como formatar tabelas

Formatar manualmente uma tabela para se adaptar ao seus dados pode ser um processo de tentativas e erros. Com o Word 2013, você pode começar rapidamente ao aplicar um dos estilos de tabela disponíveis na galeria Estilos de Tabela da guia de ferramenta Design. Os estilos de tabela incluem uma variedade de bordas, cores e outros atributos que fornecem à tabela uma aparência profissional.

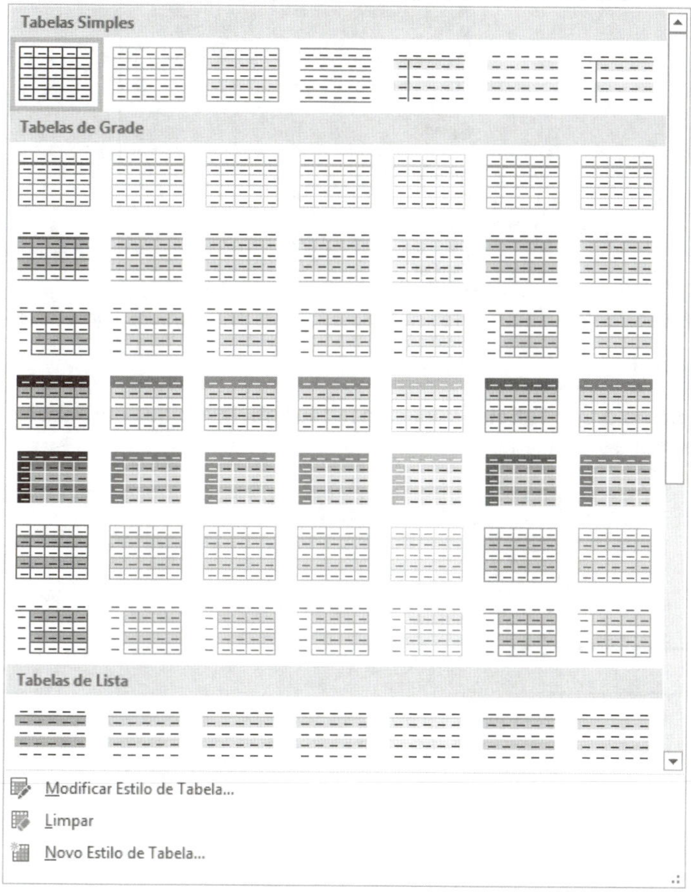

No Word 2013, a galeria Estilos de Tabela é dividida em seções para tabelas simples, tabelas com grades e tabelas de lista.

Se você quiser controlar melhor a aparência de uma tabela, pode usar os comandos das guias de ferramenta Design e Layout para formatar seus elementos. Você também pode formatar separadamente o conteúdo da tabela. Como vimos nos exercícios anteriores, você pode aplicar a formatação de caractere ao texto em tabelas, assim como faria em textos normais. Clique nos botões na Minibarra de ferramentas ou nos grupos Fonte, Parágrafo e Estilo da guia Página Inicial.

Tabelas rápidas

Além de inserir tabelas vazias, você pode inserir qualquer Tabela Rápida disponível – tabelas predefinidas de dados formatados que você pode substituir por sua própria formatação. As Tabelas Rápidas internas incluem uma variedade de calendários e tabelas simples.

O alfabeto Grego

Nome da letra	Maiúsculas	Minúsculas	Nome da letra	Maiúsculas	Minúsculas
Alfa	A	α	Nu	N	ν
Beta	B	β	Xi	Ξ	ξ
Gama	Γ	γ	Ômicron	O	o
Delta	Δ	δ	Pi	Π	π
Epsílon	E	ε	Rô	P	ρ
Zeta	Z	ζ	Sigma	Σ	σ
Eta	H	η	Tau	T	τ
Teta	Θ	θ	Ipsílon	Υ	υ
Iota	I	ι	Fi	Φ	φ
Capa	K	κ	Chi	X	χ
Lambda	Λ	λ	Psi	Ψ	ψ
Mu	M	μ	Ômega	Ω	ω

A galeria de Tabelas Rápidas inclui uma seleção de tabelas predefinidas como essa.

Para criar uma Tabela Rápida:

1 Na guia **Inserir**, no grupo **Tabelas**, clique no botão **Tabela** e clique em **Tabelas Rápidas** para expandir a sua galeria.

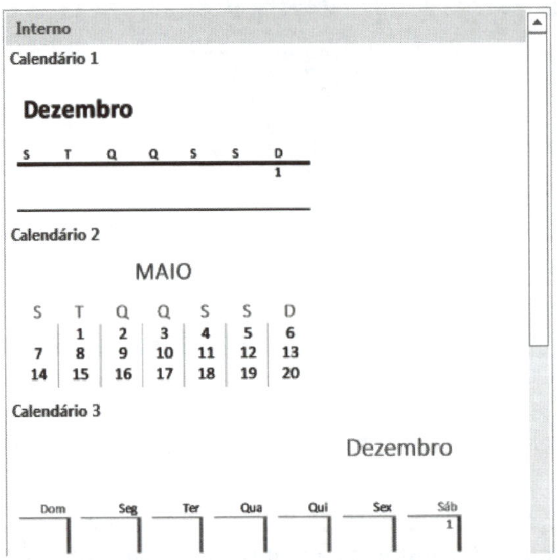

As Tabelas Rápidas predefinidas podem ser um bom ponto de partida.

2 Role pela galeria, note os tipos disponíveis de tabela e clique no modelo que você desejar.

Cidade ou Município	Ponto A	Ponto B	Ponto C	Ponto D	Ponto E
Ponto A	—				
Ponto B	87	—			
Ponto C	64	56	—		
Ponto D	37	32	91	—	
Ponto E	93	35	54	43	—

Por padrão, a Tabela Rápida Matriz inclui cabeçalhos de linhas e colunas, espaço reservado para dados e nenhum dado resumido, como somas.

3 Modifique o conteúdo e aplique a formatação para ajustar a Tabela Rápida de acordo com as suas necessidades.

Cidade ou Município	Ponto A	Ponto B	Ponto C	Ponto D	Ponto E
Ponto A	—	87	64	37	93
Ponto B	87	—	56	32	35
Ponto C	64	56	—	91	54
Ponto D	37	32	91	—	43
Ponto E	93	35	54	43	—

Você pode personalizar facilmente uma Tabela Rápida.

Você também pode salvar uma Tabela Rápida modificada, ou qualquer tabela personalizada, na galeria de Tabelas Rápidas. Ao salvar uma tabela na galeria, também ficarão salvos a sua estrutura e o seu conteúdo. Assim, você pode inserir facilmente uma tabela idêntica em qualquer outro documento.

Para salvar uma tabela na galeria Tabelas Rápidas:

1 Selecione a tabela clicando sobre a alça de movimentação ou nos comandos do grupo **Tabela**, na guia de ferramenta **Layout**.

2 Na guia **Inserir**, no grupo **Tabelas**, clique no botão **Tabela**, clique em **Tabelas Rápidas** e, em seguida, clique em **Salvar Seleção na Galeria de Tabelas Rápidas**.

3 Na caixa de diálogo **Criar Novo Bloco de Construção**, designe um nome à tabela e clique em **OK**.

Quando você sair do Word, salve o modelo do Bloco de Construção quando o Word solicitar para garantir que a tabela estará disponível na galeria Tabelas Rápidas para uma reutilização posterior.

CONSULTE TAMBÉM Para mais informações sobre blocos de construção, consulte "Como inserir partes de documentos pré-formatados" no Capítulo 9, "Como adicionar elementos visuais".

Neste exercício, você primeiro aplicará um estilo de tabela a uma tabela. Em seguida, você formatará a coluna e a linha da tabela. Você também aplicará a formatação de parágrafo e caractere às células para que a aparência da tabela ajude o leitor a compreender seus dados.

PREPARAÇÃO Você precisa do documento CustosReparos localizado na pasta de arquivos de prática Capítulo04 para realizar este exercício. Abra o documento, oculte as marcas de formatação e as réguas e siga os seguintes passos:

1 Clique em qualquer lugar na tabela e, na guia de ferramenta **Design**, posicione o ponteiro acima de cada miniatura de tabela na primeira linha da galeria **Estilos de Tabela** para exibir uma visualização dinâmica do estilo.

2 No grupo **Opções de Estilo de Tabela**, selecione as caixas de seleção **Linha de Cabeçalho** e **Linha de Totais**. Na galeria **Estilos de Tabela**, note que as miniaturas de estilo de tabela se alteram para ilustrar uma formatação especial nas linhas inferiores e superiores.

3 No grupo **Estilos de Tabela**, clique no botão **Mais** para expandir a galeria com os estilos disponíveis. Role pela galeria e visualize os estilos que você gosta. Note que a galeria é dividida em três seções: **Tabelas Simples**, que possuem quase nenhuma formatação; **Tabelas de Grade**, que incluem separadores verticais entre as colunas; e **Tabelas de Lista**, que não incluem separadores verticais de coluna.

4 Quando você terminar de explorar, clique na segunda miniatura da terceira linha da seção **Tabelas de Lista** (**Tabela de Lista 3 – Ênfase 1**) para formatar a tabela igual à miniatura. Note que a miniatura selecionada aparece na linha visível da galeria **Estilos de Tabela** na Faixa de Opções.

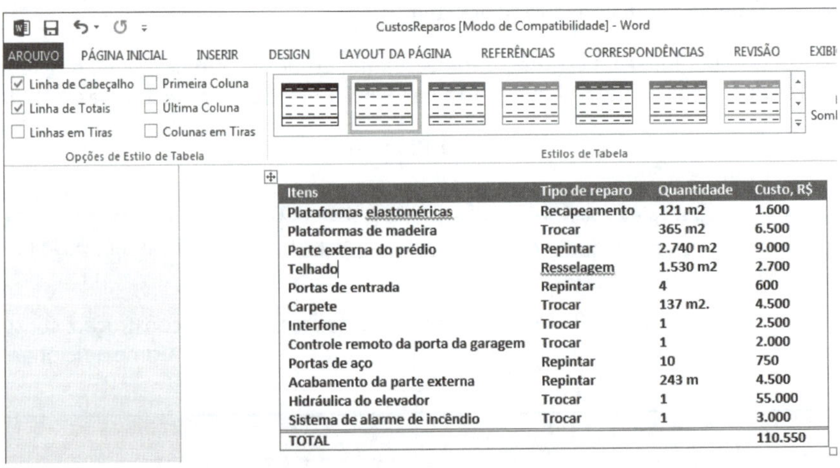

Esse estilo aplica a formatação ao cabeçalho, às linhas e ao texto da tabela.

5 Na guia de ferramenta **Design**, selecione a caixa de seleção **Primeira Coluna** para alterar a formatação da primeira coluna. Com o estilo de tabela selecionado, o texto da primeira coluna fica em negrito. Vamos fazer com que o conteúdo da primeira coluna se destaque ainda mais.

6 Expanda a galeria **Estilos de Tabela** e note que agora as miniaturas apresentam uma formatação especial na primeira coluna. Posicione o ponteiro sobre várias miniaturas para visualizar os estilos na tabela. Em seguida, clique na segunda miniatura da quinta linha da seção **Tabelas de Grade** (**Tabela de Grade 5 Escura – Ênfase 1**) para aplicar o estilo.

DICA Se a primeira linha da sua tabela tiver vários cabeçalhos compridos, dificultando, assim, o ajuste da tabela em uma página, você pode virar os cabeçalhos de lado. Selecione a linha de cabeçalho e clique no botão Direção do Texto do grupo Alinhamento, na guia de ferramenta Layout.

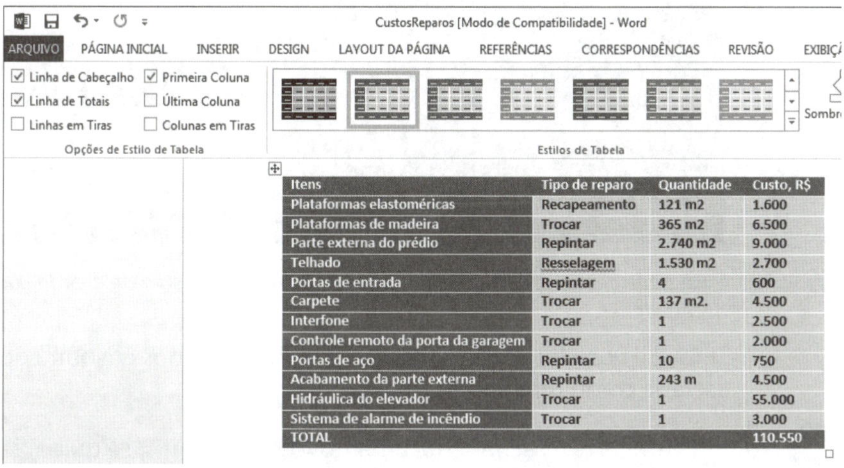

Você pode aplicar a formatação a elementos específicos da tabela ao selecioná-los no grupo Opções de Estilo de Tabelas.

O novo estilo destaca a primeira linha, mas dificulta a delineação entre os itens e o cabeçalho Item da coluna. Vamos fazer duas modificações para consertar isso.

7 Selecione a primeira e a última linha da tabela. Na guia de ferramenta **Design**, no grupo **Bordas**, clique na seta **Espessura da Caneta** e na opção **1 ½ pt** para selecionar uma borda mais espessa.

8 No grupo **Bordas**, clique na seta de **Bordas** e em **Borda Superior**. Em seguida, clique na seta de **Bordas** e em **Borda Inferior** para destacar o cabeçalho e a linha de Total do texto circundante.

9 Na tabela, selecione a lista de itens, de **Plataformas elastoméricas** até **Sistema de alarme de incêndio** (apenas selecione as entradas na primeira coluna e não as informações associadas). No grupo **Estilos de Tabela**, clique na seta de **Sombreamento** e na paleta **Cores do Tema** e clique na terceira amostra abaixo da cor atualmente selecionada (**Azul, Ênfase 1, Mais Claro 40**%).

10 Na guia **Página Inicial**, no grupo **Fonte**, clique na seta de **Cor da Fonte** e depois em **Automático**. No grupo **Fonte**, clique no botão **Negrito**. Em seguida, clique fora da tabela para exibir os resultados.

Itens	Tipo de reparo	Quantidade	Custo, R$
Plataformas elastoméricas	Recapeamento	121 m2	1.600
Plataformas de madeira	Trocar	365 m2	6.500
Parte externa do prédio	Repintar	2.740 m2	9.000
Telhado	Resselagem	1.530 m2	2.700
Portas de entrada	Repintar	4	600
Carpete	Trocar	137 m2.	4.500
Interfone	Trocar	1	2.500
Controle remoto da porta da garagem	Trocar	1	2.000
Portas de aço	Repintar	10	750
Acabamento da parte externa	Repintar	243 m	4.500
Hidráulica do elevador	Trocar	1	55.000
Sistema de alarme de incêndio	Trocar	1	3.000
TOTAL			110.550

Você pode customizar algumas características de um estilo de acordo com as suas necessidades.

DICA Se você for usar essa tabela com outros dados em outra ocasião, pode salvá-la como uma Tabela Rápida.

ENCERRAMENTO Feche o documento CustosReparos; se quiser, salve as alterações.

Pontos-chave

- Para alterar o layout de um documento, você pode dividi-lo em colunas. Você pode controlar o número das colunas, suas larguras e o espaço entre elas.
- Para apresentar claramente um conjunto simples de informação, você pode usar tabulações para criar uma lista tabulada, com as paradas de tabulação personalizadas controlando a largura e o alinhamento das colunas.
- Você pode criar uma tabela do zero ou converter um texto pronto em uma tabela. Você pode controlar o tamanho da tabela e seus próprios elementos estruturais.
- Ao usar os estilos prontos, você pode aplicar rapidamente uma formatação de caracteres com uma aparência profissional a uma tabela e seus conteúdos.
- Você pode realçar uma tabela e seu conteúdo com a aplicação de atributos de texto, bordas e sombreamento.

Visão geral do capítulo

Decorar

Insira e modifique imagens,
página 170

Recortar

Insira recortes de tela,
página 178

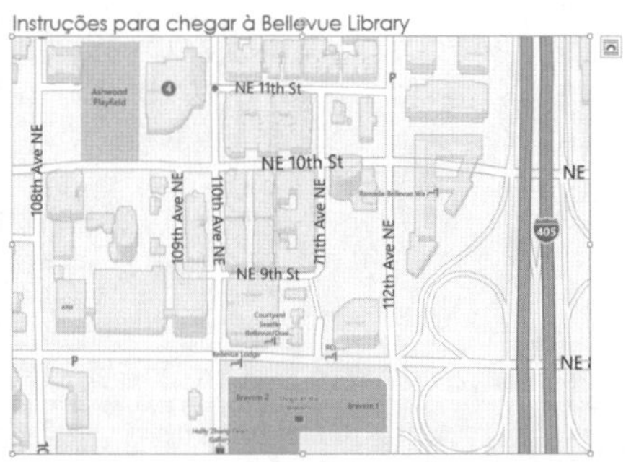

Desenhar

Desenhe e modifique formas,
página 180

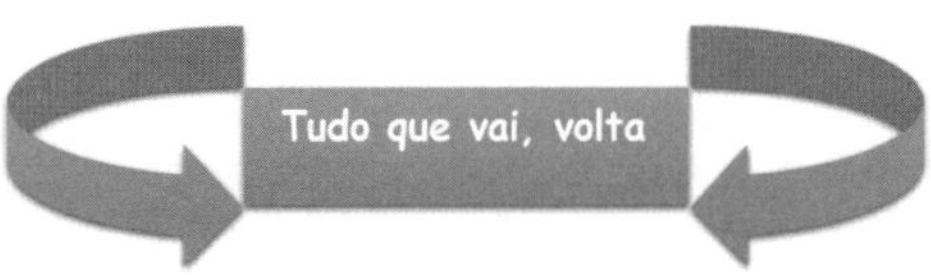

Adicionar

Adicione texto de WordArt,
página 185

Como adicionar elementos gráficos simples

5

NESTE CAPÍTULO, VOCÊ APRENDERÁ A:

- Inserir e modificar imagens.
- Inserir recortes de tela.
- Desenhar e modificar formas.
- Adicionar texto de WordArt.

Muitos documentos criados no Microsoft Word 2013 possuem somente texto. Outros podem fazer uso de elementos gráficos para reforçar seus conceitos, chamar a atenção do leitor ou deixar o documento com um visual mais atraente. Esses elementos gráficos podem incluir uma grande variedade de objetos e efeitos, incluindo:

- **IMAGENS** Esses objetos são criados fora do Word – são fotografias de câmeras digitais, imagens de clip-art ou arquivos criados com um programa de computador para edição de imagens. Você pode alterar o tamanho e a posição da imagem com relação ao outro conteúdo depois de inseri-la no documento do Word, independentemente da sua fonte. Você pode fazer alterações adicionais em quase todos os tipos de imagem dentro do Word, como recortar ou melhorar a sua aparência com a aplicação de efeitos artísticos.
- **OBJETO DE DESENHO** Esses objetos são criados no Word – são caixas de texto, textos de WordArt, diagramas, gráficos, formas, dentre outros. Como com imagens, você pode dimensionar, mover e formatar os objetos de desenho no Word.

CONSULTE TAMBÉM Para mais informações sobre diagramas, consulte o Capítulo 7, "Como inserir e modificar diagramas". Para mais informações sobre gráficos, consulte o Capítulo 8, "Como inserir e modificar gráficos".

Neste capítulo, você primeiro inserirá e modificará as imagens em um documento. Depois, inserirá recortes de tela e formas. Por último, brincará um pouco com o WordArt.

ARQUIVOS DE PRÁTICA Para realizar os exercícios deste capítulo, você precisa dos arquivos de prática contidos na pasta Capítulo05. Para mais informações, consulte "Como baixar os arquivos de prática" na Introdução deste livro.

Como inserir e modificar imagens

Num documento de Word, você pode inserir fotografias ou imagens digitais criadas com qualquer programa. Você pode informar a fonte da imagem que deseja inserir ao clicar em um destes dois botões, localizados no grupo Ilustrações, na guia inserir:

- **IMAGENS** Clique nesse botão para inserir uma imagem salva como arquivo no seu computador, em uma unidade de rede ou em um dispositivo (como uma câmera digital) conectado ao seu computador.
- **IMAGENS ONLINE** Clique nesse botão para inserir uma imagem clip-art isenta de royalties do Office.com, um resultado de pesquisa do Bing ou uma imagem armazenada no seu Microsoft SkyDrive ou em qualquer outra fonte online.

  CONSULTE TAMBÉM Para mais informações sobre clip-art, consulte a seção "Tudo sobre imagens e vídeos online" mais adiante neste capítulo.

Após inserir uma imagem no documento, você pode modificá-la usando os comandos na guia de ferramenta Formatar, exibida somente quando o objeto é selecionado.

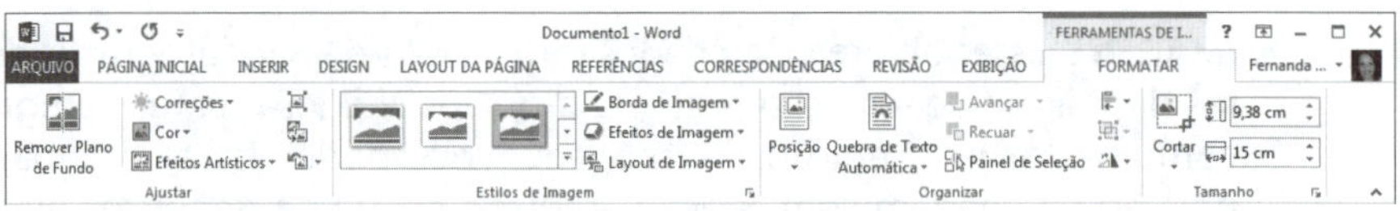

Guia de ferramenta Formatar para imagens.

- O grupo **Ajustar** possui comandos que permitem que você altere o brilho, o contraste e as cores da imagem, aplique efeitos artísticos e comprima a imagem para reduzir o tamanho do documento.
- O grupo **Estilos de Imagem** oferece uma grande variedade de estilos para alterar o formato e a orientação da imagem, assim como adicionar bordas e efeitos de imagem.
- O grupo **Organizar** possui comandos para especificar a disposição da imagem em relação à página e a outros elementos.

  CONSULTE TAMBÉM Para informações sobre a disposição do texto, consulte "Ordem de objetos na página" no Capítulo 10, "Organização e ordem dos conteúdos".

- Você pode usar os comando no grupo **Tamanho** para cortar e redimensionar as imagens.

Neste exercício, você aprenderá a inserir, redimensionar e recortar duas fotografias. Você fará as alterações em uma e, depois, fará o mesmo com a outra. Em seguida, inserirá uma ilustração e aplicará um efeito artístico sobre ela.

PREPARAÇÃO Você precisa do documento Autoras, das fotos de Joan e Joyce e da imagem OTSI-Logo localizadas na pasta de arquivos de prática Capítulo05 para realizar este exercício. Abra o documento Autoras, exiba as réguas e siga os seguintes passos:

1 Role pelo documento até a seção com o título **Joyce Cox**. Clique à esquerda do parágrafo **Joyce tem mais de 30 anos de experiência**, pressione a tecla **Enter** para criar um parágrafo em branco e pressione a tecla **Seta para cima** para posicionar o cursor no novo parágrafo.

2 Na guia **Inserir**, no grupo **Ilustrações**, clique no botão **Imagens** para exibir a caixa de diálogo **Inserir Imagem**. Na caixa de diálogo, navegue pela pasta de arquivos de prática **Capítulo05** e clique duas vezes na imagem **Joyce** para inserir a imagem no local do cursor. Note que a imagem está selecionada. Portanto, as alças circundam a imagem, o botão **Opções de Layout** aparece à direita e a guia de ferramenta **Formatar** aparece na Faixa de Opções.

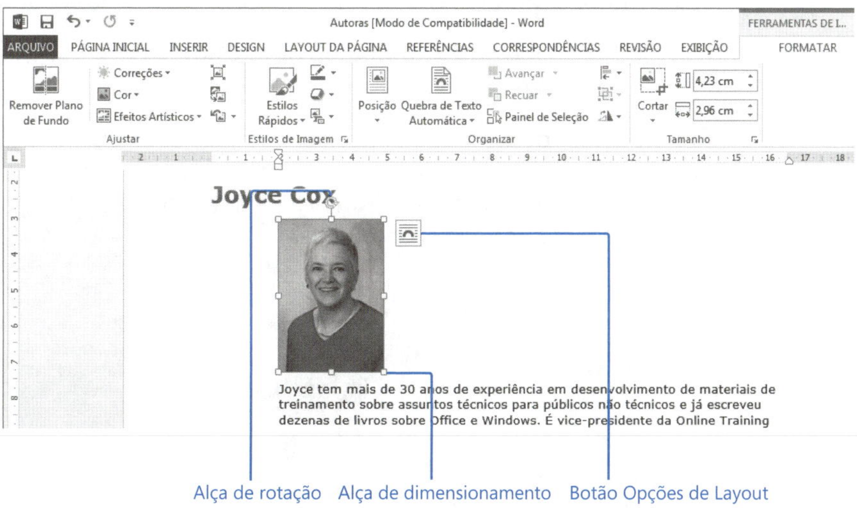

Quando você seleciona uma imagem, as ferramentas para configuração ficam ativas.

SOLUÇÃO DE PROBLEMAS Se o Word inserir um quadro do tamanho da figura mas exibir somente uma parte da imagem, o espaçamento entre as linhas deve ser reduzido para acomodar a imagem. Para corrigir esse problema, clique no iniciador de caixa de diálogo Parágrafo e, na caixa de diálogo Parágrafo, altere a configuração de Espaçamento entre linhas para Simples.

DICA Neste exercício, você insere imagens em parágrafos em branco. Por padrão, o Word insere as imagens alinhadas ao texto, ou seja, o Word aumenta o espaçamento entre as linhas para acomodar a imagem. Se você digitasse um texto adjacente à imagem, a borda inferior da imagem iria se alinhar na mesma linha da borda inferior do texto. Após inserir a imagem, você pode alterar a sua posição e o modo como o texto quebra ao seu redor utilizando as opções no menu Opções de Layout ou no grupo Organizar, na guia de ferramenta Formatar.

CONSULTE TAMBÉM Para mais informações sobre como posicionar os objetos e quebrar o texto ao redor deles, consulte "Como adicionar texto de WordArt" mais adiante neste capítulo e "Como organizar os objetos na página" no Capítulo 10, "Organização e ordem dos conteúdos".

3 Posicione o ponteiro sobre a alça de dimensionamento no canto inferior direito da imagem. Quando o ponteiro se transformar em uma seta com duas pontas, arraste para cima e para a esquerda até que o lado direito da figura se alinhe com a marca de **4,45 cm** na régua horizontal. A taxa de proporção da imagem está bloqueada, portanto, sua altura e largura se alteram proporcionalmente.

DICA Você pode aperfeiçoar o tamanho de um gráfico ao ajustar as configurações Altura e Largura no grupo Tamanho, na guia de ferramenta Formatar.

4 Na guia de ferramenta **Formatar**, no grupo **Tamanho**, clique no botão **Cortar** (não na seta) para ativar as alças de corte ao redor da imagem.

5 Na borda inferior da imagem, posicione o ponteiro sobre a alça de corte e, quando o ponteiro se transformar em um T preto, arraste para cima até que a imagem tenha 2,54 cm de altura. Note que a parte da imagem que você marcou para recortar está sombreada.

Quando você solta o mouse, o texto vai automaticamente para a nova posição da figura cortada.

DICA Você pode conferir as novas dimensões da imagem no grupo Tamanho, na guia de ferramenta Formatar, antes de aplicar o corte definitivo.

6 Clique fora da imagem (ou clique novamente no botão **Cortar**) para concluir o processo.

DICA Além de cortar manualmente a imagem, você pode clicar na seta Cortar e selecionar uma das várias opções, incluindo a opção para o Word cortar uma imagem para se encaixar em uma forma selecionada, cortar em uma taxa de proporção específica, preencher uma área com uma imagem ou encaixar uma imagem em uma área.

Agora, vamos inserir e formatar uma segunda imagem.

7 Role pelo documento até a seção com o título **Joan Lambert**. Clique à esquerda do parágrafo **Joan atuou**, pressione **Enter** para criar um parágrafo em branco e pressione a tecla **Seta para cima** para posicionar o cursor no novo parágrafo.

8 Na guia **Inserir**, no grupo **Ilustrações**, clique no botão **Imagens** e, na caixa de diálogo **Inserir Imagem**, clique duas vezes na imagem **Joan** para inseri-la no parágrafo em branco.

9 Na guia de ferramenta **Formatar**, no grupo **Tamanho**, digite ou selecione **2,54 cm** na caixa **Largura da Forma**.

10 Clique na seta do botão **Cortar**, na opção **Taxa de Proporção** e em **1:1** para inserir um quadrado com as alças de corte no centro da imagem. Clique na parte sombreada fora das alças de corte e arraste a imagem para baixo para que a cabeça e os ombros estejam completamente visíveis; clique no botão **Cortar** para concluir o processo.

11 Com a imagem ainda selecionada, no grupo **Ajustar**, clique no botão **Cor** para expandir a galeria de opções de cor.

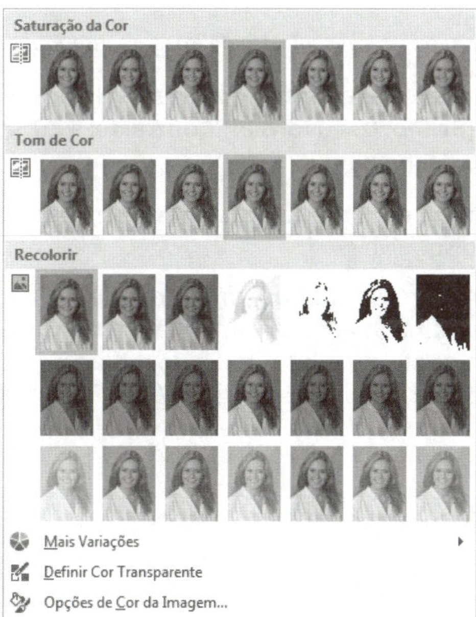

Você pode alterar a saturação e o tom da cor e também recolorir a imagem.

12 No menu **Cor**, abaixo de **Recolorir**, clique na segunda miniatura da primeira linha (**Escala de cinza**) para converter a cor da imagem em tons de cinza.

13 No grupo **Ajustar**, clique no botão **Correções** para exibir as opções de correção de imagem.

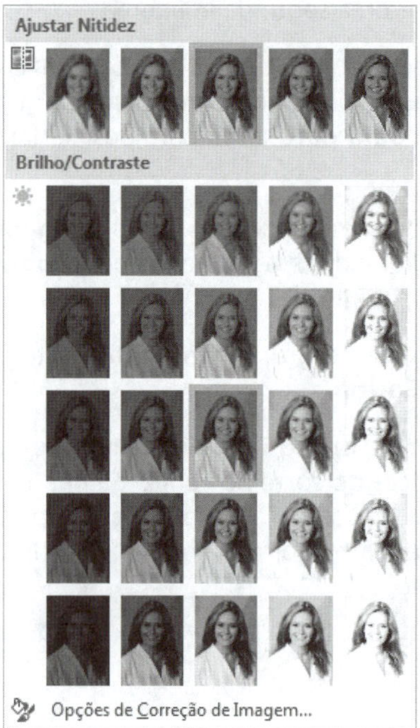

Você pode alterar a nitidez, o brilho e o contraste da imagem inserida.

14 No menu **Correções**, na categoria **Brilho/Contraste**, clique na terceira miniatura da quarta linha (**Brilho: 0% (Normal) Contraste: +20%**) para remover alguns tons de cinza da imagem.

15 No grupo **Estilos de Imagem**, clique no botão **Mais** para expandir a galeria dos estilos de imagem disponíveis.

DICA Para mover a imagem em um documento, arraste-a para o local que desejar. Para copiar uma imagem, mantenha a tecla Ctrl pressionada enquanto você arrasta o ponteiro. Solte o botão do mouse primeiro e depois a tecla Ctrl. (Se você soltar primeiro a tecla Ctrl, o Word irá mover em vez de copiar a imagem.)

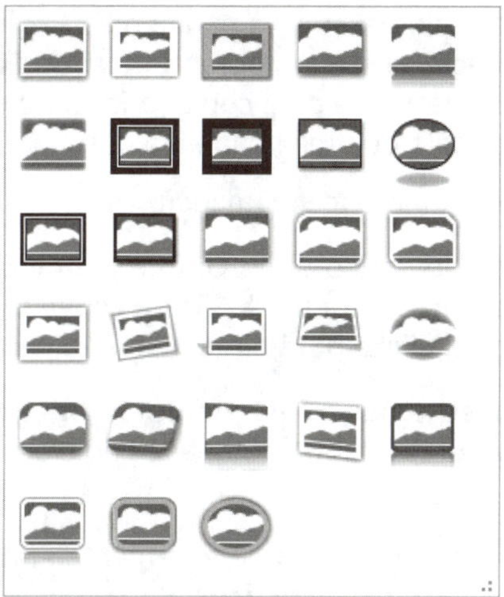

Você pode aplicar quadros, sombras, brilhos e efeitos tridimensionais da galeria Estilos de Imagem.

16 Posicione o ponteiro em cada miniatura da galeria **Estilos de Imagem** para visualizar o efeito na imagem selecionada (se necessário, role a página para baixo para exibir a imagem e a galeria ao mesmo tempo). Note que a disposição do texto em relação à figura se altera dependendo do estilo que você seleciona.

17 Na galeria **Estilos de Imagem**, clique na terceira miniatura da terceira linha (**Retângulo com Sombra Central**) e clique fora da imagem para exibir o efeito.

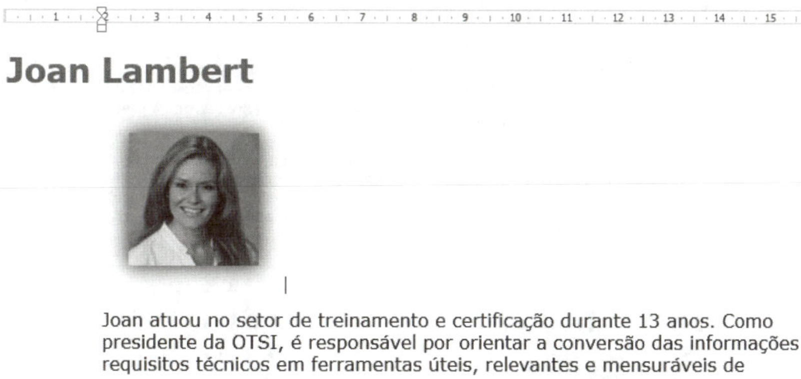

Esse estilo de imagem passa a impressão de que a imagem está recuada da borda esquerda da página.

18 Selecione a imagem de **Joan** clicando nela e, na régua horizontal, arraste o marcador de **Recuo à esquerda** para a esquerda para alinhar a imagem ao parágrafo seguinte.

19 Com a imagem de **Joan** ainda selecionada, vá para a guia **Página Inicial** e, no grupo **Área de Transferência**, clique no botão **Pincel de Formatação**. Em seguida, clique na imagem de **Joyce** para copiar o formato da escala de cinza, as correções de cor e o estilo de uma imagem à outra.

Agora, vamos inserir e formatar uma terceira imagem.

20 Role pelo documento até a seção com o título **Online Training Solutions, Inc. (OTSI)**. Clique à esquerda do parágrafo **A OTSI é especializada**, pressione **Enter** e, em seguida, a tecla **Seta para cima**.

21 Na guia **Inserir**, no grupo **Ilustrações**, clique no botão **Imagens**. Depois, na caixa de diálogo **Inserir Imagem**, clique duas vezes no elemento gráfico **OTSI-Logo**.

22 Com o logotipo selecionado, vá para a guia de ferramenta **Formatar** e, no grupo **Ajustar**, clique no botão **Efeitos Artísticos**.

23 Na galeria **Efeitos Artísticos**, posicione o ponteiro em cada miniatura para visualizar seu efeito no logotipo e clique na terceira miniatura da primeira linha (**Escala de Cinza do Lápis**). Clique fora da imagem para exibir a nova aparência do logotipo após o efeito de desenho à mão.

Joan Lambert

Joan atuou no setor de treinamento e certificação durante 13 anos. Como presidente da OTSI, é responsável por orientar a conversão das informações e requisitos técnicos em ferramentas úteis, relevantes e mensuráveis de treinamento e certificação.

Tem as certificações Microsoft Certified Trainer (MCT — Instrutor Certificado pela Microsoft), Microsoft Certified Application Specialist (MCAS — Especialista em Aplicativos Certificados pela Microsoft), Microsoft Certified Technology Specialist (MCTS — Especialista em Tecnologias Certificadas pela Microsoft). É autora de mais de 20 livros sobre Windows e Office (para Windows e Mac).

Online Training Solutions, Inc. (OTSI)

Para deixar as imagens com aparência de pinturas, esboços, recortes, etc., use os efeitos artísticos disponíveis no documento.

ENCERRAMENTO Feche o documento Autoras; se quiser, salve as alterações.

Sobre imagens e vídeos online

Clique no botão Imagens Online no grupo Ilustrações da guia Inserir para exibir a janela Inserir Imagens. A partir dessa janela, você pode pesquisar imagens clip-art isentas de royalties no site do Microsoft Office, buscar uma imagem publicada na internet usando a Pesquisa de Imagens do Bing ou procurar uma imagem no seu SkyDrive.

Se você quiser melhorar um documento com um elemento gráfico, mas não tem uma imagem adequada, pode usar qualquer imagem de clip-art disponível no site do Microsoft Office sem precisar solicitar uma permissão do criador do clip-art. Os clip-arts disponíveis em Office.com incluem ilustrações e fotografias de uso livre e disponíveis sem qualquer restrição de direitos autorais.

A Pesquisa de Imagens do Bing exibe imagens publicadas na internet que podem ter direitos autorais. Se você quiser usar publicamente uma dessas imagens, é preciso verificar a informação de direitos autorais associada a ela.

Se quiser inserir um vídeo (provavelmente em uma apresentação do Microsoft PowerPoint, mas também em um documento), clique em Vídeo Online no grupo Mídia da guia Inserir para abrir uma janela da Pesquisa de Vídeos do Bing. Ao digitar um termo de pesquisa nessa janela, a busca exibe vídeos relacionados que foram postados na internet. Assim como os resultados da Pesquisa de Imagens do Bing, os vídeos não estão necessariamente sem direitos autorais.

Quando você pesquisa nessas fontes, os resultados relacionados ao termo de pesquisa são exibidos na janela. Você pode posicionar o ponteiro em uma imagem ou vídeo e clicar no botão Exibir Maior para visualizar uma versão maior.

Quando você exibe uma versão maior de um vídeo, um botão de Play aparece na imagem; você pode clicar no botão Play para assistir ao vídeo inteiro (incluindo o áudio) na janela. Clique em uma imagem ou em um vídeo para inseri-lo no documento. Para selecionar diversas imagens ou vídeos, segure a tecla Ctrl ou Shift e selecione os outros itens que você deseja. Em seguida, clique no botão Inserir para inserir no seu documento os itens selecionados.

DICA Se você já sabe o endereço da internet (código de inserção) do vídeo escolhido – por exemplo, se você quer inserir um vídeo que foi previamente postado no YouTube –, pode digitar o código de inserção do vídeo na janela Inserir Vídeo.

Após inserir uma imagem ou um recorte de vídeo, pode-se formatar sua aparência usando as ferramentas para imagens na guia de ferramenta Formatar.

Como inserir recortes de tela

Atualmente, muitas pessoas usam a internet como principal fonte de informação. Às vezes, a informação está disponível em um elemento gráfico que seria aproveitável em um documento de Word. O Word 2013 inclui uma ferramenta de recorte de tela que você pode usar para capturar uma imagem ou qualquer coisa que esteja visível na tela do seu computador. Você simplesmente exibe o conteúdo a ser incluído, abre o documento e clica no botão Instantâneo no grupo Ilustrações da guia Inserir. Assim, você pode inserir um recorte de tela de duas maneiras:

- Ao clicar em uma miniatura de janela na galeria **Instantâneo**, uma imagem dessa janela é inserida automaticamente no local do cursor.
- Ao clicar em **Recorte de Tela**, abaixo da galeria, você pode selecionar a parte da tela a ser inserida como uma imagem no documento.

Neste exercício, você inserirá no documento um recorte de tela de um site.

PREPARAÇÃO Você precisa do documento Pauta localizado na pasta de arquivos de prática Capítulo05 para realizar esse exercício. Abra o documento e siga os seguintes passos:

1 Pressione **Ctrl+End** para ir ao fim do documento, abaixo do título **Instruções para chegar à Bellevue Library**. Depois, minimize a janela do programa.

2 Inicie seu navegador da Web e exiba um site do qual você deseja capturar um recorte de tela. Para este exemplo, usamos um mapa indicando a localização de uma biblioteca pública. Você pode exibir um mapa com a localização do seu escritório ou um ponto de referência local.

3 Quando o conteúdo que você quer capturar for exibido no seu navegador, vá para o documento **Pauta**. Na guia **Inserir**, no grupo **Ilustrações**, clique no botão **Instantâneo**. No menu **Instantâneo**, a galeria **Janelas Disponíveis** exibe as janelas que estão abertas no seu computador.

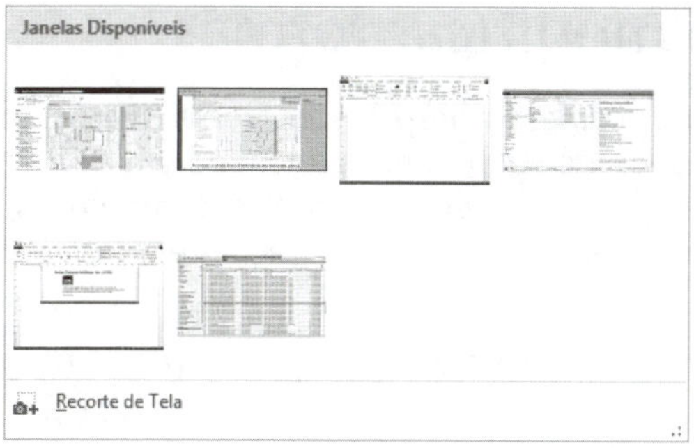

Ao clicar na galeria, você pode capturar e inserir uma captura de tela de uma janela aberta.

4 No menu **Instantâneo**, clique em **Recorte de Tela** para minimizar a janela do programa e aplicar uma luz translúcida branca sobre toda a tela.

DICA Se você mudar de ideia sobre capturar o recorte de tela, pressione a tecla Esc para remover a camada branca.

5 Na página Web, arraste o ponteiro para selecionar a área que você deseja. Quando você solta o botão do mouse, o Word insere no documento um recorte de tela no local do cursor.

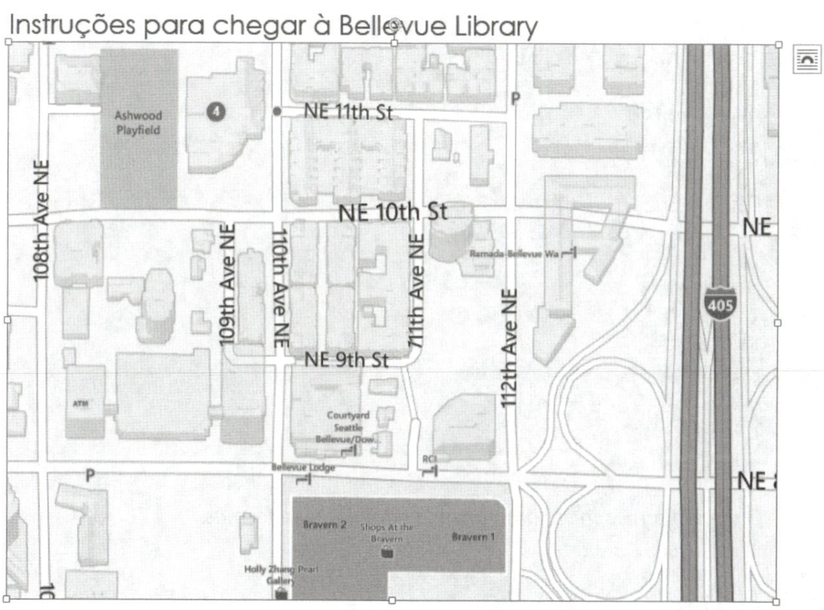

Você pode formatar o recorte de tela como se fosse qualquer outra figura.

ENCERRAMENTO Feche o documento Pauta; se quiser, salve as alterações.

Como desenhar e modificar formas

Se você quer que o seu documento desperte interesse e impacto visual sem precisar usar nada tão elaborado como uma imagem ou um clip-art, você pode desenhar uma forma. As formas podem ser simples, como linhas, círculos ou quadrados; ou mais complexas, como estrelas, corações e setas.

Para desenhar uma forma diretamente na página (configuração padrão do Word), você deve clicar no botão Formas no grupo Ilustrações da guia Inserir e clicar na forma desejada.

O menu Formas inclui uma grande variedade de formas.

Após selecionar a forma desejada, você pode:

- Clicar no documento para inserir a forma selecionada no tamanho e taxa de proporção padrão.
- Arrastar o ponteiro pela página para criar um desenho no tamanho e formato que você quiser.

Quando você terminar de desenhar a forma, ela fica selecionada automaticamente. Depois, você pode selecionar a forma ao clicar nela. Enquanto estiver selecionada, você pode mover e dimensionar a forma e modificá-la usando os comandos da guia de ferramenta Formatar para:

- Transformar uma forma em outra.
- Alterar o estilo, a cor de preenchimento, o contorno e os efeitos da forma, incluindo o aspecto tridimensional ou perspectiva, do qual você está enxergando a forma.

  DICA Se você altera as configurações de uma forma – por exemplo, a cor de preenchimento e a espessura do contorno – e quer que todas as formas desenhadas no mesmo documento a partir de agora tenham essas mesmas configurações, clique na forma com o botão direito e depois em Definir como Forma Padrão.

- Determinar a disposição da forma na página e a quebra do texto circundante.

  DICA Você pode posicionar manualmente uma forma ao arrastá-la pelo documento ou pode selecioná-la e pressionar as teclas de direção no seu teclado para movimentá-la em pequenos espaços.

- Controlar a ordem da forma em uma sequência.
- Determinar o alinhamento da forma e o seu ângulo de rotação.
- Controlar melhor a dimensão da forma.

  DICA Você pode alterar manualmente o tamanho e a forma de um objeto ao arrastar suas alças.

Você pode clicar em uma forma com o botão direito e clicar em Adicionar Texto para posicionar um cursor no centro da forma. Depois de inserir o texto, você pode formatá-lo com os comandos no grupo Estilos de WordArt e controlar a direção e o alinhamento com os comandos no grupo Texto.

Se você criar uma imagem a partir de formas individuais, pode agrupá-las para que se tornem um objeto. Se você mover ou dimensionar um objeto agrupado, as formas mantêm as disposições entre elas. Para quebrar o vínculo, desagrupe o objeto.

Se a imagem contém mais do que algumas formas, você pode desenhar as formas em uma tela de desenho em vez de desenhá-las diretamente na página. A tela de desenho mantém as partes da imagem juntas, ajuda a posicionar a imagem e mantém um limite de enquadramento entre a imagem e o texto na página. Para abrir uma tela de desenho, você deve clicar em Nova Tela de Desenho na parte inferior do menu Formas. Na tela, você pode desenhar as formas como de costume. A qualquer momento, você pode dimensionar e mover a tela de desenho e suas formas como uma unidade.

DICA Se você prefere usar sempre a tela de desenho quando for criar imagens com formas, exiba o modo de exibição Backstage, clique em Opções e, na caixa de diálogo Opções do Word, clique em Avançado. Na área Opções de Edição, selecione a caixa de seleção Criar telas de desenho automaticamente ao inserir AutoFormas e clique em OK.

Neste exercício, você desenhará duas formas e uma caixa de texto em uma tela de desenho para criar um logotipo. Depois, alterará o estilo das formas e a cor da caixa de texto. Por último, movimentará e redimensionará as telas.

PREPARAÇÃO Você não precisa de arquivos de prática para realizar este exercício. Abra um documento em branco, exiba as réguas e siga os seguintes passos:

1. Na guia **Inserir**, no grupo **Ilustrações**, clique no botão **Formas**. Na parte inferior do menu **Formas**, clique em **Nova Tela de Desenho** para inserir uma tela de desenho e exibir a guia de ferramenta **Formatar** para desenhos.

2. Na guia de ferramenta **Formatar**, no grupo **Inserir Formas**, clique no botão **Formas** e, na categoria **Setas largas**, clique na primeira forma da segunda linha **(Seta em curva para a direita**).

3. Posicione o ponteiro no canto superior esquerdo da tela de desenho e arraste para baixo e para a direita, desenhando uma seta com cerca de 3,80 cm de altura e largura. Quando você termina o desenho, a seta permanece selecionada, como indicado pelas alças ao redor.

   DICA Para desenhar uma forma com altura e largura idênticas, como um quadrado ou círculo, mantenha a tecla Shift pressionada enquanto você arrasta o ponteiro e solte o botão do mouse antes de soltar a tecla Shift.

4. No grupo **Tamanho**, configure a **Altura** e a **Largura** da forma para **3,81** cm.

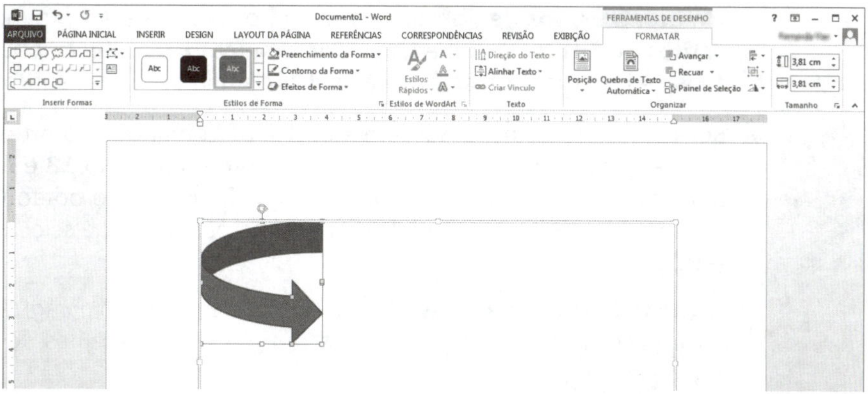

Você pode arrastar as alças para girar a seta e alterar a sua dimensão e o seu formato.

5 Mantenha a tecla **Ctrl** pressionada e arraste a seta para o canto superior direito da tela de desenho para criar uma cópia da forma. Em seguida, solte o botão do mouse primeiro e depois a tecla **Ctrl**.

6 No grupo **Organizar**, clique no botão **Girar Objetos** e em **Inverter horizontalmente** para girar a cópia da seta de modo que a ponta fique virada para a esquerda.

7 No grupo **Inserir Formas**, clique no botão **Desenhar Caixa de Texto** e arraste o ponteiro para a direita para criar uma caixa de texto entre as setas. Na caixa de texto, digite **Tudo que vai, volta**.

Agora, vamos agrupar as formas e aplicar a formatação ao grupo e a seus elementos individuais.

8 Com a caixa de texto ainda selecionada, mantenha a tecla **Shift** pressionada e clique nas setas esquerda e direita para selecionar as três formas. As alças ao redor de cada forma indicam que todas foram selecionadas individualmente.

9 No grupo **Organizar**, clique no botão **Agrupar Objetos** e em **Agrupar** para agrupar as três formas como um único objeto.

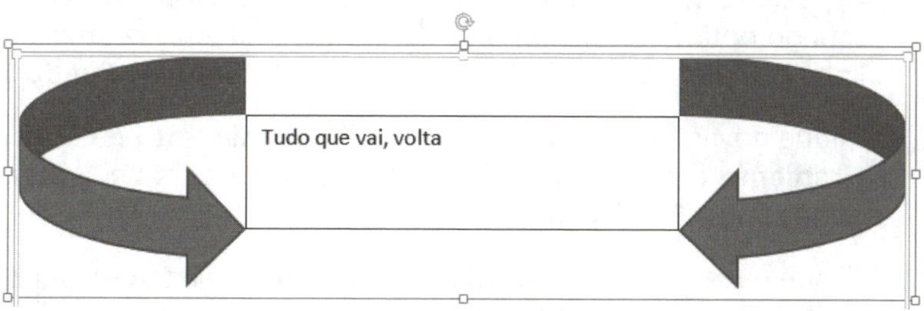

Somente um conjunto de alças aparece em volta do objeto agrupado.

10 No grupo **Estilos de Forma**, clique no botão **Mais** para expandir a galeria **Estilos de Forma** e clique na terceira miniatura da última linha (**Efeito Intenso – Laranja, Ênfase 2**) para aplicar o estilo às formas agrupadas.

11 Selecione o texto na caixa de texto. Use os comandos do grupo **Fonte** da guia **Página Inicial** para formatar o texto em tamanho **18** e fonte **Comic Sans MS**, em **Negrito**. No grupo **Parágrafo**, clique no botão **Centralizar**. Em seguida, clique fora da tela de desenho para liberar a seleção e exibir os resultados.

ATALHO DE TECLADO Pressione Ctrl+E para centralizar o parágrafo. Para mais informações sobre os atalhos de teclado, consulte "Atalhos de teclado" ao fim deste livro.

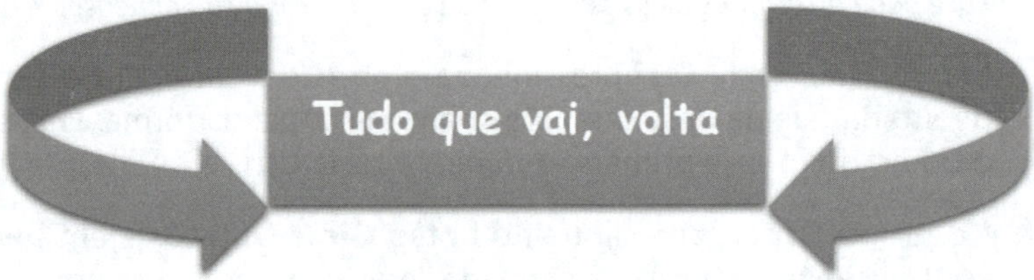

Você pode formatar um objeto agrupado como um todo ou formatar as formas individuais dentro do objeto.

12 Clique em cima da forma para selecioná-la. Na guia de ferramenta **Formatar**, no grupo **Tamanho**, clique na seta inferior do botão **Largura** para que a caixa de texto fique o mais estreita possível sem que o texto quebre em uma segunda linha.

13 Posicione o ponteiro sobre a alça de dimensionamento no meio da borda inferior da tela de desenho e arraste para cima até que a tela de desenho tenha a altura suficiente para conter a forma agrupada.

14 Arraste para a esquerda a alça de dimensionamento no meio da borda direita da tela de desenho até que a tela fique com a largura suficiente para conter a forma agrupada.

15 Após selecionar a tela de desenho, no grupo **Estilos de Forma**, clique na seta do botão **Preenchimento da Forma** e na terceira amostra da primeira linha da paleta **Cores do Tema** (**Cinza-25%, Plano de Fundo 2**).

16 Clique novamente na seta do botão **Preenchimento da Forma**, clique em **Gradiente** e, na categoria **Variações,** clique na segunda miniatura da segunda linha (**Do Centro**).

17 Clique na seta do botão **Contorno da Forma** e na terceira amostra da coluna laranja na paleta **Cores do Tema** (**Laranja, Ênfase 2, Mais Claro 60%**).

18 Clique fora da tela de desenho para exibir a formatação final.

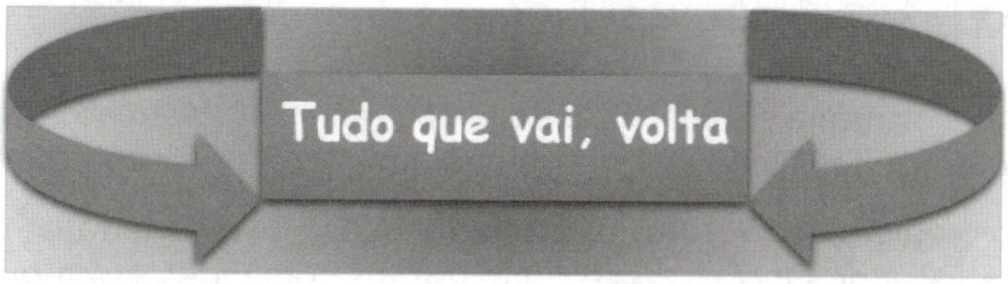

Você pode configurar a tela de desenho ou deixá-la em branco.

DICA Se você estivesse criando esse objeto em um documento com texto, o próximo passo seria usar os comandos do grupo Organizar para posicionar e quebrar o texto ao redor da forma. Para mais informações sobre a disposição do texto, consulte "Como organizar os objetos na página" no Capítulo 10, "Organização e ordem dos conteúdos".

ENCERRAMENTO Feche o documento; se quiser, salve as alterações.

Como adicionar texto de WordArt

O WordArt fornece uma maneira de aplicar vários efeitos ao texto com somente um clique. Os 15 estilos padrão do WordArt incluídos no Word 2013 reúnem contornos, preenchimentos, sombras, reflexos, efeitos de brilho, bordas bisel e rotação tridimensional para criar um texto que realmente chame a atenção. Você pode aplicar um estilo padrão do WordArt, modificar os efeitos desse estilo ou criar do zero uma combinação de efeitos.

O WordArt difere de uma formatação simples de texto por ser um objeto que pode ser posicionado em qualquer lugar da página. Embora o objeto do WordArt seja inserido automaticamente ao parágrafo do cursor quando criado, você pode movê-lo independentemente do texto e até posicioná-lo acima do texto.

Para converter um texto em WordArt, selecione-o e, na guia Inserir, no grupo Texto, clique no botão Inserir WordArt e em um estilo de texto da galeria WordArt. (Os estilos de texto do WordArt são idênticos aos efeitos de texto disponíveis na galeria Efeitos de Texto e Tipografia do grupo Fonte na guia Página Inicial.)

Para inserir um novo objeto WordArt, clique no botão inserir WordArt e no estilo desejado e digite o texto na caixa de texto que aparece. Você pode editar o texto e ajustar a formatação de caracteres normalmente e alterar o estilo de texto de um objeto WordArt a qualquer momento.

CONSULTE TAMBÉM Para mais informações sobre formatação de caracteres, consulte "Alteração manual da aparência dos parágrafos" no Capítulo 3, "Como modificar a estrutura e a aparência do texto". Para mais informações sobre efeitos de texto, consulte "Como aplicar estilos a um texto" no mesmo capítulo.

Quando o objeto do WordArt está selecionado, a guia de ferramenta Formatar surge na Faixa de Opções. Você pode usar os comandos dessa guia para formatar o objeto do WordArt. Por exemplo, você pode adicionar efeitos, como sombras e profundidade, para criar um visual tridimensional, alterar as cores de preenchimento e contorno e alterar a direção e o alinhamento do texto. Você também pode posicionar o objeto WordArt em qualquer disposição predefinida na página, assim como especificar a quebra de texto ao redor do objeto.

DICA Faça com calma as formatações do WordArt. Muitos estilos e efeitos de texto do WordArt passam por um processo de tentativa e erro antes de produzir um efeito adequado.

Neste exercício, você aprenderá a inserir um novo objeto do WordArt, modificá-lo e posicioná-lo na página. Por último, você alterará o modo como o objeto se relaciona com o texto.

PREPARAÇÃO Você precisa do documento Comunicados localizado na pasta de arquivos de prática Capítulo05 para realizar esse exercício. Abra o documento e siga os seguintes passos:

1 Na guia **Inserir**, no grupo **Texto**, clique no botão **Inserir WordArt** e, na galeria, clique na última miniatura da segunda linha (**Preenchimento – Verde oliva, Ênfase 3, Bisel Nítido**) para inserir um objeto com essa configuração no local do cursor.

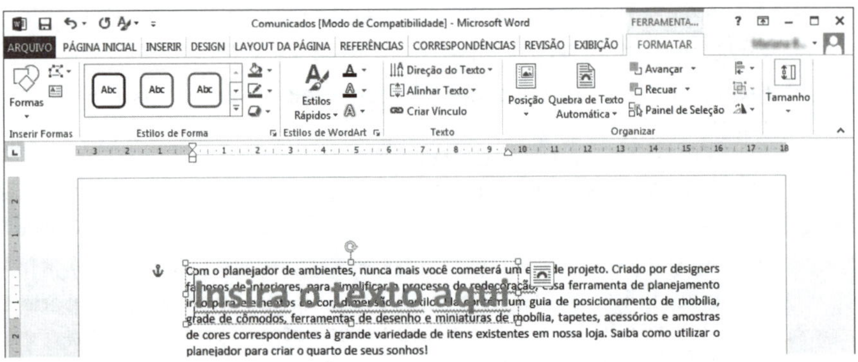

O efeito final do texto não fica visível até você clicar fora do texto.

DICA A âncora de objeto e o botão Opções de Layout ficam visíveis sempre que um objeto do WordArt está selecionado. Você pode ignorá-los por enquanto.

CONSULTE TAMBÉM Para mais informações sobre como ancorar objetos, consulte "Como organizar os objetos na página" no Capítulo 10, "Organização e ordem dos conteúdos".

2 Selecione **Insira o texto aqui** e digite **O Planejador de**, pressione **Enter** e digite **Ambientes**.

DICA Os objetos do WordArt podem acomodar várias linhas. Se você deseja iniciar uma nova linha, pressione Enter.

3 Clique na borda do objeto do WordArt para selecioná-lo e diminua o zoom do documento para exibir toda a página na janela do programa.

4 Na guia de ferramenta **Formatar**, no grupo **Organizar**, clique no botão **Posição** para exibir as opções de disposição do texto.

Você pode escolher a posição do objeto do WordArt em relação ao texto circundante.

5 Posicione o ponteiro sobre cada miniatura para visualizar o local do objeto do WordArt em cada opção. Na área **Com Disposição do Texto**, clique na segunda miniatura da segunda linha (**Posição na Parte Intermediária Central com Disposição do Texto Quadrada**) para mover o objeto do WordArt para esse local.

6 No grupo **Organizar**, clique no botão **Quebra de Texto Automática** para exibir o menu **Quebra de Texto Automática**.

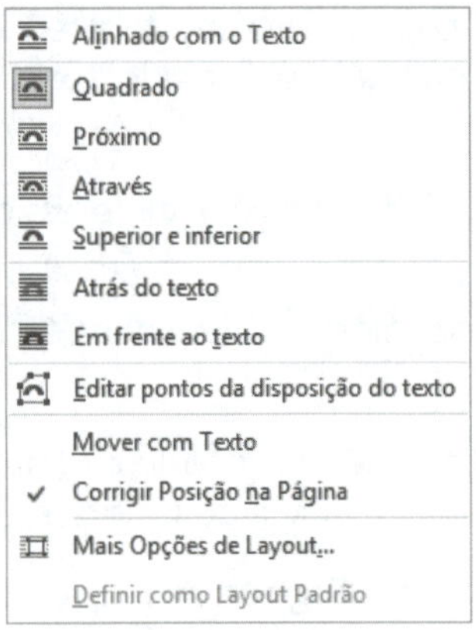

Você pode escolher a disposição do texto independentemente da posição do objeto do WordArt.

7 Posicione o ponteiro sobre cada opção para visualizar os efeitos e clique em **Próximo**.

8 No grupo **Organizar**, clique no botão **Quebra de Texto Automática** e clique em **Mais Opções de Layout** para exibir a guia **Disposição do Texto** da caixa de diálogo **Layout**.

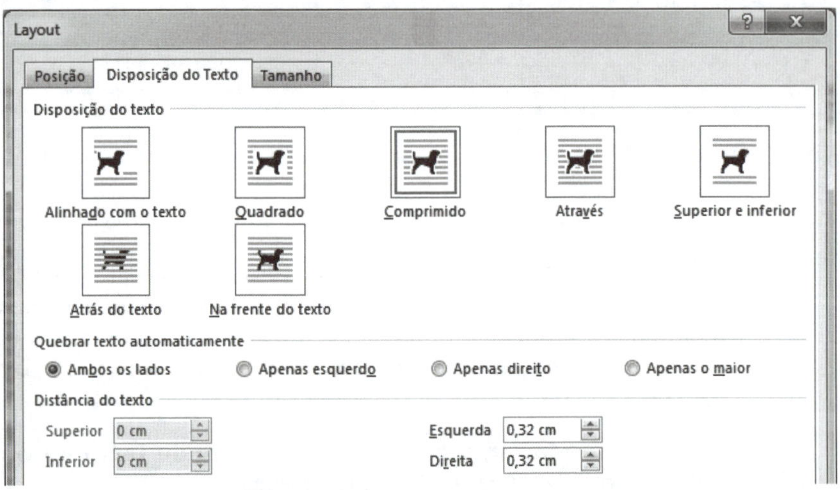

Se você já sabe que tipo de disposição de texto usar, selecione a disposição nessa guia da caixa de diálogo, mas você não conseguirá visualizar a formatação.

9 Na área **Distância do texto**, altere as configurações em **Esquerda** e **Direita** para **0,76** cm e clique em **OK**. A margem entre a caixa e o texto ao redor fica maior.

10 Na guia de ferramenta **Formatar**, no grupo **Estilos de Forma**, clique no botão **Mais** para expandir a galeria **Estilos de Forma**. Em seguida, clique na quarta miniatura da quarta linha (**Efeito Sutil – Verde oliva, Ênfase 3**)

11 Pressione **Ctrl+Home** para exibir o objeto do WordArt formatado.

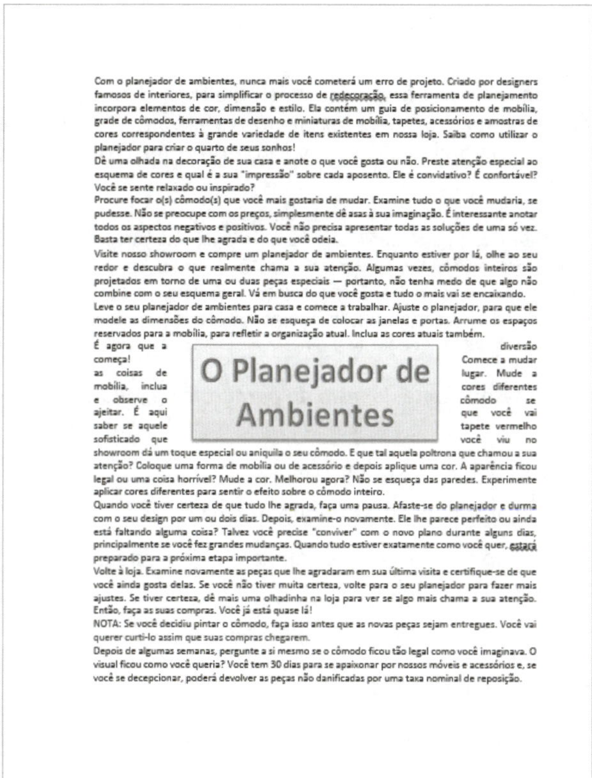
Com o planejador de ambientes, nunca mais você cometerá um erro de projeto. Criado por designers famosos de interiores, para simplificar o processo de redecoração, essa ferramenta de planejamento incorpora elementos de cor, dimensão e estilo. Ela contém um guia de posicionamento de mobília, grade de cômodos, ferramentas de desenho e miniaturas de mobília, tapetes, acessórios e amostras de cores correspondentes à grande variedade de itens existentes em nossa loja. Saiba como utilizar o planejador para criar o quarto de seus sonhos!

Dê uma olhada na decoração de sua casa e anote o que você gosta ou não. Preste atenção especial ao esquema de cores e qual é a sua "impressão" sobre cada aposento. Ele é convidativo? É confortável? Você se sente relaxado ou inspirado?

Procure focar o(s) cômodo(s) que você mais gostaria de mudar. Examine tudo o que você mudaria, se pudesse. Não se preocupe com os preços, simplesmente dê asas à sua imaginação. É interessante anotar todos os aspectos negativos e positivos. Você não precisa apresentar todas as soluções de uma só vez. Basta ter certeza do que lhe agrada e do que você odeia.

Visite nosso showroom e compre um planejador de ambientes. Enquanto estiver por lá, olhe ao seu redor e descubra o que realmente chama a sua atenção. Algumas vezes, cômodos inteiros são projetados em torno de uma ou duas peças especiais — portanto, não tenha medo de que algo não combine com o seu esquema geral. Vá em busca do que você gosta e tudo o mais vai se encaixando.

Leve o seu planejador de ambientes para casa e comece a trabalhar. Ajuste o planejador, para que ele modele as dimensões do cômodo. Não se esqueça de colocar as janelas e portas. Arrume os espaços reservados para a mobília, para refletir a organização atual. Inclua as cores atuais também.

O Planejador de Ambientes

É agora que a diversão começa! Comece a mudar as coisas de lugar. Mude a mobília, inclua cores diferentes e observe o cômodo se ajeitar. É aqui que você vai saber se aquele tapete vermelho sofisticado que você viu no showroom dá um toque especial ou aniquila o seu cômodo. E que tal aquela poltrona que chamou a sua atenção? Coloque uma forma de mobília ou de acessório e depois aplique uma cor. A aparência ficou legal ou uma coisa horrível? Mude a cor. Melhorou agora? Não se esqueça das paredes. Experimente aplicar cores diferentes para sentir o efeito sobre o cômodo inteiro.

Quando você tiver certeza de que tudo lhe agrada, faça uma pausa. Afaste-se do planejador e durma com o seu design por um ou dois dias. Depois, examine-o novamente. Ele lhe parece perfeito ou ainda está faltando alguma coisa? Talvez você precise "conviver" com o novo plano durante alguns dias, principalmente se você fez grandes mudanças. Quando tudo estiver exatamente como você quer, estará preparado para a próxima etapa importante.

Volte à loja. Examine novamente as peças que lhe agradaram em sua última visita e certifique-se de que você ainda gosta delas. Se você não tiver muita certeza, volte para o seu planejador para fazer mais ajustes. Se tiver certeza, dê mais uma olhadinha na loja para ver se algo mais chama a sua atenção. Então, faça as suas compras. Você já está quase lá!

NOTA: Se você decidiu pintar o cômodo, faça isso antes que as novas peças sejam entregues. Você vai querer curti-lo assim que suas compras chegarem.

Depois de algumas semanas, pergunte a si mesmo se o cômodo ficou tão legal como você imaginava. O visual ficou como você queria? Você tem 30 dias para se apaixonar por nossos móveis e acessórios e, se você se decepcionar, poderá devolver as peças não danificadas por uma taxa nominal de reposição.

Esta faixa de texto simples é uma alternativa artística para um título comum.

12 Se quiser, tente combinações de estilos e formatações disponíveis na guia **Formatar**. Por exemplo, você pode tentar algumas das opções de **Efeitos de Texto**, no grupo **Estilos de WordArt**, como os efeitos **Rastros** e **Encurvamento** disponíveis na galeria **Transformação**.

ENCERRAMENTO Feche o documento Comunicados; se quiser, salve as alterações.

Como formatar a primeira letra de um parágrafo como uma letra capitular

Muitos livros, revistas e relatórios iniciam o primeiro parágrafo de uma seção ou um capítulo usando uma letra maiúscula maior e decorativa. Esse efeito, chamado de letra capitular – ou simplesmente *capitular*, pode ser uma maneira fácil de deixar o seu documento com uma aparência mais profissional.

Quando você determina que um parágrafo inicie com uma letra capitular, o Word insere a primeira letra do parágrafo em uma caixa de texto e formata a altura e a fonte da letra de acordo com as opções em Letra Capitular, disponível no grupo Texto da guia Inserir.

Com o planejador de cômodos, nunca mais você cometerá um erro de projeto. Criado por designers famosos de interiores, para simplificar o processo de redecoração, essa ferramenta de planejamento incorpora elementos de cor, dimensão e estilo. Ela contém um guia de posicionamento de mobília, grade de cômodos, ferramentas de desenho e miniaturas de mobília, tapetes, acessórios e amostras de cores correspondentes à grande variedade de itens existentes em nossa loja. Saiba como utilizar o planejador para criar o quarto de seus sonhos!

Por padrão, a letra tem a mesma fonte do resto do parágrafo e a altura de três linhas do texto.

O Word 2013 possui dois estilos básicos de letra capitular:

- **CAPITULAR** A letra é incorporada ao parágrafo original.
- **NA MARGEM** A letra ocupa a sua própria coluna e o resto do parágrafo é recuado para a direita.

Para formatar a primeira letra do parágrafo como uma letra capitular:

1 Clique em qualquer lugar do parágrafo.

2 Na guia **Inserir**, no grupo **Texto**, clique no botão **Letra Capitular** e no estilo que você quer aplicar.

Para alterar a fonte, a altura ou a distância entre a letra capitular e o texto do parágrafo, clique em Opções de Letra Capitular no menu Letra Capitular e configure as opções da caixa de diálogo Letra Capitular.

Se você quer aplicar o formato da letra capitular a mais de uma letra do parágrafo, aplique a capitular ao parágrafo, clique à direita da letra na caixa de texto e digite o resto da palavra ou texto que você deseja destacar. Se fizer isso, não esqueça de apagar a palavra do início do parágrafo!

Como inserir símbolos

Alguns documentos precisam usar caracteres que não são encontrados em um teclado padrão. Esses caracteres podem incluir os símbolos de copyright (©) ou marca registrada (®), símbolos de moeda (como € ou £), letras gregas ou com acentos. Você também pode adicionar diacríticos (como em ì ou ë) ou ícones gráficos (como (ou Q). O Word facilita o acesso a uma grande matriz de símbolos que podem ser inseridos facilmente em qualquer documento.

Assim como os gráficos, os símbolos podem adicionar uma informação visual ou um atrativo a um documento. Entretanto, eles são diferentes de gráficos, pois são caracteres associados a uma fonte em particular.

DICA Você pode inserir alguns símbolos comuns digitando combinações de teclado. Por exemplo, se você digitar depois de uma palavra dois hifens consecutivos seguidos por outra palavra e um espaço, o Word transforma esses dois hifens em um travessão de aparência profissional – como este. (No inglês, esse símbolo é chamado de *em-dash*, pois ele tinha originalmente a largura da letra *m*.) Para usar esses atalhos de teclado, exiba o modo de exibição Backstage, clique em Opções e, na guia Revisão de Texto da caixa de diálogo Opções do Word, clique em Opções de AutoCorreção. Na guia AutoCorreção da caixa de diálogo AutoCorreção, confira se a caixa de seleção Substituir Texto ao Digitar está selecionada. Em seguida, selecione ou limpe as caixas de seleção na área Substituir ao Digitar na guia Formatação Automática ao Digitar. Você pode conferir a maioria dos atalhos disponíveis. Vá para a guia Inserir, clique no botão Símbolos e, em Mais Símbolos, clique na guia Caracteres Especiais da caixa de diálogo Símbolo.

Pontos-chave

- Você pode inserir ilustrações criadas com a maioria dos programas de edição de imagens, assim como fotos digitais, em um documento do Word.
- A cor, a textura, o padrão ou a imagem do plano de fundo podem proporcionar um atrativo ao documento, mas cuide para não sobrecarregar o texto.
- O Word vem com blocos de construção predefinidos que adicionam rapidamente elementos gráficos a um documento.
- Ao usar o WordArt, você pode adicionar, formatar e posicionar facilmente um texto decorativo a um documento, proporcionando o melhor efeito.

Visão geral do capítulo

Visualizar

Visualize e ajuste o layout de página, página 194

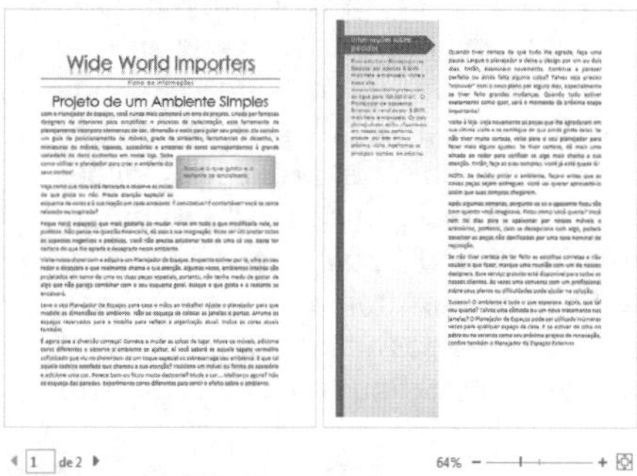

Controlar

Controle o que aparece em cada página, página 200

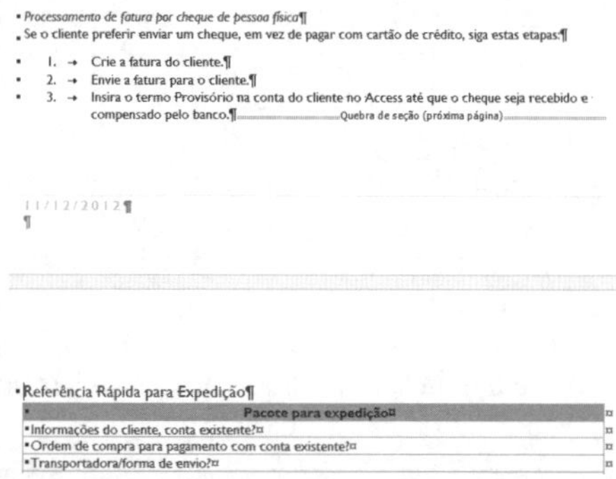

Preparar

Prepare documentos para distribuição eletrônica, página 206

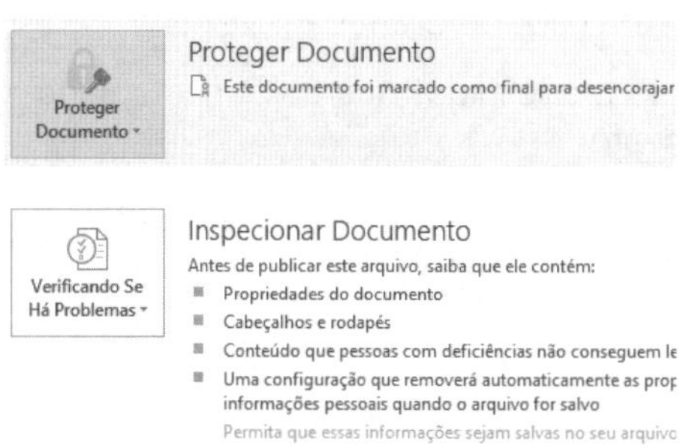

Distribuir

Imprima e envie documentos, página 212

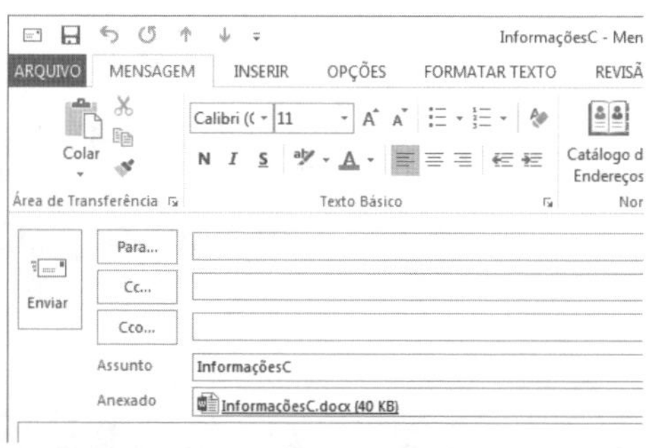

Visualização, impressão e distribuição de documentos

6

NESTE CAPÍTULO, VOCÊ APRENDERÁ A:

- Visualizar e ajustar o layout de página.
- Controlar o que aparece em cada página.
- Preparar documentos para distribuição eletrônica.
- Imprimir e enviar documentos.

Ao terminar de trabalhar em um documento, muitas vezes você desejará distribuir uma versão impressa ou eletrônica dele. Antes de passar o documento para o papel, você deve verificar se as páginas estão organizadas de forma eficiente e se não há problemas evidentes, como títulos impressos em páginas separadas de seu texto. O Microsoft Word 2013 fornece diversas ferramentas que podem ser utilizadas para manipular quanto texto aparece em cada página e para controlar o layout de página. Quando o documento estiver pronto para imprimir, você poderá controlar com precisão quantas cópias e quais partes de seu documento aparecem no papel.

Se você pretende distribuir seu documento de forma eletrônica, o Word fornece ferramentas para garantir que ele não contenha revisões não solucionadas, texto oculto ou informações de identificação que talvez você não queira enviar. Ele também fornece ferramentas para indicar que um documento está finalizado e pronto para distribuição e facilita o envio do documento por email.

Neste capítulo, você primeiro visualizará um documento e fará alguns ajustes para melhorar sua apresentação. Em seguida, verá as opções disponíveis para controlar quebras de página e aprenderá sobre problemas que podem ocorrer. Você inspecionará se um documento contém informações confidenciais e o finalizará para distribuição eletrônica. Por fim, imprimirá um documento e o enviará por email.

ARQUIVOS DE PRÁTICA Para realizar os exercícios deste capítulo, você precisa dos arquivos de prática contidos na pasta Capítulo06. Para mais informações, consulte "Como baixar os arquivos de prática" na Introdução deste livro.

Visualização e ajuste do layout de página

Trabalhar em seu documento no modo de exibição padrão Layout de Impressão significa sempre saber como o conteúdo do documento aparecerá na página impressa. Enquanto trabalha no documento, você pode utilizar os comandos do grupo Configurar Página da guia Layout da Página para ajustar as margens e a direção da página (a *orientação da página*) para melhor adaptar seu conteúdo e método de distribuição. Se estiver planejando distribuir o documento em um tamanho de página diferente do padrão, você pode formatar o documento para ser exibido e impresso de forma correta alterando o tamanho do papel.

Embora o layout de cada página esteja visível no modo de exibição Layout de Impressão, também é uma boa ideia visualizar o documento inteiro antes de imprimi-lo. Isso proporciona uma visão geral de mais alto nível do documento do que quando se está trabalhando diretamente no conteúdo. A visualização é essencial para vários documentos, mas é útil até mesmo para documentos com uma só página. Você pode visualizar um documento exibindo a página Imprimir do modo de exibição Backstage e, a seguir, percorrer o documento exibido no painel direito. Esse modo de exibição mostra exatamente como cada página do documento parecerá ao ser impressa na impressora especificada.

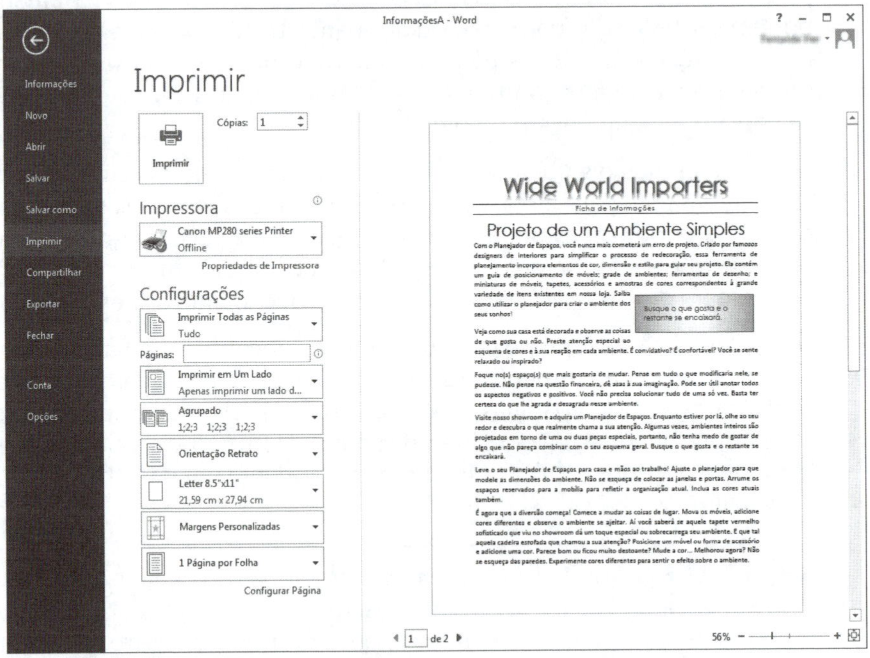

Página Imprimir do modo de exibição Backstage.

Se você não gostar do que aparece no painel de visualização da página Imprimir, não precisa sair do modo de exibição Backstage para fazer ajustes. O painel esquerdo da página Imprimir dá acesso a muitos dos comandos disponíveis no grupo Configurar Página da guia Layout da Página, permitindo alterar as seguintes configurações do documento enquanto visualiza seu efeito na página impressa:

- **ORIENTAÇÃO** Você pode trocar a direção em que a página está disposta no papel. A orientação padrão é Retrato, na qual a página é mais alta do que larga. Você pode definir a orientação para Paisagem, na qual a página é mais larga do que alta.
- **TAMANHO DO PAPEL** Você pode trocar para um dos tamanhos disponíveis para a impressora selecionada fazendo uma seleção na lista.
- **MARGENS** A alteração das margens de um documento muda onde as informações podem aparecer em cada página. Você pode selecionar um dos conjuntos predefinidos do Word de margens superior, inferior, esquerda e direita, ou configurar margens personalizadas.

  DICA Todas as páginas de um documento têm as mesmas margens e orientação, a menos que você o divida em seções. Então, cada seção poderá ter configurações independentes de orientação e margens. Para informações sobre seções, consulte "Controle do que aparece em cada página" mais adiante neste capítulo.

Para fazer várias configurações de layout de impressão em um lugar, ou para fazer configurações apenas para seções específicas do documento, clique em Configurações na página Imprimir (ou clique no iniciador de caixa de diálogo de Configurar Página na guia Layout da Página) para abrir a caixa de diálogo Configurar Página, na qual você pode configurar opções adicionais.

CONSULTE TAMBÉM Trabalharemos com a caixa de diálogo Configurar Página no próximo exercício.

Quando as configurações estiverem como deseja, clique no botão grande Imprimir no início da página Imprimir para enviar o documento para a impressora.

Neste exercício, você visualizará um documento, alterará a orientação e ajustará as margens.

PREPARAÇÃO Você precisa do documento InformaçõesA localizado na pasta de arquivos de prática Capítulo06 para realizar este exercício. Abra o documento e siga os seguintes passos:

IMPORTANTE Os exercícios neste capítulo requerem que você tenha uma impressora instalada. Em uma instalação padrão do Windows 8 ou do Windows 7 e do Office 2013, as opções Fax, Microsoft XPS Document Writer e Enviar para o OneNote 2013 aparecerão em sua lista Impressora. Você pode realizar o exercício a seguir usando uma dessas opções ou uma conexão com impressora local ou em rede.

1 Exiba o modo de exibição **Backstage** e, no painel esquerdo, clique na guia da página **Imprimir** para exibir as opções de impressão e a visualização do documento. Observe que o navegador da página, abaixo do painel de visualização, indica que o documento será impresso em duas páginas, e que o painel de visualização não exibe o plano de fundo sombreado do documento, pois o sombreamento não será impresso.

ATALHO DE TECLADO Pressione Ctrl+P para exibir a página Imprimir do modo de exibição Backstage. Para mais informações sobre atalhos de teclado, consulte "Atalhos de teclado" ao fim deste livro.

2 No canto inferior direito do painel de visualização, clique no botão **Reduzir** até que duas páginas do documento sejam exibidas lado a lado no painel de visualização.

Você pode selecionar um nível de zoom específico ou número de páginas a exibir.

DICA Se quiser visualizar a aparência de um documento com várias páginas ao ser impresso em ambos os lados da página e agrupado, adicione uma página em branco ou uma capa ao início do documento antes de visualizá-lo.

3 Na área **Configurações** da página **Imprimir**, clique em **Margens Personalizadas** para exibir o menu **Margens**. Esse é o mesmo menu que aparece quando você clica no botão **Margens** no grupo **Configurar Página** da guia **Layout da Página**.

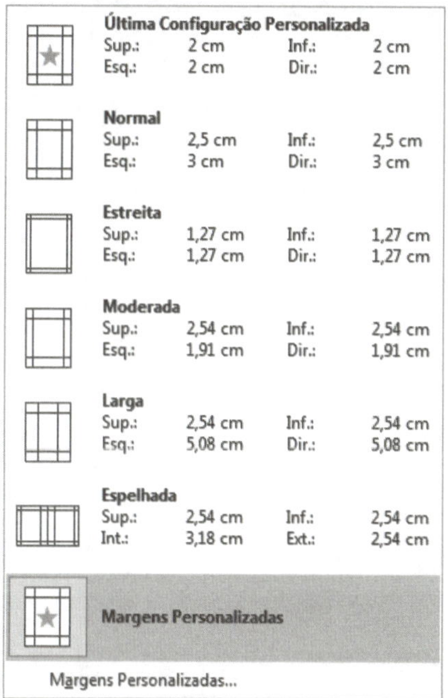

Pode-se selecionar a partir de configurações predefinidas de margens, ou definir a sua.

4 No menu **Margens**, clique em **Larga**. Observe que a alteração é imediatamente refletida no painel de visualização e o navegador da página indica que o documento agora tem três páginas.

5 No navegador da página, clique no botão **Próxima Página** duas vezes para exibir a nova terceira página.

6 No fim do painel esquerdo da página **Imprimir**, clique no link **Configurar Página** para exibir a página **Margens** da caixa de diálogo **Configurar Página**. Observe que, ao selecionar Margens **Largas** na página **Imprimir**, as margens **Esquerda** e **Direta** foram definidas para **5,08** centímetros.

7 Na área **Orientação**, clique em **Paisagem**. Observe que as configurações da área **Margens** mudam de modo que **Superior** e **Inferior** estão agora definidas para **5,08** centímetros e **Esquerda** e **Direita** para **2,54** centímetros. Essa alteração também aparece na área **Visualização** da caixa de diálogo.

8 Na lista **Várias páginas**, clique em **Margens espelho** para indicar que quer definir as margens para páginas opostas. Observe que a área **Visualização** muda para exibir duas páginas e que os rótulos das margens **Esquerda** e **Direita** mudam para **Interna** e **Externa**.

9 Na área **Margens**, clique ou digite para definir a margem **Interna** para **5,08** cm.

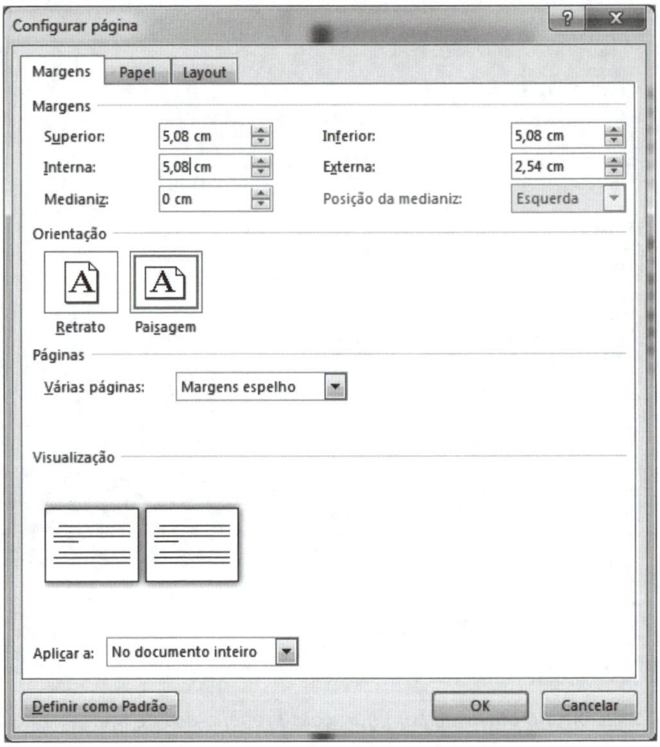

A configuração Margens espelho é uma boa escolha quando se planeja imprimir e encadernar um documento frente e verso.

10 Na caixa de diálogo **Configurar Página**, clique na guia **Papel** e na guia **Layout**, e observe as opções disponíveis nessas páginas. Depois, clique em **OK** para retornar à página **Imprimir** do modo de exibição **Backstage**. Na área **Configurações** e no painel de visualização, observe o efeito das alterações feitas na caixa de diálogo **Configurar Página**.

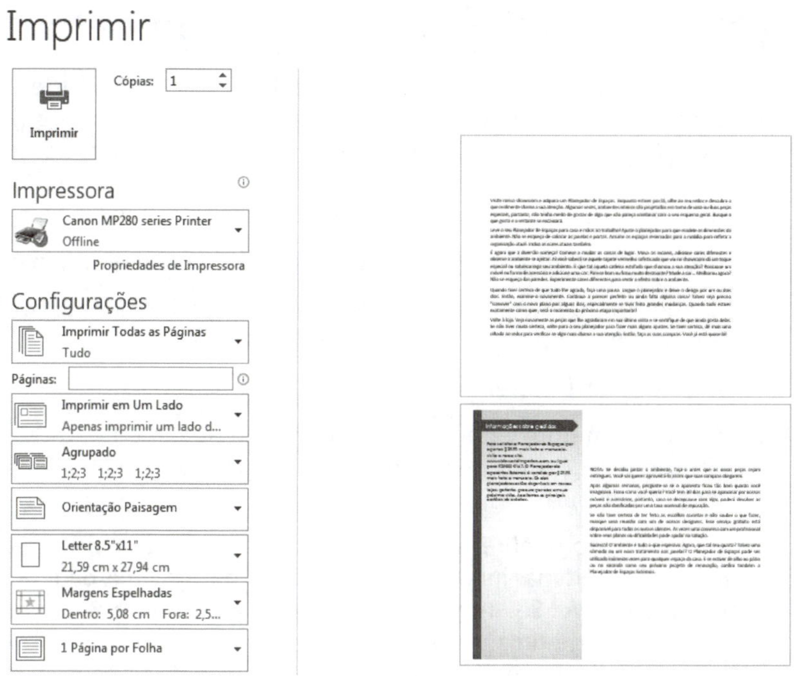

Você pode alterar de forma significativa a aparência de um documento ao prepará-lo para impressão.

11 Experimente outras configurações de impressão para ver o que está disponível para sua impressora.

ENCERRAMENTO Feche o documento InformaçõesA, salvando suas alterações, se quiser.

DICA Por padrão, o texto oculto não é impresso no documento. Se quiser imprimir o texto oculto, bem como o texto não oculto, marque a caixa de seleção Imprimir texto oculto na área Opções de impressão da página Exibir da caixa de diálogo Opções do Word.

Controle do que aparece em cada página

Quando um documento inclui mais conteúdo do que cabe entre suas margens superior e inferior, o Word cria uma nova página inserindo uma *quebra de página flexível* (uma quebra de página que se move se o conteúdo anterior mudar). Se você quiser quebrar a página em um lugar diferente do que o Word normalmente quebraria, pode inserir uma quebra de página manual de três formas:

- Clique em **Quebra de Página** no grupo **Páginas** do grupo **Inserir**.
- Clique em **Quebras** no grupo **Configurar Página** da guia **Layout da Página** e clique em **Página**.
- Pressione **Ctrl+Enter**.

DICA À medida que editar o conteúdo de um documento, o Word alterará a localização das quebras de página flexíveis, mas não a de qualquer quebra de página manual que você inserir.

Se um parágrafo quebrar de modo que a maior parte dele apareça em uma página, mas a última linha apareça no início da próxima página, a linha será chamada de *viúva*. Se um parágrafo quebrar de modo que sua primeira linha apareça no fim de uma página e o resto do parágrafo apareça na próxima, a linha será chamada de *órfã*. Essas linhas sozinhas de texto podem dificultar a leitura do documento, então, por padrão, o Word especifica que um mínimo de duas linhas deve aparecer no início e no fim de cada página. Assim como com vários outros aspectos do programa, no entanto, você tem controle sobre essa configuração. Na página Quebras de linha e de parágrafo da caixa de diálogo Parágrafo, você pode especificar se viúvas e órfãs serão controladas ou permitidas. Você também pode alterar as opções a seguir:

- **MANTER COM O PRÓXIMO** Essa opção controla se o Word quebrará uma página entre um parágrafo e o seguinte.
- **MANTER LINHAS JUNTAS** Essa opção controla se o Word quebrará uma página dentro do parágrafo.
- **QUEBRAR PÁGINA ANTES** Essa opção controla se o Word quebrará uma página antes do parágrafo.

DICA Você pode aplicar essas opções a parágrafos individuais ou pode incorporá-las aos estilos que definir para elementos de documento, como os títulos. Para mais informações sobre estilos, consulte "Como criar estilos e modelos personalizados" no Capítulo 16, "Como trabalhar no Word com mais eficiência".

Quando quiser formatar parte de um documento de maneira diferente do resto (por exemplo, com configurações de layout de página diferentes das do texto circundante), pode fazê-lo inserindo quebras de seção acima e abaixo dela. Um exemplo comum disso é quando há necessidade de imprimir uma tabela larga em uma página com uma orientação Paisagem dentro de um relatório que tenha uma orientação da página Retrato.

DICA A formatação de texto selecionado em colunas insere quebras de seção de forma automática. Para mais informações, consulte "Apresentação de informações em colunas" no Capítulo 4, "Como organizar informações em colunas e tabelas".

Você insere uma quebra de seção clicando em Quebras no grupo Configurar Página da guia Layout da Página e selecionando entre os seguintes tipos de seção:

- **PRÓXIMA PÁGINA** Inicia a seção seguinte na próxima página.
- **CONTÍNUO** Inicia uma nova seção sem afetar as quebras de página.
- **PÁGINA PAR** Inicia a seção seguinte na próxima página com número par.
- **PÁGINA ÍMPAR** Inicia a seção seguinte na próxima página com número ímpar.

Quando as marcas de formatação ocultas são exibidas, uma quebra de seção aparece no modo de exibição Layout de Impressão como uma linha pontilhada dupla desde a marca de parágrafo anterior até a margem, com as palavras *Quebra de seção* e o tipo de quebra de seção no meio da linha.

DICA Para remover uma quebra de página ou seção, clique na extremidade esquerda da quebra ou selecione-a e pressione a tecla Delete.

Neste exercício, você inserirá quebras de página e de seção e se certificará de que as páginas quebrem em pontos lógicos.

PREPARAÇÃO Você precisa do documento InformaçõesEscritório localizado na pasta de arquivos de prática Capítulo06 para realizar este exercício. Abra o documento, exiba as marcas de formatação e siga os seguintes passos:

1 Percorra o documento, observando quebras de página estranhas, como um tópico ou lista que comece perto do fim de uma página.

DICA Se arrastar a caixa de rolagem na barra de rolagem, o Word exibirá o número da página atual em uma Dica de Tela.

Primeiro, faremos algumas configurações comuns para todos os elementos do documento.

2 Na guia **Página Inicial**, no grupo **Edição**, clique no botão **Selecionar** e em **Selecionar Tudo**.

ATALHO DE TECLADO Pressione Ctrl+T para selecionar todo o conteúdo do documento.

3 Clique no iniciador de caixa de diálogo de **Parágrafo** e, na caixa de diálogo **Parágrafo**, clique na guia **Quebras de linha e de página**. Como configurações diferentes foram aplicadas a diferentes parágrafos no documento, todas as caixas de seleção contêm quadrados escuros.

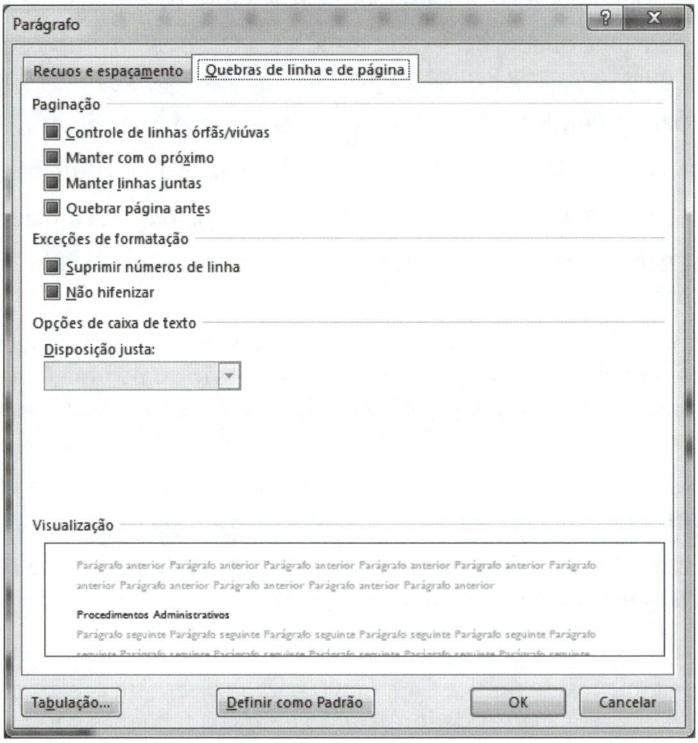

Caixas de seleção preenchidas indicam que a configuração não é a mesma para todo o conteúdo selecionado.

4 Clique duas vezes em cada caixa de seleção para desmarcá-la. (Um clique insere uma marca de seleção; dois a desmarcam.)

5 Clique na caixa de seleção **Manter linhas juntas** duas vezes para selecioná-la e clique em **OK** para garantir que nenhum dos parágrafos seja quebrado em duas páginas. Depois, pressione **Home** para liberar a seleção e retornar ao início do documento.

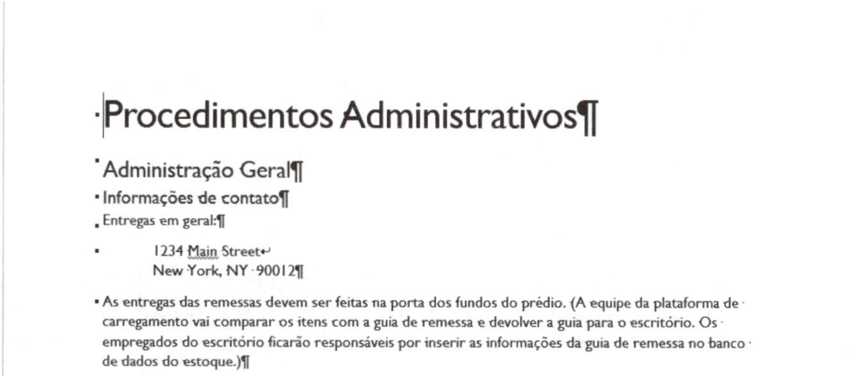

Procedimentos Administrativos¶

Administração Geral¶

Informações de contato¶

Entregas em geral:¶

1234 Main Street↵
New York, NY 90012¶

As entregas das remessas devem ser feitas na porta dos fundos do prédio. (A equipe da plataforma de carregamento vai comparar os itens com a guia de remessa e devolver a guia para o escritório. Os empregados do escritório ficarão responsáveis por inserir as informações da guia de remessa no banco de dados do estoque.)¶

O pequeno quadrado preto à esquerda de cada parágrafo indica que a opção Manter linhas juntas está selecionada para esse parágrafo.

Agora, ajustaremos a maneira como o conteúdo é quebrado em páginas individuais.

6 Clique para posicionar o cursor na extremidade esquerda do título **Depósito** (cuidado para não clicar no triângulo que recolhe o conteúdo abaixo do título).

7 Na guia **Inserir**, no grupo **Páginas**, clique no botão **Quebra de Página** para mover o título **Depósito** e o texto a seguir para a próxima página.

ATALHO DE TECLADO Pressione Ctrl+Enter para inserir uma quebra de página.

8 Perto do fim da página **2**, selecione **Para solicitar materiais de escritório** e os nove itens da lista que se seguem e exiba a página **Quebras de linha e de página** da caixa de diálogo **Parágrafo**.

9 Na área **Paginação**, deixe a caixa de seleção **Manter linhas juntas** marcada, marque a caixa de seleção **Manter com o próximo** e clique em **OK** para mover a introdução e os passos da lista para o início da próxima página com o restante da lista.

DICA Selecionar Manter com o próximo em vez de inserir uma quebra de página permite que o conteúdo se mova de página a página desde que permaneça com o próximo parágrafo.

10 No meio da página **3**, selecione todos os itens da lista com marcadores. Na guia **Layout da Página**, no grupo **Configurar Página**, clique no botão **Colunas** e em **Duas** para colocar os itens da lista com marcadores dentro de quebras de seção e colocar todos os itens da lista em uma página.

DICA A essa altura você provavelmente já notou que é importante definir quebras de página manuais e opções de layout desde o início até o fim de um documento, pois cada alteração que fizer afetará o conjunto a partir desse ponto.

11 No fim da página **5** e início da página **6**, selecione o título **Qual é a forma de pagamento?** e o parágrafo e os primeiros três itens da lista com marcadores que sucedem o título.

12 Exiba a página **Quebras de linha e de página** da caixa de diálogo **Parágrafo**, marque a caixa de seleção **Manter com o próximo** e clique em **OK** para mover o título e a introdução da tabela para o início da próxima página.

13 No fim da página **6**, clique na extremidade esquerda do título **Referência Rápida para Expedição**.

14 Na guia **Layout da Página**, no grupo **Configurar Página**, clique no botão **Quebras** e, abaixo do título **Quebras de Seção**, clique em **Próxima Página** para criar uma nova seção.

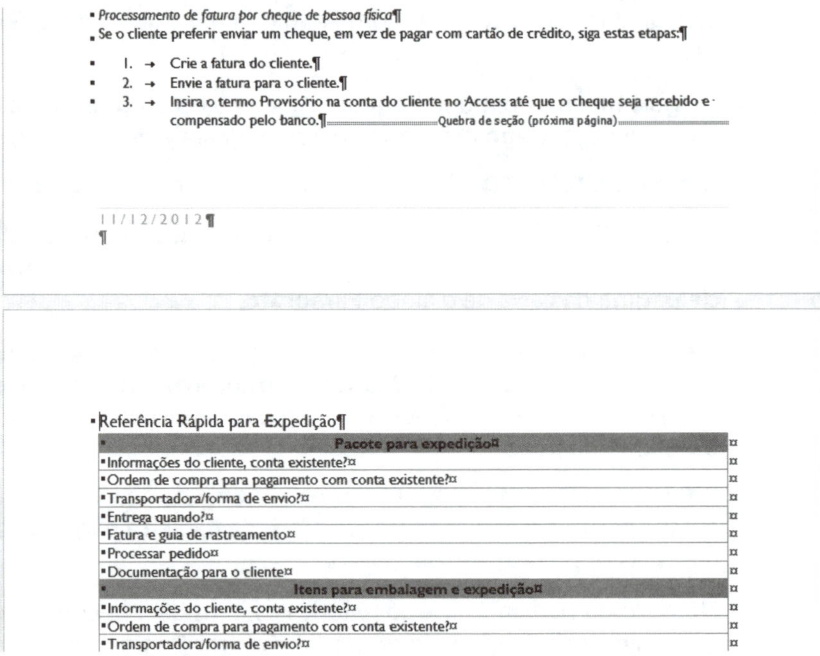

Processamento de fatura por cheque de pessoa física¶

Se o cliente preferir enviar um cheque, em vez de pagar com cartão de crédito, siga estas etapas:¶

1. Crie a fatura do cliente.¶
2. Envie a fatura para o cliente.¶
3. Insira o termo Provisório na conta do cliente no Access até que o cheque seja recebido e compensado pelo banco.¶ Quebra de seção (próxima página)

11/12/2012¶

¶

Referência Rápida para Expedição¶

Pacote para expedição¤
Informações do cliente, conta existente?¤
Ordem de compra para pagamento com conta existente?¤
Transportadora/forma de envio?¤
Entrega quando?¤
Fatura e guia de rastreamento¤
Processar pedido¤
Documentação para o cliente¤
Itens para embalagem e expedição¤
Informações do cliente, conta existente?¤
Ordem de compra para pagamento com conta existente?¤
Transportadora/forma de envio?¤

O título e a tabela se movem para a próxima página, após o indicador de quebra de seção.

15 Exiba a página **7** e confira se o cursor está no título **Referência Rápida para Expedição**. Na guia **Layout da Página**, no grupo **Configurar Página**, clique no botão **Margens** e em **Larga** para deixar a tabela mais estreita e melhor ajustar seu conteúdo.

Por fim, configuraremos o cabeçalho e o rodapé de acordo com as alterações que fizemos no conteúdo.

16 Na guia **Inserir**, no grupo **Cabeçalho e Rodapé**, clique no botão **Cabeçalho** e em **Editar Cabeçalho**.

Observe que, na guia **Design** de **Ferramentas de Cabeçalho e Rodapé**, no grupo **Navegação**, o botão **Vincular ao Anterior** está selecionado. Isso indica que essa seção herdou as configurações de cabeçalho e rodapé da seção anterior. Como a seção anterior não tem um cabeçalho ou rodapé em sua primeira página, essa também não tem.

CONSULTE TAMBÉM Para mais informações sobre cabeçalhos e rodapés, consulte "Inserção de partes pré-formatadas do documento" no Capítulo 9, "Como adicionar elementos visuais".

17 Na guia de ferramentas **Design**, no grupo **Opções**, desmarque a caixa de seleção **Primeira Página Diferente** para adicionar o cabeçalho a esta página.

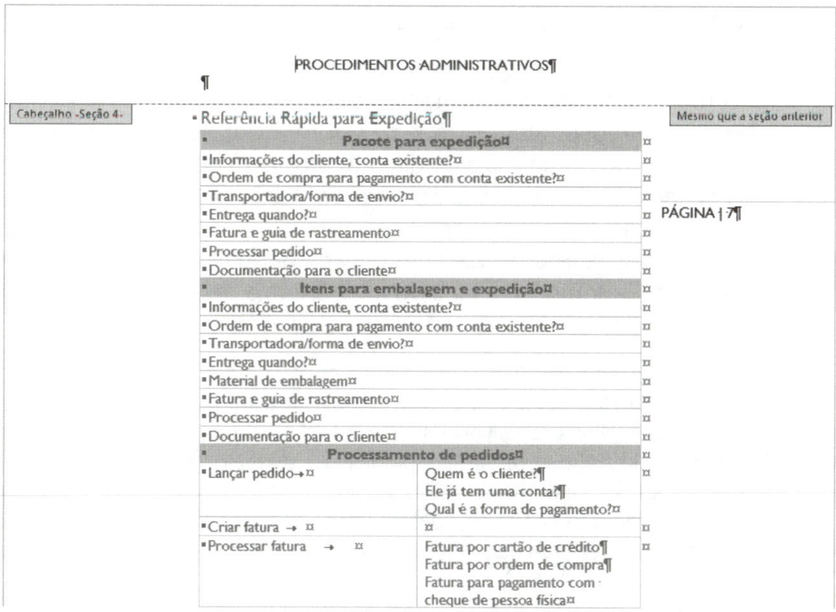

Pacote para expedição	
Informações do cliente, conta existente?	
Ordem de compra para pagamento com conta existente?	
Transportadora/forma de envio?	
Entrega quando?	
Fatura e guia de rastreamento	
Processar pedido	
Documentação para o cliente	
Itens para embalagem e expedição	
Informações do cliente, conta existente?	
Ordem de compra para pagamento com conta existente?	
Transportadora/forma de envio?	
Entrega quando?	
Material de embalagem	
Fatura e guia de rastreamento	
Processar pedido	
Documentação para o cliente	
Processamento de pedidos	
Lançar pedido	Quem é o cliente? Ele já tem uma conta? Qual é a forma de pagamento?
Criar fatura	
Processar fatura	Fatura por cartão de crédito Fatura por ordem de compra Fatura para pagamento com cheque de pessoa física

Talvez seja necessário ajustar as configurações de cabeçalho e rodapé após criar uma nova seção.

18 Clique no botão **Fechar Cabeçalho e Rodapé**.

ENCERRAMENTO Feche o documento InformaçõesEscritório, salvando suas alterações, se quiser.

Preparação de documentos para distribuição eletrônica

Quando um documento está pronto, você pode distribuí-lo de duas maneiras: impresso em papel ou em formato eletrônico. Quando se distribui um documento impresso, somente as informações impressas estão visíveis para o leitor. Ao distribuir um documento em formato eletrônico, deve-se garantir que nenhuma informação confidencial esteja anexa ao arquivo e que ele possa ser visualizado pelas pessoas às quais está sendo enviado.

Muitos documentos passam por diversas revisões e alguns são analisados por vários revisores. Durante esse processo de desenvolvimento, os documentos podem acumular informações que você talvez não queira na versão final, como os nomes das pessoas que trabalharam nele, o tempo gasto nesse trabalho e comentários que os revisores adicionaram ao arquivo. Também pode haver alterações controladas ocultas. Essas informações externas não serão uma preocupação se a versão final for entregue impressa. Contudo, tornou-se bastante comum a distribuição eletrônica de documentos, tornando essas informações disponíveis para qualquer pessoa que queira lê-las.

Algumas das informações anexadas estão disponíveis com as propriedades do documento na página Informações do modo de exibição Backstage. Você pode alterar ou remover alguns tipos de informações nessa página e mais no Painel do Documento ou na caixa de diálogo Propriedades. Contudo, o Word apresenta uma ferramenta chamada *Inspetor de Documento* que automatiza o processo de localização e remoção de todas as informações externas e potencialmente confidenciais. Depois de executar o Inspetor de Documento, um resumo dos resultados da pesquisa será exibido e você terá a opção de remover todos os itens encontrados em cada categoria.

> **IMPORTANTE** Por padrão, o Word 2013 está configurado para remover certas propriedades pessoais ao salvar o documento. Se quiser alterar essa configuração, exiba a página Central de Confiabilidade da caixa de diálogo Opções do Word, clique em Configurações da Central de Confiabilidade e, na página Opções de Privacidade da caixa de diálogo Central de Confiabilidade, desmarque a caixa de seleção Remover informações pessoais das propriedades do arquivo ao salvar. A seguir, clique em OK em cada uma das caixas de diálogo abertas para salvar a configuração.

O Word também inclui outras duas ferramentas de finalização:

- **VERIFICADOR DE ACESSIBILIDADE** Identifica elementos e formatação do documento que possam ser complicados para pessoas com certos tipos de dificuldade de leitura ou para o acesso de dispositivos de assistência, como leitores de tela.
- **VERIFICADOR DE COMPATIBILIDADE** Identifica formatação e recursos sem suporte em versões anteriores do Word.

Depois de remover informações externas e solucionar problemas de acessibilidade e compatibilidade, você pode marcar o documento como final, de modo que outras pessoas saibam que não devem fazer alterações nesse documento distribuído.

Neste exercício, você inspecionará um documento, removerá informações confidenciais e o marcará como final.

PREPARAÇÃO Você precisa do documento InformaçõesB localizado na pasta de arquivos de prática Capítulo06 para realizar este exercício. Abra o documento e siga os seguintes passos:

1 Exiba o modo de exibição **Backstage**, que é aberto, por padrão, na página **Informações**. A seção **Propriedades** lista propriedades que foram salvas com o arquivo. Algumas das informações, inclusive o nome do autor, foram anexadas ao arquivo pelo Word. Outras informações, como o título, foram adicionadas por um usuário.

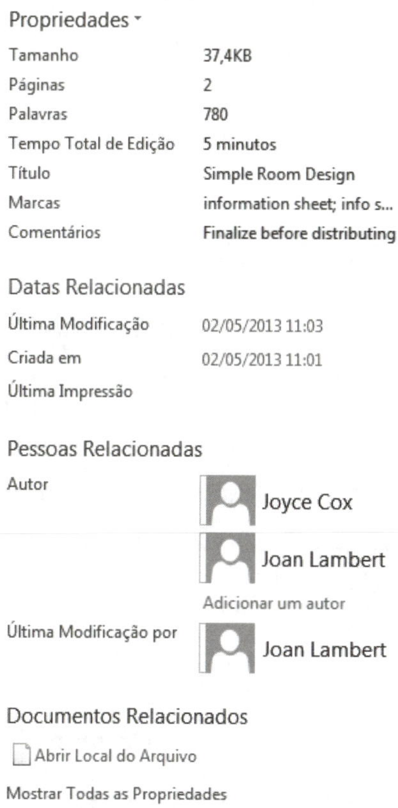

Algumas das propriedades anexadas ao documento de exemplo.

2 Clique no botão **Propriedades** e, na lista, clique em **Propriedades Avançadas** para abrir a caixa de diálogo **Propriedades** do documento. Na página **Geral** da caixa de diálogo estão propriedades mantidas pelo Word.

3 Clique na guia **Resumo** para exibir informações de identificação adicionais nessa página.

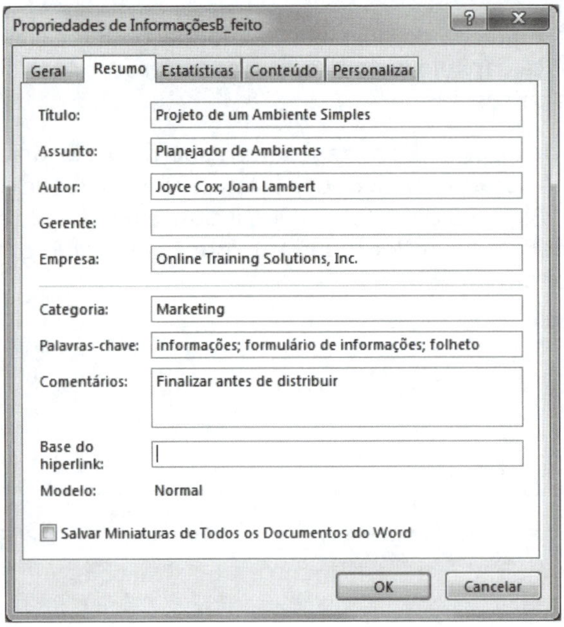

Propriedades como essas são anexadas de forma específica a um documento.

DICA Para facilitar a localização de um documento, você pode adicionar marcações na área Propriedades da página Informações ou palavras-chave na caixa de diálogo Propriedades.

4 Clique em **Cancelar** para fechar a caixa de diálogo **Propriedades**.

5 Na área **Inspecionar Documento** da página **Informações**, clique no botão **Verificando Se Há Problemas** para abrir a caixa de diálogo **Inspetor de Documento**, listando os itens que serão verificados.

SOLUÇÃO DE PROBLEMAS Se o Word solicitar que salve alterações no arquivo, clique em Sim.

6 Sem alterar as seleções padrão na caixa de diálogo **Inspetor de Documento**, clique em **Inspecionar** para exibir o relatório do **Inspetor de Documento** em face das propriedades que visualizou anteriormente, bem como cabeçalhos e rodapés e, possivelmente, dados XML personalizados.

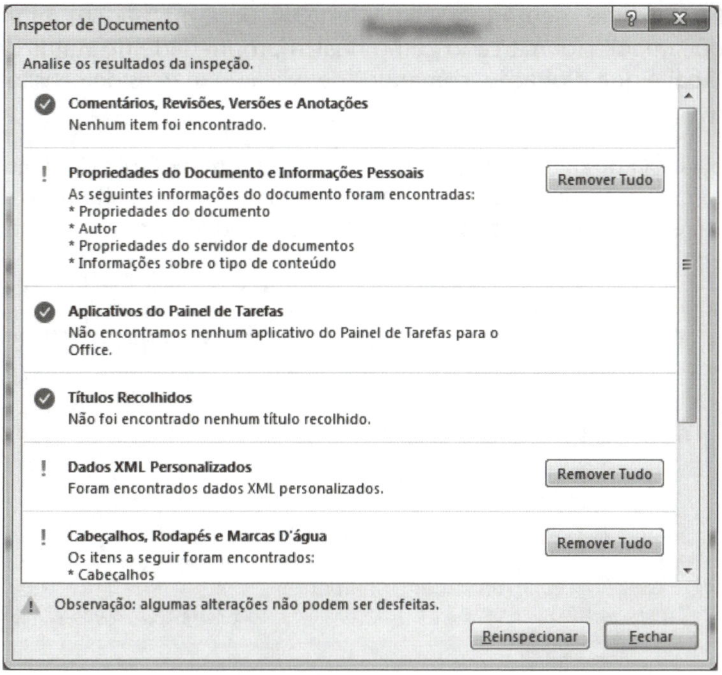

Não estão visíveis na imagem os resultados para Conteúdo Invisível e Texto Oculto; nenhum deles foi encontrado.

7 À direita de **Propriedades do Documento e Informações Pessoais**, clique em **Remover Tudo**.

8 Se dados XML personalizados foram encontrados, clique no botão **Remover Tudo** dessa seção.

> **IMPORTANTE** Não clique no botão Remover Tudo à direita de Cabeçalhos, Rodapés e Marcas D'água. Você pode escolher conservar o conteúdo identificado pelo Inspetor de Documento se souber que é apropriado para a distribuição.

9 Na caixa de diálogo **Inspetor de Documento**, clique em **Reinspecionar** e em **Inspecionar** para verificar a remoção de propriedades e dados XML.

10 Feche a caixa de diálogo **Inspetor de Documento** e exiba a página **Informações** do modo de exibição **Backstage**. Observe que a área **Propriedades** exibe apenas propriedades relacionadas ao arquivo e não aquelas que estão anexadas ao documento.

11 Na área **Proteger Documento** da página **Informações**, clique no botão **Proteger Documento** e em **Marcar como Final**. Uma mensagem informará que o documento será marcado como final e salvo.

12 Na caixa de mensagem, clique em **OK**. Uma mensagem informará que o documento foi marcado como final, a propriedade de status definida para **Final** e que digitação, comandos de edição e marcas de revisão estão desativados.

13 Na caixa de mensagem, clique em **OK**. A barra de título do documento indica que o documento é de somente leitura (nenhuma alteração pode ser salva) e a área **Proteger Documento** indica que o arquivo foi marcado como final.

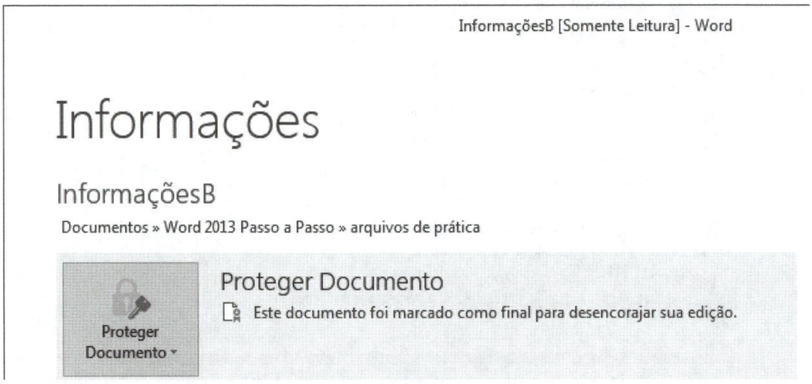

A página Informações lembra que o arquivo é final.

14 Clique no botão **Voltar** (na seta) acima das guias da página do modo de exibição **Backstage** para retornar ao documento. Observe que somente as guias da Faixa de Opções estão visíveis; os comandos estão ocultos.

15 Clique na guia **Inserir** para expandi-la de forma temporária e observe que todos os botões estão inativos (esmaecidos). A seguir, clique fora dela para recolhê-la. O Word exibe uma barra de informações, notificando que o documento foi marcado como final.

A barra de informações desencoraja a realização de alterações casuais.

DICA Se realmente quiser fazer alterações no documento, você pode clicar no botão Editar Mesmo Assim na barra de informações para remover a designação de Final e a proteção de somente leitura do arquivo.

ENCERRAMENTO Feche o documento InformaçõesB, salvando suas alterações, se quiser.

Assinatura digital de documentos

Quando você cria um documento que será distribuído para outras pessoas em formato eletrônico (pelo envio do arquivo em uma mensagem de email ou postando-o para que outras pessoas o acessem), pode querer anexar uma assinatura digital, que é um selo eletrônico de autenticação. A assinatura digital confirma a origem do documento e indica que ninguém o adulterou desde que foi assinado. A assinatura digital permanece válida até que alterações sejam feitas no documento.

Para adicionar uma assinatura digital a um documento do Word:

1 Na página **Informações** do modo de exibição **Backstage**, clique no botão **Proteger Documento** e em **Adicionar uma Assinatura Digital** para abrir a caixa de diálogo **Assinar**.

   SOLUÇÃO DE PROBLEMAS Se uma identificação digital não estiver instalada em seu computador, a caixa de mensagem Obter uma Identificação Digital será aberta. Você pode clicar em Sim na caixa de mensagem para se conectar ao site da Microsoft e dele a um site de um parceiro da Microsoft do qual possa obter uma identificação digital.

2 Na lista **Tipo de Compromisso**, clique na entrada para indicar se criou, se aprovou ou se criou e aprovou o documento.

3 Na caixa **Objetivo da assinatura deste documento**, digite a razão pela qual está anexando a assinatura digital ao documento.

4 Para anexar detalhes específicos à sua assinatura digital, clique no botão **Detalhes** e digite seu nome, título e o endereço do local de produção do documento na caixa de diálogo **Informações Adicionais da Assinatura**. Clique em **OK**.

5 Para exibir informações adicionais sobre o documento que está assinando e as informações fonte armazenadas com a assinatura, clique no link **Ver informações adicionais**.

6 Quando terminar de fornecer e examinar as informações de assinatura, clique em **Assinar**. Se o Word solicitar que verifique se quer utilizar o certificado digital atual, clique em **Sim**.

O documento foi marcado como final, a propriedade de status definida para Final e a digitação, os comandos de edição e as marcas de revisão foram desativados. Os sinalizadores na página Informações indicam que o documento foi assinado. Quem quiser editar o documento deverá primeiro confirmar e ignorar a assinatura digital.

Impressão e envio de documentos

Quando estiver pronto para distribuir seu documento para outras pessoas, pode fazê-lo imprimindo-o em papel ou enviando-o de forma eletrônica. Você também pode distribuir o documento em outros formatos, apresentá-lo online ou postá-lo em um blog. Discutiremos essas opções no Capítulo 11, "Como criar documentos para uso fora do Word".

Quando estiver pronto para imprimir um documento, pode exibi-lo na página Imprimir do modo de exibição Backstage e, a seguir, para imprimir apenas uma cópia na impressora atual com as configurações mostradas, pode simplesmente clicar no botão Imprimir.

DICA Você pode adicionar o botão Impressão Rápida à Barra de Ferramentas de Acesso Rápido e, então, imprimir um documento com as configurações padrão simplesmente clicando nele. Para mais informações, consulte "Personalização da Barra de Ferramentas de Acesso Rápido" no Capítulo 16, "Como trabalhar no Word com mais eficiência".

Na área Configurações da página Imprimir, você pode especificar qual parte do documento será impressa e se a marcação (alterações controladas) estará indicada no documento impresso. Além disso, você tem a opção de imprimir as seguintes informações em vez de o conteúdo do documento:

- Propriedades do documento
- Alterações controladas
- Estilos
- Entradas de AutoTexto
- Teclas de atalho personalizadas

Você pode escolher imprimir um documento com várias páginas em um ou em ambos os lados do papel. Se sua impressora suportar a impressão em frente e verso, você tem a opção de virar a página dupla pela borda comprida ou curta (dependendo de como planejar unir e folhear as páginas do documento).

IMPORTANTE Algumas das configurações na página Imprimir do modo de exibição Backstage dependem das funcionalidades com suporte em sua impressora. Essas configurações podem variar quando um dispositivo diferente for selecionado na lista Impressora.

Você pode escolher imprimir várias cópias de um documento e se imprime páginas agrupadas (todas as páginas de cada cópia juntas) ou páginas desagrupadas (todas as cópias de cada página juntas).

Por fim, você tem a opção de especificar o número de páginas a imprimir por folha de papel, até 16. Você pode utilizar essa opção para imprimir um livreto com duas páginas por folha que será dobrado ao meio. Também pode utilizar essa opção para poupar papel quando estiver imprimindo um documento longo, mas lembre-se de que, conforme o número de páginas por folha aumentar, o tamanho do conteúdo impresso na página diminuirá.

DICA Se sua impressora tiver várias bandejas de papel ou um alimentador manual de papel, você pode selecionar a fonte de papel que quer usar na página Papel da caixa de diálogo Configurar Página.

Se preferir enviar o documento de forma eletrônica e tiver configurado o Microsoft Outlook 2013 para se conectar a uma conta de email, poderá fazê-lo diretamente do Word. Você pode enviar o documento como um arquivo do Word ou, se quiser garantir que seu conteúdo seja exibido para o destinatário da maneira exata que planejou, pode enviá-lo como um arquivo PDF ou XPS. Se tiver uma assinatura para um serviço de fax online, também poderá enviar o documento pela Internet para um aparelho de fax. O bom de todas essas opções é poder executá-las diretamente do Word, sem iniciar outro programa, usar outro serviço ou mesmo ter que se levantar de sua cadeira.

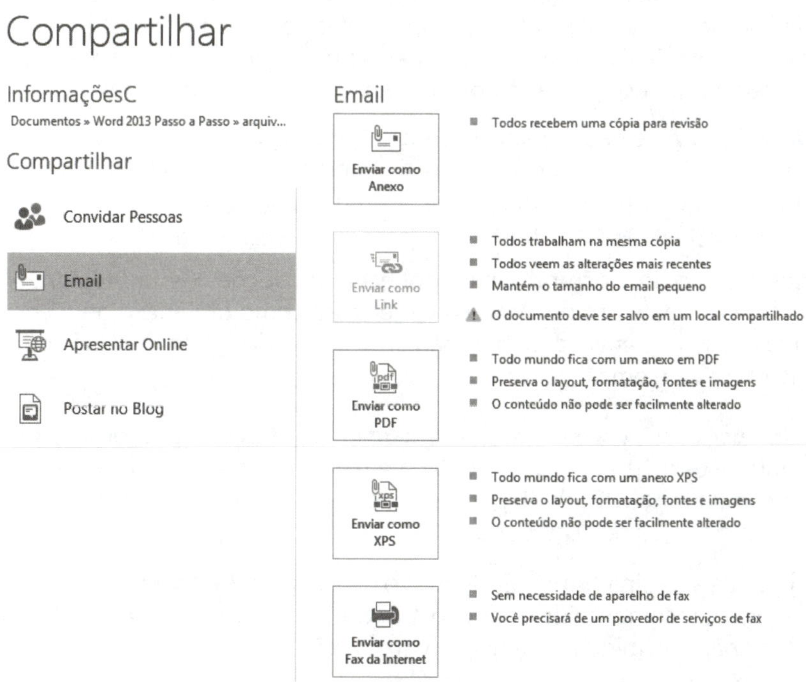

Se seu arquivo estiver salvo em um site do Microsoft SkyDrive ou Microsoft SharePoint, a opção Enviar como Link também estará disponível.

IMPORTANTE Para utilizar a opção de compartilhamento Email, você deve ter o Outlook instalado e configurado em seu computador. Se estiver utilizando outro programa de email, essa opção estará disponível na página Compartilhar do modo de exibição Backstage, mas pode não gerar uma mensagem de email.

Ao clicar em Enviar como Anexo, uma janela de mensagem será aberta com o documento atual já anexado como um arquivo .docx. Tudo o que tem de fazer é digitar os endereços de email de quem quer que receba a mensagem e seu anexo. Se quiser, pode modificar a linha do assunto, que contém o nome do documento que está enviando.

De maneira similar, você pode clicar em Enviar como PDF ou em Enviar como XPS para anexar uma versão do documento salva no formato de arquivo correspondente.

Além de enviar um documento como um anexo de email a partir do Word, se tiver assinado um provedor de serviços de fax da Internet, poderá enviar o documento como um fax. Embora as condições exatas variem de um provedor para outro, esses serviços permitem que você envie e receba fax de seu computador sem precisar de um aparelho de fax ou linha dedicada. Após criar uma conta de serviço de fax da Internet, você pode enviar o documento atual como um fax clicando em Enviar como Fax da Internet na página Compartilhar. Siga então o procedimento especificado por seu provedor de serviços de fax.

DICA Caso você não se conecte com um provedor de serviços de fax da Internet antes de clicar em Enviar como Fax da Internet, uma caixa de mensagem aparecerá. Ao clicar em OK, uma página Web na qual poderá escolher um provedor de serviços de fax será aberta.

Neste exercício, você primeiro conhecerá as opções de impressora. Você imprimirá parte de um documento e o enviará como um anexo de mensagem de email. A seguir, enviará uma versão em PDF do documento como um anexo de mensagem de email.

➔ PREPARAÇÃO Você precisa do documento InformaçõesC localizado na pasta de arquivos de prática Capítulo06 para realizar este exercício. Também é preciso ter configurado o Outlook para se conectar à sua conta de email. Abra o documento e siga os seguintes passos:

1 Exiba a página **Imprimir** do modo de exibição **Backstage**. Observe que este é um documento de duas páginas. O plano de fundo colorido do documento não é exibido no painel de visualização, pois não será impresso.

2 Na área **Impressora**, clique na impressora ativa para exibir a lista de impressoras instaladas.

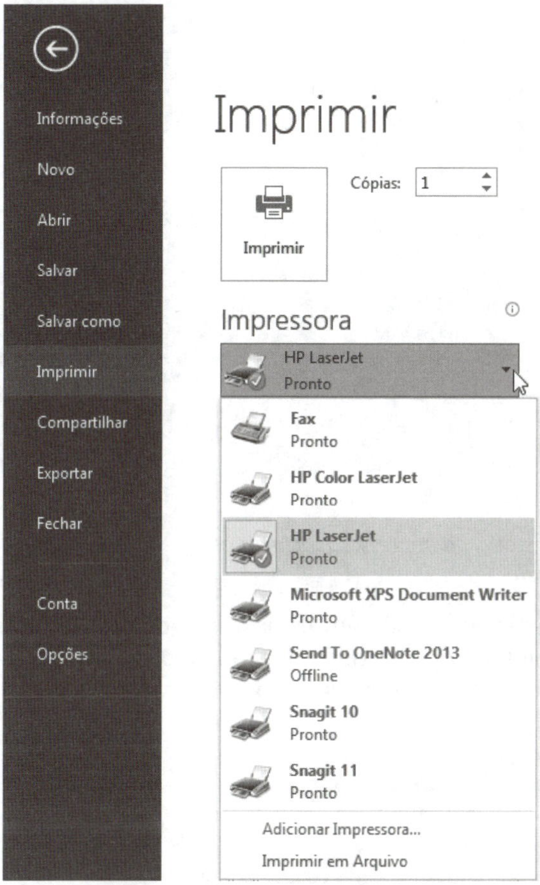

Os programas para os quais se pode imprimir, como o Microsoft OneNote, podem estar instalados aqui, bem como impressoras locais e em rede.

DICA Você pode gerenciar esses programas e impressoras no item Dispositivos e Impressoras do Painel de Controle.

3 Na lista **Impressora**, clique na impressora para a qual quer enviar o documento. Note que as opções disponíveis na página **Imprimir** podem mudar quando uma impressora diferente for selecionada.

4 Aponte para o ícone **Informações** no canto superior direito da área **Impressora**, ou para o nome da impressora selecionada, para exibir uma Dica de Tela que contém informações do status da impressora.

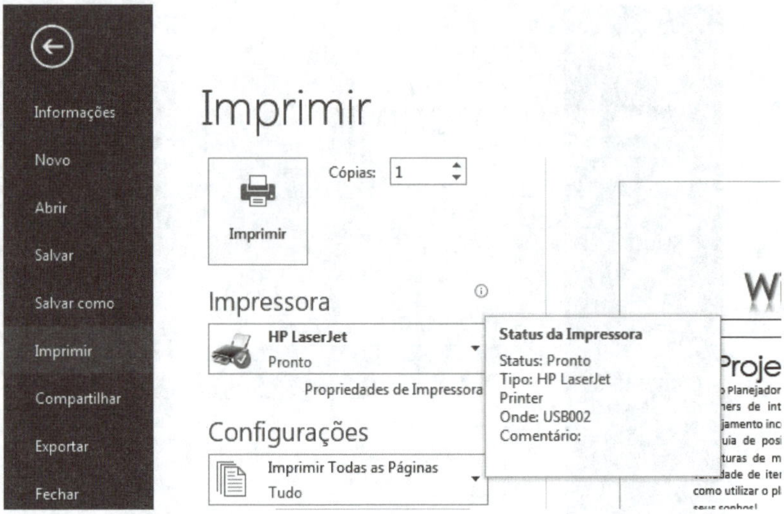

As informações do status da impressora incluem as informações sobre o driver instalado e a conexão.

5 Na área **Configurações**, clique em **Imprimir Todas as Páginas** e percorra a lista para examinar as opções de impressão de partes específicas do documento ou de informações do documento.

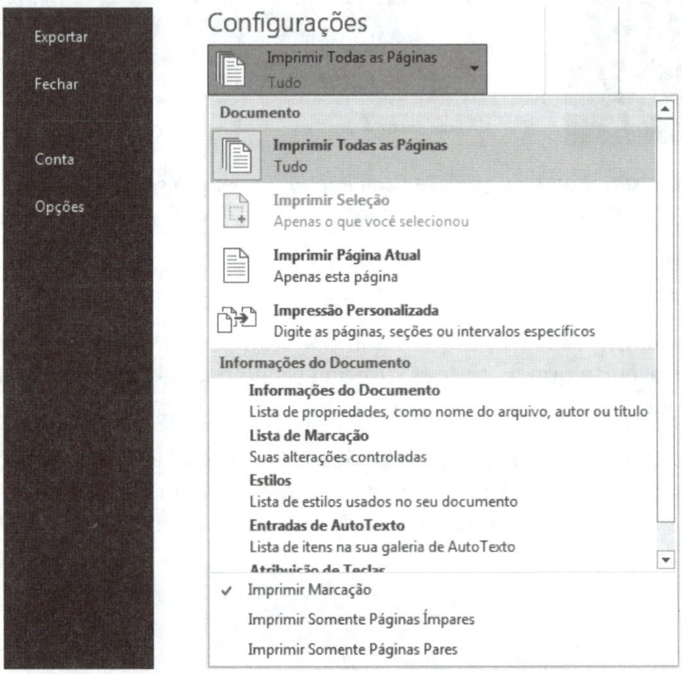

Você pode escolher imprimir todo o documento, parte dele ou informações que estejam armazenadas com o documento.

6 Na lista, clique em **Impressão Personalizada** e, na caixa **Páginas**, digite 2.

7 Na caixa **Cópias** no início da página, digite 2. A seguir, clique no botão **Imprimir** para imprimir duas cópias da segunda página do documento na impressora selecionada e retornar ao documento.

Agora, enviaremos o documento como um anexo de mensagem de email.

8 Exiba a página **Compartilhar** do modo de exibição **Backstage**. Na área **Compartilhar**, clique em **Email** e, na área **Email**, clique em **Enviar como Anexo** para abrir uma janela de mensagem.

SOLUÇÃO DE PROBLEMAS Se o Outlook ainda não estiver em execução, o Word o iniciará antes de gerar a mensagem de email. Digite sua senha, caso seja solicitado.

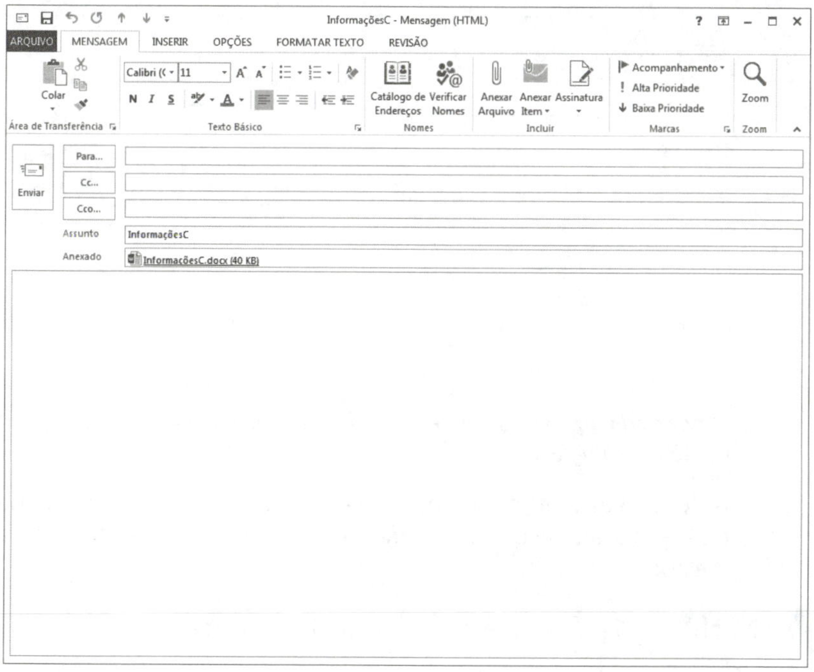

O Word insere o nome do documento na linha Assunto e anexa o documento à mensagem.

CONSULTE TAMBÉM Para informações sobre os diversos recursos incríveis do Outlook 2013, consulte o livro *Microsoft Outlook 2013 Step by Step* de Joan Lambert e Joyce Cox (Microsoft Press, 2013).

9 Na caixa **Para**, digite seu próprio endereço de email. Em seguida, no cabeçalho da mensagem, clique no botão **Enviar** para enviar a mensagem para você mesmo.

DICA Ao trabalhar na janela de mensagem, você está trabalhando no Outlook, não no Word. Você pode anexar outros arquivos à mensagem de email, definir opções da mensagem e formatar o conteúdo da mensagem como o faria em uma mensagem de email que criasse do zero.

Por fim, enviaremos uma versão em PDF do documento como um anexo de mensagem de email.

10 Exiba a página **Compartilhar** do modo de exibição **Backstage**. Na área **Compartilhar**, clique em **Email** e, na área **Email**, clique em **Enviar como PDF** para abrir uma janela de mensagem.

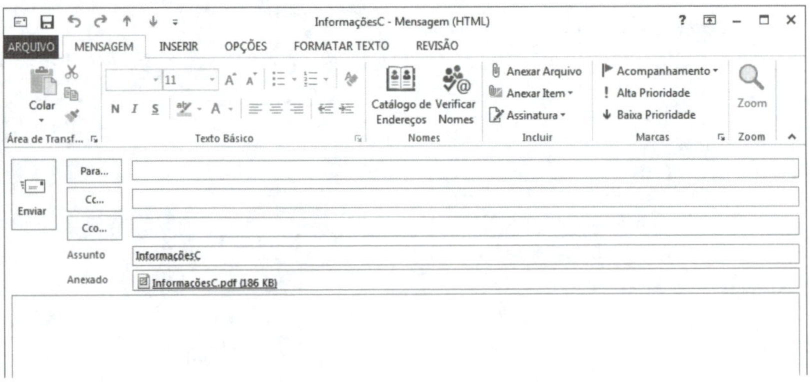

O Word cria uma versão em PDF do documento e a anexa à mensagem sem salvá-la em seu disco rígido.

11 Na caixa **Para**, digite seu próprio endereço de email. A seguir, no cabeçalho da mensagem, clique no botão **Enviar** para enviar a mensagem para você mesmo.

ENCERRAMENTO Feche o documento InformaçõesC.

Pontos-chave

- Você deve sempre visualizar o documento antes de imprimi-lo. Você pode visualizar o documento de forma eficiente e executar a maioria dos comandos de layout de página na página Imprimir do modo de exibição Backstage.
- Você pode utilizar opções de quebra de linha, quebras de página e quebras de seção para garantir que o conteúdo do documento tenha uma leitura agradável.
- Antes de distribuir um documento de forma eletrônica, você pode utilizar o Inspetor de Documento para remover informações que não queira que outras pessoas vejam. Use o Verificador de Acessibilidade e o Verificador de Compatibilidade para garantir que o conteúdo de seu documento esteja disponível para destinatários que não estejam utilizando o mesmo sistema que você.
- Você pode imprimir o documento em uma impressora local ou em rede e fazer as configurações da impressora na página Imprimir do modo de exibição Backstage.
- Você pode enviar um documento como anexo de uma mensagem de email na página Compartilhar do modo de exibição Backstage. Ao enviar um documento, pode enviar seu arquivo original ou, se quiser garantir que ele seja exibido aos destinatários da forma exata como o organizou, pode fazer o Word criar e enviar um arquivo PDF ou XPS.

Parte 2

Aperfeiçoamento de documentos

Visão geral do capítulo

Criar

Crie diagramas,
página 224

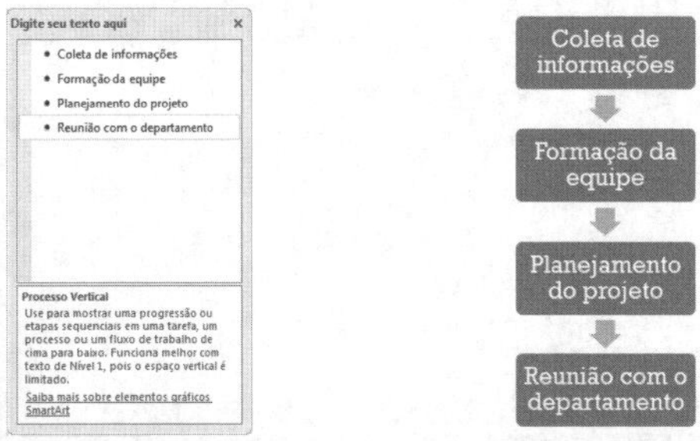

Modificar

Modifique diagramas,
página 231

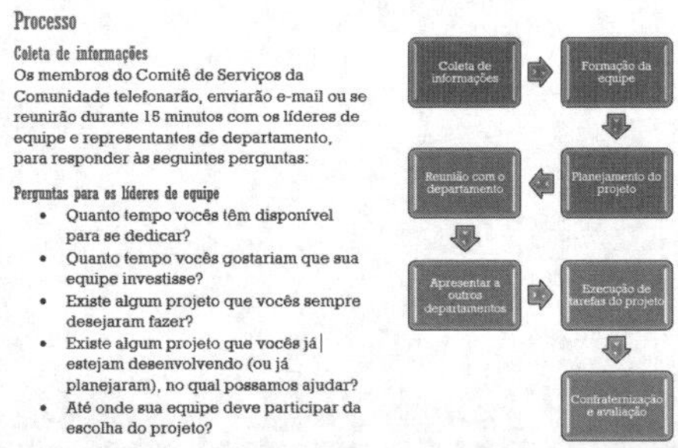

Ilustrar

Crie diagramas de imagem,
página 239

Como inserir e modificar diagramas

7

NESTE CAPÍTULO, VOCÊ APRENDERÁ A:

- Criar diagramas.
- Modificar diagramas.
- Criar diagramas de imagem.

Os diagramas são gráficos que transmitem informações. Os documentos comerciais muitas vezes incluem diagramas para esclarecer conceitos, descrever processos e mostrar relações hierárquicas. O Microsoft Word 2013 inclui um recurso de diagramação poderoso chamado SmartArt que pode ser utilizado para criar diagramas diretamente em seus documentos. Utilizando modelos de diagrama prontos, mas dinâmicos, você pode produzir resultados sofisticados adequados às suas necessidades.

Os diagramas do SmartArt podem ilustrar muitos tipos diferentes de conceitos. Embora sejam gráficos por natureza, os diagramas do SmartArt são meros recipientes visuais para informações armazenadas, como listas com marcadores. Você também pode incorporar fotos e outras imagens para criar diagramas realmente impressionantes, mas ainda muito profissionais.

Neste capítulo, você inserirá um diagrama em um documento e especificará seu tamanho e sua posição. Depois, modificará o layout, o estilo visual e o tema de cores do diagrama. Por fim, utilizará um diagrama para organizar as imagens em um documento.

ARQUIVOS DE PRÁTICA Para realizar os exercícios neste capítulo, você precisa dos arquivos de prática contidos na pasta Capítulo07. Para mais informações, consulte "Como baixar os arquivos de prática" na Introdução deste livro.

Como criar diagramas

Quando precisar que seu documento ilustre de forma clara um conceito, como um processo, um ciclo, uma hierarquia ou uma relação, a poderosa ferramenta Elemento Gráfico SmartArt está disponível para ajudar a criar um diagrama dinâmico e com aparência atraente. Ao utilizar conjuntos predefinidos para uma formatação sofisticada, você pode preparar quase sem esforço qualquer dos seguintes diagramas:

- **LISTA** Esses diagramas representam visualmente listas de informações relacionadas ou independentes – por exemplo, uma lista de itens necessários para realizar uma tarefa, incluindo imagens deles.
- **PROCESSO** Esses diagramas descrevem visualmente o conjunto ordenado de passos necessários para realizar uma tarefa – por exemplo, os passos para conseguir a aprovação de um projeto.
- **CICLO** Esses diagramas representam uma sequência circular de passos, tarefas ou eventos, ou a relação entre passos, tarefas ou eventos e um elemento central e principal – por exemplo, o processo de aperfeiçoamento continuado de um produto com base no feedback dos clientes.
- **HIERARQUIA** Esses diagramas ilustram a estrutura de uma organização ou entidade – por exemplo, a estrutura de alto nível de gerenciamento de uma empresa.
- **RELAÇÃO** Esses diagramas mostram elementos convergentes, divergentes, sobrepostos, de fusão ou de contenção – por exemplo, como o uso de métodos similares para organizar seu email, seu calendário e seus contatos pode melhorar sua produtividade.
- **MATRIZ** Esses diagramas mostram a relação de componentes com um todo – por exemplo, as equipes de produtos em um departamento.
- **PIRÂMIDE** Esses diagramas ilustram relações proporcionais ou interconectadas – por exemplo, a quantidade de tempo ideal a ser gasta em diferentes fases de um projeto.
- **IMAGEM** Esses diagramas contam com imagens, em vez de texto, para criar um dos outros tipos de diagramas – por exemplo, um diagrama de imagem de processo com fotos mostrando a recessão das geleiras no Parque Nacional Glacier (Estados Unidos). Os diagramas de imagem são um subconjunto das outras categorias, mas também estão disponíveis a partir de sua própria categoria, de modo que você possa localizar com facilidade os layouts de diagramas que suportem imagens.

Para criar um diagrama do SmartArt no Word 2013, comece selecionando o tipo de diagrama que quer criar na caixa de diálogo Escolher Elemento Gráfico

SmartArt. As categorias não são mutuamente exclusivas, ou seja, alguns diagramas aparecem em mais de uma delas.

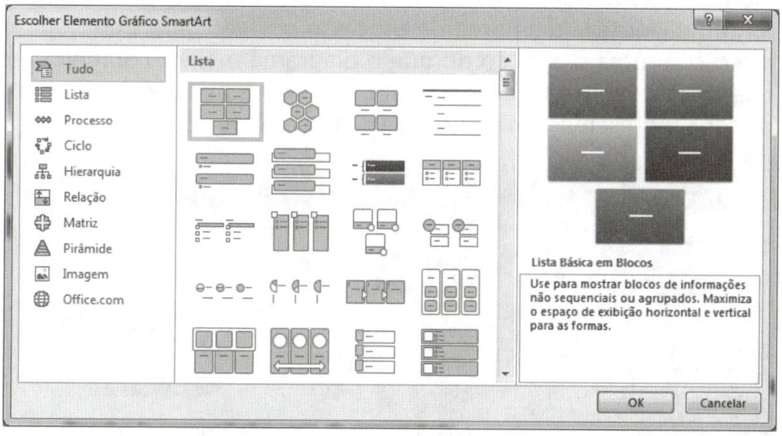

O Word 2013 inclui mais modelos SmartArt do que versões anteriores do Word.

Depois de escolher um layout, o Word irá inserir o diagrama básico no documento e exibir o formato de lista associado no painel Texto, no qual é possível digitar informações. Você pode digitar mais ou menos informações do que for requerido pelo diagrama original; a maioria dos diagramas suporta uma variedade de entradas (embora alguns estejam formatados para suportar apenas um número específico). Pode-se inserir e modificar o texto diretamente nas formas do diagrama ou no painel Texto associado. Dependendo do tipo de diagrama, o texto aparecerá em suas formas ou adjacente a elas.

Neste exercício, você irá criar um diagrama simples, adicionar texto, ajustar o tamanho do diagrama e especificar a posição dele em relação ao texto do documento e às margens da página.

PREPARAÇÃO Você precisa do documento ServiçoA localizado na pasta de arquivos de prática Capítulo07 para realizar este exercício. Abra-o e siga os seguintes passos:

1 Clique para posicionar o cursor na extremidade esquerda do título **Coleta de informações**.

2 Na guia **Inserir**, no grupo **Ilustrações**, clique no botão **SmartArt** para exibir todos os layouts de gráficos do SmartArt na caixa de diálogo **Escolher Elemento Gráfico SmartArt**.

ATALHO DE TECLADO Pressione Alt+N+M para abrir a caixa de diálogo Escolher Elemento Gráfico SmartArt. Para mais informações sobre atalhos de teclado, consulte "Atalhos de teclado" ao fim deste livro.

3 No painel esquerdo, clique em cada categoria de diagrama para exibir no painel central apenas os layouts disponíveis desse tipo.

4 No painel esquerdo, clique em **Processo**. Então, no painel central, clique em um layout de diagrama de processo por vez para exibir um exemplo, junto com uma descrição do que o diagrama melhor comunica, no painel direito. Enquanto estiver examinando, imagine os tipos de dados que você poderia representar em diagrama usando os diversos layouts.

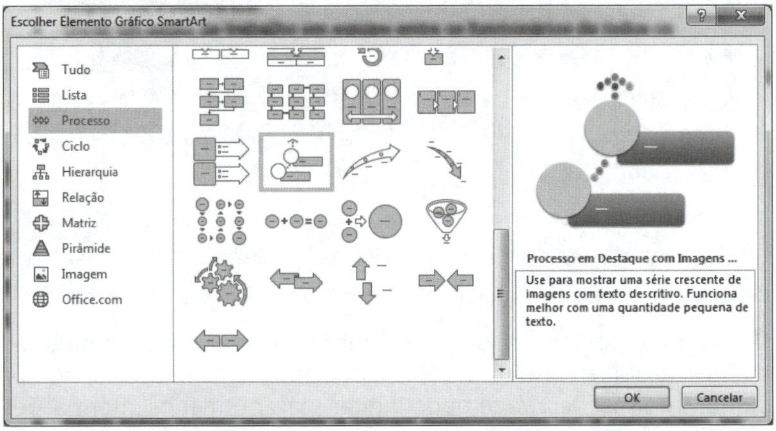

Os diagramas que incluem espaços para imagens têm "Imagem" no nome de layout.

DICA As cores de elementos do diagrama mostradas no painel de visualização são apenas representativas. Os diagramas SmartArt inseridos em um documento adquirirão as cores de tema atuais desse documento.

5 Quando terminar seu exame, clique na terceira miniatura da sexta linha (**Processo Vertical**) e em **OK** para inserir o diagrama de processo no ponto do cursor.

DICA Dependendo de sua resolução da tela, pode haver uma descrição do diagrama Processo Vertical no fim do painel Texto. Caso seu painel Texto se pareça com o de nosso gráfico, você pode apontar para Processo Vertical para exibir a descrição em uma Dica de Tela.

SOLUÇÃO DE PROBLEMAS Se o painel Texto não estiver aberto, clique na divisa no lado esquerdo do quadro do diagrama para abri-lo. Você também pode exibir e ocultar o painel de Texto clicando no botão Painel de Texto no grupo Criar Gráfico da guia de ferramentas Design.

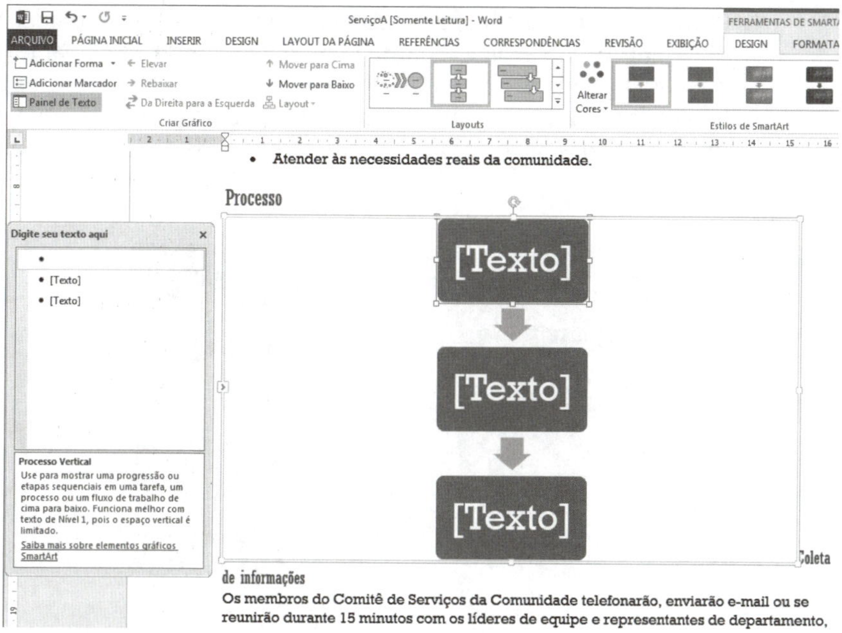

Três espaços reservados para texto aparecem nas formas do diagrama e no painel Texto adjacente, no qual estão formatados como uma lista com marcadores.

Agora, inseriremos conteúdo no diagrama.

6 Com o cursor no primeiro item com marcador no painel **Texto**, digite o seguinte: **Coleta de informações**. Pressione a tecla **Seta para Baixo** para mover o cursor para o próximo espaço reservado. Observe que, à medida que digita as letras na lista com marcadores, elas aparecem na forma correspondente do diagrama.

SOLUÇÃO DE PROBLEMAS Certifique-se de pressionar a tecla Seta para Baixo. Se pressionar a tecla Enter, adicionará um novo marcador e, se pressionar a tecla Tab, transformará o atual marcador de primeiro nível em um de segundo nível.

7 Digite **Formação da equipe** no segundo item da lista com marcadores, pressione a tecla **Seta para Baixo** e digite **Planejamento do projeto** no terceiro item.

DICA Para uma aparência clara, não coloque qualquer pontuação ao fim do texto nas formas do diagrama.

8 Com o cursor no fim do terceiro item com marcador no painel Texto, pressione **Enter** para expandir a lista com marcadores e adicionar uma nova forma ao diagrama. A seguir, digite **Reunião com o departamento**. Observe que as formas do diagrama se ajustam para acomodar a nova entrada e o texto em todas as formas é redimensionado, de modo que a entrada mais longa caiba.

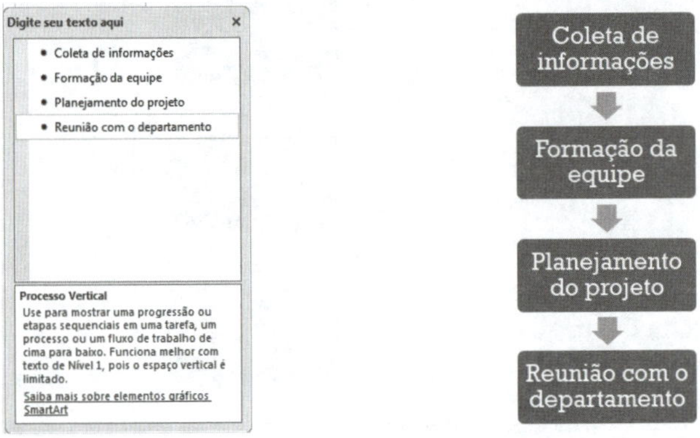

Você pode adicionar mais formas e níveis ao diagrama com facilidade.

9 No painel **Texto**, clique no botão **Fechar**. Observe que o diagrama está localizado de forma estranha e envolto por muito espaço em branco.

A seguir, iremos redimensionar o diagrama e especificar como o texto fluirá ao seu redor.

10 No lado direito do quadro do diagrama, aponte para a alça de dimensionamento (o quadrado) e, quando o ponteiro se transformar em uma seta de duas pontas, arraste para a esquerda até que o quadro seja quase tão largo quanto as formas dentro do diagrama.

SOLUÇÃO DE PROBLEMAS Se arrastar mais para a esquerda, as formas do diagrama se redimensionarão para caber no novo espaço. Caso isso aconteça, arraste um pouco de volta para a direita. A largura final deve ser de aproximadamente 5,08 centímetros.

DICA Você também pode redimensionar o quadro do diagrama selecionando-o e digitando o tamanho que deseja nas caixas Altura e Largura no grupo Tamanho da guia de ferramentas Formatar.

11 Quando soltar o botão do mouse, o botão **Opções de Layout** aparecerá à direita do quadro do diagrama. Clique no botão **Opções de Layout** para expandir o menu.

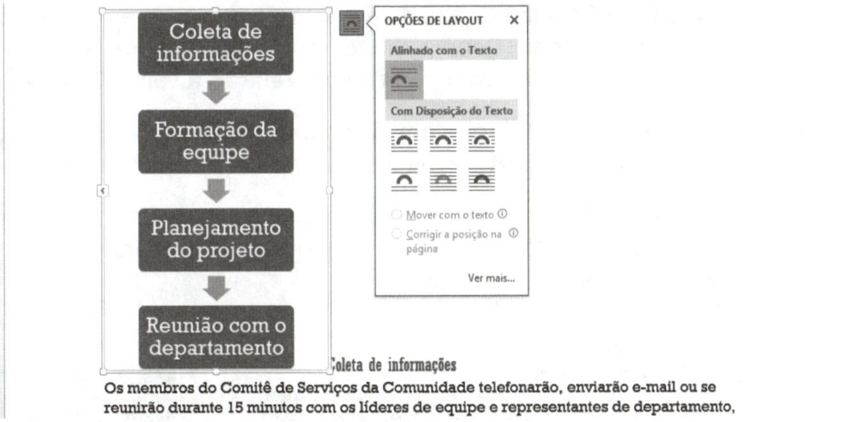

O diagrama está ancorado no título Coleta de informações e se move com ele.

12 No menu **Opções de Layout**, na área **Com Disposição do Texto**, clique na primeira miniatura (**Quadrado**) para mover o texto que sucede o gráfico para seu lado direito.

DICA As opções de layout também estão disponíveis no menu Com Disposição do Texto no grupo Organizar da guia de ferramentas Formatar. Para informações sobre a disposição do texto, consulte "Ordem de objetos na página" no Capítulo 10, "Organização e ordem dos conteúdos".

13 No menu **Opções de Layout**, clique no link **Ver mais**.

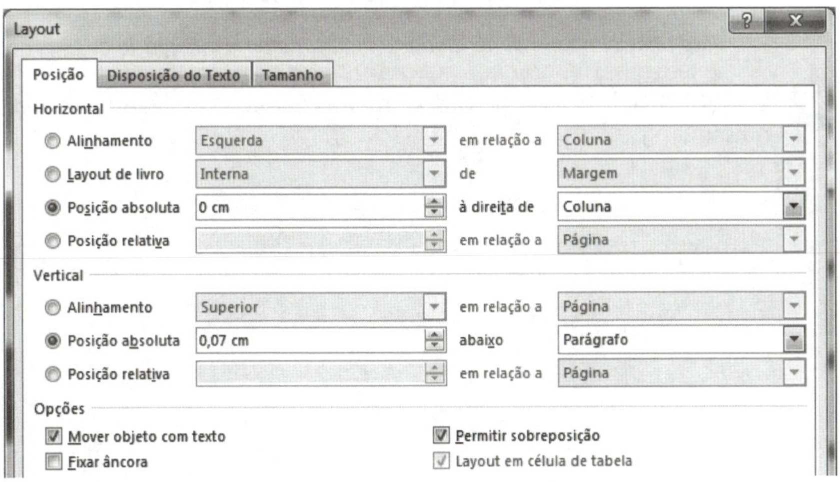

As opções nessa página controlam onde o diagrama aparece em relação a outros elementos do documento.

14 Na página **Posição** da caixa de diálogo **Layout**, na área **Horizontal**, clique em **Alinhamento**. Depois, clique na seta de **Alinhamento** e, na lista, clique em **Direita**. Deixe a configuração **em relação a** como **Coluna**.

15 Na área **Vertical**, clique em **Alinhamento**. Deixe a configuração **Alinhamento** como **Superior** e altere a configuração **em relação a** para **Linha**.

16 Clique em **OK** e clique fora do diagrama para exibir os resultados. O diagrama agora está posicionado à direita do texto para suportar o conteúdo sem interromper seu fluxo.

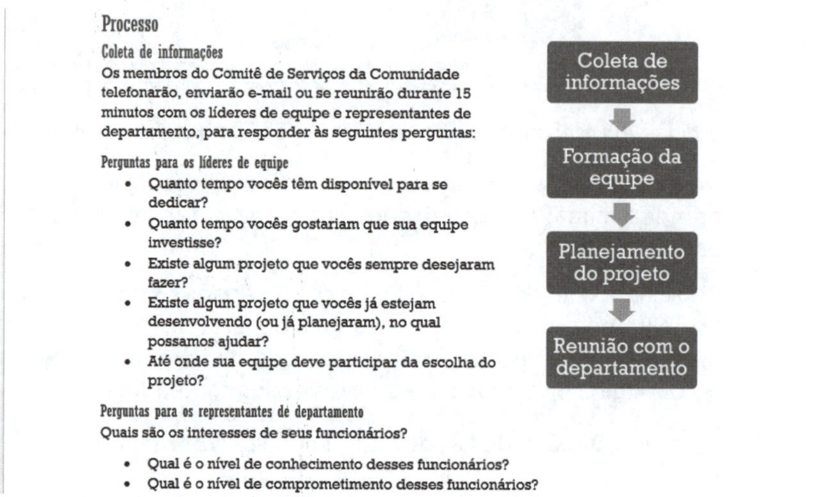
Processo

Coleta de informações

Os membros do Comitê de Serviços da Comunidade telefonarão, enviarão e-mail ou se reunirão durante 15 minutos com os líderes de equipe e representantes de departamento, para responder às seguintes perguntas:

Perguntas para os líderes de equipe

- Quanto tempo vocês têm disponível para se dedicar?
- Quanto tempo vocês gostariam que sua equipe investisse?
- Existe algum projeto que vocês sempre desejaram fazer?
- Existe algum projeto que vocês já estejam desenvolvendo (ou já planejaram), no qual possamos ajudar?
- Até onde sua equipe deve participar da escolha do projeto?

Perguntas para os representantes de departamento

Quais são os interesses de seus funcionários?

- Qual é o nível de conhecimento desses funcionários?
- Qual é o nível de comprometimento desses funcionários?

Você pode alinhar e dimensionar o diagrama para adequá-lo às suas necessidades.

ENCERRAMENTO Feche o documento ServiçoA, salvando suas alterações, se quiser.

Como modificar diagramas

Depois de criar e adicionar o texto que quer exibir, você pode achar que o layout do diagrama selecionado originalmente não atende de forma exata às suas necessidades. É possível trocar com facilidade para um layout de diagrama diferente sem perder qualquer informação que tenha inserido no diagrama. Se um layout específico não suportar a quantidade de informações que esteja associada ao diagrama, o texto extra será ocultado, mas não excluído, e estará disponível quando escolher outro layout que suporte essa quantidade de texto.

Quando tiver o layout que quer utilizar, você pode adicionar e remover formas e editar o texto do diagrama fazendo alterações no painel Texto. Pode também personalizar o diagrama usando as opções nas guias Ferramentas de SmartArt.

As alterações a seguir podem ser feitas utilizando os comandos na guia de ferramentas Design:

- Adicionar sombreamento e efeitos tridimensionais a todas as formas de um diagrama.
- Alterar o esquema de cores.
- Adicionar formas e alterar sua hierarquia.

  DICA Você pode remover uma forma e seu texto selecionando-a no diagrama ou no painel Texto e pressionando a tecla Delete. Pode também reorganizar as formas arrastando-as.

É possível personalizar formas individuais com o uso dos comandos da guia de ferramentas Formatar das seguintes maneiras:

- Alterar uma forma individual – por exemplo, você pode transformar um quadrado em uma estrela.
- Aplicar um estilo de forma interno.
- Alterar a cor, a estrutura de tópicos ou o efeito de uma forma.
- Alterar o estilo do texto da forma.

O recurso de Visualização Dinâmica exibe os efeitos dessas alterações antes de sua aplicação. Se aplicar alterações e, depois, decidir que preferia a versão original, pode clicar no botão Redefinir Gráfico no grupo Redefinir da guia de ferramentas Design para voltar ao layout de diagrama sem alterações.

Neste exercício, você alterará o layout, o estilo e as cores de um diagrama. Depois, irá alterar a forma e a cor de um de seus elementos e personalizar as cópias do diagrama.

PREPARAÇÃO Você precisa do documento ServiçoB localizado na pasta de arquivos de prática Capítulo07 para realizar este exercício. Abra o documento e siga os seguintes passos:

1 Percorra o documento e altere o nível de zoom, se necessário, de modo que o diagrama esteja visível no canto inferior direito da janela do programa.

2 Clique em uma área em branco dentro do quadro do diagrama (não em uma das formas) para ativar o diagrama e as guias de ferramentas associadas.

SOLUÇÃO DE PROBLEMAS Certifique-se de clicar em uma área em branco fora de qualquer forma. Se alças aparecerem em torno de uma forma do diagrama, ela está selecionada e não para edição ou manipulação, o diagrama como um todo.

3 Na guia de ferramentas **Design**, no grupo **Layouts**, clique no botão **Mais** para expandir a galeria **Layouts**. Essa visualização da galeria exibe apenas os layouts de diagrama **Processo** disponíveis, pois o layout do diagrama atual é da categoria **Processo**.

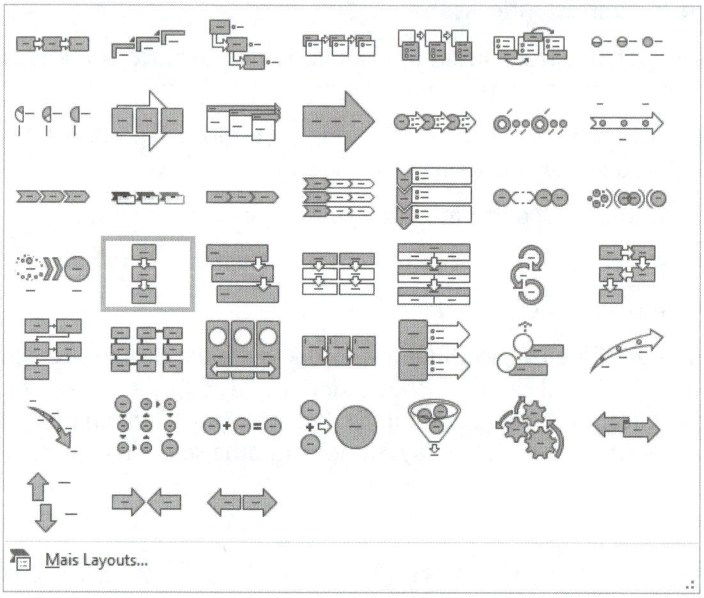

Você pode trocar para outro layout da mesma categoria com facilidade.

DICA Se uma galeria tiver uma alça de dimensionamento (três pontos) em seu canto inferior direito, como esta, você pode arrastar a alça para cima para reduzir a altura da galeria. Assim, pode exibir mais do documento e da galeria ao mesmo tempo.

4 Aponte para cada miniatura na galeria **Layouts** para visualizar o diagrama com esse layout. Como a alteração de layout não modifica a largura do quadro do diagrama, alguns dos layouts horizontais criam um diagrama muito pequeno. Observe que alguns (como os da última linha da galeria) tratam as entradas do diagrama de maneira diferente dos outros, e alguns não suportam todas as sete entradas.

5 Na galeria **Layouts**, clique na sétima miniatura da quarta linha (**Processo Básico em Curva**) para transformar o diagrama em duas colunas com setas indicando o fluxo do processo.

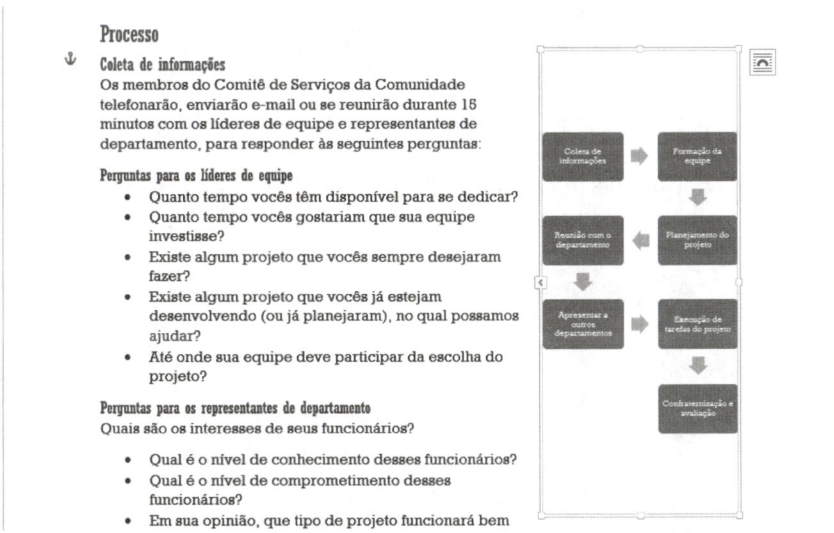

Diagrama de Processo Básico em Curva.

6 Aponte para a alça de dimensionamento no lado esquerdo do quadro do diagrama (a borda esquerda do botão **Painel de Texto**) e, quando o ponteiro se transformar em uma seta de duas pontas, arraste o quadro para a esquerda até que o diagrama ocupe cerca de metade da largura da página. Quando soltar o botão do mouse, as formas no diagrama se expandirão para preencher o quadro redimensionado.

7 Arraste a alça de dimensionamento na base do quadro do diagrama para cima, de modo que ele termine bem em cima do título **Perguntas para os representantes de departamento**.

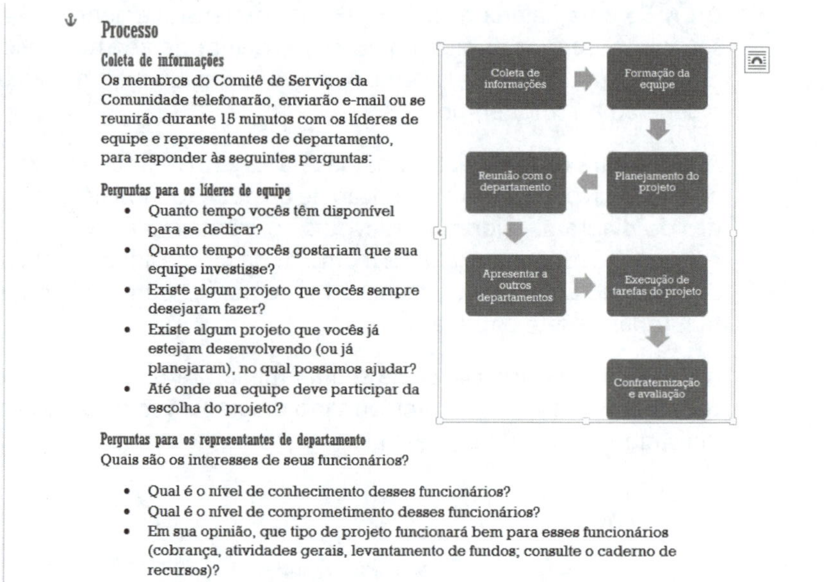

Processo

Coleta de informações

Os membros do Comitê de Serviços da Comunidade telefonarão, enviarão e-mail ou se reunirão durante 15 minutos com os líderes de equipe e representantes de departamento, para responder às seguintes perguntas:

Perguntas para os líderes de equipe

- Quanto tempo vocês têm disponível para se dedicar?
- Quanto tempo vocês gostariam que sua equipe investisse?
- Existe algum projeto que vocês sempre desejaram fazer?
- Existe algum projeto que vocês já estejam desenvolvendo (ou já planejaram), no qual possamos ajudar?
- Até onde sua equipe deve participar da escolha do projeto?

Perguntas para os representantes de departamento

Quais são os interesses de seus funcionários?

- Qual é o nível de conhecimento desses funcionários?
- Qual é o nível de comprometimento desses funcionários?
- Em sua opinião, que tipo de projeto funcionará bem para esses funcionários (cobrança, atividades gerais, levantamento de fundos; consulte o caderno de recursos)?

O diagrama redimensionado.

8 Na guia de ferramentas **Design**, no grupo **Estilos de SmartArt**, clique no botão **Mais** para expandir a galeria **Estilos de SmartArt**.

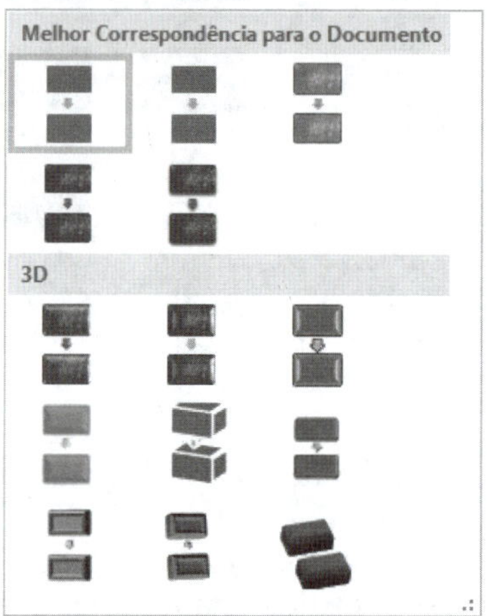

Você pode aplicar estilos bidimensionais ou tridimensionais.

9 Na galeria, aponte para cada estilo, notando as alterações em seu diagrama. Depois, na área **3D**, clique na terceira miniatura na primeira linha (**Cartum**).

10 No grupo **Estilos de SmartArt**, clique no botão **Alterar Cores** para exibir uma galeria de variações de cores baseadas nas cores do tema do documento atual.

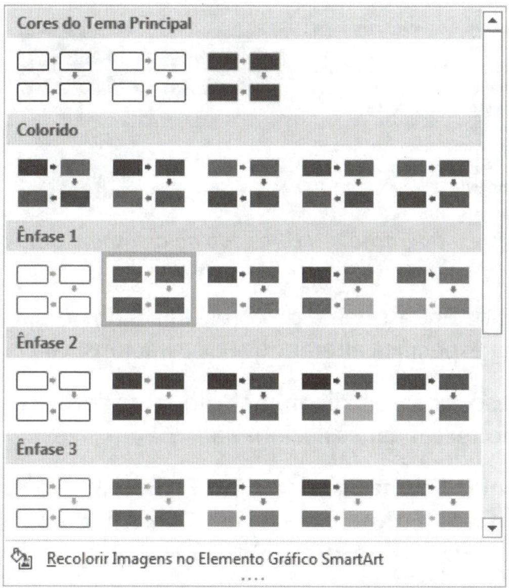

Os elementos gráficos SmartArt utilizam cores do tema para garantir que se integrem bem com o documento.

11 Visualize algumas combinações de cores e, na área **Colorido**, clique na segunda miniatura (**Faixa Colorida – Cores de Ênfase 2 a 3**) para aplicar a faixa de cores selecionada às formas do diagrama. Clique fora do diagrama para exibir os resultados.

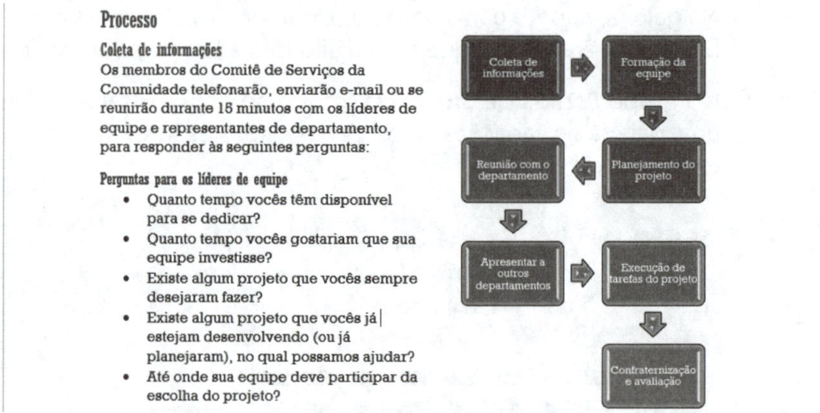

A aplicação de um estilo e a alteração das cores dão ao diagrama uma aparência moderna.

Agora que já aplicamos um esquema de cores unificado ao diagrama, enfatizaremos uma forma específica alterando suas características.

12 No canto superior esquerdo do diagrama, clique na forma de **Coleta de informações** (não no texto) para selecioná-la.

13 Na guia de ferramentas **Formatar**, no grupo **Estilos de Forma**, clique no botão **Preenchimento da Forma** e, na paleta **Cores Padrão**, clique na primeira amostra de cor (**Vermelho-escuro**) para alterar a cor da forma selecionada no diagrama.

14 No grupo **Estilos de Forma**, clique no botão **Efeitos de Forma**, depois em **Brilho** e, na área **Variações de Brilho**, clique na primeira miniatura da terceira linha (**Cor de ênfase 1 – Laranja, 11 pt com brilho**). Clique fora do diagrama para exibir os resultados.

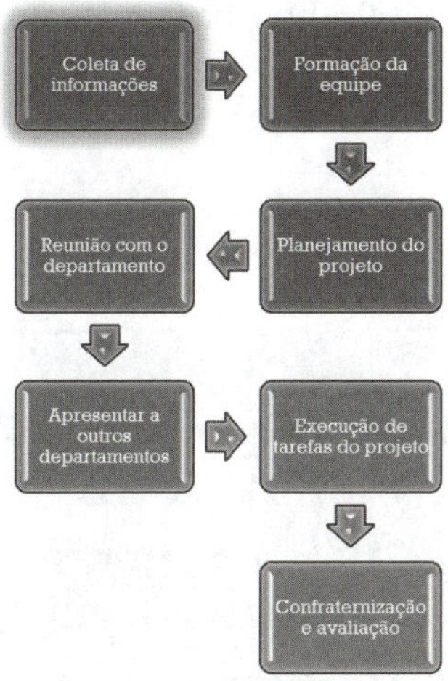

A forma que corresponde ao título à esquerda do diagrama agora está realçada com uma forma e uma cor diferentes.

A seguir, faremos versões exclusivas do diagrama correspondendo aos passos do processo ilustrado.

15 Clique em uma área em branco do diagrama para selecioná-lo. A seguir, na guia **Página Inicial**, no grupo **Área de Transferência**, clique no botão **Copiar**.

ATALHO DE TECLADO Pressione Ctrl+C para copiar o elemento ativo.

16 Vá para a página **2**, clique à esquerda do título **Formação da equipe** e, no grupo **Área de Transferência**, clique no botão **Colar** para colar uma cópia do diagrama no documento.

17 No menu **Opções de Layout**, clique no link **Ver mais** para exibir a guia **Posição** da caixa de diálogo **Layout**. Defina o alinhamento horizontal para **Direita em relação a Coluna** e o alinhamento vertical para **Superior em relação a Linha**. Clique em **OK**.

18 Selecione a forma de **Coleta de informações** (não o texto). No grupo **Estilos de Forma**, clique em **Preenchimento da Forma** e, na paleta **Cores do Tema**, clique na primeira amostra de cor abaixo da amostra vermelho escuro (**Vermelho escuro, Ênfase 2, Mais Claro 80%**).

DICA No passo 11, escolhemos o esquema de cores Cores de Ênfase de 2 a 3. A cor especificada no passo 18 é um tom mais claro da cor inicial selecionada.

SOLUÇÃO DE PROBLEMAS Embora a cor que escolhemos no passo 13 e a cor de Ênfase 2 deste tema tenham o nome de Vermelho escuro, não são a mesma cor. Certifique-se de utilizar a paleta de Cores Padrão para o passo 13 e a paleta de Cores do Tema para o passo 18.

19 No menu **Efeitos de Forma**, clique em **Brilho** e na miniatura **Sem Brilho**.

A forma correspondente ao título anterior agora está esmaecida para mostrar que já foi abordada.

20 Clique na forma de **Formação da equipe** (não no texto) e repita os passos 13 e 14 para destacar a forma que corresponde ao tópico adjacente.

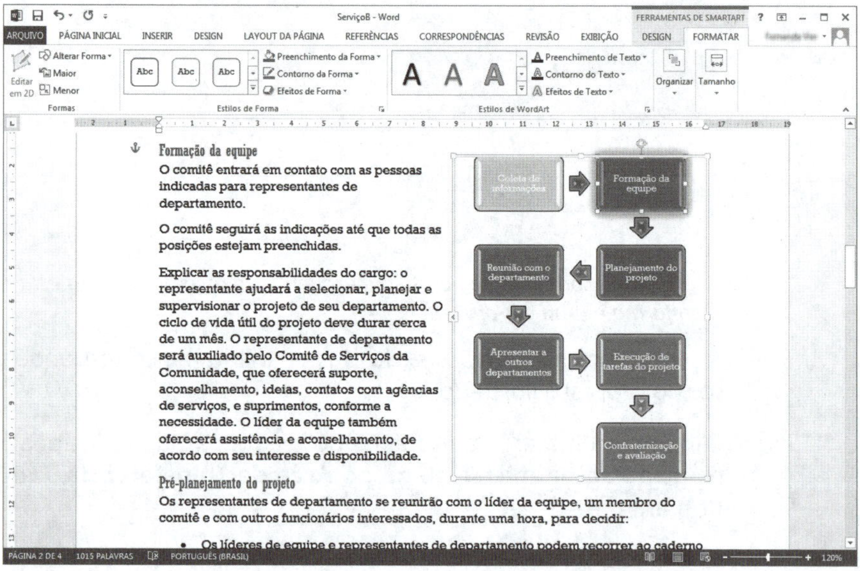

A forma destacada reflete o título à esquerda e o tópico anterior tem uma cor esmaecida.

21 Se quiser, repita os passos 15 a 20 para inserir uma cópia personalizada do diagrama adjacente a cada um dos títulos restantes na seção **Processo**.

DICA Algumas vezes, os títulos parecem estar muito próximos, ou um título pode parecer estar muito perto do fim da página, para acomodar uma série de diagramas de maneira organizada. Nesse caso, insira uma quebra de página antes de cada título para movê-lo para uma nova página antes de inserir o diagrama.

ENCERRAMENTO Feche o documento ServiçoB, salvando suas alterações, se quiser.

Como criar diagramas de imagem

A ferramenta Elemento Gráfico SmartArt que acompanha o Word 2013 inclui layouts de diagramas que foram especificamente desenvolvidos para conter imagens. Você pode utilizá-los para fins comerciais, como para criar organogramas com imagens, nomes e títulos, ou para fins pessoais, como para criar uma página de fotografias da família.

Neste exercício, você criará uma página de fotografias. Você irá dimensionar e posicionar as fotografias e, depois, digitar e formatar as legendas.

PREPARAÇÃO Para realizar este exercício, você precisa do documento Vizinhança e das imagens Jardim, Parque, Lago e Bosque localizados na pasta de arquivos de prática Capítulo07. Abra o documento e siga os seguintes passos:

1 Na guia **Exibição**, clique no botão **Uma Página** para exibir o documento inteiro na janela do programa.

2 Clique em qualquer parte do título **Aproveite a vizinhança!** e pressione a tecla **Seta para Baixo** para posicionar o cursor no parágrafo em branco abaixo do título.

3 Na guia **Inserir**, no grupo **Ilustrações**, clique no botão **SmartArt**. No painel esquerdo da caixa de diálogo **Escolher Elemento Gráfico SmartArt**, clique em **Imagem**. No painel do meio, clique duas vezes na primeira miniatura da primeira linha (**Imagem com Ênfase**) para inserir o modelo para o diagrama selecionado no ponto do cursor.

Diagrama Imagem com Ênfase pronto para inserção de imagens e legendas.

4 Clique em uma área em branco dentro do quadro do diagrama para selecioná-lo. Na guia de ferramentas **Formatar**, clique no botão do grupo **Tamanho** e defina **Altura** para **14,61 cm** e a **Largura** para **22,86 cm** para alterar o tamanho do quadro.

DICA Não é preciso inserir a sigla de centímetros; o Word o fará. Depois de digitar uma configuração de Tamanho, pressione Enter ou clique fora da caixa para implementar a mudança.

5 Clique em uma área em branco da maior forma para selecioná-la. Exiba as configurações de **Tamanho** e defina a **Altura** para **12,7 cm** e a **Altura** para **20,32 cm** para alterar o tamanho da forma. A seguir, arraste a forma para baixo e para a esquerda até que esteja no canto inferior esquerdo do quadro do diagrama.

6 Clique em uma área em branco do círculo mais acima, pressione e segure a tecla **Ctrl** e clique nos círculos do meio e de baixo. Nas configurações de **Tamanho**, clique nas setas das caixas de **Altura** e **Largura** para aumentá-las para **4,32 cm**.

SOLUÇÃO DE PROBLEMAS Não digite os tamanhos; utilize as setas. Algumas vezes as formas não conservam as medidas precisas quando são digitadas de maneira direta.

7 Com os três círculos selecionados, arraste-os para a extremidade direita do quadro. Pressione as teclas de direção no teclado para um posicionamento mais preciso, se necessário.

Os espaços reservados para imagens foram dimensionados e posicionados para se ajustarem ao espaço disponível.

8 Na forma grande do diagrama, clique no ícone **Inserir Imagem** para abrir a janela **Inserir Imagens**. Observe que é possível inserir imagens a partir de uma variedade de fontes.

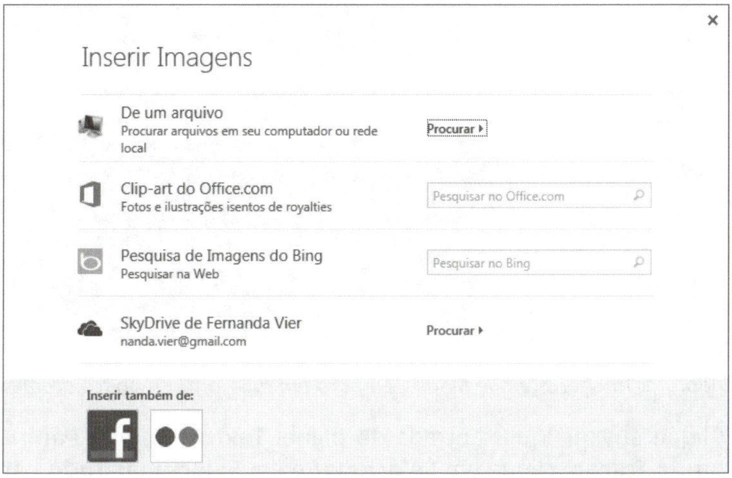

A janela Inserir Imagens proporciona acesso a recursos locais e online.

9 Na área **De um arquivo**, clique em **Procurar**. Na caixa de diálogo **Inserir Imagem**, navegue até a pasta de arquivos de prática **Capítulo07** e clique duas vezes na imagem **Parque**.

10 Repita os passos 8 e 9 para inserir a imagem **Jardim** no círculo de cima, a imagem **Lago** no círculo do meio e a imagem **Bosque** no círculo de baixo.

11 Clique em uma área em branco do diagrama para selecioná-lo e, na guia de ferramentas **Design**, no grupo **Criar Gráfico**, clique no botão **Painel de Texto**. Observe que o painel **Texto** exibe uma miniatura de cada imagem ao lado de cada marcador representando o texto nessa forma.

12 No painel **Texto**, substitua os marcadores de espaço reservado por **Parque**, **Jardim**, **Lago** e **Bosque** para inserir as legendas no diagrama na posição e no formato especificados pelo modelo do diagrama.

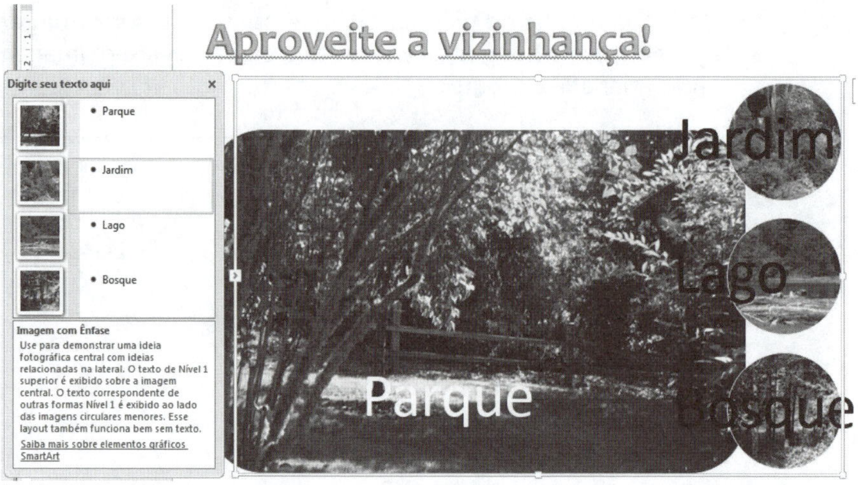

Agora as imagens têm legendas, embora ainda sejam um pouco desajeitadas.

13 Clique em qualquer entrada do painel **Texto**. Na guia **Página Inicial**, no grupo **Edição**, clique em **Selecionar** e em **Selecionar Tudo** para selecionar todos os rótulos.

14 Na guia **Página Inicial**, no grupo **Fonte**, clique no botão **Efeitos de Texto e Tipografia** e na primeira miniatura na terceira linha da galeria (**Preenchimento – Preto, Texto 1, Contorno – Plano de Fundo 1, Sombra Rígida – Plano de Fundo 1**).

15 No grupo **Fonte**, na lista **Fonte**, clique em **Candara** e, na lista **Tamanho da Fonte**, clique em **36**.

16 No grupo **Parágrafo**, clique no botão **Centralizar**. Feche o painel **Texto**.

17 Faça as alterações adicionais que queira no documento para criar uma aparência equilibrada. Definiu-se uma margem esquerda personalizada de 3,18 cm e adicionou-se um efeito de sombra a cada uma das formas.

O diagrama de imagem final.

ENCERRAMENTO Feche o documento Vizinhança, salvando suas alterações, se quiser.

Pontos-chave

- Você pode criar um diagrama sofisticado com facilidade para comunicar um processo ou uma relação entre elementos hierárquicos.
- Os diagramas são ilustrações dinâmicas que podem ser personalizadas para produzir exatamente o efeito desejado.
- Você pode utilizar um diagrama de imagem para posicionar imagens de maneira organizada em uma página.

Visão geral do capítulo

Inserir

Insira gráficos, página 246

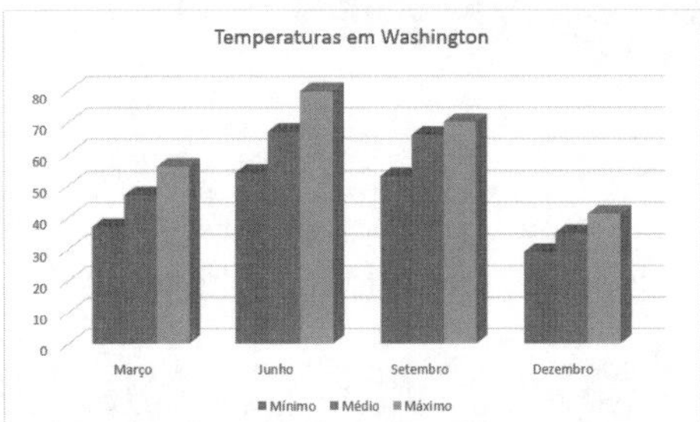

Modificar

Modifique gráficos, página 250

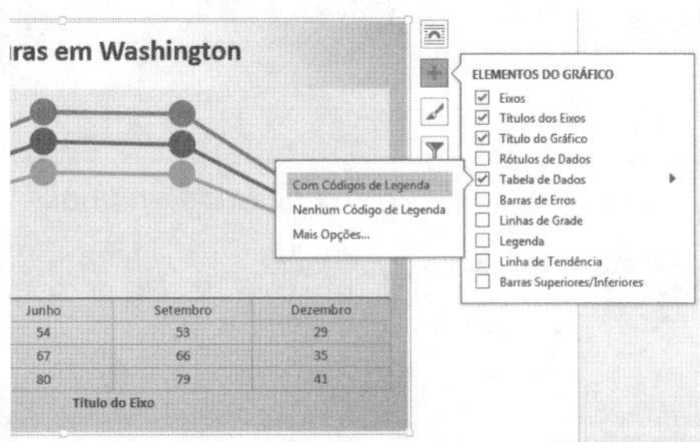

Utilizar

Utilize dados existentes em gráficos, página 259

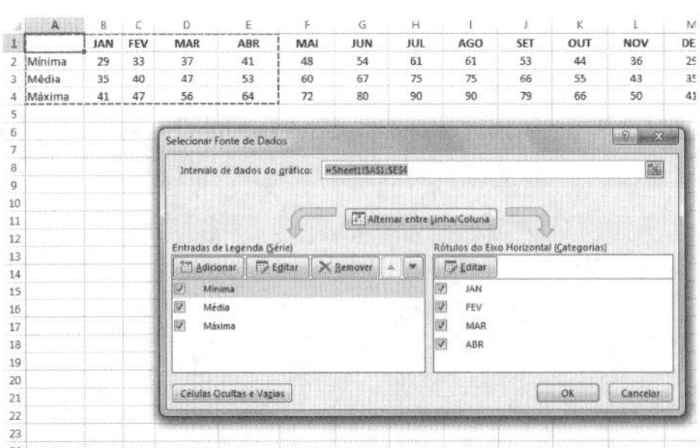

Como inserir e modificar gráficos

8

NESTE CAPÍTULO, VOCÊ APRENDERÁ A:

- Inserir gráficos.
- Modificar gráficos.
- Utilizar dados existentes em gráficos.

Frequentemente, é útil usar informações e figuras para reforçar seus argumentos em um documento. Se, para o público, entender a tendência dos dados for mais importante do que identificar determinados valores, você pode usar um gráfico para apresentar visualmente essas informações numéricas.

Você pode criar gráficos simples ou mais elaborados a partir de dados armazenados em uma pasta de trabalho do Microsoft Excel 2013. Se o resultado final for um documento e não uma pasta de trabalho, você pode criar um gráfico no Excel e inseri-lo no documento ou pode criar um gráfico dentro do Microsoft Word 2013 e inserir novos dados ou usar dados existentes. O gráfico recebe a formatação visual associada ao modelo de design anexado ao documento e se mistura ao resto do conteúdo.

Neste capítulo, você adicionará um gráfico a um documento e modificará a sua aparência ao alterar o tipo, o estilo e o layout do gráfico, assim como as cores de alguns elementos. Depois, irá recriar o gráfico ao representar graficamente os dados armazenados em uma planilha do Excel.

IMPORTANTE Os exercícios deste capítulo partem do princípio de que você tem o Excel 2013 instalado no seu computador. Se você não tiver essa versão do Excel, os passos dos exercícios não irão funcionar.

ARQUIVOS DE PRÁTICA Para realizar os exercícios deste capítulo, você precisa dos arquivos de prática contidos na pasta Capítulo08. Para mais informações, consulte "Como baixar os arquivos de prática" na Introdução deste livro.

Como inserir gráficos

Quando você cria um novo gráfico dentro de um documento de Word, o Word e o Excel trabalham em conjunto para fornecer algumas características bastante avançadas. Um gráfico genérico aparece no documento e uma planilha com os dados da amostra abre no Excel. Você pode editar os dados da amostra para criar o gráfico desejado. Você não precisa salvar o arquivo de Excel; o Word mantém os dados no documento e eles permanecem disponíveis para qualquer atualização.

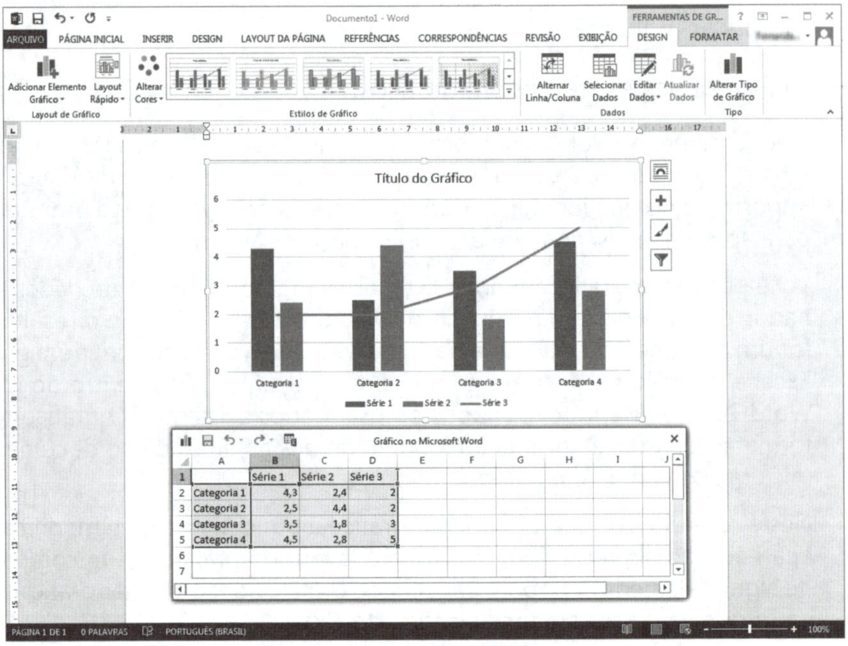

	A	B	C	D
1		Série 1	Série 2	Série 3
2	Categoria 1	4,3	2,4	2
3	Categoria 2	2,5	4,4	2
4	Categoria 3	3,5	1,8	3
5	Categoria 4	4,5	2,8	5

Amostra de gráfico exibida com os dados da planilha associada do Excel.

DICA Você pode abrir a planilha associada ao gráfico clicando no gráfico e no botão Editar Dados, disponível no grupo Dados, na guia de ferramenta Design.

A planilha do Excel é formada por linhas e colunas de células com valores, tecnicamente chamadas de *pontos de dados*. Coletivamente, um conjunto de pontos de dados é chamado de *série de dados*. Como com as tabelas do Word, cada célula da planilha é identificada por uma nomenclatura que contém a letra da sua coluna e o número da sua linha – por exemplo, A2 se refere à primeira célula da segunda linha. Um grupo de células é identificado pelos endereços da célula no canto superior esquerdo e da célula no canto inferior direito, separados por dois pontos, como em A2:D5 (grupo de células da primeira célula da segunda linha até a quarta célula da quinta linha).

Para personalizar o gráfico, você substitui os dados de amostra na planilha do Excel com os seus próprios dados. A planilha do Excel está vinculada ao gráfico, portanto, se você alterar os valores na planilha, os valores no gráfico também serão alterados. Para inserir um valor em uma célula, clique na célula para selecionar o espaço ou leve o cursor até a célula pressionando a tecla Tab, ou a tecla de direção, e digite os dados. Você pode selecionar uma coluna inteira ao clicar no cabeçalho da coluna – a caixa sombreada com uma letra acima de cada coluna – e uma linha inteira ao clicar no cabeçalho da linha – a caixa sombreada com um número à esquerda de cada linha. Pode-se ainda selecionar uma planilha inteira clicando no botão Selecionar Tudo – a caixa em branco na junção do cabeçalho das colunas e das linhas.

Neste exercício, você aprenderá a inserir um gráfico genérico a um documento, substituir os dados da amostra na planilha correspondente e agrupar apropriadamente os dados.

PREPARAÇÃO Você precisa do documento ChaléA localizado na pasta de arquivos de prática Capítulo08 para realizar esse exercício. Abra o documento e siga os seguintes passos:

1 Pressione **Ctrl+End** para ir ao fim do documento.

2 Na guia **Inserir**, no grupo **Ilustrações**, clique no botão **Gráfico**.

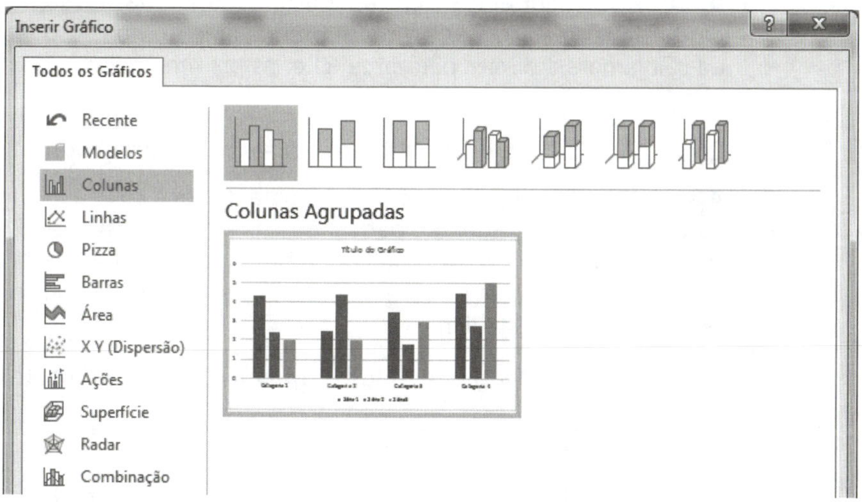

Na caixa de diálogo Inserir Gráfico, você pode selecionar um dos vários tipos de gráficos e suas variações.

3 No painel esquerdo da caixa de diálogo **Inserir Gráfico**, clique em cada uma das categorias para conhecer os tipos de gráficos que você pode criar no Word. Depois, volte para a categoria **Colunas**.

4 Na galeria acima do painel direito, clique na quarta miniatura (**Colunas 3D Agrupadas**) para visualizar o tipo de gráfico e em **OK** para inserir ao final do documento o gráfico genérico de colunas tridimensionais agrupadas e abrir a planilha associada do Excel.

5 Clique no botão **Selecionar Tudo**, no canto superior esquerdo da planilha do Excel, e pressione a tecla **Delete** para excluir os dados de amostra na planilha, deixando-a em branco. As colunas do gráfico de amostra do documento desaparecem, deixando somente as guias coloridas.

6 Clique na segunda célula da linha **1** (célula **B1**), digite **Março**, pressione a tecla **Tab** para inserir o cabeçalho (na planilha e no gráfico) e vá para a próxima célula.

7 Nas células **C1** até **E1**, digite **Junho**, **Setembro** e **Dezembro**, pressionando **Tab** após cada entrada para ir para a próxima célula. Note que, quando você digita **Dezembro**, a palavra fica fora das guias coloridas e não aparece no gráfico do documento.

8 Posicione o ponteiro sobre a alça azul no canto inferior direito da célula **D5** e, quando o ponteiro se transformar em uma seta diagonal de duas pontas, arraste uma célula para a direita e uma para cima. Assim, os dados do gráfico ficarão definidos como células **A1:E4**.

DICA Se você quisesse inserir uma lista contínua dos meses, você poderia digitar Janeiro e arrastar a alça de preenchimento no canto inferior direito da célula para a direita para preencher as próximas células da mesma linha com os meses.

9 Clique na célula **A2**, digite **Mínimo** e pressione a tecla **Enter**.

ATALHO DO TECLADO Pressione Enter para descer a coluna (ou ir para o início de uma série de entrada de dados) ou Shift+Enter para subir. Pressione Tab para ir para a direita na mesma linha ou Shift+Tab para ir para a esquerda. Para mais informações sobre os atalhos de teclado, consulte "Atalhos de teclado" ao fim deste livro.

10 Nas células **A3** e **A4**, digite **Médio** e **Máximo**, respectivamente.

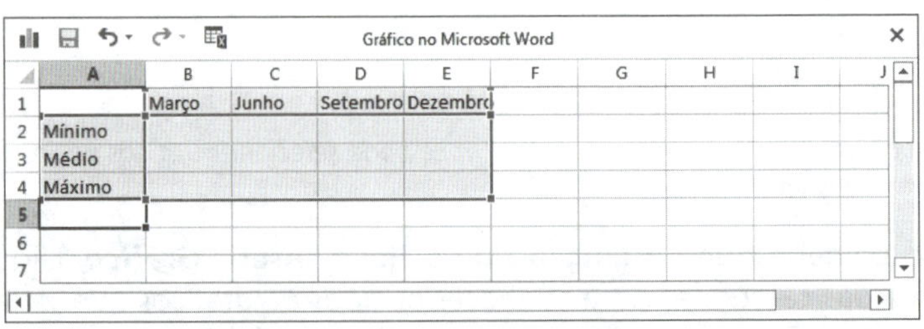

Cabeçalhos das linhas e colunas do seu gráfico.

11 Posicione o ponteiro sobre a borda entre os cabeçalhos das colunas **A** e **B** e, quando o ponteiro se transformar em uma seta de duas pontas, clique duas vezes para ajustar a largura da coluna à esquerda da borda de acordo com o conteúdo da coluna.

12 Selecione todas colunas entre **B** e **E** arrastando o ponteiro sobre seus cabeçalhos. Em seguida, posicione o ponteiro sobre a borda entre duas colunas selecionadas e clique duas vezes para ajustar a largura de todas as colunas selecionadas de acordo com o conteúdo.

13 Na célula **B2**, digite **37** e pressione **Tab**. Note que uma coluna correspondente surge no gráfico.

14 Da célula **C2** até **E2**, digite **54**, **53** e **29**, respectivamente, e pressione **Tab** para mover o cursor de célula em célula.

Após digitar o último número, pressione **Enter**. Note que a célula **B3** fica selecionada.

15 Digite os dados abaixo na planilha do gráfico e note que, conforme você os digita, as colunas e a escala do gráfico se alteram para refletir os dados:

	B	C	D	E
3	**47**	**67**	**66**	**35**
4	**56**	**80**	**70**	**41**

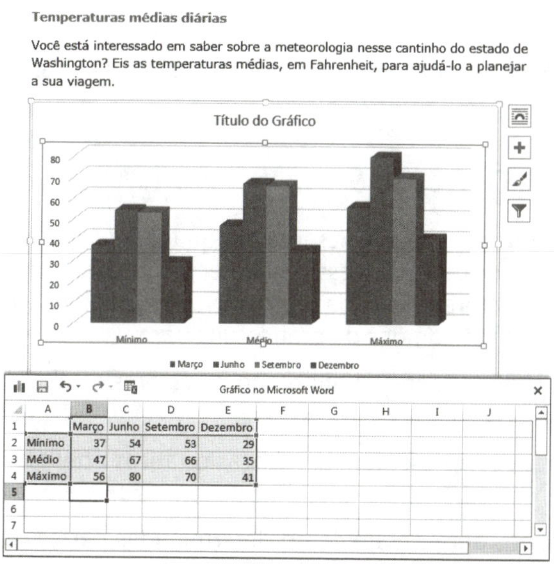

As séries de dados nas colunas (os meses) estão representadas pelas categorias nas linhas (Mínimo, Médio e Máximo).

16 Na janela **Gráfico no Microsoft Word**, clique no botão **Fechar**. Note que as temperaturas no gráfico estão agrupadas por categoria e não por mês.

17 No documento, clique na área em branco do gráfico para selecioná-lo. Depois, na guia de ferramenta **Design**, no grupo **Dados**, clique em **Alternar Linha/Coluna** para agrupar as temperaturas de acordo com o mês.

18 No gráfico, clique em **Título do Gráfico** para selecionar a caixa e digite **Temperaturas em Washington**. Em seguida, clique em uma área em branco da página para exibir os resultados.

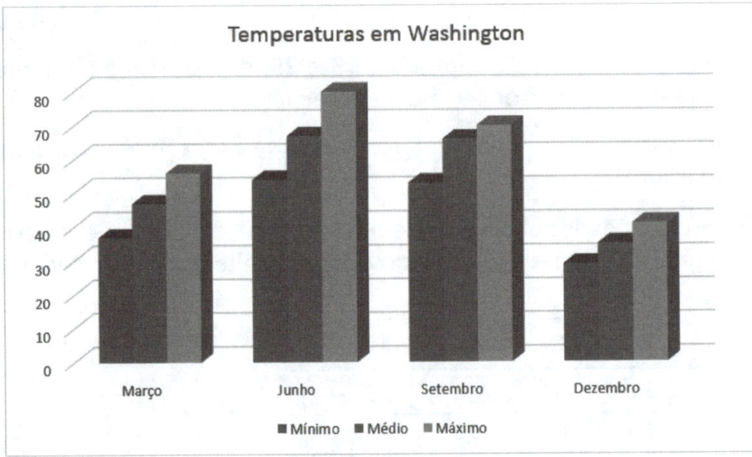

Foi simples criar este gráfico incrível diretamente no Word.

ENCERRAMENTO Feche o documento ChaléA; se quiser, salve as alterações.

Como modificar gráficos

Se você acha que um gráfico não representa adequadamente as características mais importantes dos seus dados, é possível alterar facilmente o tipo de gráfico. O Word tem dez tipos de gráficos, cada um com variações bidimensionais e tridimensionais. Os tipos mais comuns de gráficos incluem:

- **COLUNAS** Esses gráficos apresentam como os valores se alteram ao longo do tempo.
- **LINHAS** Esses gráficos apresentam mudanças erráticas nos valores ao longo do tempo.
- **PIZZA** Esses gráficos apresentam como determinadas partes se relacionam com o todo.

- **BARRAS** Esses gráficos apresentam os valores de diversos itens em um ponto específico de tempo.

Após escolher o tipo de gráfico mais apropriado, você pode modificar o gráfico como um todo ou alterar seus elementos, como:

- **ÁREA DO GRÁFICO** Área total dentro da moldura do gráfico.
- **ÁREA DE PLOTAGEM** Área retangular limitada pelos eixos.
- **EIXOS** Linhas que categorizam os dados. O eixo x mostra as categorias, e o eixo y, a série de dados ou valores. (Os gráficos tridimensionais também possuem um eixo z.)
- **RÓTULOS** Identificam os dados em cada eixo.
- **MARCADORES DE DADOS** Representam graficamente cada ponto de dados em cada série de dados.
- **LEGENDA** Identifica a série de dados.
- **TÍTULO DE GRÁFICO** Identifica o objetivo do gráfico; geralmente é usado como uma breve explicação dos dados exibidos.

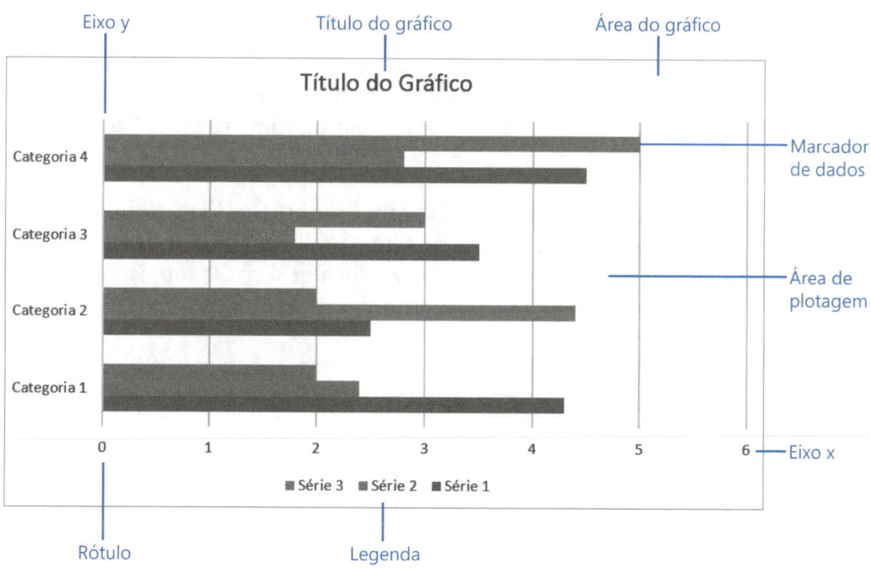

Os principais elementos de um gráfico.

Para modificar um elemento específico, você primeiro precisa selecioná-lo ou clicar em seu nome na caixa Elementos de Gráfico, no grupo Seleção Atual da guia de ferramenta Formatar. Assim, você pode modificar o elemento ao clicar nos botões das guias de ferramenta Design e Formatar.

Se você fizer grandes modificações, pode salvar o gráfico personalizado como um modelo. Assim, no futuro, você pode utilizá-lo com dados similares sem precisar repetir todas as alterações.

Neste exercício, você irá modificar a aparência do gráfico e, depois, irá salvá-lo como modelo.

PREPARAÇÃO Você precisa do documento ChaléB localizado na pasta de arquivos de prática Capítulo08 para realizar este exercício. Abra o documento e siga os seguintes passos:

1 Role até o fim do documento para exibir o gráfico. Clique na área do gráfico para selecioná-la e exibir as guias de **Ferramentas de Gráficos**.

SOLUÇÃO DE PROBLEMAS Cuide na hora de clicar em uma área em branco dentro da moldura do gráfico, pois clicar em qualquer um dos elementos do gráfico irá selecionar esse elemento e não o gráfico como um todo.

Primeiro, vamos alterar o tipo e estilo do gráfico.

2 Na guia de ferramentas **Design**, no grupo **Tipo**, clique no botão **Alterar Tipo de Gráfico** para abrir a caixa de diálogo **Alterar Tipo de Gráfico**, a qual exibe a miniatura do tipo de gráfico atual, **Colunas 3D Agrupadas**.

3 Na lista categoria, clique em **Linhas**. Em seguida, na galeria superior do painel direito, clique duas vezes na quarta miniatura (**Linhas com Marcadores**) para alterar o gráfico de colunas em um gráfico de linhas, o qual representa os dados usando linhas coloridas em vez de colunas.

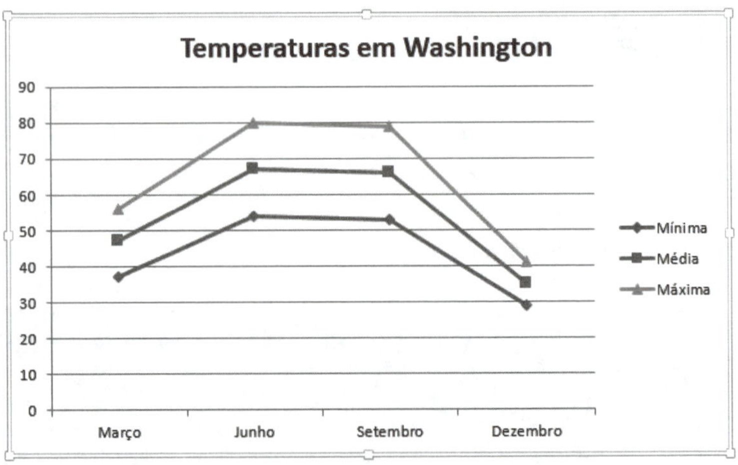

Dados da temperatura representados em um gráfico de linhas.

4 No documento, à direita do gráfico, clique no botão **Estilos de Gráfico**. Note que você pode escolher o **Estilo** ou a **Cor** na parte superior da janela que surge ao exibir a galeria de opções.

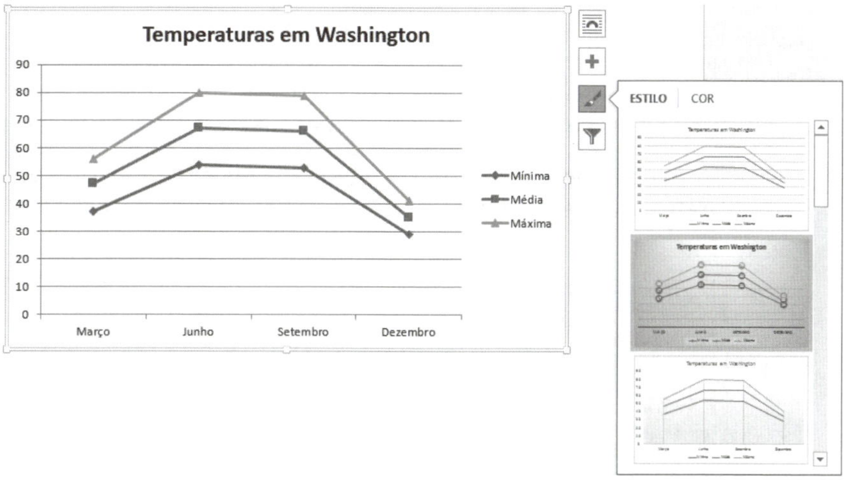

Com poucos cliques, você pode alternar para um estilo de área do gráfico ou marcador de dados diferente para o mesmo tipo de gráfico.

DICA Você também pode acessar os estilos disponíveis na galeria Estilos de Gráficos; clique no botão Mais, no grupo Estilos de Gráfico.

5 Na galeria **Estilo**, posicione o ponteiro sobre cada miniatura para visualizar o estilo do gráfico no documento. Em seguida, clique na segunda miniatura (**Estilo 2**) para alterar os marcadores de dados em círculos exibindo os pontos de dados.

Agora, vamos alterar a cor da área de plotagem e da série de dados.

6 No painel **Estilos de Gráficos**, clique em **Cor** para exibir as paletas **Colorido** e **Monocromático** com opções de cores baseadas no tema atual. Role pela galeria e note que a paleta **Monocromático** oferece gradiente de cores que vão do escuro ao claro e do claro ao escuro. Assim, você pode usar o efeito de cor mais apropriado para os seus dados.

7 Na parte inferior da paleta **Monocromático**, clique no gradiente "do claro ao escuro" da cor roxa (**Cor 15**). Depois, clique no botão **Estilos de Gráficos** para fechar a galeria.

8 Posicione o ponteiro sobre uma área do gráfico entre os eixos que contenha os marcadores de dados e, quando uma Dica de Tela indicar que você está sobre a área de plotagem, clique para selecionar a área.

9 Na guia de ferramenta **Formatar**, no grupo **Estilos de Forma**, clique na seta do botão **Preenchimento da Forma** e, na paleta **Cores do Tema**, clique na primeira amostra abaixo da amostra laranja (**Laranja, Ênfase 6, Mais Claro 80**%) para diferenciar a área de plotagem do resto do gráfico.

DICA Para alterar diversos aspectos da área de plotagem, clique com o botão direito sobre ela e clique em Formatar Área de Plotagem para abrir o painel Formatar Área de Plotagem, onde você pode alterar o preenchimento e a borda e aplicar sombra, brilho, bordas suaves e efeitos tridimensionais.

10 Na parte superior do grupo **Seleção Atual**, clique na seta **Elementos do Gráfico** para exibir uma lista com os elementos do gráfico atual.

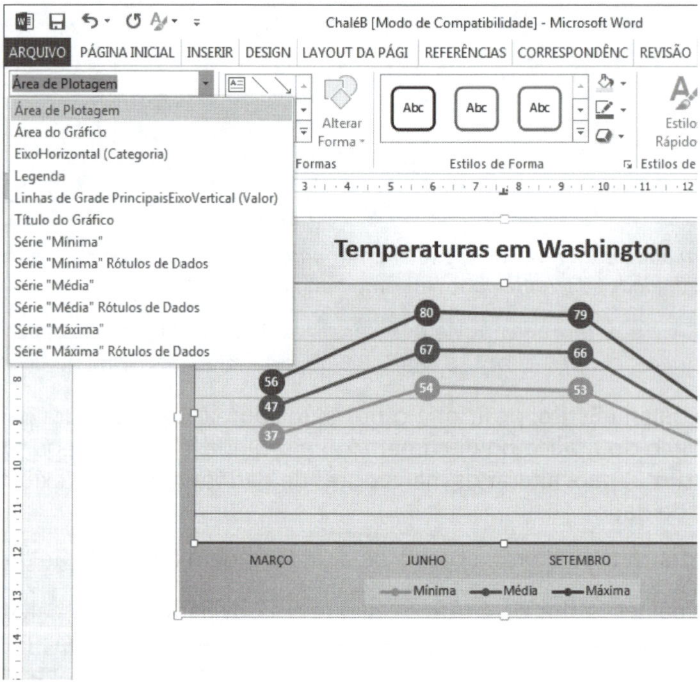

Você pode selecionar um elemento do gráfico clicando no próprio gráfico ou selecionado o elemento a partir da lista.

11 Na lista **Elementos do Gráfico,** clique em **Série "Máxima"** para selecionar o ponto de dados da linha superior do gráfico.

12 No grupo **Seleção Atual**, clique no botão **Formatar Seleção** para exibir a página **Opções de Série**, no painel **Formatar Série de Dados**.

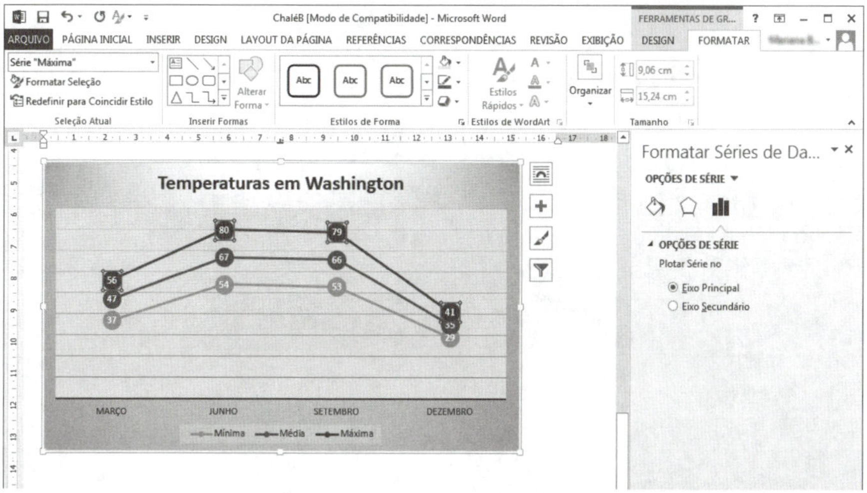

O painel Formatar Série de Dados exibe as opções de formatação para qualquer elemento selecionado do gráfico.

13 Na parte superior do painel **Formatar Série de Dados**, clique no botão **Linha de Preenchimento** (o balde de tinta) para exibir as opções de linhas.

14 Clique no botão **Cor** e, na paleta **Cores Padrão,** clique na amostra **Verde**.

15 Perto da parte superior do painel, clique em **Marcador** para exibir as categorias **Opções de Marcador**, **Preenchimento** e **Borda**.

16 Clique na categoria **Preenchimento** e na opção **Preenchimento Sólido**. Clique no botão **Cor de Preenchimento** e, na paleta **Cores Padrão,** clique na amostra **Verde**.

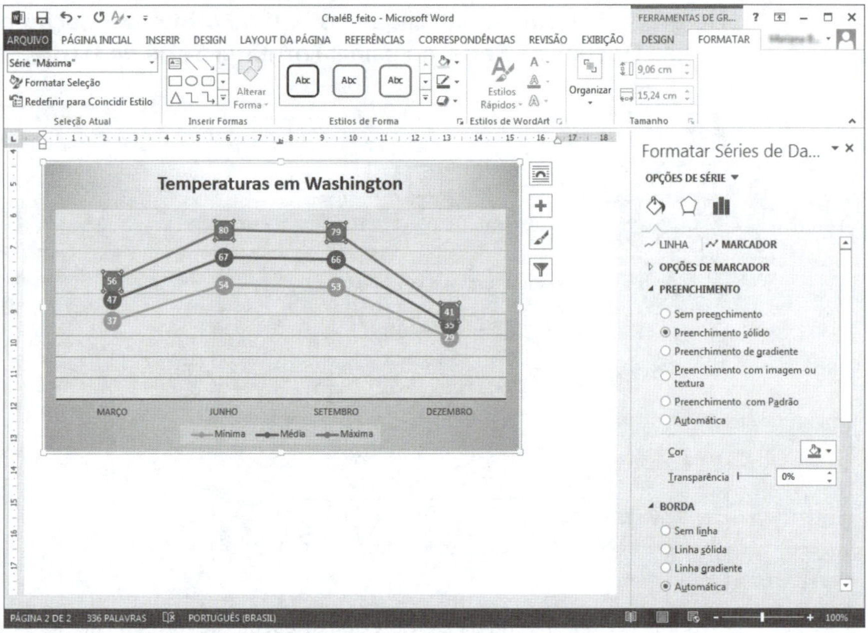

Agora, a série de dados da temperatura Máxima está representada pela cor verde, tanto no gráfico quanto na legenda.

17 Feche o painel **Formatar Série de Dados** e clique em uma parte em branco da área do gráfico para liberar a série de dados. Depois, à direita do gráfico, clique no botão **Elementos de Gráfico**.

Agora, vamos alterar os elementos exibidos do gráfico.

18 Na lista **Elementos de Gráfico**, limpe as caixas de seleção **Rótulos de Dados**, **Linhas de Grade** e **Legenda** para remover esses elementos do gráfico. Depois, selecione as caixas de seleção **Títulos dos Eixos** e **Tabela de Dados** e clique na seta que aparece à direita do item **Tabela de Dados** para conferir se a opção **Com Códigos de Legenda** está selecionada.

DICA Você pode exibir um conjunto específico de elementos do gráfico escolhendo um layout pré-formatado da galeria Layout Rápido, disponível na guia de ferramenta Design.

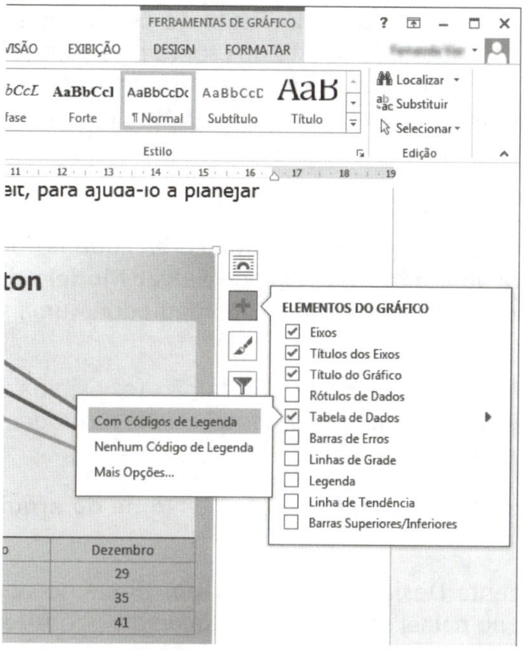

Você pode exibir ou esconder os elementos de gráfico a partir desta lista.

19 Clique no botão **Elementos do Gráfico** para fechar a lista. Com somente alguns cliques, você mudou completamente a apresentação dos seus dados.

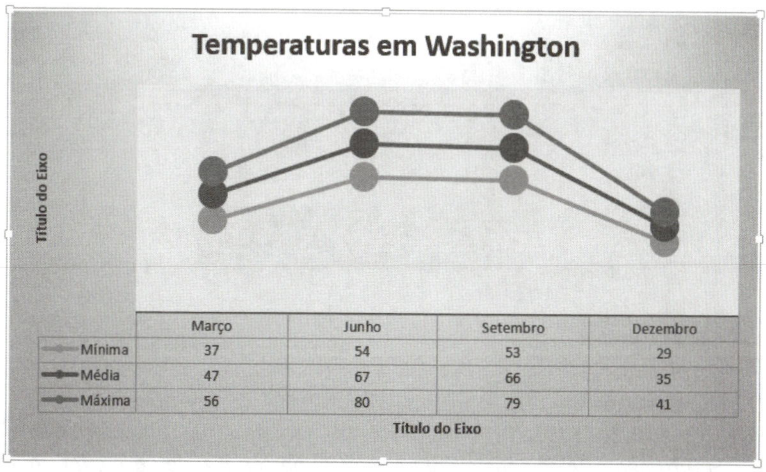

Se você não possui muitos dados, exibir uma folha de dados pode ilustrá-los sem poluição visual.

20 No gráfico, clique no espaço reservado **Título do Eixo** à esquerda e digite **Graus Fahrenheit** para substituir o texto do espaço reservado. Depois, substitua o espaço reservado **Título do Eixo**, na parte inferior do gráfico, por **Mês**. Note que você pode substituir o texto mesmo que somente o espaço reservado esteja selecionado e não o texto.

Por último, vamos salvar os elementos do gráfico como um modelo.

21 Clique com o botão direito na área do gráfico e clique no botão **Salvar como Modelo** para abrir a caixa de diálogo **Salvar Modelo do Gráfico** e exibir o conteúdo da pasta **Charts** do seu computador – uma subpasta da pasta **Templates**.

SOLUÇÃO DE PROBLEMAS Se a pasta Charts não for exibida na barra de endereços, navegue até o caminho C:\Usuários\<*nome do usuário*>\AppData\Roaming\Microsoft\Templates\Charts.

22 Digite **Meu Gráfico de Temperatura** na caixa **Nome do arquivo** e clique em **Salvar**.

23 Na guia de ferramenta **Design**, no grupo **Tipo**, clique no botão **Alterar Tipo de Gráfico** e, no painel esquerdo da caixa de diálogo **Alterar Tipo de Gráfico**, clique em **Modelos** para conferir se o seu gráfico personalizado está disponível como um modelo.

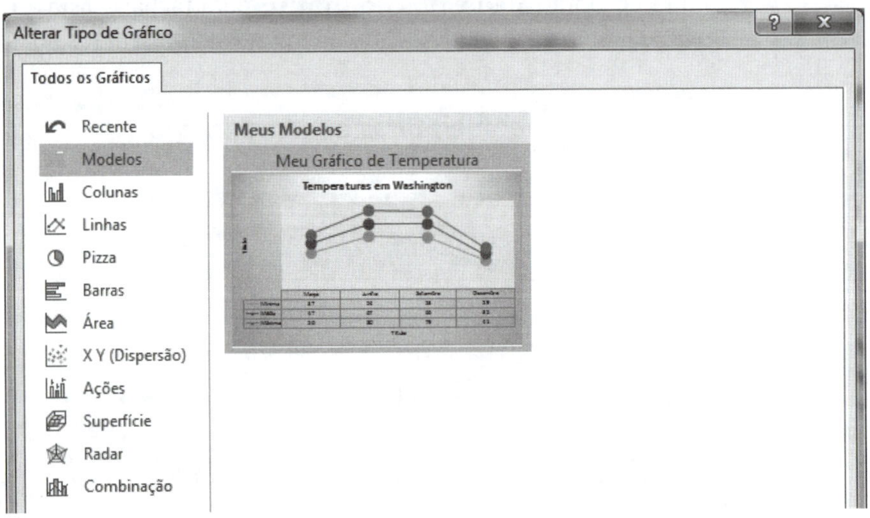

Futuramente, você pode clicar no modelo personalizado para criar um gráfico com o mesmo layout e a mesma formatação.

24 Na caixa de diálogo **Alterar Tipo de Gráfico**, clique em **Cancelar** para fechar a caixa de diálogo sem criar um novo gráfico.

ENCERRAMENTO Feche o documento ChaléB; se quiser, salve as alterações.

Como utilizar dados existentes em gráficos

Se os dados que você deseja exibir em um gráfico no Word já existem em um banco de dados do Microsoft Access, em uma planilha do Excel ou em uma tabela do Word, você pode copiar os dados do programa de origem e colá-los em uma planilha de gráfico.

Neste exercício, você copiará os dados armazenados em uma planilha do Excel para uma planilha do gráfico e ampliará o intervalo dos dados plotados para que os novos dados apareçam no gráfico.

PREPARAÇÃO Você precisa do documento ChaléC e da pasta de trabalho Temperatura localizados na pasta de arquivos de prática Capítulo08 para realizar este exercício. Abra o documento ChaléC e siga os seguintes passos:

1 Role até o fim do documento para exibir o gráfico e clique em uma parte em branco da área do gráfico para exibir as guias **Ferramentas de Gráfico**.

2 Na guia de ferramenta **Design**, no grupo **Dados**, clique na seta de **Editar Dados**. Na lista que aparece, clique em **Editar Dados no Excel 2013** para exibir os dados do gráfico em uma planilha do Excel.

3 Na janela do Excel, vá para o modo de exibição **Backstage** e clique em **Abrir**. No painel esquerdo da página **Abrir**, clique em **Computador** e, no painel direito, clique no botão **Procurar**. Na caixa de diálogo **Abrir**, vá para a pasta de arquivos de prática **Capítulo08** e clique duas vezes na pasta de trabalho **Temperatura** para abrir uma nova janela do Excel.

4 Na pasta de trabalho **Temperatura**, na guia **Exibição**, no grupo **Janela**, clique no botão **Organizar Tudo**. Em seguida, na caixa de diálogo **Organizar janelas**, clique em **Na horizontal** e em **OK** para dispor a planilha **Temperatura** acima da planilha dos dados do gráfico. Assim, as duas planilhas ficarão visíveis ao mesmo tempo.

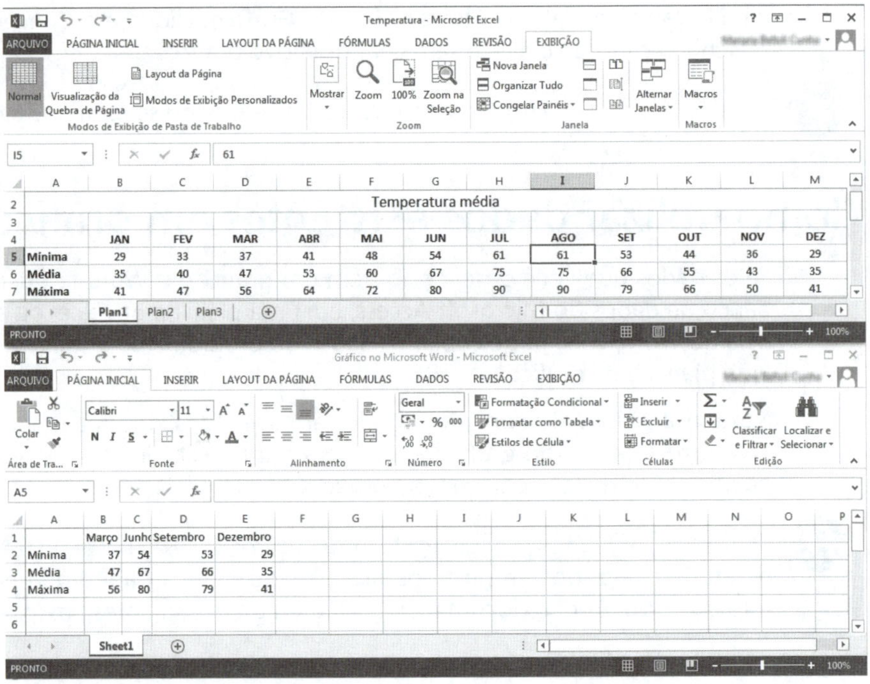

Exibir duas planilhas ao mesmo tempo facilita na hora de copiar os dados de uma para outra.

5 Na pasta de trabalho **Temperatura**, ajuste o zoom até a página exibir as células **B4** e **M7**. Clique na célula **B4**, mantenha pressionada a tecla **Shift** e clique na célula **M7** para selecionar o intervalo **B4:M7**.

6 Na pasta de trabalho **Temperatura**, na guia **Página Inicial**, no grupo **Área de Transferência**, clique no botão **Copiar**.

ATALHO DE TECLADO Pressione Ctrl+C para copiar o conteúdo selecionado para a Área de transferência do Microsoft Office.

7 Clique na barra de título da pasta de trabalho **Gráfico no Microsoft Word** para ativar a página, clique na célula **B1** e, na guia **Página Inicial**, no grupo **Área de Transferência**, clique no botão **Colar** para colar os dados copiados na planilha com os dados do gráfico.

ATALHO DE TECLADO Pressione Ctrl+V para colar o conteúdo mais recente da Área de transferência.

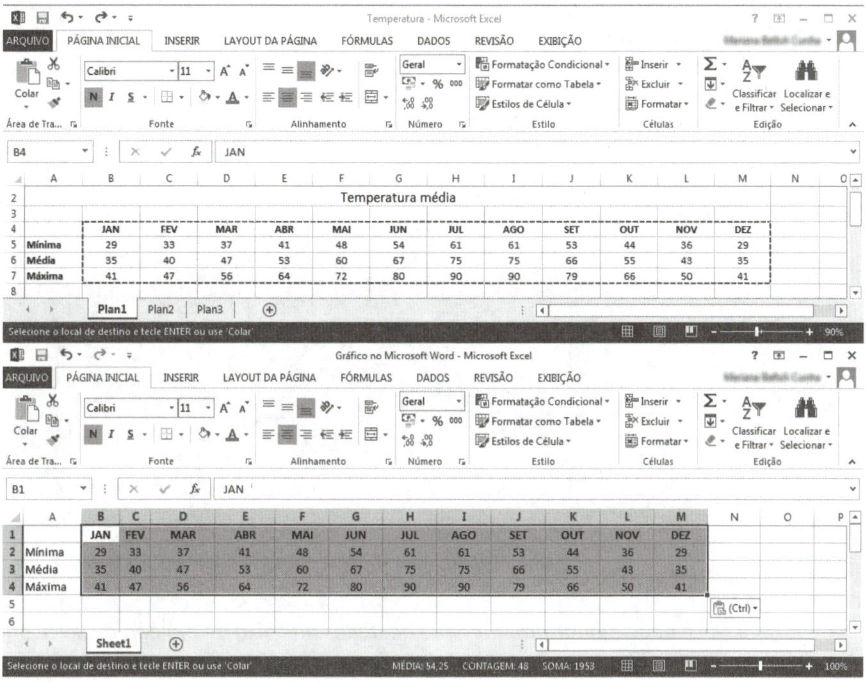

Os dados copiados serão exibidos no gráfico.

8 Feche a pasta de trabalho **Temperatura**. Maximize a pasta de trabalho do gráfico e clique na célula **A1** para liberar a seleção. Agora, você precisa determinar que os novos dados devem ser incluídos no gráfico.

9 Volte para o documento **ChaléC** e clique em uma parte em branco da área do gráfico. Na guia de ferramenta **Design**, no grupo **Dados**, clique no botão **Selecionar Dados** para ativar a planilha do gráfico e abrir uma caixa de diálogo **Selecionar Fonte de Dados.** Arraste a caixa de diálogo **Selecionar Fonte de Dados** para manter visíveis os dados da planilha.

DICA Você também pode importar dados como um arquivo de texto, uma página Web ou uma fonte externa – como o Microsoft SQL Server – para o seu gráfico. Para importar dados, primeiro exiba a planilha do Excel associada. Depois, na guia Dados, no grupo Obter Dados Externos, clique no botão referente à fonte dos seus dados e navegue até ela. Para mais informações, consulte a Ajuda do Excel.

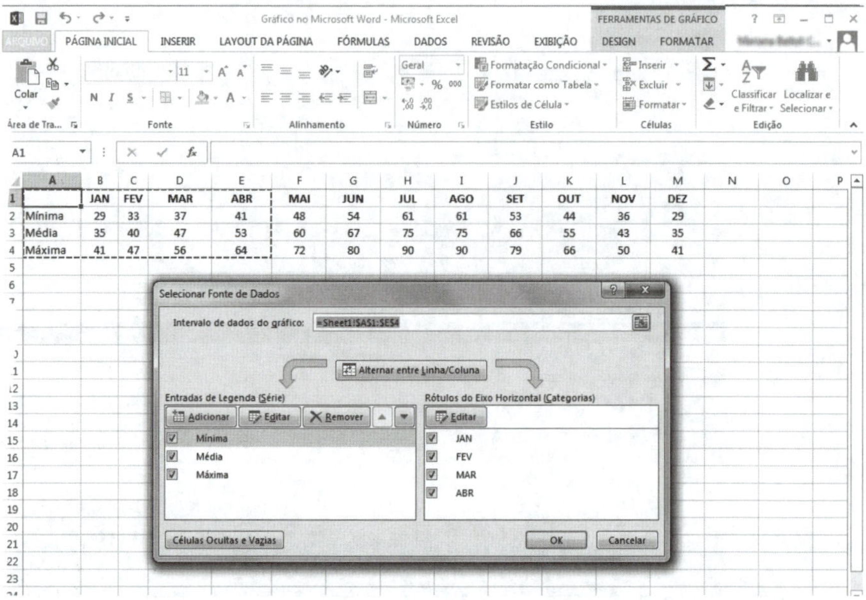

Você pode digitar um intervalo de dados na caixa de diálogo ou selecionar os dados da planilha.

10 Arraste o ponteiro na planilha para selecionar as células **A1:M4** ou configure o intervalo na caixa **Intervalo de dados do gráfico** para **=Sheet1!$A$1:$M$4** para que o Excel use os valores entre **A1:M4** no **Sheet1** da planilha associada. (Os símbolos **$** garantem que somente esse intervalo de células será usado como fonte dos dados do gráfico. **Sheet1** é o nome definido para a planilha na guia, na parte inferior da janela do programa Excel.)

11 Na caixa de diálogo **Selecionar Fonte de Dados**, clique em **OK** e feche a planilha do gráfico para exibir o gráfico atualizado. Note que você não é solicitado a salvar a planilha do gráfico como um arquivo.

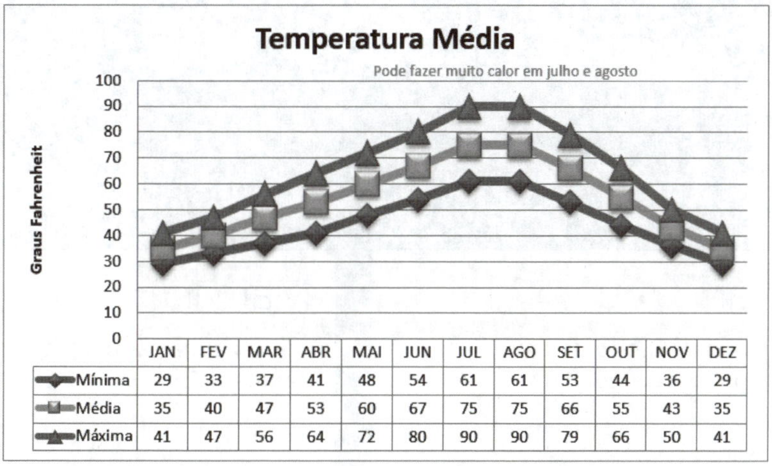

O gráfico representa um intervalo de temperaturas ao longo do ano.

ENCERRAMENTO Feche o documento ChaléC; se quiser, salve as alterações.

Pontos-chave

- Geralmente, um gráfico é o modo mais eficaz e rápido de apresentar dados numéricos com clareza.
- Você pode selecionar o tipo de gráfico e alterar a aparência dos elementos até que eles se adaptem da melhor forma às informações-chave.
- Dados existentes em uma tabela do Word, uma pasta de trabalho do Excel, um banco de dados do Access ou outra fonte estruturada podem ser copiados e colados facilmente à planilha associada ao gráfico, eliminando, assim, o tempo de digitação.

Visão geral do capítulo

Decorar

Altere o plano de fundo de um documento, página 266

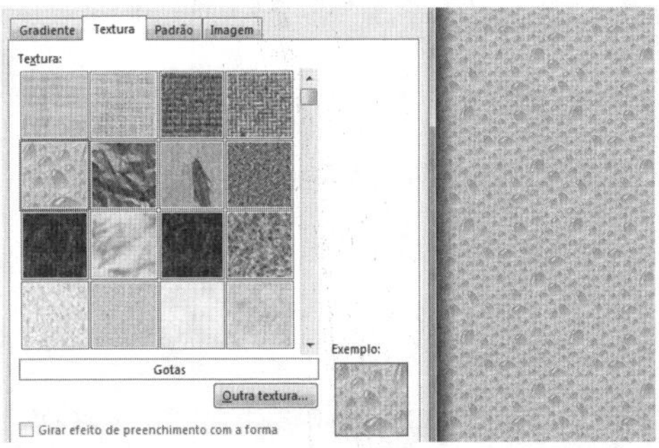

Marcar

Adicione marcas d'água, página 272

Reutilizar

Insira partes pré-formatadas de documentos, página 276

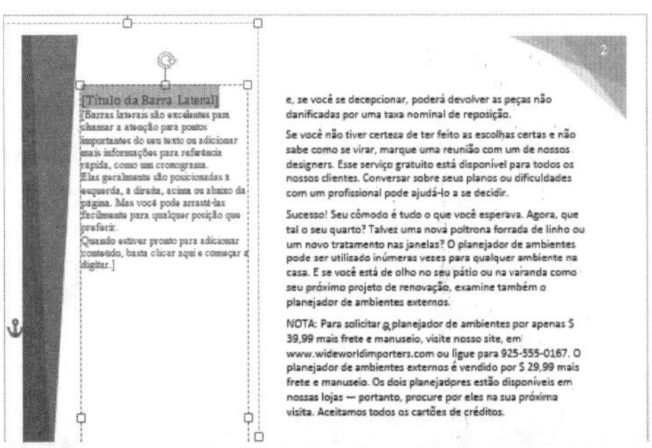

Calcular

Crie equações, página 288

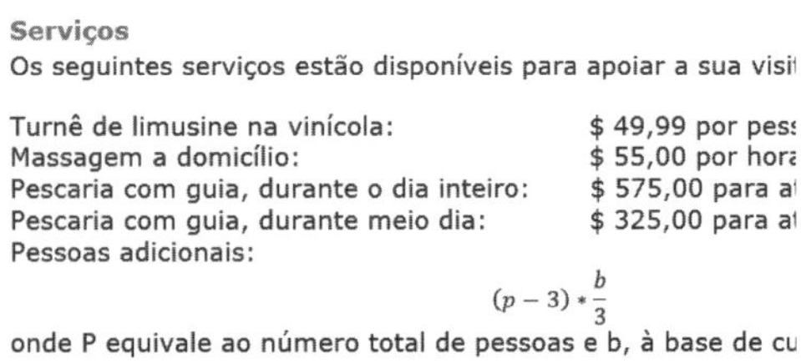

Como adicionar elementos visuais

9

NESTE CAPÍTULO, VOCÊ APRENDERÁ A:

- Alterar o plano de fundo de um documento.
- Adicionar marcas d'água.
- Inserir partes pré-formatadas de documentos.
- Criar equações.

Nos capítulos anteriores, vimos alguns dos elementos gráficos mais comuns que você pode adicionar a um documento, como imagens, diagramas e gráficos. Esses elementos reforçam os conceitos ou ajudam a atrair mais atenção ao documento ou contribuem para um visual atraente. Você também pode melhorar a aparência de um documento usando outros tipos de elementos visuais, como:

- **PLANOS DE FUNDO** Você pode aplicar uma variedade de planos de fundo às páginas do documento, incluindo cores, gradientes, texturas, padrões e imagens.
- **MARCAS D'ÁGUA** Você pode fornecer informações sem ofuscar o conteúdo do texto ao adicionar marcas d'água textuais ou gráficas ao plano de fundo do documento.
- **BLOCOS DE CONSTRUÇÃO** Você pode chamar a atenção para determinadas informações e aumentar o apelo visual ao incorporar blocos de construção gráficos prontos (também chamados de *Partes Rápidas*) a um documento. Esses blocos de construção são combinações de objetos de desenho (às vezes imagens) em diversos estilos de formatação que você pode selecionar para inserir elementos como folhas de rosto, trechos retirados do texto (chamados de citações) e barras laterais. Você também pode criar seus próprios blocos de construção.

Neste capítulo, primeiro você aprenderá a usar planos de fundo e a criar marcas d'água de texto e de imagens. Depois, irá adicionar três tipos de blocos de construção a um documento. Por último, criará uma equação simples.

ARQUIVOS DE PRÁTICA Para realizar os exercícios deste capítulo, você precisa dos arquivos de prática contidos na pasta Capítulo09. Para mais informações, consulte "Como baixar os arquivos de prática" na Introdução deste livro.

Como alterar o plano de fundo de um documento

Se você estiver criando um documento que será impresso, visualizado em um computador ou publicado na internet e visualizado em um navegador da Web, você pode fazer com que o documento se destaque adicionando uma cor, uma textura ou uma imagem de plano de fundo ou bordas às páginas do documento.

CONSULTE TAMBÉM Para mais informações sobre como criar documentos para a internet, consulte "Como criar e alterar documentos de internet" no Capítulo 11, "Como criar documentos para uso fora do Word".

Quando se usa planos de fundo, o truque é não exagerar. Os efeitos devem ser sutis o suficiente para não interferir no texto ou em outros elementos da página nem dificultar a leitura do documento.

Neste exercício, você primeiro aplicará uma cor sólida ao plano de fundo em todas as páginas. Em seguida, criará um gradiente de duas cores ao longo das páginas. Você também irá preencher as páginas com uma das texturas incluídas no Word e, depois, com uma imagem. Por último, você inserirá uma borda ao redor de cada página.

PREPARAÇÃO Você precisa da imagem PisoMármore localizada na pasta de arquivos de prática Capítulo09 para realizar esse exercício. Abra um documento em branco, desative as réguas e as marcas de formatação e siga os seguintes passos:

1 Na guia **Exibição**, no grupo **Zoom**, clique no botão **Uma Página** para exibir a página inteira na janela do programa.

2 Na guia **Design**, no grupo **Plano de Fundo da Página**, clique no botão **Cor da Página**. No menu **Cor da Página**, na paleta **Cores do Tema**, clique na segunda amostra abaixo da amostra principal da cor verde (**Verde, Ênfase 6, Mais Claro 60**%) para alterar o plano de fundo do documento com a cor selecionada.

3 No menu **Cor da Página**, clique em **Efeitos de preenchimento** para abrir a caixa de diálogo **Efeitos de preenchimento**.

4 Na área **Cores**, selecione a opção **Duas cores**. Selecione verde para a **Cor 1**. Clique na **Cor 2** e, na paleta **Cores do Tema**, clique na terceira amostra abaixo da amostra principal da cor laranja (**Laranja, Ênfase 2, Mais Claro 40**%). As áreas **Variações** e **Exemplo** se alteram para ilustrar várias opções de combinação das duas cores.

5 Na área **Sombreamento**, clique em cada opção para observar os efeitos nas áreas **Variações** e **Exemplo**. Note que alguns estilos de sombreamento possuem somente duas variantes. Em seguida, clique em **Diagonal p/ baixo**.

6 Na área **Variações**, clique na opção inferior esquerda para visualizar o efeito. Em seguida, clique em **OK** para alterar o plano de fundo do documento de acordo com a amostra.

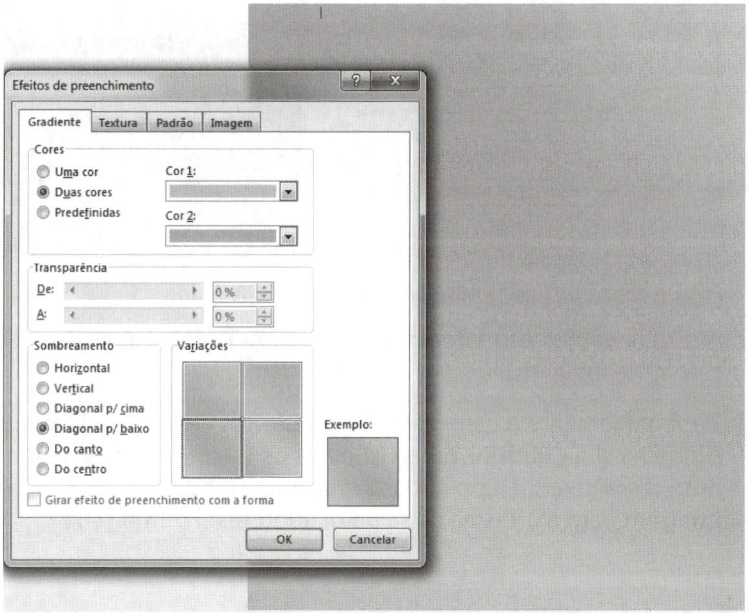

Você pode configurar os efeitos de preenchimento com várias cores e em uma variedade de direções.

Agora, vamos formatar o plano de fundo da página com um preenchimento de textura.

7 Exiba novamente a caixa de diálogo **Efeitos de preenchimento**. Clique na guia **Textura** para exibir as 24 opções de textura inclusas no Word.

8 Role pela galeria para se familiarizar com as texturas disponíveis. Clique na primeira amostra de textura da segunda linha (**Gotas**) e clique em **OK** para formatar o plano de fundo da página com essa textura. Note que a amostra de textura foi configurada para repetir ao longo da página.

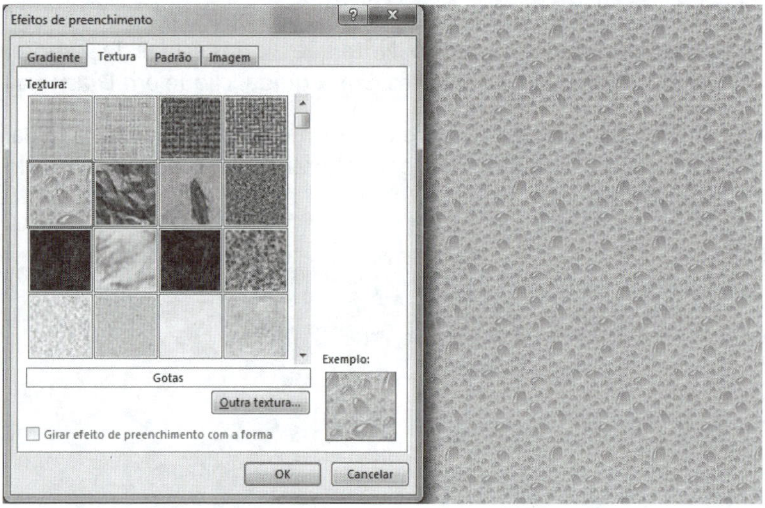

Página com a textura Gotas aplicada ao plano de fundo.

A seguir, vamos formatar o plano de fundo da página para um preenchimento de imagem.

9 Exiba novamente a caixa de diálogo **Efeitos de preenchimento**. Primeiro, clique na guia **Padrão** para visualizar as opções de preenchimento de padrão disponíveis. Depois, clique na guia **Imagem** e no botão **Selecionar Imagem** para abrir uma caixa de diálogo **Inserir Imagens**.

Você pode selecionar uma imagem de plano de fundo a partir do seu computador, de um local de rede ou de uma fonte online.

DICA Você pode inserir imagens de plano de fundo a partir da guia Textura ou Imagem com resultados levemente diferentes. Inserir uma imagem da guia de Textura adicionará automaticamente essa imagem à galeria Textura.

10 Na área **De um arquivo** da caixa de diálogo **Inserir Imagens**, clique em **Procurar**. Na caixa de diálogo **Selecionar Imagem**, procure a pasta de arquivos de prática **Capítulo09** e clique duas vezes na imagem **PisoMármore**. Em seguida, na caixa de diálogo **Efeitos de preenchimento**, clique em **OK** para exibir uma imagem embaçada do piso de mármore do Palácio Ducal, em Veneza.

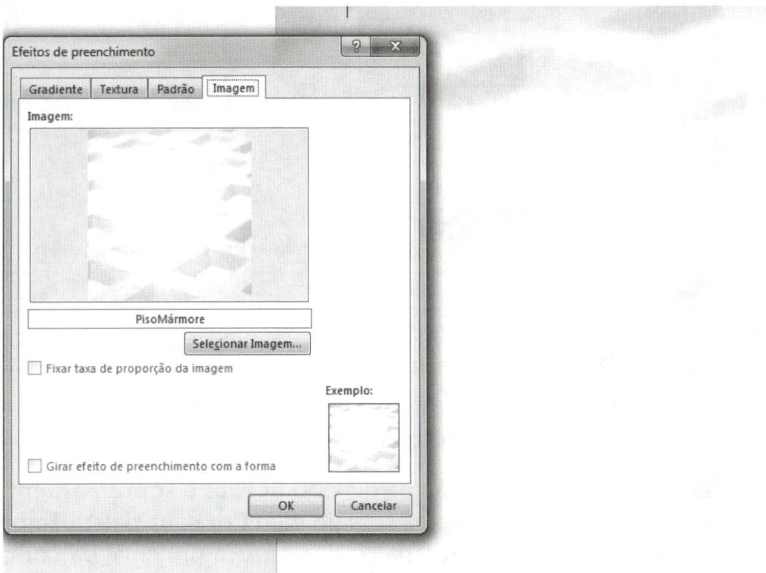

Página com a imagem PisoMármore como plano de fundo.

DICA Para preencher a página, o Word utiliza o maior espaço da figura possível. Se uma cópia da imagem não preenche completamente a página, o Word insere uma cópia de modo que ela se "encaixe" na imagem. Se a imagem for grande, somente uma parte ficará visível no documento.

Por último, vamos adicionar uma borda à página.

11 No grupo **Plano de Fundo da Página**, clique no botão **Bordas da Página** para exibir a guia **Borda da Página** na caixa de diálogo **Bordas e sombreamento**.

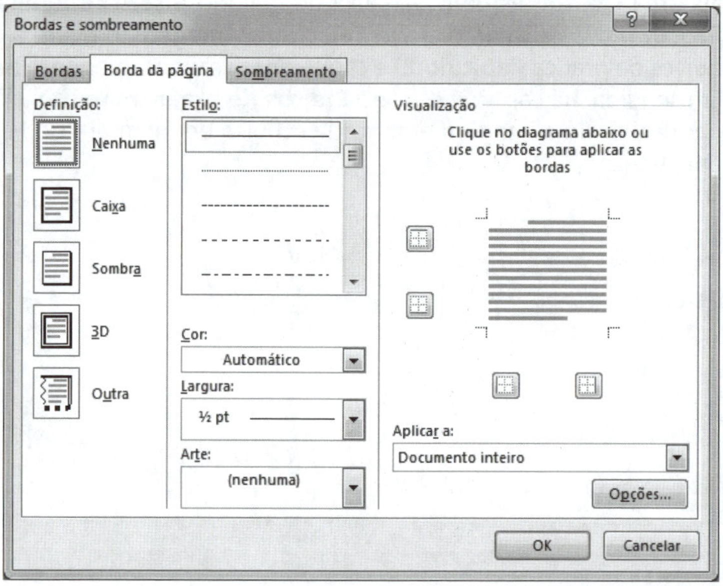

A guia Borda da Página é igual à guia Borda – onde são formatadas as bordas dos parágrafos –, com exceção da opção Arte.

12 Na área **Definição** da caixa de diálogo **Bordas e sombreamento**, clique em **Caixa**. Em seguida, clique na seta do item **Cor** e, na paleta **Tema das Cores**, clique na quarta amostra abaixo da amostra principal da cor ouro, (**Ouro, Ênfase 4, Mais Escuro 25**%).

13 Role pela lista **Estilo**, clique em qualquer opção de estilo da linha que você deseja aplicar e visualize o efeito no painel **Visualização**. Quando você encontrar um estilo de seu agrado, clique em **OK**. Escolhemos a borda tripla perto do fim da lista.

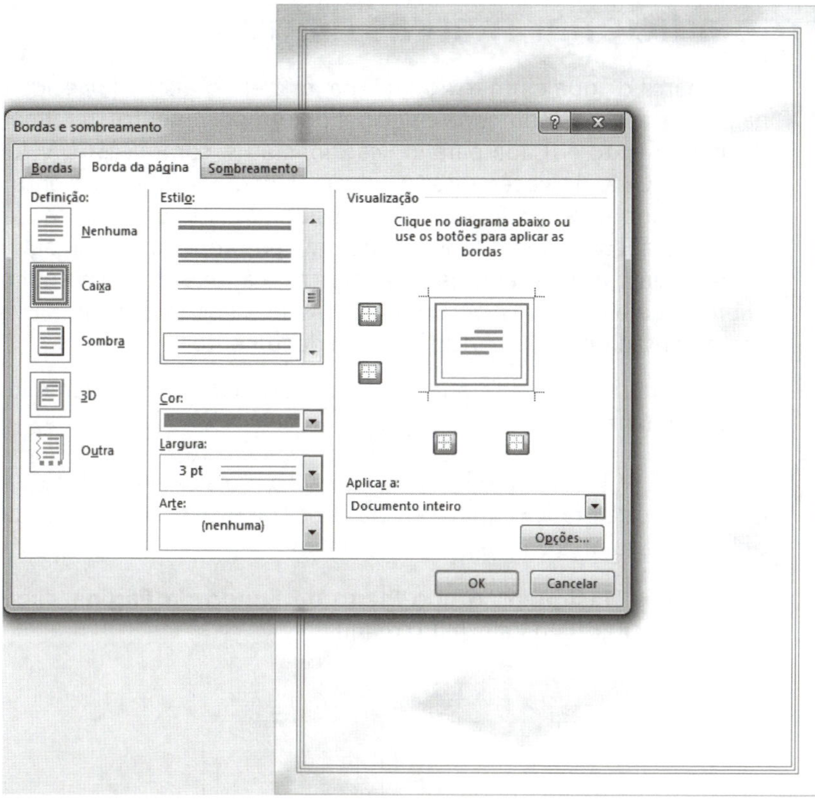

Página em branco com a borda aplicada por cima da imagem do plano de fundo.

14 Na guia **Inserir**, no grupo **Páginas**, clique em **Quebra de Páginas** e role para baixo para exibir a segunda página. Note que as opções de plano de fundo são aplicadas a todas as páginas do documento.

ATALHO DE TECLADO Pressione Ctrl+Enter para inserir uma quebra de página. Para mais informações sobre os atalhos de teclado, consulte "Atalhos de teclado" ao fim deste livro.

ENCERRAMENTO Feche o documento; se quiser, salve as alterações.

Como adicionar marcas d'água

Uma marca d'água é um texto ou uma imagem gráfica esmaecida que aparece na página atrás do conteúdo principal de um documento. Geralmente, a marca d'água de texto é usada para indicar um status, como *RASCUNHO* ou *CONFIDENCIAL*. Quando você quiser produzir as páginas do documento sem distrair a atenção do texto principal, pode considerar exibir uma marca d'água de elementos gráficos, como o logotipo de uma empresa ou uma imagem que reforce sutilmente a sua mensagem. As marcas d'água são visíveis em documentos impressos e online, mas, por serem fracas, elas não interferem na visualização e compreensão do texto principal de um documento.

Neste exercício, você adicionará marcas d'água de texto e elementos gráficos a um documento.

PREPARAÇÃO Você precisa do documento ProjetoAutoras localizado na pasta de arquivos de prática Capítulo09 para realizar este exercício. Abra o documento e siga os seguintes passos:

1 Na guia **Design**, no grupo **Plano de Fundo da Página**, clique no botão **Marca D'água** para exibir o menu.

Você pode utilizar uma marca d'água predefinida ou clicar em Personalizar Marca D'água para definir a sua.

2 Role pelas galerias de marca d'água para se familiarizar com as opções disponíveis. Ao clicar em qualquer uma das opções, o Word insere a marca d'água selecionada, na cor cinza claro, em cada página do documento aberto.

3 Na parte inferior do menu, clique em **Personalizar Marca D'água** para abrir a caixa de diálogo **Marca d'água impressa**. Em seguida, clique em **Marca d'água de texto**.

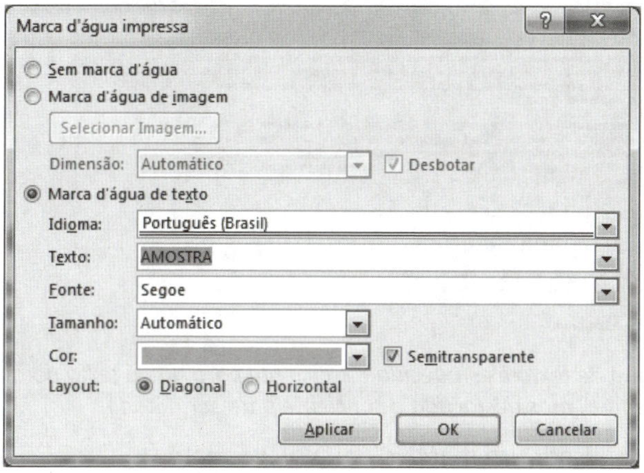

Nesta caixa de diálogo, você pode escolher uma marca d'água de texto ou de imagem personalizada.

4 Clique na seta da opção **Texto** e, no final da lista, clique em **RASCUNHO**.

5 Clique na seta do item **Cor** e, na paleta **Cores do Tema**, clique na amostra principal da cor roxa (**Roxo, Ênfase 4**).

6 Após selecionar a caixa de seleção **Semitransparente** e a opção de layout **Diagonal**, clique em **OK** para inserir a marca d'água diagonalmente pela página e fechar a caixa de diálogo.

DICA As marcas d'água têm esse nome por causa do uso de água no processo de criação de uma marca d'água em um papel de verdade. Uma marca d'água criada adequadamente parece ser mais parte do papel do que do conteúdo.

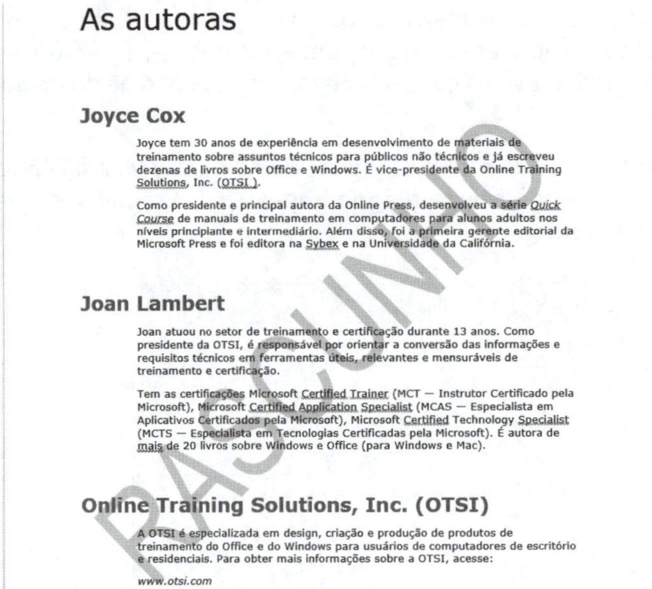

A marca d'água de texto é esmaecida o suficiente para que o texto do documento ainda fique legível, mas destacada o suficiente para ser notada.

Agora, vamos inserir um marca d'água de imagem.

7 Exiba novamente a caixa de diálogo **Marca d'água impressa**. Clique em **Marca d'água de imagem** e em **Selecionar Imagem** para abrir uma caixa de diálogo **Inserir Imagens**.

8 Na área **De um arquivo** da caixa de diálogo **Inserir Imagens**, clique em **Procurar**. Na caixa de diálogo **Inserir Imagem**, procure a pasta de arquivos de prática **Capítulo09** e clique duas vezes na imagem **Logo-OTSI** para inserir o caminho da imagem na caixa de diálogo **Marca d'água impressa**.

9 Na caixa de diálogo **Marca d'água impressa**, clique na seta da opção **Dimensão** e, na lista, clique em **200%**.

10 Selecione a caixa de seleção **Desbotar** e clique em **Aplicar** para inserir a marca d'água no documento mas deixar a caixa de diálogo aberta. Arraste a caixa de diálogo pela barra de título até que você consiga visualizar a marca d'água.

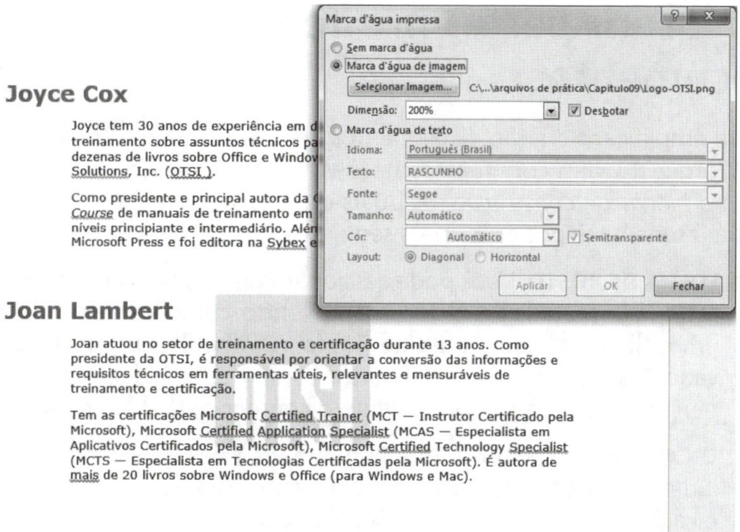

Você pode ajustar o tamanho de uma marca d'água de imagem, mas não pode alterar o seu ângulo.

Vamos ampliar a marca d'água.

11 Na caixa de diálogo **Marca d'água impressa**, clique na caixa **Dimensão**, selecione **200**% e digite **400%** para substituir a configuração atual. Clique em **OK** para alterar a dimensão da marca d'água e fechar a caixa de diálogo.

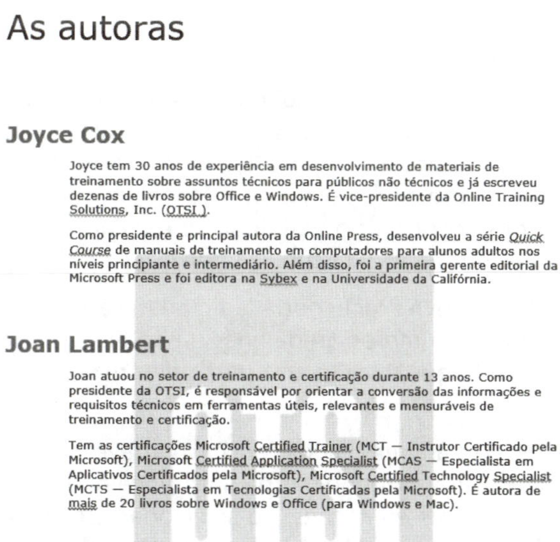

A marca d'água de imagem acrescenta um interesse visual sem apagar o texto.

ENCERRAMENTO Feche o documento ProjetoAutoras; se quiser, salve as alterações.

Como inserir partes pré-formatadas de documentos

Para simplificar a criação de elementos de texto com uma aparência profissional, o Word 2013 vem com representações prontas de visuais de texto, conhecidas como *blocos de construção*, os quais estão disponíveis em diversos grupos na guia Inserir. Você pode inserir os seguintes tipos de blocos de construção:

- **FOLHA DE ROSTO** Você pode adicionar, com apenas um clique, uma folha de rosto já formatada a um documento longo, como um relatório, ao selecionar um estilo da galeria **Folha de Rosto**. A folha de rosto inclui espaços reservados para texto – para elementos como títulos – de modo que você possa personalizar a página para refletir o conteúdo do documento.

  DICA Você pode inserir rapidamente uma página em branco em qualquer lugar no documento – até no meio de um parágrafo – ao posicionar o cursor e clicar no botão Página em Branco, disponível no grupo Páginas, na guia Inserir.

- **CABEÇALHO E RODAPÉ** Você pode exibir informações em áreas superiores ou inferiores de cada página do documento ao selecionar um estilo da galeria **Cabeçalho** ou **Rodapé**. O Word exibe linhas pontilhadas para indicar as áreas do cabeçalho e do rodapé e exibe a guia de ferramenta **Design** na Faixa de Opções. Você pode digitar e formatar as informações no cabeçalho e no rodapé usando as mesmas configurações para o corpo do documento e os comandos na guia de ferramenta **Design.** Você pode colocar determinado cabeçalho e rodapé na primeira página do documento e outro cabeçalho e rodapé nas páginas ímpares e pares.

  DICA Se o seu documento possui uma quebra de seção, cada seção sucessiva herda os cabeçalhos e os rodapés da seção anterior, a não ser que você quebre a ligação entre as duas seções. Assim, você pode criar um cabeçalho e um rodapé diferentes da seção atual. Para mais informações sobre seções, consulte "Como controlar o que aparece em cada página" no Capítulo 6, "Visualização, impressão e distribuição de documentos".

- **NÚMERO DE PÁGINA** Você pode adicionar cabeçalhos e rodapés que incluem somente números de páginas e não exigem uma personalização; selecione o estilo que você quer a partir de uma das galerias **Número de Página**.

- **CAIXA DE TEXTO** Para reforçar os conceitos-chave e quebrar a uniformidade de um texto corrido ao longo das páginas, você pode inserir caixas de texto, como barras laterais e citações, ao selecionar o estilo a partir da galeria **Caixa de Texto**. As caixas de texto formatadas incluem um texto do espaço reservado que você substituirá por outro texto.

Se você usa um elemento específico com frequência nos seus documentos, como a disposição título-subtítulo-autor no início de relatórios, pode definir esse elemento como um bloco de construção personalizado. Ele ficará disponível na galeria Partes Rápidas.

CONSULTE TAMBÉM Para mais informações sobre como salvar um texto usado com frequência como um bloco de construção, consulte "Criação de blocos de construção personalizados" no Capítulo 16, "Como trabalhar no Word com mais eficiência".

Você pode exibir informações sobre os blocos de construção disponíveis clicando no botão Partes Rápidas, disponível no grupo Texto da guia Inserir, e clicando em Organizador de Blocos de Construção.

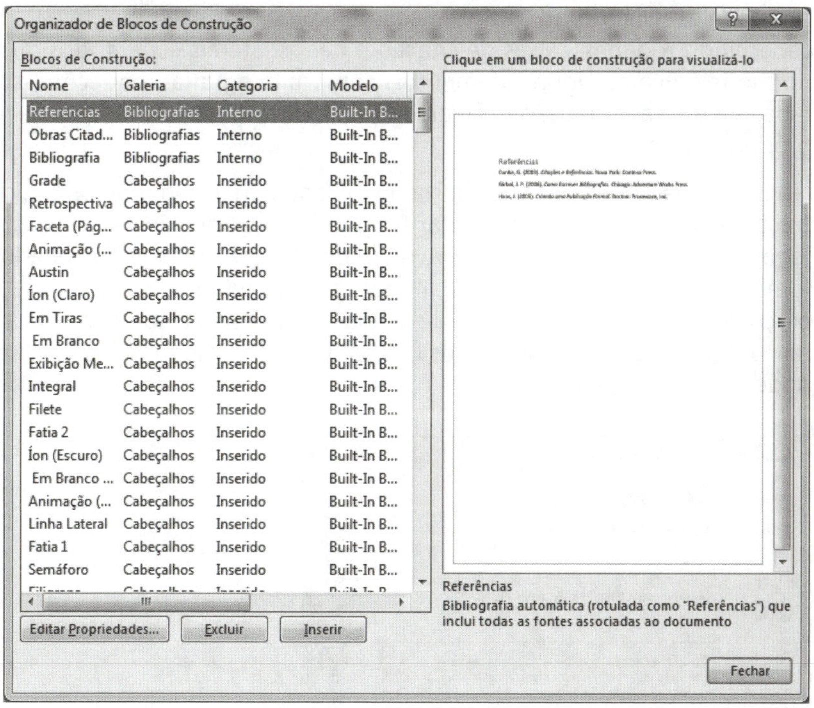

A caixa de diálogo Organizador de Blocos de Construção inclui opções personalizadas e opções prontas para elementos de design, como cabeçalhos, rodapés, números de páginas, tabelas, caixas de texto e marcas d'água.

SOLUÇÃO DE PROBLEMAS Se a resolução da sua tela for alta e o botão Partes Rápidas for exibido como um botão grande, ele será chamado de *Partes Rápidas*. Se o botão aparece como um botão pequeno sem nome, a sua Dica de Tela é Explorar as Partes Rápidas. Para simplificar, neste livro chamamos esse botão de *botão Partes Rápidas*.

O painel esquerdo da caixa de diálogo Organizador de Blocos de Construção exibe uma lista completa com todos os blocos de construção disponíveis no seu computador. Ao clicar em um bloco de construção no painel esquerdo, o Word exibe uma visualização no painel direito, junto com a descrição e o comportamento do bloco.

DICA A lista Blocos de Construção no seu computador inclui entradas AutoTexto com o seu nome de usuário e as suas iniciais. Para mudar qualquer uma dessas entradas, atualize as suas informações na guia Geral da caixa de diálogo Opções do Word.

Inicialmente, os blocos de construção estão organizados por tipo, como ilustrado na coluna Galeria. Se você quiser inserir blocos de construção de mesmo modelo em um documento, pode configurar a lista alfabeticamente por nome do modelo, clicando no título da coluna Nome. Por exemplo, folhas de rosto, cabeçalhos, rodapés, caixas de citação e barras laterais estão todos disponíveis no modelo Filete. Alguns elementos, como bibliografias, equações, sumários, tabelas e marcas d'água, não fazem parte de uma família de modelos e têm seus próprios nomes.

No canto inferior esquerdo da caixa de diálogo Organizador de Blocos de Construção, você pode clicar em Editar Propriedades para exibir uma caixa de diálogo com toda a informação sobre um bloco de construção selecionado em um formato mais legível. Você pode alterar as propriedades associadas a qualquer bloco de construção nessa caixa de diálogo (mas tenha cuidado na hora de alterar as propriedades atribuídas aos blocos de construção inclusos no Word; você pode deixá-los inutilizáveis).

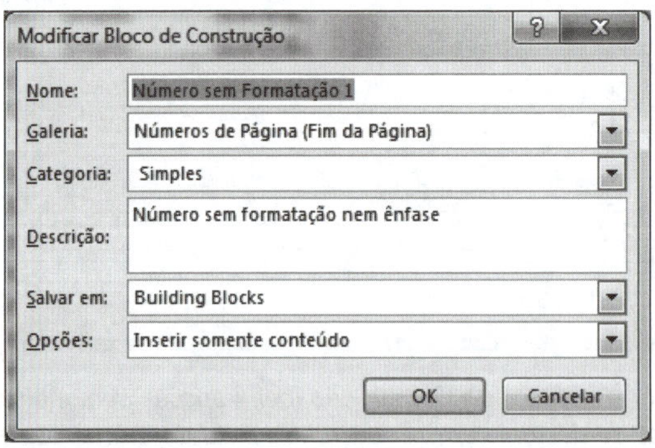

Caixa de diálogo Modificar Bloco de Construção.

Você pode excluir o bloco de construção selecionado da lista (e dos modelos globais do Bloco de Construção) clicando em Delete na parte inferior da caixa de diálogo Organizador de Blocos de Construção. Você também pode inserir um bloco de construção selecionado em um documento clicando em Inserir.

CONSULTE TAMBÉM Para mais informações sobre modelos globais, consulte "Como criar estilos e modelos personalizados" no Capítulo 16, "Como trabalhar no Word com mais eficiência".

Neste exercício, você adicionará uma folha de rosto, um cabeçalho e um rodapé a um documento. Você também inserirá uma caixa de citação e uma barra lateral e salvará a barra lateral personalizada como um bloco de construção.

PREPARAÇÃO Você precisa do documento ProjetoAmbiente localizado na pasta de arquivos de prática Capítulo09 para realizar este exercício. Abra o documento, ajuste o zoom para exibir a página inteira e siga os seguintes passos:

1 Confira se o cursor está no topo do documento. Na guia **Inserir**, no grupo **Páginas**, clique no botão **Folha de Rosto** para exibir a galeria com as folhas de rosto disponíveis.

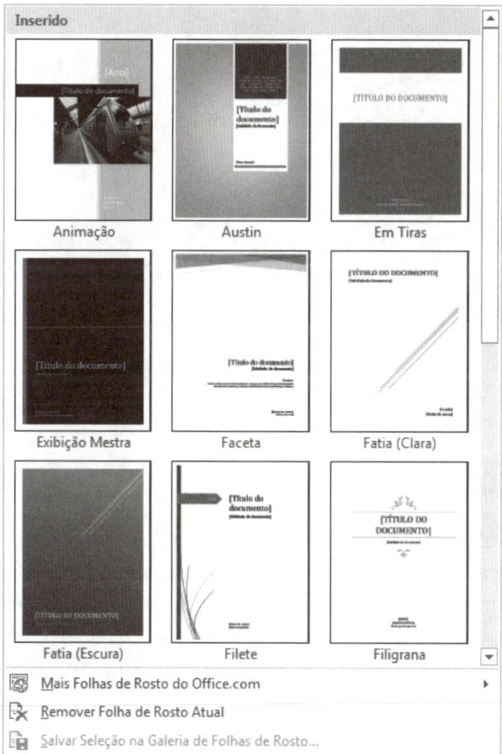

As miniaturas mostram os modelos de folha de rosto disponíveis.

SOLUÇÃO DE PROBLEMAS Você pode ter miniaturas de folhas de rosto diferentes das que mostramos aqui. Criamos este exercício com elementos de documentos que acreditamos estarem disponíveis para todos os usuários. Se o elemento especificado não estiver disponível no seu computador, substitua por outro.

2 Role pela galeria **Folha de Rosto** para exibir as opções disponíveis e clique em **Semáforo** para inserir a folha de rosto no início do documento. Note que a folha de rosto inclui espaços reservados para data, título, subtítulo, nome do autor, nome da empresa e endereço da empresa.

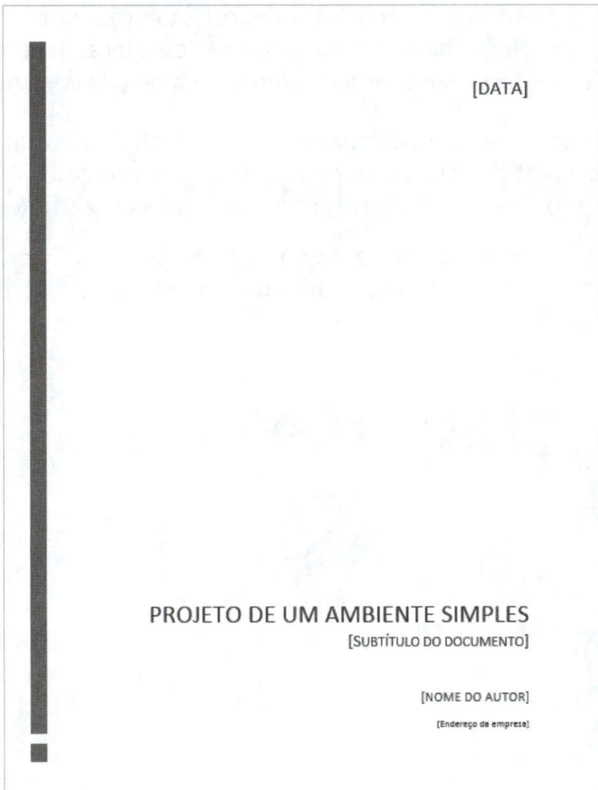

A folha de rosto selecionada está pronta para você preencher com as informações específicas do documento.

DICA Se qualquer informação já estiver salva nas propriedades do documento no qual você está inserindo a folha de rosto, o Word insere as informações salvas no lugar dos espaços reservados. Para mais informações sobre propriedades do documento, consulte "Como preparar documentos para distribuição eletrônica" no Capítulo 6, "Visualização, impressão e distribuição de documentos".

3 Clique no espaço reservado **Data**, clique na seta que aparece e, no calendário, clique em **Hoje**.

4 Se o título não aparecer automaticamente no seu documento, clique no espaço reservado **Título do documento** e digite **Projeto de um Ambiente Simples**. Note que, ao digitar o texto, ele aparece em letra maiúscula na página por causa da formatação de caracteres aplicada ao estilo.

5 Clique no espaço reservado **Subtítulo do documento** e digite **Como usar a ferramenta Planejador de Ambientes**. Note que esse texto está em letra versalete – todas as letras parecem ser maiúsculas, mas as letras iniciais são mais altas do que as outras.

6 Clique no espaço reservado **Nome do autor** e comece a digitar o seu nome. No meio da digitação, o Word pode reconhecer o seu nome pela informação do nome de usuário armazenada no programa e exibir uma Dica de Tela com o seu nome completo.

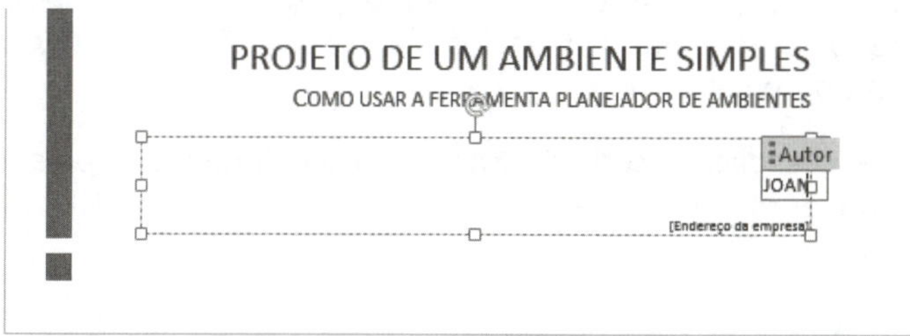

Quando você começa a digitar o seu nome, o Word reconhece você.

7 Digite o resto do seu nome ou, caso a Dica de Tela apareça, pressione **Enter** para o **Word** inserir o seu nome. Vá para a página **Informações**, no modo de exibição **Backstage**, e note que algumas informações digitadas na folha de rosto agora estão visíveis na área **Propriedades**.

Digitar informações em campos do documento preenche as propriedades do documento.

8 Na parte inferior da área **Propriedades**, clique no link **Mostrar Todas as Propriedades** para exibir mais propriedades. Na lista expandida de propriedades, posicione o ponteiro sobre o texto ao lado de **Empresa** e clique na caixa que aparece. Em seguida, digite o nome da sua empresa ou organização (se você não possui uma, digite **Instituto de Design Gráfico**).

9 Clique na seta **Voltar** acima das guias da página para voltar à folha de rosto. Note que o nome da empresa que você digitou na área **Propriedades** agora aparece no local do espaço reservado **Nome da Empresa**.

DICA Você não está restrito aos conteúdos padrão do bloco de construção da folha de rosto; você pode alterá-los como quiser. Considere os blocos como um bom ponto de partida.

10 Selecione o espaço reservado **Endereço da Empresa** e pressione **Delete** para removê-lo da folha de rosto.

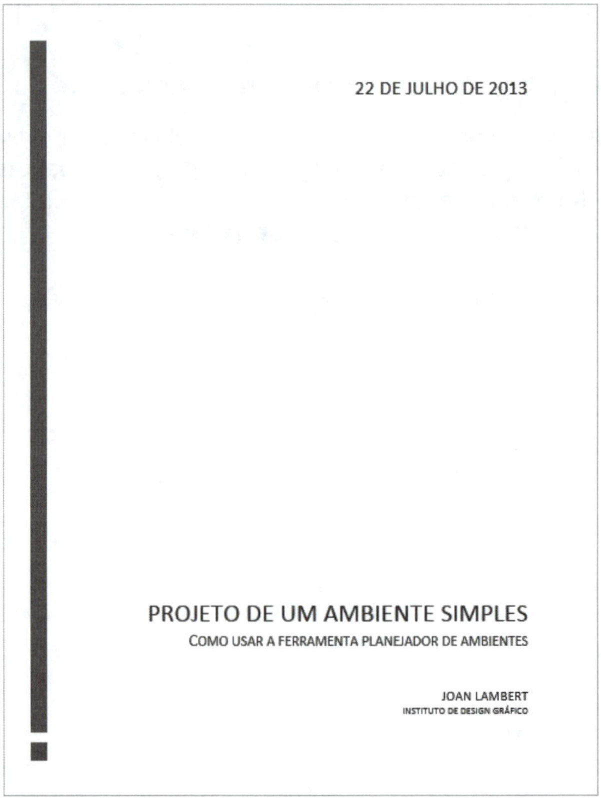

Folha de rosto completa, incluindo as informações que agora estão salvas nas propriedades do documento.

Agora, vamos adicionar cabeçalhos e rodapés ao documento. Usaremos dois cabeçalhos configurados para páginas ímpares e pares e seus rodapés correspondentes. Assim, quando o documento for impresso dos dois lados, os cabeçalhos e os rodapés sempre aparecerão nas margens externas do papel.

11 Role até a segunda página. Selecione e apague o título **Projeto de um Ambiente Simples**, pois agora temos o título do documento na folha de rosto.

12 Com o cursor no início da página **2**, na guia **Inserir**, no grupo **Cabeçalho e Rodapé**, clique no botão **Cabeçalho**. Role pela galeria **Cabeçalho** e clique no cabeçalho **Faceta (Página Par)** para adicioná-lo na página. Note que, embora você esteja na segunda página do arquivo, o cabeçalho exibe a paginação número **1**. Isso ocorre porque a folha de rosto é contada separadamente das páginas do documento.

DICA Você pode misturar diferentes cabeçalhos, rodapés e temas de documento para criar um documento que tenha a aparência e o jeito que você quer.

13 Dê uma olhada nas opções de configuração disponíveis na guia de ferramenta **Design**. No grupo **Opções**, selecione a caixa de seleção **Diferentes em Páginas Pares e Ímpares** e note que o rótulo do cabeçalho passa a ser **Cabeçalho das Páginas Ímpares**.

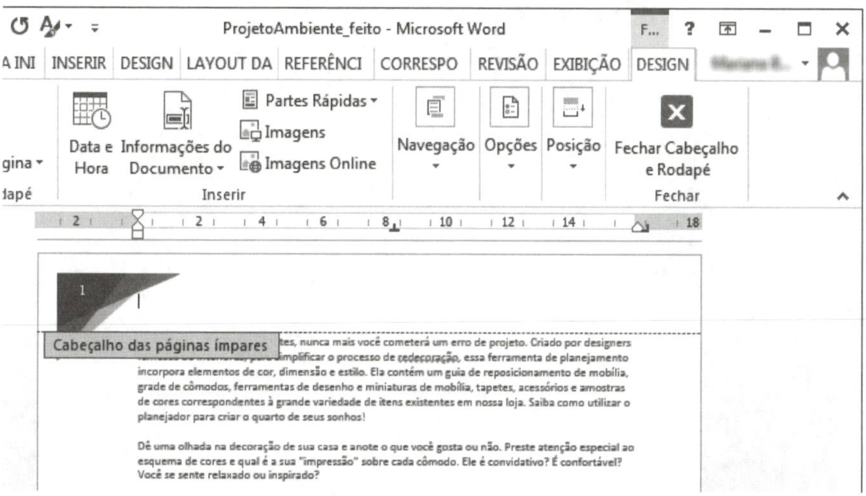

O rótulo do cabeçalho ajuda a determinar o tipo de cabeçalho a ser usado.

DICA No passo 12, inserimos um cabeçalho de página par na segunda página do documento, mas o Word indica que a página é ímpar, pois é a primeira página do documento após a folha de rosto. Entretanto, se imprimirmos o documento dos dois lados, o cabeçalho de página par irá se alinhar corretamente na margem externa do papel quando virarmos as páginas.

14 No grupo **Navegação**, clique no botão **Próximo** para ir para a área do cabeçalho no topo da página **3**. Na galeria **Cabeçalho**, clique na miniatura **Faceta** (**Página Ímpar**) para inserir o cabeçalho. Novamente, a paginação aparentemente incorreta (**2**) aparece no cabeçalho porque o conteúdo do documento está numerado separadamente da folha de rosto.

DICA Para usar um esquema de numeração outro que numerais arábicos, numerar as páginas por capítulo ou controlar a numeração inicial, clique no botão Número da Página, no grupo Cabeçalho e Rodapé, e clique em Formatar os Números de Página. Na caixa de diálogo Formatar os Números de Página, você pode selecionar diversas formatações e opções de numeração de página.

15 No grupo **Navegação**, clique no botão **Ir para Rodapé** para levar o cursor ao rodapé da última página do documento. No grupo **Cabeçalho e Rodapé**, clique no botão **Rodapé** e, na galeria, clique na miniatura **Faceta** (**Página Ímpar**) para inserir o rodapé e as propriedades do documento associadas.

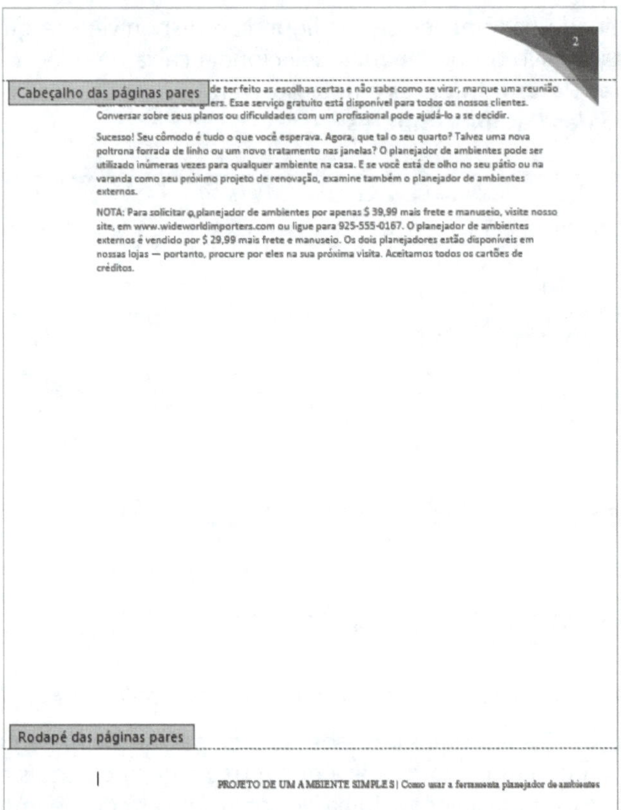

Os cabeçalhos e os rodapés podem incluir qualquer informação que você deseja exibir, incluindo elementos gráficos.

16 No grupo **Navegação**, clique no botão **Anterior** para ir ao rodapé da segunda página. Na galeria **Rodapé**, clique na miniatura **Faceta** (**Página Par**) para inserir o rodapé e as propriedades do documento associadas. Em seguida, no grupo **Fechar**, clique no botão **Fechar Cabeçalho e Rodapé**.

Note que todas as páginas do documento, menos a folha de rosto, possuem um cabeçalho e um rodapé. Agora, vamos adicionar uma caixa de citação para destacar uma determinada frase do documento.

17 Na guia **Inserir**, no grupo **Texto**, clique no botão **Partes Rápidas** e em **Organizador de Blocos de Construção** para abrir a caixa de diálogo **Organizador de Blocos de Construção** mencionada anteriormente.

18 Role pela lista **Blocos de Construção** para visualizar alguns dos modelos de blocos de construção. Clique no título da coluna **Nome** e clique duas vezes no separador à direita da coluna **Nome** para que todos os nomes fiquem visíveis. Role pela lista mais uma vez. Note que os elementos da página de mesmo tema estão coordenados.

19 Na lista **Blocos de Construção**, clique em **Citação de Semáforo** e note a posição do modelo exibido no painel de visualização. Clique em **Inserir** para inserir a caixa de citação nessa posição e exiba a guia de ferramenta **Ferramentas de Desenho**, na qual você pode formatar o conteúdo da citação.

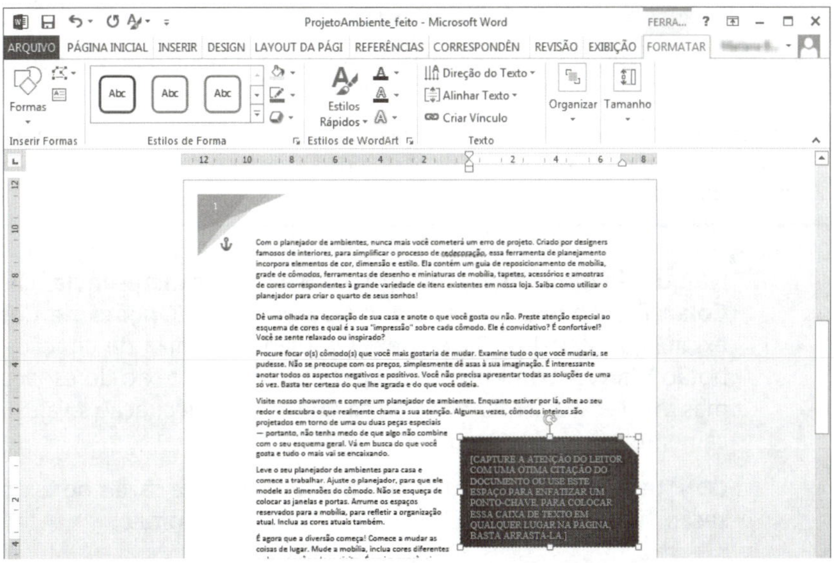

O texto do espaço reservado dentro da caixa de citação explica como digitar o texto e alterar a posição da caixa na página.

20 Para que esse texto fique legível, altere o zoom do documento para **100%**. Selecione e copie a última frase do quarto parágrafo do documento (**Vá em busca do que você gosta e...**). Em seguida, clique no espaço reservado na caixa de citação para selecionar o texto do espaço reservado.

Como desenhar caixas de texto

Se nenhum dos blocos de construção predefinidos atende suas necessidades, você pode desenhar e formatar uma caixa de texto personalizada. Na guia Inserir, clique em Caixa de Texto e em Desenhar Caixa de Texto para ativar a ferramenta de desenho. Clique na página e arraste o ponteiro para desenhar uma caixa no tamanho e local que você deseja. Você pode começar a digitar imediatamente no cursor piscante e formatar o texto como faria com qualquer outro. Também pode formatar a forma, o contorno, o preenchimento e outras propriedades da caixa de texto usando os comandos disponíveis na guia Ferramentas de Desenho. Clique dentro da caixa de texto para editar e formatar o texto; clique na moldura da caixa de texto para formatar a própria caixa.

Quando uma caixa de texto tem uma borda sólida, você pode reposicionar a caixa ao arrastá-la para outro local ou ao pressionar as teclas de direção, girá-la ao arrastar a alça de rotação e alterar o seu tamanho ao arrastar as alças de dimensionamento ao redor da moldura.

Você pode vincular as caixas de texto para que o texto continue de uma caixa para outra. Para fazer isso:

1 Garanta que a segunda caixa de texto esteja vazia.

2 Clique na primeira caixa de texto.

3 Na guia de ferramenta **Formatar**, no grupo **Texto**, clique em **Criar Vínculo**. A forma do ponteiro se transforma em uma jarra.

4 Posicione o ponteiro na segunda caixa de texto e, quando o ponteiro se transformar em um jarra derramando texto, clique uma vez.

As caixas de texto não são acessíveis a tecnologias adaptáveis. Portanto, se você quer garantir que um programa de leitura de texto possa acessar o conteúdo do documento, não use uma caixa de texto.

21 Na guia **Página Inicial**, no grupo **Área de Transferência**, clique na seta **Colar**. Posicione o ponteiro em cada botão em **Opções de Colagem** para exibir uma visualização do texto copiado na caixa de citação e clique no botão **Manter Somente Texto** para substituir o texto do espaço reservado, mas manter sua formatação. Note que a caixa de citação se ajusta automaticamente ao novo conteúdo.

CONSULTE TAMBÉM Para mais informações sobre caixas de texto, consulte a seção "Como desenhar caixas de texto" neste capítulo.

22 Diminua o zoom para exibir a página inteira na janela do programa. Depois, role até a última página do documento e clique em qualquer lugar da página.

23 Na guia **Inserir**, no grupo **Texto**, clique no botão **Caixa de Texto**, role pela galeria e clique na miniatura **Barra Lateral de Faceta** (**Esquerda**) para inserir a barra lateral no lado oposto do cabeçalho e rodapé.

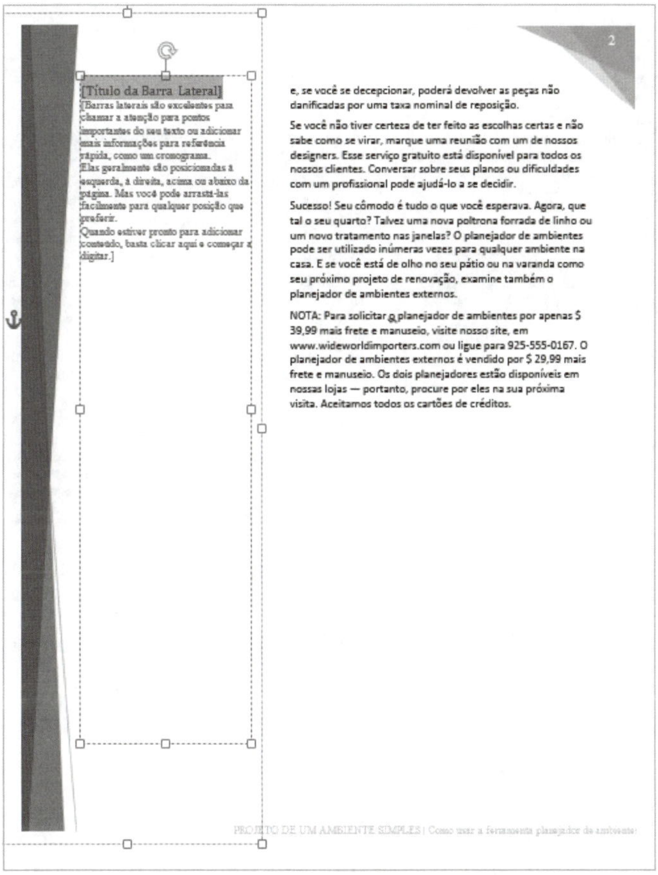

A barra lateral consiste em várias caixas de texto e formas sobrepostas.

24 Para que esse texto fique legível, altere o zoom do documento para **100%**.

25 Com o espaço reservado do **Título da Barra Lateral** selecionado, digite **Informações sobre pedidos**.

26 No início do último parágrafo do documento, apague **NOTA:** (incluindo os dois pontos e o espaço seguinte). Em seguida, selecione o resto do parágrafo e recorte o conteúdo selecionado para a Área de transferência.

ATALHO DE TECLADO Pressione Ctrl+X para recortar o conteúdo selecionado para a Área de transferência.

27 Na barra lateral, clique no conteúdo do espaço reservado da barra lateral (sem o título da barra lateral) para selecionar o texto do espaço reservado. Depois, repita o passo 21 para colar o texto da Área de transferência na barra lateral e manter a formatação da barra.

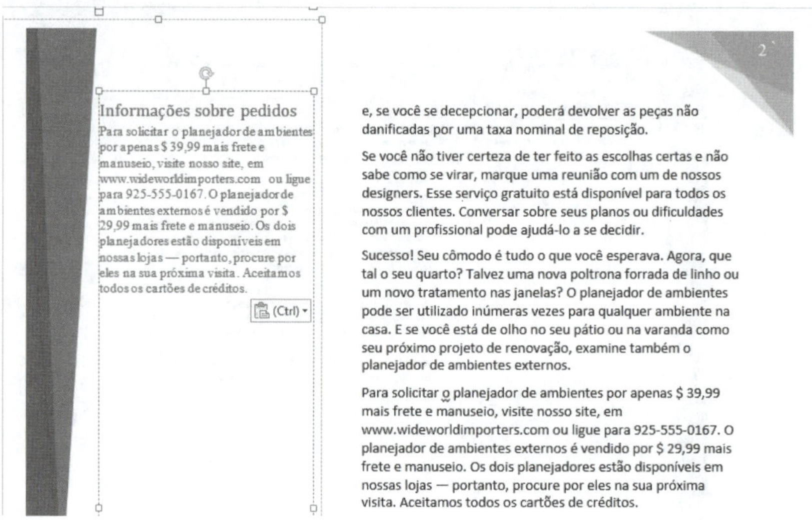

Informações sobre pedidos

Para solicitar o planejador de ambientes por apenas $ 39,99 mais frete e manuseio, visite nosso site, em www.wideworldimporters.com ou ligue para 925-555-0167. O planejador de ambientes externos é vendido por $ 29,99 mais frete e manuseio. Os dois planejadores estão disponíveis em nossas lojas — portanto, procure por eles na sua próxima visita. Aceitamos todos os cartões de créditos.

(Ctrl)

e, se você se decepcionar, poderá devolver as peças não danificadas por uma taxa nominal de reposição.

Se você não tiver certeza de ter feito as escolhas certas e não sabe como se virar, marque uma reunião com um de nossos designers. Esse serviço gratuito está disponível para todos os nossos clientes. Conversar sobre seus planos ou dificuldades com um profissional pode ajudá-lo a se decidir.

Sucesso! Seu cômodo é tudo o que você esperava. Agora, que tal o seu quarto? Talvez uma nova poltrona forrada de linho ou um novo tratamento nas janelas? O planejador de ambientes pode ser utilizado inúmeras vezes para qualquer ambiente na casa. E se você está de olho no seu pátio ou na varanda como seu próximo projeto de renovação, examine também o planejador de ambientes externos.

Para solicitar o planejador de ambientes por apenas $ 39,99 mais frete e manuseio, visite nosso site, em www.wideworldimporters.com ou ligue para 925-555-0167. O planejador de ambientes externos é vendido por $ 29,99 mais frete e manuseio. Os dois planejadores estão disponíveis em nossas lojas — portanto, procure por eles na sua próxima visita. Aceitamos todos os cartões de créditos.

O texto colado recebe a formatação atribuída à caixa de texto.

ENCERRAMENTO Feche o documento ProjetoCômodo; se quiser, salve as alterações.

Como criar equações

Você pode inserir símbolos matemáticos, como π (pi) ou ∑ (sigma ou somatória), do mesmo modo como você inseriria qualquer outro símbolo. Porém, você também pode criar equações matemáticas inteiras em um documento. Com somente alguns cliques, pode-se inserir algumas equações predefinidas, incluindo a Fórmula Quadrática, o Teorema Binominal e o Teorema de Pitágoras, a um documento. Se você precisar de uma equação que não está nas opções predefinidas, pode criar a sua própria equação usando uma biblioteca de símbolos matemáticos.

CONSULTE TAMBÉM Para mais informações sobre símbolos, consulte a seção "Como inserir símbolos" no Capítulo 5, "Como adicionar elementos gráficos simples".

As equações se diferem dos elementos gráficos por serem fórmulas matemáticas reproduzidas com precisão que aparecem como campos no documento. No entanto, elas são similares a elementos gráficos por serem exibidas em alinhamento com o texto circundante ou em seus próprios espaços, com o texto acima ou abaixo delas.

Você pode inserir uma equação da galeria ou digitar uma em uma caixa executando um dos seguintes passos a partir do grupo Símbolos, na guia Inserir:

- Ao clicar na *seta* **Equação**, uma galeria com as equações mais usadas é exibida, além de um menu com comandos relacionados. Você pode inserir uma equação da galeria ao clicar em cima da equação, procurar por outras equações predefinidas ao clicar em **Mais Equações do Office.com** ou criar sua própria equação ao clicar em **Inserir Nova Equação**.

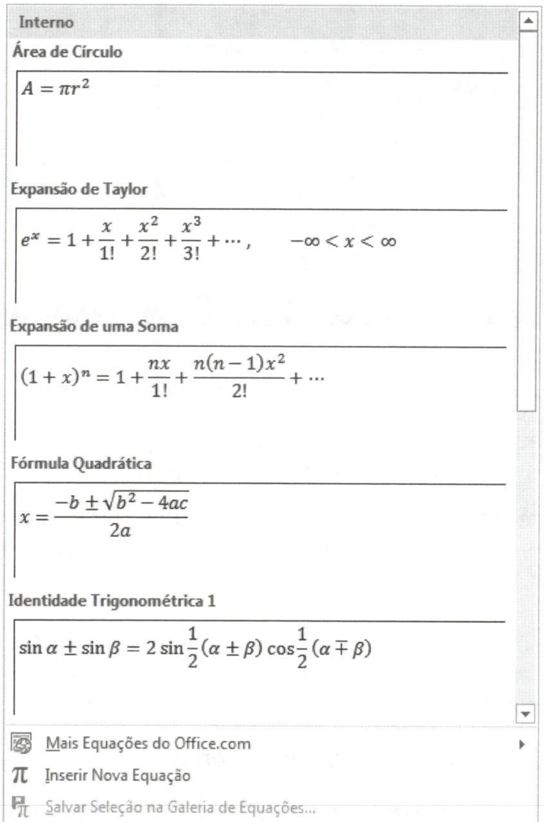

Clicar em uma equação predefinida faz com a equação selecionada seja inserida no local do cursor.

- Ao clicar no botão **Equação**, o Word insere um campo no qual você pode criar ou digitar uma equação e exibe uma guia de ferramenta **Design** para equações. Essa guia fornece acesso a símbolos e estruturas matemáticas, como frações e radicais. Ao clicar no iniciador de caixa de diálogo **Ferramentas** da guia de ferramenta **Design**, uma caixa de diálogo **Opções de Equação** é exibida.

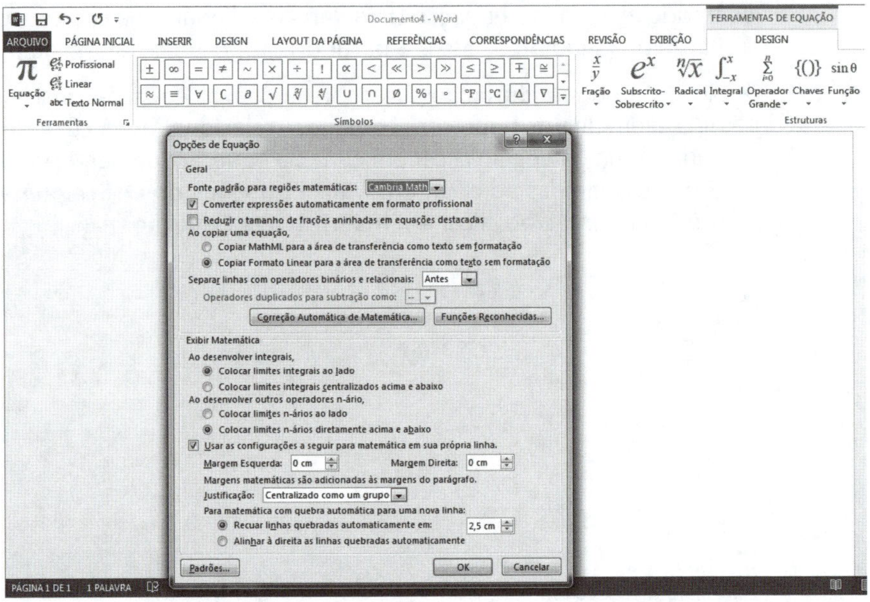

Na caixa de diálogo Opções de Equação, você pode configurar as opções que regulam a aparência das expressões de equação em um documento.

Depois de criar uma equação, você pode adicioná-la à galeria Equação para que permaneça disponível na próxima vez em que precisar usá-la.

Neste exercício, você irá criar uma equação simples para calcular o preço por pessoa de uma viagem de pescaria e adicionar uma equação à galeria Equação.

PREPARAÇÃO Você precisa do documento Bem-vindos localizado na pasta de arquivos de prática Capítulo09 para realizar esse exercício. Abra o documento e siga os seguintes passos:

1 Pressione **Ctrl+End** para ir ao fim do documento.

2 Na guia **Inserir**, no grupo **Símbolos**, clique no botão **Equação** para inserir um campo de equação no documento.

3 Digite **(p-3)*** no campo de equação.

DICA O asterisco representa o sinal de multiplicação.

4 Na guia de ferramenta **Design**, no grupo **Estruturas**, clique no botão **Fração** para exibir a galeria **Fração**.

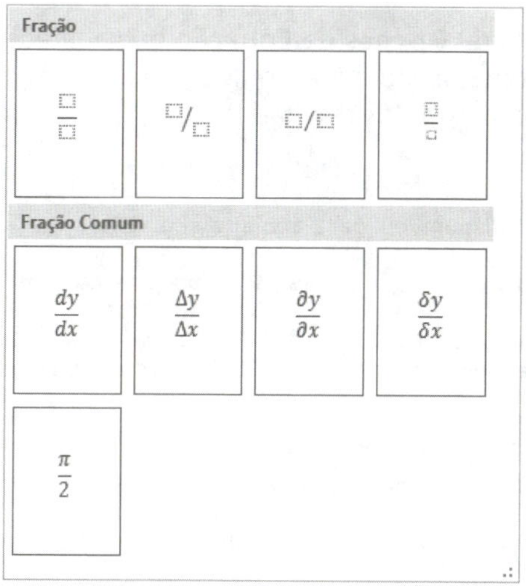

Esta galeria fornece estruturas para a criação de frações.

5 Na categoria **Fração**, clique na primeira miniatura da primeira linha (**Fração Empilhada**) para inserir espaços reservados estruturados para uma fração simples no campo de equação.

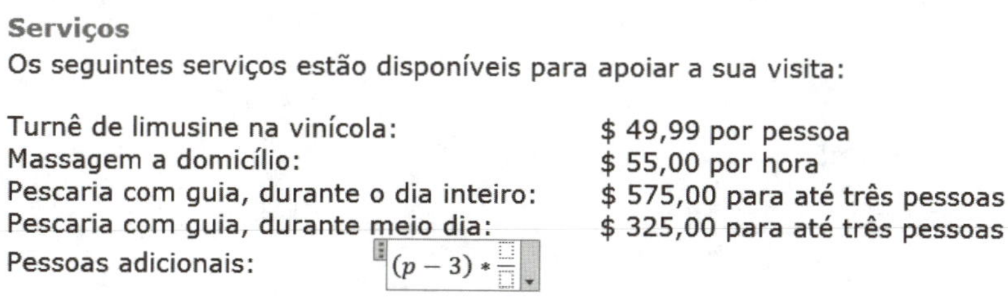

Serviços

Os seguintes serviços estão disponíveis para apoiar a sua visita:

Turnê de limusine na vinícola: $ 49,99 por pessoa
Massagem a domicílio: $ 55,00 por hora
Pescaria com guia, durante o dia inteiro: $ 575,00 para até três pessoas
Pescaria com guia, durante meio dia: $ 325,00 para até três pessoas
Pessoas adicionais: $(p-3)*\frac{\square}{\square}$

Você pode substituir os espaços reservados dentro da estrutura da fração por caracteres alfanuméricos ou símbolos.

6 Clique na caixa superior da estrutura da fração e digite **b**. Depois, clique na caixa inferior e digite **3**.

7 Clique na área em branco à direita do campo de equação. Depois, pressione a **barra de espaços** e digite **onde p equivale ao número total de pessoas e b, à base de custo**. (Inclua o ponto final.) Essa equação subtrai 3 do número total de pessoas e multiplica o resultado por uma quantidade por pessoa para calcular o custo individual de pessoas adicionais. O Word formatou a equação para que ela pareça profissional.

8 Clique na equação, na seta da **Opções de Equação** que aparece e em **Alterar para Destacada** para destacar a equação do resto do texto. Em seguida, clique fora da equação para exibir os resultados.

Serviços

Os seguintes serviços estão disponíveis para apoiar a sua visita:

Turnê de limusine na vinícola:	$ 49,99 por pessoa
Massagem a domicílio:	$ 55,00 por hora
Pescaria com guia, durante o dia inteiro:	$ 575,00 para até três pessoas
Pescaria com guia, durante meio dia:	$ 325,00 para até três pessoas
Pessoas adicionais:	

$$(p-3)*\frac{b}{3}$$

onde P equivale ao número total de pessoas e b, à base de custo.

As variáveis na equação são formatadas automaticamente em itálico.

9 Clique na equação, clique na seta **Opções de Equação** e clique em **Salvar como Nova Equação** para abrir a caixa de diálogo **Criar Novo Bloco de Construção**.

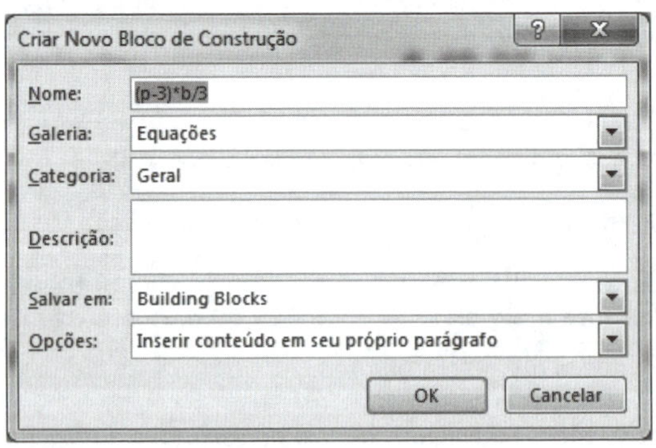

A equação está digitada na caixa Nome.

CONSULTE TAMBÉM Para mais informações sobre blocos de construção, consulte "Como iniciar, digitar texto em e salvar documentos" no Capítulo 2, "Digitação, edição e revisão de textos".

10 Na caixa **Nome**, substitua a equação por **Custo por pessoa adicional**. Então, clique em **OK**.

11 Clique fora do campo de equação para liberar a seleção. Em seguida, na guia **Inserir**, no grupo **Símbolos**, clique na seta da **Equação** e verifique a sua equação personalizada na galeria **Equação**.

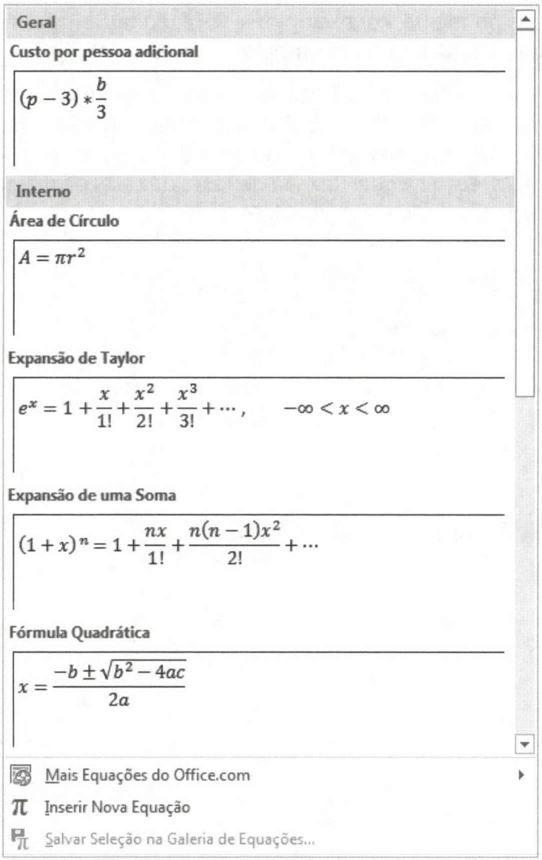

As equações personalizadas aparecem na área Geral da galeria Equação.

12 Pressione a tecla **Esc** para fechar a galeria sem fazer nenhuma seleção.

ENCERRAMENTO Feche o documento Bem-vindos; se quiser, salve as alterações. Quando você sair do Word, lembre-se de clicar em Não Salvar quando for perguntado sobre salvar as alterações no modelo do Building Block.

Como configurar as opções de correção automática de matemática

Se você costuma criar documentos que contêm fórmulas matemáticas, não precisa inserir símbolos matemáticos usando os botões da Faixa de Opções. Em vez disso, você pode digitar uma combinação predefinida de caracteres e o Word os substitui automaticamente por um símbolo matemático correspondente. Por exemplo, se você digitar \infty em um campo de equação, o Word substitui os caracteres pelo símbolo do infinito (∞).

Essa substituição é realizada através da configuração Correção Automática de Matemática. Você pode visualizar todas as descrições dos símbolos matemáticos predefinidos clicando no botão Correção Automática de Matemática da caixa de diálogo Opções de Equação ou clicando em Opções de AutoCorreção na guia Revisão de Texto da caixa de diálogo Opções do Word, e então na guia Correção Automática de Matemática.

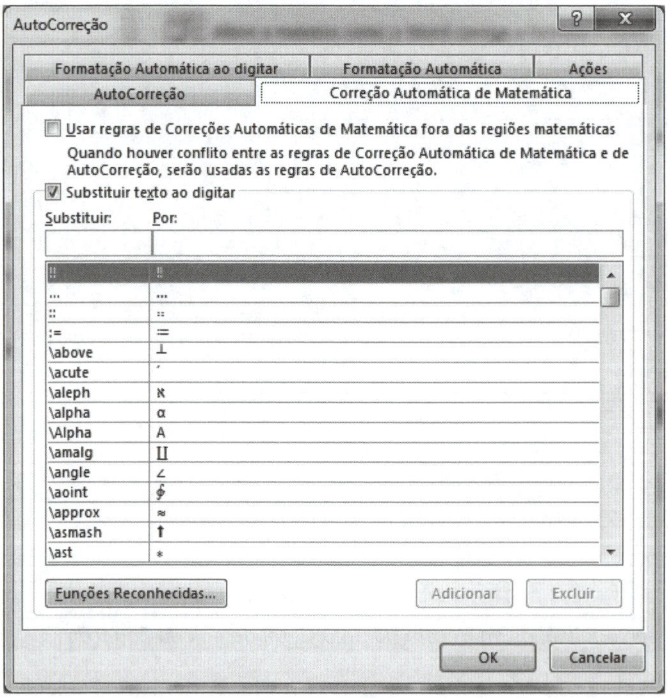

O recurso Correção Automática de Matemática simplifica o processo de inserção de símbolos matemáticos.

DICA Você pode criar entradas customizadas em Correção Automática de Matemática exatamente como cria entradas de correção automática de textos. Para mais informações, consulte "Correção de erros de ortografia e gramática" no Capítulo 2, "Digitação, edição e revisão de textos".

Pontos-chave

- A cor, a textura, o padrão ou a imagem do plano de fundo podem proporcionar um atrativo ao documento, mas cuide para não sobrecarregar o texto.
- Ao usar uma marca d'água, você pode marcar um documento com uma palavra fraca, como "Confidencial", ou uma imagem fraca. As marcas d'água aparecem atrás do texto de um documento, mantendo, assim, sua legibilidade.
- O Word vem com blocos de construção predefinidos que você pode usar para adicionar elementos gráficos a um documento.
- Você pode criar equações matemáticas complexas nos seus documentos e determinar que o Word exiba as equações em formatos matemáticos tradicionais.

Visão geral do capítulo

Organizar

Reorganize as estruturas de tópicos de documentos, página 298

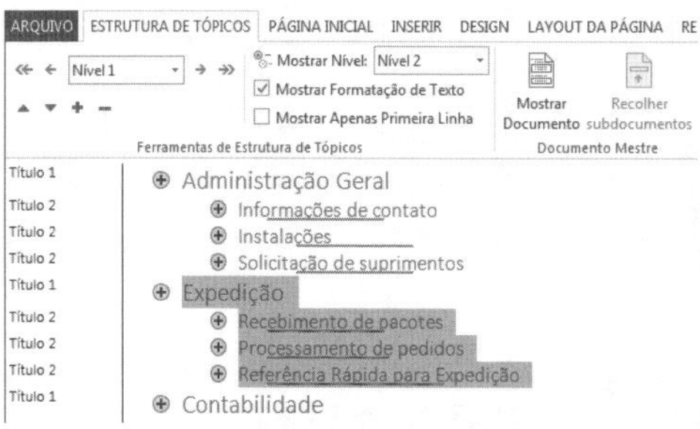

Ordenar

Ordene objetos na página, página 304

Controlar

Utilize tabelas para controlar o layout da página, página 315

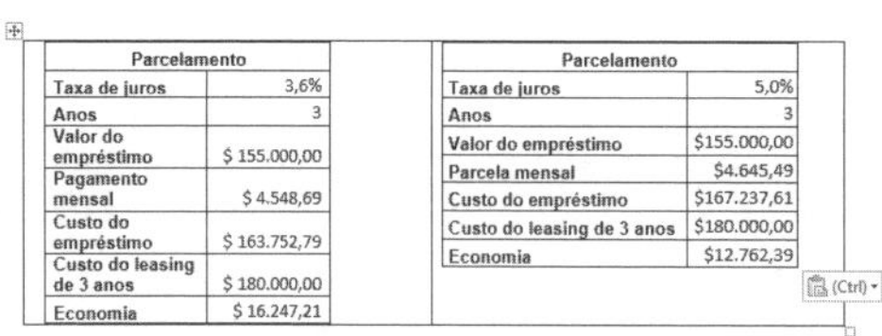

Parcelamento	
Taxa de juros	3,6%
Anos	3
Valor do empréstimo	$ 155.000,00
Pagamento mensal	$ 4.548,69
Custo do empréstimo	$ 163.752,79
Custo do leasing de 3 anos	$ 180.000,00
Economia	$ 16.247,21

Parcelamento	
Taxa de juros	5,0%
Anos	3
Valor do empréstimo	$155.000,00
Parcela mensal	$4.645,49
Custo do empréstimo	$167.237,61
Custo do leasing de 3 anos	$180.000,00
Economia	$12.762,39

Como organizar e ordenar conteúdos

10

NESTE CAPÍTULO, VOCÊ APRENDERÁ A:

- Reorganizar a estrutura de tópicos de documentos.
- Ordenar objetos na página.
- Utilizar tabelas para controlar o layout da página.

O Microsoft Word 2013 fornece as seguintes ferramentas para organizar e ordenar o conteúdo de seus documentos:

- **FERRAMENTAS DE ESTRUTURA DE TÓPICOS** Você pode utilizar essas ferramentas para controlar a organização do conteúdo em um documento estilizado. No modo de exibição Estrutura de Tópicos, você pode reorganizar o conteúdo movendo-o, elevando-o ou rebaixando-o.
- **FERRAMENTAS DE ORGANIZAÇÃO DE OBJETOS** Você pode utilizar essas ferramentas para controlar o layout dos objetos na página. É possível posicionar os objetos de maneira precisa e controlar seu alinhamento e ordem de empilhamento.
- **TABELAS ANINHADAS** Você pode utilizar uma tabela para controlar as posições de blocos de informações na página. Por exemplo, uma tabela com duas colunas e duas linhas pode conter um conjunto de quatro parágrafos, quatro listas com marcadores ou quatro tabelas em um formato no qual possam ser comparadas com facilidade.

Neste capítulo, primeiro você reorganizará um documento trabalhando em sua estrutura de tópicos. Em seguida, modificará a disposição do texto, a posição e a ordem de empilhamento de várias imagens em um documento. Por fim, criará uma tabela para conter tabelas de informações aninhadas.

ARQUIVOS DE PRÁTICA Para realizar os exercícios deste capítulo, você precisa dos arquivos de prática contidos na pasta Capítulo10. Para mais informações, consulte "Como baixar os arquivos de prática" na Introdução deste livro.

Como reorganizar as estruturas de tópicos de documentos

Quando você cria um documento que contém títulos, pode formatá-los aplicando estilos internos de título que definem não apenas a formatação, mas também os níveis da estrutura de tópicos. Assim, fica fácil visualizar e organizar o documento no modo de exibição Estrutura de Tópicos. Nesse modo de exibição, você pode ocultar todo o corpo de texto e exibir apenas os títulos em um determinado nível ou acima dele. Também é possível reordenar as seções do documento movendo seus títulos.

CONSULTE TAMBÉM Para informações sobre a formatação de títulos com uso de estilos, consulte "Aplicação de estilos ao texto" no Capítulo 3, "Como modificar a estrutura e a aparência do texto". Para informações gerais sobre estilos, consulte "Como criar estilos e modelos personalizados" no Capítulo 16, "Como trabalhar no Word com mais eficiência".

Quando visualizamos um documento no modo de exibição Estrutura de Tópicos, ele é exibido com uma estrutura hierárquica e a guia Estrutura de Tópicos aparece na Faixa de Opções.

Painel da área de estilo

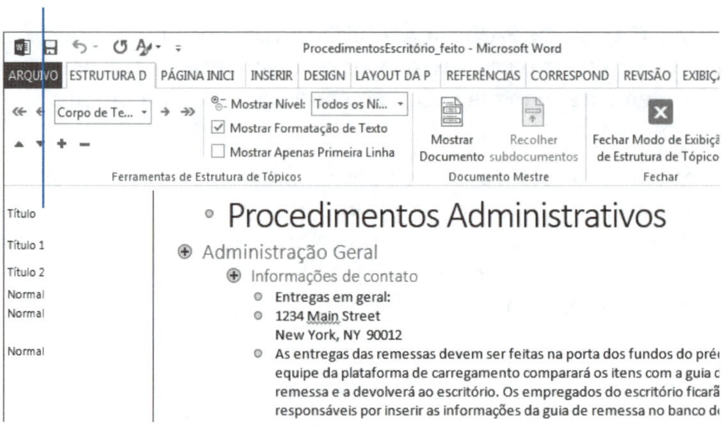

Documento estilizado no modo de exibição Estrutura de Tópicos.

Os recuos e símbolos utilizados no modo de exibição Estrutura de Tópicos para indicar o nível de um título ou parágrafo na estrutura do documento não aparecem no documento em outros modos de exibição ou quando ele é impresso. Para facilmente consultar os estilos de parágrafo enquanto trabalha no modo de exibição Estrutura de Tópicos, você pode exibir o painel da área de estilo à esquerda do documento. Esse painel só está disponível nos modos de exibição Rascunho e Estrutura de Tópicos. Por padrão, o painel da área de estilo tem 0 centímetros de largura, o que efetivamente o fecha. Consideramos útil ter o painel da área de estilo aberto ao trabalhar no modo de exibição Estrutura de Tópicos. Você pode especificar a largura do painel da área de estilo na página Avançado da caixa de diálogo Opções do Word.

Com os comandos do grupo Ferramentas de Estrutura de Tópicos da guia Estrutura de Tópicos, é possível fazer o seguinte:

- Exibir apenas os títulos em um nível específico e acima dele.
- Elevar ou rebaixar os títulos ou o corpo de texto alterando o nível deles.
- Mover os títulos e seus textos para cima ou para baixo no documento.

DICA Você pode clicar nos botões do grupo Documento Mestre para criar um documento mestre com subdocumentos que podem ser exibidos ou ocultados. O tópico de documentos mestre e subdocumentos está além do escopo deste livro. Para mais informações, consulte a Ajuda do Word.

Ao trabalhar no modo de exibição Layout de Impressão, você pode exibir uma estrutura hierárquica dos títulos do documento no painel Navegação. Pode reorganizar o conteúdo do documento arrastando os títulos no painel Navegação e elevar, rebaixar ou remover seções usando comandos no menu de atalho do painel Navegação. Também é possível exibir apenas níveis de título específicos no painel Navegação clicando nessa opção no menu de atalho.

Neste exercício, você irá exibir um documento no modo de exibição Estrutura de Tópicos e o painel da área de estilo, elevar e rebaixar títulos, mover seções e expandir e recolher a estrutura de tópicos. A seguir, examinará a funcionalidade similar disponível no painel Navegação.

PREPARAÇÃO Você precisa do documento ProcedimentosEscritório localizado na pasta de arquivos de prática Capítulo10 para realizar este exercício. Abra o documento e siga os seguintes passos:

1. Na guia **Exibição**, no grupo **Modos de Exibição**, clique em **Estrutura de Tópicos** para exibir o documento no modo de exibição **Estrutura de Tópicos** com a guia **Estrutura de Tópicos** na extremidade esquerda da Faixa de Opções. Observe que a guia **Estrutura de Tópicos** não é diferenciada por um título colorido como as guias de ferramentas são, pois ela está sempre disponível quando se estiver no modo de exibição Estrutura de Tópicos (não apenas quando um tipo específico de conteúdo estiver selecionado).
2. No modo de exibição **Backstage**, clique na guia da página **Opções** para abrir a caixa de diálogo **Opções do Word**.
3. Na caixa de diálogo **Opções do Word**, clique na guia da página **Avançado**. Vá até a área **Exibir** (mais ou menos na metade da página) e altere a configuração de **largura do painel da área de estilos nos modos de exibição Rascunho e Estrutura de Tópicos** para **2,54 cm**. Clique em **OK** para retornar ao documento.
4. Na guia **Estrutura de Tópicos**, no grupo **Ferramentas de Estrutura de Tópicos**, aponte para cada um dos botões não rotulados para saber seu nome e sua finalidade.

5 No grupo **Ferramentas de Estrutura de Tópicos**, clique na seta de **Mostrar Nível** e, na lista, clique em **Nível 1** para recolher o documento e exibir somente os títulos de primeiro nível.

O sinal de adição à esquerda de cada título indica que ele tem subtítulos.

ATALHO DE TECLADO Pressione Alt+Shift+1 para exibir somente títulos de primeiro nível. Para mais informações sobre atalhos de teclado, consulte "Atalhos de teclado" ao fim deste livro.

6 No documento, clique em qualquer parte do título **Contabilidade**.

7 No grupo **Ferramentas de Estrutura de Tópicos**, clique no botão **Expandir** para expandir apenas a seção **Contabilidade**, de modo que exiba seus subtítulos de nível 2.

ATALHO DE TECLADO Pressione Alt+Shift++ para expandir a seção.

8 No grupo **Ferramentas de Estrutura de Tópicos**, clique no botão **Rebaixar** para transformar o título **Contabilidade** em um título de nível 2. Observe que agora ele está no mesmo nível que seus antigos subtítulos.

ATALHO DE TECLADO Pressione Alt+Shift+Seta para a Direita para rebaixar o título.

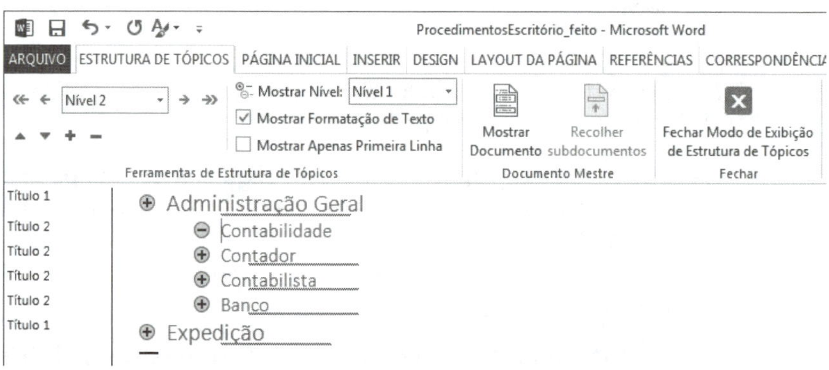

O sinal de subtração à esquerda do título Contabilidade indica que ele não tem subtítulos.

9 Na **Barra de Ferramentas de Acesso Rápido**, clique no botão **Desfazer** para reverter o título **Contabilidade** ao nível 1.

10 No grupo **Ferramentas de Estrutura de Tópicos**, clique no botão **Recolher** para exibir somente os títulos de nível 1.

ATALHO DE TECLADO Pressione Alt+Shift+- para recolher o título.

11 Clique no botão **Rebaixar** para retornar o título **Contabilidade** para o nível 2. Depois, clique no botão **Expandir** para expandir a seção **Contabilidade**. Visto que seus subtítulos estavam ocultos quando o título foi rebaixado, os subtítulos foram rebaixados para o nível 3 para manter a hierarquia dentro da seção.

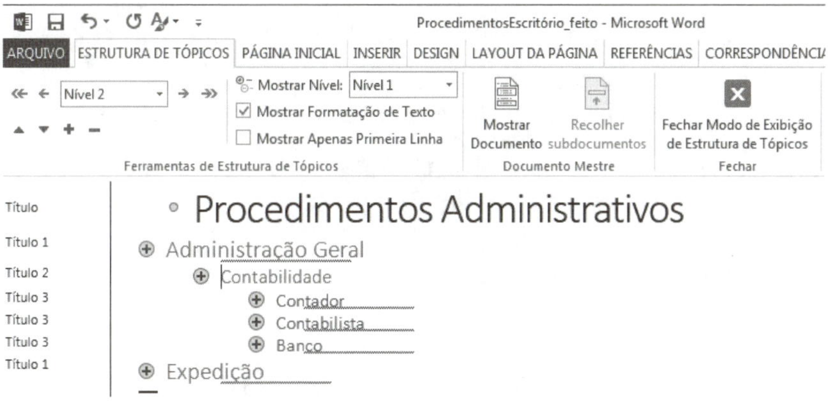

O estilo do título Contabilidade se transforma em Título 2, e o estilo de seus subtítulos, em Título 3.

12 Clique no botão **Recolher** para ocultar os subtítulos na seção **Contabilidade** e, no grupo **Ferramentas de Estrutura de Tópicos**, clique no botão **Elevar** para retornar **Contabilidade** para um título de nível 1.

ATALHO DE TECLADO Pressione Alt+Shift+Seta à Esquerda para elevar o título.

13 Pressione **Ctrl+Home** para retornar ao início do documento. No grupo **Ferramentas de Estrutura de Tópicos**, na lista **Mostrar Nível**, clique em **Nível 2** para exibir todos os títulos dos níveis 1 e 2 no documento.

ATALHO DE TECLADO Pressione Alt+Shift+2 para exibir todos os títulos de primeiro e segundo nível.

14 Clique no sinal de adição à esquerda do título **Expedição** para selecionar todo o conteúdo dessa seção e, no grupo **Ferramentas de Estrutura de Tópicos**, clique no botão **Mover para Cima** quatro vezes para mover o título **Expedição** e seus subtítulos acima do título **Contabilidade**.

ATALHO DE TECLADO Pressione Alt+Shift+Seta para cima para mover uma seção selecionada para cima em uma estrutura de tópicos.

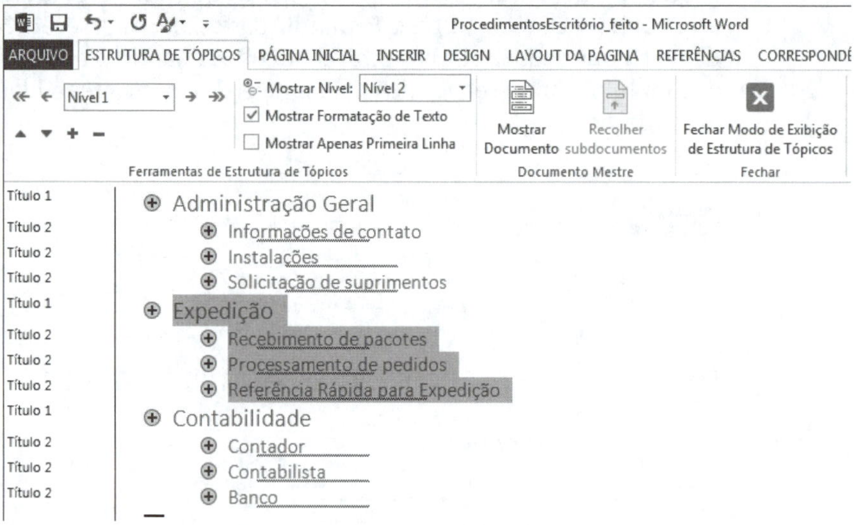

Um clique no sinal de adição adjacente ao título selecionará todos os títulos e textos dessa seção.

15 Pressione **Ctrl+Home** para liberar a seleção e, no grupo **Ferramentas de Estrutura de Tópicos**, na lista **Mostrar Nível**, clique em **Todos os Níveis**. Você pode percorrer o documento para examinar os efeitos da reorganização.

ATALHO DE TECLADO Pressione Alt+Shift+A para exibir todos os níveis.

16 No grupo **Fechar**, clique no botão **Fechar Modo de Exibição de Estrutura de Tópicos** para exibir o documento reorganizado no modo de exibição **Layout de Impressão**.

Agora, trataremos das maneiras de reorganizar um documento no painel Navegação.

17 Na guia **Exibição**, no grupo **Mostrar**, marque a caixa de seleção de **Painel de Navegação**. Observe que o painel **Navegação** reflete as alterações feitas na estrutura do documento.

18 No painel **Navegação**, arraste o título **Contabilidade** para cima e solte-o imediatamente acima do título **Expedição** (uma linha em negrito indica o local de liberação) para mover a seção **Contabilidade** de volta à sua localização original.

19 No painel **Navegação**, clique com o botão direito do mouse em qualquer título para exibir um menu de ações que podem ser realizadas diretamente nesse painel.

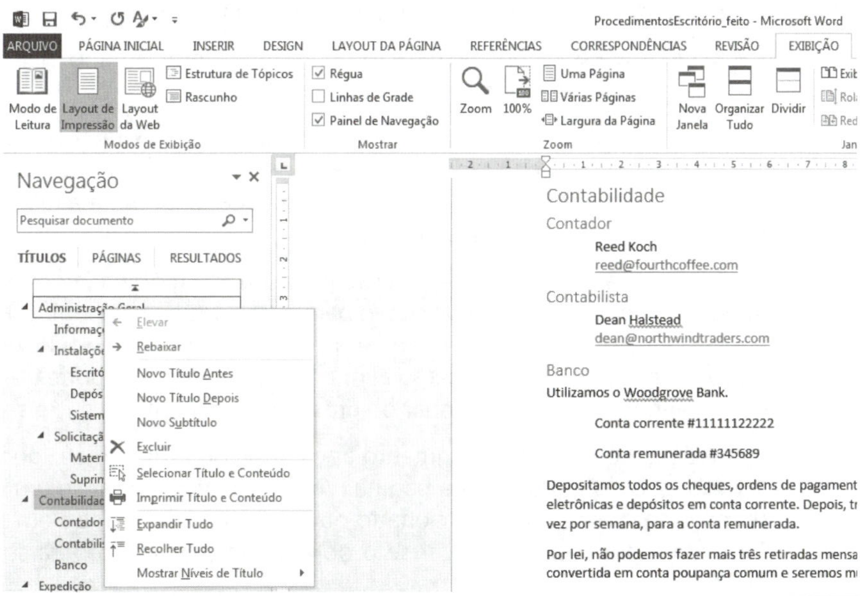

Você pode trabalhar com um documento no painel Navegação praticamente da mesma forma que faria no modo de exibição Estrutura de Tópicos.

20 Experimente os outros comandos disponíveis no menu de atalho do painel **Navegação**.

ENCERRAMENTO Feche o documento ProcedimentosEscritório, salvando suas alterações, se quiser.

Como ordenar objetos na página

Você já aprendeu as formas básicas de controlar o modo como o texto é disposto em torno de um objeto, como uma imagem, e de posicionar um objeto na página. No entanto, às vezes as coisas não funcionam exatamente como você espera, em especial quando estiver lidando com vários objetos.

DICA No exercício deste capítulo, você trabalhará com fotografias, mas os conceitos abordados aqui também se aplicam a outros objetos gráficos, como imagens, diagramas e formas do clip-art.

Ao escolher uma opção de disposição do texto diferente de Alinhado com o Texto, você pode especificar que um objeto seja posicionado de uma destas maneiras:

- **ABSOLUTA** Essa opção posiciona o objeto a uma distância definida de uma margem, uma página, um parágrafo ou uma linha.
- **RELATIVA** Esse tipo de posicionamento é determinado pela relação do objeto com uma margem ou página.

Você pode eliminar as suposições ao definir a posição de um objeto escolhendo uma das nove opções de posição predefinidas da galeria Posição. Todas essas opções implementam a disposição quadrada do texto em uma localização específica em relação às margens da página.

Se utilizar uma das opções de posição para situar um objeto, você ainda poderá movê-lo manualmente arrastando-o para outra posição na página. Muitas vezes é mais fácil arrastar os objetos para a posição, desde que seja exibida na tela uma grade com a qual eles serão alinhados. Você também pode utilizar comandos de alinhamento para alinhar objetos com as margens e entre si.

A alteração do texto do documento após posicionar um objeto pode bagunçar a disposição do conteúdo na página. Você pode especificar se um objeto deve se mover com seu texto relacionado ou permanecer ancorado em sua posição. Também é possível especificar se o objeto tem permissão para se sobrepor a outros.

Se você inserir diversos objetos e posicioná-los de forma que fiquem sobrepostos, eles serão chamados de "empilhados". A ordem de empilhamento (qual objeto aparece acima do outro) é inicialmente determinada pela ordem em que os objetos são inseridos, mas também pode ser determinada por outros fatores, como o tipo de disposição de texto atribuído a cada objeto. Desde que todos os objetos tenham o mesmo tipo de disposição de texto, pode-se alterar sua ordem selecionando um objeto e clicando no botão Avançar ou Recuar no grupo

Organizar para mover o objeto para o início ou o fim da pilha. Se clicar na seta de qualquer dos botões e, a seguir, em Avançar ou Recuar, o objeto se moverá para frente ou para trás na pilha uma posição por vez.

Depois de ordenar os objetos na página, você pode utilizar o painel Seleção para ocultá-los ou mostrá-los, de modo que possa avaliar a contribuição de cada objeto para com o todo.

Neste exercício, você modificará a disposição do texto e a posição e a ordem de empilhamento de imagens que já foram inseridas em um documento. Depois, ocultará uma das imagens.

PREPARAÇÃO Você precisa do documento InformaçõesBambu localizado na pasta de arquivos de prática Capítulo10 para realizar este exercício. Abra o documento no modo de exibição Layout de Impressão e siga os seguintes passos:

1 Clique na primeira imagem da página para selecioná-la e no botão **Opções de Layout** que aparecerá.

No menu Opções de Layout é possível formatar rapidamente a posição do objeto sem acessar a Faixa de Opções.

2 Na área **Com Disposição do Texto** do menu **Opções de Layout**, clique no segundo ícone (**Próximo**). Observe que as opções na parte inferior do menu se tornam disponíveis e a opção **Mover com o texto** está selecionada.

3 Na parte inferior do menu **Opções de Layout**, clique no link **Ver mais** para exibir a página **Posição** da caixa de diálogo **Layout**.

DICA Você também pode abrir a caixa de diálogo Layout na guia de ferramentas Formatar para Imagens clicando na seta de Posição no grupo Organizar e em Mais Opções de Layout.

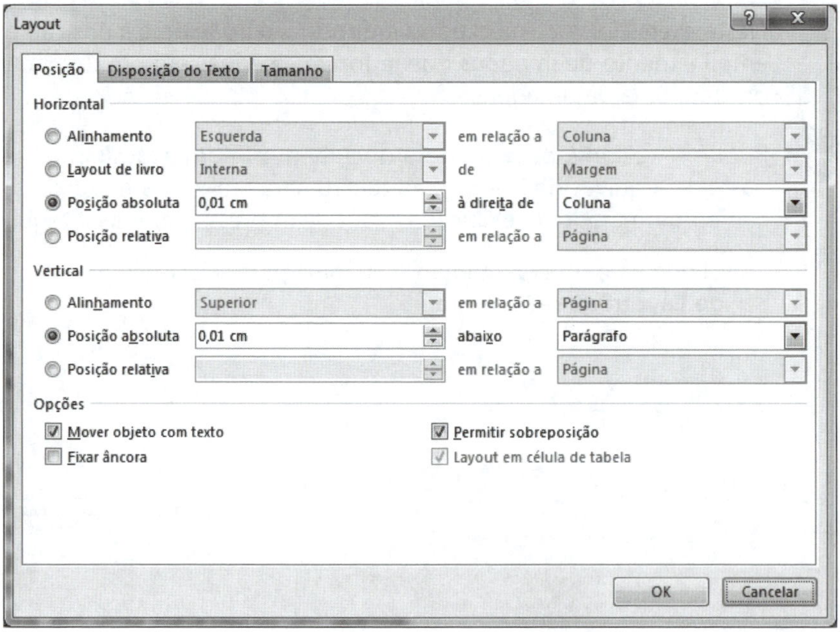

As configurações aqui estão vinculadas à opção de disposição do texto escolhida.

4 Na caixa de diálogo **Layout**, clique na guia **Disposição do Texto**. Observe que as configurações refletem a seleção feita no menu **Opções de Layout**.

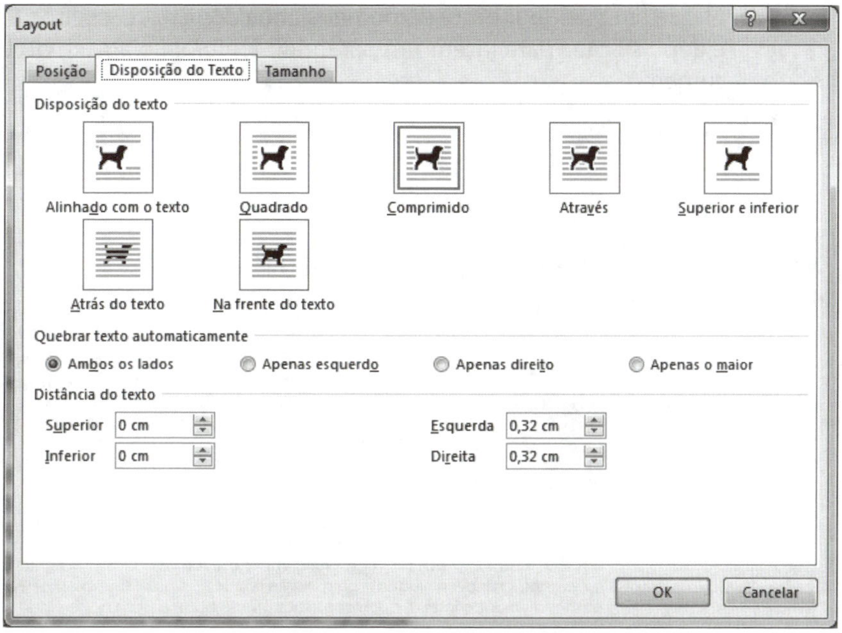

Um posicionamento mais preciso pode ser feito com as configurações desta página.

5 Na área **Distância do texto**, defina **Esquerda** e **Direita** para **0,76 cm**. Clique em **OK**.

O texto é disposto à direita da imagem, com a quantidade especificada de espaço em branco entre a imagem e o texto.

6 Clique em qualquer parte da primeira linha do texto, pressione a tecla **Home** e depois **Enter** para inserir um parágrafo em branco abaixo do título do documento.

A BELEZA DO BAMBU

Há muito tempo, o bambu foi incorporado às culturas de vários países, onde é utilizado em tudo, desde alimentos e forragem até instrumentos musicais e materiais de construção. Há séculos, milhões de pessoas dependem dessa planta, conhecida como "amigo das pessoas" na China e "madeira de pobre" na Índia. Entretanto, a demanda por bambu também tem crescido em outras partes do mundo, principalmente na fabricação de mobílias, peças de decoração e pisos. As pessoas estão reconhecendo a importância e a beleza do uso do bambu em suas casas, que acompanha a moda atual com um toque étnico. Aqui, na Wide World Importers, temos o orgulho de oferecer uma grande variedade de mobílias e acessórios de bambu procedentes do mundo inteiro, assim como plantas de bambu para aquele cantinho especial, em uma varanda ou um quintal.

A imagem se move para baixo com o parágrafo ao qual está anexada.

7 Na **Barra de Ferramentas de Acesso Rápido**, clique no botão **Desfazer** para remover o parágrafo em branco.

ATALHO DE TECLADO Pressione Ctrl+Z para desfazer a ação mais recente.

8 Clique na imagem para selecioná-la. A seguir, na guia de ferramentas **Formatar**, no grupo **Organizar**, clique no botão **Posição** para exibir a galeria **Posição**.

A galeria Posição apresenta várias opções pré-configuradas de disposição do texto.

9 Na galeria **Posição**, aponte para uma miniatura por vez para exibir uma visualização dinâmica de seus efeitos na posição da imagem. A seguir, na categoria **Com Disposição do Texto**, clique na primeira miniatura na primeira linha (**Posição na Parte Superior Esquerda com Disposição do Texto Quadrada**) para mover a imagem para o canto superior esquerdo do documento.

A BELEZA DO BAMBU

Há muito tempo, o bambu foi incorporado às culturas de vários países, onde é utilizado em tudo, desde alimentos e forragem até instrumentos musicais e materiais de construção. Há séculos, milhões de pessoas dependem dessa planta, conhecida como "amigo das pessoas" na China e "madeira de pobre" na Índia. Entretanto, a demanda por bambu também tem crescido em outras partes do mundo, principalmente na fabricação de mobílias, peças de decoração e pisos. As pessoas estão reconhecendo a importância e a beleza do uso do bambu em suas casas, que acompanha a moda atual com um toque étnico. Aqui, na Wide World Importers, temos o orgulho de oferecer uma grande variedade de mobílias e acessórios de bambu procedentes do mundo inteiro, assim como plantas de bambu para aquele cantinho especial, em uma varanda ou um quintal.

A imagem agora está alinhada com as margens superior e esquerda da página.

10 No título do documento, clique para posicionar o cursor à esquerda de **A Beleza** e pressione **Enter** para inserir um parágrafo em branco acima do título. Observe que a imagem não se move para baixo com o título.

11 Clique na imagem e no botão **Opções de Layout** que aparecerá. Note que a opção **Corrigir a posição na página** agora está selecionada, e não a opção **Mover com o texto**. A imagem não está mais ancorada no parágrafo.

12 Na parte inferior do menu **Opções de Layout**, clique no link **Ver mais** para exibir a página **Posição** da caixa de diálogo **Layout**. Observe que as configurações **Horizontal** e **Vertical** se transformaram em **Alinhamento** e **em relação a Margem**.

DICA Quando as imagens têm uma configuração de disposição do texto diferente de Alinhado com o texto, você pode utilizar as opções do menu Alinhar para alinhar vários objetos horizontal ou verticalmente. É possível distribuir objetos selecionados igualmente entre o primeiro e o último objeto na seleção. Para entender como essas opções funcionam, você precisa praticar. Uma boa ideia é testar várias configurações com diversos objetos para examinar os resultados. Lembre-se, o botão Desfazer é seu aliado!

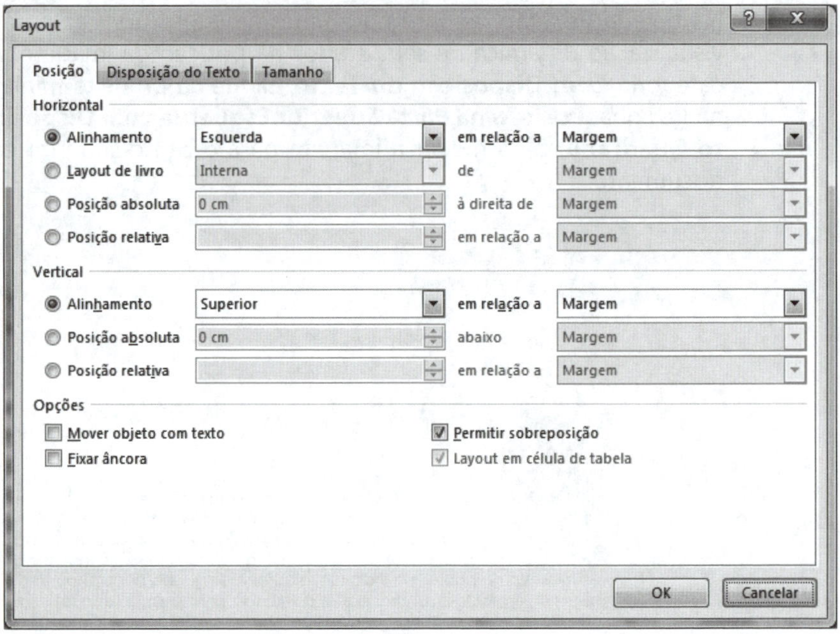

A imagem agora está ancorada nas margens.

13 Clique em **Cancelar** para fechar a caixa de diálogo sem fazer qualquer alteração.

Agora, formataremos a segunda imagem.

14 Clique na segunda imagem de bambu, exiba a galeria **Posição** e, na categoria **Com Disposição do Texto**, clique na terceira miniatura na primeira linha (**Posição na Parte Superior Direita com Disposição do Texto Quadrada**) para enviar a imagem para o canto superior direito da página.

DICA A seleção de uma das opções predefinidas de Posição é uma forma rápida de configurar a disposição do texto e quebrar a relação da imagem com ele.

15 Na guia de ferramentas **Formatar**, no grupo **Organizar**, clique no botão **Alinhar Objetos** para exibir a galeria **Alinhar**.

O menu Alinhar oferece fácil acesso a todas as opções de alinhamento.

16 No menu **Alinhar**, clique em **Configurações da Grade** para abrir a caixa de diálogo **Grade e Guias**.

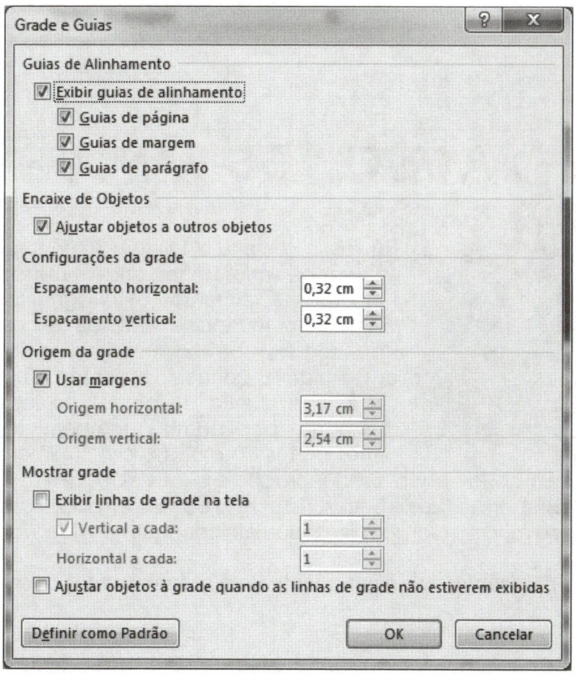

Você pode especificar a localização e a funcionalidade das guias e da grade de alinhamento na tela.

17 Na área **Configurações da grade**, defina **Espaçamento horizontal** e **Espaçamento vertical** para **0,64 cm**. Na área **Mostrar grade**, marque a caixa de seleção **Exibir linhas de grade na tela**. A seguir, clique em **OK** para preencher a coluna de texto com uma grade de quadrados de 0,64 centímetros.

18 Arraste a imagem selecionada para baixo e para a esquerda até que esteja a três quadrados da margem superior e da margem esquerda, sobrepondo a primeira imagem. Note que, à medida que arrasta a imagem, ela se ajusta à grade.

DICA Para mover uma imagem sem ajustá-la à grade, mantenha a tecla Ctrl pressionada enquanto pressiona a tecla de direção. A imagem se moverá gradualmente.

19 Clique na terceira imagem no documento, clique no botão **Opções de Layout** que aparecerá e na primeira miniatura na categoria **Com Disposição do Texto** (**Quadrado**). Arraste a imagem para cima e para a direita até que esteja a seis quadrados da margem superior e da margem esquerda, sobrepondo a segunda imagem. O texto é disposto em ambos os lados da imagem, o que dificulta a leitura (mesmo se a grade não estivesse ali).

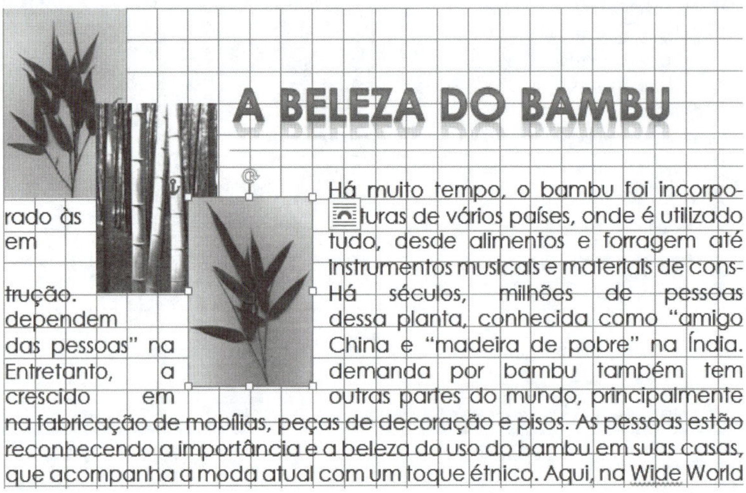

O uso de opções predefinidas de alinhamento nem sempre produz os resultados desejados.

20 Com a terceira imagem selecionada, pressione e segure a tecla **Ctrl** e clique na primeira e na segunda imagens para selecioná-las também.

21 Na guia de ferramentas **Formatar**, no grupo **Organizar**, clique em **Quebra de Texto Automática** e em **Mais Opções de Layout** para exibir a página **Disposição do Texto** da caixa de diálogo **Layout**.

22 Na área **Disposição do texto**, clique em **Comprimido**. Na área **Quebrar texto automaticamente**, clique em **Apenas direito**. Na área **Distância do texto**, defina **Esquerda** e **Direita** para **0,76 cm**. A seguir, clique em **OK** para reposicionar o texto à direita e abaixo do grupo de imagens.

Você pode aplicar opções de alinhamento para vários objetos ao mesmo tempo.

23 Clique fora das imagens e, depois, somente na segunda imagem. No grupo **Organizar**, clique em **Avançar** para posicionar a imagem selecionada sobre as outras.

24 No grupo **Organizar**, clique no botão **Alinhar Objetos** e em **Exibir Linhas de Grade** para desativá-las. Clique fora da imagem para exibir os resultados.

O resultado final é artístico e elegante.

Agora, aprenderemos sobre o painel Seleção.

25 Clique na terceira imagem para ativar a guia de ferramentas **Formatar**. No grupo **Organizar**, clique no botão **Painel de Seleção** para abrir o painel **Seleção**, que identifica os três objetos nessa página. O ícone de um olho à direita de cada imagem indica que ela atualmente está visível na página.

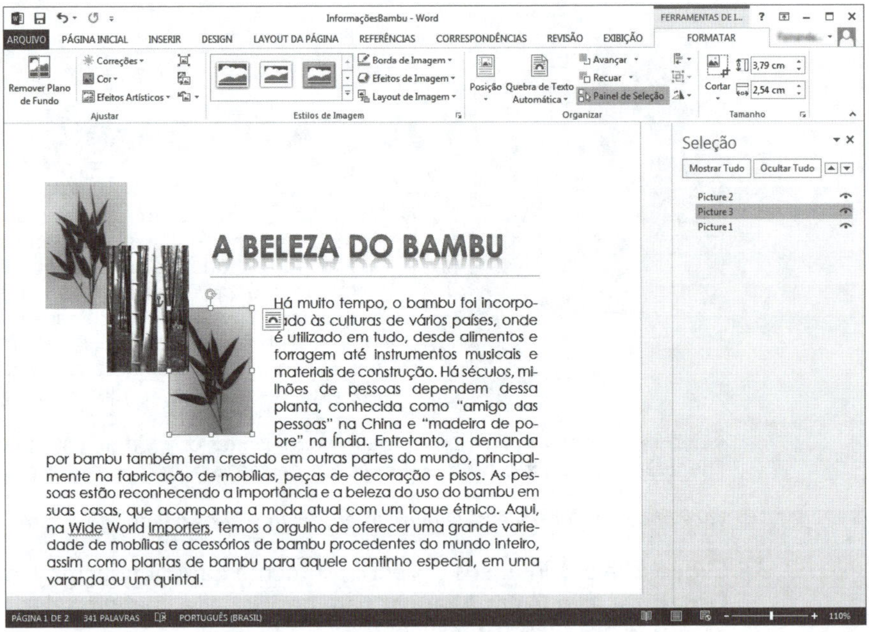

É possível gerenciar objetos a partir do painel Seleção.

26 No topo do painel **Seleção**, clique no botão **Ocultar Tudo** para ocultar as imagens do documento. Os ícones de olhos se transformam em pequenas linhas horizontais para indicar que as imagens estão ocultas. Observe que o texto no documento flui naturalmente, como se as imagens não estivessem ali.

27 Clique nos ícones da barra adjacente à **Imagem 1** e **Imagem 2** para reexibir apenas essas imagens.

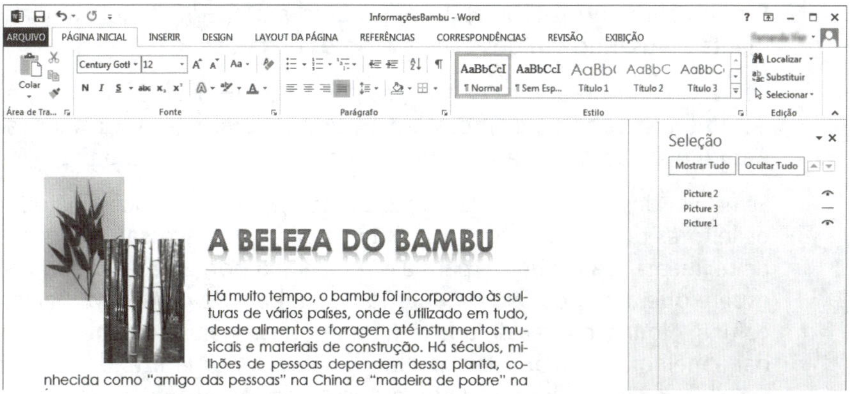

Quando uma imagem é ocultada, o conteúdo do documento é reformatado como se ela não existisse.

28 Feche o painel **Seleção**.

ENCERRAMENTO Feche o documento InformaçõesBambu, salvando as alterações, se quiser.

Como usar tabelas para controlar o layout da página

A maioria das pessoas está acostumada a pensar em uma tabela como uma maneira de exibir dados em um formato rápido e de fácil entendimento. Mas as tabelas também podem servir para organizar o conteúdo de modo criativo. Por exemplo, suponha que queira exibir duas tabelas próximas uma da outra. A maneira mais simples de fazê-lo é, primeiro, criar uma tabela da largura da página com apenas uma linha e duas colunas e, a seguir, inserir uma das tabelas na primeira célula e a outra na segunda. Quando as bordas externas da tabela estão ocultas, essas tabelas aninhadas aparecem lado a lado.

Taxas de consultas

Local	Por hora
Em casa	$ 50,00
Por telefone	$ 35,00
Em loja	$ 40,00

Taxas de entrega

Distância	Taxa
0-50 km	Sem taxa
51-100 km	$ 10,00
Mais de 100 km	$ 20,00

Esses títulos e tabelas estão aninhados dentro de células de uma tabela com uma linha e duas colunas.

Como nas tabelas comuns, pode-se criar uma tabela aninhada de uma destas três formas:

- Do zero
- Formatando informações existentes
- Inserindo dados do Microsoft Excel

E como com outras tabelas, você pode formatar uma tabela aninhada manualmente ou usando um dos estilos prontos de tabela.

DICA Você pode utilizar as tabelas para organizar uma mistura de elementos, como texto, tabelas, gráficos e diagramas. Para mais informações, consulte o Capítulo 4, "Como organizar informações em colunas e tabelas".

Se estiver desenvolvendo seu documento pensando na acessibilidade, saiba que os leitores de tela e outros dispositivos de auxílio acessam o conteúdo de maneira linear – da esquerda para a direita, linha por linha –, enquanto você talvez espere que a pessoa leia o conteúdo da tabela de cima para baixo, coluna por coluna. Alguns leitores de tela têm um modo de leitura de tabelas que pode ajudar a melhorar essa questão, portanto, se estiver organizando o conteúdo com o uso de um layout simples de tabela, isso não representará um grande problema (embora o significado do conteúdo ainda possa ser menos claro do que quando apresentado em um texto normal ou em uma lista). Se criar um layout de tabela sofisticado que inclua células com alturas e larguras variadas, com algumas células mescladas e algumas divididas, é provável que o leitor de tela vá acessar e pronunciar o conteúdo fora de ordem. Lembre-se disso caso pretenda distribuir seu conteúdo em um formato eletrônico, e principalmente se for exigido que sua empresa siga padrões de acessibilidade.

Neste exercício, você primeiro criará uma tabela e, a seguir, irá aninhar e formatar duas tabelas dentro da tabela original.

PREPARAÇÃO Você precisa da pasta de trabalho Empréstimo, do documento CompraCaminhãoEntrega e do documento ComparaçõesEmpréstimo localizados na pasta de arquivos de prática Capítulo10 para realizar este exercício. Abra a pasta de trabalho Empréstimo no Excel e o documento CompraCaminhãoEntrega no Word. Depois, abra o documento ComparaçõesEmpréstimo e siga os seguintes passos:

1 Pressione **Ctrl+End** para mover o cursor para o fim do documento.

2 Na guia **Inserir**, no grupo **Tabelas**, clique no botão **Tabela**. Na galeria **Inserir Tabela**, clique na segunda caixa da primeira linha (**Tabela 2x1**) para inserir uma tabela de duas colunas com a largura da página no documento.

MEMO

De: Garth Fort
Para: Robin Counts
Data: 12 de novembro de 2012
Ref.: Comparações de empréstimos

Segue abaixo uma comparação entre dois empréstimos para veículos de entrega.

Você pode organizar o conteúdo lado a lado dentro desta estrutura básica de tabela.

3 Em **Exibição**, no grupo **Janela**, clique no botão **Alternar Janelas** e, depois, em **CompraCaminhãoEntrega**.

4 Vá até o fim da página e clique em qualquer parte da tabela **Parcelamento**. Na guia de ferramentas **Layout**, no grupo **Tabela**, clique em **Selecionar** e em **Selecionar Tabela**.

5 Na guia **Página Inicial**, no grupo **Área de Transferência**, clique no botão **Copiar** para copiar a tabela selecionada para a Área de Transferência do Microsoft Office.

ATALHO DE TECLADO Pressione Ctrl+C para copiar o conteúdo selecionado para a Área de Transferência.

6 Troque para o documento **ComparaçõesEmpréstimo**, clique com o botão direito do mouse na célula esquerda da tabela e, a seguir, abaixo de **Opções de Colagem**, clique no botão **Tabela Aninhada** para inserir a tabela copiada na célula e ajustar a altura da tabela recipiente para que a tabela aninhada caiba.

7 Na **Barra de Tarefas do Windows**, clique no botão **Microsoft Excel** e, se necessário, clique na pasta de trabalho **Empréstimo**. Na **Plan 1** da pasta de trabalho **Empréstimo**, selecione as células **A1:B8** e copie-as para a Área de Transferência.

8 Volte para o documento **ComparaçõesEmpréstimo**, clique na célula direita da tabela e, na guia **Página Inicial**, no grupo **Área de Transferência**, clique no botão **Colar** para inserir os dados da planilha como uma tabela aninhada na célula.

ATALHO DE TECLADO Pressione Ctrl+V para colar o conteúdo da Área de Transferência mais recentemente copiado.

Segue abaixo uma comparação entre dois empréstimos para veículos de entrega.

Parcelamento	
Taxa de juros	3,6%
Anos	3
Valor do empréstimo	$ 155.000,00
Pagamento mensal	$ 4.548,69
Custo do empréstimo	$ 163.752,79
Custo do leasing de 3 anos	$ 180.000,00
Economia	$ 16.247,21

Parcelamento	
Taxa de juros	5,0%
Anos	3
Valor do empréstimo	$155.000,00
Parcela mensal	$4.645,49
Custo do empréstimo	$167.237,61
Custo do leasing de 3 anos	$180.000,00
Economia	$12.762,39

(Ctrl)

Tabelas aninhadas inseridas de um documento do Word e de uma planilha do Excel.

9 Aponte para a tabela e clique no seletor de tabela que aparecerá do lado de fora de seu canto superior esquerdo para selecioná-la. (Certifique-se de selecionar a tabela recipiente e não a tabela aninhada.)

10 Na guia de ferramentas **Design**, no grupo **Bordas**, clique na seta de **Bordas** e em **Sem borda** para remover as bordas das células recipientes.

11 Clique em qualquer parte da tabela esquerda, clique no seletor de tabela que aparecerá e pressione **Ctrl+Barra de Espaços** para limpar a formatação trazida da fonte da tabela original.

12 Na guia de ferramentas **Design**, no grupo **Opções de Estilo de Tabela**, assegure-se de que as caixas de seleção **Linha de Cabeçalho** e **Linha de Totais** estejam marcadas e desmarque as demais.

13 Na galeria **Estilos de Tabela**, clique na miniatura do estilo de tabela que queira aplicar à tabela aninhada. (Utilizamos a **Tabela de Grade 5 Escura – Ênfase 1**.)

14 Repita os passos 11 a 13 para formatar a tabela direita, quem sabe utilizando um estilo similar de tabela com uma cor diferente. (Utilizamos a **Tabela de Grade 5 Escura – Ênfase 6**.) Clique fora das tabelas para exibir os resultados.

Segue abaixo uma comparação entre dois empréstimos para veículos de entrega.

Parcelamento	
Taxa de juros	3,6%
Anos	3
Valor do empréstimo	$ 155.000,00
Pagamento mensal	$ 4.548,69
Custo do empréstimo	$ 163.752,79
Custo do leasing de 3 anos	$ 180.000,00
Economia	$ 16.247,21

Parcelamento	
Taxa de juros	5,0%
Anos	3
Valor do empréstimo	$155.000,00
Parcela mensal	$4.645,49
Custo do empréstimo	$167.237,61
Custo do leasing de 3 anos	$180.000,00
Economia	$12.762,39

Embora invisível, a tabela recipiente fornece a estrutura para exibir as duas tabelas.

ENCERRAMENTO Feche o documento ComparaçõesEmpréstimo, salvando suas alterações, se quiser. A seguir, feche o documento CompraCaminhãoEntrega e a pasta de trabalho Empréstimo.

Pontos-chave

- Reservando um tempo para aplicar estilos de título a um documento, você pode utilizar a estrutura de tópicos para reorganizar suas seções, seja no modo de exibição Estrutura de Tópicos ou no painel Navegação.
- Você pode posicionar um objeto em relação ao texto que o envolve e em relação a outros objetos na página.
- Utilizando tabelas de forma criativa, pode-se colocar informações em disposições não lineares para fácil comparação ou análise.

Visão geral do capítulo

Salvar

Salve documentos do Word em outros formatos, página 322

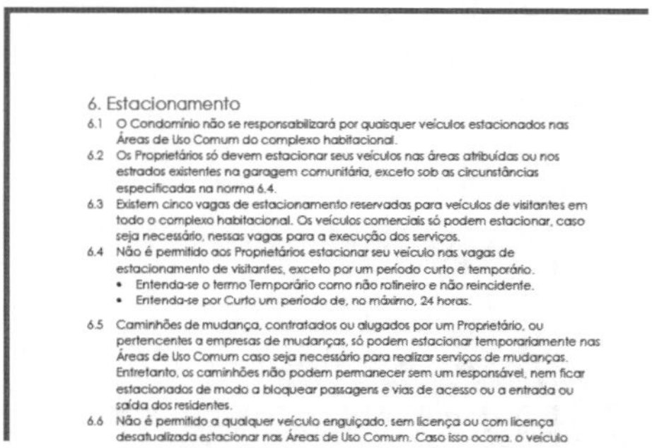

Desenvolver

Desenvolva documentos acessíveis, página 329

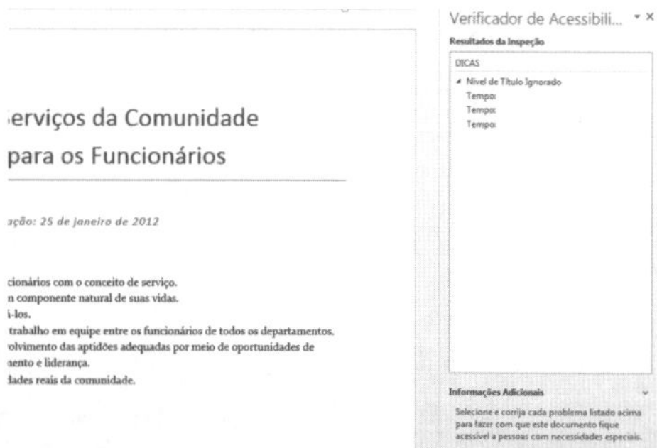

Criar

Crie e modifique documentos da Web, página 333

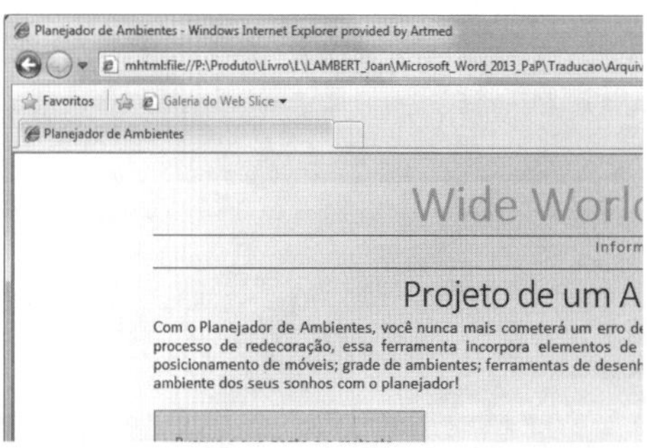

Publicar

Crie e publique postagens em blogs, página 342

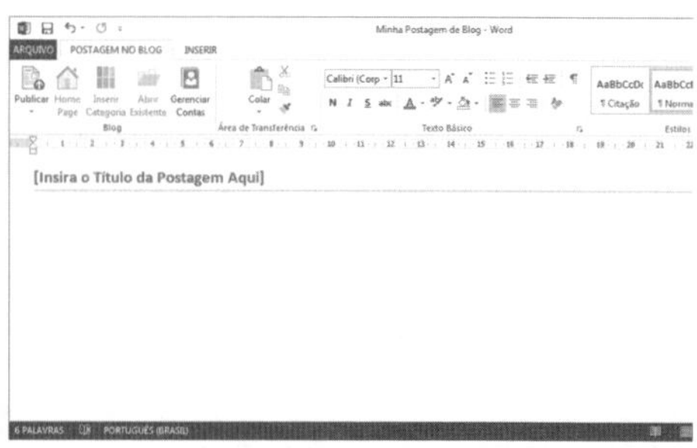

Como criar documentos para uso fora do Word

11

NESTE CAPÍTULO, VOCÊ APRENDERÁ A:

- Salvar documentos do Word em outros formatos.
- Desenvolver documentos acessíveis.
- Criar e modificar documentos da Web.
- Criar e publicar postagens em blogs.

Você pode distribuir documentos criados no Microsoft Word 2013 de diversas maneiras. Pode imprimir uma cópia do documento, fornecer uma cópia eletrônica do arquivo, apresentar o documento online ou postar seu conteúdo em um blog. Embora o Word seja um "programa de processamento de texto", ele também fornece as ferramentas necessárias para compartilhar suas palavras com o mundo!

No Capítulo 6, "Como visualizar, imprimir e distribuir documentos", examinamos os processos de preparação de um documento para distribuição impressa e eletrônica, impressão de um documento e compartilhamento do arquivo de um documento. Neste capítulo, veremos como distribuir informações de um documento do Word em outros formatos ou para pessoas que não tenham o Word 2013. Também abordaremos algumas das decisões de desenvolvimento que você pode querer considerar para garantir que o conteúdo de seu documento esteja acessível para pessoas com necessidades especiais e para leitores eletrônicos.

Algumas vezes, você vai criar um documento no Word 2013 e vai querer enviá-lo a alguém que não tenha esse programa instalado em seu computador. É possível salvar um documento criado com o Word 2013 em diversos outros formatos de arquivo.

Se planeja distribuir um documento de forma eletrônica, mas quer garantir que ele tenha exatamente a mesma aparência para os destinatários que para você, pode salvar o documento em formato Portable Document Format (PDF) ou XML Paper Specification (XPS). Quando se visualiza ou imprime o arquivo PDF ou XPS, não importa qual computador ou impressora seja utilizado, as páginas aparecem exatamente como se fossem impressas do seu computador em sua impressora.

Uma maneira de distribuir as informações em seus documentos é convertê-las em páginas Web e postá-las online para que sejam lidas. A Internet se tornou uma parte importante de nossa vida cotidiana. Nós a utilizamos para pesquisar tópicos, comprar, ler notícias e saber sobre o desempenho de nosso time favorito. Ela também é uma ótima ferramenta de publicação quando se tenta alcançar uma grande audiência. Por exemplo, sua empresa pode querer publicar um boletim online para fornecer informações, ao mesmo tempo em que anuncia seus produtos ou serviços. Ou, se você tiver um blog (abreviação de *web log*), pode utilizar as ferramentas internas do Word para criar e postar artigos.

Neste capítulo, primeiro você salvará um documento em um formato de arquivo diferente e experimentará a nova funcionalidade de edição em PDF. Em seguida, irá visualizar um documento no modo de exibição Layout da Web, salvá-lo como uma página Web e fazer qualquer ajuste necessário para uma ótima apresentação em um navegador da Web. Por fim, aprenderá a utilizar o Word para criar uma postagem de blog.

ARQUIVOS DE PRÁTICA Para realizar os exercícios deste capítulo, você precisa dos arquivos de prática contidos na pasta Capítulo11. Para mais informações, consulte "Como baixar os arquivos de prática" na Introdução deste livro.

Como salvar documentos do Word em outros formatos

Quando salvamos um documento do Word, o formato de arquivo padrão é o .docx do Word 2013. Embora a extensão do arquivo seja a mesma, o Word 2013 reconhece uma diferença entre os arquivos .docx salvos no Word 2013 e aqueles salvos no Word 2010 ou 2007. Um arquivo .docx do Word 2013 pode ser aberto e editado no Word 2010 ou 2007 em um computador com o Windows, ou no Word 2011 ou 2008 em um Mac, mas se for salvo em um desses programas, da próxima vez em que for aberto no Word 2013, ele será exibido em Modo de Compatibilidade.

Um arquivo .docx não pode ser aberto no Word 2003 ou em uma versão anterior do Word, a menos que a pessoa que utiliza essa versão instale o Microsoft Office Compatibility Pack for Word, Excel, and PowerPoint File Formats, que está disponível gratuitamente no Centro de Download da Microsoft, em *download.microsoft.com*. Se quiser garantir que os destinatários com versões mais antigas do Word possam abrir e editar um arquivo criado no Word 2013, você pode salvar o arquivo no formato .doc, como um Documento do Word 97-2003.

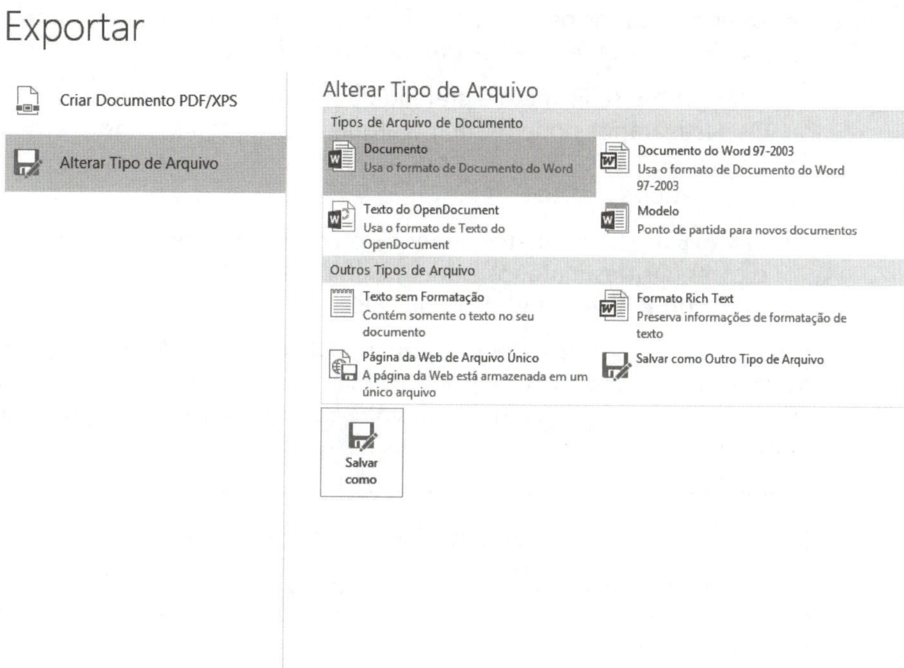

Você pode salvar documentos do Word em muitos formatos diferentes.

Se estiver procurando um formato de arquivo diferente do que aqueles listados na página Exportar, clique em Salvar como Outro Tipo de Arquivo e, depois, no botão Salvar como. Na caixa de diálogo Salvar como, você pode escolher a partir de uma extensa lista de formatos de arquivo adicionais, incluindo Documento Habilitado para Macro do Word, Modelo Habilitado para Macro do Word, Documento XML do Word, Página Web, Modelo do Word 97-2003, Documento XML do Word 2003, Documento Open XML Estrito e Works 6-9 Document.

Se quiser salvar um documento do Word em um formato que possa ser aberto pela maior variedade de programas (inclusive editores de texto instalados na maioria dos sistemas operacionais), utilize um destes dois formatos:

- **FORMATO RICH TEXT (*.rtf)** Esse formato preserva a formatação do documento.
- **TEXTO SEM FORMATAÇÃO (*.txt)** Esse formato preserva somente o texto do documento.

Se quiser que outras pessoas possam visualizar o documento exatamente como ele aparece em sua tela, utilize um destes dois formatos:

- **PDF (.pdf)** Esse formato é preferido por instalações de impressão comercial. Os destinatários podem exibir o arquivo nos programas gratuitos Microsoft Reader ou Adobe Reader, e podem exibir e editar o arquivo no Word 2013 ou no Adobe Acrobat.
- **XPS (.xps)** Esse formato renderiza precisamente todas as fontes, imagens e cores. Os destinatários podem exibir o arquivo nos programas gratuitos Microsoft Reader ou Visualizador XPS.

DICA Outra maneira de criar um arquivo PDF ou XPS é selecionando essa opção ao enviar o documento por email. Para mais informações, consulte "Como imprimir e enviar documentos" no Capítulo 6, "Como visualizar, imprimir e distribuir documentos".

Como editar um arquivo PDF no Word

Um recurso interessante do Word 2013 é a capacidade de editar arquivos PDF usando todas as ferramentas padrão de revisão de texto do Word. Para abrir um arquivo PDF no Word, faça o seguinte:

- No **Explorador de Arquivos**, clique com o botão direito do mouse no arquivo, clique em **Abrir com** e em **Word (desktop)**.

  DICA No Windows 8, o Explorador de Arquivos substituiu o Windows Explorer. No decorrer deste livro, nos referimos a essa ferramenta de navegação pelo seu nome no Windows 8. Caso seu computador tenha o Windows 7 ou uma versão anterior do Windows, utilize o Windows Explorer.

- No Word, exiba a página **Abrir** do modo de exibição **Backstage**, vá até a localização do arquivo, clique nele e em **Abrir**. (Na caixa de diálogo **Abrir**, os arquivos PDF agora estão na categoria **Documentos do Word**.)

O Word converterá o arquivo em um documento editável do Word. Se o arquivo contiver formatação e layout complicados, a versão do Word do documento poderá não ser uma réplica perfeita do PDF, mas a maioria dos arquivos simples são convertidos de maneira bem organizada.

Os formatos PDF e XPS foram desenvolvidos para distribuir documentos como representações eletrônicas de sua aparência quando impressos. Ambos os tipos de arquivo podem ser facilmente enviados por email para diversos destinatários e disponibilizados em uma página Web para serem baixados por quem os queira. Contudo, eles não são mais documentos do Word. Um arquivo PDF pode ser convertido para o formato editável do Word. Já um arquivo XPS não pode ser aberto, visualizado ou editado no Word.

Ao salvar um documento do Word no formato PDF ou XPS, você pode otimizar o tamanho do arquivo do documento para o método de distribuição pretendido – o tamanho de arquivo Padrão maior é melhor para impressão, enquanto o tamanho Mínimo é adequado para publicação online. Você também pode configurar as opções a seguir:

- Especificar as páginas a incluir no arquivo PDF ou XPS.
- Incluir ou excluir comentários e alterações controladas em um arquivo PDF.
- Incluir ou excluir elementos não impressos, como indicadores e propriedades.
- Selecionar opções de conformidade, incorporação de fonte e criptografia em um arquivo PDF.

Neste exercício, você salvará uma página de um documento com várias páginas em formato PDF. Depois, editará o arquivo PDF no Word.

PREPARAÇÃO Você precisa do documento RegrasEstacionamento localizado na pasta de arquivos de prática Capítulo11 para realizar este exercício. Abra o documento e siga os seguintes passos:

1 Percorra o documento e observe que ele consiste em 13 seções em 10 páginas. Exiba a página **3** e note que ela consiste apenas na seção **6**. Clique em qualquer parte da página **3** para torná-la ativa.

2 Exiba a página **Exportar** do modo de exibição **Backstage**. Com **Criar Documento PDF/XPS** selecionado no painel esquerdo, clique no botão **Criar PDF/XPS**.

3 Na caixa de diálogo **Publicar como PDF ou XPS**, verifique se a pasta de arquivos de prática **Capítulo11** aparece na **Barra de endereço** e se **PDF** aparece na caixa **Tipo**. Com a opção **Padrão** selecionada na área **Otimizar para**, clique no botão **Opções** para abrir a caixa de diálogo **Opções**.

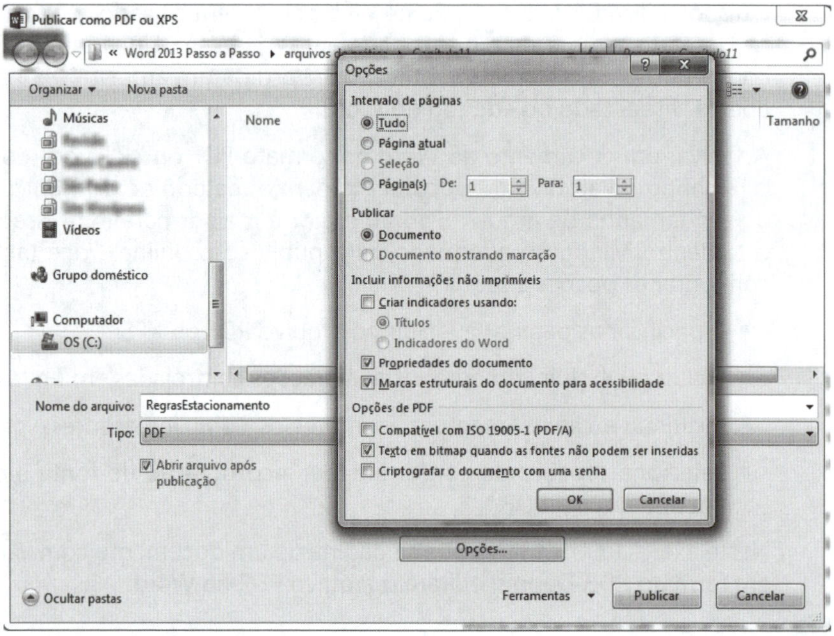

Pode-se escolher a partir destas opções para ajustar o arquivo PDF às suas necessidades.

4 Na área **Intervalo de páginas**, clique em **Página atual**. Na área **Incluir informações não imprimíveis**, desmarque a caixa de seleção **Propriedades do documento**. Clique em **OK**.

5 De volta à caixa de diálogo **Publicar como PDF ou XPS**, observe que a caixa de seleção **Abrir arquivo após publicação** está selecionada por padrão. Na caixa **Nome do arquivo**, digite **Minhas Regras**. A seguir, clique em **Publicar** para salvar o documento no formato PDF e abri-lo no Microsoft Reader ou em seu visualizador de PDF padrão.

SOLUÇÃO DE PROBLEMAS Se não tiver um visualizador de PDF instalado, não se preocupe; a seguir, abriremos o arquivo no Word.

6. Estacionamento

6.1 O Condomínio não se responsabilizará por quaisquer veículos estacionados nas Áreas de Uso Comum do complexo habitacional.

6.2 Os Proprietários só devem estacionar seus veículos nas áreas atribuídas ou nos estrados existentes na garagem comunitária, exceto sob as circunstâncias especificadas na norma 6.4.

6.3 Existem cinco vagas de estacionamento reservadas para veículos de visitantes em todo o complexo habitacional. Os veículos comerciais só podem estacionar, caso seja necessário, nessas vagas para a execução dos serviços.

6.4 Não é permitido aos Proprietários estacionar seu veículo nas vagas de estacionamento de visitantes, exceto por um período curto e temporário.

- Entenda-se o termo Temporário como não rotineiro e não reincidente.
- Entenda-se por Curto um período de, no máximo, 24 horas.

6.5 Caminhões de mudança, contratados ou alugados por um Proprietário, ou pertencentes a empresas de mudanças, só podem estacionar temporariamente nas Áreas de Uso Comum caso seja necessário para realizar serviços de mudanças. Entretanto, os caminhões não podem permanecer sem um responsável, nem ficar estacionados de modo a bloquear passagens e vias de acesso ou a entrada ou saída dos residentes.

6.6 Não é permitido a qualquer veículo enguiçado, sem licença ou com licença desatualizada estacionar nas Áreas de Uso Comum. Caso isso ocorra, o veículo estará sujeito a guincho imediato e/ou a outras medidas que o Conselho julgar necessárias. Todos os custos incidentes sobre a retirada desse veículo, inclusive o reboque, despesas de recolhimento e honorários advocatícios, se aplicáveis, serão de inteira responsabilidade do proprietário. Esses veículos podem estacionar na vaga atribuída ao Proprietário na garagem comunitária.

6.7 Não é permitido realizar conserto ou manutenção de qualquer veículo (a não ser lavar), exceto por ocasião de uma emergência, e somente pelo tempo necessário para permitir a movimentação para uma oficina mecânica.

6.8 Qualquer dano à propriedade, ocorrido dentro do complexo habitacional, causado por algum veículo, inclusive caminhões de mudança, veículos comerciais e pertencentes a hóspedes, será de inteira responsabilidade do Proprietário relacionado.

6.9 A limpeza de manchas de óleo ou problemas relacionados, causados por algum veículo, inclusive caminhões de mudança, veículos comerciais e pertencentes a hóspedes, será de inteira responsabilidade do Proprietário relacionado.

6.10 Os veículos não devem ultrapassar a velocidade de 16 km/h dentro da Área de Uso Comum.

6.11 É proibida a circulação de bicicletas, bugies ou veículos off-road, como jipes e picapes em condições de sujeira dentro do complexo habitacional. A circulação de motocicletas estará limitada à entrada e saída seguras.

O arquivo é aberto em seu visualizador de PDF padrão.

6 Observe que o arquivo PDF tem o mesmo conteúdo que a página **3** do documento original do Word. Feche-o e retorne ao documento **RegrasEstacionamento**.

7 Na página **Abrir** do modo de exibição **Backstage**, vá até a pasta de arquivos de prática **Capítulo11**. Note que o arquivo PDF **Minhas Regras** agora aparece na pasta com os documentos do Word.

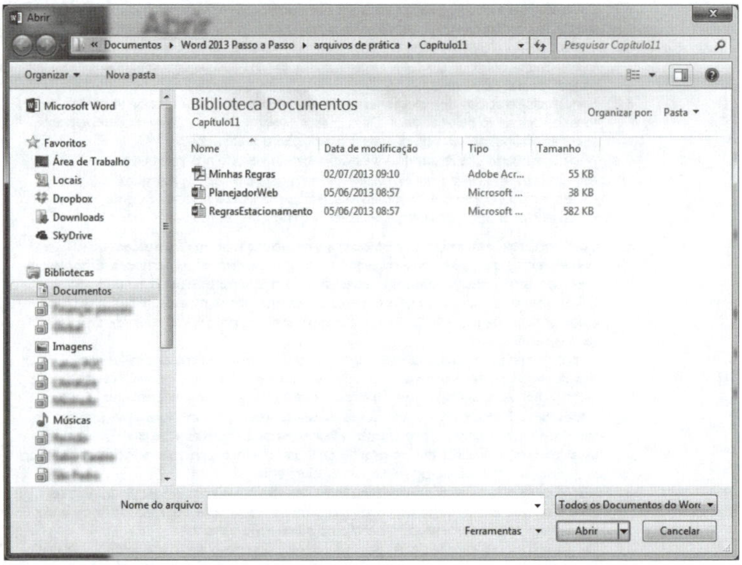

O ícone que representa o visualizador de PDF padrão em seu computador precederá o nome do arquivo PDF.

Agora, abriremos o arquivo PDF no Word.

8 Na caixa de diálogo **Abrir**, clique no arquivo **Minhas Regras** e em **Abrir**. O Word exibirá uma caixa de mensagem que fornecerá informações sobre o processo de conversão.

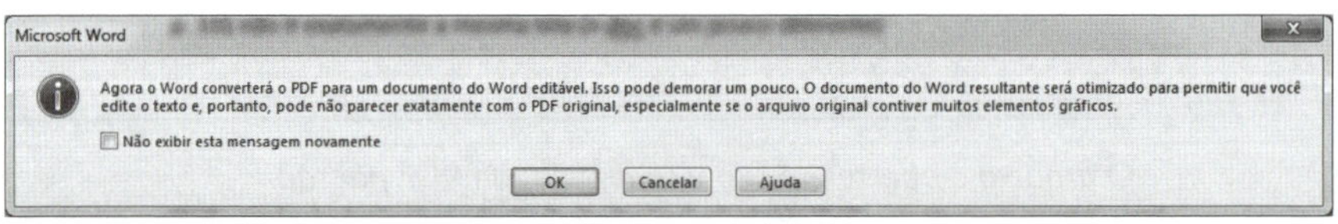

Se não quiser que esta caixa de mensagem apareça de novo, marque a caixa de seleção antes de clicar em OK.

9 Na caixa de mensagem, clique em **OK** para concluir o processo de conversão e abrir o arquivo convertido no Word.

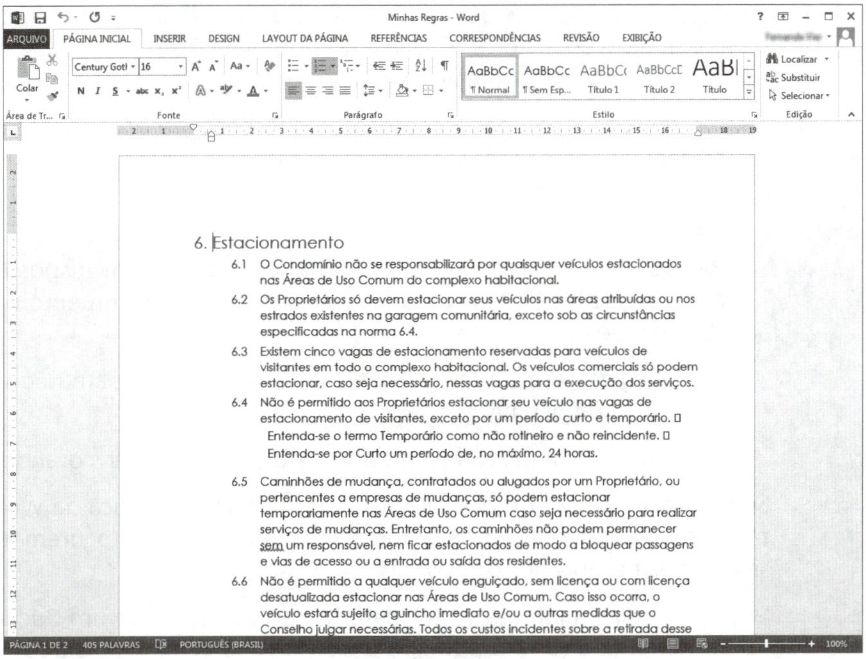

O arquivo tem o mesmo conteúdo que o original.

10 Percorra o arquivo no Word. Observe que ele tem o mesmo conteúdo que a página **3** do documento original do Word. Contudo, agora tem mais de uma página de extensão e parte da formatação não é a mesma do documento original ou do PDF.

ENCERRAMENTO Feche os documentos Minhas Regras e RegrasEstacionamento sem salvar suas alterações.

Como desenvolver documentos acessíveis

Sempre que criar um documento para ser distribuído de forma eletrônica, principalmente para ser exibido como uma página Web, pense se seu conteúdo estará acessível para todas as pessoas às quais quer chegar. Por exemplo, considere o seguinte:

- Nem todas as pessoas exibirão o documento no Word 2013 ou no mesmo navegador da Web em que você o visualizou.

- Algumas pessoas podem definir os tamanhos da fonte padrão de seu navegador da Web maiores do que o normal, ou exibir o conteúdo do navegador com um nível de zoom aumentado.
- Algumas pessoas não conseguem diferenciar mudanças de cor. Outras podem ter seus computadores configurados para exibir um esquema de cores de alto-contraste que altera as cores padrão do texto a fim de melhorar a leitura.
- Pessoas com problemas de visão podem utilizar um dispositivo auxiliar, como um leitor de tela, para "ler" o conteúdo do documento ou da página Web para elas.
- Os navegadores da Web podem estar configurados para não exibir certos elementos da página.
- Uma conexão lenta pode impedir a exibição de imagens grandes.

Se pretender publicar o documento em uma página pública da Web, considere também se os termos que seus potenciais leitores talvez procurem estarão acessíveis para mecanismos de pesquisa.

Você pode fazer algumas coisas para tornar a exibição de um documento mais uniforme na tela (ou no papel) e mais acessível para dispositivos de auxílio e mecanismos de pesquisa da Internet:

- Use estilos para formatar o conteúdo, em vez de aplicar formatação manual. Assim, será possível aplicar um conjunto de estilo com fontes grandes e legíveis e cores de alto-contraste, a fim de que o conteúdo seja dimensionado para um tamanho de fácil leitura na tela. Além disso, quando você utiliza estilos de título, leitores podem exibir com facilidade a estrutura de tópicos do documento e navegar até localizações específicas nele.
- Da mesma forma, ao especificar cores, utilize as cores do tema, de modo que tenham um desempenho apropriado quando os leitores escolherem temas com alto-contraste.
- Caso seu conteúdo inclua imagens, adicione uma legenda a cada uma e ofereça um texto alternativo (frequentemente chamado de *texto Alt*) que forneça uma descrição escrita da imagem nas propriedades dela. O texto alternativo será exibido no lugar da imagem quando ela não puder ser mostrada na tela. Também disponha o texto em torno das imagens utilizando a configuração Alinhado com o Texto, a fim de que as imagens não interrompam o texto.
- Não use marcas d'água ou especifique cores do plano de fundo, padrões ou imagens que possam interferir na legibilidade do conteúdo do documento.
- Apresente as informações em parágrafos de texto e não em caixas de texto. O conteúdo nas caixas de texto pode não ser acessível para leitores de tela.

- Para garantir que seu conteúdo seja acessado na ordem correta, apresente-o em parágrafos de texto, em vez de em listas tabuladas ou tabelas. Caso precise apresentar as informações em uma tabela, utilize os formatos padrão de tabela – não "desenhe" a tabela manualmente, nem mescle ou divida células ou aninhe tabelas. As variações na tabela podem fazer com que dispositivos de auxílio interpretem o conteúdo incorretamente. Se sua tabela for abranger várias páginas, selecione a opção para repetir a linha de cabeçalho, a fim de que os cabeçalhos estejam visíveis e acessíveis para dispositivos de auxílio. Adicione texto alternativo e legendas às tabelas, para o caso de serem incorretamente exibidas ou interpretadas. Evite utilizar tabelas para organizar o conteúdo nas páginas, pois os dispositivos de auxílio podem acessar o conteúdo em uma ordem diferente da pretendida.
- Ao formatar hiperlinks, forneça o texto da Dica de Tela.

  CONSULTE TAMBÉM Para informações sobre a criação de Dicas de Tela para hiperlinks, consulte "Vinculação a fontes externas" no Capítulo 12, "Vinculação de informações e conteúdo".

Para determinar se seu documento atende aos requisitos padrão de acessibilidade, exiba a página Informações do modo de exibição Backstage, clique no botão Verificando Se Há Problemas e em Verificar Acessibilidade para executar o Verificador de Acessibilidade.

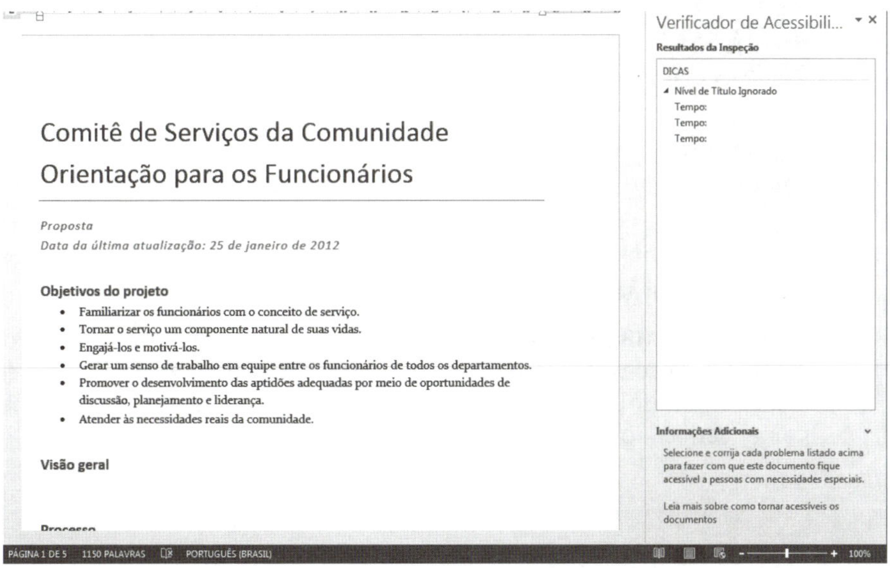

O Verificador de Acessibilidade localiza conteúdo que possa causar problemas de acessibilidade.

Essa ferramenta procura os problemas mais comuns de acessibilidade e oferece explicações e recomendações para resolvê-los. Você pode deixar o Verificador de Acessibilidade aberto enquanto trabalha – seu conteúdo será automaticamente atualizado para indicar os problemas atuais. Depois de executar o Verificador de Acessibilidade, as informações sobre os problemas de conteúdo do documento também serão mostradas na área Inspecionar Documento da página Informações do modo de exibição Backstage.

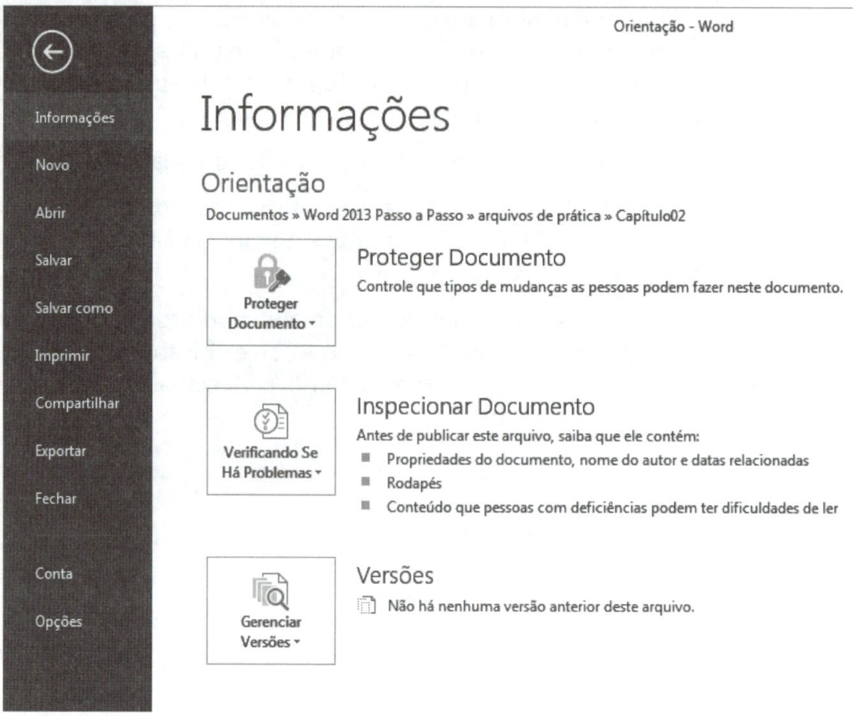

Problemas de conteúdo exibidos na área Inspecionar Documento.

CONSULTE TAMBÉM Para mais informações sobre o desenvolvimento de documentos para acessibilidade, execute o Verificador de Acessibilidade e clique no link Leia mais sobre como tornar acessíveis os documentos na parte inferior do painel Verificador de Acessibilidade.

Como criar e modificar documentos da Web

Não é preciso ser um web designer para criar uma página Web. No Word 2013, você pode visualizar um documento no modo de exibição Layout da Web do jeito que ele aparecerá na tela, fazer qualquer ajuste necessário no Word e salvar o documento como uma página Web com tanta facilidade quanto se o salvasse em qualquer outro formato. Durante o processo de salvar a página Web, você pode atribuir um título de página que aparecerá na barra de título do navegador da Web do leitor.

Quando você salva um documento como uma página Web, o Word converte os estilos e a formatação em códigos HTML, que são chamados de *tags*. Essas tags dizem ao navegador da Web como exibir o documento. Durante a conversão, alguma formatação do documento pode ser alterada ou ignorada, pois não é suportada por todos os navegadores da Web. Se esse for o caso, o Word o alertará e dará a opção de parar o processo de conversão a fim de que você possa fazer os ajustes na formatação para torná-la mais compatível.

DICA Na caixa de diálogo Opções da Web, você pode especificar quais navegadores prevê que serão utilizados para visualizar suas páginas Web. Também é possível fazer com que o Word não disponibilize qualquer recurso que seja incompatível com os navegadores especificados.

É possível salvar um documento como uma página Web em qualquer destes três formatos:

- **PÁGINA WEB DE ARQUIVO ÚNICO** Esse é o formato padrão para salvar um documento como uma página Web. Ele insere todas as informações necessárias para renderizar a página Web em um arquivo HTML agregado e encapsulado do tipo MIME (.mhtml) que pode ser distribuído por email.
- **PÁGINA WEB** Esse formato salva a página Web como um arquivo .htm com uma pasta de arquivos de suporte que garantem que a página seja renderizada exatamente como você quer.
- **PÁGINA WEB, FILTRADA** Esse formato remove qualquer tag específica do Office do arquivo e reduz significativamente o tamanho do documento Web e da pasta de arquivos de suporte que o acompanha. Contudo, ele também pode alterar radicalmente a aparência do documento. Por exemplo, pode transformar um plano de fundo sombreado em uma cor sólida, tornando a página resultante de difícil leitura.

Depois de salvar um documento como uma página Web, ele não será mais um documento do Word. No entanto, você ainda poderá abrir, visualizar e editar a página Web no Word, como faria com um documento normal. (Você também pode abrir e editar páginas Web em formato HTML criadas em outros programas.) Fazer alterações pode ser tão básico quanto substituir o texto e ajustar o alinhamento, ou tão avançado quanto mover e inserir gráficos. Quando terminar de modificar a página Web, poderá salvá-la como uma página Web de novo ou como um documento normal do Word.

Neste exercício, você verificará se o Word está configurado para criar documentos da Web que sejam otimizados para exibição no Windows Internet Explorer 6 ou em uma versão posterior do Internet Explorer. Irá visualizar o documento no modo de exibição Layout da Web e fazer os ajustes necessários para a apresentação online. Por fim, irá salvar o documento como uma página Web, visualizá-la, abri-la no Word para fazer algumas modificações, e salvar e visualizar suas alterações.

PREPARAÇÃO Você precisa do documento PlanejadorWeb localizado na pasta de arquivos de prática Capítulo11 para realizar este exercício. Também é necessário um navegador da Web. Utilizamos o Windows Internet Explorer 10; os passos podem ser diferentes para outros navegadores e versões. Abra o documento e defina o nível de zoom para 100%. Siga os seguintes passos:

1 Percorra o documento para observar o layout atual e, a seguir, abra a caixa de diálogo **Opções do Word** e clique na guia da página **Avançado**.

2 Na área **Geral** da página **Avançado**, clique no botão **Opções da Web** para exibir a página **Navegadores** da caixa de diálogo **Opções da Web**.

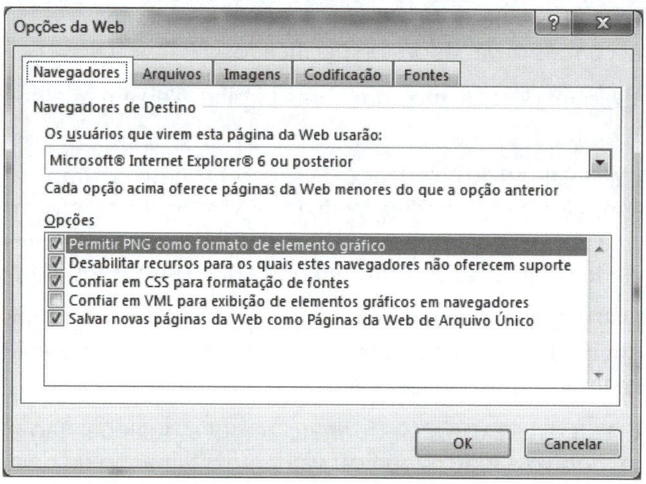

Página Navegadores da caixa de diálogo Opções da Web.

3 Clique na seta de **Os usuários que virem esta página Web usarão** para exibir a lista de configurações de navegador para as quais você irá definir o conteúdo. Na lista, clique em **Microsoft Internet Explorer 6 ou posterior**. Na área **Opções**, certifique-se de que todas as caixas de seleção estejam marcadas.

4 Visualize as outras páginas da caixa de diálogo **Opções da Web** para conhecer os tipos de configurações disponíveis para suas páginas Web. Na página **Imagens**, note que você pode especificar o tamanho de tela para o qual está configurando o conteúdo – por padrão, está definido para sua resolução de tela atual, mas você pode escolher outra, se quiser (1024 × 768 é o mínimo possível na maioria dos vídeos de computadores modernos).

5 Clique em **OK** uma vez para fechar a caixa de diálogo **Opções da Web** e de novo para fechar a caixa de diálogo **Opções do Word**.

6 Na barra de ferramentas **Exibir Atalhos** no canto inferior direito da tela, clique no botão **Layout da Web** para exibir a página como ela aparecerá em um navegador da Web. Observe que as margens da página são ignoradas e que o subtítulo é disposto na mesma linha da representação do WordArt para o nome da empresa.

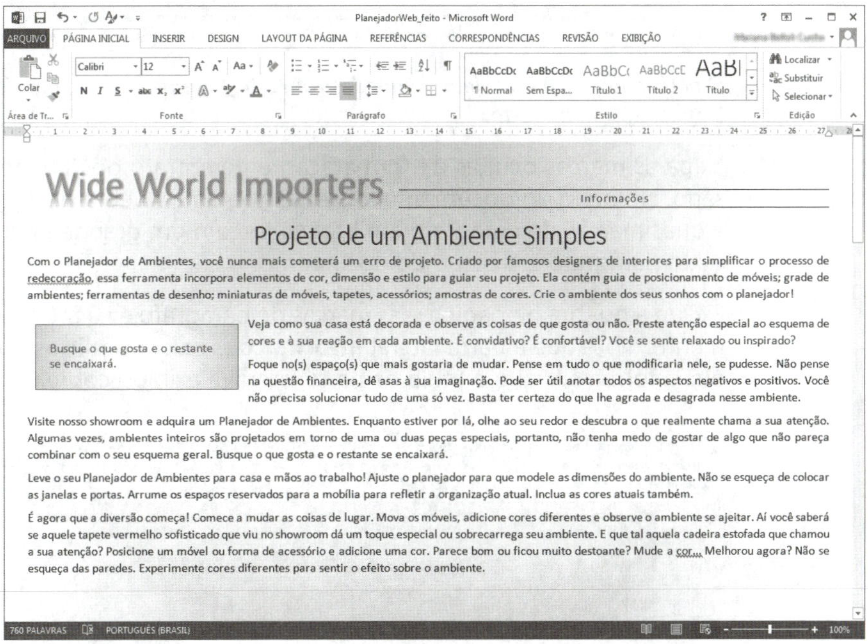

No modo de exibição Layout da Web, o conteúdo do documento preenche a tela.

7 Clique em qualquer parte do WordArt **Wide World Importers**, clique no botão **Opções de Layout** que aparecerá e no ícone **Alinhado com o Texto** para mover o subtítulo para baixo do WordArt.

O posicionamento de objetos alinhados com o texto impede-os de interferir em outros objetos ou no texto.

8 Exiba as marcas ocultas de formatação e percorra o documento, se necessário. No meio do documento, observe que uma quebra de página manual e duas marcas de parágrafo em branco forçam um grande intervalo após o sexto parágrafo e o corpo do documento.

9 Exclua a quebra de página e as marcas de parágrafo e vá até o fim do documento. Note que a barra lateral **Informações sobre pedidos** está sozinha e que a forma em que o título da barra lateral é exibido cobre parte do texto.

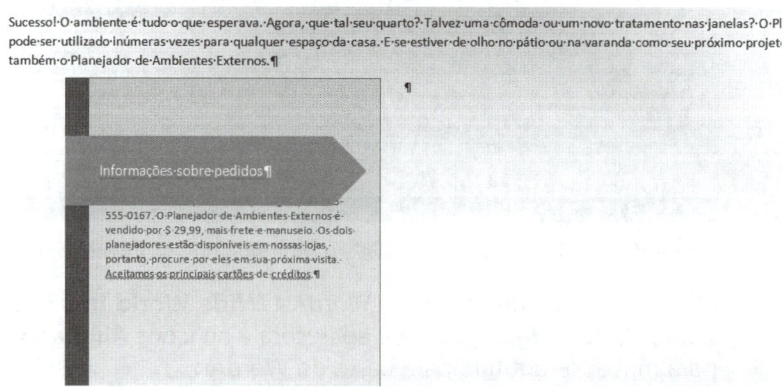

A barra lateral, que realmente deu estilo à página no modo de exibição Layout de Impressão, não aparece de forma organizada no modo de exibição Layout da Web.

10 Oculte as marcas de formatação. Clique no fim do último parágrafo de texto, pressione **Enter**, digite **Informações sobre pedidos** e pressione **Enter** para criar um novo parágrafo em branco.

11 Clique em qualquer parte da borda exterior da barra lateral para ativar a caixa recipiente, clique no botão **Opções de Layout** que aparecerá e na miniatura **Alinhado com o Texto** para deixar todo o texto da barra lateral visível. Na barra lateral, arraste para selecionar o parágrafo de texto.

12 Na guia **Página Inicial**, no grupo **Área de Transferência**, clique no botão **Copiar** para copiar o texto da barra lateral para a Área de Transferência do Microsoft Office; depois, posicione o cursor no novo parágrafo em branco acima da barra lateral e clique no botão **Colar** para inserir o texto na nova localização. Clique no botão **Opções de Colagem** que aparecerá logo abaixo do texto colado e, no menu **Opções de Colagem**, clique no botão **Manter Somente Texto**.

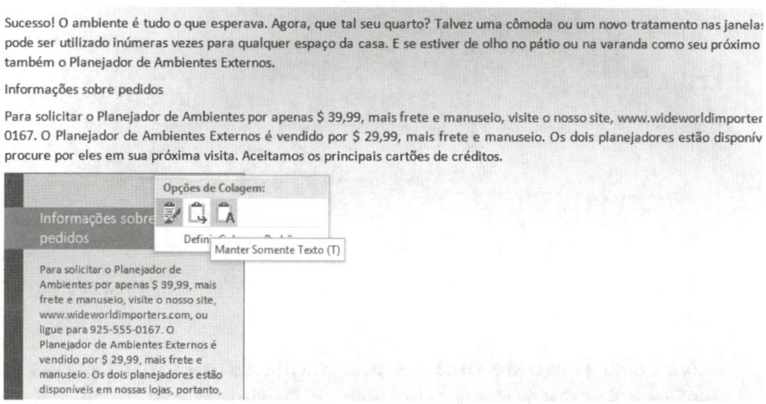

O menu Opções de Colagem, que aparece abaixo do texto inserido, oferece algumas das opções também disponíveis no menu Colar no grupo Área de Transferência da guia Página Inicial.

Agora que movemos o conteúdo da barra lateral para o documento, não precisamos mais dela.

13 Clique na borda exterior da barra lateral para selecioná-la e pressione **Delete** para excluí-la do documento.

14 Clique em qualquer parte do parágrafo **Informações sobre pedidos**. Na guia **Página Inicial**, na galeria **Estilo**, clique na miniatura **Título 1** para formatar o título e adicioná-lo aos elementos estruturais do documento.

Agora, inseriremos um hiperlink no título para que os leitores da página Web possam acessá-lo com facilidade.

15 Vá até o quarto parágrafo do texto e selecione a frase **adquira um Planejador de Ambientes**.

No menu **Inserir**, no grupo **Links**, clique em **Hiperlink** para abrir a caixa de diálogo **Inserir hiperlink**.

ATALHO DE TECLADO Pressione Ctrl+K para abrir a caixa de diálogo Inserir hiperlink. Para mais informações sobre atalhos de teclado, consulte "Atalhos de teclado" ao fim deste livro.

16 Na lista **Vincular a**, clique em **Colocar neste documento**. No painel **Selecione um local neste documento**, clique em **Informações sobre pedidos**. A seguir, clique no botão **Dica de tela**.

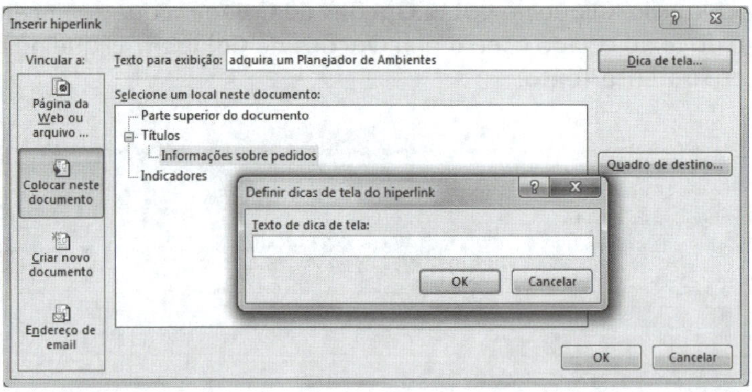

A inclusão de uma Dica de Tela em hiperlinks é uma prática recomendada para fins de acessibilidade.

17 Na caixa **Texto de dica de tela**, digite **Exibe informações sobre pedidos**. Clique em **OK** na caixa de diálogo **Definir dicas de tela do hiperlink** e de novo na caixa de diálogo **Inserir hiperlink** para inserir o hiperlink no documento.

Observe que o conteúdo seria de mais fácil leitura se as linhas do texto fossem mais curtas. Você pode consegui-lo indentando os parágrafos.

18 Na guia **Página Inicial**, no grupo **Edição**, clique no botão **Selecionar** e em **Selecionar Tudo**.

ATALHO DE TECLADO Pressione Ctrl+T para selecionar todo o conteúdo do documento.

19 Na guia **Layout da Página**, na área **Recuar** do grupo **Parágrafo**, digite **3,18** na caixa **À Esquerda**, digite **3,18** na caixa **À Direita** e clique em qualquer parte do documento. Observe que isso não deixa mais a caixa de citação alinhada com o texto.

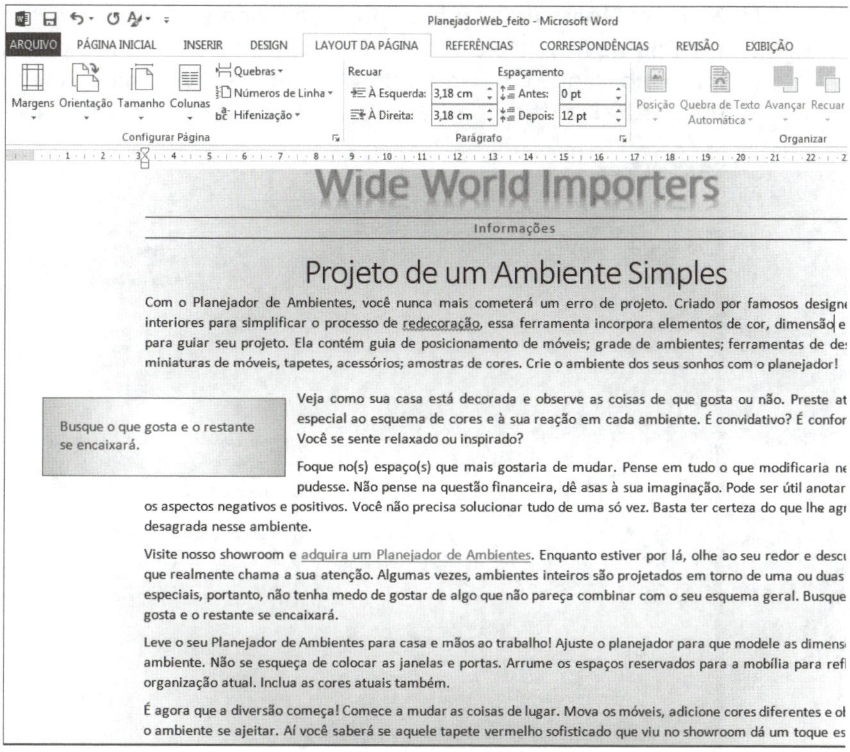

O aumento das margens diminui a largura da área de texto.

20 Clique em qualquer parte da caixa de citação e no botão **Opções de Layout** que aparecerá. No menu **Opções de Layout**, clique na miniatura **Alinhado com o Texto** para posicionar a caixa de citação no início do parágrafo **Veja como**.

21 Clique para posicionar o cursor entre a caixa de citação e a palavra **Veja** e pressione **Enter** para posicionar a caixa de citação em sua própria linha.

Agora que todos os elementos da página estão exibidos organizadamente, salvaremos o documento como uma página Web.

22 Exiba a página **Salvar como** do modo de exibição **Backstage** e clique na pasta de arquivos de prática **Capítulo11** para abrir a caixa de diálogo **Salvar como**.

23 Na caixa **Nome do arquivo**, substitua o nome de arquivo sugerido por **MinhaPáginaWeb** (evite espaços em nomes de arquivos de páginas Web). Na lista **Tipo**, clique em **Página de Web de Arquivo Único**. A seguir, clique no botão **Alterar título** para abrir a caixa de diálogo **Inserir texto**.

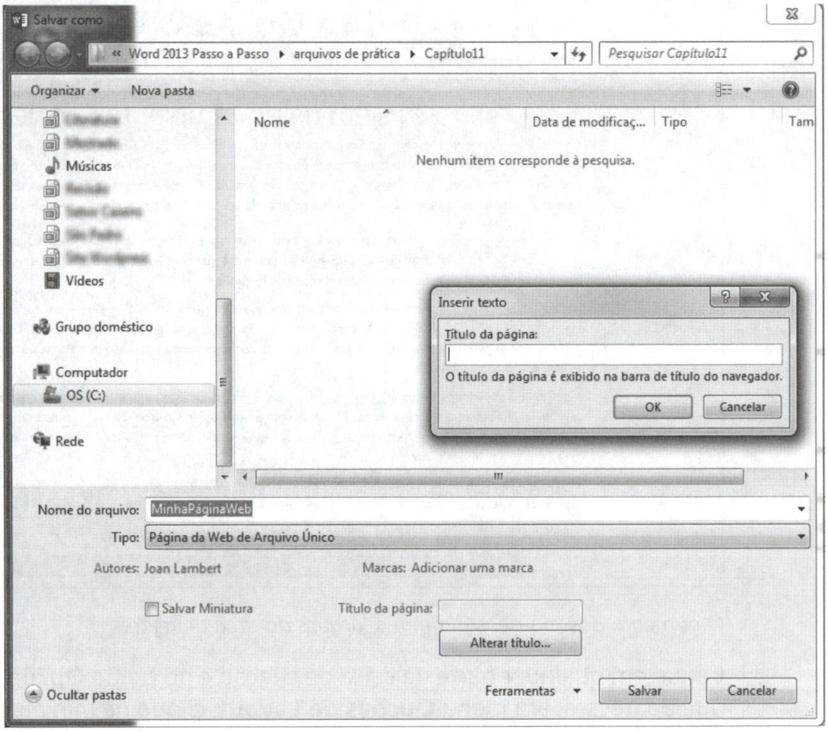

Você pode fornecer um título de página para ser exibido na barra de título do navegador da Web.

24 Na caixa **Título da página**, digite **Planejador de Ambientes**. A seguir, clique em **OK** na caixa de diálogo **Inserir texto** e em **Salvar** na caixa de diálogo **Salvar como** para criar a página Web.

25 *Não* feche o documento do Word. Abra o **Explorador de Arquivos** e vá até a pasta de arquivos de prática **Capítulo11**. A pasta agora contém um arquivo com o nome **MinhaPáginaWeb**.

26 Clique duas vezes no arquivo **MinhaPáginaWeb** para exibi-lo em seu navegador da Web padrão. Observe que o título de página é mostrado na guia do navegador da Web. Note também que o WordArt e o plano de fundo gradiente da caixa de citação não são exibidos corretamente.

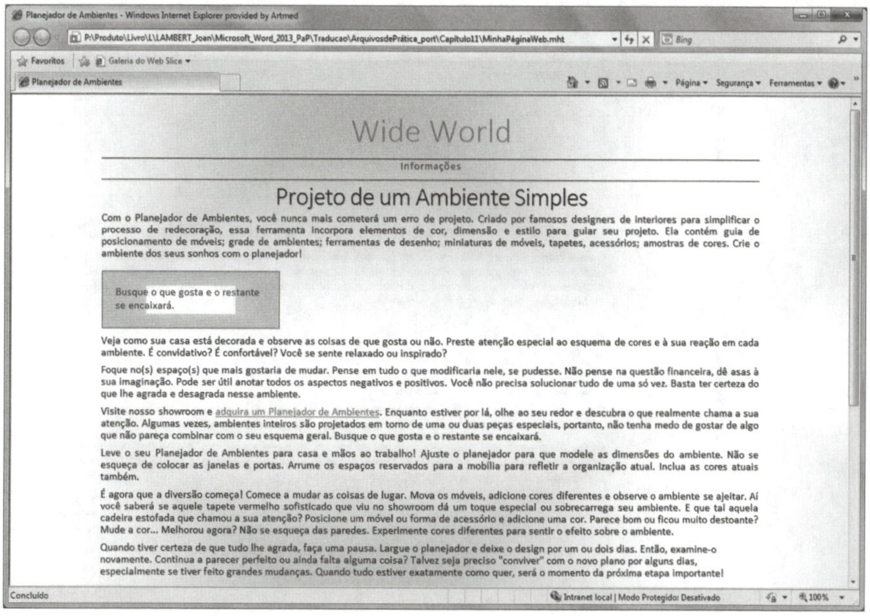

O documento da Web tem em um navegador da Web quase a mesma aparência que no modo de exibição Layout da Web.

27 Aponte para o texto sublinhado **adquira um Planejador de Ambientes** e note que a Dica de Tela aparecerá. Clique no link para ir para a seção **Informações sobre pedidos** da página.

28 Não feche a janela do navegador da Web. Troque para o arquivo **MinhaPáginaWeb** no Word. Clique no objeto do WordArt **Wide World Importers** para selecioná-lo e pressione **Delete**. Digite **Wide World Importers** em seu lugar. Selecione o texto, clique na seta de **Cor da Fonte** na **Minibarra de ferramentas** e clique na amostra laranja superior na paleta **Cores do Tema** (**Laranja, Ênfase 1**). Na lista **Tamanho da Fonte**, clique em **36**.

29 Clique na caixa de citação para selecioná-la. Na guia de ferramentas **Formatar**, no grupo **Estilos de Forma**, clique no botão **Preenchimento da Forma** e na amostra azul superior na paleta **Cores do Tema** (**Azul gelo, Plano de Fundo 2**).

30 No modo de exibição **Backstage** ou na **Barra de Ferramentas de Acesso Rápido**, clique em **Salvar**. Volte para a janela do navegador da Web e clique no botão **Atualizar** para exibir os efeitos de suas alterações.

ATALHO DE TECLADO Pressione F5 para atualizar a janela do Internet Explorer.

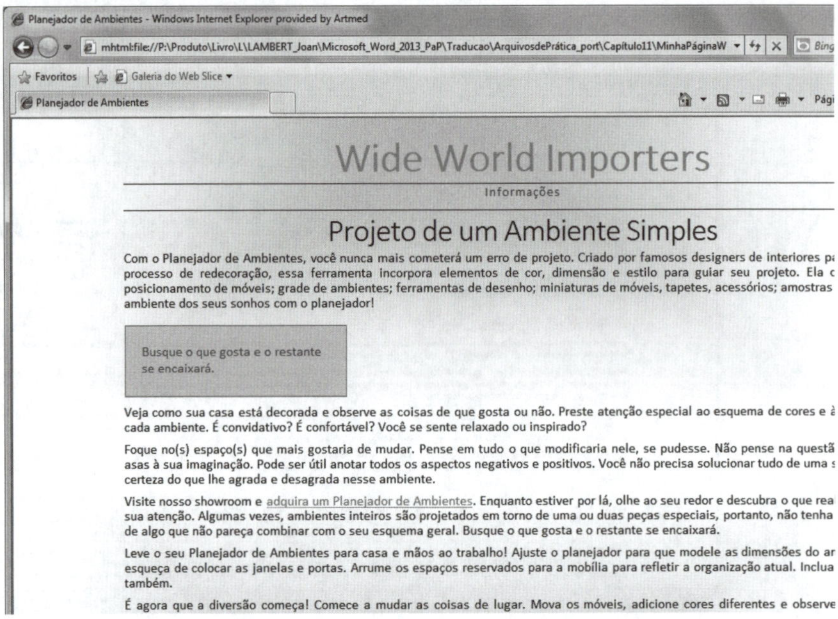

Você pode fazer alterações na página Web e visualizar os resultados com facilidade.

ENCERRAMENTO Feche seu navegador da Web e o Explorador de Arquivos. Depois, feche o arquivo MinhaPáginaWeb.

Como criar e publicar postagens em blogs

Os blogs costumavam ser sites pessoais – espaços online nos quais indivíduos expressavam suas opiniões sobre tudo. Com a evolução das redes sociais, como o Facebook e o MySpace, agora é menos provável que os blogs sejam diários pessoais online destinados a uma audiência limitada, como a família do autor ou seu círculo de amigos, e mais provável que sirvam a uma finalidade promocional. Por exemplo, podem apresentar notícias e informações sobre um setor. Ou podem apresentar comentários sobre um assunto específico, como um gênero de música, um ponto de vista político, um problema de saúde ou notícias locais. Os blogs podem ser criados por indivíduos ou podem fazer parte da comunicação de uma empresa com seus clientes.

O conteúdo de um blog consiste em postagens que podem incluir texto, imagens e links para blogs, páginas Web e outras mídias relacionadas. Você pode criar postagens em blog por meio de seu provedor online ou pode criá-las no Word 2013 e publicá-las a partir do Word. Uma vantagem de criar uma postagem de blog no Word é que você pode trabalhar offline e utilizar as ferramentas de revisão de texto do Word para garantir que seu conteúdo esteja pronto para publicação.

Você pode criar uma postagem de blog dentro do modelo Post de Blog ou em qualquer documento do Word. Se utilizar o modelo Post de Blog, poderá gerenciar o conteúdo e o processo de publicação a partir do documento usando as ferramentas disponíveis na guia da Faixa de Opções Postagem no Blog.

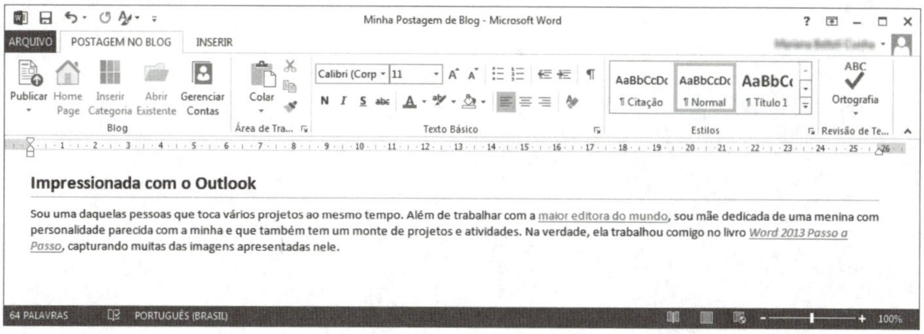

No modelo Post de Blog, a Faixa de Opções exibe somente a guia especializada Postagem no Blog e a guia Inserir.

Se não utilizar o modelo Post de Blog, ainda poderá publicar o conteúdo do documento em seu blog clicando em Postar no Blog na página Compartilhar do modo de exibição Backstage.

Se já tiver feito uma conta em um provedor de serviços de blog, poderá registrá-la no Word na primeira vez em que criar uma postagem de blog. Se ainda não tiver uma conta, precisará se registrar em um provedor de serviços antes de poder publicar sua primeira postagem. Depois disso, o Word utilizará os dados da conta registrada quando você criar ou publicar uma postagem de blog.

Pontos-chave

- Você pode salvar um documento em um formato de arquivo que permita que ele seja aberto em outros programas.
- Para garantir que o documento tenha a aparência que pretende quando os destinatários o visualizarem, é possível distribuí-lo como um arquivo PDF ou XPS.
- Você pode editar arquivos PDF no Word 2013.
- Ao criar um documento, existem muitas ações simples para garantir que ele atenda às exigências de acessibilidade. Você pode utilizar o Verificador de Acessibilidade para identificar elementos do documento que normalmente afetam a acessibilidade.
- Um documento do Word pode ser convertido em uma página Web com facilidade. Você pode examinar qual será sua aparência em um navegador da Web e editar a página Web usando o Word.
- É possível criar e publicar postagens em blog com facilidade usando o Word.

Parte 3

Técnicas complementares

Visão geral do capítulo

Vincular

Vincule recursos externos, página 348

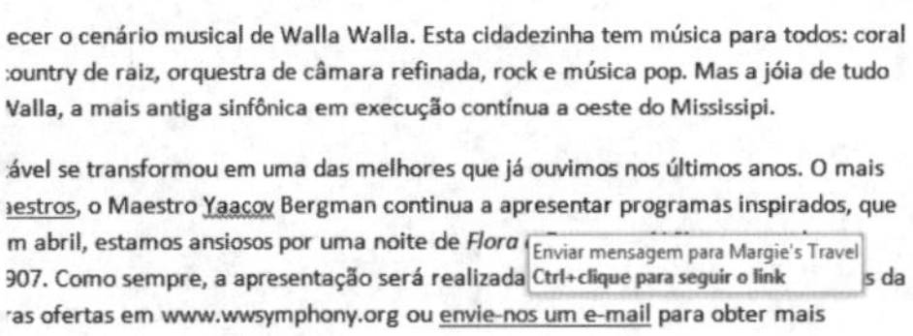

Inserir

Insira objetos vinculados, página 353

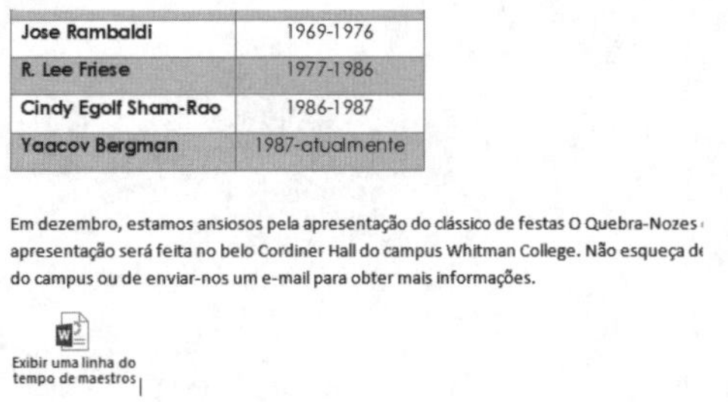

Marcar

Insira e vincule indicadores, página 360

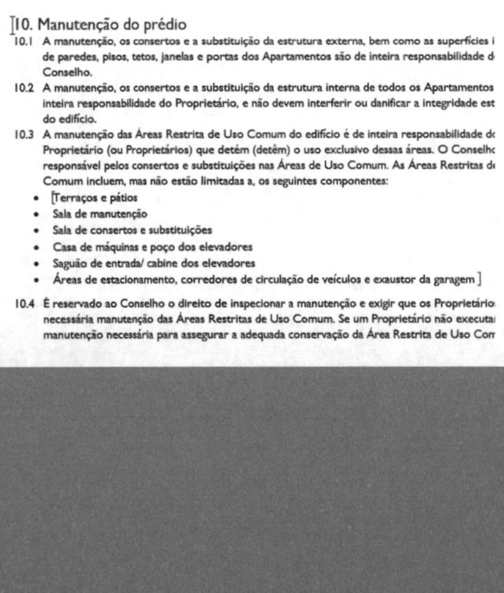

Exibir

Exiba informações do documento em campos, página 365

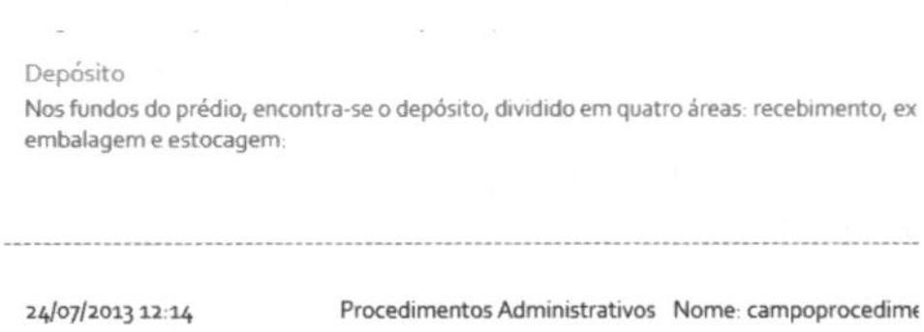

Como vincular informações e conteúdo

12

NESTE CAPÍTULO, VOCÊ APRENDERÁ A:

- Vincular recursos externos.
- Inserir objetos vinculados.
- Inserir e vincular indicadores.
- Exibir informações do documento em campos.

Às vezes, as informações que você quer transmitir em um documento já existem em outro lugar – externas ao documento ou em outra parte dele. Em vez de repetir as informações ou simplesmente informar ao leitor onde encontrá-las, você pode inserir um link para as informações em sua localização original. O leitor pode clicar no link para ir até esse local ou acessar o recurso externo.

Se o recurso externo for uma foto, um slide ou outra imagem que possa ser atualizada com frequência, você pode inserir uma versão atualizável da imagem que esteja vinculada ao seu local de armazenamento. Então, toda vez que você abrir o documento, o Word poderá verificar se existe uma versão atualizada da imagem.

Se as informações que quiser apresentar estiverem salvas como uma propriedade do documento, você pode inserir um campo que exiba a propriedade. Assim, se a propriedade for atualizada, o conteúdo do documento repetirá a mudança.

O Microsoft Word 2013 tem diversas ferramentas que ajudam a vincular ou exibir informações:

- **HIPERLINKS** Para ajudar o leitor a ir a um local no mesmo arquivo, em outro arquivo ou em uma página Web, você pode adicionar links de texto ou de imagens para o local de destino.
- **INDICADORES** Você pode voltar rapidamente a um local específico em um documento inserindo um indicador. É possível saltar para um local marcado selecionando-o em uma lista e ajudar o leitor a localizar informações inserindo hiperlinks ou referências cruzadas para indicadores.

- **REFERÊNCIAS CRUZADAS** Para ajudar o leitor a ir para um local relacionado no documento, você pode inserir uma referência cruzada. Assim, se o texto no local for alterado, você pode fazer com que o Word atualize a referência cruzada para refletir a mudança.
- **CAMPOS** Em vez de digitar informações associadas ao documento, você pode fazer com que o Word as insira para você em um campo. Assim, se as informações forem alteradas, basta atualizar o campo para garantir que elas sejam atuais.

Neste capítulo, você primeiro inserirá dois tipos diferentes de hiperlinks. Irá inserir objetos vinculados em um documento e, depois, atualizar os objetos externos a fim de que as alterações sejam refletidas. A seguir, irá criar e modificar indicadores e referências cruzadas. Por fim, inserirá três tipos diferentes de campos.

ARQUIVOS DE PRÁTICA Para realizar os exercícios deste capítulo, você precisa dos arquivos de prática contidos na pasta Capítulo12. Para mais informações, consulte "Como baixar os arquivos de prática" na Introdução deste livro.

Como vincular recursos externos

Como as páginas Web, os documentos do Word podem incluir hiperlinks que proporcionam uma maneira rápida de realizar tarefas como as seguintes:

- Abrir outro documento.
- Vincular um site da Web.
- Baixar um arquivo.
- Enviar uma mensagem de email.

Você insere hiperlinks em um documento do Word exibindo a caixa de diálogo Inserir hiperlink, especificando o tipo de link que deseja criar e digitando um destino apropriado para esse tipo de link.

Ao criar um hiperlink para um documento ou uma página Web, chamado de destino, você pode especificar se as informações do destino devem aparecer na mesma janela ou quadro que o documento ativo ou em um novo. Você também pode tornar uma configuração específica o padrão para todos os hiperlinks.

Dentro de um documento, os hiperlinks aparecem sublinhados e na cor especificada para hiperlinks pelo tema do documento. Você pode saltar para o destino do hiperlink mantendo a tecla Ctrl pressionada e clicando no link.

Após clicar no hiperlink, sua cor muda para a cor especificada para hiperlinks visitados.

Para editar ou remover um hiperlink, você pode selecioná-lo e clicar em Hiperlink no grupo Links da guia Inserir, ou pode clicar com o botão direito do mouse na seleção e clicar no comando apropriado.

Neste exercício, você irá inserir e testar um hiperlink para um documento diferente. Depois, irá inserir, modificar e testar um hiperlink que abre uma janela de mensagem de email.

PREPARAÇÃO Você precisa dos documentos GuiaVisitante e Maestros localizados na pasta de arquivos de prática Capítulo12 para realizar este exercício. Também é preciso ter um programa de email configurado em seu computador. Abra o documento GuiaVisitante e siga os seguintes passos:

1 Na segunda frase do segundo parágrafo do documento GuiaVisitante, selecione **série de excelentes maestros**. Na guia **Inserir**, clique no botão do grupo **Links**, se necessário, e, no grupo **Links**, clique no botão **Hiperlink** para abrir a caixa de diálogo **Inserir hiperlink**. Note que, na barra **Vincular a**, **Página Web ou arquivo existente** está selecionado.

ATALHO DE TECLADO Pressione Ctrl+K para abrir a caixa de diálogo Inserir hiperlink. Para mais informações sobre atalhos de teclado, consulte "Atalhos de teclado" ao fim deste livro.

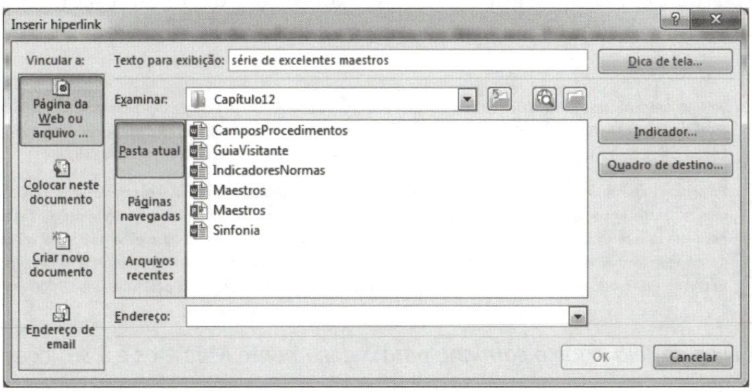

Você pode selecionar o tipo de destino na barra Vincular a.

SOLUÇÃO DE PROBLEMAS Se o conteúdo da pasta Capítulo12 não for mostrado, certifique-se de que Página Web ou arquivo existente esteja selecionado na barra Vincular a, clique na seta de Examinar e vá até a pasta de arquivos de prática Capítulo12.

2 Na lista de nomes de arquivo, clique (não clique duas vezes) no documento **Maestros** e no botão **Quadro de destino** para abrir a caixa de diálogo **Definir quadro de destino**. Observe que **Padrão de página (nenhum(a))** está selecionado como o quadro em que o documento será aberto.

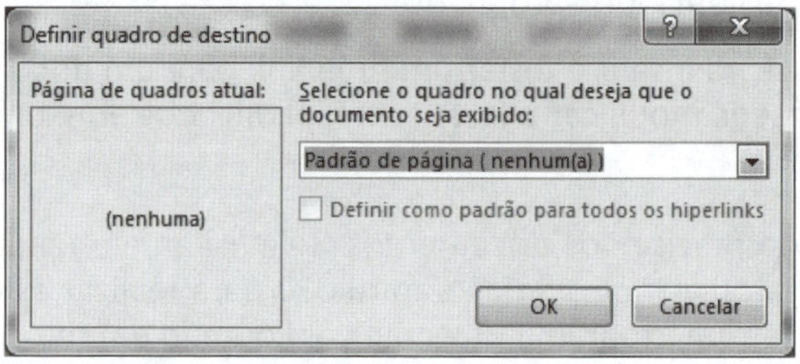

Na caixa de diálogo Definir quadro de destino é possível alterar a janela em que o destino do hiperlink será exibido.

3 Na lista **Selecione o quadro no qual deseja que o documento seja exibido**, clique em **Nova janela**. Clique em **OK**.

4 Clique em **OK** para fechar a caixa de diálogo **Inserir hiperlink** e insira um hiperlink do texto selecionado do documento **GuiaVisitante** no documento **Maestros**. O hiperlink é indicado por um sublinhado e pela cor atribuída a hiperlinks pelo tema do documento.

5 Aponte para o hiperlink para exibir uma Dica de Tela indicando o destino do hiperlink.

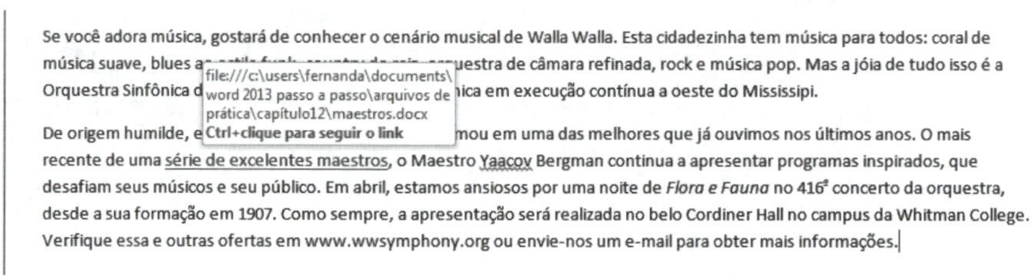

A Dica de Tela exibe o caminho para o documento Maestros e instruções para seguir o link.

6 Mantenha a tecla **Ctrl** pressionada e clique no hiperlink para abrir o documento **Maestros** em uma nova janela.

7 Na guia **Exibição**, no grupo **Janela**, clique no botão **Alternar Janelas** e em **GuiaVisitante**. Observe que a cor do hiperlink no documento **GuiaVisitante** foi alterada para indicar que você seguiu esse link até seu destino.

Agora, criaremos um hiperlink de email.

8 Na última linha do documento, selecione **envie-nos um email** e, na guia **Inserir**, no grupo **Links**, clique no botão **Hiperlink**.

9 Na caixa de diálogo **Inserir hiperlink**, na barra **Vincular a**, clique em **Endereço de email**. Note que a caixa de diálogo se transforma a fim de que você possa digitar as informações apropriadas para um hiperlink de email.

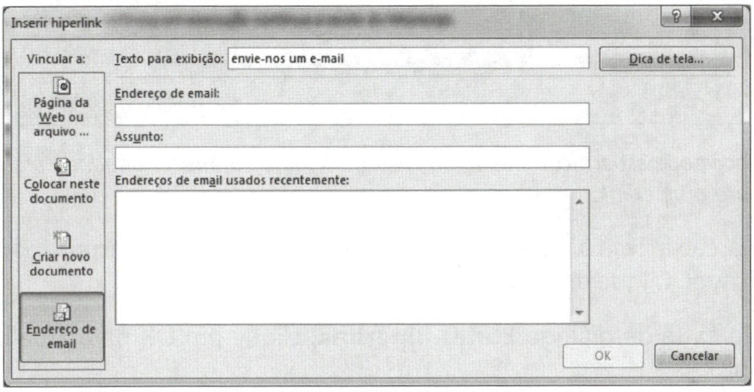

Se um hiperlink para um endereço de email tiver sido previamente inserido, ele aparecerá na lista Endereços de email usados recentemente e você poderá utilizá-lo novamente com facilidade.

10 Na caixa **Endereço de email**, digite **margie@margiestravel.com**. Observe que, quando você começar a digitar o texto na caixa **Endereço de email**, o Word inserirá *mailto:* à frente do endereço digitado. Quando o leitor clicar no link, o Word abrirá seu programa de email padrão e uma nova janela de mensagem de email.

11 Na caixa **Assunto**, digite **Pergunta sinfonia** para digitar automaticamente esse texto na caixa **Assunto** da nova janela de mensagem de email.

12 Clique em **OK** para inserir o hiperlink de email no documento. Note que o texto com hiperlink é mais uma vez indicado por um sublinhado e sua cor atribuída. Ao apontar para ele, serão exibidas informações sobre o destinatário e o assunto em uma Dica de Tela.

13 Clique com o botão direito do mouse no hiperlink **envie-nos um email** e clique em **Editar hiperlink** para abrir a caixa de diálogo **Editar hiperlink** com o destino atual desse link na caixa **Endereço de email**.

14 No canto superior direito da caixa de diálogo, clique no botão **Dica de Tela** para abrir a caixa de diálogo **Definir dicas de tela do hiperlink**.

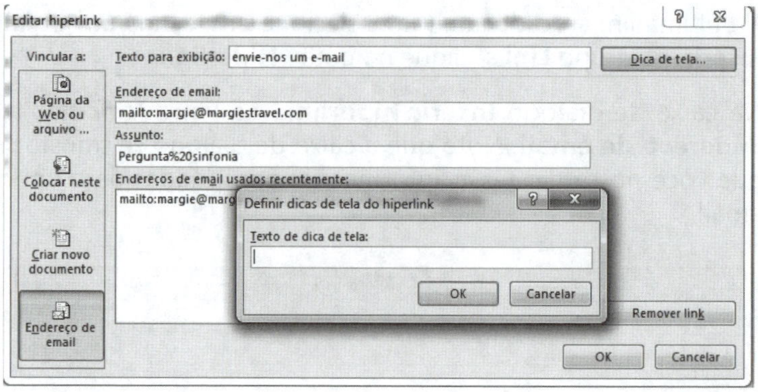

Você pode especificar o texto da Dica de Tela que aparecerá quando alguém apontar para o hiperlink.

15 Na caixa **Texto de dica de tela**, digite **Enviar mensagem para Margie's Travel**. Clique em **OK**.

16 Na caixa de diálogo **Editar hiperlink**, clique em **OK** para atualizar o hiperlink.

17 Aponte para o hiperlink para exibir a Dica de Tela personalizada.

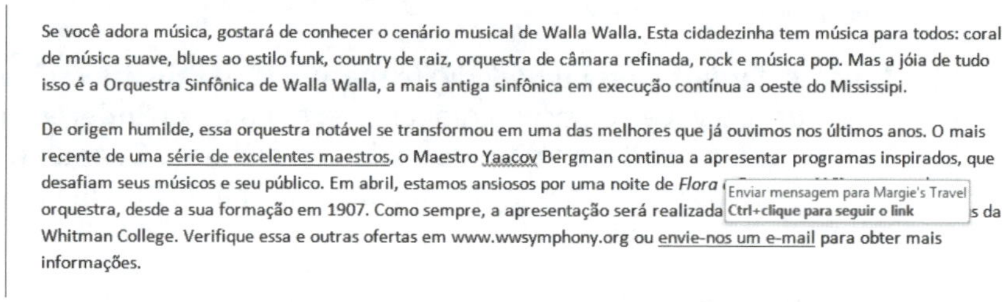

Você pode fornecer Dicas de Tela informativas para todos os tipos de hiperlinks.

18 Mantenha a tecla **Ctrl** pressionada e clique no hiperlink **envie-nos um email** para abrir uma janela de mensagem.

SOLUÇÃO DE PROBLEMAS Caso seu programa de email ainda não esteja em execução, um clique no hiperlink o abrirá. Se tiver vários programas ou perfis de email instalados, pode ser solicitado que selecione o que quer utilizar.

CONSULTE TAMBÉM Para informações sobre os diversos recursos incríveis do Outlook 2013, consulte o livro *Microsoft Outlook 2013 Step by Step* de Joan Lambert e Joyce Cox (Microsoft Press, 2013).

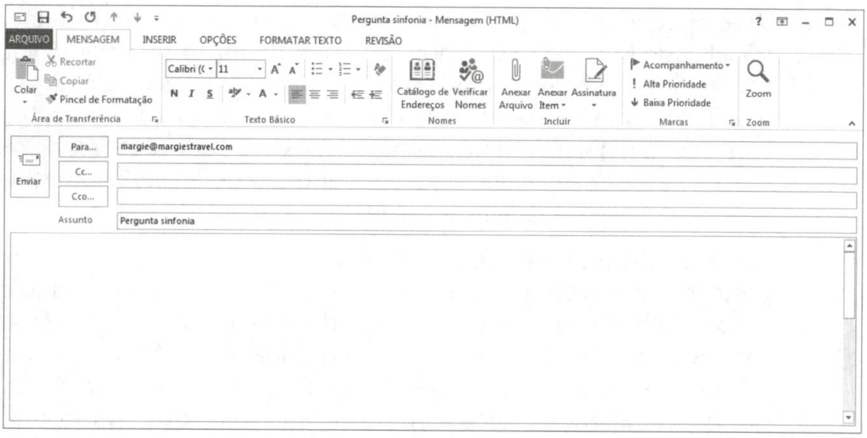

O endereço de email especificado foi inserido na caixa Para e a descrição especificada aparece na caixa Assunto.

19 Feche a janela de mensagem, clicando em **Não** quando perguntado se quer salvar as alterações. Note que o texto do hiperlink de email agora tem a cor atribuída pelo tema do documento a hiperlinks visitados.

ENCERRAMENTO Feche os documentos GuiaVisitante e Maestros, salvando as alterações, se quiser.

Como inserir objetos vinculados

Em capítulos anteriores, inserimos imagens e tabelas no conteúdo do documento para dar suporte, reforçar e decorar o conteúdo. A inserção de conteúdo diretamente em um documento coloca uma cópia estática (inalterável) do objeto no documento. Se você souber que o documento será alterado, pode vinculá-lo, como fizemos no exercício anterior. No entanto, às vezes você pode querer exibir o conteúdo de um objeto externo que sabe que pode ser alterado. Em vez de inserir uma cópia estática do conteúdo e, depois, atualizá-la manualmente sempre que for alterada, você pode inserir uma cópia vinculada e atualizar os vínculos para garantir que o conteúdo mais recente seja mostrado. Quando inserimos uma cópia vinculada, é possível exibir o conteúdo completo do objeto inserido, a fim de que os leitores possam examiná-lo no documento, ou fornecer um ícone no qual os leitores cliquem para examinar o conteúdo no programa original.

Você pode inserir vínculos para muitos tipos de arquivos, incluindo pastas de trabalho do Microsoft Excel, apresentações do Microsoft PowerPoint, documentos do Word, gráficos e arquivos PDF. Alguns vínculos funcionam de modo um pouco diferente de outros – por exemplo, vincular um documento exibe o conteúdo em um objeto redimensionável que você pode atualizar no menu de atalho, ao passo que vincular uma apresentação do PowerPoint exibe o primeiro slide; você pode executar a apresentação no menu de atalho.

Antes de distribuir um documento que contenha elementos vinculados para pessoas que não tenham acesso a esses elementos – por exemplo, se o vínculo for para um gráfico que está no servidor interno de sua empresa e você estiver enviando o documento para um destinatário externo –, é uma boa ideia desconectar os vínculos (o que chamamos de *quebrar os vínculos*), configurá-los para atualização manual ou bloqueá-los para que não se atualizem. Caso contrário, toda vez que os destinatários abrirem o documento, o Word tentará atualizar automaticamente os vínculos, mas não conseguirá se conectar aos elementos vinculados.

Neste exercício, você irá inserir e vincular o conteúdo de uma apresentação do PowerPoint e de um documento do Word e inserir um ícone vinculado ao documento. Todos os vínculos serão testados e, depois, desconectados.

PREPARAÇÃO Você precisa dos documentos Sinfonia e Maestros e da apresentação Maestros localizados na pasta de arquivos de prática Capítulo12 para realizar este exercício. Abra o documento Sinfonia e siga os seguintes passos:

1 Posicione o cursor no início do terceiro parágrafo, que começa com **Desde sua formação**. Primeiro, iremos inserir e vincular uma apresentação do PowerPoint.

2 Na guia **Inserir**, no grupo **Texto**, clique na seta de **Objeto** e, depois, em **Objeto**. Na caixa de diálogo **Objeto**, clique na guia **Criar do arquivo**.

DICA Na página Criar novo da caixa de diálogo Objeto, você pode inserir uma nova planilha, um gráfico, uma apresentação, um slide, um documento ou outro objeto em um documento. Pode-se, então, preencher o seu conteúdo editando o objeto inserido.

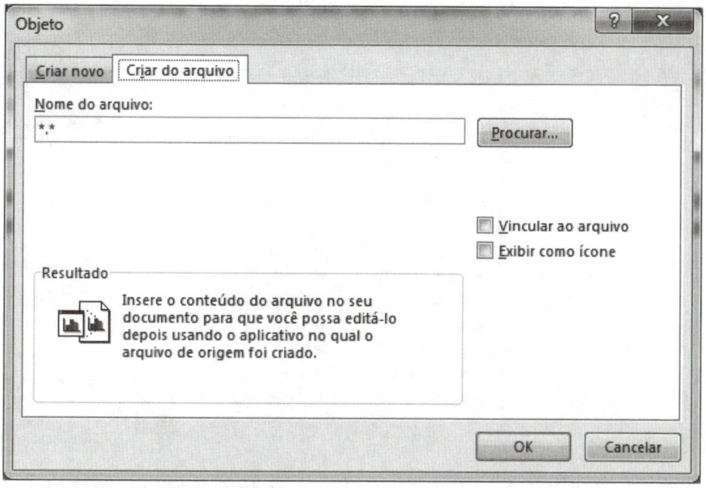

Nesta página, pode-se inserir o conteúdo de um arquivo ou criar um vínculo para ele.

3 Na página **Criar do arquivo** da caixa de diálogo, clique no botão **Procurar** para abrir a caixa de diálogo **Procurar**. Se a caixa de diálogo **Procurar** ainda não estiver exibindo o conteúdo da pasta de arquivos de prática **Capítulo12**, vá até essa pasta. A seguir, clique na apresentação **Maestros** e em **Inserir** para inserir o caminho da apresentação na caixa **Nome do arquivo**.

4 Marque a caixa de seleção **Vincular ao arquivo** e clique em **OK** para inserir a apresentação vinculada no ponto do cursor. A apresentação vinculada parecerá apenas uma imagem inserida.

5 Clique na apresentação vinculada para selecioná-la. Observe que nenhuma guia de ferramentas aparecerá na Faixa de Opções para o objeto vinculado.

DICA Ao selecionar um objeto gráfico, as ferramentas para formatação do objeto normalmente estarão disponíveis em uma guia de ferramentas; esse não é o caso dos objetos vinculados. Em vez disso, as opções de formatação estarão disponíveis no menu de atalho.

6 Clique com o botão direito do mouse na apresentação vinculada para exibir o menu de atalho e as ferramentas.

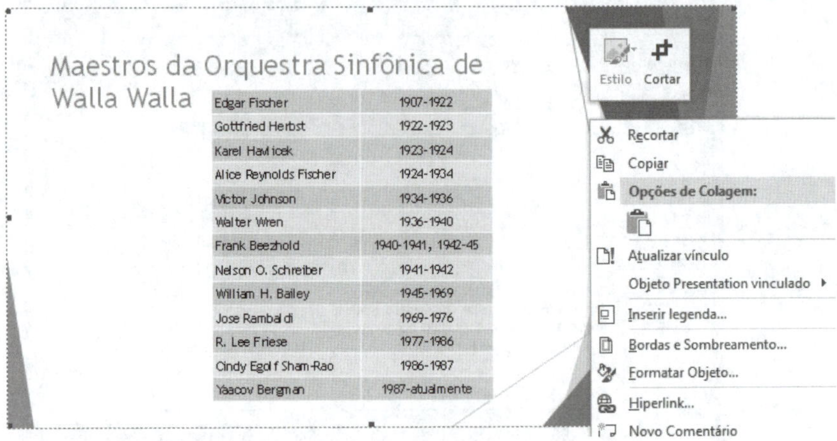

Você pode recortar o objeto inserido, aplicar bordas e sombreamento e formatar sua exibição.

Não estamos trabalhando na formatação de objetos neste capítulo, portanto, não aplicaremos qualquer formatação como parte deste exercício, mas fique à vontade para experimentar as opções, se quiser.

7 No menu de atalho, clique em **Objeto Presentation vinculado** e em **Show vínculo** para executar a apresentação de slides. Quando o primeiro slide aparecer, clique nele para passar para o segundo, clique de novo para concluir a apresentação de slides e clique uma terceira vez para sair da apresentação e retornar ao documento.

Agora, iremos inserir e vincular um documento.

8 Posicione o cursor no início do quarto parágrafo, que começa com **Em dezembro.**

9 Na guia **Inserir**, no grupo **Texto**, clique no botão **Objeto** e, na caixa de diálogo, clique na guia **Criar do arquivo**.

10 Clique no botão **Procurar** e, na caixa de diálogo **Procurar**, clique duas vezes no documento **Maestros**.

11 Na página **Criar do arquivo** da caixa de diálogo **Objeto**, marque a caixa de seleção **Vincular ao arquivo** e clique em **OK** para inserir o conteúdo do documento vinculado no ponto do cursor. O conteúdo do documento vinculado parece ser uma imagem inserida em uma tabela.

12 Clique uma vez no documento vinculado para selecioná-lo.

Maestros da Orquestra Sinfônica de Walla Walla	
Edgar Fischer	1907-1922
Gottfried Herbst	1922-1923
Karel Havlicek	1923-1924
Alice Reynolds Fischer	1924-1934
Victor Johnson	1934-1936
Walter Wren	1936-1940
Frank Beezhold	1940-1941, 1942-45
Nelson O. Schreiber	1941-1942
William H. Bailey	1945-1969
Jose Rambaldi	1969-1976
R. Lee Friese	1977-1986
Cindy Egolf Sham-Rao	1986-1987
Yaacov Bergman	1987-atualmente

Em dezembro, estamos ansiosos pela apresentação do clássico de festas O Quebra-Nozes em conjunto com o Ballet Eugene. A apresentação será feita no belo Cordiner Hall do campus Whitman College. Não esqueça de conferir esta e outras ofertas no site do campus ou de enviar-nos um e-mail para obter mais informações.

O objeto do documento vinculado ocupa a largura total da página.

13 Clique duas vezes no documento vinculado para abri-lo no Word. A barra de título indica que você está abrindo um documento original.

DICA Se você não selecionar Vincular ao arquivo na caixa de diálogo Objeto, o Word inserirá uma cópia estática do conteúdo do documento em vez de um link para o arquivo dinâmico. Dois cliques no conteúdo inserido ou no ícone abrirão uma cópia do arquivo e não o arquivo original.

Faremos uma alteração rápida e óbvia no documento a fim de que possamos testar os resultados de uma atualização do vínculo.

14 No documento **Maestros**, na guia **Design**, no grupo **Formatação do Documento**, clique em **Temas** e em **Íon – Sala da Diretoria** para alterar as fontes e cores utilizadas na tabela. Salve e feche o documento **Maestros** para retornar ao documento **Sinfonia**. Note que a tabela no documento **Sinfonia** ainda está verde.

15 Clique com o botão direito do mouse no documento vinculado e clique em **Atualizar vínculo** para atualizar a imagem inserida do conteúdo do documento vinculado e exibir a versão roxa da tabela.

Agora, inseriremos um ícone vinculado no mesmo arquivo.

16 Pressione **Ctrl+End** para posicionar o cursor no fim do documento. Repita os passos 9 e 10 para inserir o caminho para o documento **Maestros** na caixa **Nome do arquivo** na página **Criar do arquivo** da caixa de diálogo **Objeto**.

17 Marque as caixas de seleção **Vincular ao arquivo** e **Exibir como ícone**. O ícone que será mostrado no documento aparecerá na caixa de diálogo. Clique no botão **Alterar ícone** que aparece abaixo do ícone para exibir as opções de ícone para esse tipo de arquivo.

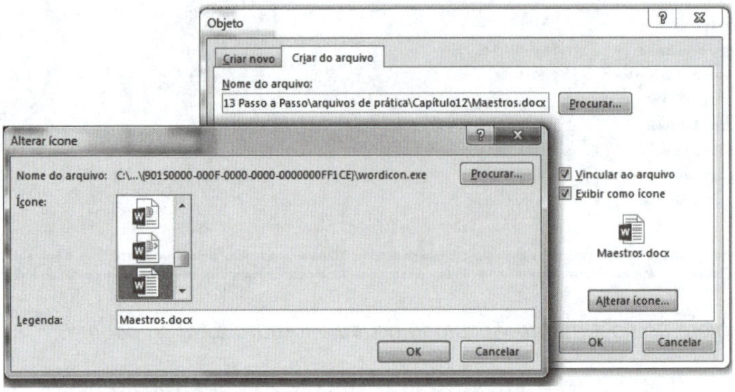

Você pode exibir o ícone e o texto que forem mais apropriados para seu objetivo.

18 Na caixa de diálogo **Alterar ícone**, percorra a lista **Ícone** e observe os ícones que podem ser utilizados para indicar o tipo de documento para o leitor. A seguir, clique no último ícone da lista.

19 Na caixa **Legenda**, substitua o nome e a extensão do arquivo por **Exibir uma linha do tempo de maestros**. Clique duas vezes em **OK** para fechar ambas as caixas de diálogo e inserir o ícone e a legenda no ponto do cursor.

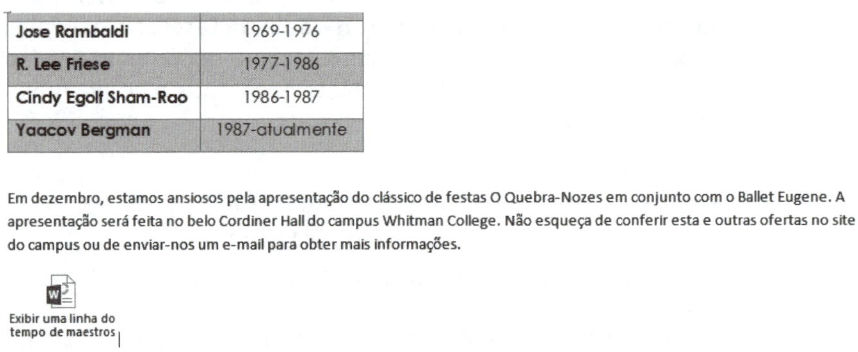

Uma legenda significativa ajuda os leitores a saberem o que acontecerá quando clicarem duas vezes no ícone.

20 Aponte para o ícone e observe que ele não exibe uma Dica de Tela como um hiperlink faria. Clique duas vezes no ícone para abrir o documento **Maestros**.

21 Faça alterações no documento **Maestros**, salve-o, feche-o e atualize os links, se quiser. Quando terminar de experimentar, clique com o botão direito do mouse no ícone inserido no passo 19, clique em **Objeto Documento vinculado** e em **Vínculos**.

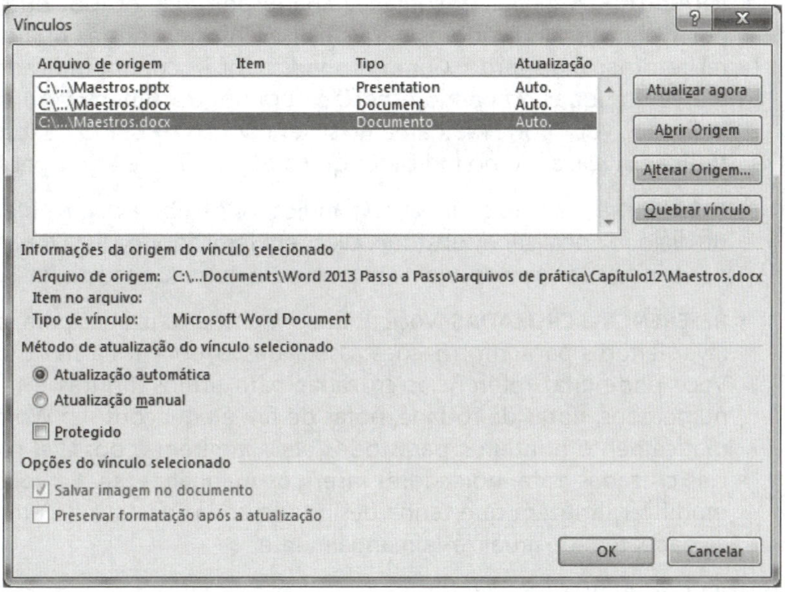

Na caixa de diálogo Vínculos é possível gerenciar objetos vinculados existentes.

22 Observe as várias ações que podem ser tomadas para cada um dos objetos vinculados. Clique no primeiro vínculo (a apresentação), mantenha a tecla **Shift** pressionada e clique no último vínculo para selecionar os três objetos vinculados.

23 Na área **Método de atualização do vínculo selecionado**, marque a caixa de seleção **Protegido** para bloquear os vínculos a fim de que não possam ser atualizados.

O benefício de bloquear os vínculos em vez de quebrá-los é que, se posteriormente você quiser se reconectar aos objetos vinculados e atualizá-los no documento, isso será possível.

24 Clique em **OK** na caixa de diálogo **Vínculos**. A seguir, clique com o botão direito do mouse no ícone inserido e note que o comando **Atualizar vínculo** no menu de atalho não está disponível.

DICA Para desativar a atualização automática, mas ativar o comando Atualizar vínculo, selecione o método Atualização manual.

ENCERRAMENTO Feche o documento Sinfonia, salvando suas alterações, se quiser.

Como inserir e vincular indicadores

O Word fornece duas ferramentas que você pode utilizar para saltar com facilidade para determinados lugares dentro do mesmo documento:

- **INDICADORES** Seja o documento criado por você ou por outra pessoa, é possível inserir indicadores para sinalizar informações às quais possa querer retornar mais tarde. Como um indicador físico, um indicador do Word marca um lugar nomeado específico em um documento. Após inserir um indicador, você pode rapidamente saltar para ele exibindo a caixa de diálogo **Indicador**, clicando no indicador que quer localizar e em **Ir para**.

  DICA Outra maneira de ir para um indicador é exibir a página Ir para da caixa de diálogo Localizar e substituir, clicar em Indicador na lista Ir para e selecionar o indicador que deseja na lista Insira o nome do indicador.

- **REFERÊNCIAS CRUZADAS** Você utiliza referências cruzadas para rapidamente levar leitores para informações associadas em outra parte do documento. Você pode criar referências cruzadas para títulos, figuras e tabelas, itens numerados, notas de rodapé, notas de fim e equações – o Word cria automaticamente ponteiros para todos eles. Também é possível criar referências cruzadas para indicadores inseridos manualmente. Se você excluir ou modificar um item que tenha designado como destino de uma referência cruzada, tem de atualizá-la manualmente.

CONSULTE TAMBÉM Para informações sobre o uso de hiperlinks para saltar para outras localizações, consulte "Como vincular recursos externos" anteriormente neste capítulo. Para informações sobre o uso do painel Navegação para saltar para qualquer parágrafo estilizado como um título, consulte "Diferentes modos de exibição de documentos" no Capítulo 1, "Como explorar o Microsoft Word 2013".

Neste exercício, você irá inserir indicadores e navegar até eles. Também irá criar uma referência cruzada, editar o item com referência e atualizar a referência cruzada.

PREPARAÇÃO Você precisa do documento IndicadoresNormas localizado na pasta de arquivos de prática Capítulo12 para realizar este exercício. Abra o documento e siga os seguintes passos:

1 Na guia **Página Inicial**, no grupo **Edição**, clique na seta de **Localizar** (não no botão). Na lista **Localizar**, clique em **Ir para** para exibir a página **Ir para** da caixa de diálogo **Localizar e substituir**.

  ATALHO DE TECLADO Pressione Alt+Ctrl+G para exibir a página Ir para da caixa de diálogo Localizar e substituir.

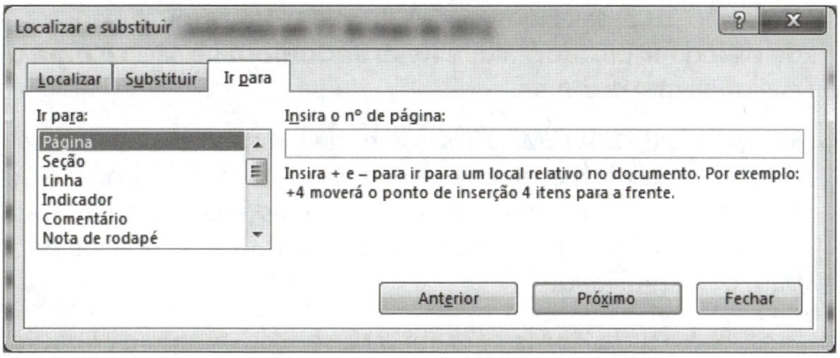

Pode-se selecionar o tipo de elemento e o elemento específico para o qual se quer saltar.

2 Com **Página** selecionado na lista **Ir para**, digite **7** na caixa **Insira o nº de página**. Clique em **Ir para** e em **Fechar**.

3 Se necessário, clique para posicionar o cursor à esquerda do título **10. Manutenção do prédio**. Na guia **Inserir**, no grupo **Links**, clique no botão **Indicador** para abrir a caixa de diálogo **Indicador**.

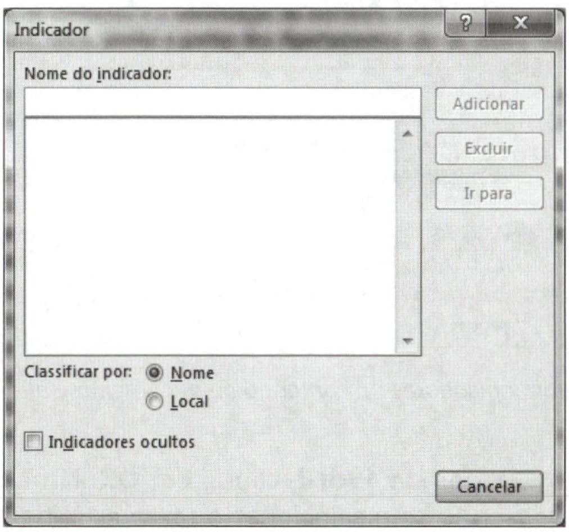

Nesta caixa de diálogo é possível criar e gerenciar indicadores.

4 Na caixa **Nome do indicador**, digite **Manutenção**. Clique em **Adicionar** para fechar a caixa de diálogo **Indicador** e inserir um indicador nomeado Manutenção no documento. O indicador não está visível no momento (mesmo que os caracteres ocultos sejam exibidos).

5 Na seção **10.3**, selecione os seis itens da lista com marcadores. Abra a caixa de diálogo **Indicador**, digite **RestritaComum** na caixa **Nome do indicador** e clique em **Adicionar**.

SOLUÇÃO DE PROBLEMAS Os nomes de indicadores não podem conter espaços. Se digitar um espaço e depois um caractere, o botão Adicionar ficará inativo. Para nomear indicadores com várias palavras, escreva-as juntas, colocando cada uma em maiúsculas, ou substitua os espaços por sublinhados para dar legibilidade.

6 Pressione a tecla **Home** para liberar a seleção. A seguir, exiba a página **Avançado** da caixa de diálogo **Opções do Word** e, na área **Mostrar o conteúdo do documento**, marque a caixa de seleção **Mostrar indicadores**.

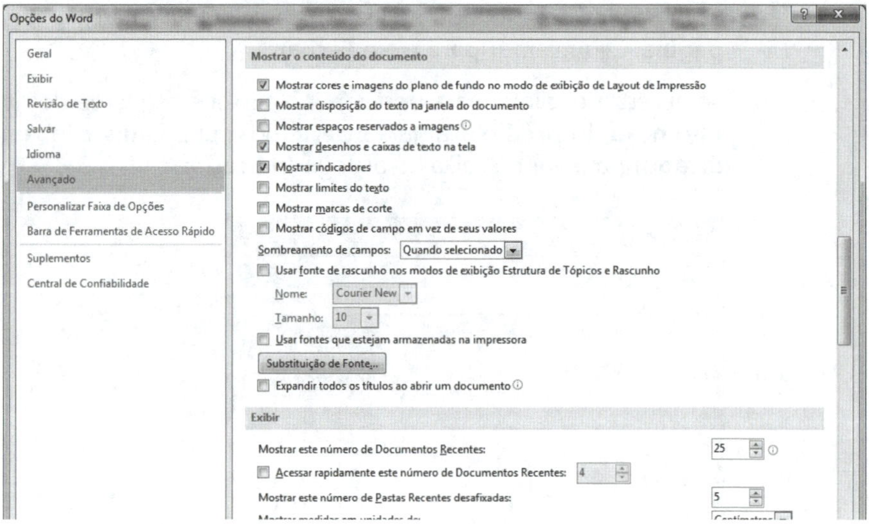

A única maneira de exibir indicadores no conteúdo do documento é alterando esta configuração.

7 Na caixa de diálogo **Opções do Word**, clique em **OK**. Note que a localização do indicador inserido sem selecionar o texto está identificada por um I grande e cinza piscando. Já a localização do indicador inserido após selecionar os itens da lista com marcadores está identificada por colchetes quadrados cinza em volta da seleção.

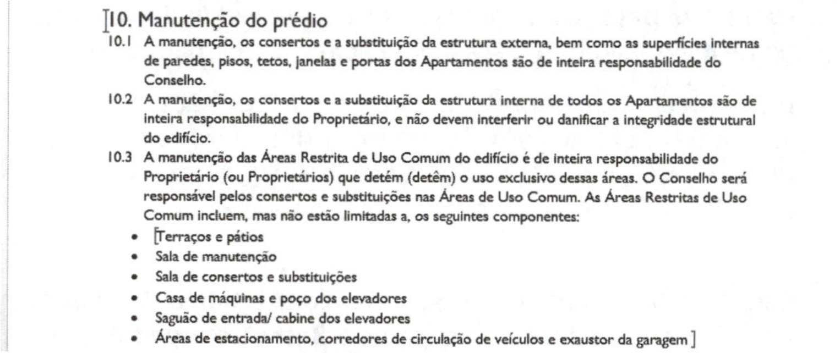

[10. Manutenção do prédio

10.1 A manutenção, os consertos e a substituição da estrutura externa, bem como as superfícies internas de paredes, pisos, tetos, janelas e portas dos Apartamentos são de inteira responsabilidade do Conselho.

10.2 A manutenção, os consertos e a substituição da estrutura interna de todos os Apartamentos são de inteira responsabilidade do Proprietário, e não devem interferir ou danificar a integridade estrutural do edifício.

10.3 A manutenção das Áreas Restrita de Uso Comum do edifício é de inteira responsabilidade do Proprietário (ou Proprietários) que detém (detêm) o uso exclusivo dessas áreas. O Conselho será responsável pelos consertos e substituições nas Áreas de Uso Comum. As Áreas Restritas de Uso Comum incluem, mas não estão limitadas a, os seguintes componentes:

- [Terraços e pátios
- Sala de manutenção
- Sala de consertos e substituições
- Casa de máquinas e poço dos elevadores
- Saguão de entrada/ cabine dos elevadores
- Áreas de estacionamento, corredores de circulação de veículos e exaustor da garagem]

Os identificadores para os dois tipos de indicadores.

8 Pressione **Ctrl+Home** para ir para o início do documento. A seguir, exiba a página **Ir para** da caixa de diálogo **Localizar e substituir**.

9 Na lista **Ir para**, clique em **Indicador** para alterar a caixa de diálogo a fim de que possa especificar o indicador para o qual quer saltar. Note que a lista **Insira o nome do indicador** exibe o nome do indicador que vem primeiro em ordem alfabética.

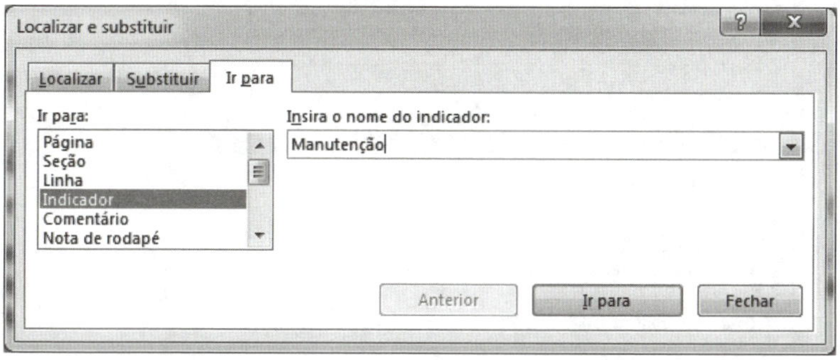

Os indicadores criados estão acessíveis na página Ir para.

10 Na lista **Insira o nome do indicador**, clique em **Manutenção** e em **Ir para** para ir para o indicador. Observe que a caixa de diálogo permanece aberta a fim de que você possa se mover entre os indicadores, se quiser.

A seguir, inseriremos uma referência cruzada em uma seção do documento.

11 Na lista **Ir para**, clique em **Título** e, na caixa **Insira o número do título**, digite **4**. Clique em **Ir para** e em **Fechar** para ir para a seção **4**.

DICA Você também pode saltar para um indicador exibindo a caixa de diálogo Indicador, clicando no indicador que quiser e em Ir para. Na caixa de diálogo Indicador, você pode classificar os indicadores alfabeticamente ou na ordem em que estão localizados. Para excluir um indicador, clique em seu nome e em Excluir.

12 Clique no fim do parágrafo **4.2**. Pressione a **Barra de espaços**, digite **Consulte também a seção** e pressione a **Barra de espaços** de novo.

13 Na guia **Inserir**, no grupo **Links**, clique no botão **Referência Cruzada** para abrir a caixa de diálogo **Referência Cruzada**, onde você pode especificar o tipo de item que quer referenciar e o que quer que a referência cruzada inserida no documento diga.

14 Na lista **Tipo de referência**, clique em **Título** para exibir todos os títulos neste documento.

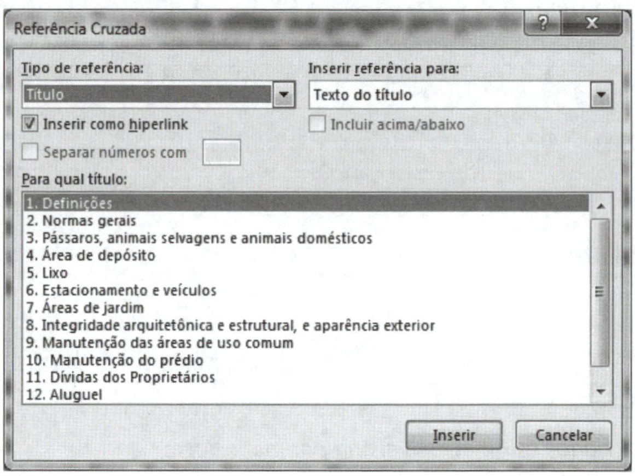

O Word pode identificar os títulos no documento somente se estilos de título tiverem sido aplicados.

15 Com **Texto do título** selecionado na lista **Inserir referência para**, clique em **6. Estacionamento e veículos** na lista **Para qual título**. Clique em **Inserir** e em **Fechar** para inserir o texto do título no documento. Embora não seja óbvio, o texto foi inserido como um campo.

16 Aponte para o texto do título inserido para exibir uma Dica de Tela contendo informações sobre o destino da referência cruzada; neste caso, *Documento atual*. Mantenha a tecla **Ctrl** pressionada e clique na referência cruzada para ir para o título da seção **6**.

17 No título, exclua **e veículos**.

18 Vá até a seção **4.2** e clique (não pressione a tecla **Ctrl**) em **6. Estacionamento e veículos** para selecionar o campo de referência cruzada.

SOLUÇÃO DE PROBLEMAS Clique no campo; não tente selecionar o texto.

19 Clique com o botão direito do mouse na referência cruzada selecionada e clique em **Atualizar campo** para excluir as palavras *e veículos* do fim da referência cruzada.

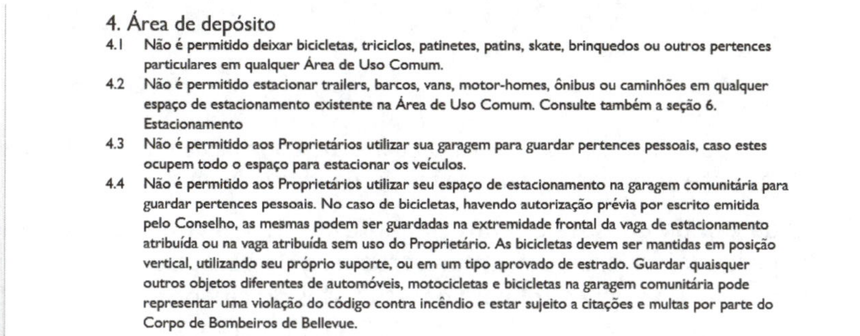
4. Área de depósito

4.1 Não é permitido deixar bicicletas, triciclos, patinetes, patins, skate, brinquedos ou outros pertences particulares em qualquer Área de Uso Comum.

4.2 Não é permitido estacionar trailers, barcos, vans, motor-homes, ônibus ou caminhões em qualquer espaço de estacionamento existente na Área de Uso Comum. Consulte também a seção 6. Estacionamento

4.3 Não é permitido aos Proprietários utilizar sua garagem para guardar pertences pessoais, caso estes ocupem todo o espaço para estacionar os veículos.

4.4 Não é permitido aos Proprietários utilizar seu espaço de estacionamento na garagem comunitária para guardar pertences pessoais. No caso de bicicletas, havendo autorização prévia por escrito emitida pelo Conselho, as mesmas podem ser guardadas na extremidade frontal da vaga de estacionamento atribuída ou na vaga atribuída sem uso do Proprietário. As bicicletas devem ser mantidas em posição vertical, utilizando seu próprio suporte, ou em um tipo aprovado de estrado. Guardar quaisquer outros objetos diferentes de automóveis, motocicletas e bicicletas na garagem comunitária pode representar uma violação do código contra incêndio e estar sujeito a citações e multas por parte do Corpo de Bombeiros de Bellevue.

A referência cruzada reflete a alteração feita no título de destino.

20 Mantenha **Ctrl** pressionada e clique na referência cruzada para saltar para o título associado.

ENCERRAMENTO Desative a exibição dos identificadores de indicadores exibindo a página Avançado da caixa de diálogo Opções do Word e desmarcando a caixa de seleção Mostrar indicadores da área Mostrar o conteúdo do documento. Feche o documento IndicadoresNormas, salvando suas alterações, se quiser.

Como exibir informações do documento em campos

Quando você insere um hiperlink em um documento, está de fato inserindo um campo de hiperlink. Um campo é um espaço reservado que diz ao Word para fornecer informações especificadas ou para realizar uma ação especificada de uma maneira especificada.

O Word insere campos para controlar certos processos, como a criação de um sumário ou a mesclagem de uma carta de formulário com uma fonte de dados. Você pode utilizar campos para inserir informações que possam ser atualizadas com o clique de um botão se forem alteradas. Não é possível inserir um campo em um documento; em vez disso, deve-se informar ao Word para inserir o campo desejado. Você faz isso clicando no botão Explorar Partes Rápidas no grupo Texto da guia Inserir e clicando em Campo para exibir a caixa de diálogo Campo.

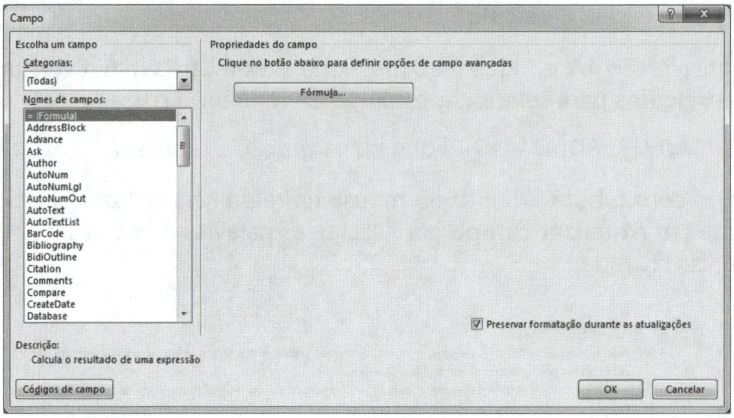

A caixa de diálogo Campo fornece uma lista abrangente de todos os campos disponíveis. Você também pode usá-la para definir opções que refinam o campo.

Cada campo consiste em um conjunto de chaves contendo o nome de campo e qualquer instrução ou configuração exigida ou opcional. Essas configurações, chamadas de opções, refinam os resultados do campo – por exemplo, formatando-o de uma determinada maneira. Quando você insere um campo da caixa de diálogo Campo, pode clicar em Códigos de campo no canto inferior esquerdo da caixa de diálogo para exibir a sintaxe do campo. Ao selecionar um campo e clicar em Opções no canto inferior esquerdo, a caixa de diálogo Opções de campo será exibida; nela, pode-se adicionar configurações gerais e opcionais específicas ao código de campo. Campos diferentes têm opções de campo diferentes – alguns têm apenas opções gerais, enquanto outros têm vários tipos de opções.

A inserção de alguns tipos de campos requer conhecimento avançado sobre campos e sobre como controlá-los. No entanto, alguns campos são muito fáceis. Por exemplo, para inserir a data de hoje ou a hora atual em um documento, simplesmente clique no botão Data e Hora (a Dica de Tela diz *Adicione a data ou hora atual rapidamente.*) no grupo Texto da guia Inserir para exibir a caixa de diálogo Data e hora e selecionar o formato que quer utilizar. Para inserir as informações como texto comum, clique em OK. Se quiser manter a data ou a hora atualizada, insira as informações como um campo marcando a caixa de seleção Atualizar automaticamente. O Word insere, então, um campo correspondendo ao formato selecionado e recupera a data ou a hora a partir do calendário ou relógio interno de seu computador.

DICA Depois que o Word insere o campo, os resultados de campos são mostrados; por exemplo, se inserir um campo FileSize, o tamanho do arquivo será mostrado. Para exibir o código de campo que diz ao Word para inserir o tamanho do arquivo, clique no campo para selecioná-lo e pressione Alt+F9, ou clique com o botão direito do mouse no campo e clique em Alternar códigos de campo.

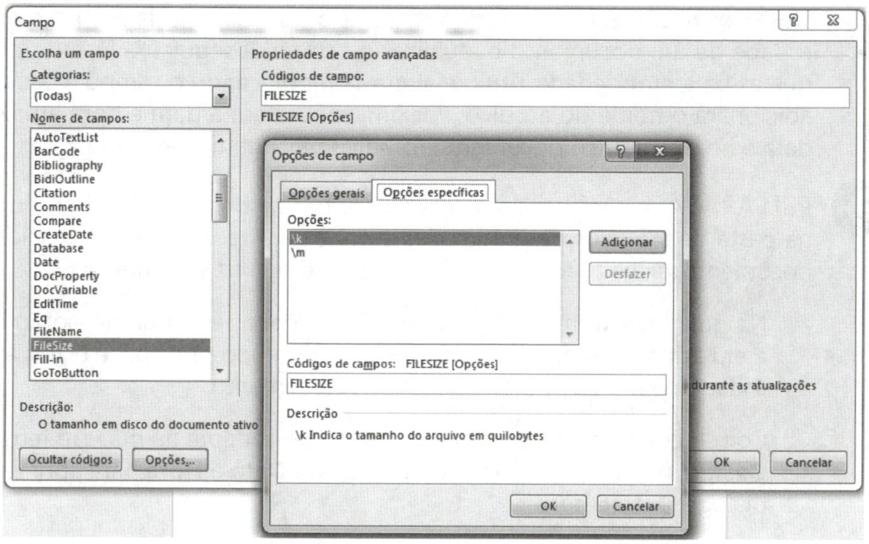

As descrições nas caixas de diálogo Campo e Opções de campo guiam a definição do campo.

DICA Você pode inserir outros tipos de campos de data e hora, como um campo PrintDate ou um EditTime. Insira um campo de data ou hora da maneira usual, clique com o botão direito do mouse no campo e clique em Editar campo para exibir a caixa de diálogo Campo. A seguir, altere a configuração Categorias para Data e hora e, na lista Nomes de campos, clique no campo que quiser. (Ao clicar em um campo na lista, uma breve descrição será exibida, portanto, é fácil escolher aquele que deseja.) Quando clicar em OK, as informações correspondentes ao tipo de campo especificado serão mostradas no documento.

Por padrão, os campos data e hora serão atualizados toda vez que o documento for aberto. Você pode impedi-lo selecionando o campo e pressionando Ctrl+F11 para bloqueá-lo; pressione Ctrl+Shift+F11 para desbloqueá-lo novamente. Se um campo não estiver bloqueado, você pode clicar nele e no botão Atualizar que aparecerá acima dele ou pressionar a tecla F9 para atualizá-lo com as informações mais atuais.

Outro tipo de campo que você pode querer inserir em um documento – por exemplo, em seu título ou rodapé – é um que contenha uma propriedade do documento, como o autor, o título ou a data da última modificação. Esse tipo de informação é inserido com facilidade clicando no botão Explorar Partes Rápidas, apontando para Propriedade do Documento e clicando na propriedade desejada. Se você inserir o campo e depois editar seu conteúdo no documento, a alteração é transferida para a lista de propriedades exibida na página Informações do modo de exibição Backstage.

CONSULTE TAMBÉM Para informações sobre propriedades do documento, consulte "Preparação de documentos para distribuição eletrônica" no Capítulo 6, "Visualização, impressão e distribuição de documentos".

Neste exercício, você irá inserir um campo que exibe a data e hora atuais no rodapé de um documento e atualizar o campo. A seguir, irá inserir um campo que exiba a propriedade Título e alterá-la modificando o campo. Você também adicionará o nome do arquivo. Por fim, converterá a data e hora atuais para a data e hora em que o documento foi salvo pela última vez.

PREPARAÇÃO Você precisa do documento CamposProcedimentos localizado na pasta de arquivos de prática Capítulo12 para realizar este exercício. Abra o documento, exiba as marcas de formatação e siga os seguintes passos:

1 Na guia **Inserir**, no grupo **Cabeçalho e Rodapé**, clique no botão **Rodapé** e em **Editar Rodapé** para esmaecer o conteúdo principal e exibir a área de rodapé no fim da primeira página do documento.

2 Com o cursor no parágrafo em branco do rodapé, na guia de ferramentas **Design**, no grupo **Inserir**, clique no botão **Data e Hora** para abrir a caixa de diálogo **Data e hora**.

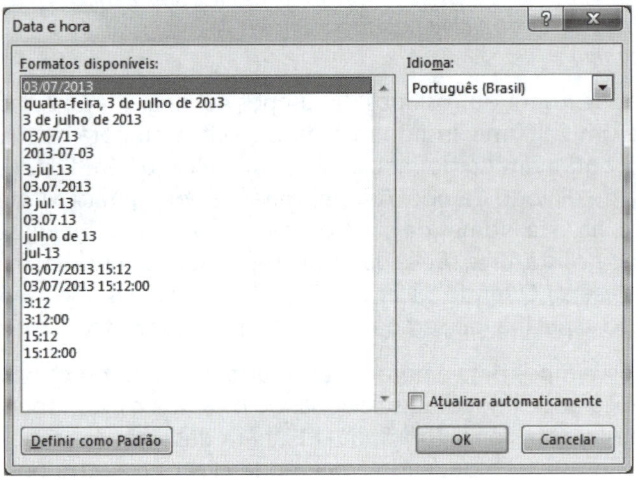

Você pode especificar o formato de data e/ou hora que quiser.

3 Na lista **Formatos disponíveis**, clique no primeiro formato que inclua data e hora.

4 Marque a caixa de seleção **Atualizar automaticamente** e clique em **OK** para inserir a data e a hora atuais no formato selecionado no rodapé do documento.

5 Pressione a tecla **Tab**. Na guia de ferramentas **Design**, no grupo **Inserir**, clique no botão **Partes Rápidas**, clique em **Propriedade do Documento** e em **Título** para inserir um campo para a propriedade **Título** do documento.

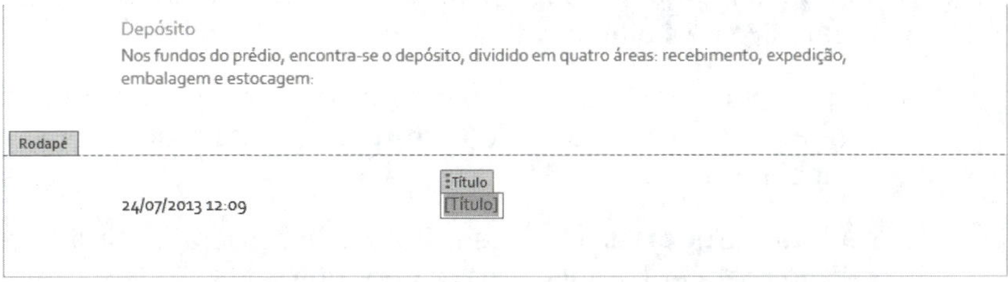

A propriedade Título deste documento está em branco no momento.

6 Com a propriedade **Título** ativa, digite **Procedimentos Administrativos**. Pressione a **Seta para a direita** para liberar a seleção.

7 Exiba a página **Informações** do modo de exibição **Backstage**. Observe que, na área **Propriedades**, a propriedade **Título** foi definida para **Procedimentos Administrativos**.

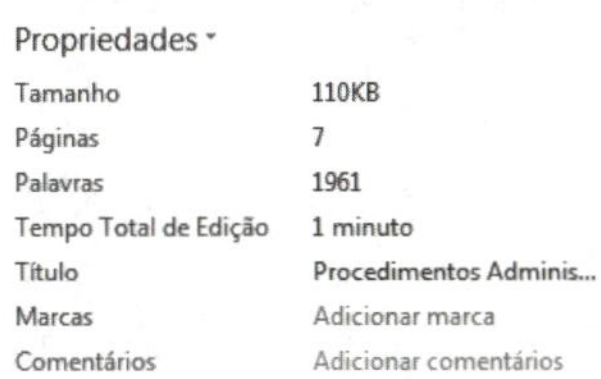

A propriedade Título na página Informações reflete a alteração feita no rodapé do documento.

8 Acima da parte superior das guias de página, clique na seta **Voltar** para retornar ao documento.

9 Com o cursor no fim do título do documento no rodapé, pressione a tecla **Tab**, digite **Nome:** (inclusive os dois pontos) e pressione a **Barra de espaços**.

10 Na guia de ferramentas **Design**, no grupo **Inserir**, clique no botão **Partes Rápidas** e em **Campo** para abrir a caixa de diálogo **Campo**.

11 Na lista **Nomes de campos**, clique em **FileName**. Na lista **Formato**, clique em **Minúsculas**. A seguir, clique em **OK** para inserir a versão em minúsculas do nome do arquivo no fim do rodapé.

12 Salve o documento. Observe que, na extremidade esquerda do rodapé, a data e a hora ainda refletem o momento em que inseriu esse campo.

13 Clique com o botão direito do mouse no campo **Data e Hora** e clique no botão **Atualizar campo** que aparecerá para atualizar a hora de modo que reflita a hora atual.

Vamos configurar o campo para refletir a data e a hora em que o documento foi salvo pela última vez.

14 Clique com o botão direito do mouse no campo e clique em **Editar campo** para abrir a caixa de diálogo **Campo** e exibir as propriedades e opções do campo atual.

15 Na lista **Categorias**, clique em **Data e hora** para filtrar a lista **Nomes de campos** para exibir apenas os campos que se relacionem com data e hora.

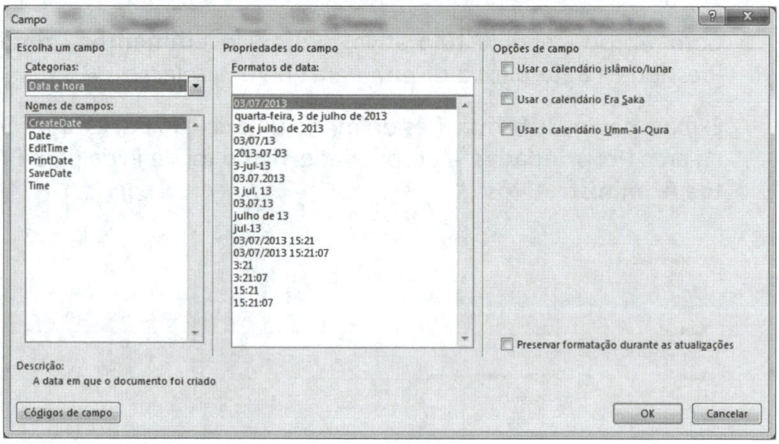

Por padrão, um documento contém quatro campos de data e dois campos de hora.

16 Na lista **Nomes de campos**, clique em **SaveDate** e, na lista **Formatos de data**, clique no primeiro formato que combine data e hora (o mesmo formato selecionado no passo 3).

17 Marque a caixa de seleção **Preservar formatação durante as atualizações** e clique em **OK**.

18 Salve o documento. Clique com o botão direito do mouse no campo e clique em **Atualizar campo** para atualizar a hora de modo a refletir o momento mais recente em que o documento foi salvo.

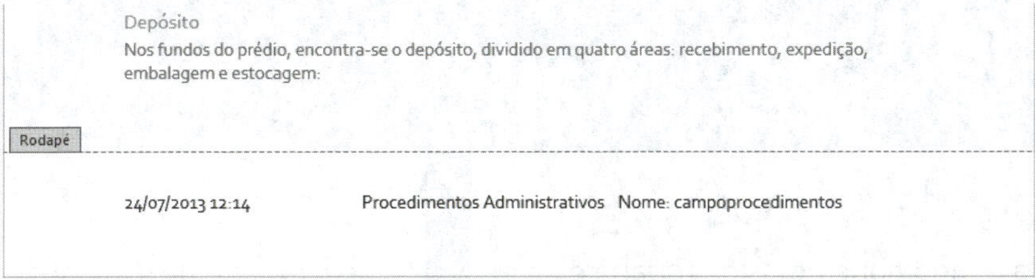

As informações neste rodapé são fornecidas por três campos.

ENCERRAMENTO Oculte as marcas de formatação e feche o documento CamposProcedimentos, salvando suas alterações, se quiser.

Pontos-chave

- Os documentos podem conter hiperlinks para páginas Web, arquivos ou endereços de email e referências cruzadas para locais dentro do documento.
- Sinalizar as informações com um indicador facilita a sua pesquisa posterior.
- Você pode vincular documentos, apresentações, pastas de trabalho e outros objetos e exibir o conteúdo vinculado ou um ícone vinculado ao conteúdo. A atualização dos vínculos no documento exibe a versão mais recente do objeto vinculado.
- Você pode salvar informações com um documento como uma propriedade e inserir as propriedades em campos para exibi-las e formatá-las de uma maneira específica.

Visão geral do capítulo

Nota de rodapé

Insira e modifique notas de rodapé e notas de fim, página 374

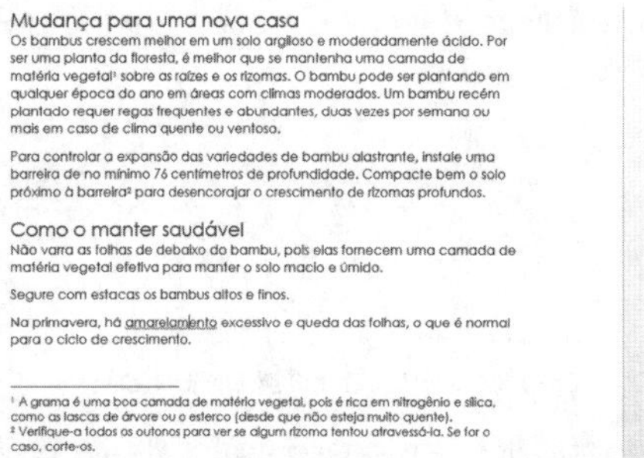
Mudança para uma nova casa
Os bambus crescem melhor em um solo argiloso e moderadamente ácido. Por ser uma planta da floresta, é melhor que se mantenha uma camada de matéria vegetal[1] sobre as raízes e os rizomas. O bambu pode ser plantando em qualquer época do ano em áreas com climas moderados. Um bambu recém plantado requer regas frequentes e abundantes, duas vezes por semana ou mais em caso de clima quente ou ventoso.

Para controlar a expansão das variedades de bambu alastrante, instale uma barreira de no mínimo 76 centímetros de profundidade. Compacte bem o solo próximo à barreira[2] para desencorajar o crescimento de rizomas profundos.

Como o manter saudável
Não varra as folhas de debaixo do bambu, pois elas fornecem uma camada de matéria vegetal efetiva para manter o solo macio e úmido.

Segure com estacas os bambus altos e finos.

Na primavera, há amarelamento excessivo e queda das folhas, o que é normal para o ciclo de crescimento.

[1] A grama é uma boa camada de matéria vegetal, pois é rica em nitrogênio e sílica, como as lascas de árvore ou o esterco (desde que não esteja muito quente).
[2] Verifique-a todos os outonos para ver se algum rizoma tentou atravessá-la. Se for o caso, corte-os.

Sumário

Crie e modifique sumários, página 378

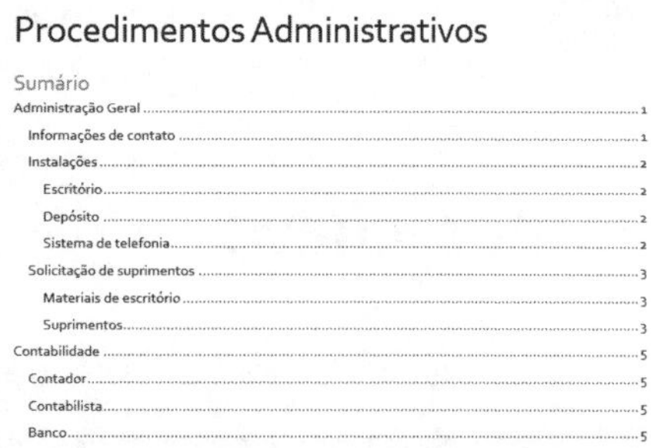
Procedimentos Administrativos

Sumário

Administração Geral	1
Informações de contato	1
Instalações	2
Escritório	2
Depósito	2
Sistema de telefonia	2
Solicitação de suprimentos	3
Materiais de escritório	3
Suprimentos	3
Contabilidade	5
Contador	5
Contabilista	5
Banco	5

Índice

Crie e modifique índices, página 388

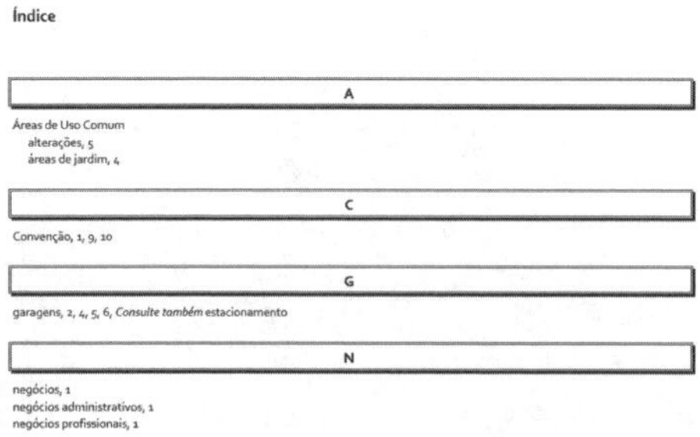
Índice

A

Áreas de Uso Comum
alterações, 5
áreas de jardim, 4

C

Convenção, 1, 9, 10

G

garagens, 2, 4, 5, 6, *Consulte também* estacionamento

N

negócios, 1
negócios administrativos, 1
negócios profissionais, 1

Bibliografia

Adicione fontes bibliográficas e compile bibliografias, página 394

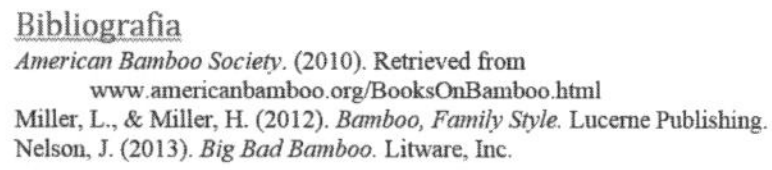
Bibliografia

American Bamboo Society. (2010). Retrieved from www.americanbamboo.org/BooksOnBamboo.html

Miller, L., & Miller, H. (2012). *Bamboo, Family Style.* Lucerne Publishing.

Nelson, J. (2013). *Big Bad Bamboo.* Litware, Inc.

Como referenciar conteúdo e fontes de conteúdo 13

NESTE CAPÍTULO, VOCÊ APRENDERÁ A:

- Inserir e modificar notas de rodapé e notas de fim.
- Criar e modificar sumários.
- Criar e modificar índices.
- Adicionar fontes bibliográficas e compilar bibliografias.

Quando quiser garantir que as informações em um documento complicado estejam facilmente disponíveis para os leitores, você pode contar com as seguintes ferramentas de referência do Microsoft Word para realizar o trabalho:

- **NOTAS DE RODAPÉ E NOTAS DE FIM** Você pode fornecer informações de auxílio, sem interromper o fluxo do conteúdo principal, inserindo informações em notas de rodapé na parte inferior de páginas relevantes ou notas de fim no fim do documento.
- **SUMÁRIOS** Você pode fornecer uma visão geral das informações contidas em um documento e ajudar os leitores a localizarem tópicos compilando um sumário que inclua números de página ou hiperlinks para cada título.
- **ÍNDICE** Você pode ajudar os leitores a localizarem informações específicas inserindo campos de entrada de índice em um documento e compilando um índice de palavras e conceitos que os direcionem aos números de página correspondentes.
- **FONTES DE INFORMAÇÕES E UMA BIBLIOGRAFIA** Você pode atribuir informações à sua fonte bibliográfica inserindo citações em um documento. O Word compilará uma bibliografia profissional a partir das citações.

Neste capítulo, primeiro, você irá inserir e modificar notas de rodapé e notas de fim e irá criar e atualizar um sumário. A seguir, irá marcar entradas de índice em um documento e compilar um índice. Por fim, irá digitar informações da fonte bibliográfica, inserir citações e compilar uma bibliografia.

ARQUIVOS DE PRÁTICA Para realizar os exercícios deste capítulo, você precisa dos arquivos de prática contidos na pasta Capítulo13. Para mais informações, consulte "Como baixar os arquivos de prática" na Introdução deste livro.

Como inserir e modificar notas de rodapé e notas de fim

Quando você quer fazer um comentário sobre uma declaração em um documento – por exemplo, para explicar uma pressuposição ou citar a fonte bibliográfica para uma opinião diferente –, pode digitá-lo como uma nota de rodapé ou uma nota de fim. Ao fazê-lo, um número ou símbolo chamado de *marca de referência* é inserido e seu comentário associado aparece com o mesmo número ou símbolo, seja como uma nota de rodapé na parte inferior da página ou como uma nota de fim no fim do documento ou da seção do documento. Na maioria dos modos de exibição, as notas de rodapé ou notas de fim estão divididas do texto principal por uma linha separadora de nota.

Por padrão, as marcas de referência de nota de rodapé utilizam o formato numérico *1, 2, 3*, e as marcas de referência de nota de fim utilizam o formato numérico *i, ii, iii*.

Para alterar o formato numérico das notas de rodapé ou notas de fim:

1 Na guia **Referências**, clique no iniciador de caixa de diálogo **Notas de Rodapé** para abrir a caixa de diálogo **Nota de Rodapé e Nota de Fim**.

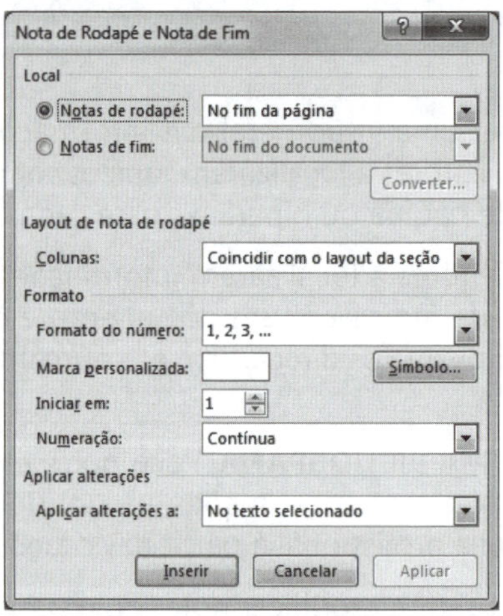

É possível alterar o formato de numeração antes ou depois de criar notas de rodapé e notas de fim.

2 Na área **Local** da caixa de diálogo **Nota de Rodapé e Nota de Fim**, clique em **Notas de rodapé** ou em **Notas de fim** para indicar o elemento que quer modificar.

3 Na área **Formato**, clique na seta de **Formato do número** e no formato de número que quer utilizar.

4 Com **No documento inteiro** visível na caixa **Aplicar alterações a**, clique em **Aplicar** para alterar todas as notas de rodapé ou notas de fim para o novo formato numérico.

Neste exercício, você irá mover informações periféricas do corpo de um documento para notas de fim e, então, converter as notas de fim em notas de rodapé.

PREPARAÇÃO Você precisa do documento InformaçõesBambuA localizado na pasta de arquivos de prática Capítulo13 para realizar este exercício. Abra o documento e siga os seguintes passos:

1 No primeiro parágrafo abaixo do título **Mudança para uma nova casa**, selecione a frase inteira que começa com **A grama é uma boa camada de matéria vegetal**.

2 Na guia **Página Inicial**, no grupo **Área de Transferência**, clique no botão **Recortar** para mover a seleção do documento para a Área de Transferência do Microsoft Office.

ATALHO DE TECLADO Pressione Ctrl+X para mover o conteúdo selecionado para a Área de Transferência. Para mais informações sobre atalhos de teclado, consulte "Atalhos de teclado" ao fim deste livro.

3 Na segunda frase do parágrafo, clique para inserir o cursor imediatamente após a palavra **vegetal**.

4 Na guia **Referências**, no grupo **Notas de Rodapé**, clique no botão **Inserir Nota de Fim** para criar uma nota de fim numerada sucedendo o texto na página **2**.

ATALHO DE TECLADO Pressione Alt+Ctrl+F para inserir uma nota de rodapé ou Alt+Ctrl+D para inserir uma nota de fim.

5 Com o cursor na área de nota de fim, na guia **Página Inicial**, no grupo **Área de Transferência**, clique no botão **Colar** para inserir a frase recortada como nota de fim.

ATALHO DE TECLADO Pressione Ctrl+V para colar o conteúdo da Área de Transferência mais recentemente recortado ou copiado.

Como manter insetos à distância

Ácaros

Os ácaros de bambu, não confundir com ácaros-aranha, causam pintas com centros amarelados por toda a folha da planta. Com ampliação, é possível ver a membrana e os próprios ácaros no lado inferior das folhas, de onde preferem sugar a seiva. O principal problema dos ácaros é visual. Para infestações pequenas, é possível o controle com aplicação de spray de sabão inseticida ou de um acaricida permitido.

Cochinilhas

Podem ser um problema ocasional em variedades entouceirantes e podem ser controlados pela injeção de dimetoato diretamente no colmo. Se preferir não utilizar esse método, pode tentar submergir a planta inteira (presumindo que esteja em um vaso) em água por 12-24 horas; pelo tempo suficiente para matar os insetos, mas não para prejudicar a planta. Visto que o bambu é nativo de várzeas, consegue tolerar bem a imersão.

---

[i] A grama é uma boa camada de matéria vegetal, pois é rica em nitrogênio e sílica, como as lascas de árvore ou o esterco (desde que não esteja muito quente).

As notas de fim utilizam um formato numérico de numeral romano em minúsculas.

6 Suba para a página **1**. Observe que um número correspondente aparece no documento no local em que o cursor foi inserido.

7 No segundo parágrafo abaixo do título **Como o manter saudável**, selecione o texto começando com a palavra **verifique** e siga até o ponto no fim do parágrafo. Recorte o conteúdo selecionado para a Área de Transferência.

8 Abaixo do título **Mudança para uma nova casa**, na frase que começa com **Para controlar a expansão**, clique para posicionar o cursor imediatamente após a palavra **barreira**. Na guia **Referências**, no grupo **Notas de Rodapé**, clique no botão **Inserir Nota de Fim** para inserir uma segunda nota de fim.

9 Cole o conteúdo recortado da Área de Trabalho na segunda nota de fim e transforme em maiúscula a letra **v** no início da nova nota de fim.

10 Vá até o fim da página **1** e posicione o cursor na área de seleção à esquerda do parágrafo que começa com **Se cavar uma vala**. Clique uma ou duas vezes para selecionar o parágrafo e pressione **Delete** para remover o fragmento da frase do documento.

11 No fim da página **1**, na frase que começa com **Os ácaros de bambu**, selecione o texto, começando com a vírgula após **ácaros de bambu** e seguindo até a próxima vírgula. Pressione **Delete**.

12 No grupo **Notas de Rodapé**, clique no botão **Inserir Nota de Fim** para inserir uma terceira nota de fim. Digite **Não confundir ácaros de bambu com ácaros-aranha, que podem danificar as plantas seriamente**.

Como as notas de fim não estão na mesma página que suas marcas de referência, os leitores deverão virar a página ou rolar para exibir o conteúdo relacionado. Vamos posicionar as notas na mesma página que suas marcas de referência.

13 Na página **2**, arraste para selecionar as três notas de fim. Clique com o botão direito do mouse na seleção e clique em **Converter em nota de rodapé** para transformar as notas de fim **i**, **ii** e **iii** em notas de rodapé **1**, **2** e **3**.

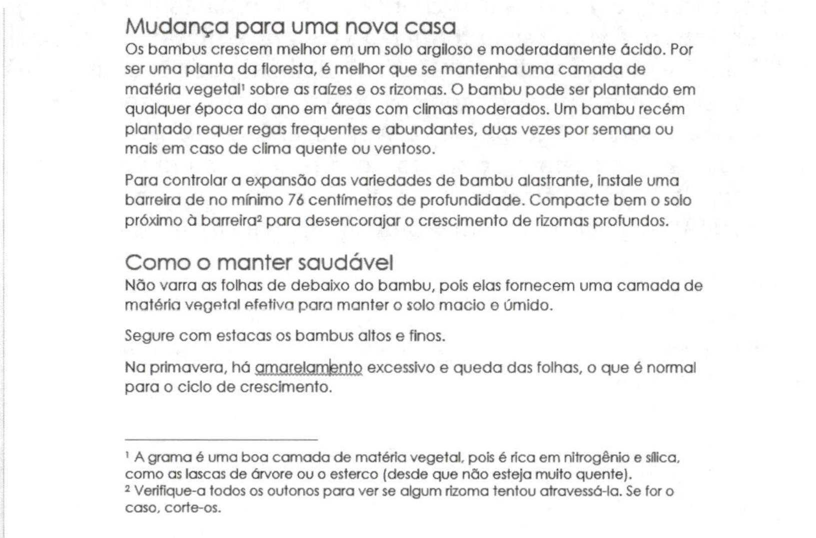

Mudança para uma nova casa

Os bambus crescem melhor em um solo argiloso e moderadamente ácido. Por ser uma planta da floresta, é melhor que se mantenha uma camada de matéria vegetal[1] sobre as raízes e os rizomas. O bambu pode ser plantando em qualquer época do ano em áreas com climas moderados. Um bambu recém plantado requer regas frequentes e abundantes, duas vezes por semana ou mais em caso de clima quente ou ventoso.

Para controlar a expansão das variedades de bambu alastrante, instale uma barreira de no mínimo 76 centímetros de profundidade. Compacte bem o solo próximo à barreira[2] para desencorajar o crescimento de rizomas profundos.

Como o manter saudável

Não varra as folhas de debaixo do bambu, pois elas fornecem uma camada de matéria vegetal efetiva para manter o solo macio e úmido.

Segure com estacas os bambus altos e finos.

Na primavera, há amarelamento excessivo e queda das folhas, o que é normal para o ciclo de crescimento.

[1] A grama é uma boa camada de matéria vegetal, pois é rica em nitrogênio e sílica, como as lascas de árvore ou o esterco (desde que não esteja muito quente).

[2] Verifique-a todos os outonos para ver se algum rizoma tentou atravessá-la. Se for o caso, corte-os.

As notas de rodapé aparecem na mesma página que suas marcas de referência.

14 Vá para a página **2**. Observe que a nota de rodapé **3** aparece no fim da página, em vez de no fim do texto onde a nota de fim estava localizada.

ENCERRAMENTO Feche o documento InformaçõesBambuA, salvando suas alterações, se quiser.

Como criar e modificar sumários

Quando você cria um documento longo que possui títulos, como um relatório anual ou um catálogo que tenha diversas seções, pode querer adicionar um sumário no início do documento para dar a seus leitores uma visão geral do seu conteúdo e ajudá-los a navegar para seções específicas. Em um documento que será impresso, pode indicar com um número de página a página em que cada título está localizado. Se o documento será distribuído em formato eletrônico, você pode vincular cada entrada no sumário com o título correspondente no documento, a fim de que os leitores possam saltar diretamente ao título com um clique do mouse.

Por padrão, o Word espera criar um sumário baseado em parágrafos do documento que você tenha formatado com os estilos de título padrão: Título 1, Título 2 e assim por diante. (O Word também pode criar um sumário baseado em níveis da estrutura de tópicos ou em campos que tenha inserido no documento.) Quando você diz para o Word criar o sumário, ele identifica as entradas do sumário e insere-o no ponto do cursor como um único campo. É possível modificar os elementos em que o Word baseia o sumário a qualquer momento e atualizar o sumário com um clique simples para refletir suas alterações.

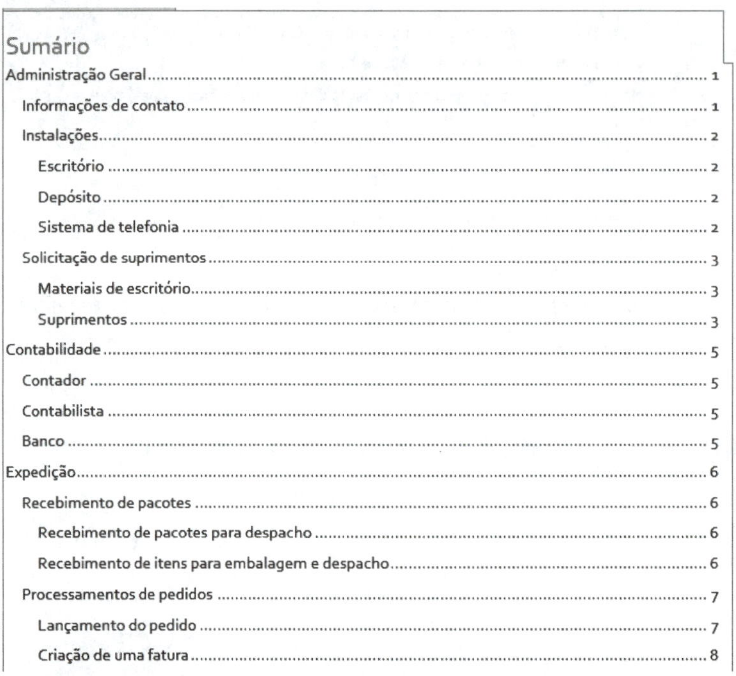

Sumário

Administração Geral 1
Informações de contato 1
Instalações 2
Escritório 2
Depósito 2
Sistema de telefonia 2
Solicitação de suprimentos 3
Materiais de escritório 3
Suprimentos 3
Contabilidade 5
Contador 5
Contabilista 5
Banco 5
Expedição 6
Recebimento de pacotes 6
Recebimento de pacotes para despacho 6
Recebimento de itens para embalagem e despacho 6
Processamentos de pedidos 7
Lançamento do pedido 7
Criação de uma fatura 8

O sumário é um campo que pode ser atualizado.

CONSULTE TAMBÉM Para informações sobre a aplicação de estilos, consulte "Aplicação de estilos ao texto" no Capítulo 3, "Como modificar a estrutura e a aparência do texto".

Os controles de Sumário estão disponíveis na guia Referências. Na galeria Sumário, há três opções de sumário padrão:

- **SUMÁRIO AUTOMÁTICO 1** Essa opção insere um sumário que tem o título *Conteúdo* e inclui todo o texto estilizado como Título 1, Título 2 ou Título 3.
- **SUMÁRIO AUTOMÁTICO 2** Essa opção insere um sumário que tem o título *Sumário* e inclui todo o texto estilizado como Título 1, Título 2 ou Título 3.
- **SUMÁRIO MANUAL** Essa opção insere um sumário que tem o título *Sumário* e inclui espaços reservados que não estão vinculados ao conteúdo do documento.

A formatação das entradas em um sumário é controlada por nove níveis de estilos de sumário internos (sumário 1, sumário 2 e assim por diante). Por padrão, o Word utiliza os estilos que estão atribuídos no modelo anexado ao documento. Se quiser utilizar um estilo diferente, em vez de clicar em uma das três opções da galeria Sumário, pode clicar em Personalizar Sumário, abaixo da galeria, para exibir a caixa de diálogo Sumário, na qual pode escolher entre vários formatos, como Clássico, Sofisticado e Simples.

Após criar um sumário, você pode formatá-lo manualmente selecionando o texto e aplicando estilos ou formatação de caracteres ou de parágrafo.

Se você alterar um título no documento ou se edições no texto alterarem as quebras de página, a maneira mais fácil de atualizar o sumário é clicar no botão Atualizar Sumário e fazer com que o Word trabalhe por você. Existe a opção de atualizar apenas os números de página, ou, se tiver alterado, adicionado ou excluído títulos, pode atualizar (recriar) o sumário inteiro.

Neste exercício, primeiramente você irá inserir um sumário simples para um documento baseado em estilos de título e, a seguir, criará um sumário personalizado. Depois, irá alterar o documento mudando quebras de página e atualizar o sumário para refletir suas alterações.

➔ PREPARAÇÃO Você precisa do documento ConteúdosProcedimentos localizado na pasta de arquivos de prática Capítulo13 para realizar este exercício. Abra o documento e siga os seguintes passos:

1 Clique para posicionar o cursor na extremidade esquerda do título **Administração Geral**. Na guia **Referências**, no grupo **Sumário**, clique no botão **Sumário** para exibir o menu **Sumário**.

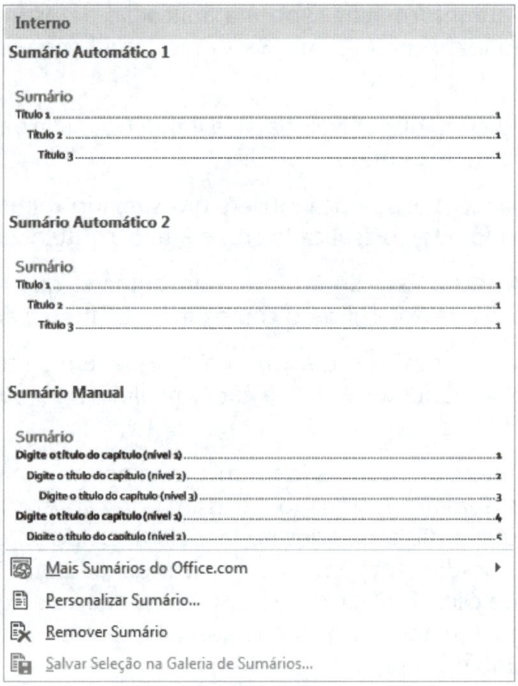

As cores e fontes na galeria refletem o tema do documento.

2 Na galeria **Sumário**, clique em **Sumário Automático 1**. A seguir, pressione **Ctrl+Home** para retornar ao início do documento e exibir o sumário inserido.

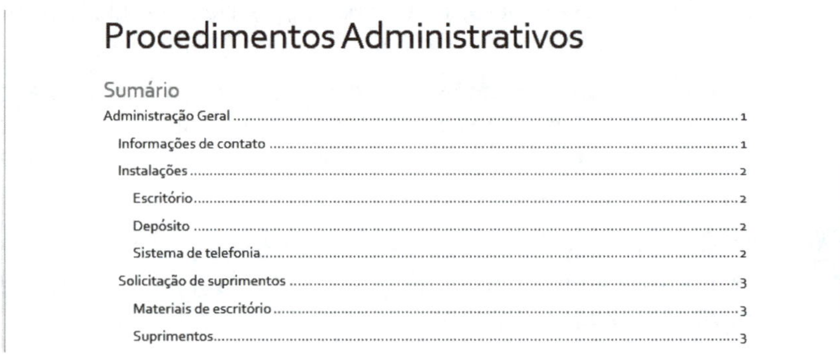

Cada nível de título tem seu próprio estilo de sumário atribuído.

Agora, criaremos um sumário personalizado.

3 No menu **Sumário**, clique em **Remover Sumário**.

4 Clique na extremidade direita do título **Procedimentos Administrativos** e pressione **Enter** para iniciar um novo parágrafo.

5 No novo parágrafo, digite **Sumário**. Selecione o novo parágrafo e, na **Minibarra de ferramentas**, clique no botão **Negrito**.

6 Pressione a tecla **Seta para a direita** para posicionar o cursor na extremidade esquerda do título **Administração Geral**. Na guia **Inserir**, no grupo **Páginas**, clique no botão **Quebra de Página**. Pressione a tecla **Seta para cima** para posicionar o cursor na extremidade esquerda do parágrafo vazio da quebra de página.

ATALHO DE TECLADO Pressione Ctrl+Enter para inserir uma quebra de página.

7 Na guia **Referências**, no grupo **Sumário**, clique no botão **Sumário** e, no menu, abaixo da galeria, clique em **Personalizar Sumário** para abrir a caixa de diálogo **Sumário**.

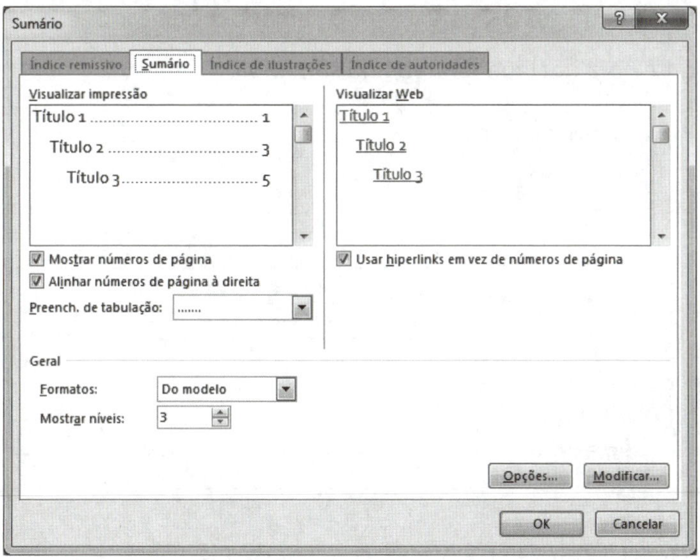

A caixa de diálogo exibe visualizações da formatação do sumário em documentos que estejam preparados para impressão ou distribuição online.

8 Na área **Geral** da página **Sumário**, clique na seta de **Formatos**. Note que você pode escolher entre os formatos **Clássico**, **Elegante**, **Sofisticado**, **Moderno**, **Formal** e **Simples**. Na lista, clique em **Clássico**. As amostras nas caixas **Visualizar impressão** e **Visualizar Web** refletem imediatamente a alteração de formato.

DICA Os estilos de sumário refletem o tema do documento e estão baseados na fonte do Corpo do tema. Cada estilo tem configurações específicas de recuo e espaçamento. Se criar um sumário baseado no modelo de documento, poderá personalizar os estilos de sumário durante o processo de criação. Com Formatos definido para Do modelo na área Geral da caixa de diálogo Sumário, clique em Modificar. A caixa de diálogo Estilo será aberta, exibindo os nove estilos de sumário. Você pode modificar a fonte, o parágrafo, os recuos, a borda e outras formatações desses estilos da mesma forma que modificaria qualquer outro estilo. Para informações sobre a criação de estilos, consulte "Como criar estilos e modelos personalizados" no Capítulo 16, "Como trabalhar no Word com mais eficiência".

9 Na lista **Preench. de tabulação**, clique na opção de preenchimento sublinhado. Clique em **OK** para inserir o sumário modificado.

10 Aponte para qualquer entrada no sumário.

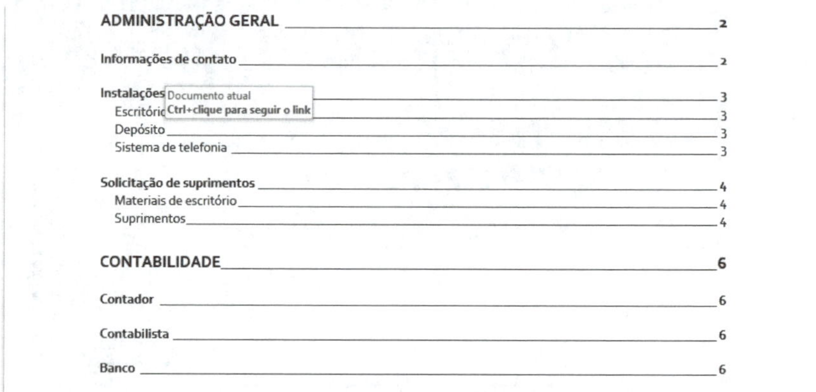

A funcionalidade de navegação de hiperlink está integrada ao sumário.

CONSULTE TAMBÉM Para mais informações sobre a vinculação de outras partes de um documento, consulte "Como inserir e vincular indicadores" no Capítulo 12, "Como vincular informações e conteúdo".

11 Pressione e segure a tecla **Ctrl** e observe que o ponteiro se transforma em uma mão. Clique em qualquer entrada do sumário para ir diretamente a esse título. Pressione **Ctrl+Home** para retornar ao início do documento.

12 Exiba as marcas de formatação e vá até a página **2**. Clique na área de seleção à esquerda da quebra de página e pressione a tecla **Delete** para excluí-la e mover o título **Instalações** para a página **2**.

13 Clique no início de **Instalações**, digite **Informações** e pressione a **Barra de espaços** para tornar o título similar ao que vem antes dele.

14 Vá para a próxima quebra de página manual, na página **3**, e a exclua para mover o título **Solicitação de suprimentos** para essa página.

15 Exclua a quebra de página manual na página **5** para mover o título **Expedição** para essa página e exclua a quebra de página manual na página **6** para mover o título **Processamento de pedidos** para essa página.

16 Pressione **Ctrl+Home** para retornar ao início do documento. Clique em qualquer parte do sumário para selecioná-lo (não pressione a tecla **Ctrl**).

DICA O sumário está contido em um grande campo e um clique em qualquer parte dele o seleciona por inteiro. Para informações sobre campos, consulte "Como exibir informações do documento em campos" no Capítulo 12, "Como vincular informações e conteúdo".

17 Na guia **Referências**, no grupo **Sumário**, clique no botão **Atualizar Sumário** para abrir a caixa de diálogo **Atualizar Sumário**.

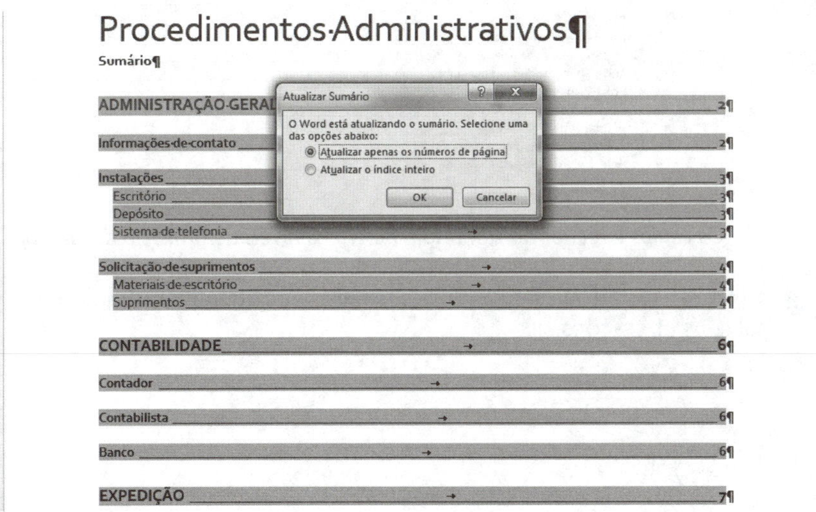

Se os títulos ou as quebras de página forem alterados, pode-se atualizar o sumário com facilidade.

18 Na caixa de diálogo, clique na opção **Atualizar o índice inteiro** e clique em **OK** para atualizar os títulos e números de página exibidos no sumário.

19 Arraste na área de seleção para selecionar todas as linhas de texto do sumário.

SOLUÇÃO DE PROBLEMAS É preciso arrastar para selecionar o texto real do sumário, não apenas clicar para selecionar o campo.

20 Na guia **Página Inicial**, no grupo **Parágrafo**, clique no botão **Espaçamento de Linha e Parágrafo** e em **Remover Espaço Antes de Parágrafo** para remover o espaço extra vertical no sumário. A seguir, pressione **Ctrl+Home** para liberar a seleção e exibir os resultados.

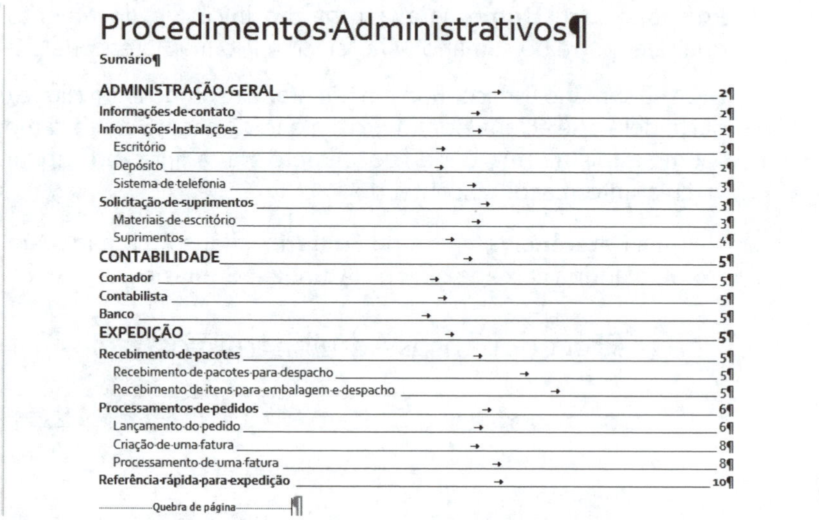

Procedimentos·Administrativos¶

Sumário¶

ADMINISTRAÇÃO·GERAL → 2¶
Informações·de·contato → 2¶
Informações·Instalações → 2¶
Escritório → 2¶
Depósito → 2¶
Sistema·de·telefonia → 3¶
Solicitação·de·suprimentos → 3¶
Materiais·de·escritório → 3¶
Suprimentos → 4¶
CONTABILIDADE → 5¶
Contador → 5¶
Contabilista → 5¶
Banco → 5¶
EXPEDIÇÃO → 5¶
Recebimento·de·pacotes → 5¶
Recebimento·de·pacotes·para·despacho → 5¶
Recebimento·de·itens·para·embalagem·e·despacho → 5¶
Processamentos·de·pedidos → 6¶
Lançamento·do·pedido → 6¶
Criação·de·uma·fatura → 8¶
Processamento·de·uma·fatura → 8¶
Referência·rápida·para·expedição → 10¶

Quebra de página ¶

Os estilos e recuos no sumário refletem os níveis de título no documento.

ENCERRAMENTO Feche o documento ConteúdosProcedimentos; se quiser, salve as alterações.

Índices de autoridades

Se um documento legal contiver itens como normas, casos e estatutos que estejam identificados como citações legais, você pode dizer ao Word para criar um índice de autoridades. No índice, as citações são categorizadas como casos, estatutos, regras, tratados, normas ou outras autoridades.

O Word utiliza as citações para criar esse tipo de índice da mesma forma com que usa os títulos para criar um sumário e legendas para criar um índice de ilustrações. Você precisa inserir uma citação para cada referência legal que queira incluir e, então, gerar o índice.

Para criar um índice de autoridades:

1 Selecione a referência legal que quer marcar com uma citação. Na guia **Referências**, no grupo **Índice de Autoridades**, clique no botão **Marcar Citação** para abrir a caixa de diálogo **Marcar citação**.

ATALHO DE TECLADO Pressione Alt+Shift+I para abrir a caixa de diálogo Marcar citação.

2 Na caixa **Citação curta**, edite a citação para refletir a forma como quer que apareça no índice.

3 A categoria padrão é **Casos**. Se quiser alterar a categoria, exiba a lista **Categoria** e clique na categoria que se aplicar à citação.

4 Para marcar uma citação, clique em **Marcar**. Para marcar todas as citações que correspondam à citação selecionada, clique em **Marcar todas**. O Word insere códigos de campo oculto no documento que identificam a citação.

5 Repita os passos 1 a 4 para cada referência legal que quiser marcar.

DICA Você pode deixar a caixa de diálogo Marcar citação aberta para facilitar a marcação de citações.

Após inserir todas as citações, crie o índice de autoridades.

6 Posicione o cursor onde quer inserir o índice de autoridades e, na guia **Referências**, no grupo **Índice de Autoridades**, clique no botão **Inserir Índice de Autoridades** para abrir a caixa de diálogo **Índice de autoridades**.

7 Na lista **Categoria**, clique na categoria de citações que quer que apareça no índice, ou clique em **Todos** para incluir todas as categorias.

8 Selecione as opções de formatação para o índice e clique em **OK** para inserir o índice de autoridades.

Índices de ilustrações

Se um documento incluir imagens ou tabelas, você pode criar um índice de ilustrações com facilidade, de modo que os leitores possam localizá-las e ir rapidamente até elas.

Índice de ilustrações

Índice de ilustrações gerado para este capítulo.

Um índice de ilustrações está integrado às ferramentas do grupo Legendas na guia Referências da Faixa de Opções. Você precisa inserir uma legenda para cada imagem ou tabela que queira incluir e, então, gerar o índice.

Para criar um índice de ilustrações:

1 Selecione a primeira imagem ou tabela que queira legendar. Na guia **Referências**, grupo **Legendas**, clique no botão **Inserir Legenda** para abrir a caixa de diálogo **Legenda**.

DICA O número *1* na caixa Legenda é um campo que reflete a posição da imagem na sequência de imagens. Esse número é atualizado automaticamente quando se adiciona ou exclui legendas.

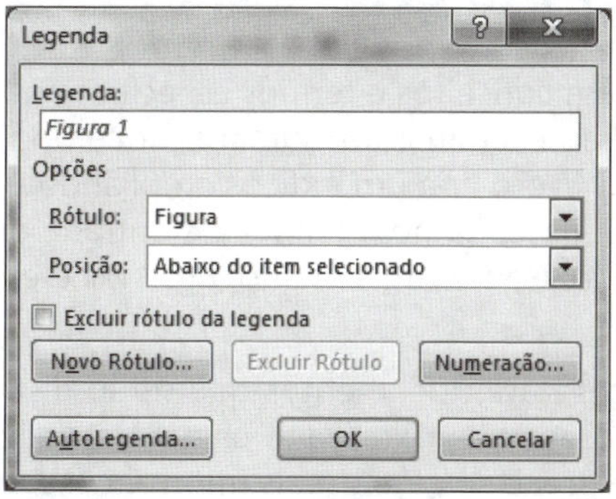

Você pode aceitar ou modificar a legenda padrão.

2. Se quiser alterar o rótulo mostrado na caixa **Legenda** (o padrão é *Figura*), na lista **Rótulo**, clique em **Tabela** ou **Equação**; ou clique em **Novo Rótulo**, digite o rótulo que deseja e clique em **OK**.

3. Na caixa **Legenda**, clique à direita do rótulo e do número, pressione a **Barra de espaços**, digite a legenda e clique em **OK** para adicionar a legenda ao documento. Como alternativa, você pode adicionar apenas o rótulo como legenda e editá-la no documento do Word.

4. Repita os passos 1 a 3 para cada imagem ou tabela que queira incluir no índice de ilustrações.

   Após inserir todas as legendas, crie o índice de ilustrações.

5. Posicione o cursor onde quer inserir o índice de ilustrações e, na guia **Referências**, no grupo **Legendas**, clique em **Inserir Índice de Ilustrações** para abrir a caixa de diálogo **Índice de ilustrações**, que tem aparência similar à da caixa de diálogo **Sumário**.

6. Se quiser exibir um rótulo diferente da legenda real no índice de ilustrações, ou se não quiser exibir qualquer rótulo, faça sua seleção na lista **Nome da legenda**.

7. Se quiser criar um índice de ilustrações usando um formato diferente do padrão para o modelo, clique no formato desejado na lista **Formatos**.

8. Selecione qualquer opção adicional que queira e clique em **OK** para inserir o índice de ilustrações.

Como criar e modificar índices

Para ajudar os leitores a encontrarem conceitos e termos específicos que talvez não consigam localizar facilmente ao examinar um sumário, você pode incluir um índice ao fim do documento. O Word cria um índice compilando uma lista alfabética com números de página baseada nos campos de entrada de índice que foram marcados no documento. Como um sumário, um índice é inserido como um único campo.

DICA Você não precisa criar índices para documentos que serão distribuídos em formato eletrônico, pois os leitores podem utilizar o painel Navegação para encontrar as informações de que precisam. Para mais informações, consulte "Como localizar e substituir texto" no Capítulo 2, "Digitação, edição e revisão de textos".

No índice, uma entrada pode se aplicar a uma palavra ou frase que apareça em uma página ou seja abordada em várias páginas. A entrada pode ter subentradas relacionadas. Por exemplo, no índice deste livro, a entrada de índice principal *efeitos de texto* pode ter abaixo dela as subentradas *aplicação* e *visualização dinâmica de*. Um índice também pode incluir entradas de referência cruzada que direcionem os leitores a entradas relacionadas. Por exemplo, a entrada de índice principal *quebras de disposição do texto* pode ter uma referência cruzada para *quebras de linha*. Você pode utilizar referências cruzadas para direcionar os leitores a termos do índice em que talvez não pensassem ao procurar informações específicas.

Para inserir um campo de entrada de índice no documento, você seleciona o texto que quer marcar e clica no botão Marcar Entrada no grupo Índice da guia Referências. Na caixa de diálogo Marcar entrada de índice remissivo que será aberta, você pode fazer o seguinte:

- Usar o texto selecionado como está, modificar a entrada ou adicionar uma subentrada.
- Formatar a entrada – por exemplo, para fazer com que apareça em negrito ou itálico no índice – clicando com o botão direito do mouse nela, clicando em **Fonte** e nas opções que quiser; ou usando atalhos de teclado.
- Designar a entrada como uma referência cruzada, entrada de uma página ou entrada de intervalo de páginas.
- Especificar a formatação do número de página dessa entrada.

ATALHO DE TECLADO Pressione Alt+Shift+X para abrir a caixa de diálogo Marcar entrada de índice remissivo.

Após definir as opções na caixa de diálogo, você pode inserir um campo de entrada de índice adjacente ao texto selecionado clicando em Marcar, ou adjacente a todas ocorrências do texto selecionado no documento clicando em Marcar todas. A caixa de diálogo Marcar entrada de índice remissivo permanece aberta para simplificar o processo de inserção de vários campos de entrada de índice, assim você não tem de clicar no botão Marcar Entrada para cada nova entrada. É possível mover a caixa de diálogo para o lado, a fim de que não bloqueie o texto com o qual está trabalhando.

DICA Ao elaborar um índice, você deve escolher com cuidado o texto que marca, lembrando-se dos termos que os leitores provavelmente pesquisarão. Por exemplo, um leitor pode esperar encontrar informações sobre telefones celulares pesquisando em *celular*, ao passo que outro pode pesquisar em *móvel* e outro ainda em *telefones*. Um bom índice incluirá todas essas entradas.

Os campos de entrada de índice estão formatados como ocultos; não estarão visíveis a menos que as marcas de formatação e os caracteres ocultos sejam exibidos. Quando o campo de entrada de índice está visível, aparece no documento entre marcas de citação dentro de um conjunto de chaves, com o designador *XE* e um sublinhado pontilhado.

Para criar um índice baseado nas entradas de índice de um documento, posicione o cursor onde quer que o índice apareça e clique no botão Inserir Índice no grupo Índice da guia Referências. A caixa de diálogo Índice remissivo será aberta e você poderá especificar o seguinte:

- Se a formatação do índice deve utilizar estilos do modelo atual ou ser baseada em um dos quatro formatos predefinidos que você pode visualizar na caixa **Visualizar impressão**.
- Se os números de página devem ser alinhados à direita e, caso positivo, se devem ter preenchimentos de tabulação pontilhados, tracejados ou sólidos.
- Se o índice deve ser recuado, com cada subentrada em uma linha separada abaixo de sua entrada principal, ou corrido, com subentradas na mesma linha que as entradas principais.
- O número de colunas que quer.

Quando clicar em OK na caixa de diálogo Índice remissivo, o Word irá calcular os números de página de todas as entradas e subentradas, consolidá-los e inserir o índice como um campo no formato e no local especificados no documento.

DICA Se fizer alterações em um documento que afetem as entradas do índice ou a numeração de página, poderá atualizar o índice clicando nele e no botão Atualizar Índice no grupo Índice da guia Referências. Você também pode clicar com o botão direito do mouse no índice e clicar em Atualizar campo.

Pode-se editar o texto do índice gerado a partir das entradas, mas as alterações feitas não serão permanentes; gerar de novo o índice irá restaurar as entradas originais. É mais eficiente editar o texto dentro das marcas de citação nos campos de entrada de índice. Para excluir uma entrada de índice, selecione o campo oculto inteiro e pressione a tecla Delete. Você pode mover e copiar entradas de índice usando as técnicas que usaria para o texto comum.

DICA Arrastar por qualquer parte de um campo de entrada de índice que inclua uma das chaves que o envolvem seleciona o campo inteiro.

Neste exercício, primeiramente você marcará algumas entradas de índice e uma entrada de referência cruzada. A seguir, irá criar e formatar um índice, excluir uma entrada de índice do documento e atualizar o índice.

PREPARAÇÃO Você precisa do documento ÍndiceRegras localizado na pasta de arquivos de prática Capítulo13 para realizar este exercício. Abra o documento, exiba o texto oculto e siga os seguintes passos:

1 No primeiro item da lista com marcadores, selecione a palavra **Convenção**. Na guia **Referências**, no grupo **Índice**, clique no botão **Marcar Entrada** para abrir a caixa de diálogo **Marcar entrada de índice remissivo**. Observe que a palavra selecionada já foi inserida na caixa **Entrada principal**.

2 Arraste a caixa de diálogo por sua barra de título para o canto superior direito da tela. A seguir, na caixa de diálogo, clique em **Marcar todas** para inserir campos de entrada de índice adjacentes a todas as ocorrências da palavra *Convenção* no documento.

DICA Se este documento contiver exemplos da palavra *convenção* começando com a letra *c* minúscula, eles não serão marcados com entradas de índice, pois seu uso de maiúsculas não corresponde ao da palavra selecionada.

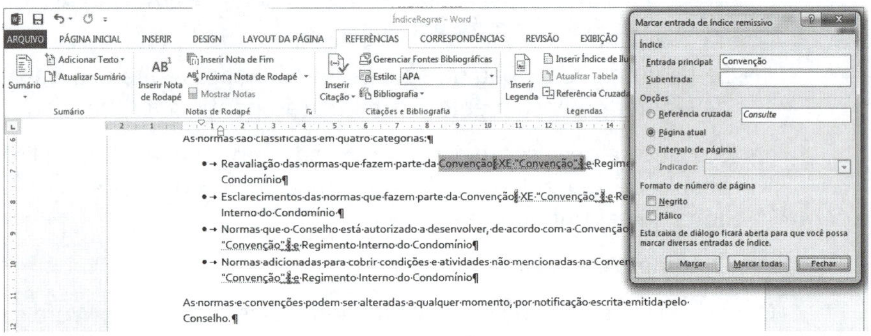

Você pode editar, formatar, adicionar uma subentrada a e ajustar de outras formas a entrada de índice nesta caixa de diálogo.

3 No primeiro item da lista com marcadores, selecione as palavras **Regimento Interno**. Clique na barra de título da caixa de diálogo **Marcar entrada de índice remissivo** para ativá-la e inserir o texto selecionado na caixa **Entrada principal**. A seguir, clique em **Marcar todas**.

4 Na seção **2.1**, selecione a palavra **profissionais**. Clique na barra de título da caixa de diálogo **Marcar entrada de índice remissivo** para ativá-la e inserir o texto selecionado na caixa **Entrada principal**. Na caixa **Entrada principal**, clique na extremidade esquerda de **profissionais**, digite **negócios**, pressione a **Barra de espaços** e clique em **Marcar**.

5 Na seção **2.1**, selecione e marque **negócios administrativos**. Sem sair da caixa de diálogo, exclua a palavra **administrativos** da caixa **Entrada principal** e clique em **Marcar** para adicionar uma terceira entrada de índice ao parágrafo.

6 Na seção **2.4**, selecione a palavra **oficina**. Clique na barra de título da caixa de diálogo e, na caixa **Entrada principal**, adicione um **s** a **oficina** para que se torne **oficinas**. A seguir, clique em **Marcar**. Repita este passo para marcar **oficina de carpintaria** (como **oficinas de carpintaria**) e adicione uma terceira entrada de índice no parágrafo para **oficinas**.

DICA As entradas de índice aparecerão no índice exatamente como aparecem na caixa de diálogo Marcar entrada de índice remissivo. Para ter coerência, deixe todos os substantivos em minúsculas e no plural, exceto nos nomes próprios e naqueles em que só existir um.

7 Na seção **4.3**, selecione a palavra **garagem**, altere a entrada na caixa de diálogo **Marcar entrada de índice remissivo** para **garagens** e clique em **Marcar todas**. Sem sair da caixa de diálogo, na área **Opções**, selecione a opção **Referência cruzada**. Note que o cursor se move para o espaço após a palavra **Consulte** na caixa adjacente.

8 Sem mover o cursor, digite **também estacionamento**. Selecione a palavra **também**, pressione **Ctrl+I** para deixá-la em itálico e clique em **Marcar** para inserir uma referência cruzada à entrada de índice **estacionamento** adjacente à palavra **garagem**.

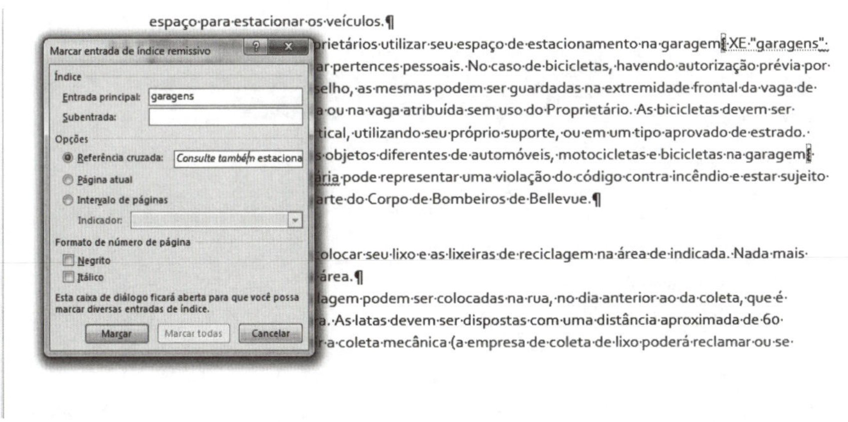

As referências cruzadas no documento refletem suas entradas na caixa de diálogo Marcar entrada de índice remissivo.

9 Na seção **7.2**, selecione as palavras **Áreas de Uso Comum** e clique na barra de título da caixa de diálogo. Digite **áreas de jardim** na caixa **Subentrada** e clique em **Marcar** para inserir uma entrada de índice com a entrada e a subentrada separadas por dois pontos.

10 Na seção **8.2**, marque as palavras **Áreas de Uso Comum** com uma subentrada de **alterações**. Feche a caixa de diálogo **Marcar entrada de índice remissivo**.

Agora, geraremos o índice a partir das entradas de índice.

11 Pressione **Ctrl+End** para ir para o fim do documento, pressione **Enter** para criar um novo parágrafo e **Ctrl+Enter** para inserir uma quebra de página e mover o cursor para o início da nova página.

12 No novo parágrafo, digite **Índice** e pressione **Enter**.

13 Selecione o parágrafo **Índice**. Na **Minibarra de ferramentas**, clique no botão **Estilos** e na miniatura **Título 1**.

14 Pressione a tecla **Seta para a direita** para ir para o parágrafo vazio.

15 Na guia **Página Inicial**, no grupo **Parágrafo**, clique no botão **Mostrar Tudo** ¶ para ocultar as marcas de formatação, campos e conteúdo que estejam formatados como ocultos.

> **IMPORTANTE** Quando o conteúdo oculto está visível, o documento pode não estar paginado corretamente. Sempre desative a exibição de marcas de formatação e caracteres ocultos antes de criar um índice.

16 Na guia **Referências**, no grupo **Índice**, clique no botão **Inserir Índice** para abrir a caixa de diálogo **Índice remissivo**.

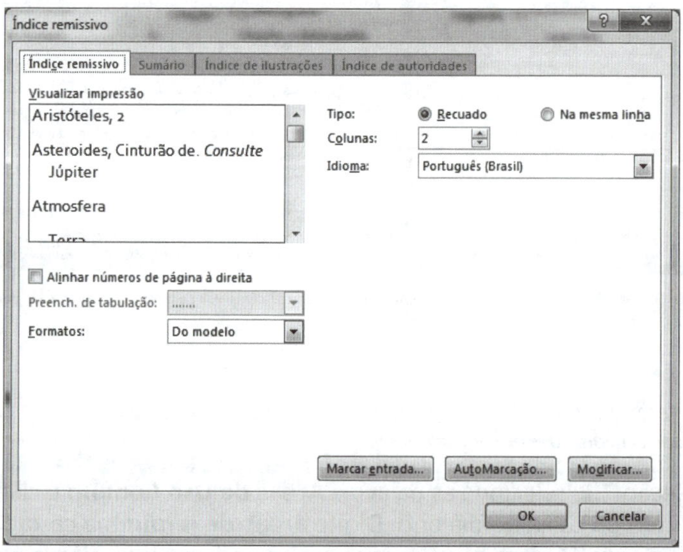

Você pode fazer as configurações nesta caixa de diálogo para ajustar a aparência do índice.

17 Altere a configuração **Colunas** para **1**. Na lista **Formatos**, clique em **Sofisticado**. Clique em **OK** para compilar um curto índice baseado nas entradas de índice que foram marcadas.

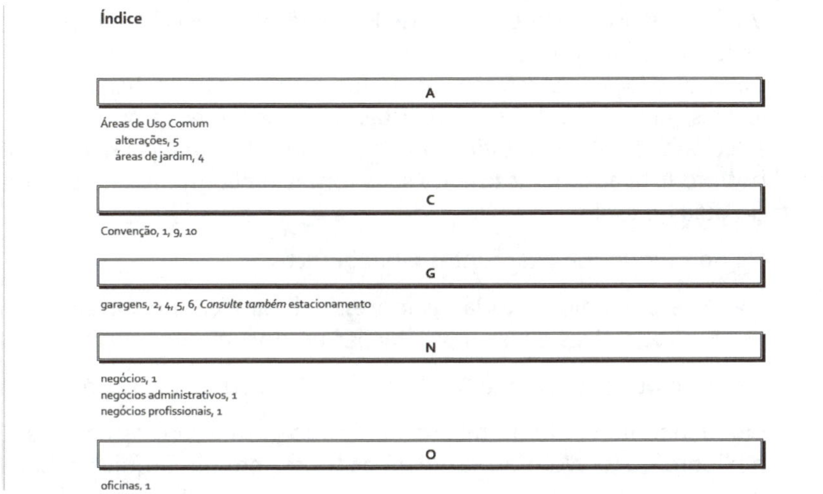

Este índice está formatado em uma coluna com os números de página adjacentes a suas entradas de índice.

DICA Você pode experimentar as opções de índice disponíveis clicando em Inserir Índice, selecionando outras opções de coluna e formatação, clicando em OK e então em Sim quando o Word perguntar se quer substituir o índice.

18 Exiba as marcas de formatação e os caracteres ocultos para ver os campos de entrada de índice no documento e vá até a seção **4.3**.

Excluiremos a entrada de referência cruzada desta seção, pois não temos uma entrada de índice para *estacionamento*.

19 Selecione a entrada de referência cruzada inteira a seguir de **garagem** e pressione a tecla **Delete**.

SOLUÇÃO DE PROBLEMAS Se achar difícil selecionar apenas essa entrada, tente apontar para a direita da chave de fechamento (}) e arrastar levemente para a esquerda.

20 Pressione **Ctrl+End** ir para o fim do documento e clique em qualquer parte do índice para selecionar seu campo.

21 Oculte as marcas de formatação e os caracteres ocultos. Na guia **Referências**, no grupo **Índice**, clique no botão **Atualizar Índice** para remover a referência cruzada excluída.

ENCERRAMENTO Feche o documento ÍndiceRegras; se quiser, salve as alterações.

Como adicionar fontes e compilar bibliografias

Muitos tipos de documentos que você cria podem exigir uma bibliografia que liste as fontes das informações que aparecem ou têm referência no documento. Você pode usar o Gerenciador de Fontes Bibliográficas para ajudá-lo a registrar as fontes bibliográficas que utiliza enquanto pesquisa um documento e a garantir que faça suas referências no formato adequado. Sejam suas fontes livros, jornais, sites da Web ou entrevistas, você pode registrar detalhes sobre elas e selecionar um guia de estilo comum, como o *Manual de estilo Chicago*, para que o Word liste automaticamente suas fontes bibliográficas nesse formato padrão do guia de estilo.

Há dois modos de citar fontes bibliográficas:

- Você pode digitar todas as fontes bibliográficas no **Gerenciador de Fontes Bibliográficas** e inserir as citações no documento a partir dele.
- Você pode criar fontes bibliográficas conforme precise inserir citações.

Independentemente do método utilizado para inserir as informações da fonte bibliográfica, o Word armazenará as fontes em um arquivo separado no disco rígido do seu computador, a fim de que possa citá-las em qualquer documento que criar. Você pode visualizar essa Lista Mestra e selecionar quais fontes bibliográficas estarão disponíveis para o documento atual na caixa de diálogo Gerenciador de Fontes Bibliográficas.

Após inserir citações em um documento, você pode compilar suas fontes bibliográficas com facilidade em um ou dois tipos de listas clicando no botão Bibliografia no grupo Citações e Bibliografia da guia Referências e em Bibliografia, Obras Citadas ou Referências no menu Bibliografia para inserir a lista de fontes bibliográficas com esse título. Como alternativa, você pode clicar em Inserir Bibliografia na parte inferior do menu para inserir a lista de fontes bibliográficas sem um título. O tipo de bibliografia utilizada normalmente é especificado pela organização ou pessoa para quem se está preparando o documento, como sua empresa, seu professor ou a publicação em que tenciona publicar o documento.

Quando uma bibliografia é compilada, o Word a insere no ponto do cursor como um campo. Você pode editar o texto de uma bibliografia, mas se as informações da fonte bibliográfica mudarem, é mais eficiente editá-la no Gerenciador de Fontes Bibliográficas e, depois, atualizar a bibliografia da mesma maneira que o faria com um sumário ou índice.

DICA Você pode atualizar uma bibliografia clicando nela e no botão Atualizar Citações e Bibliografia que aparecerá acima do campo. Se utilizou o comando Inserir Bibliografia para compilar a lista de fontes bibliográficas, o botão Atualizar

Citações e Bibliografia não aparecerá quando clicar no campo. Nesse caso, você pode atualizá-la clicando com o botão direito do mouse em qualquer parte do campo e em Atualizar campo.

Neste exercício, você irá digitar informações para algumas fontes bibliográficas, inserir citações para fontes bibliográficas existentes, adicionar uma nova fonte bibliográfica, compilar uma bibliografia e alterar o formato dela.

PREPARAÇÃO Você precisa dos documentos InformaçõesBambuB e BibliografiaBambu localizados na pasta de arquivos de prática Capítulo13 para realizar este exercício. Abra o documento InformaçõesBambuB e siga os seguintes passos:

1 Na guia **Referências**, no grupo **Citações e Bibliografia**, clique na seta de **Estilo** e em **Chicago** para especificar que qualquer fonte bibliográfica que criar e citação que inserir serão formatadas de acordo com as regras do *Manual de estilo Chicago*.

2 No grupo **Citações e Bibliografia**, clique no botão **Gerenciar Fontes Bibliográficas** para abrir a caixa de diálogo **Gerenciador de Fontes Bibliográficas**.

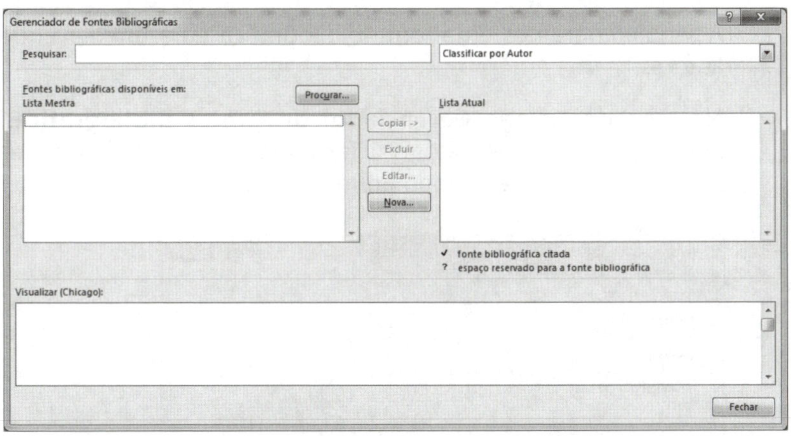

O Gerenciador de Fontes Bibliográficas acumula fontes bibliográficas de todos os documentos, portanto, se outros documentos já contiverem citações, suas informações de fontes podem aparecer aqui.

3 Na caixa de diálogo **Gerenciador de Fontes Bibliográficas**, clique em **Nova** para abrir a caixa de diálogo **Criar Fonte Bibliográfica**. Note que **Livro** está selecionado na lista **Tipo de Fonte Bibliográfica**.

Agora, criaremos uma fonte bibliográfica para um livro. (Não é um livro de verdade; estamos inventando-o.)

4 Na área **Campos de Bibliografia para Chicago**, digite **Nelson, Jeremy** na caixa **Autor**, **Big Bad Bamboo** na caixa **Título**, **2013** na caixa **Ano** e **Litware, Inc.** na caixa **Editora**.

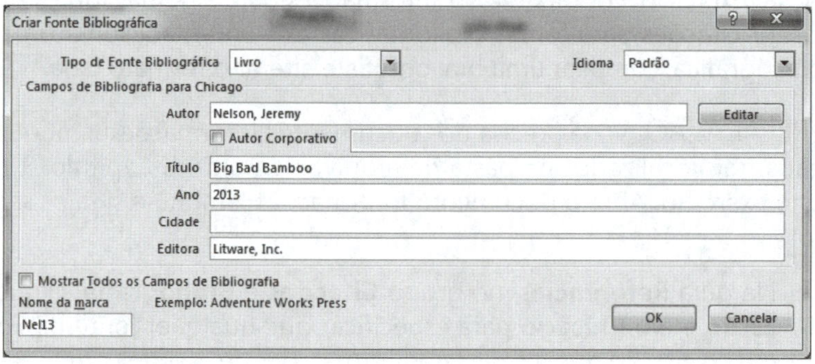

O Word cria um nome da marca baseado no sobrenome do autor e no ano de publicação do livro.

5 Clique em **OK** para adicionar o livro ao **Gerenciador de Fontes Bibliográficas**. Observe que ele aparece na **Lista Mestra** e na **Lista Atual**, que é a lista das fontes bibliográficas que podem ser utilizadas neste documento.

A seguir, criaremos uma fonte bibliográfica para um livro que tem vários autores.

6 Na caixa de diálogo **Gerenciador de Fontes Bibliográficas**, clique em **Nova** e, na caixa de diálogo **Criar Fonte Bibliográfica**, clique em **Editar** para abrir a caixa de diálogo **Editar Nome**.

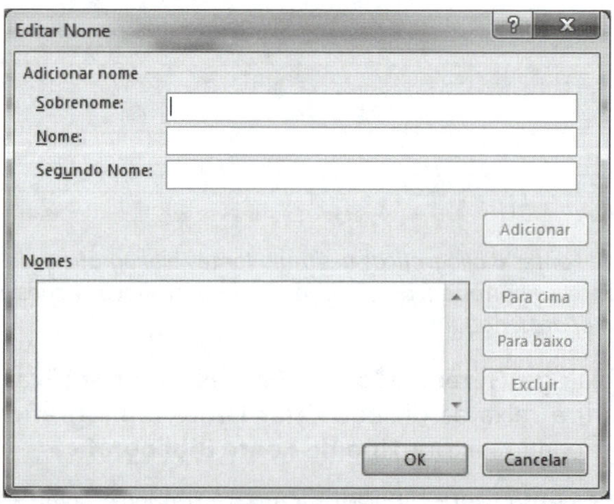

Se uma fonte bibliográfica tiver mais de um autor, crie uma entidade com vários nomes nesta caixa de diálogo.

7 Na área **Adicionar nome**, digite **Miller** na caixa **Sobrenome**, **Lisa** na caixa **Nome** e clique em **Adicionar** para inserir **Miller, Lisa** na caixa **Nomes**.

8 Para especificar um coautor, digite **Miller** na caixa **Sobrenome**, **Harry** na caixa **Nome**, clique em **Adicionar** e em **OK**.

9 Na caixa de diálogo **Criar Fonte Bibliográfica**, digite **Bamboo, Family Style** na caixa **Título**, 2012 na caixa **Ano** e **Lucerne Publishing** na caixa **Editora**. Clique em **OK** para adicionar a nova fonte bibliográfica à **Lista Mestra** e à **Lista Atual**.

10 Na caixa de diálogo **Gerenciador de Fontes Bibliográficas**, clique em **Fechar**.

11 Abra o documento **BibliografiaBambu** e, na guia **Referências**, no grupo **Citações e Bibliografia**, clique em **Gerenciar Fontes Bibliográficas** para abrir a caixa de diálogo **Gerenciador de Fontes Bibliográficas**. Observe que as duas fontes criadas no documento **InformaçõesBambuB** aparecem na **Lista Mestra**, mas não na **Lista Atual**, o que significa que não estão disponíveis para uso neste documento.

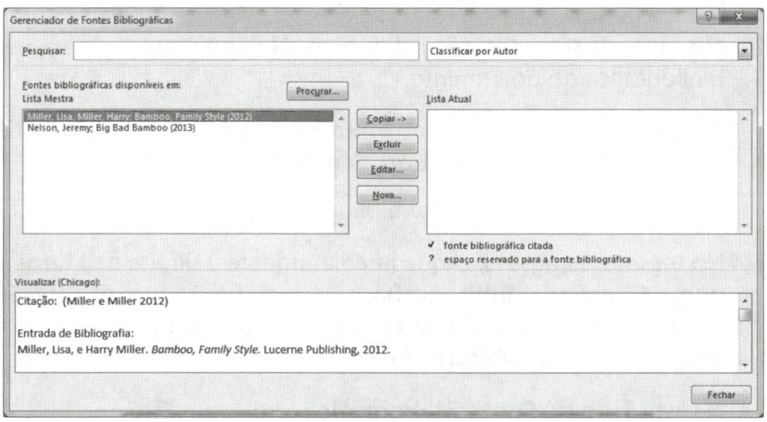

Você pode selecionar na Lista Mestra as fontes bibliográficas que queira disponibilizar para um documento específico.

12 Com a fonte **Miller** selecionada na caixa **Lista Mestra**, clique em **Copiar** para copiá-la para a caixa **Lista Atual**, a fim de que esteja disponível neste documento. A seguir, copie a fonte **Nelson** para a caixa **Lista Atual** e clique em **Fechar**.

13 Na última frase do primeiro parágrafo após o título, clique para posicionar o cursor imediatamente à direita de **Big Bad Bamboo**. No grupo **Citações e Bibliografia**, clique no botão **Inserir Citação** para exibir a lista de fontes bibliográficas disponíveis.

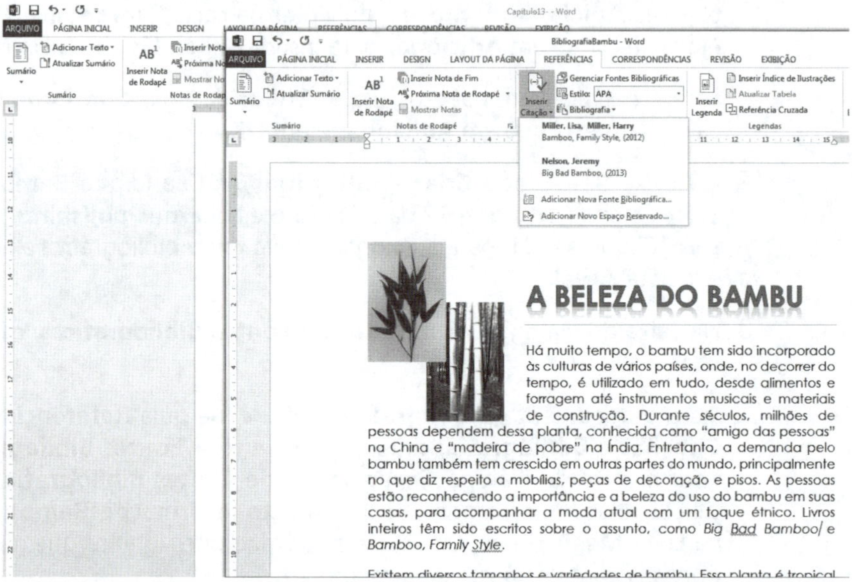

Somente as fontes bibliográficas da Lista Atual aparecem no menu Inserir Citação.

14 No menu **Inserir Citação**, clique em **Nelson, Jeremy** para inserir a fonte bibliográfica no documento.

15 Repita os passos 13 e 14 para inserir uma referência da fonte **Miller e Miller** após o título do livro **Bamboo, Family Style**.

Agora, criaremos uma fonte bibliográfica para uma página Web.

16 No mesmo parágrafo, clique imediatamente à direita de **Livros inteiros**. No grupo **Citações e Bibliografia**, clique no botão **Inserir Citação** e, na lista, clique em **Adicionar Nova Fonte Bibliográfica** para abrir a caixa de diálogo **Criar Fonte Bibliográfica**.

17 Na lista **Tipo de Fonte Bibliográfica**, clique em **Site**.

18 Na caixa **Nome da Página Web**, digite **American Bamboo Society**. Na caixa **Ano**, digite **2010**. Na caixa **URL**, digite **www.americanbamboo.org/BooksOnBamboo.html**. A seguir, clique em **OK** para inserir a fonte bibliográfica entre parênteses no ponto de inserção.

As informações armazenadas no Gerenciador de Fontes Bibliográficas são usadas para criar as citações no formato especificado (neste caso, o Manual de estilo Chicago, formato da Décima Quinta Edição).

19 No grupo **Citações e Bibliografia**, clique no botão **Gerenciar Fontes Bibliográficas**. Na caixa de diálogo **Gerenciador de Fontes Bibliográficas**, a nova fonte bibliográfica aparece na **Lista Mestra** e na **Lista Atual**.

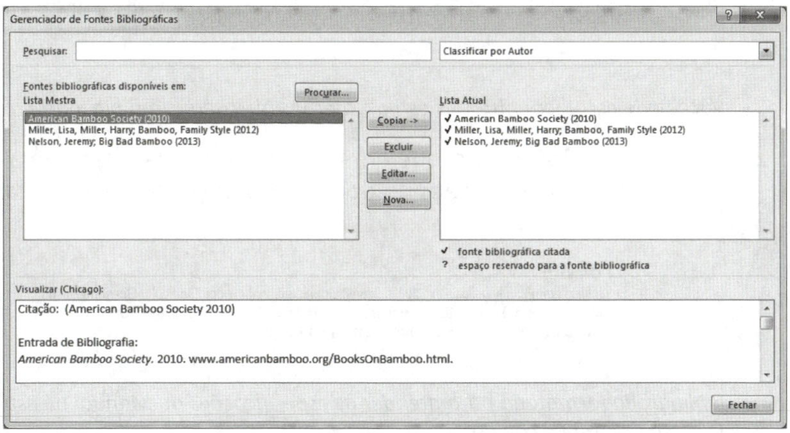

Marcas de seleção precedem todas as três fontes bibliográficas na caixa Lista Atual para indicar que foram citadas no documento atual.

20 Feche a caixa de diálogo **Gerenciador de Fontes Bibliográficas** e pressione **Ctrl+End** para ir para o fim do documento.

21 No grupo **Citações e Bibliografia**, clique em **Bibliografia** para exibir o menu **Bibliografia**.

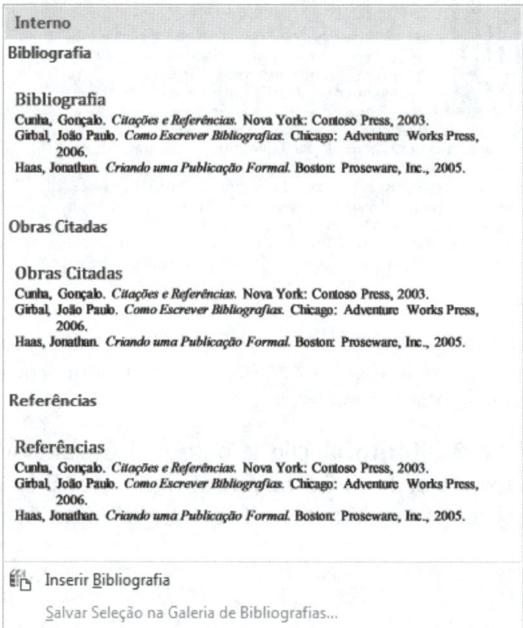

Você pode escolher entre três estilos internos ou inserir uma bibliografia sem título.

22 Na categoria **Interno**, clique em **Bibliografia** para inserir uma bibliografia contendo todas as citações no documento em ordem alfabética.

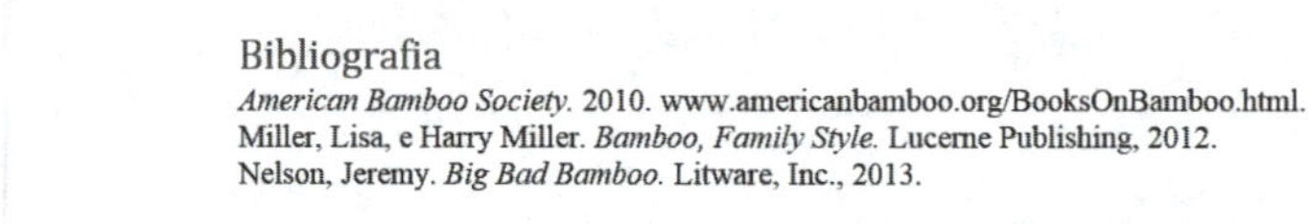

Bibliografia formatada para atender às especificações do Manual de estilo Chicago, Décima Quinta Edição.

23 No grupo **Citações e Bibliografia**, exiba a lista **Estilo** e clique em **APA** para reformatar a bibliografia e as citações para atender às especificações do *Publication Manual of the American Psychological Association, Sexta Edição.*

Bibliografia

American Bamboo Society. (2010). Retrieved from www.americanbamboo.org/BooksOnBamboo.html

Miller, L., & Miller, H. (2012). *Bamboo, Family Style*. Lucerne Publishing.

Nelson, J. (2013). *Big Bad Bamboo*. Litware, Inc.

É fácil reformatar fontes bibliográficas e citações para atender a diferentes especificações de estilo.

DICA Você não tem de selecionar a bibliografia para aplicar essa alteração; é possível fazê-lo de qualquer parte do documento.

ENCERRAMENTO Feche os documentos InformaçõesBambuB e Bibliografia-Bambu, salvando as alterações, se quiser.

Pontos-chave

- Você pode mover informações periféricas do corpo de um documento para notas de rodapé no fim de cada página ou para notas de fim no final do documento.
- Um sumário proporciona uma visão geral dos tópicos abordados em um documento e permite que os leitores naveguem rapidamente até um tópico.
- Depois de marcar entradas de índice para conceitos-chave, palavras e frases, você pode utilizar o comando Inserir Índice para dizer ao Word para compilar um índice.
- O Word registra as fontes bibliográficas e compila uma bibliografia de fontes citadas baseado no estilo de sua escolha.

Visão geral do capítulo

Preparar

Prepare documentos principais, página 411

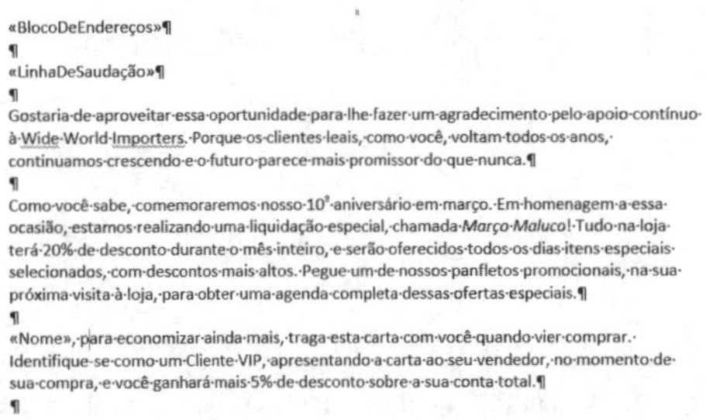
«BlocoDeEndereços»¶
¶
«LinhaDeSaudação»¶
¶
Gostaria·de·aproveitar·essa·oportunidade·para·lhe·fazer·um·agradecimento·pelo·apoio·contínuo·à·Wide·World·Importers.·Porque·os·clientes·leais,·como·você,·voltam·todos·os·anos,·continuamos·crescendo·e·o·futuro·parece·mais·promissor·do·que·nunca.¶
¶
Como·você·sabe,·comemoraremos·nosso·10º·aniversário·em·março.·Em·homenagem·a·essa·ocasião,·estamos·realizando·uma·liquidação·especial,·chamada·*Março·Maluco*!·Tudo·na·loja·terá·20%·de·desconto·durante·o·mês·inteiro,·e·serão·oferecidos·todos·os·dias·itens·especiais·selecionados,·com·descontos·mais·altos.·Pegue·um·de·nossos·panfletos·promocionais,·na·sua·próxima·visita·à·loja,·para·obter·uma·agenda·completa·dessas·ofertas·especiais.¶
¶
«Nome»,·para·economizar·ainda·mais,·traga·esta·carta·com·você·quando·vier·comprar.·Identifique-se·como·um·Cliente·VIP,·apresentando·a·carta·ao·seu·vendedor,·no·momento·de·sua·compra,·e·você·ganhará·mais·5%·de·desconto·sobre·a·sua·conta·total.¶
¶

Mesclar

Mescle documentos principais e fontes de dados, página 415

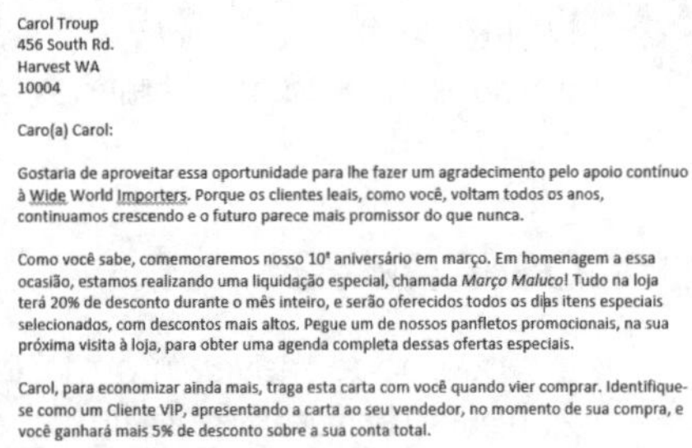
Carol Troup
456 South Rd.
Harvest WA
10004

Caro(a) Carol:

Gostaria de aproveitar essa oportunidade para lhe fazer um agradecimento pelo apoio contínuo à Wide World Importers. Porque os clientes leais, como você, voltam todos os anos, continuamos crescendo e o futuro parece mais promissor do que nunca.

Como você sabe, comemoraremos nosso 10º aniversário em março. Em homenagem a essa ocasião, estamos realizando uma liquidação especial, chamada *Março Maluco*! Tudo na loja terá 20% de desconto durante o mês inteiro, e serão oferecidos todos os dias itens especiais selecionados, com descontos mais altos. Pegue um de nossos panfletos promocionais, na sua próxima visita à loja, para obter uma agenda completa dessas ofertas especiais.

Carol, para economizar ainda mais, traga esta carta com você quando vier comprar. Identifique-se como um Cliente VIP, apresentando a carta ao seu vendedor, no momento de sua compra, e você ganhará mais 5% de desconto sobre a sua conta total.

Enviar

Envie emails personalizados para vários destinatários, página 419

Olá, Ben:

Agradecemos a sua visita recente à nossa loja. Foi um prazer responder às suas perguntas sobre decoração e a sugestões. Atendendo à sua solicitação, incluímos seu nome em nossa listagem de correspondência online. Vo nosso boletim mensal, assim como avisos antecipados das remessas recebidas e eventos realizados na loja.

Você também pode visitar nosso site na web, em www.wideworldimporters.com, para obter uma agenda dos para recursos de decoração online, artigos sobre cuidados com a mobília e muito mais.

Entre em contato conosco, através do endereço customerservice@wideworldimporters.com, ou ligue para (9 para dirimir todas as suas dúvidas sobre decoração.

Criar

Crie e imprima etiquetas, página 423

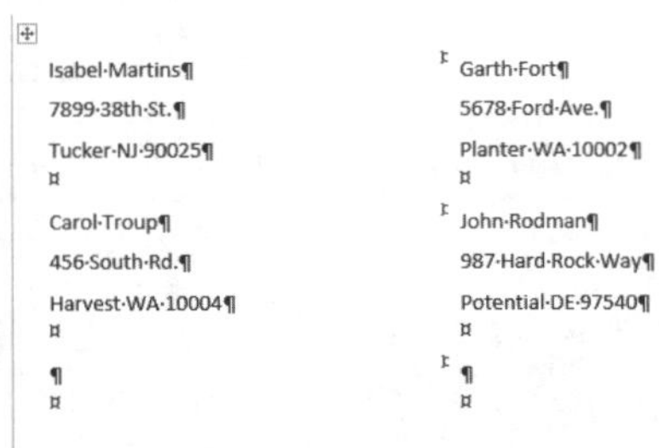

Isabel·Martins¶ 7899·38th·St.¶ Tucker·NJ·90025¶	Garth·Fort¶ 5678·Ford·Ave.¶ Planter·WA·10002¶
Carol·Troup¶ 456·South·Rd.¶ Harvest·WA·10004¶	John·Rodman¶ 987·Hard·Rock·Way¶ Potential·DE·97540¶
¶	¶

Como trabalhar com mala direta

14

NESTE CAPÍTULO, VOCÊ APRENDERÁ A:

- Preparar fontes de dados.
- Preparar documentos principais.
- Mesclar documentos principais e fontes de dados.
- Enviar emails personalizados para vários destinatários.
- Criar e imprimir etiquetas.

Muitas organizações se comunicam com seus clientes ou membros por meio de cartas, boletins informativos e objetos promocionais enviados para todos da lista de endereçamento. A maneira mais fácil de gerar um conjunto de documentos idênticos, com exceção de algumas informações – como nome, endereço e saudação de uma carta –, é utilizar um processo conhecido como mala direta. Se você possui uma lista de destinatários armazenada em um formato consistente, pode usar o processo de mala direta para produzir facilmente um conjunto de documentos, emails ou etiquetas de endereçamento.

O processo de mala direta une as informações fixas armazenadas em um documento com as informações variáveis armazenadas em outro documento:

- **DOCUMENTO PRINCIPAL** Esse documento possui o texto fixo que aparecerá em todos os documentos mesclados. Ele também possui espaços reservados–chamados de campos de mesclagem – que exibem as informações variáveis.
- **FONTE DE DADOS** Este é um documento estruturado – como uma tabela do Microsoft Word, uma planilha do Excel, uma tabela de banco de dados do Access ou uma lista de contatos do Outlook – que possui conjuntos de informações, chamados de registros, em um formato previsível. Você pode utilizar uma fonte de dados existente ou criar uma nova como parte do processo de mala direta.

Você pode utilizar o assistente Mala Direta para mesclar facilmente um documento principal com a fonte de dados. O primeiro passo é selecionar o tipo de documento, que pode ser uma carta, um email, envelopes, etiquetas ou um diretório. O tipo selecionado vai determinar os passos seguintes. Se você tem alguma experiência com mala direta, pode mesclar documentos manualmente para criar itens personalizados para cada registro da fonte de dados.

Você pode mesclar o documento principal e a fonte de dados a um novo documento, em que cada documento estará separado por uma quebra de página. Depois, pode personalizar os documentos mesclados antes de imprimi-los e salvar o documento para uso posterior. Se você não precisa editar ou salvar os documentos mesclados, pode mesclar o documento principal e a fonte de dados diretamente na impressora ou em um email.

Neste capítulo, você irá usar o assistente Mala Direta do Word 2013 para executar os passos do processo de criação de uma carta modelo. Você aprenderá a selecionar uma fonte de dados, adicionar um registro, classificar e filtrar a fonte. Depois, irá adicionar campos de mesclagem para um endereço e uma saudação a uma carta modelo existente, visualizar os dados mesclados, excluir destinatários da mesclagem, mesclar as cartas em um novo documento e salvar o arquivo mesclado. Você também irá criar e enviar um email mesclado. Por último, irá criar e imprimir etiquetas de endereçamento.

ARQUIVOS DE PRÁTICA Para realizar os exercícios desse capítulo, você precisa dos arquivos de prática contidos na pasta Capítulo14. Para mais informações, consulte "Como baixar os arquivos de prática" na Introdução deste livro.

Como preparar as fontes de dados

O primeiro passo do processo de mala direta é escolher uma fonte de dados existente ou criar uma. A fonte de dados consiste em uma matriz de linhas e colunas. Cada linha contém um registro, como um nome completo e o endereço de um cliente, e cada coluna contém um tipo específico de informação – chamado de campo –, como o primeiro nome de todos os clientes. Na primeira linha da fonte de dados, cada campo é identificado pelo título de coluna – chamado de nome de campo.

1	Nome	Sobrenoı	Endereço 1	Cidade	Estad(	CEP
2	Carol	Troup	456 South Rd.	Harvest	WA	10004
3	Dan	Wilson	1234 Editorial Way	Harvest	WA	10004
4	Garth	Fort	5678 Ford Ave.	Planter	WA	10002
5	Isabel	Martins	7899 38th St.	Tucker	NJ	90025
6	John	Rodman	987 Hard Rock Way	Potential	DE	97540

A fonte de dados armazena informações de maneira estruturada.

DICA Como os nomes de campo também são usados como os campos de mesclagem no documento principal, eles não podem ter espaços. Para deixar o nome de campo legível sem usar espaços, coloque as primeiras letras de cada palavra em letra maiúscula, como em CódigoDeEndereçamentoPostal, ou substitua os espaços por sublinhados, como em Código_de_Endereçamento_Postal.

Se a fonte de dados possui vários registros e muda frequentemente, você pode criá-la em um programa configurado para trabalhar com grandes quantidades de dados, como o Excel ou o Access. Você também pode usar a lista de contatos do Outlook. Se a fonte de dados possui poucos registros e não será atualizada frequentemente, você pode criá-la no Word, como uma tabela ou como uma lista com cada campo separado por uma tabulação. Ou você pode criá-la como parte do processo de mala direta.

E se você quiser criar documentos mesclados com somente um subconjunto de uma fonte de dados? Por exemplo, você pode ter emails de clientes do Brasil inteiro, mas quer enviar um comunicado sobre uma liquidação na loja só para os clientes que residem no seu estado. Após especificar a fonte de dados, você pode:

- Filtrar a fonte de dados para criar documentos mesclados somente com alguns desses dados.
- Criar uma pesquisa (um conjunto de critérios para seleção) para extrair somente a informação interessante – por exemplo, todos os códigos postais do seu estado.
- Classificar a fonte de dados – por exemplo, no CEP, peça por um volume de endereços.

Quando você usa um filtro ou uma pesquisa, todos os dados permanecem na fonte de dados, mas somente os dados que coincidem com as suas especificações são usados para a mala direta.

Neste exercício, você irá abrir um documento que queira enviar para várias pessoas (o documento principal) e usar o assistente Mala Direta para selecionar a lista de destinatários (a fonte de dados). Depois de adicionar a informação de um novo destinatário (um registro) na fonte de dados, você irá classificar e filtrar a fonte.

> **IMPORTANTE** Vamos trabalhar com o processo de mala direta nos exercícios deste e dos dois próximos tópicos. Você deve realizar os exercícios em sequência. Leia com atenção os parágrafos Preparação de cada exercício para garantir que você consiga executá-los com sucesso.

PREPARAÇÃO Você precisa do documento CartaComemoração e da pasta de trabalho ListaClientes localizados na pasta de arquivos de prática Capítulo14 para realizar esse exercício. Abra o documento CartaComemoração e siga os seguintes passos.

1 Na guia **Correspondências**, no grupo **Iniciar Mala Direta**, clique no botão **Iniciar Mala Direta** e em **Assistente de Mala Direta Passo a Passo** para abrir o painel **Mala Direta.**

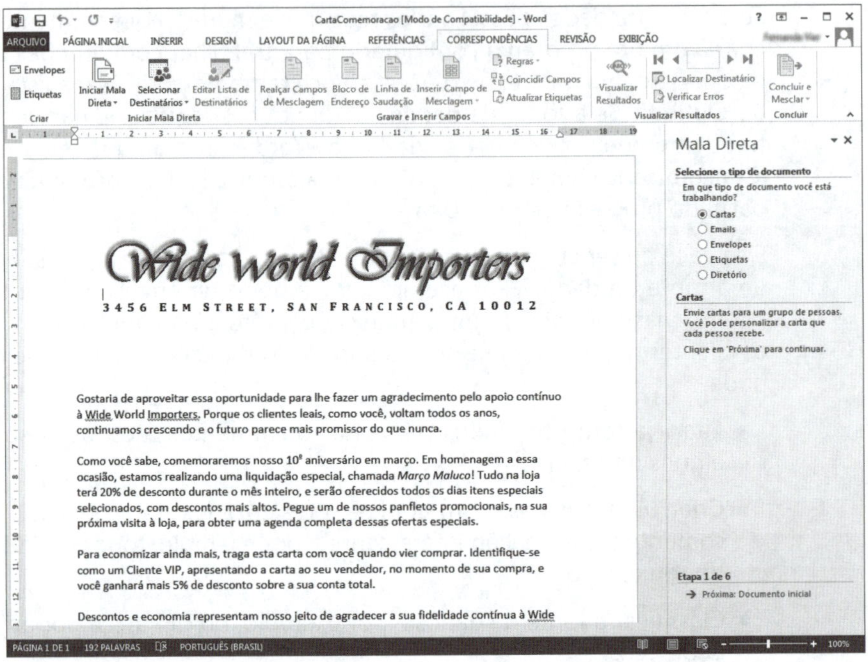

Você pode criar uma mala direta a partir de um documento de origem em apenas seis passos.

2 Com o item **Cartas** selecionado como o tipo de documento, clique em **Próxima: Documento inicial** na parte inferior do painel **Mala Direta**.

A etapa 2 do assistente solicita que você selecione o documento inicial. Vamos usar o documento que está aberto.

3 Com o item **Usar o documento atual** selecionado no painel da **Etapa 2**, clique em **Próxima: Selecione os destinatários**.

A etapa 3 do assistente solicita que você selecione a fonte de dados. Vamos usar a pasta de trabalho ListaClientes.

4 Com o item **Usar uma lista existente** selecionado no painel da **Etapa 3**, clique em **Procurar** para abrir a caixa de diálogo **Selecionar fonte de dados**.

5 Vá para a pasta de arquivos de prática **Capítulo14** e clique duas vezes na pasta de trabalho **ListaClientes** para abrir a caixa de diálogo **Selecionar tabela**. Note que a pasta de trabalho possui apenas uma tabela.

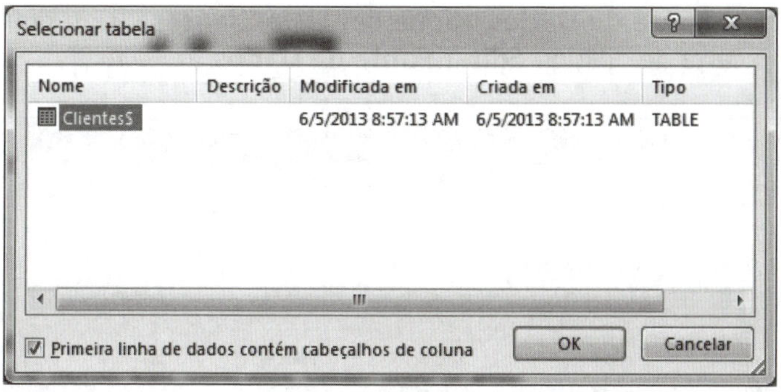

Se uma pasta de trabalho tiver mais de uma tabela, você precisa selecionar a tabela que possui os dados da mala direta.

6 Com **Clientes$** selecionado na caixa de diálogo **Selecionar tabela**, clique em **OK** para abrir a caixa de diálogo **Destinatários da mala direta**.

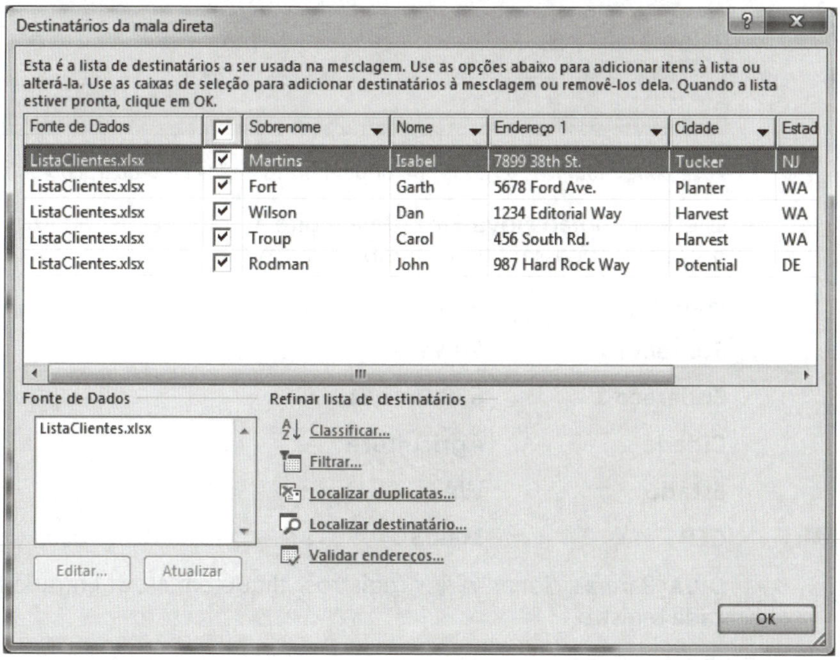

A caixa de diálogo exibe todos os registros presentes na fonte de dados.

Agora, vamos modificar a fonte de dados.

7 Na caixa **Fonte de Dados**, clique em **ListaClientes.xlsx** e em **Editar** para abrir a caixa de diálogo **Editar Fonte de Dados**.

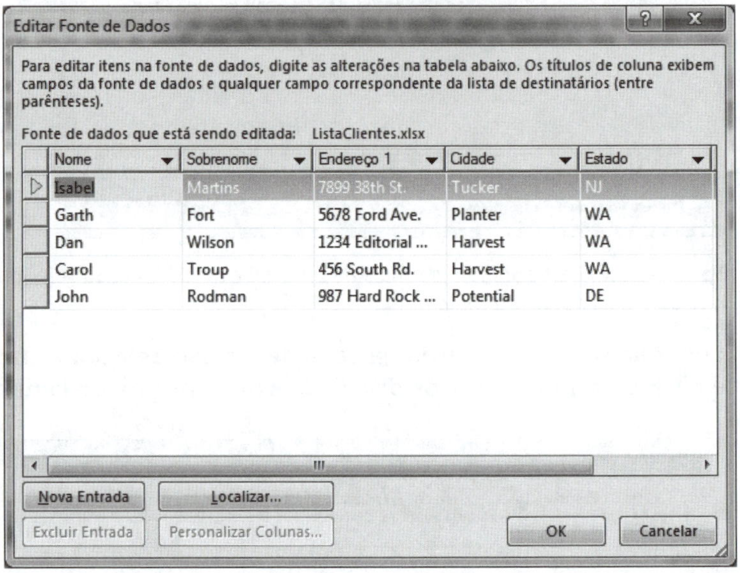

Você pode modificar os dados de origem antes de iniciar a operação da mala direta.

8 Clique no botão **Nova Entrada** e digite as informações abaixo, pressionando **Tab** para passar de um campo a outro:

Nome	**Max**
Sobrenome	**Stevens**
Endereço 1	**678 Pine St.**
Cidade	**Agriculture**
Estado	**WA**
CEP	**10003**

DICA Para adicionar vários registros, clique em Nova Entrada após inserir cada registro.

9 Clique em **OK** e em **Sim** para atualizar a lista de destinatários. Na caixa de diálogo **Destinatários da mala direta**, note que o novo cadastro aparece abaixo dos cadastros originais do registro.

Agora, vamos modificar a ordem na qual o processo de mala direta acessa os registros da fonte de dados.

10 Na área **Refinar lista de destinatários**, clique em **Classificar** para exibir a guia **Classificar os registros** da caixa de diálogo **Filtrar e classificar**.

11 Clique na seta **Classificar por** para exibir o critério de classificação, que são os mesmos dos nomes de campo na fonte de dados selecionada.

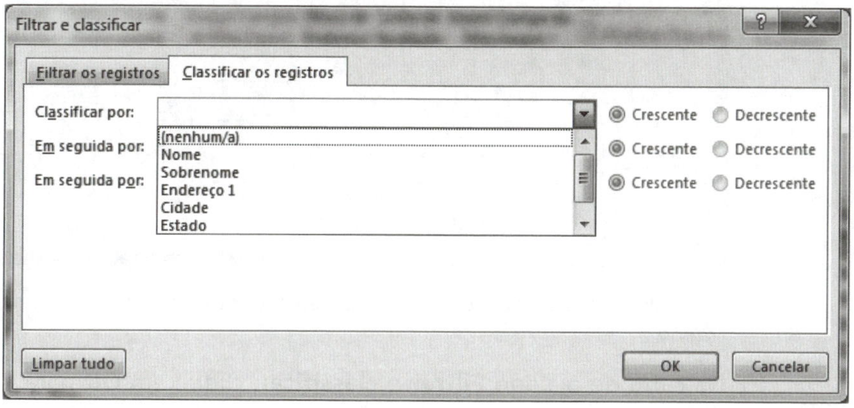

Você pode classificar os registros em até três campos, cada um em ordem crescente ou descrescente.

12 Role para o fim da lista **Classificar por** e clique em **CEP**. Com a opção **Crescente** selecionada, clique em **OK** para retornar à caixa de diálogo **Destinatários da mala direta**, a qual exibe agora os destinatários por ordem de CEP.

DICA Você também pode classificar os dados na caixa de diálogo Destinatários da mala direta ao clicar na seta à direita do campo que deseja classificar e clicar em Classificação Crescente ou Classificação Decrescente.

13 Role a lista dos destinatários para a direita até o final da barra e verifique se os registros estão classificados em ordem crescente pelo campo **CEP**. Na área **Refinar lista de destinatários**, clique em **Filtrar** para exibir a guia **Filtrar os registros** da caixa de diálogo **Filtrar e classificar**.

DICA Você também pode abrir a caixa de diálogo Filtrar e Classificar ao clicar na seta à direita de qualquer nome de campo e clicar em Avançado.

14 Na lista **Campo**, clique em **Estado** para exibir o critério padrão **Igual a** na caixa **Comparação**. Na caixa **Comparar com**, digite **WA** (abreviação postal para Washington).

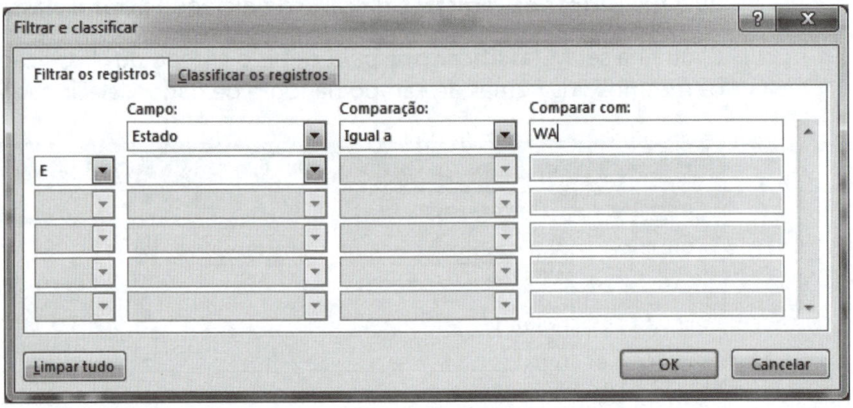

Você pode escolher mesclar somente os registros que se encaixam a um determinado critério.

15 Na caixa de diálogo **Filtrar e classificar**, clique em **OK** para filtrar os dados de origem e inserir somente as pessoas que residem no estado de Washington em ordem crescente pelo **CEP**.

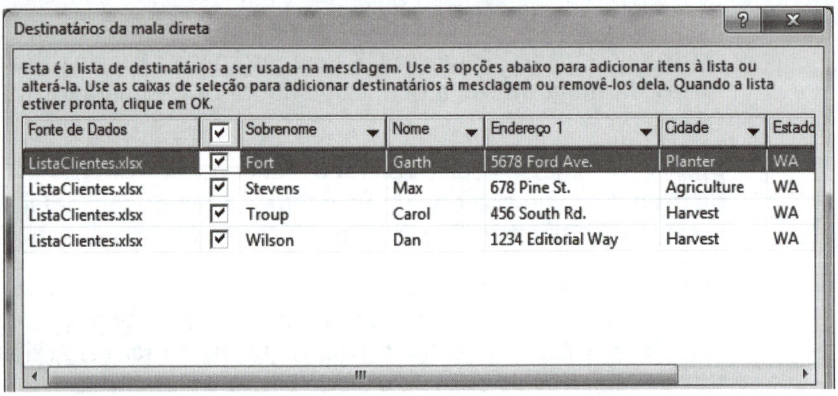

Os registros para clientes que não vivem em Washington estão invisíveis e serão excluídos do processo de mesclagem.

16 Clique em **OK** para fechar a caixa de diálogo **Destinatários da mala direta** e complete a etapa 3 do assistente da **Mala Direta**.

ENCERRAMENTO Salve o documento CartaComemoração como MinhaCarta e deixe-o aberto para o próximo exercício.

Como usar uma lista de contatos do Outlook como fonte de dados

Usar informações de uma lista de contatos do Outlook como uma fonte de dados para o processo de mesclagem exige poucos passos do assistente da Mala Direta.

Para usar informações do Outlook como fonte de dados para uma carta modelo:

1. Na etapa 3 do assistente da **Mala Direta**, na área **Selecione os destinatários**, clique em **Selecionar nos contatos do Outlook** e em **Escolher a Pasta Contatos**.
2. Se você for solicitado a selecionar um perfil do Outlook, clique no perfil desejado e clique em **OK** para abrir a caixa de diálogo **Selecionar Contatos**.
3. Na lista **Selecionar uma Pasta de Contato para Importar**, clique na pasta que você deseja utilizar e clique em **OK** para abrir a caixa de diálogo **Destinatários da Mala Direta** e exibir os contatos do Outlook.
4. Na tabela de contatos, limpe as caixas de seleção de qualquer contato que você queira excluir do processo de mesclagem ou filtrar e classificar a lista para exibir os contatos que você queira incluir na ordem desejada.
5. Clique em **OK**.

Você pode continuar com os próximos passos no processo de mesclagem, como explicado no próximo tópico, "Como preparar documentos principais".

Como preparar documentos principais

Uma carta modelo é um dos tipos de documento principal mais usado em um processo de mala direta. Esse tipo de documento geralmente possui campos de mesclagem para o nome e o endereço de cada destinatário junto com o mesmo texto de todas as cartas. Na carta modelo, cada campo de mesclagem é rodeado por caracteres « », chamados de divisas – por exemplo, «BlocoDeEndereços».

Se a carta já estiver pronta, você pode inserir os campos de mesclagem durante o processo de mesclagem; se ainda for preciso criá-la, você pode escrever durante o processo. De qualquer forma, você primeiro digita o texto que será igual em todas as cartas e depois insere campos de mesclagem que serão substituídos pelas informações variáveis da fonte de dados.

DICA Se você precisa parar antes de concluir o processo de mesclagem, você pode salvar a carta modelo para manter o trabalho feito até o momento. Você então pode abrir a carta modelo e continuar de onde parou. Por ter especificado a fonte de dados da carta modelo, você será requisitado a confirmar que deseja reajuntar a mesma fonte de dados.

Você pode inserir os campos de mesclagem de duas maneiras:

- Pelo painel **Mala Direta**, na etapa 4 do assistente **Mala Direta**.
- Ao clicar nos botões do grupo **Gravar e Inserir Campos**, na guia **Correspondências**.

De qualquer forma, clicar em Bloco de Endereço ou Linha de Saudação abre uma caixa de diálogo na qual você pode refinar as configurações dos campos, enquanto que clicar em campos individuais os insere com as configurações padrão.

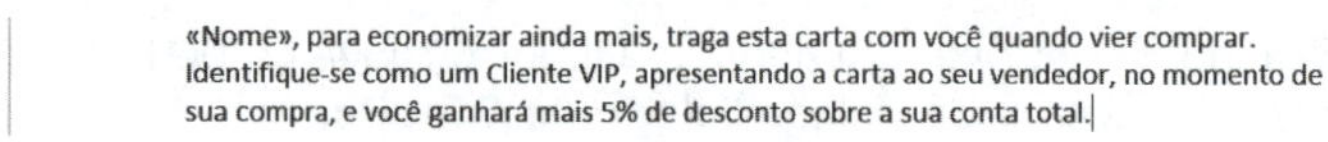
«Nome», para economizar ainda mais, traga esta carta com você quando vier comprar. Identifique-se como um Cliente VIP, apresentando a carta ao seu vendedor, no momento de sua compra, e você ganhará mais 5% de desconto sobre a sua conta total.

Você pode inserir um campo de mesclagem em qualquer lugar do documento principal.

DICA Para salvar a carta modelo sem qualquer informação da mala direta, clique em Iniciar Mala Direta no grupo Iniciar Mala Direta da guia Correspondências e clique em Documento Normal do Word.

Neste exercício, você modificará uma carta modelo existente adicionando campos de mesclagem para um endereço padrão, uma linha de saudação informal e os nomes dos destinatários.

PREPARAÇÃO Esse exercício utiliza o documento MinhaCarta, no qual você anexou a tabela ListaClientes como fonte de dados no exercício anterior. Com o documento aberto, siga os seguintes passos:

SOLUÇÃO DE PROBLEMAS Se você não completou o exercício anterior, é preciso completar para prosseguir com os passos. Se você fechou o documento ao fim do exercício anterior, abra-o e clique em Sim quando o Word perguntar se você deseja anexar a fonte de dados ao documento. Em seguida, clique no botão Iniciar Mala Direta no grupo Iniciar Mala Direta da aba Correspondências e clique em Assistente da Mala Direta Passo a Passo para exibir o painel da Etapa 3.

1 Na parte inferior do painel **Mala Direta**, clique em **Próxima: Escreva a carta**.

2 No documento, exiba as marcas de formatação e note os parágrafos em branco acima do corpo da carta.

3 Posicione o cursor no primeiro parágrafo em branco alinhado à esquerda. Depois, no painel **Mala Direta**, clique em **Bloco de Endereço** para abrir a caixa de diálogo **Inserir Bloco de Endereço**.

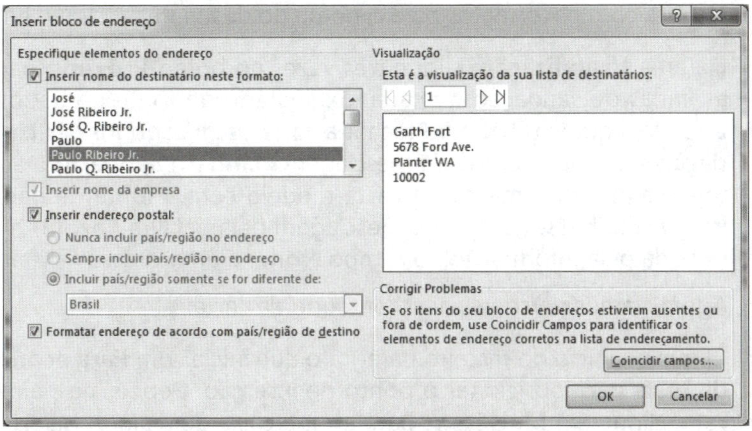

Você pode refinar a formatação dos campos que configuram os campos de mesclagem Bloco de Endereço.

4 Clique em **OK** para aceitar as configurações padrão e inserir o campo de mesclagem **«BlocoDeEndereços»** ao documento. Quando você mescla a carta modelo com a fonte de dados, o Word substitui o nome e os endereços individuais por esse campo de mesclagem.

Vamos iniciar a carta com uma saudação personalizada.

5 Clique duas vezes na tecla **Enter** e, no painel **Mala Direta**, clique em **Linha de Saudação** para abrir a caixa de diálogo **Inserir Linha de Saudação**.

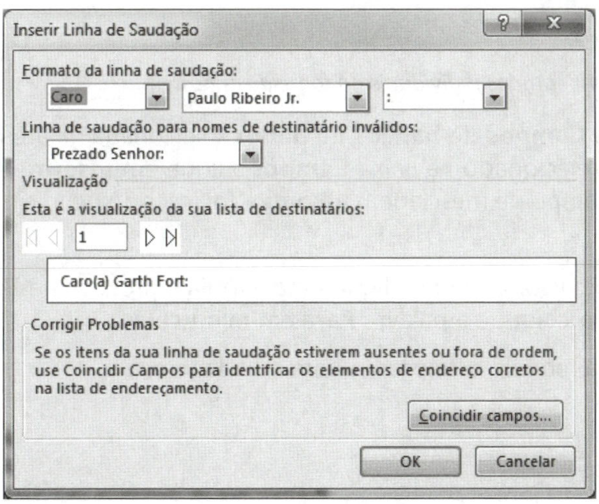

Você pode especificar qual saudação deseja usar nas cartas mescladas.

6 Na lista com os formatos para o nome do destinatário, clique em **José**.

7 Na área **Visualização**, clique três vezes no botão **Próximo** para visualizar as linhas de saudação de cada destinatário da fonte de dados vinculada. Depois, clique em **OK** para fechar a caixa de diálogo **Inserir Linha de Saudação** e inserir o campo de mesclagem **«LinhaDeSaudação»** ao documento. Quando você mesclar a carta modelo com a fonte de dados, o Word irá substituir esse campo de mesclagem pela palavra **Caro(a)** e um espaço, seguida pela informação no campo **Nome** e uma vírgula.

Agora, vamos personalizar o conteúdo da carta.

8 Clique no início do terceiro parágrafo que inicia com **Para economizar ainda mais** para posicionar o ponto de inserção. Depois, no painel **Mala Direta**, clique em **Mais itens** para abrir a caixa de diálogo **Inserir campo de mesclagem**.

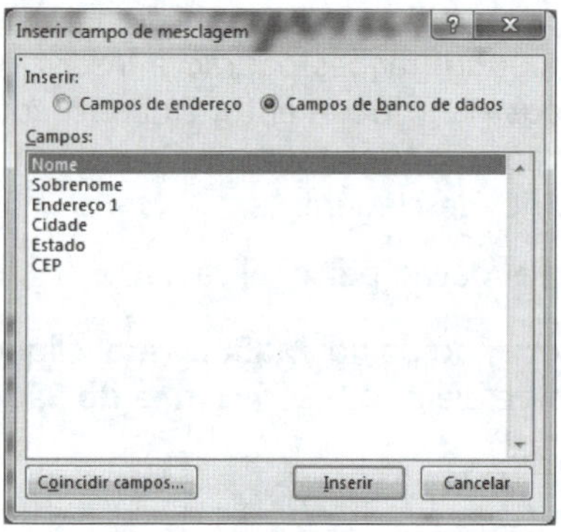

Você pode inserir campos individuais da fonte de dados.

9 Com a opção **Campos de bancos de dados** selecionada na área **Inserir** e o item **Nome** selecionado na caixa **Campos**, clique em **Inserir** e em **Fechar**. Note que o campo de mesclagem **«Nome»** foi inserido no início do terceiro parágrafo.

10 Sem mexer o cursor de lugar, digite uma vírgula e pressione a **Barra de espaços**. Depois, coloque a palavra **Para** em minúsculas.

Agora, a carta modelo está pronta para mesclagem.

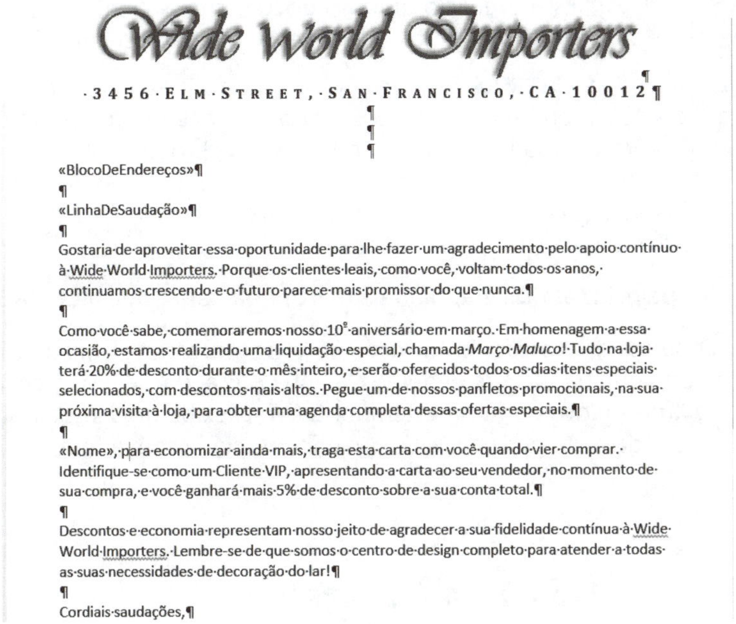

Wide World Importers

·3456·Elm·Street,·San·Francisco,·CA·10012¶

«BlocoDeEndereços»¶

¶

«LinhaDeSaudação»¶

¶

Gostaria·de·aproveitar·essa·oportunidade·para·lhe·fazer·um·agradecimento·pelo·apoio·contínuo·à·Wide·World·Importers.·Porque·os·clientes·leais,·como·você,·voltam·todos·os·anos,·continuamos·crescendo·e·o·futuro·parece·mais·promissor·do·que·nunca.¶

¶

Como·você·sabe,·comemoraremos·nosso·10º·aniversário·em·março.·Em·homenagem·a·essa·ocasião,·estamos·realizando·uma·liquidação·especial,·chamada·*Março·Maluco*!·Tudo·na·loja·terá·20%·de·desconto·durante·o·mês·inteiro,·e·serão·oferecidos·todos·os·dias·itens·especiais·selecionados,·com·descontos·mais·altos.·Pegue·um·de·nossos·panfletos·promocionais,·na·sua·próxima·visita·à·loja,·para·obter·uma·agenda·completa·dessas·ofertas·especiais.¶

¶

«Nome»,·para·economizar·ainda·mais,·traga·esta·carta·com·você·quando·vier·comprar.·Identifique-se·como·um·Cliente·VIP,·apresentando·a·carta·ao·seu·vendedor,·no·momento·de·sua·compra,·e·você·ganhará·mais·5%·de·desconto·sobre·a·sua·conta·total.¶

¶

Descontos·e·economia·representam·nosso·jeito·de·agradecer·a·sua·fidelidade·contínua·à·Wide·World·Importers.·Lembre-se·de·que·somos·o·centro·de·design·completo·para·atender·a·todas·as·suas·necessidades·de·decoração·do·lar!¶

¶

Cordiais·saudações,¶

A carta modelo possui três campos de mesclagem.

ENCERRAMENTO Salve o documento MinhaCarta e deixe-o aberto para o próximo exercício.

Como mesclar documentos principais e fontes de dados

Depois de especificar a fonte de dados que você deseja utilizar e de inserir os campos de mesclagem no documento principal, é possível visualizar os documentos mesclados e finalizar a mesclagem. Você também pode filtrar os dados de origem durante o processo de visualização. Quando estiver pronto, pode encaminhar o documento mesclado diretamente para a impressora ou mesclá-los em um novo documento. Se mesclar a um novo documento, você tem outra chance de examinar e, se necessário, editar os documentos mesclados antes de enviá-los para a impressora.

Neste exercício, você visualizará as cartas mescladas, excluirá os destinatários da mesclagem, mesclará as cartas em um novo documento e salvará o arquivo mesclado.

PREPARAÇÃO Esse exercício utiliza o documento MinhaCarta preparado nos exercícios anteriores. Com o documento aberto, siga os seguintes passos:

SOLUÇÃO DE PROBLEMAS Se você não completou o exercício anterior, é preciso completar para prosseguir. Se você fechou o documento ao fim do exercício anterior, abra-o e clique em Sim quando o Word perguntar se você deseja anexar a fonte de dados ao documento. Clique no botão Iniciar Mala Direta no grupo Iniciar Mala Direta da aba Correspondências e clique em Assistente da Mala Direta Passo a Passo para exibir o painel da Etapa 4.

1 No painel **Mala Direta**, clique em **Próxima** para exibir a **Etapa 5**.

2 Desative as marcas de formatação e, se necessário, ajuste a exibição de modo que o bloco de endereço, a linha de saudação e o terceiro parágrafo sejam exibidos ao mesmo tempo. O Word exibe uma visualização da aparência da carta personalizada quando mesclada com a fonte de dados.

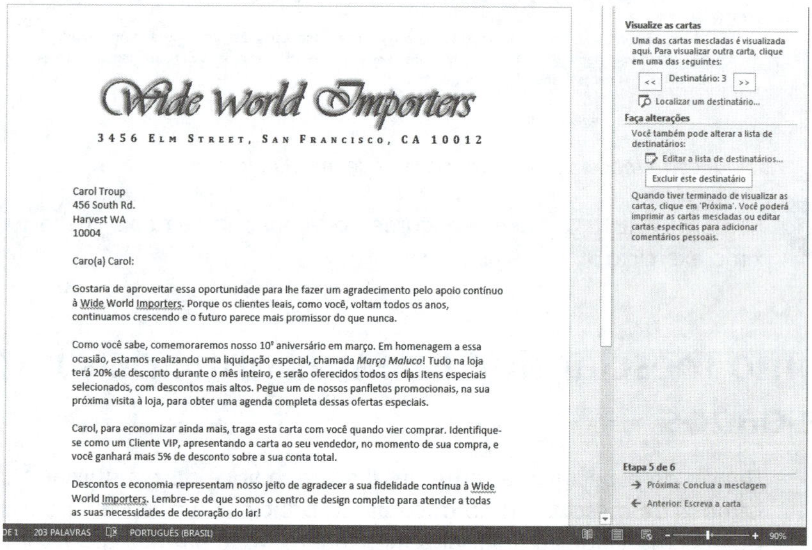

Você pode visualizar a aparência das cartas personalizadas antes de continuar com o processo de mesclagem.

3 Na área **Visualize as cartas** do painel **Mala Direta**, clique três vezes no botão **Registro Anterior** para visualizar todas as cartas.

DICA Você também pode visualizar os próximos documentos ou os anteriores ao clicar no botão Próximo Registro ou Registro Anterior no grupo Visualizar Resultados da guia Correspondências. Você pode pular direto para o primeiro documento mesclado clicando no botão Primeiro Registro ou para o último documento mesclado clicando no botão Último Registro.

4 Para excluir o destinatário exibido (**Garth Fort**) da mesclagem, clique no botão **Excluir este destinatário** na área **Faça alterações** do painel **Mala Direta.**

Agora, vamos organizar o bloco de endereço ao modificar a formatação de parágrafo do campo de mesclagem.

5 No documento, arraste o ponteiro para selecionar as quatro linhas do bloco de endereço. Se você quiser aumentar o espaçamento entre as linhas, vá para a guia **Página Inicial** e, no grupo **Parágrafo**, clique no botão **Espaçamento de Linha e Parágrafo** e em **Adicionar Espaço Depois do Parágrafo**. Se não gostar da configuração, siga os mesmos passos e clique em **Remover Espaço Depois do Parágrafo**.

6 Clique fora da seleção e visualize as cartas mais uma vez. Na parte inferior do painel **Mala Direta**, clique em **Próxima: Conclua a mesclagem**.

7 Na área **Mescle** do painel **Mala Direta**, clique em **Editar cartas individualmente** para abrir a caixa de diálogo **Mesclagem para novo documento**.

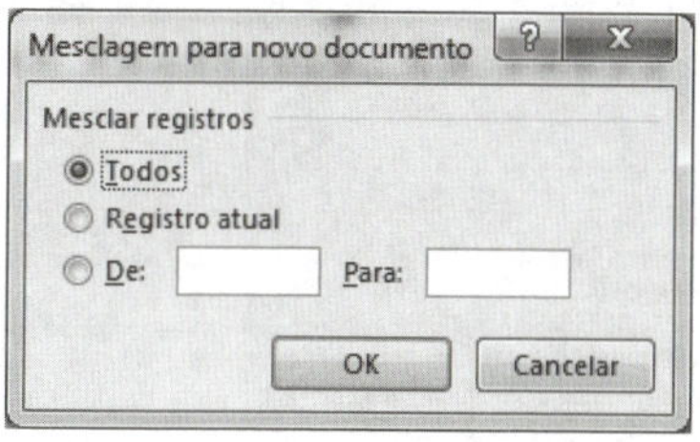

Você pode escolher mesclar apenas alguns registros selecionados.

8 Com a opção **Todos** selecionada, clique em **OK** para criar um documento chamado **Cartas1** que possui uma cópia personalizada da carta modelo para cada registro selecionado.

9 Se for necessário, clique no botão **Layout de Impressão**, na barra de ferramentas **Exibir Atalhos**, para exibir as cartas como páginas individuais.

10 Na **Barra de Ferramentas de Acesso Rápido**, clique no botão **Salvar** para abrir a caixa de diálogo **Salvar como**. Assim, você pode salvar um novo documento com um nome mais específico.

ATALHO DE TECLADO Pressione Ctrl+B para salvar os arquivos. Para mais informações sobre atalhos de teclado, consulte "Atalhos de teclado" ao fim deste livro.

11 Vá para a pasta de arquivos de prática **Capítulo14**, digite **Minhas Cartas Mescladas** na caixa **Nome do arquivo** e clique em **Salvar** para salvar o novo documento na pasta escolhida.

ENCERRAMENTO Feche o documento Minhas Cartas Mescladas. Depois, feche o documento MinhaCarta; se quiser, salve as alterações.

Como imprimir envelopes

Você pode imprimir um envelope com um endereço em um documento. Para isso, siga os seguintes passos:

1 Com o documento MinhaCarta ainda aberto, selecione as linhas do endereço. (Não selecione linhas em branco acima ou abaixo do endereço.)

2 Na guia **Correspondências**, no grupo **Criar**, clique no botão **Envelopes** para exibir a caixa de diálogo **Envelopes e etiquetas**.

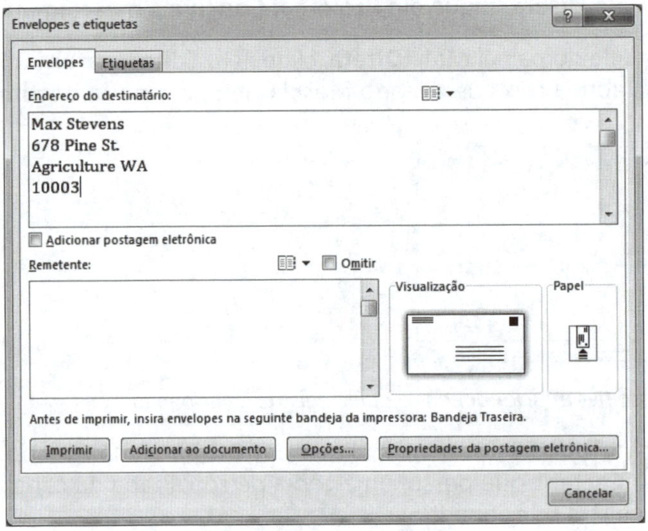

Você pode editar o endereço do destinatário e digitar um endereço para retorno.

DICA Você pode poupar tempo ao armazenar o endereço para retorno com as suas informações de usuário. Na área Geral da guia Avançado, na caixa de diálogo Opções do Word, digite o endereço para retorno na caixa Endereço para correspondência e clique em OK. O endereço aparece por padrão como o endereço para retorno na caixa de diálogo Envelopes e etiquetas. Se você quiser usar envelopes com um endereço para retorno já impresso, deve selecionar a caixa de seleção Omitir para evitar duplicação de endereço.

3 O tamanho padrão do envelope no Word é **DL (110 x 220 mm)**. Se você quiser selecionar um tamanho diferente, clique em **Opções**, selecione o tamanho desejado e clique em **OK**.

Na guia Opções de envelope, você pode especificar a fonte e o tamanho da fonte do endereço e do endereço para retorno; na guia Opções de impressão, você também pode especificar o método de alimentação (horizontal ou verticalmente e face para cima ou face para baixo).

Se você tem um software de postagem eletrônica instalada no seu computador, pode incluir uma postagem eletrônica.

4 Insira um envelope na impressora e clique em **Imprimir**.

Alternativamente, você pode clicar em Adicionar ao documento para o Word inserir o endereço, com a mesma formatação para envelope, em uma página no início do documento em aberto.

Como enviar emails personalizados para vários destinatários

Se você quiser enviar a mesma informação para todas as pessoas de uma lista – por exemplo, todos os clientes, todos os membros de um clube ou toda a sua família –, não precisa imprimir as cartas e enviá-las por correio. Em vez disso, você pode usar uma mala direta para criar um email personalizado para cada pessoa na fonte de dados. Como em uma carta modelo que será impressa, você também pode utilizar o assistente da Mala Direta ou os botões na guia Correspondências para inserir campos de mesclagem dentro da mensagem modelo. Esses campos de mesclagem serão substituídos por informações da fonte de dados selecionada.

Se você for usar o assistente, certifique-se de clicar em Emails na etapa 1. Se não for usar o assistente, pode especificar a lista de endereços de email para a qual deseja enviar as mensagens ao clicar no botão Selecionar Destinatários, no grupo Iniciar Mala Direta da guia Correspondências. Em ambos os casos, você tem três opções:

- Criar uma lista de destinatários inteiramente nova ao digitar as informações de contato.
- Usar uma lista de destinatários existente armazenada fora do Outlook.
- Selecionar destinatários de uma lista de contatos do Outlook.

Você pode adicionar rapidamente campos de mesclagem a uma mensagem modelo ao usar botões disponíveis no grupo Gravar e Inserir Campos. Algumas mensagens de email precisam apenas de uma saudação. Como os emails tendem a ser mais informais do que cartas impressas, você pode iniciar as mensagens com uma saudação personalizada em vez de com uma das opções predefinidas de saudação (Caro(a) e Para).

Neste exercício, você abrirá uma mensagem modelo existente, criará uma lista de endereçamento pequena, adicionará campo de mesclagem de uma saudação personalizada e concluirá a mesclagem.

PREPARAÇÃO Você precisa do documento EmailAgradecimento localizado na pasta de arquivos de prática Capítulo14 para realizar este exercício. Você também precisa ter uma conta de email configurada no Outlook, se quiser enviar as mensagens. Abra o documento e siga os seguintes passos:

1 Na guia **Correspondências**, no grupo **Iniciar Mala Direta**, clique no botão **Selecionar Destinatários** e, na lista, clique em **Digitar uma Nova Lista** para abrir a caixa de diálogo **Nova lista de endereços**.

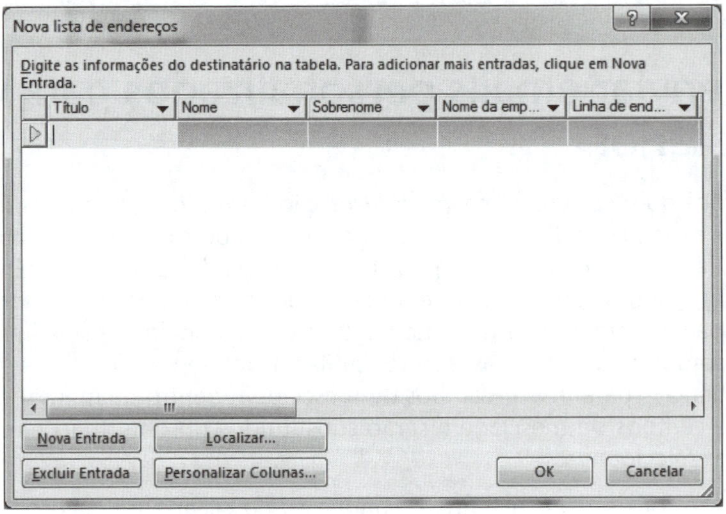

Você pode criar uma fonte de dados como parte do processo de mala direta.

2 Clique no campo **Nome**. Digite **Andrea**, pressione a tecla **Tab**, digite **Dunker** no campo **Sobrenome** e pressione **Tab** até levar o cursor para o campo **Endereço de email** (último campo da tabela). Depois, digite **andrea@consolidatedmessenger.com**.

3 Clique em **Nova Entrada** e adicione **Judy Lew**, com o email **judy@lucerne-publishing.com**.

DICA Se você tem vários endereços de email para adicionar à lista, pode pressionar Tab no último campo da última entrada, em vez de clicar em Nova Entrada a cada vez.

4 Repita o passo 3 para adicionar **Ben Miller**, com o email **ben@wingtiptoys.com**, e clique em **OK** para abrir a caixa de diálogo **Salvar lista de endereços**, a qual é bastante parecida com a caixa de diálogo **Salvar como**.

5 Vá para a pasta de arquivos de prática **Capítulo14**, digite **Minha Fonte de Dados do Email** na caixa **Nome do arquivo** e clique em **Salvar** para salvar a fonte de dados como um banco de dados na pasta.

Agora, vamos inserir o campo de mesclagem ao documento principal.

6 Posicione o cursor no início do documento **EmailAgradecimento**. Na guia **Correspondências**, no grupo **Gravar e Inserir Campos**, clique no botão **Linha de Saudação** para abrir a caixa de diálogo **Inserir Linha de Saudação**.

7 Na primeira caixa da área **Formato da linha de saudação**, arraste o ponteiro para selecionar **Caro** e digite **Olá** seguido de uma vírgula e um espaço. Na segunda lista, clique em **José**. Na terceira lista, clique em**:** (dois-pontos).

8 Na área **Visualização**, clique duas vezes no botão **Próximo** para visualizar como as saudações serão inseridas no email.

9 Clique no botão **Primeira** para retornar ao primeiro registro e clique em **OK** para inserir o campo de mesclagem **«LinhaDeSaudação»** na parte superior da mensagem modelo.

«LinhaDeSaudação»

Agradecemos a sua visita recente à nossa loja. Foi um prazer responder às suas perguntas sobre decoração e apresentar sugestões. Atendendo à sua solicitação, incluímos seu nome em nossa listagem de correspondência online. Você receberá nosso boletim mensal, assim como avisos antecipados das remessas recebidas e eventos realizados na loja.

Você também pode visitar nosso site na web, em www.wideworldimporters.com, para obter uma agenda dos eventos, links para recursos de decoração online, artigos sobre cuidados com a mobília e muito mais.

Entre em contato conosco, através do endereço customerservice@wideworldimporters.com, ou ligue para (925) 555-0167, para dirimir todas as suas dúvidas sobre decoração.

Cordialmente,
Florian Stiller
Presidente

Wide World Importers

3456 ELM STREET, SAN FRANCISCO, CA 10012

Se você quiser editar a saudação personalizada, clique com o botão direito no campo de mesclagem e em Editar linha de saudação.

10 Na guia **Correspondências**, no grupo **Visualizar Resultados**, clique no botão **Visualizar Resultados** para exibir uma visualização da primeira mensagem. Clique duas vezes no botão **Próximo Registro** para visualizar as mensagens para os outros destinatários. Depois, clique novamente no botão **Visualizar Resultados** para desativar a visualização.

11 No grupo **Gravar e Inserir Campos**, clique no botão **Realçar Campos de Mesclagem** para identificar os campos mesclados no documento com um realce cinza. Note que só há um campo de mesclagem nesse documento.

Por último, você irá mesclar a fonte de dados e o documento principal à mensagens de email.

12 No grupo **Concluir**, clique no botão **Concluir e Mesclar** e, na lista, clique em **Enviar Mensagens de Email** para abrir a caixa de diálogo **Mesclagem para email**.

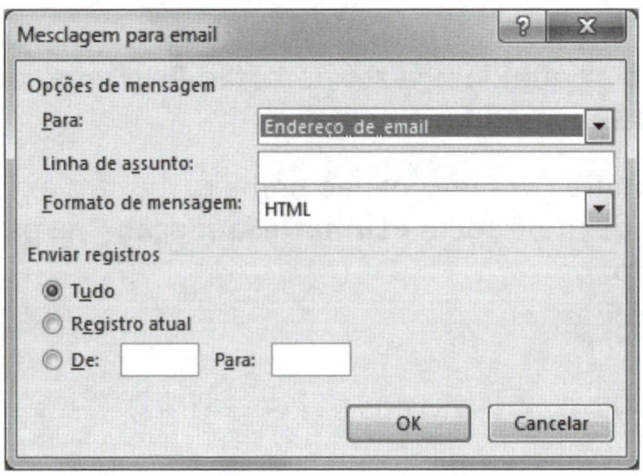

Nesta caixa de diálogo, você configura o assunto e o formato da mensagem.

13 Na área **Opções de mensagem**, verifique se **Endereço_de_email** está selecionado na lista **Para**. Na caixa **Linha de assunto**, digite **Bem-vindo à Wide World Importers!** e verifique se o **HTML** está selecionado na lista **Formato de mensagem**.

14 Na caixa de diálogo, clique em **OK** para enviar os emails ou em **Cancelar** para não enviá-los.

DICA O seu programa de email pode exigir que você se conecte ou envie as mensagens manualmente. Se você está usando o Outlook, uma cópia de cada mensagem enviada aparece na sua pasta Itens Enviados do Outlook. Se você pretende enviar muitas mensagens, talvez seja melhor desativar o salvamento automático de mensagens enviadas.

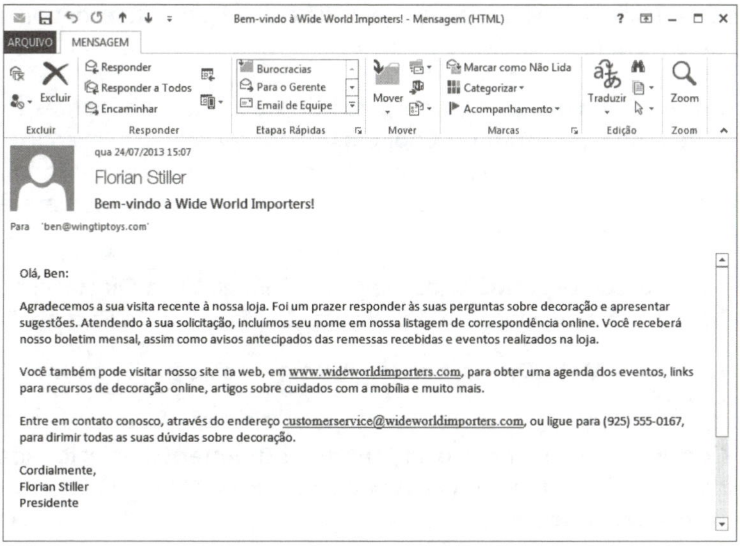

Se você enviar as mensagens, você pode localizá-las na sua pasta Itens Enviados.

ENCERRAMENTO Feche o documento EmailAgradecimento; se quiser, salve as alterações.

Como criar e imprimir etiquetas

Muitas organizações mantém informações sobre seus clientes em uma planilha ou em um banco de dados que podem ser usados com vários propósitos. Por exemplo, a informação de endereço pode ser usada para enviar demonstrativos de cobranças, cartas modelos e folhetos. Também pode ser usada para imprimir folhas de etiqueta de endereçamento que podem ser anexadas a itens como pacotes e catálogos.

Para criar folhas de etiqueta de endereçamento, você primeiro precisa preparar a fonte de dados e o documento principal selecionando a marca e o estilo de etiquetas que pretende usar. O Word cria uma tabela com células do tamanho das etiquetas em uma página do tamanho de uma planilha de etiqueta. Assim, cada registro será impresso em uma etiqueta da folha. Os campos de mesclagem que você insere na primeira célula servirão como modelo para as outras. Se quiser mesclar o documento principal e a fonte de dados, você pode imprimir as etiquetas ou criar um novo documento de etiqueta para utilizar sempre que quiser enviar algo para o mesmo conjunto de destinatários.

Neste exercício, você irá criar etiquetas de endereçamento e, depois, irá imprimi--las para revisão.

PREPARAÇÃO Você precisa da pasta de trabalho ListaClientes localizada na pasta de arquivos de prática Capítulo14 para realizar este exercício. Você também precisa de uma conexão com uma impressora se quiser imprimir as etiquetas. Abra um documento em branco, ative as marcas de formatação e siga os seguintes passos:

1 Na guia **Correspondências**, no grupo **Iniciar Mala Direta**, clique no botão **Iniciar Mala Direta** e em **Assistente de Mala Direta Passo a Passo**.

2 No painel **Mala Direta**, clique em **Etiquetas** e em **Próxima: Documento inicial**.

3 Com a opção **Alterar o layout do documento** selecionada no painel da **Etapa 2**, clique em **Opções de etiqueta** para abrir a caixa de diálogo **Opções de etiqueta.**

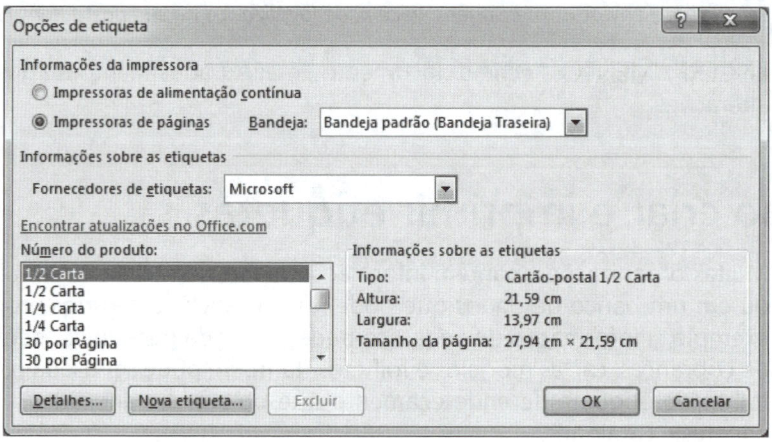

Cada etiqueta é diferente. Você precisa especificar o método de impressão, o fornecedor e/ou o tipo e o número do produto para que o Word possa configurar corretamente as etiquetas.

4 Na área **Informações sobre as etiquetas**, certifique-se de que a configuração do item **Fornecedores de etiqueta** está como **Microsoft**.

DICA Quando você for criar e imprimir etiquetas, adquira as etiquetas em branco que se encaixem no tamanho exigido e selecione o fornecedor e o número do produto das etiquetas na área Informações sobre as etiquetas. Se o fornecedor da etiqueta e o número do produto ainda não estão disponíveis nas listas, clique no link Encontrar atualizações no Office.com para baixar outras configurações disponíveis para etiquetas.

5 Na caixa **Número do produto**, selecione a segunda configuração **30 por Página**, a qual tem etiquetas com **2,54** cm de **Altura** e **6,67** cm de **Largura**.

Em seguida, clique em **OK** para inserir uma tabela que preenche a primeira página do documento principal.

SOLUÇÃO DE PROBLEMAS Os resultados ficam visíveis somente quando as marcas de formatação estão ativas.

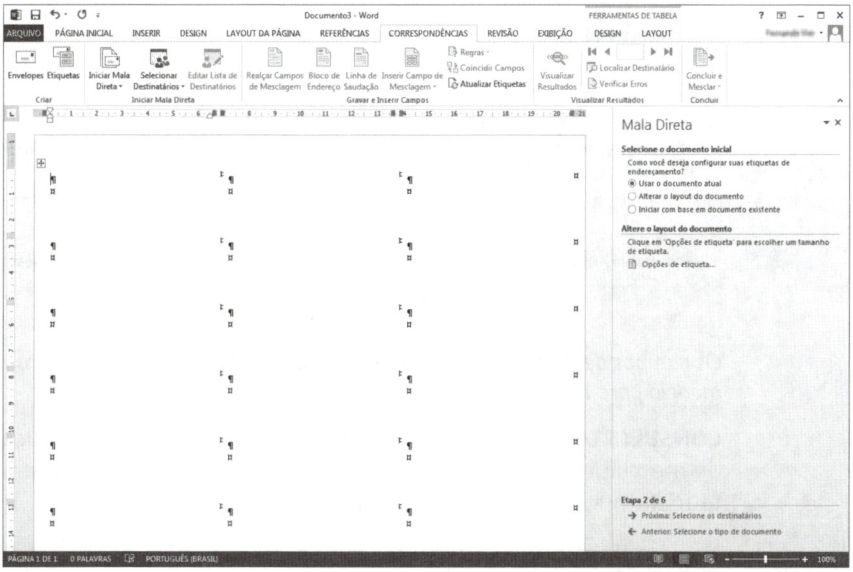

O Word cria uma tabela de 30 células com as especificações da etiqueta.

6 Na parte inferior do painel **Mala Direta**, clique em **Próxima: Selecione os destinatários**.

7 Com a opção **Usar uma lista existente** selecionada, clique em **Procurar**, navegue até a pasta de arquivos de prática **Capítulo14**, clique duas vezes na pasta de trabalho **ListaClientes**, clique na caixa de diálogo **Selecionar Tabela** e clique em **OK**.

CONSULTE TAMBÉM Para mais informações sobre como selecionar e filtrar destinatários, consulte "Como preparar as fontes de dados", apresentado anteriormente neste capítulo.

8 Na caixa de diálogo **Destinatários da mala direta**, clique em **OK** para inserir o campo de mesclagem **«Próximo registro»** em todas as células, exceto na primeira, no documento principal.

9 Na parte inferior do painel **Mala Direta**, clique em **Próxima: Prepare as etiquetas** e certifique-se de que a borda esquerda do documento principal fique visível.

10 Com o cursor posicionado na primeira célula, clique em **Bloco de Endereço**, na área **Prepare as etiquetas** do painel **Mala Direta**.

11 Na caixa de diálogo **Inserir bloco de endereço**, clique em **OK** para aceitar as configurações padrão e inserir um campo de mesclagem **«BlocoDeEndereços»** na primeira célula.

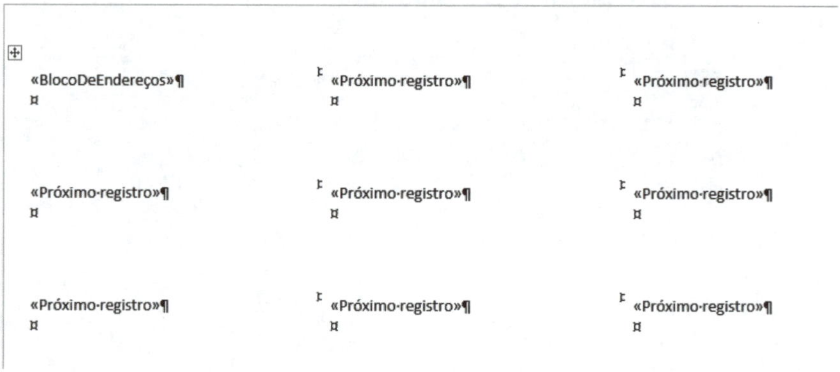

Os campos de mesclagem da primeira célula da tabela serão utilizados como um modelo para todas as outras células.

CONSULTE TAMBÉM Para mais informações sobre como modificar os campos de mesclagem, consulte "Como preparar documentos principais", apresentado anteriormente neste capítulo.

12 Na área **Replique as etiquetas** do painel **Mala Direta**, clique em **Atualizar todas as etiquetas** para copiar o campo de mesclagem **«BlocoDeEndereços»** em todas as células.

13 Na parte inferior do painel **Mala Direta**, clique em **Próxima: Visualize as etiquetas** para exibir o conteúdo da fonte de dados no lugar dos campos de mesclagem.

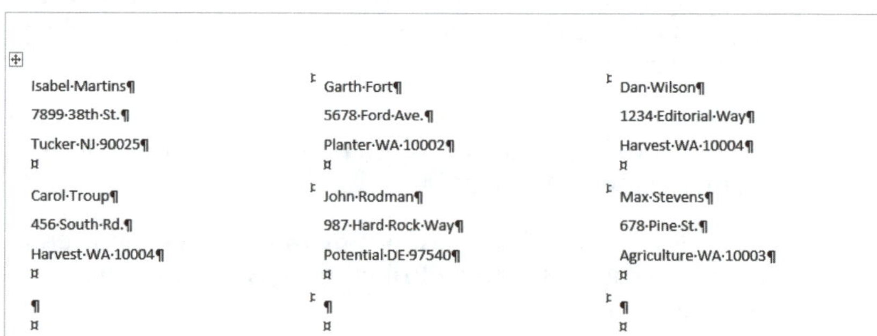

Seis etiquetas após a mesclagem.

Agora, vamos mesclar a fonte de dados e o documento principal em um novo documento com as etiquetas.

14 Na parte inferior do painel **Mala Direta**, clique em **Próxima: Conclua a mesclagem**. Na área **Mescle** do painel **Mala Direta**, clique em **Imprimir**.

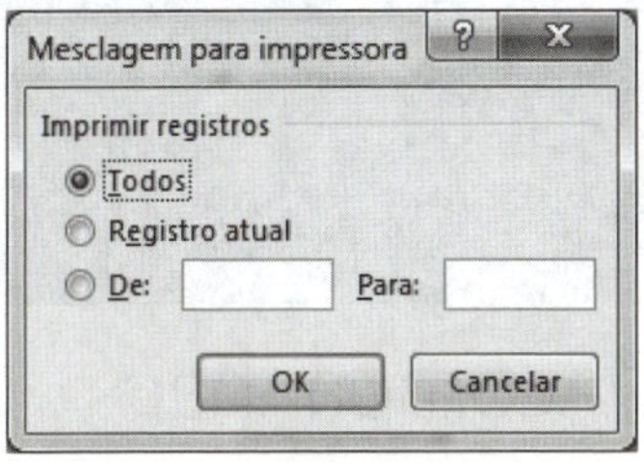

Antes de imprimir as etiquetas, você tem a chance de excluir alguns registros da mesclagem.

15 Com a opção **Todos** selecionada na caixa de diálogo **Mesclagem para impressora**, clique em **OK**.

16 Na caixa de diálogo **Imprimir**, verifique se o nome da impressora na qual você imprimirá as etiquetas aparece na caixa **Nome** e clique em **OK** para imprimi-las. As etiquetas são impressas em papel normal na impressora selecionada. Se você quiser imprimir em folha de etiqueta, insira a folha na bandeja da impressora ou alimente manualmente o local antes de clicar em **OK**.

ENCERRAMENTO Feche o documento com as etiquetas; se quiser, salve as alterações.

Pontos-chave

- O processo de mala direta funciona com a união de informações estáticas de um documento principal com informações variáveis de uma fonte de dados.
- O documento principal pode ser qualquer tipo de documento: uma carta, uma mensagem de email, um modelo de envelope ou etiqueta, um diretório ou um catálogo.
- A fonte de dados é organizada por conjuntos de informações, chamados de registros. Cada registro contém os mesmos itens, chamados de campos.
- Você insere espaços reservados, chamados de campo de mesclagem, ao documento principal para indicar ao Word onde os itens da fonte de dados devem ser mesclados.
- Você não precisa usar todos os registros da fonte de dados para uma mala direta. É possível filtrar os dados e excluir determinados registros.
- Você pode enviar os resultados da mala direta diretamente à sua impressora, ao seu email ou a um novo documento que você possa editar e salvar.

Visão geral do capítulo

Comentar

Adicione e revise comentários, página 430

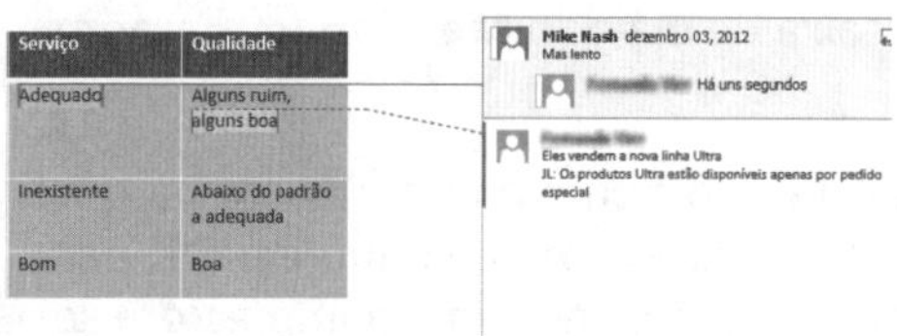

Acompanhar

Acompanhe e gerencie alterações no documento, página 434

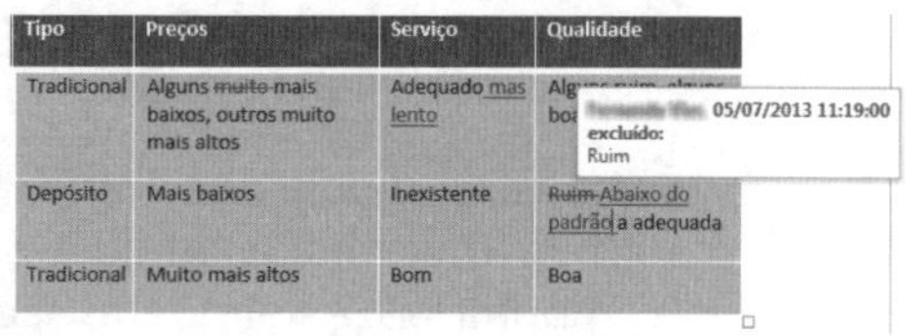

Proteger

Proteja documentos com senha, página 442

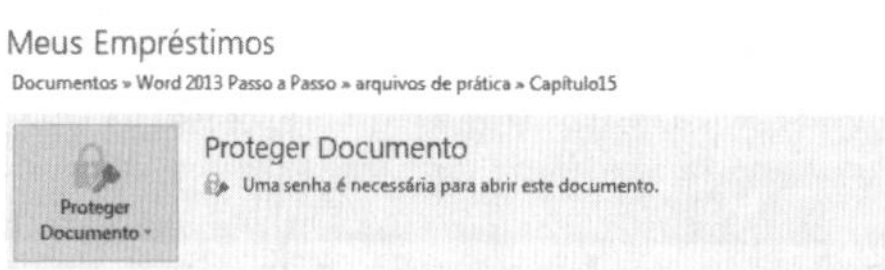

Controlar

Controle alterações, página 446

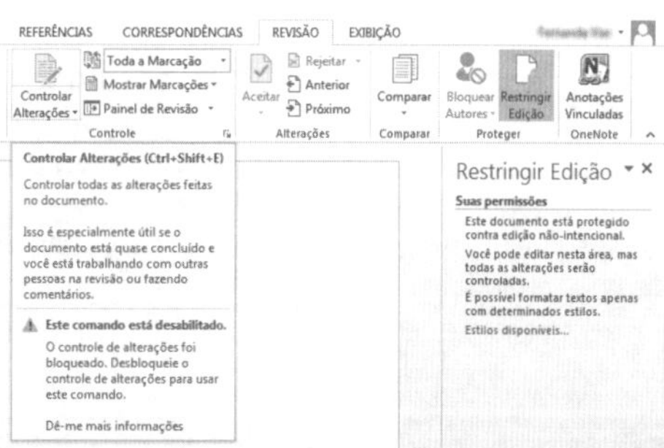

Colaboração em documentos

15

NESTE CAPÍTULO, VOCÊ APRENDERÁ A:

- Adicionar e revisar comentários.
- Acompanhar e gerenciar alterações no documento.
- Comparar e mesclar documentos.
- Proteger documentos com senha.
- Controlar alterações.
- Escrever documentos em coautoria.

Nas empresas de hoje, muitos documentos são desenvolvidos por uma equipe de pessoas ou passam por algum tipo de processo de revisão. Talvez você seja o autor principal de alguns documentos que são revisados por seus colegas e gerentes, e pode ser revisor de outros documentos. Com o Microsoft Word 2013, você pode colaborar com facilidade no desenvolvimento de documentos.

Atualmente, a maioria dos documentos é revisada na tela, e não no papel. Com o Word, é fácil editar documentos na tela sem perder o contato com o texto original, e é fácil aceitar ou rejeitar alterações. Você também pode fazer comentários e perguntas e responder a comentários feitos por outras pessoas. Se enviar um documento para revisão e receber de pessoas diferentes diversas cópias com alterações e sugestões, é possível mesclar as versão diferentes em um arquivo para simplificar o processo de revisão e aceitação ou rejeição de alterações.

E, ainda melhor, se sua empresa utiliza o Microsoft SharePoint para colaboração, várias pessoas podem trabalhar ao mesmo tempo em um documento que esteja armazenado no site do SharePoint. Quando estiver criando um documento grande que exija inserções de várias pessoas, esse método de colaboração pode realmente poupar tempo.

Às vezes, você pode querer que outras pessoas revisem um documento, mas não o alterem. É possível impedir que outras pessoas façam alterações em um documento atribuindo uma senha a ele. Você também pode especificar que apenas certas pessoas tenham permissão para fazer alterações, e quais tipos de alteração de formatação e conteúdo são permitidos.

Neste capítulo, você irá revisar, adicionar, excluir e ocultar comentários em um documento. Irá controlar as alterações que faz em um documento e, depois, aceitá-las e rejeitá-las. Fará o Word comparar e mesclar três versões do mesmo documento. A seguir, irá definir e remover uma senha e configurar as restrições de edição e formatação. Por fim, abordaremos como várias pessoas podem trabalhar simultaneamente em um documento que esteja salvo no site do SharePoint.

ARQUIVOS DE PRÁTICA Para realizar os exercícios deste capítulo, você precisa dos arquivos de prática contidos na pasta Capítulo15. Para mais informações, consulte "Como baixar os arquivos de prática" na Introdução deste livro.

Como adicionar e revisar comentários

Ao revisar um documento, você pode inserir anotações e chamadas de comentários, fazer perguntas e sugestões ou explicar edições. Para garantir que todas as ferramentas de revisão estejam disponíveis, revise os documentos no modo de exibição Layout de Impressão. Para inserir um comentário, selecione o texto ao qual o comentário se refere, clique no botão Novo comentário no grupo Comentários da guia Revisão e digite o que quer dizer no balão Comentários que aparecerá. O Word automaticamente adiciona seu nome ao comentário.

Os comentários são exibidos de maneira diferente, dependendo da configuração de Exibir para Revisão que escolher. O Word 2013 tem três configurações de Exibir para Revisão: Marcação Simples (o padrão), Toda a Marcação e Sem Marcação. Quando todas as marcações são exibidas, o Word mostra um balão na área de marcação fora da margem direita, próximo à linha do texto que tem o comentário. Você pode exibir os comentários de diversas formas:

- Apontar para um balão destaca os comentários nessa linha na cor associada ao autor desse comentário específico.
- Clicar no balão exibe os comentários nessa linha.
- Clicar com o botão direito do mouse no texto destacado e clicar em **Editar comentário** exibe apenas o comentário para esse texto.

Você pode trabalhar com comentários das seguintes maneiras:

- Para revisar comentários, percorra o documento ou clique no botão **Próxima** ou **Anterior** no grupo **Comentários** para saltar de balão em balão.
- Para editar um comentário, clique no balão e utilize técnicas normais de edição.
- Para excluir um comentário, clique em seu balão e no botão **Excluir** no grupo **Comentários**, ou clique com o botão direito do mouse no balão e clique em **Excluir comentário**.

- Para responder a um comentário, você pode simplesmente adicionar texto ao balão de comentário existente ou, no Word 2013, pode agora clicar no ícone de resposta no balão e digitar seus comentários adicionais. Note que, se utilizar o segundo método, suas respostas serão exibidas em um balão de comentário separado para revisores que utilizem versões anteriores do Word.
- Se o texto completo de um comentário não estiver visível em seu balão, visualize-o por inteiro clicando no botão **Painel de Revisão** para exibir o painel **Revisões**. Para alterar o tamanho do painel, aponte para sua borda e, quando o ponteiro se transformar em uma seta de duas pontas, arraste--a. Para fechar o painel **Revisões**, clique em seu botão **Fechar** ou no botão **Painel de Revisão** novamente.

  DICA Além de exibir comentários, o painel Revisões exibe todas as alterações de edição e formatação feitas no documento em Controlar Alterações, com o número de cada tipo de alteração sumarizado no início do painel. Para informações sobre o recurso Controlar Alterações, consulte o próximo tópico deste capítulo.

- Desative a exibição dos balões de comentários clicando no botão **Mostrar Marcações** no grupo **Controle** e clicando em **Comentários.**
- Se diversas pessoas tiverem revisado um documento e você quiser exibir apenas os comentários de uma pessoa específica, clique no botão **Mostrar Marcações**, clique em **Pessoas Específicas** e no nome de qualquer revisor cujos comentários não queira exibir.

Neste exercício, você irá exibir e revisar comentários em um documento, adicionar comentários e respondê-los, excluir um que não seja mais necessário e ocultar os comentários restantes.

PREPARAÇÃO Você precisa do documento AnáliseCompetitivaA localizado na pasta de arquivos de prática Capítulo15 para realizar este exercício. Abra o documento no modo de exibição Layout de Impressão e siga os seguintes passos:

1. Na guia **Revisão**, no grupo **Controle**, certifique-se de que a caixa **Exibir para Revisão** exiba **Marcação Simples**. Se os balões de comentário não estiverem visíveis perto do parágrafo e da tabela no documento, clique no botão **Mostrar Marcações**, e se **Comentários** não tiver uma marca de seleção à sua esquerda na lista, clique aí.
2. Na guia **Revisão**, no grupo **Comentários**, clique no botão **Próxima** para exibir o primeiro exemplo de texto comentado no texto.

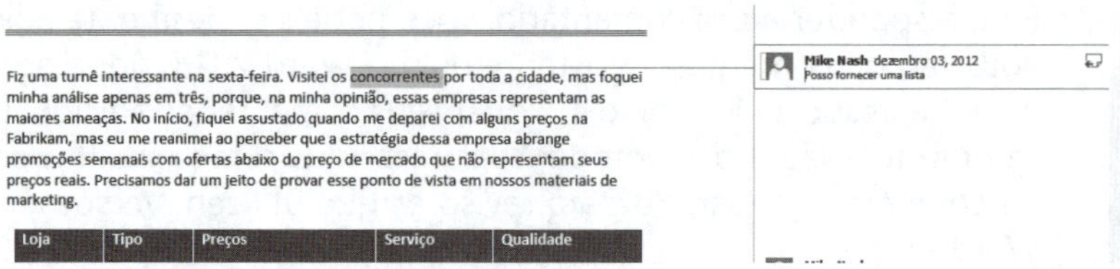

No modo de exibição Marcação Simples, apenas o balão de comentário ativo será expandido.

DICA Se um documento contiver comentários e alterações controladas, clicar no botão Próximo ou Anterior no grupo Alterações da guia Revisão moverá sequencialmente entre ambos os elementos, enquanto clicar no botão Próxima ou Anterior no grupo Comentários moverá apenas entre os comentários.

3 No grupo **Comentários**, clique no botão **Próxima** para exibir o próximo comentário.

4 No grupo **Controle**, na lista **Exibir para Revisão**, clique em **Toda a Marcação** para exibir os comentários completos na área de marcação.

5 Na tabela, aponte para **Adequado** para exibir uma Dica de Tela com informações sobre quem inseriu o comentário e quando.

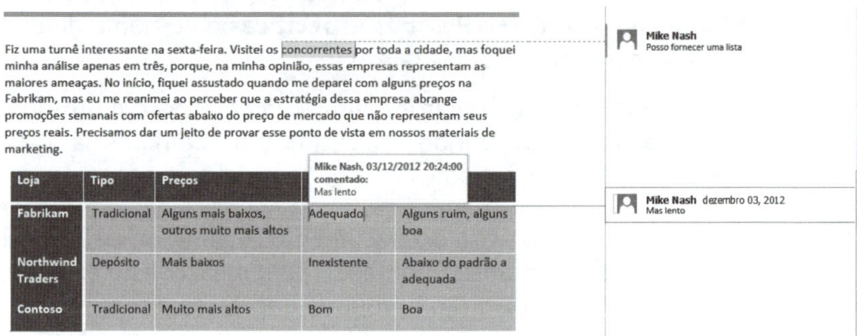

No modo de exibição Toda a Marcação, todos os comentários são exibidos na área de marcação.

6 Na última coluna da mesma linha, selecione as palavras **alguns boa** e, no grupo **Comentários**, clique no botão **Novo Comentário** para destacar a seleção e exibir um novo balão na área de marcação.

7 No balão de comentário, digite **Eles vendem a nova linha Ultra**.

8 Na área de marcação, clique no balão de comentário vinculado à palavra concorrentes e, no grupo **Comentários**, clique no botão **Excluir**.

A seguir, iremos experimentar outro modo de exibição de comentários e utilizar duas técnicas diferentes para responder a comentários.

9 No grupo **Controle**, clique no botão **Painel de Revisão** para abrir o painel **Revisões** no lado esquerdo da janela do programa.

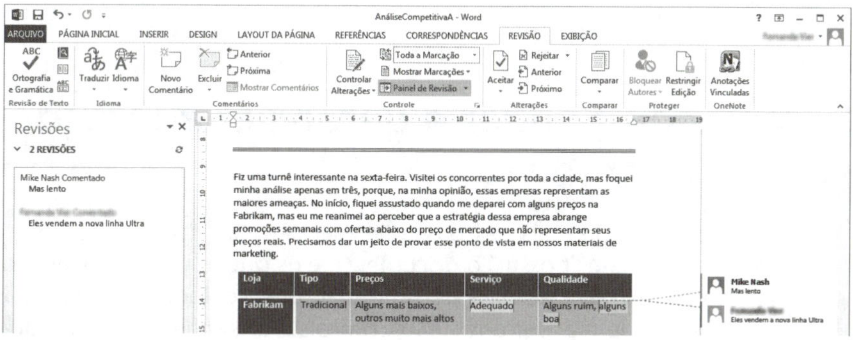

O painel Revisões mostra os dois comentários restantes. Se o documento contivesse outras revisões, também seriam mostradas aqui.

DICA Você pode clicar na seta de Painel de Revisão e em Painel de Revisão Horizontal para exibir o painel ao longo da parte inferior da página.

10 No painel **Revisões**, clique na extremidade direita do segundo comentário, pressione **Enter**, digite suas iniciais e dois pontos (**:**), pressione a **Barra de espaços** e digite **Os produtos Ultra estão disponíveis apenas por pedido especial** para adicionar o novo texto ao comentário original.

11 Clique no botão **Fechar** no canto superior direito do painel **Revisões**. A seguir, posicione o documento de modo que as bordas direitas dos balões de comentário sejam exibidas.

12 Aponte para o balão de comentário associado a **Adequado** e clique no botão **Responder ao comentário** que aparece no canto superior direito do balão para inserir uma resposta no comentário.

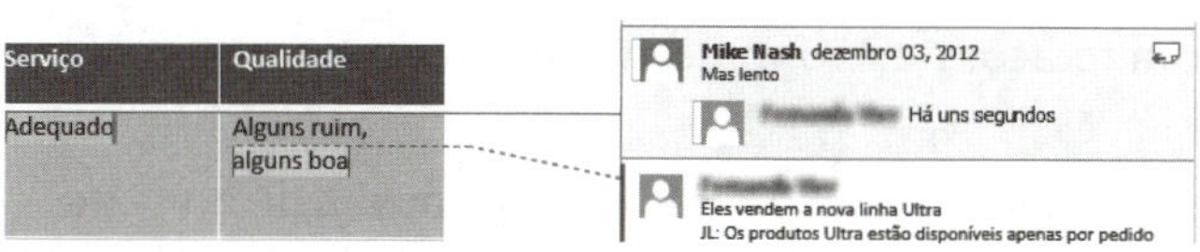

O comentário resposta será rotulado com seu nome.

13 No comentário resposta, digite **Se fosse um cliente real, você teria ido embora?**

Por fim, ocultaremos os comentários.

14 No grupo **Controle**, na lista **Mostrar Marcações**, clique em **Comentários** para ocultar os comentários no documento.

ENCERRAMENTO Feche o documento AnáliseCompetitivaA; se quiser, salve as alterações.

Como acompanhar e gerenciar alterações no documento

Quando duas ou mais pessoas colaboram em um documento, uma pessoa normalmente cria e "possui" o documento e as outras o revisam, adicionando conteúdo ou revisando-o para deixá-lo mais preciso, lógico ou legível. No Word, os revisores podem ativar o recurso Controlar Alterações, de modo que as revisões feitas no documento sejam gravadas sem que o texto original seja perdido. (Observe que a ativação desse recurso afeta apenas o documento ativo, não outros documentos que também possam estar abertos.)

Para ativar esse recurso, clique no botão Controlar Alterações no grupo Controle da guia Revisão. Então, é possível editar o texto normalmente.

DICA Se quiser saber se o recurso Controlar Alterações está ativado quando a guia Revisão não for exibida, clique com o botão direito do mouse na barra de status e clique em Controlar Alterações no menu Personalizar Barra de Status. O Word adiciona então um botão Controlar Alterações na barra de status que pode ser clicado para ativar e desativar o recurso.

Por padrão, suas revisões aparecem com uma cor diferente da cor do texto original, como a seguir:

- As inserções são adicionadas ao texto com sua cor atribuída. Elas estão sublinhadas e as exclusões estão riscadas (a formatação é chamada de tachado).
- As alterações de formatação aparecem em balões na área de marcação.
- Todas as alterações estão marcadas na margem esquerda por uma linha vertical.
- Você pode exibir as exclusões em balões, em vez de no texto, e pode exibir as alterações de formatação no texto, em vez de em balões. Simplesmente clique no botão **Mostrar Marcações** no grupo **Controle** da guia **Revisão**, clique em **Balões** e nas opções que quiser.

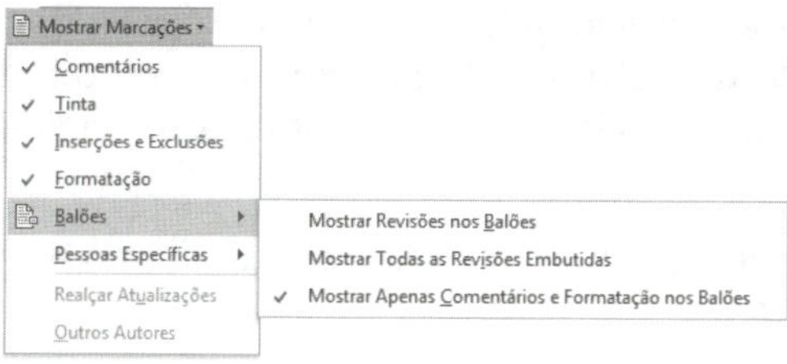

É possível especificar se as revisões devem ser exibidas no texto ou em balões.

DICA As cores usadas para revisões são controladas pelas configurações na caixa de diálogo Opções de Controle de Alterações, que pode ser exibida clicando no iniciador da caixa de diálogo Controle.

Você pode exibir uma Dica de Tela identificando o nome do revisor que fez uma alteração específica, e quando ela foi feita, apontando para a revisão ou para o balão. O nome do revisor é obtido das informações de usuário armazenadas com a conta de usuário. Você pode alterar as informações de usuário armazenadas de sua conta de usuário na caixa de diálogo Opções do Word, que pode ser aberta no modo de exibição Backstage ou clicando no iniciador da caixa de diálogo Controle e em Alternar no Nome de Usuário na caixa de diálogo Opções de Controle de Alterações.

SOLUÇÃO DE PROBLEMAS Se tiver se conectado ao Word com uma conta da Microsoft, ele controlará as revisões pelo nome associado à sua conta da Microsoft. A alteração das informações de usuário afeta o controle da revisão somente quando não estiver conectado a uma conta da Microsoft.

Usando os comandos disponíveis na guia Revisão, você pode trabalhar com revisões das seguintes maneiras:

- Para controlar alterações sem mostrá-las na tela, oculte as revisões clicando na seta de **Exibir para Revisão** no grupo **Controle** e clique em **Sem Marcação** na lista. Para exibir as revisões novamente, clique em **Toda a Marcação** na lista **Exibir para Revisão**. Você também pode exibir a versão original, com ou sem revisões.
- Quando as revisões estão visíveis no documento, selecione quais tipos quer exibir na lista **Mostrar Marcações** do grupo **Controle** – por exemplo, você pode exibir apenas os comentários ou somente as inserções e exclusões. Pode-se também exibir ou ocultar as revisões de pessoas específicas nessa lista.
- Avance ou retorne de uma revisão ou de um comentário para outro clicando no botão **Próximo** ou **Anterior** no grupo **Alterações**.

- Incorpore uma alteração selecionada no documento e vá para a próxima clicando no botão **Aceitar** no grupo **Alterações**. Clique no botão **Rejeitar** para remover a alteração selecionada, restaurar o texto original e ir para a próxima alteração.

  DICA Você também pode clicar com o botão direito do mouse na alteração e em Aceitar ou Rejeitar.

- Aceite ou rejeite todas as alterações em um bloco de texto, como um parágrafo, selecionando-o e clicando no botão **Aceitar** ou **Rejeitar**.
- Aceite todas as alterações no documento clicando na seta de **Aceitar** e em **Aceitar Todas as Alterações**. Rejeite todas as alterações de uma vez clicando na seta de **Rejeitar** e em **Rejeitar Todas as Alterações**.
- Aceite ou rejeite apenas certos tipos de alterações ou alterações de um revisor específico exibindo apenas as alterações que quer aceitar ou rejeitar, clicando na seta de **Aceitar** ou **Rejeitar** e clicando na lista em **Aceitar Todas as Alterações Mostradas** ou **Rejeitar Todas as Alterações Mostradas**.

Neste exercício, você irá ativar o controle de alterações, editar o documento e aceitar e rejeitar alterações.

PREPARAÇÃO Você precisa do documento AnáliseCompetitivaB localizado na pasta de arquivos de prática Capítulo15 para realizar este exercício. Abra o documento e siga os seguintes passos:

1 Na guia **Revisão**, no grupo **Controle**, clique no botão **Controlar Alterações** (não em sua seta). Note que a cor do botão muda para azul para indicar que o recurso **Controlar Alterações** está ativado. Qualquer alteração feita agora será indicada no documento como uma revisão.

ATALHO DE TECLADO Pressione Ctrl+Shift+E para ativar o controle de alterações. Para mais informações sobre atalhos de teclado, consulte "Atalhos de teclado" ao fim deste livro.

2 Na lista **Exibir para Revisão**, clique em **Toda a Marcação**. Na lista **Mostrar Marcações**, clique em **Balões** e assegure-se de que **Mostrar Apenas Comentários e Formatação nos Balões** esteja selecionado.

3 Exiba a tabela. Na coluna **Preços** da linha **Fabrikam**, na frase **Alguns muito mais baixos**, clique duas vezes na palavra **muito** e pressione a tecla **Delete**. Observe que o Word indica com uma formatação de tachado que a palavra foi excluída.

4 Na coluna **Serviço** da linha **Fabrikam**, posicione o ponto de inserção após a palavra **Adequado**, pressione a **Barra de espaços** e digite **mas lento** para inserir o novo texto na mesma cor que a exclusão.

5 Na coluna **Qualidade** da linha **Northwind Traders**, selecione a palavra **Ruim** e digite **Abaixo do padrão** para mostrar esta alteração como uma exclusão e uma inserção. Aponte para a palavra excluída **Ruim** para exibir uma Dica de Tela informativa.

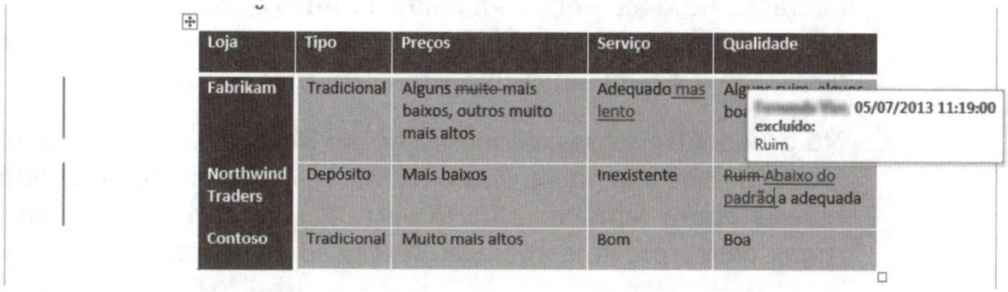

Loja	Tipo	Preços	Serviço	Qualidade
Fabrikam	Tradicional	Alguns ~~muito~~ mais baixos, outros muito mais altos	Adequado mas lento	Alg... bo...
Northwind Traders	Depósito	Mais baixos	Inexistente	~~Ruim~~ Abaixo do padrão a adequada
Contoso	Tradicional	Muito mais altos	Bom	Boa

Uma linha vertical na margem esquerda chama a atenção para as revisões. As Dicas de Tela de revisão exibem informações sobre a alteração.

Vamos examinar alguns outros modos de exibição de alterações controladas.

6 No grupo **Controle**, clique em **Mostrar Marcações**, em **Balões** e em **Mostrar Revisões nos Balões** para remover as exclusões do texto e exibi-las na margem direita.

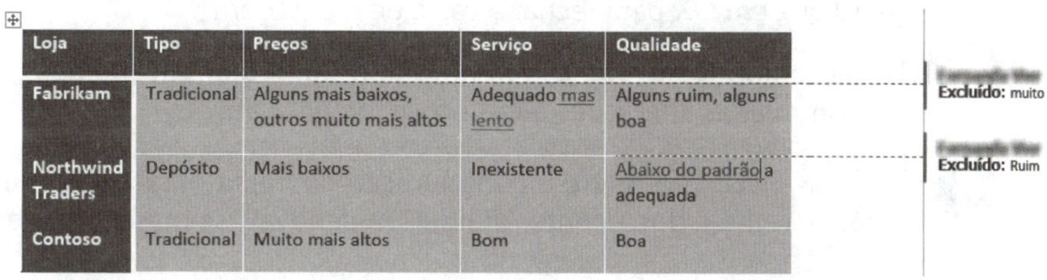

Loja	Tipo	Preços	Serviço	Qualidade
Fabrikam	Tradicional	Alguns mais baixos, outros muito mais altos	Adequado mas lento	Alguns ruim, alguns boa
Northwind Traders	Depósito	Mais baixos	Inexistente	Abaixo do padrão a adequada
Contoso	Tradicional	Muito mais altos	Bom	Boa

O texto fica menos bagunçado se as exclusões forem exibidas em balões.

7 No grupo **Controle**, clique em **Mostrar Marcações**, em **Balões** e em **Mostrar Todas as Revisões Embutidas** para restaurar os indicadores de revisão embutidos e remover os balões.

8 No grupo **Controle**, na lista **Exibir para Revisão**, clique em **Sem Marcação** para ocultar as revisões e exibir o documento com a aparência que teria caso todas as alterações fossem aceitas.

9 Na lista **Exibir para Revisão**, clique em **Marcação Simples** para indicar a presença de alterações controladas apenas exibindo linhas verticais codificadas por cores de usuário específico na margem esquerda.

Agora, iremos revisar e processar as alterações controladas.

10 Na lista **Exibir para Revisão**, clique em **Toda a Marcação** para reexibir as alterações controladas. Pressione **Ctrl+Home** para ir para o início do documento.

11 No grupo **Alterações**, clique no botão **Próximo** para selecionar a primeira alteração no documento – a palavra **muito** excluída. Clique no botão **Aceitar** (não em sua seta) para aceitar a alteração, remover a revisão e o balão associado e ir para a próxima alteração (**mas lento**).

12 No grupo **Alterações**, clique no botão **Rejeitar** (não em sua seta) para remover o texto inserido e, como não há mais alterações nesta linha da tabela, para também remover a barra vertical adjacente da margem esquerda e seguir para a próxima alteração (exclusão de **Ruim**).

DICA Você pode clicar na seta de Aceitar ou Rejeitar para exibir um menu de ações associadas ao comando, inclusive para não ir para a próxima alteração, processar todas as desse tipo e desativar o controle de alterações após processar a alteração.

13 No grupo **Alterações**, clique no botão **Aceitar** para implementar a exclusão e clique no mesmo botão de novo para implementar a inserção. O Word exibirá uma caixa de mensagem informando que não há mais alterações no documento.

14 Clique em **OK** para fechar a caixa de mensagem.

15 No grupo **Controle**, clique no botão **Controlar Alterações** para parar de controlar as alterações feitas no documento ativo.

ENCERRAMENTO Altere a configuração de balão para a que mais goste. Em seguida, feche o documento AnáliseCompetitivaB; se quiser, salve as alterações.

Como comparar e mesclar documentos

Algumas vezes, você pode querer comparar diversas versões de um mesmo documento. Por exemplo, se tiver enviado um documento para revisão por colegas, talvez queira comparar suas versões editadas com o documento original.

Em vez de comparar visualmente vários documentos abertos, você pode fazer com que o Word os compare e mescle as alterações em um só documento. Mesmo que as alterações não sejam feitas com o recurso Controlar Alterações ativado, serão registradas no documento mesclado como revisões. Nesse documento, pode-se visualizar todas as alterações de todos os revisores ou visualizar apenas as de um revisor específico.

Neste exercício, você mesclará três versões do mesmo documento. A seguir, irá avaliar e solucionar as diferenças entre as versões.

PREPARAÇÃO Você precisa dos documentos Serviço, ServiçoCP e ServiçoTA localizados na pasta de arquivos de prática Capítulo15 para realizar este exercício. Abra o documento Serviço e siga os seguintes passos:

1 Na guia **Revisão**, clique no botão do grupo **Comparar**, se necessário, e, no grupo **Comparar**, clique em **Combinar** para abrir a caixa de diálogo **Combinar Documentos**.

DICA Clique na opção Comparar para comparar as diferenças entre dois documentos em um terceiro. Os documentos comparados não serão alterados.

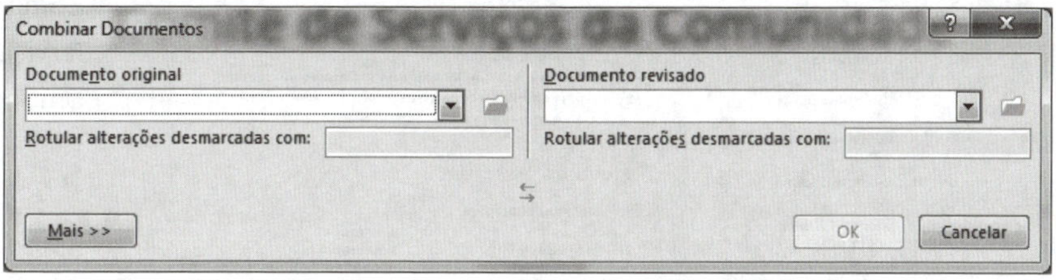

Você seleciona os dois documentos que quer combinar nesta caixa de diálogo.

2 Na lista **Documento original**, clique em **Serviço**. A seguir, digite seu nome na caixa **Rotular alterações desmarcadas com**.

SOLUÇÃO DE PROBLEMAS Se o documento Serviço não aparecer na lista, clique no botão Procurar à direita da lista, vá até a pasta de arquivos de prática Capítulo15 e clique duas vezes no arquivo.

3 Na lista **Documento revisado**, clique em **ServiçoCP**. Certifique-se de que **Chris Preston** aparece na caixa associada **Rotular alterações desmarcadas com**.

4 Se a caixa de diálogo ainda não estiver expandida, clique no botão **Mais** no canto inferior esquerdo dela. Na área **Configurações de comparação**, verifique se todas as caixas de seleção estão marcadas.

5 Na área **Mostrar alterações**, certifique-se de que **Documento original** esteja selecionado abaixo de **Mostrar alterações em**. Clique em **OK** para comparar os dois documentos e marcar as diferenças em uma versão mesclada do documento, que será exibida no painel central. O painel **Revisões** será exibido à esquerda, e os dois documentos comparados serão exibidos à direita.

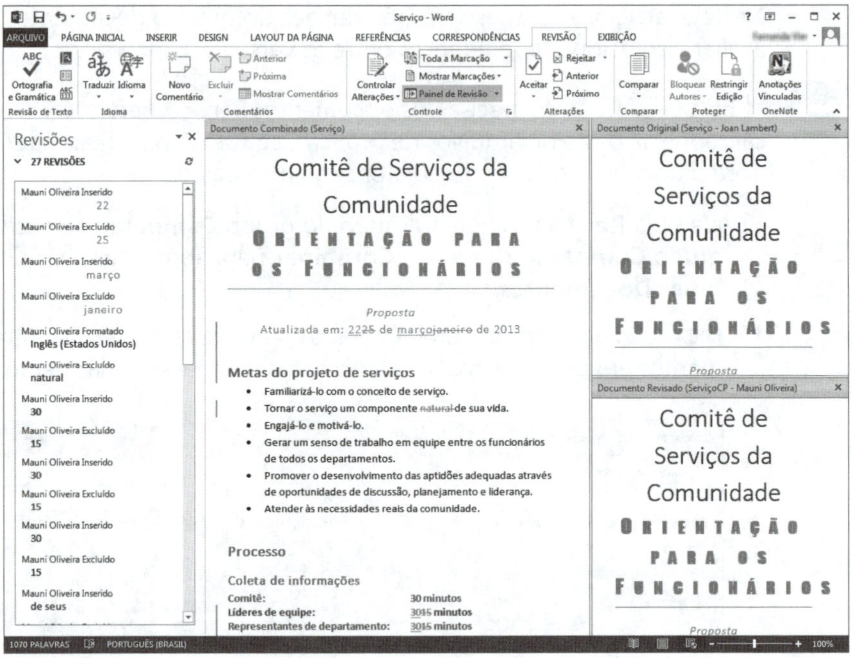

O documento no painel central combina as alterações dos dois documentos à direita e o painel Revisões fornece detalhes sobre elas.

SOLUÇÃO DE PROBLEMAS Se o painel Revisões não estiver aberto, clique no botão Painel de Revisão no grupo Controle da guia Revisão. Se os documentos de origem não forem exibidos, clique no botão Comparar, em Mostrar Documentos de Origem e em Mostrar Ambos.

DICA Se você comparar documentos que contenham formatação conflitante, uma caixa de mensagem pedirá que confirme qual formatação de documento deve ser utilizada.

Agora, compararemos uma terceira versão do documento com as duas primeiras versões.

6 Com os dois primeiros documentos combinados em exibição, clique em **Combinar** no grupo **Comparar** para exibir a caixa de diálogo **Combinar Documentos**.

7 Na lista **Documento original**, clique em **Serviço**. Na lista **Documento revisado**, clique em **ServiçoTA** e certifique-se de que **Terry Adams** aparece na caixa associada **Rotular alterações desmarcadas com**. A seguir, clique em **OK** para adicionar as alterações da versão **ServiçoTA** do documento àquelas das outras duas versões.

8 No painel central, percorra o documento para examinar todas as revisões e, no painel **Revisões**, percorra as revisões individuais.

9 No grupo **Controle**, clique no botão **Mostrar Marcações**, em **Pessoas Específicas** e em **Chris Preston** para remover a marcação de controle de alterações das revisões feitas no documento **ServiçoCP**.

10 Na lista **Mostrar Marcações**, clique em **Pessoas Específicas** e em **Todos os revisores** para reexibir todas as revisões.

Antes de aceitar alterações no documento, devemos solucionar alterações conflitantes.

11 No painel **Revisões**, abaixo de **Chris Preston Excluído**, clique com o botão direito do mouse em **janeiro** e em **Aceitar exclusão**. Clique em qualquer outra alteração no painel **Revisões** para exibir essa localização nos três painéis do documento.

12 Clique para posicionar o cursor no documento no painel central. No grupo **Alterações**, clique na seta de **Aceitar** e, na lista, clique em **Aceitar Todas as Alterações.**

13 Feche o painel **Revisões** e as duas janelas no lado direito da tela.

DICA Da próxima vez que combinar documentos, o painel Revisões e as janelas de origem estarão fechados. Você pode abrir o painel Revisões clicando no botão Painel de Revisão no grupo Controle da guia Revisão e pode abrir as janelas de origem clicando em Mostrar Documentos de Origem na lista Comparar e clicando na opção que quiser.

ENCERRAMENTO Feche o documento Serviço, salvando suas alterações, se quiser.

Gerenciamento de versões do documento

O Word salva automaticamente uma cópia temporária de seus documentos abertos a cada 10 minutos. As versões do documento salvas de forma automática são exibidas na área Gerenciar Versões da página Informações do modo de exibição Backstage. Você pode trabalhar com documentos nessa área das seguintes maneiras:

- Pode exibir versões anteriores de um documento clicando na versão que quiser exibir.
- Pode identificar alterações entre versões clicando no botão **Comparar** na barra de informações amarela no início da versão anterior do arquivo.
- Pode reverter para uma versão anterior do documento clicando no botão **Restaurar** na barra de informações.
- Pode exibir versões de documentos salvas automaticamente clicando no botão **Gerenciar Versões**.

É possível alterar a frequência de salvamento automático na página Salvar da caixa de diálogo Opções do Word.

Proteção de documentos com senha

Às vezes você pode querer que apenas certas pessoas possam abrir e alterar um documento. A maneira mais fácil de exercer esse controle é atribuir uma senha para proteger o documento. O Word, então, exige que a senha seja digitada corretamente antes de permitir que o documento seja aberto e alterado.

Você pode atribuir uma senha a um documento na página Informações do modo de exibição Backstage ou ao salvá-lo. O Word oferece dois níveis de proteção de senha:

- **NÃO CRIPTOGRAFADO** O documento é salvo de uma forma que somente as pessoas que saibam a senha possam abrir, alterar e salvar o arquivo. Quem não souber a senha pode abrir uma versão somente leitura. Se fizer alterações e quiser salvá-las, terá de salvar o documento com um nome diferente ou em um local diferente, preservando o original.
- **CRIPTOGRAFADO** O documento é salvo de uma maneira que impede que pessoas que não saibam a senha sequer possam abri-lo.

Neste exercício, você irá definir uma senha não criptografada para um documento e testar sua segurança digitando uma senha incorreta. Irá abrir uma versão somente leitura do documento e, depois, reabri-lo com a senha correta. Irá remover a proteção com senha não criptografada do documento e definir uma senha criptografada.

PREPARAÇÃO Você precisa do documento Empréstimos localizado na pasta de arquivos de prática Capítulo15 para realizar este exercício. Abra o documento e siga os seguintes passos:

1 Exiba a página **Salvar como** do modo de exibição **Backstage** e, na área **Pasta Atual**, clique na pasta de arquivos de prática **Capítulo15**.

2 Na caixa de diálogo **Salvar como** que será aberta, altere o nome da caixa **Nome do arquivo** para **Meus Empréstimos**.

3 Na parte inferior da caixa de diálogo, clique em **Ferramentas** e, na lista, clique em **Opções Gerais** para abrir a caixa de diálogo **Opções Gerais**.

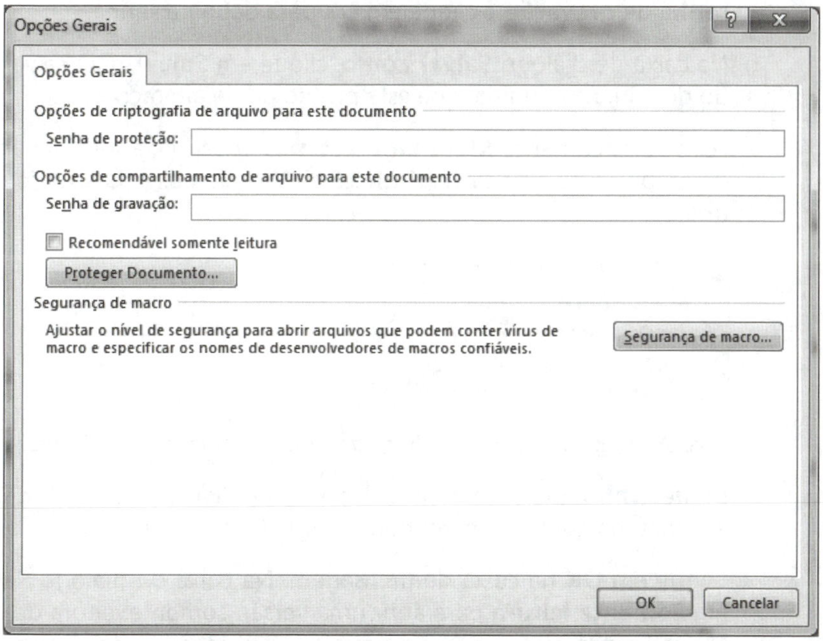

Atribuir uma senha para abrir um documento o criptografará; atribuir uma senha para modificar o documento não o criptografará.

DICA Se quiser que as pessoas possam ler o conteúdo do documento, mas não espera que façam alterações nele, você pode marcar a caixa de seleção Recomendável somente leitura para fazer com que o Word exiba uma mensagem sugerindo que o documento pode ser aberto como somente leitura. Clique em OK para fechar a caixa de diálogo Opções Gerais sem atribuir uma senha.

4 Na caixa **Senha de gravação**, digite **Senh@**. Clique em **OK**. Note que, à medida que digita a senha, bolinhas aparecem no lugar dos caracteres para manter a senha confidencial.

> **IMPORTANTE** Não utilize palavras ou frases comuns como senhas e não utilize a mesma senha para vários documentos. Após atribuir uma senha, anote-a em um local seguro. Caso a esqueça, não será possível abrir o documento protegido por senha.

5 Na caixa de diálogo **Confirmar senha**, digite **Senh@** na caixa **Redigite a senha de gravação** e clique em **OK** para definir a senha.

6 Na caixa de diálogo **Salvar como**, clique em **Salvar** para salvar uma cópia do documento original que está protegida de alterações.

7 Feche o documento **Meus Empréstimos**. A seguir, abra-o a partir da pasta de arquivos de prática **Capítulo15**. O Word exibirá a caixa de diálogo **Senha**.

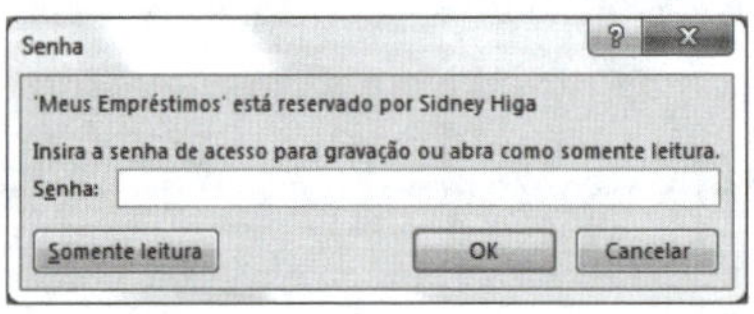

Você deve digitar a senha ou abrir o documento como somente leitura.

8 Digite **senha** (tudo em minúsculas) na caixa **Senha** e clique em **OK**. O Word exibirá uma mensagem informando que uma senha incorreta foi digitada.

9 Clique em **OK** na caixa de mensagem. Na caixa de diálogo **Senha**, clique em **Somente leitura** para abrir uma versão somente leitura do documento **Meus Empréstimos**. Observe que o Word abrirá o documento em modo **Somente Leitura**; esse é o padrão para documentos somente leitura.

10 Feche o documento e abra-o novamente. Desta vez, na caixa de diálogo **Senha**, digite **Senh@** e clique em **OK** para abrir uma versão editável do documento.

Agora, removeremos a proteção por senha.

11 Exiba a página **Salvar como** do modo de exibição **Backstage** e, na área **Pasta Atual**, clique na pasta de arquivos de prática **Capítulo15**. Na parte inferior da caixa de diálogo **Salvar como**, na lista **Ferramentas**, clique em **Opções Gerais**.

12 Na caixa de diálogo **Opções Gerais**, selecione o conteúdo da caixa **Senha de gravação**, pressione **Delete** e clique em **OK**.

13 Na caixa de diálogo **Salvar como**, clique em **Salvar**.

Agora, iremos criptografar o documento e exigir uma senha para abri-lo.

14 Exiba a página **Informações** do modo de exibição **Backstage**. Clique no botão **Proteger Documento** e clique em **Criptografar com Senha** para abrir a caixa de diálogo **Criptografar Documento**.

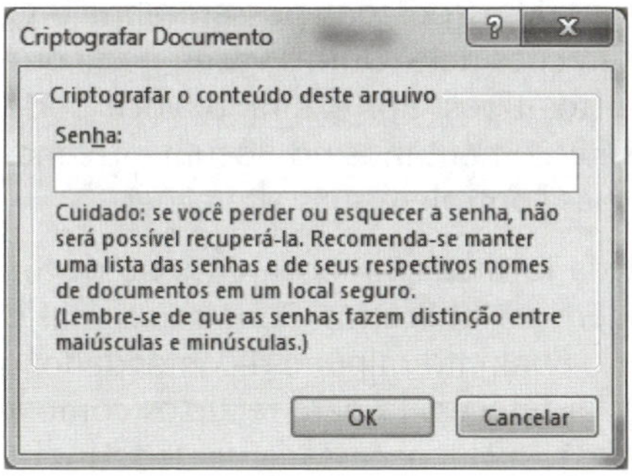

Após a senha ser atribuída, não será mais possível abrir o documento sem ela.

15 Nas caixas de diálogo **Criptografar Documento** e **Confirmar Senha**, digite **Senh@** na caixa **Senha** e clique em **OK**.

O status protegido do documento será exibido na página Informações do modo de exibição Backstage.

16 Feche o documento **Meus Empréstimos**, salvando suas alterações, e reabra-o. Teste a segurança do documento tentando abri-lo com uma senha incorreta.

17 Se quiser remover a criptografia com senha, abra o documento **Meus Empréstimos** usando a senha **Senh@**. Na página **Informações** do modo de exibição **Backstage**, na lista **Proteger Documento**, clique em **Criptografar com Senha**. Na caixa de diálogo **Criptografar Documento**, exclua a senha da caixa **Senha** e clique em **OK**.

ENCERRAMENTO Feche o documento Meus Empréstimos; se quiser, salve as alterações.

Controle de alterações

Algumas vezes, você irá querer que as pessoas possam abrir e visualizar um documento, mas não façam alterações nele. Outras vezes, pode querer permitir alterações, mas somente de certos tipos. Por exemplo, você pode especificar que outras pessoas possam inserir comentários no documento, mas não façam alterações, ou pode exigir que elas controlem suas alterações.

Para evitar que alguém introduza formatação incoerente no documento, você pode limitar os estilos que podem ser aplicados. Pode selecionar os estilos individualmente ou implementar o conjunto mínimo recomendado, que consiste em todos os estilos de que o Word necessita para recursos como sumários. (O conjunto mínimo recomendado não inclui necessariamente todos os estilos usados no documento.)

Você pode proteger um documento de alterações não autorizadas especificando as restrições de formatação e edição no painel Restringir Edição. Há dois modos de exibir esse painel:

- Na página **Informações** do modo de exibição **Backstage**, clique no botão **Proteger Documento** e em **Restringir Edição**.
- Na guia **Revisão**, no grupo **Proteger**, clique no botão **Restringir Edição**.

Você especifica as alterações que são permitidas no documento neste painel.

Neste exercício, você irá definir restrições de edição e formatação para permitir seletivamente modificações em um documento.

PREPARAÇÃO Você precisa do documento ProcedimentosRestrito localizado na pasta de arquivos de prática Capítulo15 para realizar este exercício. Abra o documento e siga os seguintes passos:

1 Na guia **Revisão**, no grupo **Proteger**, clique no botão **Restringir Edição**.

2 Na área **Restrições de formatação** do painel **Restringir Edição**, marque a caixa de seleção **Limitar formatação a uma seleção de estilos** e clique no link **Configurações** para abrir a caixa de diálogo **Restrições de Formatação**.

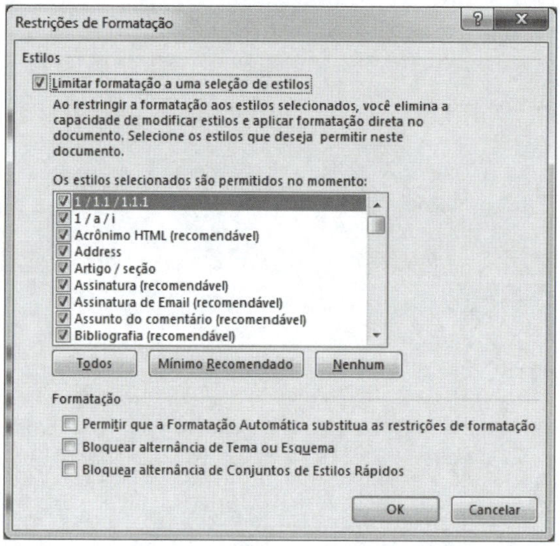

Todos os estilos disponíveis são permitidos no momento.

3 Percorra a lista **Os estilos selecionados são permitidos no momento** para visualizar os estilos no modelo anexo ao documento aberto, inclusive estilos que estejam disponíveis, mas não em uso no momento.

4 Abaixo da lista, clique no botão **Mínimo Recomendado**. A seguir, percorra a lista novamente. Todos os estilos selecionados estão designados pela palavra **recomendável**.

O conjunto recomendado não inclui alguns dos estilos usados no documento, portanto, adicionaremos outros aos que são permitidos.

5 Próximo ao início da lista, marque a caixa de seleção **Address**. Depois, percorra a lista e marque as caixas de seleção **BulletList1** e **BulletList2**.

6 Na área **Formatação**, marque as caixas de seleção **Bloquear alternância de Tema ou Esquema** e **Bloquear alternância de Conjuntos de Estilos Rápidos**. Clique em **OK** para implementar o conjunto restrito de estilos.

O Word exibirá uma mensagem informando que o documento pode conter formatação ou estilos que não sejam permitidos.

7 Na caixa de mensagem, clique em **Sim** para remover os outros estilos e formatações. Isso faz com que o número de telefone e outros parágrafos recuados retornem ao estilo **Normal**.

8 Na área **Restrições de edição** do painel **Restringir Edição**, marque a caixa de seleção **Permitir apenas este tipo de edição no documento**. Então, na lista associada, clique em **Alterações controladas**.

9 Na área **Aplicar proteção** do painel **Restringir Edição**, clique em **Sim, Aplicar Proteção** para abrir a caixa de diálogo **Aplicar Proteção**.

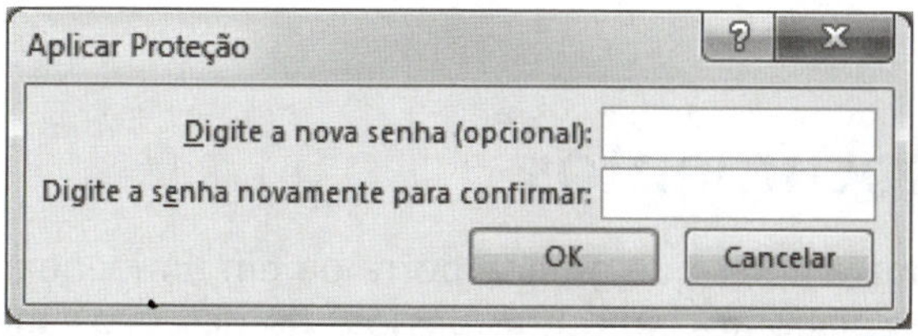

Quem não souber a senha não poderá desativar as restrições.

10 Sem digitar uma senha, clique em **OK**. Observe que o painel **Restringir Edição** agora fornece informações sobre ações permitidas enquanto as restrições estiverem ativas.

11 Exiba a guia **Página Inicial** e note que muitos dos botões nos grupos **Fonte** e **Parágrafo** não estão disponíveis.

12 Exiba a guia **Revisão** e aponte para o botão **Controlar Alterações**.

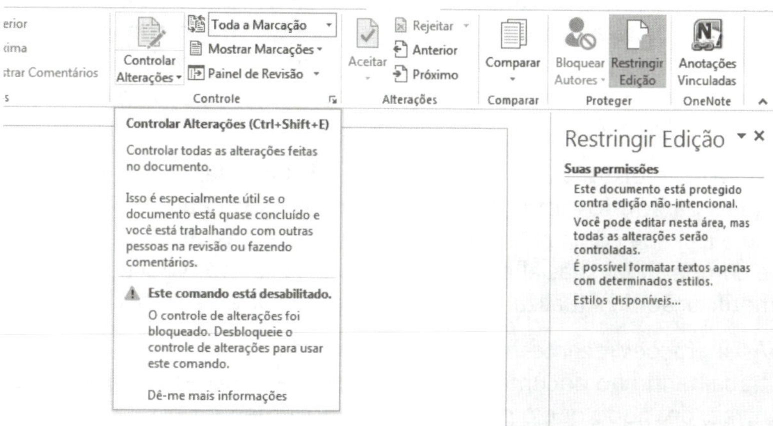

O botão Controlar Alterações foi desabilitado; todas as alterações serão controladas.

13 No título do documento, clique duas vezes na palavra **Administrativos** e digite **Operacionais**. Note que sua alteração está marcada como uma revisão. Qualquer edição que fizer será registrada e, visto que o botão **Controlar Alterações** não está disponível, você não pode desativá-lo.

ENCERRAMENTO Feche o documento ProcedimentosRestrito; se quiser, salve as alterações.

Coautoria de documentos

Trabalhando em uma empresa de grande porte ou em um pequeno negócio, você talvez precise colaborar com outras pessoas no desenvolvimento de um documento. Não importa quais sejam as circunstâncias, pode ser difícil ficar a par das diferentes versões de um documento produzido por diferentes pessoas. Se armazenar um documento em um local compartilhado, como um site do Microsoft SharePoint, diversas pessoas podem utilizar o Word para trabalhar nele simultaneamente.

Depois de salvar um documento em um local compartilhado, você pode abri-lo e indicar que deseja editá-lo, sem o conferir primeiro. Você pode trabalhar na versão armazenada no site, como o faria com um documento em seu próprio computador. Quando outro colaborador começar a fazer alterações no arquivo salvo no site, o Word alertará sobre a presença dessa pessoa exibindo um ícone na barra de tarefas e uma lista das pessoas que estão editando o documento no momento na página Informações do modo de exibição Backstage. Você pode enviar um email ou uma mensagem instantânea para os editores do documento a partir desse local.

O Word registra as alterações que as pessoas fazem no documento e indica quais parágrafos estão sendo editados no momento e por quem. Você pode atualizar sua cópia do documento para refletir as alterações das outras pessoas, e compartilhar suas alterações com elas, salvando o documento ou clicando na notificação de Atualizações Disponíveis na barra de status.

As alterações recentes são indicadas por texto colorido. Se cada pessoa que está trabalhando no documento controlar suas alterações, elas permanecerão disponíveis, de modo que o proprietário do documento possa aceitá-las ou rejeitá-las quando a equipe tiver terminado de trabalhar no documento.

Dessa forma, pode-se trabalhar eficientemente em um documento tanto no mesmo prédio do escritório quanto do outro lado da cidade ou em um fuso horário diferente.

Restrição de quem pode fazer o que em documentos

Se um software de gerenciamento de direitos estiver instalado em seu computador, será possível controlar quem visualiza seus documentos e trabalha neles. Se tiver essa funcionalidade, uma opção Restringir Permissão por Pessoa aparecerá na lista exibida ao clicar no botão Proteger Documento na área de Permissões da página Informações. Clicando em Restringir Permissão por Pessoa e em Acesso Restrito, a caixa de diálogo Permissão será exibida. Nessa caixa de diálogo, você pode clicar em Restringir Permissão para este Documento e permitir que pessoas específicas executem tarefas específicas, como abrir, imprimir, salvar ou copiar o documento. Quando essa proteção está ativada, outras pessoas não podem realizar essas tarefas. As permissões atribuídas são armazenadas com o documento e aplicadas não importa onde o arquivo esteja armazenado.

Antes de poder trabalhar em um documento cujo acesso foi restringido, você deve confirmar suas credenciais em um servidor de licenciamento. Pode-se, então, baixar uma licença de uso que define as tarefas para as quais tem autorização de executar no documento. É preciso repetir esse processo para cada documento restringido.

Pontos-chave

- Você pode mesclar diversas versões de um documento, de modo que as alterações em todas as versões sejam registradas em um documento.
- Você pode inserir comentários em um documento para fazer perguntas ou explicar edições sugeridas.
- Quando se colabora em um documento, é possível registrar as revisões feitas nele sem perder o texto original.
- Se apenas pessoas específicas devem trabalhar em um documento, você pode protegê-lo com uma senha. Também é possível restringir o que as pessoas podem fazer nele.
- Várias pessoas podem editar simultaneamente um documento que esteja armazenado em um site do SharePoint.

Visão geral do capítulo

Estilizar

Crie estilos e modelos personalizados, página 454

Criar

Crie blocos de construção personalizados, página 472

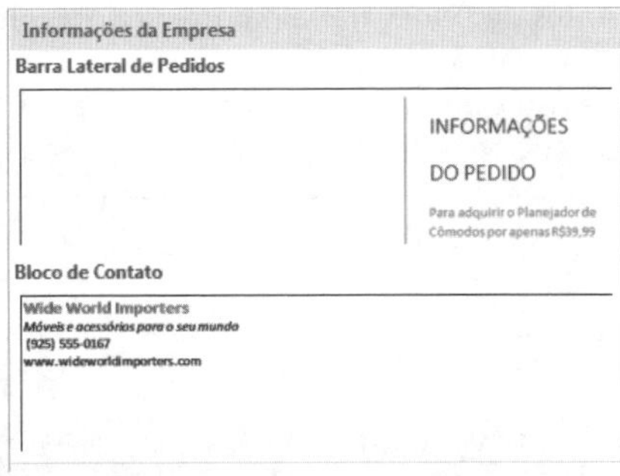

Alterar

Altere opções padrão do programa, página 478

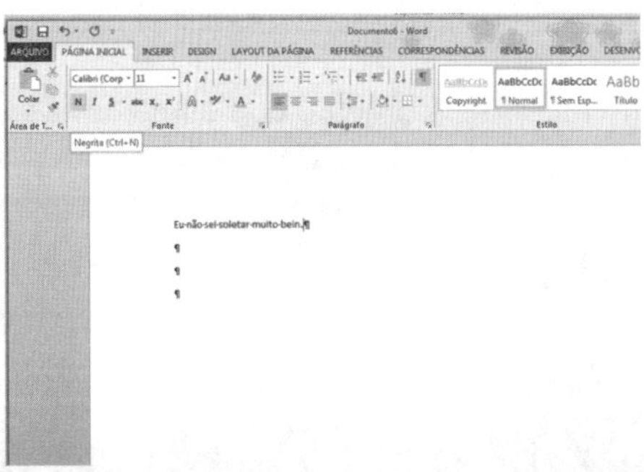

Comandar

Personalize a Faixa de Opções, página 494

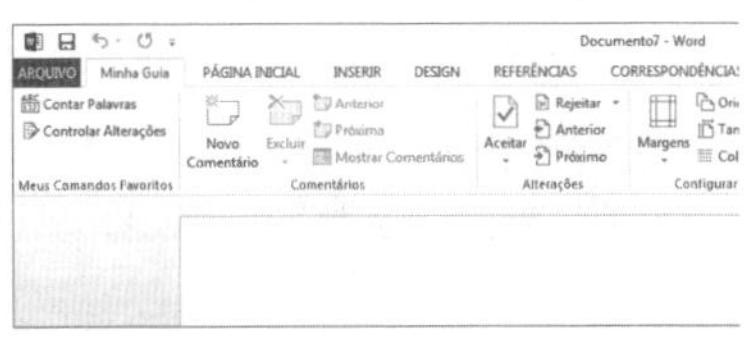

Como trabalhar no Word com mais eficiência

16

NESTE CAPÍTULO, VOCÊ APRENDERÁ A:

- Criar estilos e modelos personalizados.
- Criar blocos de construção personalizados.
- Alterar as opções padrão do programa.
- Personalizar a Barra de Ferramentas de Acesso Rápido.
- Personalizar a Faixa de Opções.

Se você usa o Microsoft Word 2013 de vez em quando, deve estar plenamente satisfeito com os documentos criados com a grande variedade de ferramentas que já mostramos neste livro. Pode ser que você esteja de acordo com as opções padrão do ambiente de trabalho e com as configurações dos bastidores. Porém, se você cria muitos documentos de tipos diversos, talvez queira simplificar o processo ou alterar aspectos do programa para que ele fique mais adequado aos tipos de documento que você cria.

Neste capítulo, você aprenderá a criar estilos, modelos e blocos de construção personalizados, que podem tornar o desenvolvimento de documentos muito mais eficiente. Você irá explorar a caixa de diálogo Opções do Word e testar algumas das formas em que o programa pode ser personalizado. Depois, modificará a Barra de Ferramentas de Acesso Rápido e a Faixa de Opções para que as ferramentas de que você necessita no seu trabalho diário estejam ao seu alcance.

ARQUIVOS DE PRÁTICA Para realizar os exercícios deste capítulo, você precisa dos arquivos de prática contidos na pasta Capítulo16. Para mais informações, consulte "Como baixar os arquivos de prática" na Introdução deste livro.

Como criar estilos e modelos personalizados

Quando você quiser criar rapidamente um documento eficaz e de visual coordenado, você pode trabalhar em cima de um documento feito anteriormente por você ou por um dos seus colegas. Para isso, basta salvar o documento existente com um novo nome e depois personalizá-lo para atender ao propósito atual. Entretanto, se você cria o mesmo tipo de documento com frequência (como um relatório mensal ou trimestral), uma das maneiras mais eficientes de gerar o documento é baseá-lo em um modelo que já contém estilos de texto, caracteres e parágrafos, formatação de página e elementos gráficos que você normalmente utiliza nesse tipo de documento.

No que diz respeito à otimização e à eficiência na criação de documentos no Word, estilos e modelos são as ferramentas mais relevantes disponíveis para você. Livros inteiros foram escritos sobre essas ferramentas e, portanto, esta discussão tocará apenas a superfície do assunto. Primeiro, falaremos sobre modelos para contextualizarmos a discussão posterior sobre estilos.

Como criar e anexar modelos

Embora a maioria dos usuários do Word raramente perceba isto, o fato é que todos os documentos do Word são baseados em modelos. Os novos documentos em branco são baseados no modelo Normal integrado, que define estilos de parágrafo para parágrafos de texto comuns e diferentes níveis de títulos, além de alguns estilos de caracteres que podem ser utilizados para alterar a aparência de um texto selecionado. Esses estilos aparecem no painel Estilos e também estão disponíveis na galeria Estilo da guia Página Inicial. Você pode aplicar os estilos de modelo para formatar o conteúdo do documento.

CONSULTE TAMBÉM Para mais informações sobre aplicação de estilos, consulte "Aplicação de estilos ao texto" no Capítulo 3, "Como modificar a estrutura e a aparência do texto".

Dependendo dos tipos de documentos que você cria e da organização para a qual eles são criados, é possível que você fique satisfeito trabalhando no modelo Normal ao longo de toda a sua atividade de processamento de textos. Entretanto, há muitos outros modelos disponíveis quando se trabalha com o Word 2013. A maioria deles é direcionado para algum tipo específico de documento e vários deles já estão preenchidos com textos, tabelas, imagens e outros conteúdos que podem ser modificados para atender às necessidades do usuário. Alguns dos modelos já estão instalados no seu computador junto com o Word. Muitos outros modelos são armazenados no site do Microsoft Office e podem ser localizados e utilizados diretamente do Word (desde que você tenha conexão com a Internet). Você pode criar um documento baseado em um desses modelos a partir da tela inicial ou a partir da página Novo no Modo de Exibição Backstage.

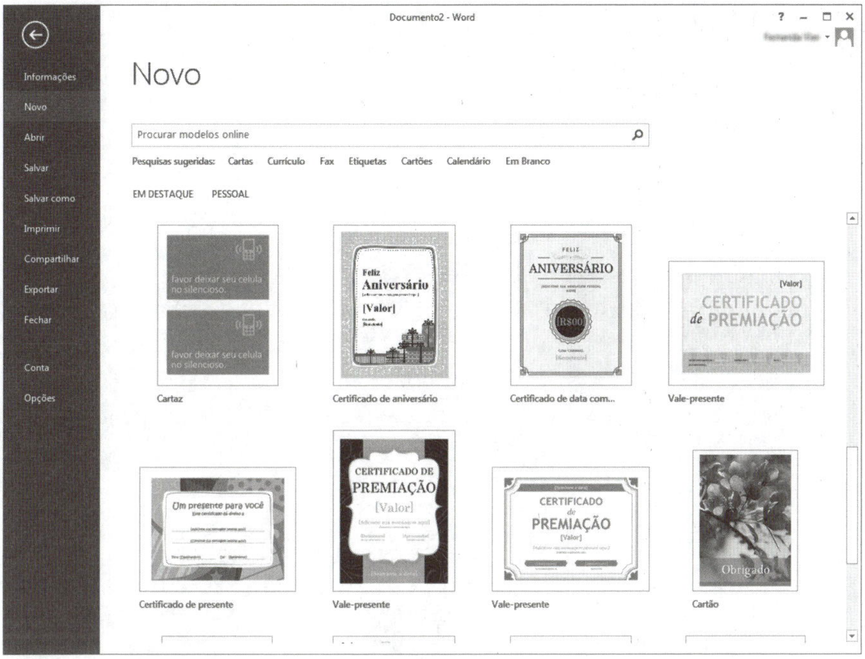

Modelos em destaque na página Novo do Modo de Exibição Backstage quando se trabalha online.

DICA As categorias Em Destaque e Pessoal aparecem na página Novo só depois de configurada uma pasta de modelos pessoais. Há mais informações mais adiante neste capítulo.

Os modelos disponíveis na página Novo variam se você está trabalhando online ou offline.

- Quando você trabalha online (isto é, quando o seu computador possui conexão com a Internet naquele momento, mesmo que você não esteja utilizando a Internet), a página **Novo** exibe miniaturas de modelos em destaque. Esses modelos variam de acordo com a época do ano. Podem incluir, por exemplo, modelos específicos para um feriado ou estação do ano para a criação de comunicados, convites e boletins informativos. A caixa de pesquisa no topo da página está ativa e você pode inserir um termo de pesquisa para exibir modelos online relacionados ou clicar em uma categoria abaixo da caixa de pesquisa para exibir modelos online daquela categoria.
- Quando você trabalha offline, a página **Novo** exibe apenas os modelos armazenados no seu computador. Isso inclui qualquer modelo que você já tenha utilizado antes e uma seleção de modelos de cartas, relatórios, currículos e calendários. Nesse caso, a caixa de pesquisa não está disponível (pode-se apenas pesquisar os modelos offline, rolando a barra de rolagem para visualizar as miniaturas na página **Novo**).

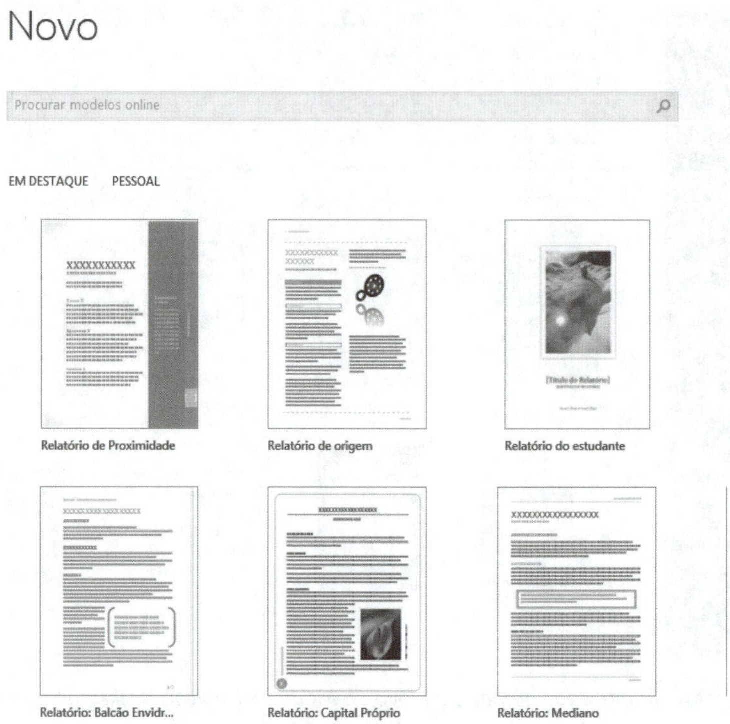

Conteúdo da página Novo do Modo de Exibição Backstage quando se trabalha offline.

Os modelos de documento do Word contêm elementos como:

- **FORMATAÇÃO** A maioria dos modelos contém informações de formatação que, além dos estilos, podem incluir configurações de layout da página, planos de fundo, temas e outros. Um modelo que só contém formatação define a aparência do documento e você adiciona o seu próprio conteúdo.
- **TEXTO** Os modelos também podem conter texto, que você personaliza para os seus propósitos. Se você basear um novo documento em um modelo de agenda do site Office.com, o texto já estará no lugar e tudo que você terá que fazer é personalizá-lo. Às vezes um documento baseado em um modelo exibe espaços reservados para texto formatados e cercados por colchetes em vez de texto propriamente dito, como em [Nome da Empresa]. Para substituir o espaço reservado pelo texto que você deseja, clique no espaço reservado e depois digite. Se um espaço reservado não for necessário, basta excluir o espaço sobressalente.
- **ELEMENTOS GRÁFICOS, TABELAS, GRÁFICOS E DIAGRAMAS** Os modelos podem incluir elementos gráficos pré-prontos, seja para usar como eles

estão ou como espaços reservados para elementos feitos sob medida para aquele documento específico.

- **BLOCOS DE CONSTRUÇÃO** Alguns modelos têm blocos de construção personalizados, como cabeçalhos, rodapés ou folhas de rosto, disponíveis para uso em determinados tipos de documento. Podem também incluir AutoTexto, como informações de contato, direitos autorais ou políticas de privacidade.

  CONSULTE TAMBÉM Para mais informações sobre blocos de construção, consulte "Como inserir partes pré-formatadas de documentos" no Capítulo 9, "Como adicionar elementos visuais", e "Como criar blocos de construção personalizados" mais adiante neste capítulo.

- **GUIAS, COMANDOS E MACROS PERSONALIZADOS** Modelos mais sofisticados podem incluir guias da Faixa de Opções, comandos de barras de ferramentas ou macros personalizados que são específicos para servir àquele modelo. Macros são séries gravadas de comandos que permitem ao usuário realizar todo um processo em um clique. O tópico macros está além do âmbito deste livro. Para mais informações, procure a Ajuda do Word.

  DICA Os arquivos de modelos do Word 2013 apresentam duas extensões de nome de arquivo, dependendo do conteúdo. Os modelos que contêm macros possuem a extensão de nome de arquivo .dotm. Já os modelos que não contêm macros possuem a extensão .dotx.

Quando um novo documento é baseado em um modelo, diz-se que esse modelo está *anexado* ao documento. Os estilos definidos pelo modelo anexado aparecem no painel Estilos para que você possa aplicá-los facilmente a qualquer conteúdo que for adicionado ao documento. É possível alterar o modelo de documento, anexando outro diferente. Também pode-se carregar modelos como *modelos globais* para que o conteúdo fique disponível para todos os documentos em que você trabalhar. Dois modelos globais são carregados automaticamente pelo Word: o modelo Normal e o modelo Blocos de Construção, podendo-se carregar outros. Sua empresa pode ter um modelo Blocos de Construção Personalizados, por exemplo, contendo partes rápidas de temática corporativa que devem ser utilizadas em todos os documentos.

DICA Se, ao criar um documento baseado em um modelo, o indicador (*Modo de Compatibilidade*) aparecer na barra de título, significa que aquele modelo foi criado em uma versão anterior do Word. Normalmente, isso não tem nenhuma implicação na utilização do modelo, mas tenha em mente que algumas funcionalidades do Word estão desabilitadas no Modo de Compatibilidade. Para atualizar um documento para o Word 2013, clique no botão Converter na página Informações do Modo de Exibição Backstage.

Se nenhum dos modelos integrados ao Word ou baixados do site Office.com atender às suas necessidades, você pode criar o seu próprio modelo. Também é possível distribuir o modelo personalizado entre outras pessoas. Ao fazer isso, você garante que os documentos criados por você e por seus colegas sigam um conjunto específico de estilos ou sejam baseados no mesmo conteúdo.

É fácil fazer um modelo personalizado: basta criar um documento com o conteúdo, os estilos e as configurações que você deseja e depois salvá-lo como um Modelo do Word (um arquivo .dotx) e não como um Documento do Word (arquivo .docx). Pode-se salvar um modelo personalizado contendo texto, o que é bastante conveniente se você cria muitos documentos com pequenas variações entre eles. Pode-se também excluir o texto para que um novo documento baseado naquele modelo seja aberto na forma de um documento em branco com um conjunto de estilos pré-definidos disponíveis para serem aplicados a qualquer conteúdo inserido.

Um modelo personalizado pode ser salvo em qualquer local. Depois, para abrir um novo documento baseado nele, é só procurar e clicar duas vezes sobre o nome do arquivo. Se você salvar o modelo na pasta Modelos Personalizados do Office, ele aparecerá quando você clicar em Pessoal no topo da página Novo do Modo de Exibição Backstage.

DICA Em versões anteriores do Office, o local padrão para Modelos era uma pasta oculta armazenada em C:\Users\<nome do usuário>\ApplicationData\Roaming\Microsoft\Templates. Já o Word 2013 permite que você escolha a sua própria pasta de Modelos Personalizados na página Salvar do Modo de Exibição Backstage.

No Capítulo 3, "Como modificar a estrutura e a aparência do texto", discutimos sobre como atribuir formatos e níveis de estrutura de tópicos ao conteúdo por meio da aplicação de estilos e como alterar a aparência do conteúdo estilizado pela utilização de conjuntos de estilo. Ainda que os conjuntos de estilo proporcionem uma maneira rápida e fácil de alterar a aparência de um documento existente, pode haver momentos em que você queira anexar um modelo totalmente diferente ao documento. Você pode, por exemplo, anexar um modelo específico para a empresa que contenha um conjunto de estilo definido que seja adequado à comunicação corporativa.

O modelo é anexado a partir da guia Desenvolvedor, que está oculta por padrão. Para exibir a guia Desenvolvedor, abra a caixa de diálogo Opções do Word e vá até a página Personalizar Faixa de Opções. No painel Personalizar a Faixa de Opções, que mostra as guias principais, selecione a caixa de seleção à esquerda de Desenvolvedor.

Para anexar um modelo diferente a um documento aberto e restaurar os estilos do documento aos estilos do modelo, siga os seguintes passos:

1 Na guia **Desenvolvedor**, grupo **Modelos**, clique em **Modelo de Documento** para exibir a aba **Modelos** da caixa de diálogo **Modelos e Suplementos**.

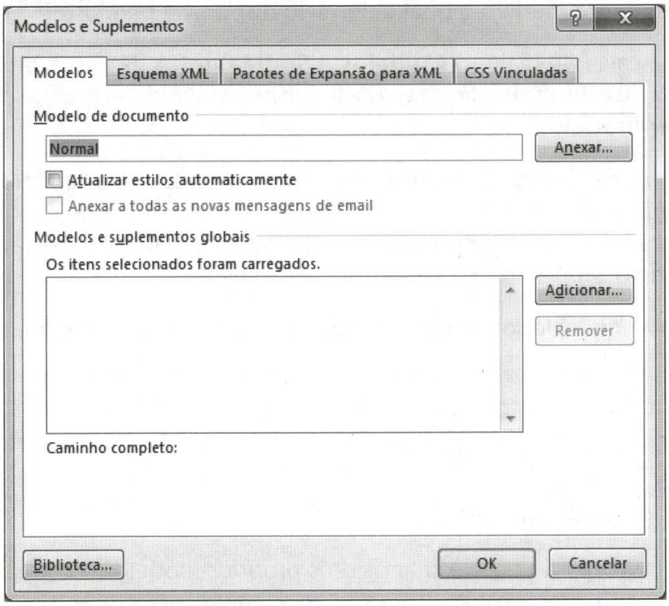

Nesta aba, pode-se anexar um modelo de documento ou carregar um modelo global.

2 Na área **Modelo de documento**, clique em **Anexar** para abrir a caixa de diálogo **Anexar modelo**. Navegue até o modelo que deseja anexar e clique duas vezes sobre ele para inserir o caminho do modelo no campo **Modelo de documento**.

3 Na caixa de diálogo **Modelos e Suplementos**, selecione a caixa de seleção **Atualizar estilos automaticamente** e clique em **OK** para anexar o novo modelo e atualizar os estilos do documento.

Se os estilos no novo modelo tiverem nomes iguais aos dos estilos no modelo original, a formatação associada aos estilos será modificada quando você anexar o novo modelo. Se os estilos tiverem nomes diferentes, o conteúdo do documento pode ser reestilizado rapidamente por meio dos comandos disponíveis no painel Estilos. Para substituir os estilos anexados ao conteúdo:

- No painel **Estilos**, passe com o mouse sobre o nome do estilo antigo, clique na seta que aparece à direita do nome e depois em **Selecionar Tudo**. Em seguida, clique no nome do novo estilo.

Para carregar um modelo global e deixá-lo disponível para uso:

1. Abra a caixa de diálogo **Modelos e Suplementos**. Na área **Modelos e suplementos globais**, clique em **Adicionar** para abrir a caixa de diálogo **Adicionar modelo**.
2. Na caixa de diálogo **Adicionar modelo**, navegue até o modelo que deseja carregar e clique sobre ele duas vezes para inserir o nome do modelo no painel **Modelos e suplementos globais**. Uma marca de seleção indica que o modelo está ativo.
3. Na caixa de diálogo **Modelos e Suplementos**, clique em **OK**.

DICA Para desativar um modelo global (mantendo-o disponível para uso no futuro), desmarque a caixa de seleção do modelo. Para descarregar um modelo, selecione-o na lista e clique em Remover.

Como criar e alterar estilos

Mesmo que você não queria criar os seus próprios modelos, é de grande utilidade saber criar e alterar estilos. Quando você aplica formatação de caracteres ou de parágrafos diretamente, somente os caracteres e parágrafos selecionados são afetados. Nesse caso, se você mudar de ideia quanto à formatação de um elemento do documento, terá que modificar a formatação manualmente em cada ponto em que ela foi aplicada. Mas quando você formata caracteres e parágrafos por meio da aplicação de um estilo, basta alterar a definição de estilo para modificar a aparência desses caracteres e parágrafos. Com uma só mudança em um só ponto, altera-se completamente a aparência do documento.

Você já sabe que um documento em branco é baseado no modelo Normal. De início, o modelo Normal exibe um número limitado de estilos na galeria Estilo.

Mas, na verdade, ele contém estilos para praticamente todos os elementos imagináveis. Embora estejam disponíveis, esses estilos não são utilizados se você não aplicar o estilo ou adicionar o elemento correspondente ao documento. Por exemplo: existem nove estilos de parágrafo disponíveis para um índice, mas nenhum deles é utilizado até que você tenha criado e inserido um índice ao documento atual.

Para acessar estilos não utilizados e aplicá-los manualmente aos caracteres ou parágrafos, faça de uma das seguintes maneiras:

- Clique no iniciador da caixa de diálogo **Estilo** para exibir o painel **Estilos**. Por padrão, o painel mostra apenas os estilos recomendados no documento. Clique em **Opções** no canto inferior direito do painel para abrir a caixa de diálogo **Opções do Painel de Estilos**.

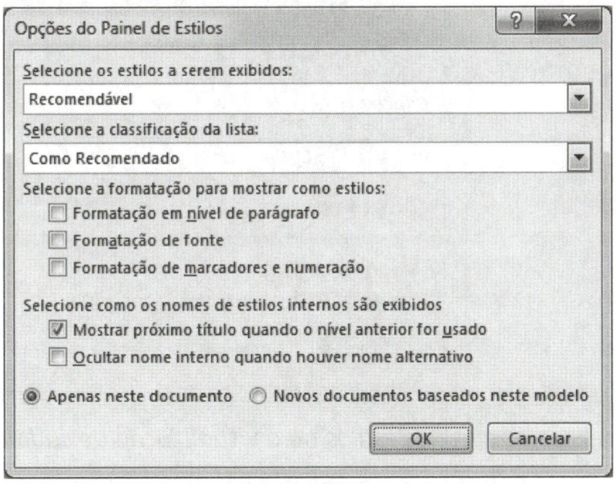

Você pode determinar quais estilos devem ser exibidos e de que forma.

Se você selecionar **Todos os estilos** na lista **Selecione os estilos a serem exibidos** e **Alfabético** na lista **Selecione a classificação da lista**, todos os estilos disponíveis (de todos os modelos e modelos globais) serão exibidos em ordem alfabética. Depois disso, pode-se aplicar um estilo do painel **Estilos** clicando sobre ele. Caso você prefira exibir uma visualização de cada estilo para que possa escolher visualmente entre os estilos, selecione a caixa de seleção **Mostrar Visualização** no final do painel.

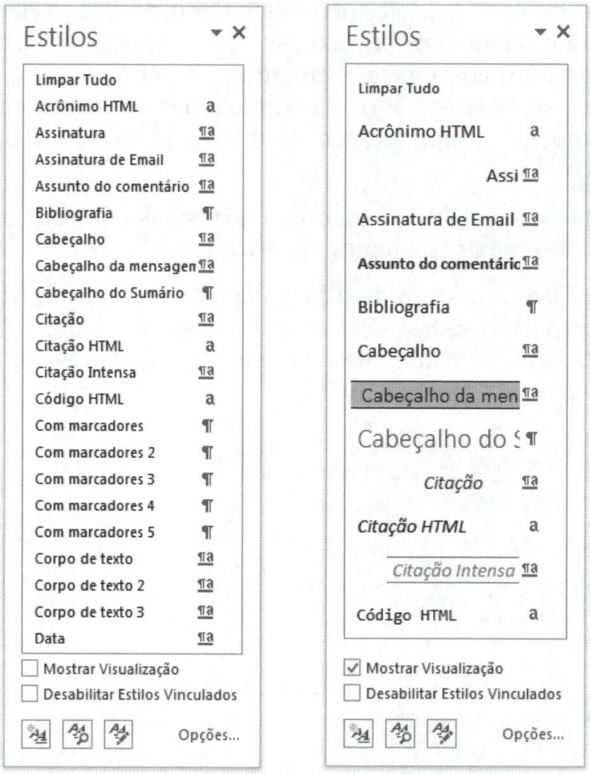

Você pode exibir apenas os nomes dos estilos ou a visualização de cada um.

DICA Ao selecionar a caixa de seleção Mostrar Visualização, os nomes dos estilos serão exibidos na formatação designada para aquele estilo. Passe o mouse sobre um estilo para exibir as especificações daquela formatação.

- Clique em **Aplicar Estilos** na parte inferior da galeria **Estilo** na guia **Página Inicial** para abrir a caixa de diálogo **Aplicar Estilos**. Se você não tem espaço para exibir todo o painel **Estilos**, deixe essa caixa de diálogo aberta enquanto trabalha e aplique ou reaplique estilos a partir dela.

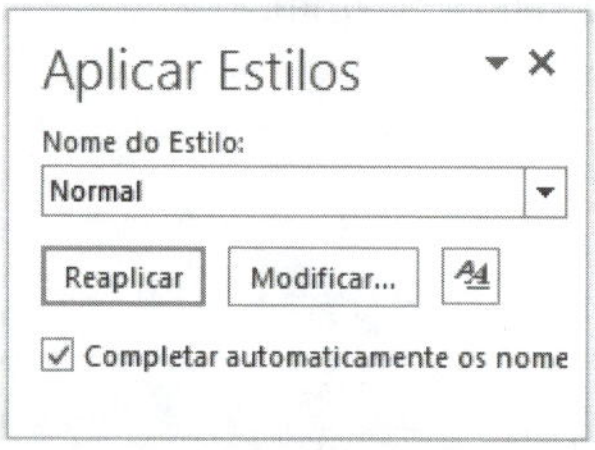

A caixa Nome do Estilo exibe o estilo aplicado à seleção ativa.

Se você selecionar um estilo diferente na lista **Nome do Estilo**, ele será aplicado ao parágrafo ativo ou ao texto selecionado. A lista **Nome do Estilo** exibe o mesmo conjunto de estilos do painel **Estilos**. Ou seja: se o painel estiver mostrando apenas os estilos em uso, a lista **Nome do Estilo** fará a mesma coisa.

- Clique em um estilo com o botão direito no painel **Estilos** ou passe o mouse sobre um estilo e clique na seta que aparece. Depois clique em **Adicionar à Galeria de Estilos** para adicionar o estilo à galeria **Estilo** na guia **Página Inicial** da Faixa de Opções.

Existem três tipos principais de estilos identificados por ícones no painel Estilo:

- **PARÁGRAFO** Estilos que incluem qualquer formatação que possa ser aplicada a um parágrafo. Podem também incluir formatação de caracteres. Estilos de parágrafo são aplicados a todo o parágrafo onde está o cursor. No painel **Estilos**, um estilo de parágrafo é identificado por uma marca de parágrafo à direita do nome.
- **CARACTERE** Estilos que incluem qualquer formatação que possa ser aplicada ao texto selecionado. Eles são aplicados sobre a formatação de caracteres designada pelo estilo de parágrafo. Da mesma maneira que a formatação direta de caracteres, os estilos de caracteres são aplicados ao texto selecionado. Para que sejam aplicados a um parágrafo inteiro, é preciso que ele seja selecionado.
- **VINCULADO** Estilos híbridos. Se você clicar em um parágrafo e aplicar o estilo, o estilo é aplicado ao parágrafo inteiro como se fosse um estilo de parágrafo. Se você selecionar um texto e depois aplicar o estilo, o estilo é aplicado apenas à seleção.

DICA Dois tipos adicionais de estilos (Tabela e Lista) são reservados para estilos com esses elementos.

A maneira mais fácil de personalizar a aparência de um documento é modificar um estilo existente em uma das seguintes formas:

- Aplicar um estilo a um parágrafo ou texto selecionado e ajustar a formatação para que o parágrafo ou seleção fique com a aparência desejada. Depois, atualizar a definição de estilo com a nova formatação. Para isso, clique com o botão direito do mouse no estilo na galeria **Estilo** ou na seta à direita do estilo no painel **Estilos** e depois em **Atualizar <estilo> para Corresponder à Seleção**.
- Clicar com o botão direito do mouse em um estilo na galeria **Estilo** e depois em **Modificar**, clicar na seta à direita de um estilo no painel **Estilos** ou exibir o nome do estilo na caixa de diálogo **Aplicar Estilos** e clicar em **Modificar**. Na caixa de diálogo **Modificar estilo**, alterar as configurações na área **Formatação** para chegar à aparência desejada.

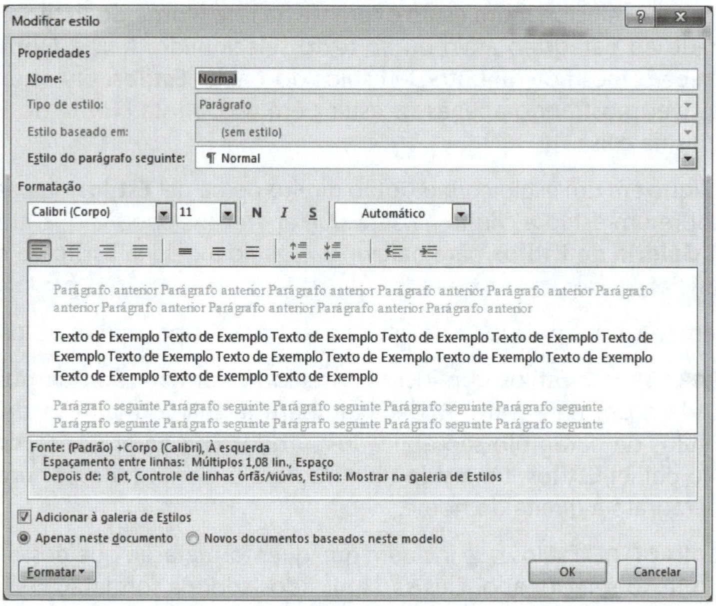

Você pode ajustar as definições de formatação de qualquer estilo alterando as configurações nesta caixa de diálogo.

Caso você modifique os estilos existentes, salve as novas definições de estilo como um conjunto de estilos. (Cada estilo novo deve ter o mesmo nome que o seu estilo existente correspondente.) Na guia Design, vá no final da galeria Conjunto de Estilos e clique em Salvar como um Novo Conjunto de Estilos para abrir a caixa de diálogo Salvar como Novo Conjunto de Estilos, onde você nomeia o conjunto. Sem trocar o local de armazenamento, clique em Salvar para salvar o conjunto de estilos na pasta QuickStyles. Assim, o conjunto de estilos torna-se acessível a qualquer documento e pode ser selecionado na galeria Conjunto de Estilos.

CONSULTE TAMBÉM Para mais informações sobre alteração de conjuntos de estilos, consulte "Como aplicar estilos ao texto" no Capítulo 3, "Como modificar a estrutura e a aparência do texto".

Se preferir criar um estilo em vez de redefinir um estilo já existente, aplique a formatação desejada para o estilo a um parágrafo ou seleção. Depois, clique em Criar um Estilo no final da galeria Estilo na guia Página Inicial ou então clique no botão Novo Estilo no canto inferior esquerdo do painel Estilos para abrir a caixa de diálogo Criar Novo Estilo a Partir da Formatação.

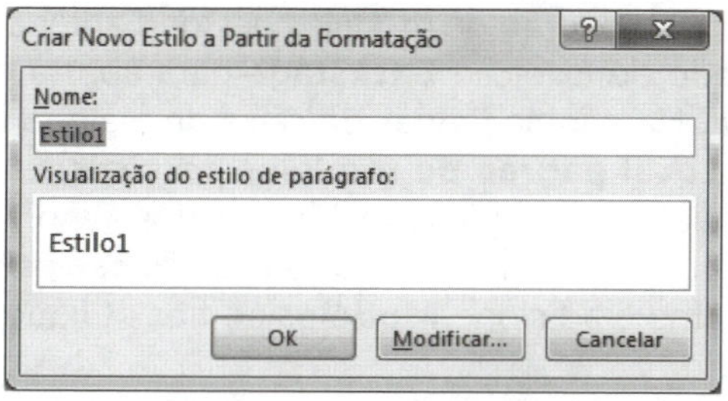

A caixa Visualização do estilo de parágrafo exibe a formatação aplicada ao próprio nome do estilo.

Se quiser refinar a definição do novo estilo, clique em Modificar para expandir a caixa de diálogo, que fica semelhante à caixa de diálogo Modificar estilo. (Clique no botão Novo Estilo no canto inferior esquerdo do painel Estilos para ir diretamente para a caixa de diálogo expandida.) Nessa caixa você pode determinar o nome, o tipo e toda a formatação do estilo. Se estiver trabalhando em cima de um estilo existente, pode selecionar esse estilo na lista Estilo baseado em e especificar as diferenças de formatação, em vez de definir todo o estilo do zero. Caso esteja criando um estilo como parte de um novo modelo, pode tornar o estilo parte desse modelo, e não apenas parte do documento atual.

Após criar os estilos desejados, você pode remover da galeria Estilo aqueles que não quiser mais. Basta clicar com o botão direito do mouse no estilo na galeria e depois em Remover da Galeria de Estilos. Os estilos continuarão disponíveis no painel Estilos e poderão ser adicionados de volta à galeria Estilo a qualquer momento. É só clicar na seta à direita do estilo no painel e depois em Adicionar à Galeria de Estilos. Para remover um estilo do painel Estilos, clique na seta à direita do estilo a ser removido, clique em Excluir ou em Reverter para <*estilo*> e depois clique em Sim para confirmar a exclusão.

DICA O comando Excluir aparece no menu apenas para estilos que não são baseados em outros estilos. Já o comando Reverter para aparece para estilos que são baseados em outros. Não é possível excluir um estilo integrado, mas, se ele foi modificado, pode-se reverter para a formatação original.

Neste exercício, você configurará um local para modelos pessoais, criará um documento baseado em um modelo de Word pré-definido e modificará e salvará esse documento como um modelo pessoal. Você criará um documento baseado no modelo pessoal. Depois, modificará os estilos em um documento existente, criará novos estilos, personalizará a galeria Estilos e salvará o documento como um modelo pessoal.

PREPARAÇÃO Você precisa do documento ModeloAutoras localizado na pasta de arquivos de prática Capítulo16 para realizar este exercício. Inicie o Word sem abrir o documento. Apenas siga os seguintes passos:

1 Se você não configurou a pasta padrão de modelos pessoais anteriormente, clique em **Opções** no Modo de Exibição **Backstage** para abrir a caixa de diálogo **Opções do Word**. Na página **Salvar** da caixa de diálogo **Opções do Word**, insira na caixa **Local padrão de modelos pessoais** o caminho da pasta em que você deseja armazenar os modelos criados. Caso você não tenha um local em mente, copie o caminho da caixa **Localização padrão do arquivo local** que está acima e adicione **Modelos** ao final. Clique em **OK** para salvar a configuração.

2 Na página **Novo** do Modo de Exibição **Backstage**, clique na categoria **Fax** abaixo da caixa de pesquisa para exibir miniaturas de folhas de rosto para mensagens fac-símiles.

DICA Após configurar uma pasta de modelos pessoais, as categorias Em Destaque e Pessoal aparecem no início da página Novo. Clicar sobre elas alterna a exibição entre os modelos em destaque e o conteúdo da sua pasta de modelos pessoais.

3 Role a lista e clique em um modelo da sua preferência (escolhemos o modelo **Folha de rosto básica de fax**). Depois, na janela de visualização, clique em **Criar** para baixar o modelo, criar um novo documento folha de rosto de fax baseado no modelo selecionado e preencher com as informações sobre você que o Word tem armazenadas.

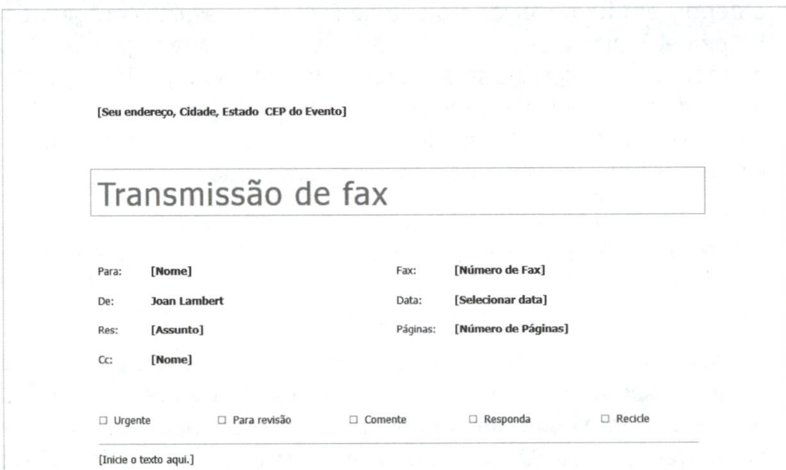

A página folha de rosto de fax tem espaços reservados para os textos que você deve fornecer.

4 Substitua ao menos um espaço reservado com as suas próprias informações de contato. (Imagine que você está preenchendo o modelo com todas as informações que seriam iguais para todos os fax que você envia.) Depois, faça qualquer tipo de alteração que você quiser na formatação.

5 No Modo de Exibição **Backstage**, clique na página **Salvar como**. No painel esquerdo da página **Salvar como**, clique em **Computador**. No painel direito, clique no botão **Procurar** para abrir a caixa de diálogo **Salvar como**.

6 Na lista **Tipo**, clique em **Modelo do Word**. Observe que o caminho da pasta na barra de **Endereço** muda para exibir a pasta padrão de modelos pessoais.

7 No campo **Nome do arquivo**, insira **Meu Modelo para Fax**. Clique em **Salvar**.

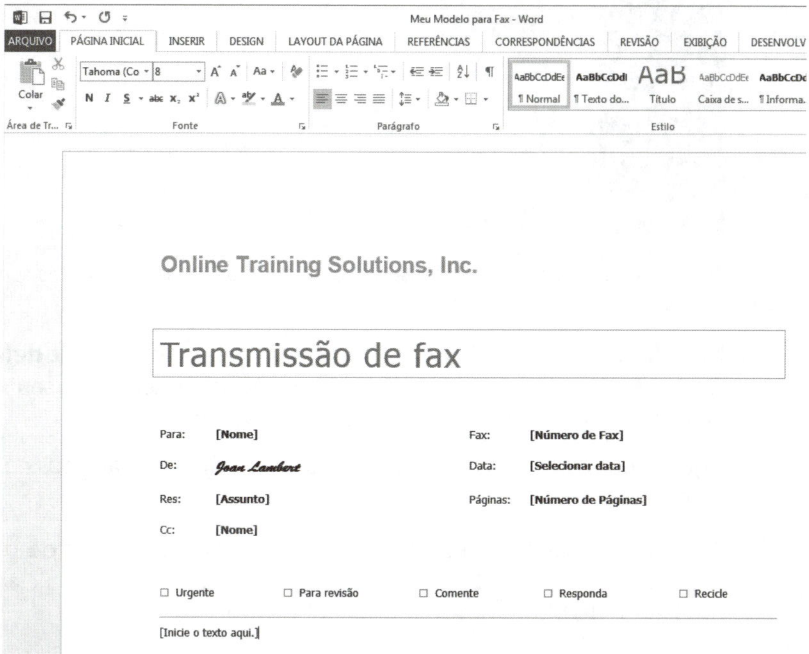

O novo nome do arquivo é exibido na barra de título, mas não há indicação de que este é um modelo e não um documento comum.

8 No Modo de Exibição **Backstage**, clique em **Fechar** para fechar o modelo sem sair do Word.

9 Na página **Novo** do Modo de Exibição **Backstage**, acima das miniaturas, clique em **Pessoal** para exibir o conteúdo da pasta de modelos pessoais.

DICA Se você cria muitos modelos próprios, pode organizá-los em subpastas na sua pasta de modelos pessoais. Para criar subpastas, procure pela pasta de modelos pessoais no Explorador de Arquivos e clique em Nova pasta ou clique em Nova pasta na caixa de diálogo Salvar como.

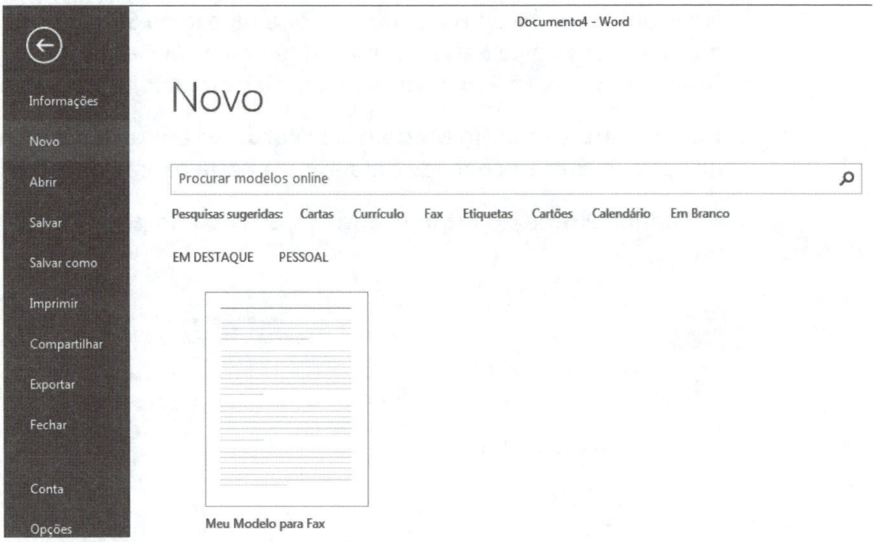

O modelo personalizado está disponível quando os modelos pessoais são exibidos na página Novo.

10 Na lista de modelos **Pessoal**, clique na miniatura **Meu Modelo para Fax**. Observe que o Word cria um novo documento baseado no seu modelo personalizado sem exibir um painel de visualização.

Agora, modificaremos um documento existente e salvaremos como um modelo.

11 Abra o documento **ModeloAutoras** da pasta de arquivos de prática **Capítulo16** e (se o painel **Estilos** não estiver aberto) clique no iniciador da caixa de diálogo **Estilo** para exibir o painel **Estilos**.

Na parte inferior do painel **Estilos**, clique no link **Opções** para abrir a caixa de diálogo **Opções do Painel de Estilos**.

13 Na lista **Selecione os estilos a serem exibidos**, selecione **No documento atual**. Na lista **Selecione a classificação da lista**, clique em **Alfabético**. Clique em **OK**.

14 Selecione todo o texto do documento: clique em **Selecionar** e depois em **Selecionar Tudo** no grupo **Edição** da guia **Página Inicial** ou pressione **Ctrl+T**. Com o texto selecionado, configure a fonte para **Tahoma**.

15 Selecione o título e o primeiro título 1 e altere a cor da fonte para a primeira amostra roxa na galeria **Cores do Tema** (**Roxo, Ênfase 4**).

16 Selecione o primeiro parágrafo abaixo de **Autora1** e configure o tamanho da fonte em **12**.

17 Clique em qualquer lugar do título **As Autoras**. No painel **Estilos**, passe o mouse sobre o estilo **Título** ativo, clique com o botão direito e depois clique em **Atualizar Título para Corresponder à Seleção**. Isso altera as configurações de face e de cor da fonte designadas para aquele estilo.

Agora modificaremos o estilo para que a cor da linha abaixo do título fique coordenada com a cor da fonte do título.

18 No painel **Estilos**, passe o mouse em **Título**, clique na seta que aparece e depois em **Modificar** para abrir a caixa de diálogo **Modificar estilo**. No canto inferior esquerdo da caixa de diálogo, clique em **Formatar** para exibir uma lista de elementos de formatação que podem ser alterados para aquele estilo.

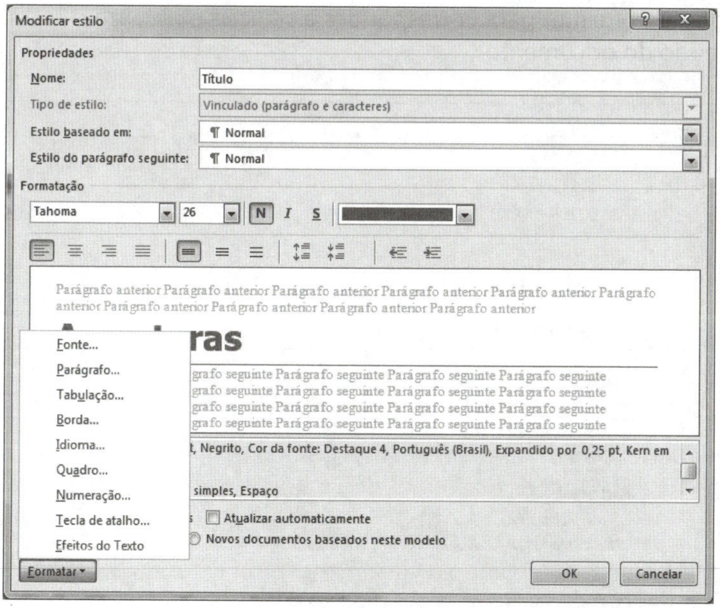

Você pode modificar o mesmo número de aspectos em um estilo e em um texto do documento.

19 No menu **Formatar**, clique em **Borda** para exibir a aba **Bordas** da caixa de diálogo **Bordas e sombreamento**. Na caixa de diálogo **Bordas e sombreamento**, clique na seta **Cor** e, na paleta **Cores do Tema**, clique na amostra de roxo mais escura (**Roxo, Ênfase 4, Mais Escuro 50%**). Na área **Visualização**, clique na borda azul existente para alterar a sua cor. Clique em **OK** nas duas caixas de diálogo.

Agora atualizaremos os outros estilos que modificamos anteriormente.

20 Clique em qualquer lugar do título 1 **Autora1**. No painel **Estilos**, clique com o botão direito do mouse no estilo **Título 1, h1** ativo e depois clique em **Atualizar Título1 para Corresponder à Seleção**. Repare que a formatação dos outros dois títulos se alteram para corresponder à formatação de **Autora1**. (Imagine a economia de tempo ao fazer isso em um documento com dezenas de títulos!)

21 Clique em qualquer ponto do parágrafo **<parágrafo1>** e depois atualize o estilo **Normal** para corresponder à seleção e atualize o restante do conteúdo do documento.

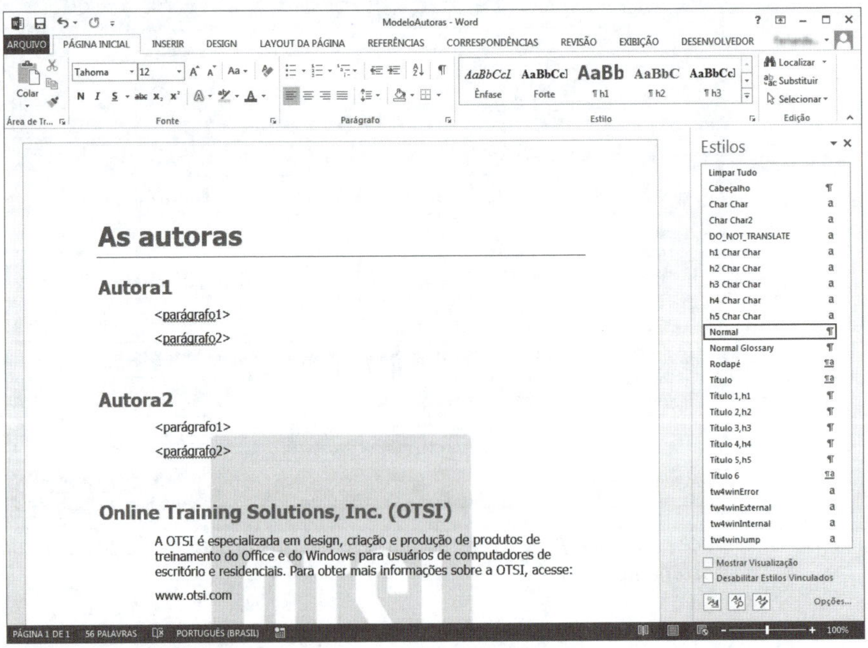

A atualização de um estilo modifica a formatação de qualquer parágrafo ao qual o estilo esteja aplicado.

22 Selecione o último parágrafo do documento (o parágrafo do **Copyright**). Utilizando os comandos da **Minibarra de Ferramentas**, mude o tamanho da fonte para **9** e modifique a seleção para negrito, sublinhado e roxo.

23 Com o parágrafo **Copyright** selecionado, clique na seta **Mais** no grupo **Estilo**. No menu **Estilos**, abaixo da galeria **Estilo**, clique em **Criar um Estilo** para abrir a caixa de diálogo **Criar Novo Estilo a Partir da Formatação**.

24 No campo **Nome**, Substitua **Estilo1** por **Copyright** e depois clique em **Modificar** para expandir a caixa de diálogo para que ela exiba as opções de modificação do novo estilo.

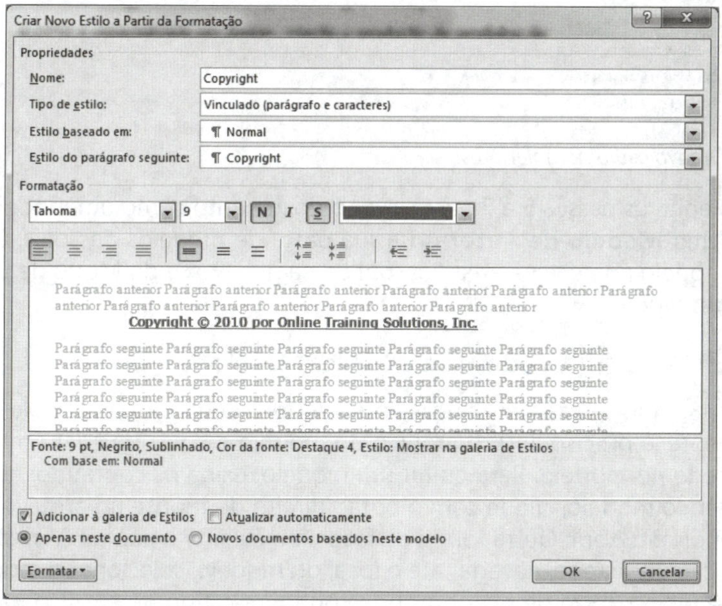

Como o Tipo de estilo está configurado como Vinculado, poderá ser aplicado a parágrafos inteiros ou apenas a textos selecionados.

25 No final da caixa de diálogo expandida, selecione a opção **Novos documentos baseados neste modelo** e clique em **OK**. Assim, o novo estilo ficará disponível para os outros documentos que forem criados baseados no modelo **Normal**.

26 Expanda a galeria Estilo para verificar que o novo estilo aparece na galeria.

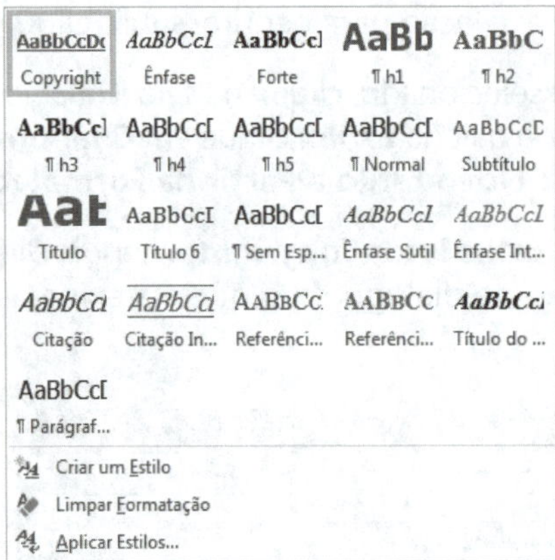

O novo estilo na galeria Estilo.

27 Repita os passos 5 a 7 para salvar o documento como um modelo chamado **Meu Modelo de Autoras** na sua pasta de modelos pessoais. Confira se o modelo aparece na área **Pessoal** da página **Novo** do Modo de Exibição **Backstage**.

ENCERRAMENTO Feche o arquivo Meu Modelo de Autoras.

DICA Se quiser fazer mudanças no conteúdo ou na formatação de um modelo existente, é preciso abrir o arquivo do modelo em vez de criar um documento baseado no modelo. Para editar um modelo, exiba os conteúdos da pasta que contém o modelo, clique com o botão direito do mouse no arquivo do modelo e depois em Abrir. Outra forma de fazer isso é exibir a página Abrir do Modo de Exibição Backstage, navegar até o local do modelo, selecionar o modelo e clicar em Abrir. Na caixa de diálogo Abrir, configure o tipo de arquivo para Modelos do Word, navegue até a sua pasta de Modelos e clique duas vezes no modelo.

Como criar blocos de construção personalizados

Um bloco de construção é um elemento de documento salvo no modelo global Blocos de Construção. Um bloco de construção pode ser tão simples quanto uma palavra ou tão complexo quanto uma página inteira com vários elementos formatados. Muitos blocos de construção vêm integrados ao Word 2013, incluindo elementos de página de design profissional, como folhas de rosto, cabeçalhos, rodapés e seções, além de elementos de conteúdo como bibliografias, equações comuns, Tabelas Rápidas e marcas d'água. Os blocos de construção podem ser utilizados para montar ou aprimorar um documento.

CONSULTE TAMBÉM Para mais informações sobre como trabalhar com blocos de construção para inserir elementos de documento como folhas de rosto, cabeçalhos, rodapés e números de página, consulte "Como inserir partes pré-formatadas de documentos" no Capítulo 9, "Como adicionar elementos visuais".

Você pode salvar informações e elementos de documento que utiliza com frequência na forma de blocos de construção personalizados. Assim, fica fácil inseri-los em documentos. Um bloco de construção personalizado pode ser simples como uma frase recorrente ou pode incluir parágrafos múltiplos, formatação, elementos gráficos e outros. É preciso criar o elemento exatamente da forma desejada uma única vez. Depois, você salvará esse elemento como um bloco de construção e ele poderá ser utilizado sem problemas sempre que for necessário. Para inserir um bloco de construção personalizado em um documento, vá à galeria Partes Rápidas no menu Partes Rápidas.

Para criar um bloco de construção, crie e selecione o item que deseja salvar, clique no botão Partes Rápidas e, no menu, clique em Salvar Seleção na Galeria de Partes Rápidas, dando um nome ao bloco de construção. Feito isso, digite o nome do bloco de construção e pressione F3 para inserir o bloco de construção no ponto onde está o cursor. Outra forma é abrir a galeria Partes Rápidas e clicar na miniatura do bloco de construção desejado. O bloco também pode ser inserido em outro ponto do documento. Basta clicar com o botão direito do mouse na miniatura na galeria e depois clicar para inserir em um dos locais especificados.

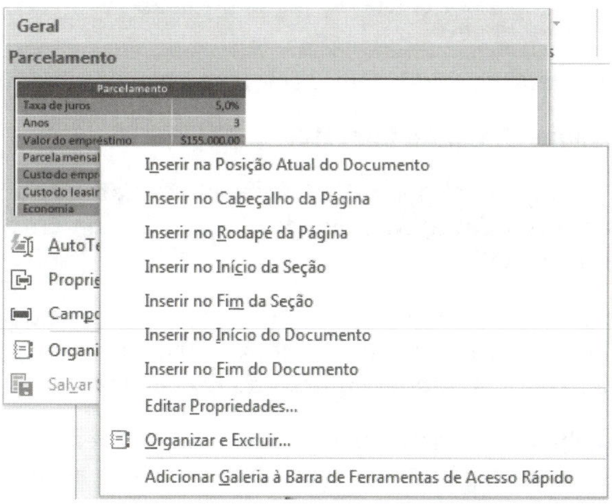

É possível inserir um bloco de construção personalizado ao selecionar um dos locais da lista.

IMPORTANTE Quando você sai do Word após salvar um bloco de construção personalizado, o Word pergunta se você deseja salvar as mudanças no modelo em que foi armazenado o bloco de construção. Se quiser que o bloco de construção fique disponível para documentos posteriores, clique em Salvar. Caso contrário, clique em Não Salvar.

Neste exercício, você salvará informações na forma de blocos de construção em uma categoria personalizada, inserirá o conteúdo do bloco de construção em outros documentos e, por último, excluirá os blocos de construção.

PREPARAÇÃO Você precisa dos documentos Bambu e FlyerCômodos localizados na pasta de arquivos de prática Capítulo16 para realizar este exercício. Abra o documento Bambu e siga os seguintes passos:

1 Selecione as primeiras quatro linhas de informações no começo do documento.

2 Na guia **Inserir**, grupo **Texto**, clique no botão **Partes Rápidas** e, depois, em **Salvar Seleção na Galeria de Partes Rápidas** para abrir a caixa de diálogo **Criar Novo Bloco de Construção**.

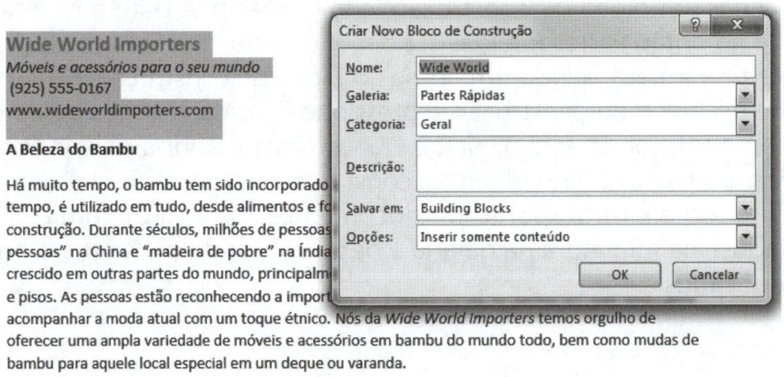

O Word sugere parte do texto da seleção como nome para o bloco de construção.

3 No campo **Nome**, digite **Bloco de Contato**.

4 Clique na seta de **Categoria** e, depois, em **Criar Nova Categoria**. Na caixa de diálogo **Criar Nova Categoria**, digite **Informações da Empresa** no campo **Nome**. Clique em **OK**.

5 Mantenha as configurações padrão nos demais campos da caixa de diálogo **Criar Novo Bloco de Construção** e clique em **OK** para adicionar a seleção à galeria **Partes Rápidas** e ao modelo **Blocos de Construção**.

6 Abra o documento **FlyerCômodos**. Ao final da coluna da direita da folha de rosto, posicione o cursor no parágrafo vazio depois de **Peça agora mesmo pelo telefone!**

7 Digite **Bloco de Contato** e pressione **F3** para substituir o nome do bloco pelas quatro linhas de texto do documento **Bambu**. Repare que a cor do nome da empresa muda de laranja para vermelho, refletindo as cores do tema do documento de destino.

O bloco de construção incorpora as informações de formatação do documento em que é inserido.

8 Exiba a página **3** do documento **FlyerCômodos**. Clique no título **Informações do Pedido** para ativar a caixa de texto e, depois, clique na caixa de texto que forma a barra lateral para selecioná-la. Na guia **Inserir**, grupo **Texto**, clique no botão **Partes Rápidas** e depois em **Salvar Seleção na Galeria de Partes Rápidas**.

9 Na caixa de diálogo **Criar Novo Bloco de Construção**, insira **Barra Lateral de Pedidos** no campo **Nome**, selecione **Informações da Empresa** na lista **Categoria**, insira **Barra lateral com informações de pedido** no campo **Descrição** e clique em **OK**.

DICA Para salvar alterações em um bloco de construção personalizado, modifique o bloco de construção no documento e salve-o na galeria Partes Rápidas com o mesmo nome do original. Clique Sim quando o Word perguntar se você deseja redefinir a entrada do bloco de construção.

Agora vamos inserir um bloco de construção criado em um documento em outro.

10 Abra o documento **Bambu**. Na guia **Inserir**, no grupo **Texto**, clique no botão **Partes Rápidas**. Repare que ambos os blocos de construção estão disponíveis na categoria **Informações da Empresa**.

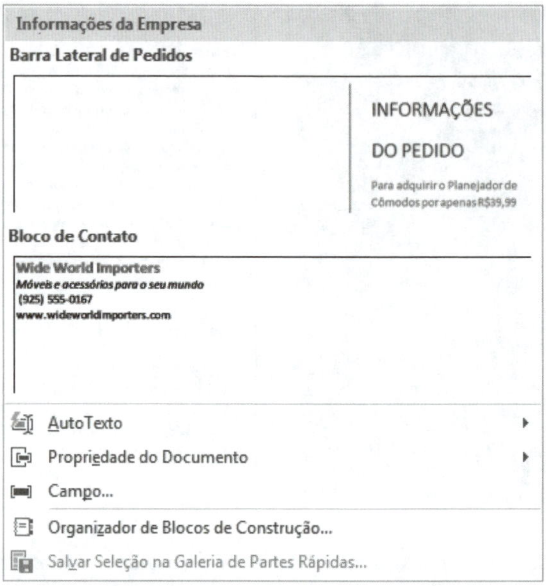

Os blocos de construção na galeria Partes Rápidas refletem o esquema de cores do documento atual.

DICA A galeria Partes Rápidas exibe apenas os blocos de construção que você criou. Os blocos de construção integrados estão disponíveis em outras galerias, como na galeria Folha de Rosto.

11 Na galeria **Partes Rápidas**, clique em **Barra Lateral de Pedidos** para inserir o conteúdo do bloco de construção na página atual, na forma de uma barra lateral. Agora você pode atualizar as informações para refletir um pedido de móveis em bambu e não de um planejamento de cômodos.

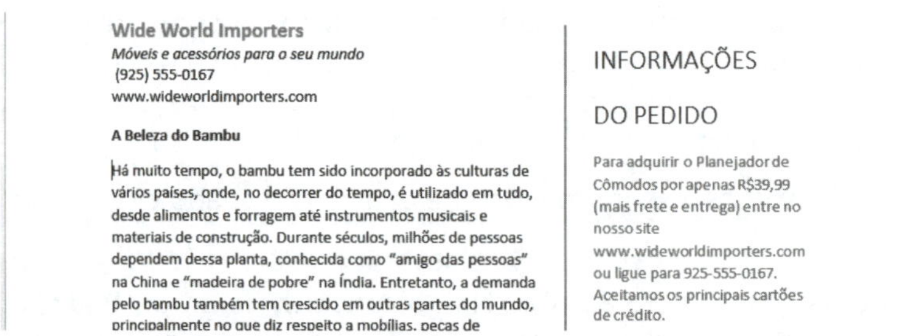

Blocos de construção personalizados facilitam a inserção de textos e objetos específicos em qualquer documento.

12 No grupo **Texto**, menu **Partes Rápidas**, clique em **Organizador de Blocos de Construção**. Na caixa de diálogo **Organizador de Blocos de Construção**, clique em **Modelo** para que os blocos de construção perso-

nalizados apareçam no topo da lista. Clique uma vez em **Barra Lateral de Pedidos** para visualizar o bloco de construção personalizado no painel de visualização.

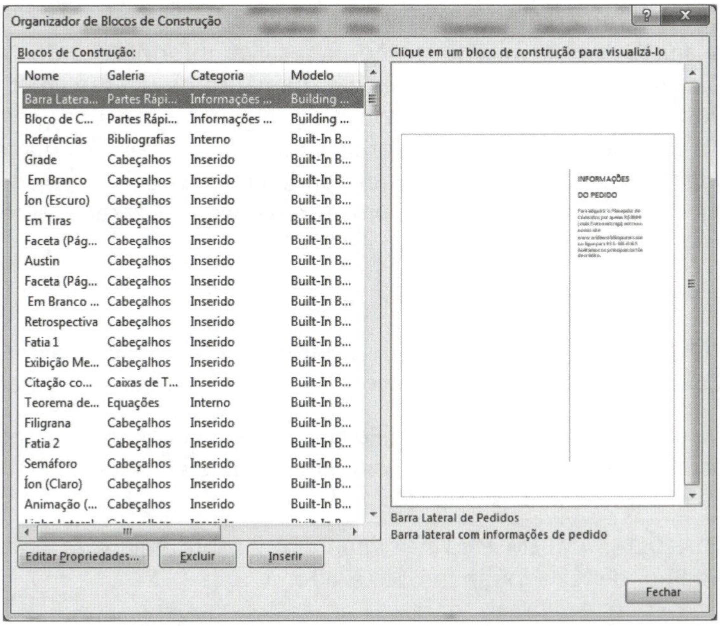

Blocos de construção personalizados são armazenados no modelo Building Blocks e blocos de construção integrados são armazenados no modelo Built-In Building Blocks.

DICA Modificar um bloco de construção integrado (*built-in*) salva uma cópia desse bloco no modelo *Building Blocks*, mantendo o original inalterado no modelo *Built-In Building Blocks*.

Agora vamos excluir os blocos de construção personalizados para restaurar as configurações padrão.

13 Na caixa de diálogo **Organizador de Blocos de Construção**, clique no botão **Excluir** e depois em **Sim** quando o Word perguntar se você deseja excluir o bloco de construção selecionado.

14 Repita o passo 13 para excluir o bloco de construção **Bloco de Contato**. Feche a caixa de diálogo **Organizador de Blocos de Construção**.

ENCERRAMENTO Feche os documentos Bambu e FlyerCômodos e salve as alterações, se desejar. Se o Word perguntar se você deseja salvar as alterações no modelo Blocos de Construção, clique em Não Salvar.

Como alterar as opções padrão do programa

Nos capítulos anteriores, mencionamos que é possível alterar configurações na caixa de diálogo Opções do Word para personalizar o ambiente Word de várias formas. Nós mostramos, por exemplo, como criar entradas de AutoCorreção, como ajustar o intervalo de tempo para salvar informações de AutoRecuperação e como conferir a ortografia e a gramática de um documento. Quando você estiver trabalhando com o Word por algum tempo, pode ser que queira fazer o ajuste de um número maior de configurações para adaptar o programa à maneira como você trabalha. Saber onde fica cada configuração na caixa de diálogo Opções do Word torna o processo de personalização mais eficiente.

Neste exercício, você irá abrir a caixa de diálogo Opções do Word e explorar várias das páginas existentes.

PREPARAÇÃO Você não precisa de arquivos de prática para realizar este exercício. Com um documento em branco aberto, siga os seguintes passos:

1 Na guia **Página Inicial**, grupo **Fonte**, passe o mouse sobre o botão **Negrito** para exibir uma Dica de Tela contendo o nome do botão, o atalho de teclado e a descrição da sua função.

CONSULTE TAMBÉM Para mais informações sobre atalhos de teclado, consulte "Atalhos de teclado" ao fim deste livro.

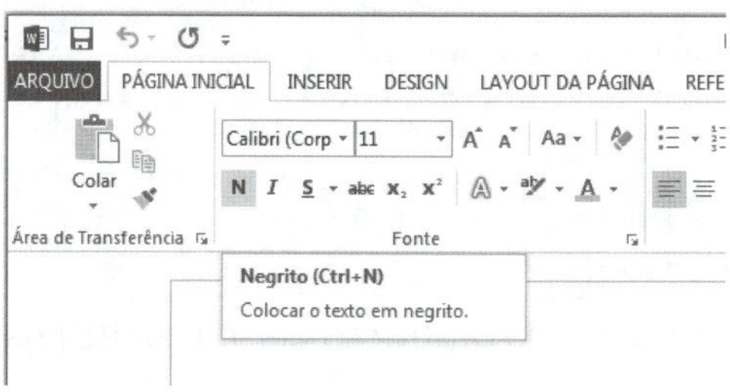

Uma Dica de Tela padrão.

2 Clique na guia **Arquivo** para exibir o Modo de Exibição **Backstage** e depois clique em **Opções** para exibir a página **Geral** da caixa de diálogo **Opções do Word**.

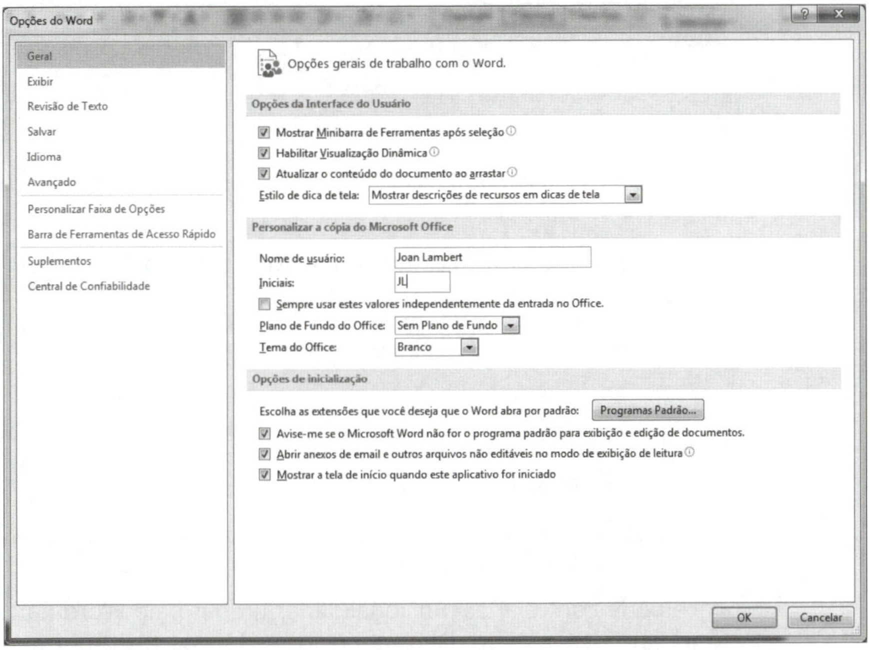

Nesta página é possível desabilitar recursos como a Minibarra de Ferramentas e a Visualização Dinâmica de estilos.

3 Na área **Opções da Interface do Usuário**, selecione **Não mostrar descrições de recursos em dicas de tela** na lista **Estilo de dica de tela**.

4 Na área **Personalizar a cópia do Microsoft Office**, confira se as informações nas caixas **Nome de usuário** e **Iniciais** estão corretas ou modifique-as para que apareçam da maneira como você quiser. Na lista **Plano de Fundo do Office**, selecione **Estrelas**. Na lista **Tema do Office**, clique em **Cinza Escuro**.

DICA A modificação de uma configuração na área Personalizar a cópia do Microsoft Office em qualquer um dos programas do Microsoft Office 2013 altera essa configuração em todos os outros programas do Microsoft Office.

5 Clique em **OK** para fechar a caixa de diálogo **Opções do Word**. Veja que agora a barra de título está em cinza escuro e exibe um padrão de estrelas.

6 No grupo **Fonte**, passe o mouse sobre o botão **Negrito** para exibir a Dica de Tela, que agora inclui apenas o nome do botão e o atalho de teclado correspondente.

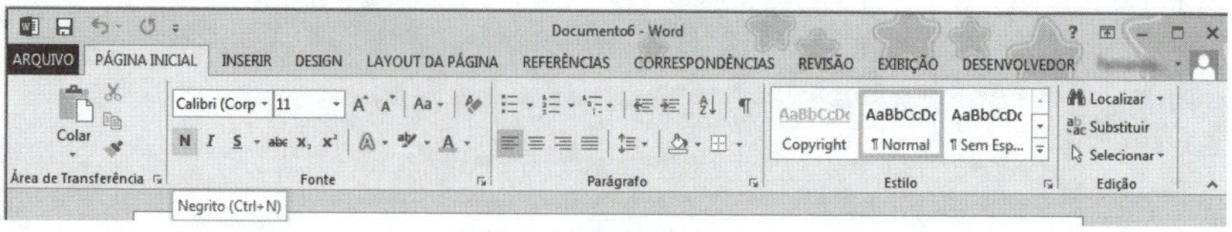

No esquema de cores Cinza Escuro, a guia Arquivo e a barra de status de todos os programas do Office 2013 estão na cor preta.

7 No documento, digite **Eu nao sei soletar muinto bein**. Pressione a tecla **Enter**.

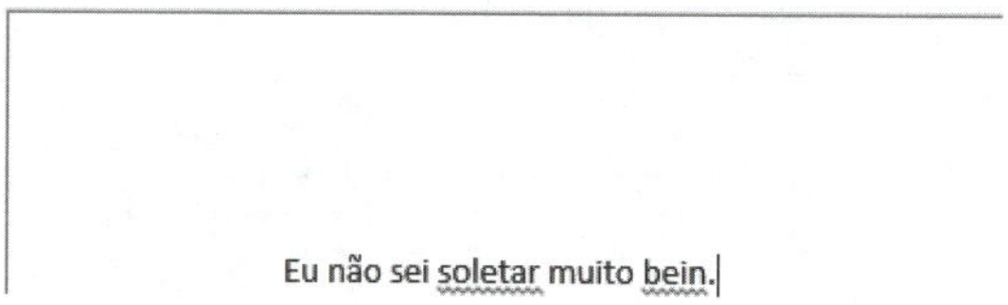

Os recursos de verificação ortográfica e gramatical marcam duas palavras para revisão e a função AutoCorreção muda nao para não e muinto para muito.

Você pode controlar as funcionalidades usadas pelo Word na caixa de diálogo Opções do Word. Deixaremos de lado esse texto por enquanto, mas voltaremos a ele depois.

8 Abra a caixa de diálogo **Opções do Word** e clique na página **Exibir** para exibir opções de ajuste da aparência dos documentos na tela e quando impressos.

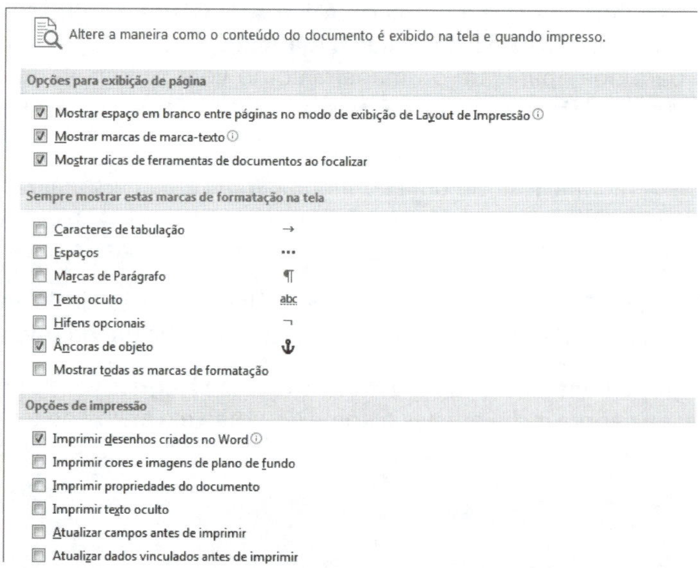

Página Exibir da caixa de diálogo Opções do Word.

9 Na área **Sempre mostrar estas marcas de formatação na tela**, marque a caixa de seleção **Mostrar todas as marcas de formatação**.

10 Clique na página **Revisão de Texto** para exibir opções de ajuste das configurações de **AutoCorreção** e para refinar os processos de verificação ortográfica e gramatical.

CONSULTE TAMBÉM Para informações sobre AutoCorreção e verificação ortográfica, consulte "Correção de erros de ortografia e gramática" no Capítulo 2, "Digitação, edição e revisão de textos".

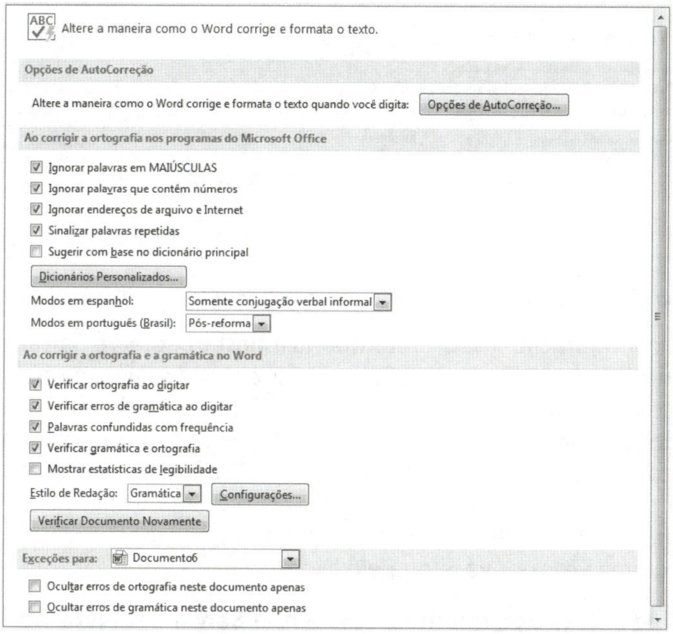

Página Revisão de Texto da caixa de diálogo Opções do Word.

11 Na área **Exceções para**, selecione as caixas de seleção **Ocultar erros de ortografia neste documento apenas** e **Ocultar erros de gramática neste documento apenas**.

12 Clique na página **Salvar** para exibir as opções de salvamento, edição e compartilhamento de documentos.

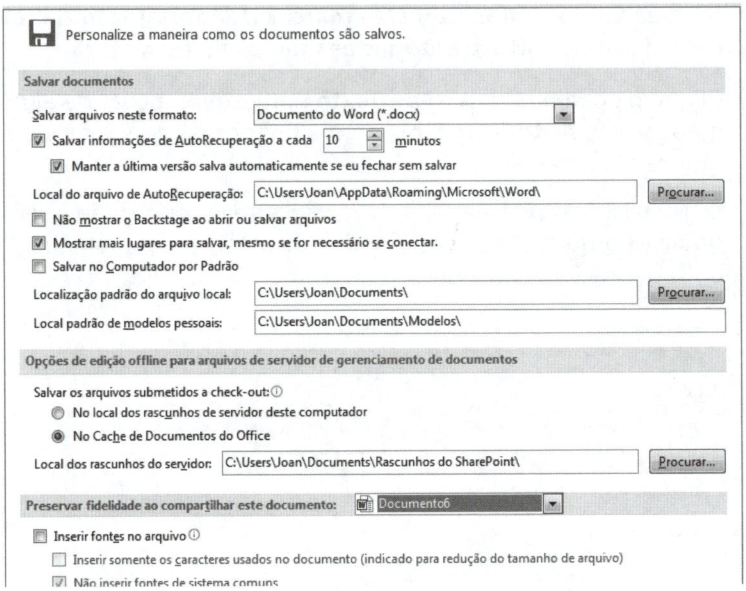

Página Salvar da caixa de diálogo Opções do Word.

Uma configuração importante que fica nesta página é Salvar informações de AutoRecuperação a cada. Por padrão, o Word salva uma cópia de backup dos seus documentos abertos a cada 10 minutos. Se estiver trabalhando em documentos importantes, pode ser que queira que sejam salvos automaticamente com mais frequência. Se o Word fechar inesperadamente, ele recupera a versão salva mais recente na próxima vez em que for iniciado. Assim, você só perde o trabalho realizado após o documento ter sido salvo pela última vez (por você ou pelo Word).

13 Na área **Salvar documentos**, abra a lista **Salvar arquivos neste formato**. Observe os muitos formatos em que os arquivos podem ser salvos. A seguir, clique fora da lista para fechá-la.

DICA Caso queira salvar todos os documentos por padrão como um determinado tipo de arquivo, selecione esse tipo neste local. Se quiser salvar apenas um documento em um formato compatível com versões anteriores do programa, selecione esse tipo de arquivo na lista Tipo da caixa de diálogo Salvar como.

14 Marque a caixa de seleção **Salvar no Computador por Padrão** para que o Word escolha **Computador** como o local padrão na página **Salvar como**, e não o local Microsoft SkyDrive.

Repare que o campo Local padrão de modelos pessoais reflete o local que foi configurado anteriormente neste capítulo.

15 Clique na página **Idioma** para exibir opções de idioma de edição, exibição, Ajuda e Dicas de Tela.

Assim como ocorre com as opções configuradas na página Geral da caixa de diálogo Opções do Word, as opções definidas na página Idioma são aplicadas a todos os programas do Office instalados no seu computador.

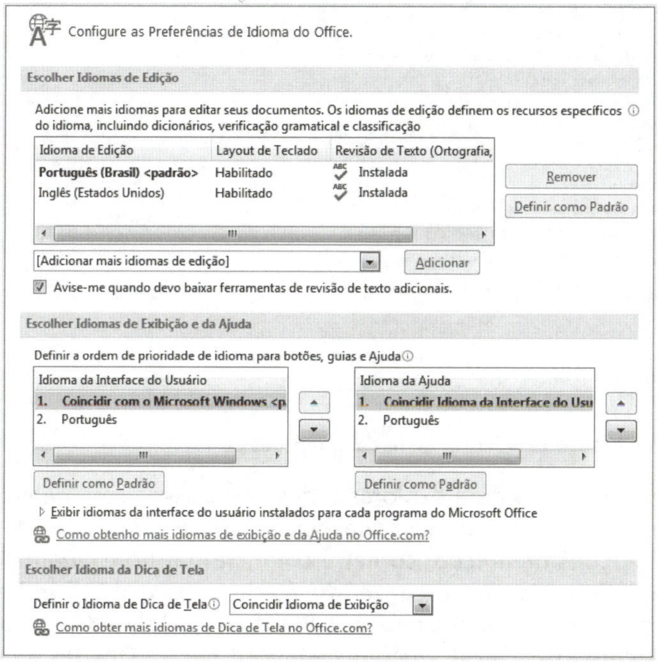

Página Idioma da caixa de diálogo Opções do Word.

16 Na lista **Definir o Idioma de Dica de Tela** clique em **Espanhol (Espanha) [español]**.

17 Clique na página **Avançado** para exibir opções relacionadas à edição de conteúdo de documentos, exibição de documentos na tela, impressão, salvamento e compartilhamento de documentos, entre outros. Embora estejam rotuladas como **Avançado**, essas opções são as que você mais provavelmente desejará alterar para que se adaptem à sua forma de trabalho.

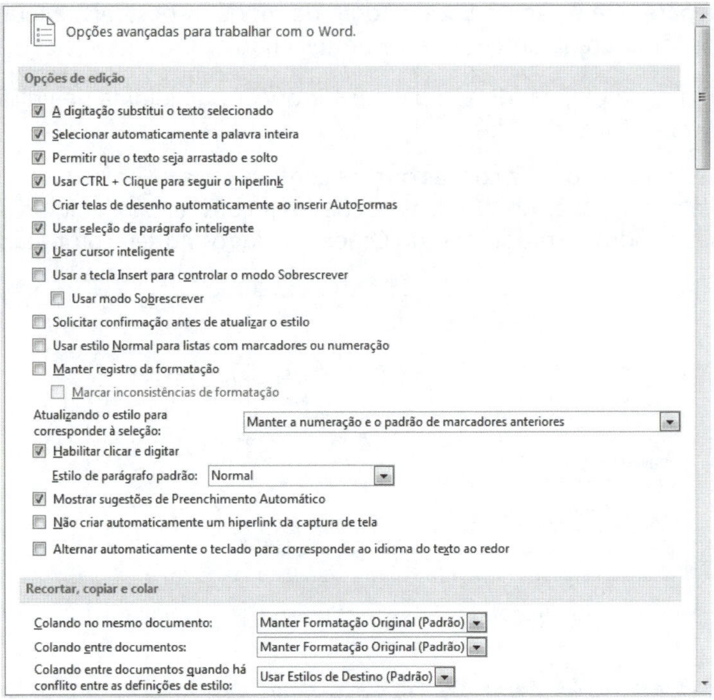

A página Avançado da caixa de diálogo Opções do Word.

18 Tire um tempinho para explorar todas as opções dessa página, porque é nela que está a diversão! Há muitas opções importantes, divididas em seções como: **Opções de edição, copiar e colar**; **Tamanho e Qualidade da Imagem**; **Gráfico**; **Mostrar o conteúdo do documento**; **Exibir**; **Imprimir**; **Ao imprimir este documento**; **Salvar**; **Preservar fidelidade ao compartilhar este documento**; **Geral**; **Opções de layout para** e **Opções de compatibilidade para**.

DICA Os botões Locais dos Arquivos e Opções da Web no final da área Geral permitem que você altere os locais padrão de vários tipos de arquivos e ajuste as configurações padrão para conversão de um documento em uma página Web. Para mais informações sobre conversão de documentos do Word em páginas Web, consulte "Como criar e modificar documentos da Web" no Capítulo 11, "Como criar documentos para uso fora do Word".

Algumas opções podem ser definidas para o documento atual (o padrão) ou para todos os novos documentos. Essas opções possuem listas suspensas na barra de título das respectivas seções.

19 Na área **Exibir**, configure **Mostrar este número de Documentos Recentes** em **6** (o número padrão de documentos a serem exibidos é 25). Marque a caixa de seleção **Acessar rapidamente este número de Documentos Recentes** e configure em **3** (o padrão é 4). Defina **Mostrar este número de Pastas Recentes desafixadas** em **3** (o padrão é 5).

20 Pule as páginas **Personalizar Faixa de Opções**, **Barra de Ferramentas de Acesso Rápido** e **Suplementos**, que serão discutidas mais adiante neste capítulo, e vá para a página **Central de Confiabilidade** para exibir links para informações sobre privacidade e segurança.

21 Na área **Central de Confiabilidade do Microsoft Word**, clique em **Configurações da Central de Confiabilidade** para abrir a caixa de diálogo **Central de Confiabilidade**. Nessa caixa de diálogo, pode-se controlar como o Word responde a documentos fornecidos por determinadas pessoas ou empresas, documentos salvos em determinados locais ou documentos contendo controles de ActiveX ou macros.

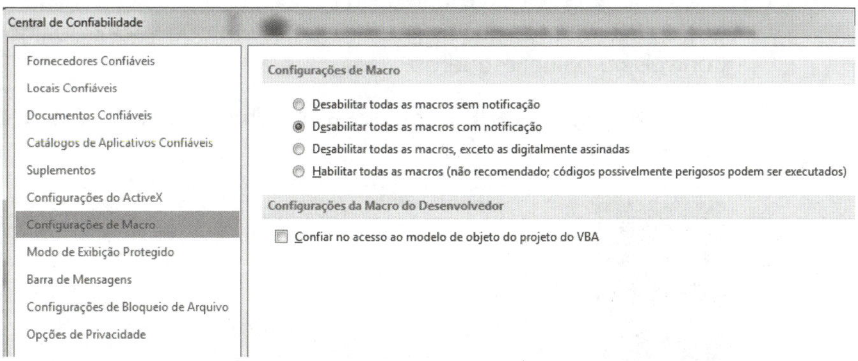

Configurações de Macro na caixa de diálogo Central de Confiabilidade.

22 Examine cada uma das páginas da caixa de diálogo **Central de Confiabilidade**, porque é muito provável que existam configurações nessa caixa que você queira ou precise configurar, seja agora ou no futuro. Clique em **Cancelar** para retornar à caixa de diálogo **Opções do Word**.

23 Na caixa de diálogo **Opções do Word**, clique em **OK** para salvar as alterações e voltar ao documento.

Agora vamos ver os efeitos das suas alterações.

24 Na página do documento, observe que as marcas de formatação estão visíveis e que não existem mais sublinhados indicando possíveis erros de ortografia e gramática na frase que você escreveu. Passe o mouse sobre o botão **Negrito** e veja que a Dica de Tela diz **Negrita**.

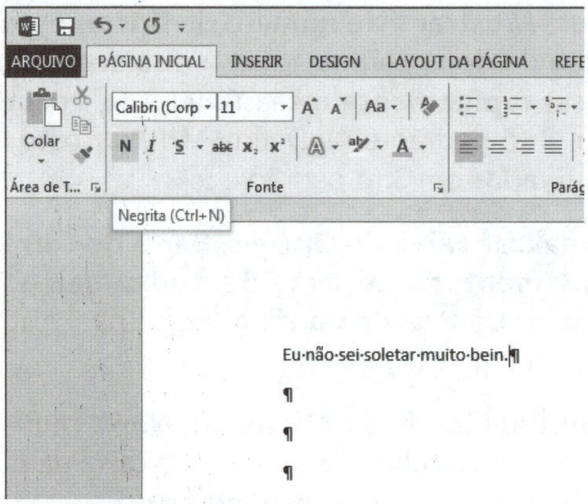

Você pode alterar o idioma da Dica de Tela, desativar a verificação ortográfica e gramatical e ativar a exibição de marcas de formatação na caixa de diálogo Opções do Word.

25 Clique na guia **Arquivo** para exibir o Modo de Exibição **Backstage**. Repare que os três últimos documentos recentes em que você trabalhou estão disponíveis no painel esquerdo.

26 Clique na página **Abrir** e veja que a lista **Documentos Recentes** exibe apenas seis documentos.

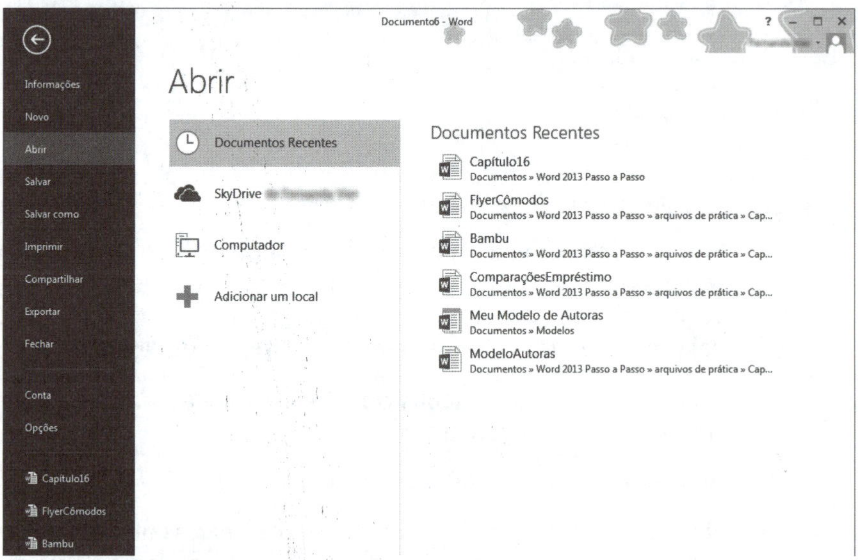

Você pode personalizar a maneira como os arquivos e pastas são exibidos no Modo de Exibição Backstage.

27 Clique na página **Salvar como** e veja que **Computador** está selecionado no painel esquerdo e que a lista **Pastas Recentes** exibe apenas três pastas além das pastas **Documentos** e **Área de Trabalho** (essas pastas do sistema estão sempre na lista e não entram na contagem de pastas desafixadas).

DICA Se você tem alguma pasta fixada, ela também será exibida. Para fixar uma pasta na lista, aponte para o nome da pasta e depois clique no ícone de alfinete que aparece à direita.

28 No Modo de Exibição **Backstage**, clique em **Opções** para retornar à caixa de diálogo **Opções do Word**. Reverta as mudanças que não quiser manter no seu ambiente de trabalho e clique em **OK** para fechar a caixa de diálogo e salvar as alterações.

DICA Nós alteramos o plano de fundo do Office de volta para Sem Plano de Fundo e o tema do Office para Branco para não poluir visualmente as capturas de tela dos outros exercícios. Também restauramos as configurações de Dica de Tela, Idioma de Dica de Tela, marcas de formatação e exibição de arquivos e pastas.

ENCERRAMENTO Feche o documento sem salvar as alterações.

Como personalizar a Barra de Ferramentas de Acesso Rápido

Por padrão, aparecem na Barra de Ferramentas de Acesso Rápido os botões dos comandos Salvar, Desfazer e Refazer. Se você usa regularmente alguns comandos que estão distribuídos em diversas guias da Faixa de Opções e não quer alternar entre as guias para acessar esses comandos, pode adicioná-los à Barra de Ferramentas de Acesso Rápido para que estejam sempre ao seu alcance.

DICA Se você trabalhava com o Word 2003 ou com uma versão anterior, pode verificar que alguns comandos parecem não estar mais disponíveis. Alguns dos recursos antigos foram eliminados, mas outros que eram utilizados com menos frequência simplesmente foram afastados da Faixa de Opções. Se sentir muito a falta de um desses recursos secundários, ele pode ser incluso no seu ambiente do Word. Basta adicioná-lo à Barra de Ferramentas de Acesso Rápido ou à Faixa de Opções. Nas páginas Barra de Ferramentas de Acesso Rápido e Personalizar Faixa de Opções da caixa de diálogo Opções do Word você encontra uma lista de todos os comandos que não aparecem na Faixa de Opções, mas que estão disponíveis. Na lista Escolher comandos em, clique em Comandos Fora da Faixa de Opções.

Há três maneiras de adicionar comandos à Barra de Ferramentas de Acesso Rápido:

- No menu **Personalizar Barra de Ferramentas de Acesso Rápido**, que aparece ao clicar na seta no canto direito da **Barra de Ferramentas de Acesso Rápido**. Alguns dos comandos mais comuns, incluindo o conhecido comando **Impressão Rápida**, estão disponíveis nessa lista.
- Ao clicar com o botão direito do mouse em um comando na Faixa de Opções e depois clicar em **Adicionar à Barra de Ferramentas de Acesso Rápido**. Qualquer tipo de comando pode ser adicionado dessa forma, até mesmo uma lista suspensa de opções ou uma galeria de miniaturas.
- Na página **Barra de Ferramentas de Acesso Rápido** da caixa de diálogo **Opções do Word**. A partir dessa página pode-se personalizar a **Barra de Ferramentas de Acesso Rápido** das seguintes maneiras:
  - Definir uma **Barra de Ferramentas de Acesso Rápido** personalizada para todos os documentos ou apenas para um documento específico.
  - Adicionar à barra de ferramentas qualquer comando de qualquer grupo ou guia, mesmo de guias de ferramentas.
  - Exibir um separador entre tipos diferentes de botões.
  - Mover os botões pela barra de ferramentas até que fiquem na ordem que você deseja.
  - Redefinir todas as configurações de volta para o padrão da **Barra de Ferramentas de Acesso Rápido**.

Após adicionar comandos à Barra de Ferramentas de Acesso Rápido, eles podem ser reorganizados e divididos em grupos para facilitar o processo de localizar um comando.

Conforme você adiciona mais botões à Barra de Ferramentas de Acesso Rápido, ela se expande para acomodá-los. Se você adicionar comandos demais, isso pode dificultar a visualização do texto na barra de título. Além disso, pode ser que nem todos os comandos fiquem visíveis na Barra de Ferramentas de Acesso Rápido, e o propósito dessa barra será perdido. Para resolver esse problema, pode-se mover a Barra de Ferramentas de Acesso Rápido para baixo da Faixa de Opções. Para isso, clique no botão Personalizar Barra de Ferramentas de Acesso Rápido e depois clique em Mostrar Abaixo da Faixa de Opções.

Neste exercício, você adicionará alguns comandos à Barra de Ferramentas de Acesso Rápido para todos os documentos e organizará e testará os comandos.

PREPARAÇÃO Você precisa do documento Agenda localizado na pasta de arquivos de prática Capítulo16 para realizar este exercício. Abra o documento e siga os seguintes passos:

1 Na guia **Página Inicial**, grupo **Fonte**, clique com o botão direito do mouse na seta do ícone **Cor de Realce do Texto** e depois clique em **Adicionar à Barra de Ferramentas de Acesso Rápido** para adicionar o comando e a galeria à barra de ferramentas.

2 Bem à direita na **Barra de Ferramentas de Acesso Rápido**, clique na seta **Personalizar Barra de Ferramentas de Acesso Rápido**.

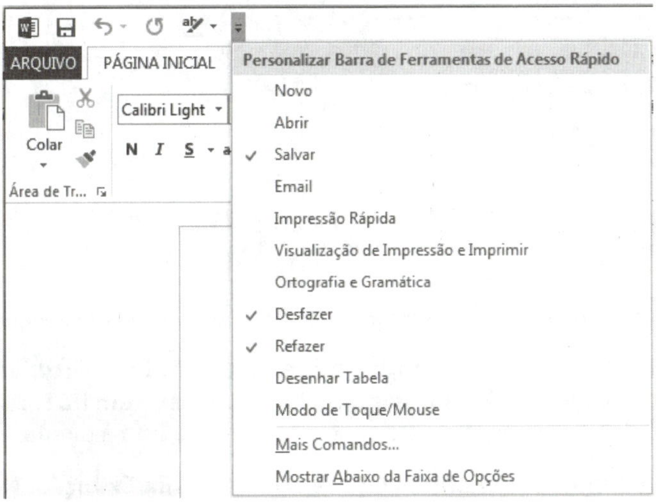

A lista exibe comandos conhecidos e marcas de seleção indicam aqueles que são exibidos atualmente.

3 No menu **Personalizar Barra de Ferramentas de Acesso Rápido**, clique em **Ortografia e Gramática** para adicionar o botão à barra de ferramentas.

4 No menu **Personalizar Barra de Ferramentas de Acesso Rápido**, clique em **Mais Comandos** para exibir a página **Barra de Ferramentas de Acesso Rápido** da caixa de diálogo **Opções do Word**. Os comandos disponíveis estão listados à esquerda. À direita estão os comandos exibidos atualmente na **Barra de Ferramentas de Acesso Rápido**.

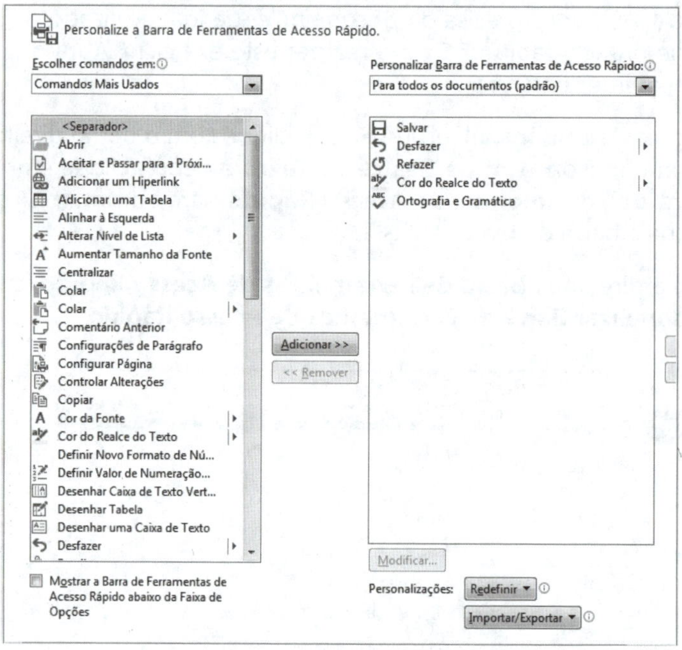

Filtre os comandos disponíveis escolhendo uma categoria da lista à esquerda.

5 Abra a lista **Escolher comandos em** e clique em **Guia Arquivo**. Na lista à esquerda, clique em **Enviar por Email como Anexo em PDF**. Depois, clique no botão **Adicionar** para adicionar o comando à lista à direita.

6 Na lista **Escolher comandos em**, selecione a **Guia Exibição**. Na lista à esquerda, clique duas vezes em **Abrir o Painel de Navegação** para adicionar esse comando à lista à direita.

7 Na lista **Escolher comandos em**, selecione a **Guia Desenvolvedor**. Role para baixo e clique duas vezes em **Modelos** para adicionar o comando à lista à direita.

DICA Por padrão, a guia Desenvolvedor não é exibida na Faixa de Opções. Se você só utiliza um ou dois comandos dessa guia, adicione-os à Barra de Ferramentas de Acesso Rápido em vez de poluir a Faixa de Opções com mais uma guia.

Agora organizaremos os comandos na Barra de Ferramentas de Acesso Rápido.

8 Na lista à direita, clique em **Refazer**. No topo da lista à esquerda, clique duas vezes em **<Separador>** para inserir um separador depois do comando selecionado.

9 Na lista à direita, clique em **Abrir Painel de Navegação**. Clique três vezes na seta para cima à direita da lista para posicionar o comando logo abaixo do separador. Na lista à esquerda, clique duas vezes em **Separador**.

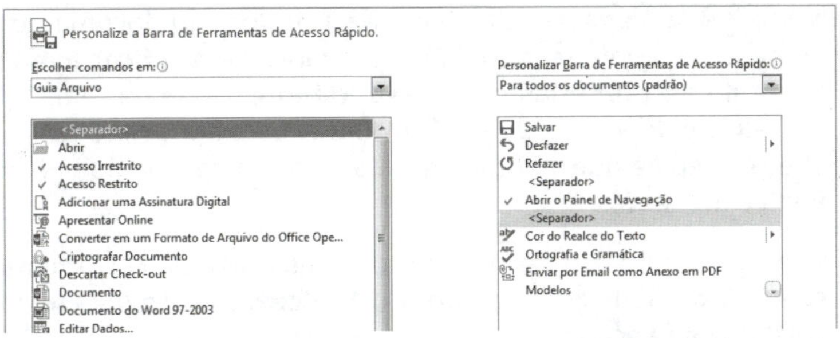

As setas à direita dos comandos Cor do Realce do Texto e Modelos indicam que ao clicar nesses botões na Barra de Ferramentas de Acesso Rápido serão exibidas opções adicionais.

DICA Para criar uma Barra de Ferramentas de Acesso Rápido especificamente para o documento que está ativo, clique na seta no lado direito da caixa que aparece abaixo de Personalizar Barra de Ferramentas de Acesso Rápido, abra a lista e selecione De <*nome do documento*>. Assim, qualquer comando selecionado será adicionado à barra de ferramentas daquele documento específico e não de todos os documentos.

10 Clique em **OK** para fechar a caixa de diálogo **Opções do Word**. Agora, a **Barra de Ferramentas de Acesso Rápido** inclui os botões padrão e os comandos adicionais que você escolheu.

Vamos exibir a Barra de Ferramentas de Acesso Rápido em um local mais conveniente.

11 No menu **Personalizar Barra de Ferramentas de Acesso Rápido**, clique em **Mostrar Abaixo da Faixa de Opções** para mover a **Barra de Ferramentas de Acesso Rápido** para perto do conteúdo do documento.

A Barra de Ferramentas de Acesso Rápido personalizada está à sua disposição!

Vamos experimentar se é mais eficiente trabalhar com os comandos na Barra de Ferramentas de Acesso Rápido e não na Faixa de Opções. Pode-se realizar cada uma dessas ações a partir de outra área da interface do usuário, mas você as desempenha com menos cliques usando a Barra de Ferramentas de Acesso Rápido.

12 Na **Barra de Ferramentas de Acesso Rápido**, selecione a caixa de seleção **Painel de Navegação**.

13 No painel **Navegação**, clique em **Resultados**. No documento, selecione o primeiro parágrafo realçado, **Comprovante de notificação da reunião**. Na **Barra de Ferramentas de Acesso Rápido**, clique na seta **Cor do Realce do Texto** e depois clique em **Sem Cores** para remover o realce amarelo da seleção. Repare que a opção **Sem Cores** torna-se o padrão no botão **Cor do Realce do Texto**.

14 Selecione o próximo trecho realçado e, na **Barra de Ferramentas de Acesso Rápido**, clique no botão **Cor do Realce do Texto** para remover o realce amarelo da seleção.

15 Na **Barra de Ferramentas de Acesso Rápido**, clique no botão **Ortografia e Gramática** para verificar o documento. Na mensagem que aparece ao final do processo, clique em **OK**.

16 Teste qualquer outra opção da **Barra de Ferramentas de Acesso Rápido** que você quiser. Na caixa de diálogo **Opções do Word**, abra a página **Barra de Ferramentas de Acesso Rápido**, clique em **Redefinir** e depois em **Redefinir apenas a Barra de Ferramentas de Acesso Rápido**.

17 Na caixa de mensagem **Redefinir Personalizações**, clique em **Sim** para restaurar a **Barra de Ferramentas de Acesso Rápido** ao seu conteúdo padrão. Clique em **OK** para fechar a caixa de diálogo **Opções do Word**.

ENCERRAMENTO Feche o painel Navegação e, se quiser, mova a Barra de Ferramentas de Acesso Rápido de volta para cima da Faixa de Opções. Feche o documento Agenda, salvando as alterações, se desejar.

Como utilizar suplementos

Os suplementos são recursos que conferem funcionalidades especializadas a um programa, mas que não são programas plenos por si. O Word inclui dois tipos principais de suplementos: suplementos de COM e suplementos do Word. O primeiro tipo utiliza o *Component Object Model* para criar utilidades que estendem a funcionalidade de programas do Office. O segundo tipo inclui modelos que incorporam funcionalidades mais sofisticadas, como as macros.

Há diversas fontes de suplementos:

- Você pode comprar suplementos de terceiros, como, por exemplo, um suplemento que amplie a capacidade de trabalhar com números em tabelas.
- Pode-se baixar suplementos gratuitos do site da Microsoft ou de outros sites da Web.
- Ao instalar um programa de terceiros, esse programa pode instalar junto um suplemento que permita a comunicação com programas do Office. Alguns programas que não são da Microsoft, por exemplo, instalam suplementos que habilitam o programa a enviar conteúdo como anexo por mensagem de email.

Pode-se visualizar e gerenciar os suplementos instalados na página Suplementos da caixa de diálogo Opções do Word.

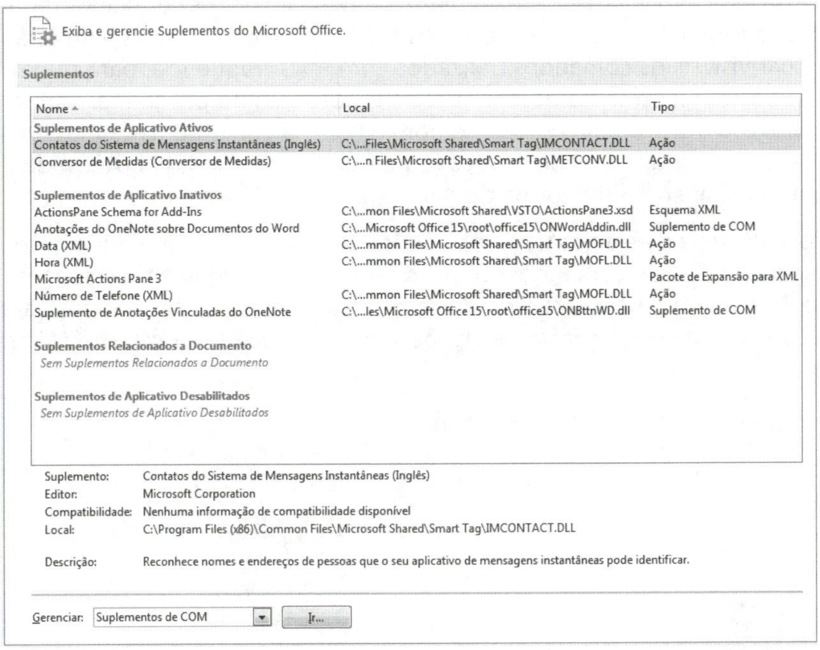

Provavelmente a sua página Suplementos contém suplementos diferentes nas categorias Ativos, Relacionados a Documento e Desabilitados.

Para descarregar um suplemento, clique na categoria do suplemento na lista Gerenciar que fica no final da página e depois em Ir para abrir a caixa de diálogo Suplementos. Na caixa de diálogo, desmarque a caixa de seleção do suplemento que você quer descarregar. Isso removerá o suplemento da memória, mas manterá o seu nome na lista. Para remover permanentemente um suplemento da lista, clique no nome do suplemento e depois em Remover. (O suplemento será totalmente excluído, portanto tenha certeza de que deseja removê-lo antes de clicar no botão.)

IMPORTANTE Tenha cuidado ao baixar suplementos de sites que não são confiáveis. Os suplementos são arquivos executáveis que podem facilmente ser usados para espalhar vírus e causar danos ao seu computador. Por esse motivo, as configurações padrão da Central de Confiabilidade intervêm quando você tenta baixar ou rodar suplementos.

Como personalizar a Faixa de Opções

Mesmo que o Word 2013 seja a primeira versão do Word em que você trabalha, a essa altura você já está acostumado a trabalhar com os comandos representados na forma de botões na Faixa de Opções. A Faixa de Opções é projetada para tornar visíveis os comandos utilizados com mais frequência, para que os usuários possam facilmente descobrir todo o potencial do programa. Porém, muita gente usa o Word para realizar sempre o mesmo conjunto de tarefas. Para essas pessoas, a visualização de botões (ou de grupos inteiros de botões) que nunca utilizam é apenas uma forma de poluição visual.

Você gostaria de exibir menos comandos, e não mais? Ou preferiria grupos mais especializados de comandos? Bom, isso é possível. Clique em Personalizar Faixa de Opções no painel esquerdo da caixa de diálogo Opções do Word para exibir a página Personalizar Faixa de Opções, onde se pode fazer essas mudanças.

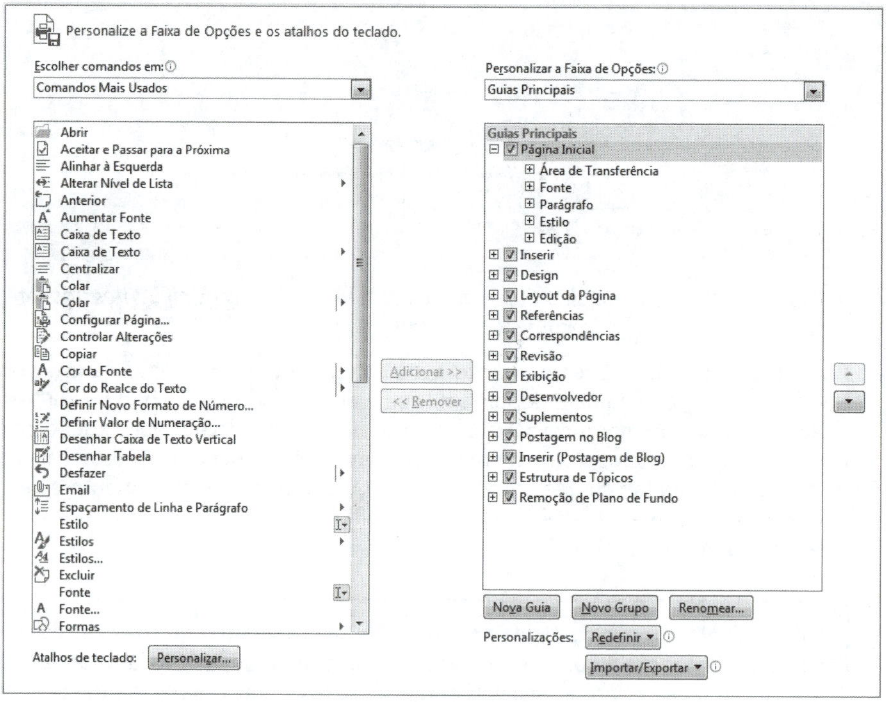

Página Personalizar Faixa de Opções da caixa de diálogo Opções do Word.

Nessa página, é possível personalizar a Faixa de Opções de várias maneiras: Você pode:

- Ocultar uma guia inteira.
- Remover um grupo de comandos de uma guia. (O grupo não é removido do programa, apenas da guia.)
- Mover ou copiar um grupo de comandos para outra guia.
- Criar um grupo personalizado em qualquer uma das guias e adicionar comandos ao grupo. (Não é possível adicionar comandos aos grupos pré-definidos.)
- Criar uma guia personalizada. Pode ser que você queira fazer isso caso utilize apenas alguns comandos de cada guia e considere improdutivo alternar entre elas, por exemplo.

Não tenha medo de fazer experiências com a Faixa de Opções para chegar à configuração que se adapta melhor à sua forma de trabalhar. Se em algum momento você achar que ficou mais difícil de trabalhar com a nova Faixa de Opções, pode restaurar todas as modificações de volta às configurações padrão.

IMPORTANTE Embora a personalização do conteúdo da Faixa de Opções padrão pareça uma ótima forma de se apropriar do programa, não recomendamos que você faça isso. Foi realizada uma extensa pesquisa sobre a maneira como as pessoas utilizam os comandos em cada programa e a Faixa de Opções foi organizada para refletir os resultados de toda essa pesquisa. Se você alterar as configurações padrão da Faixa de Opções, pode acabar ocultando ou movendo sem perceber algum comando de que precisa. Em vez disso, considere a Barra de Ferramentas de Acesso Rápido como a área de comandos a ser personalizada do seu jeito. Se você adicionar à Barra de Ferramentas de Acesso Rápido todos os comandos que usa com frequência, pode ocultar a Faixa de Opções para ter mais espaço vertical para a exibição do documento (isso é bastante conveniente ao trabalhar em um dispositivo menor). Se você quiser mesmo personalizar a Faixa de Opções, reúna em uma guia personalizada os comandos utilizados frequentemente, sem mexer nas outras guias.

Neste exercício, você adicionará uma guia personalizada à Faixa de Opções, adicionará grupos de comandos à guia e alterará a posição da guia na Faixa de Opções. Você moverá grupos de comandos de uma guia para outra e ocultará guias. Por último, irá restaurar a Faixa de Opções ao seu estado padrão.

PREPARAÇÃO Você não precisa de arquivos de prática para realizar este exercício. Com um documento em branco aberto, siga os seguintes passos:

1 Com a guia **Página Inicial** ativa, abra a caixa de diálogo **Opções do Word** e clique em **Personalizar Faixa de Opções**.

DICA Para exibir rapidamente a página Personalizar Faixa de Opções da caixa de diálogo Opções do Word, clique com o botão direito do mouse em qualquer ponto da Faixa de Opções (exceto em uma galeria) e depois clique em Personalizar a Faixa de Opções.

2 Na página **Personalizar Faixa de Opções**, clique no botão **Nova Guia** para inserir uma nova guia personalizada no painel direito, abaixo da guia ativa **Página Inicial**.

DICA Pode-se desmarcar a caixa de seleção de qualquer guia, com exceção da guia Arquivo, para que ela seja ocultada. (Não é possível ocultar a guia Arquivo.)

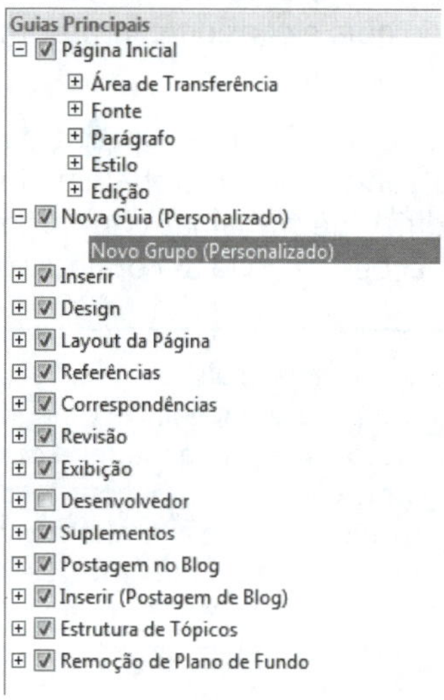

Por padrão, uma nova guia personalizada inclui um grupo personalizado vazio.

3 Clique em **Nova Guia (Personalizado)** e depois em **Renomear**. Na caixa de diálogo **Renomear**, substitua **Nova Guia** por **Minha Guia** e clique em **OK**.

4 Clique em **Novo Grupo (Personalizado)** e em seguida em **Renomear** para abrir uma caixa de diálogo **Renomear** que apresenta símbolos.

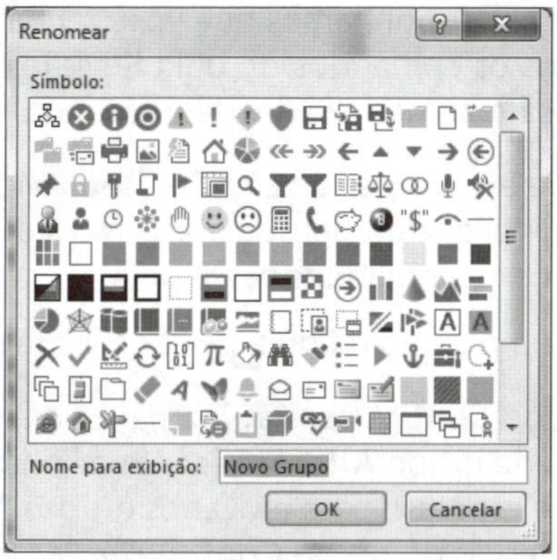

O símbolo escolhido para o seu grupo é exibido no botão do grupo quando a Faixa de Opções não for grande o suficiente para exibir o grupo.

5 Na caixa de diálogo **Renomear**, clique em um símbolo que você goste (obviamente, escolhemos a carinha feliz) e substitua **Novo Grupo** por **Meus Comandos Favoritos**. Clique em **OK**.

A seguir, adicionaremos alguns comandos ao grupo personalizado.

6 Na lista **Escolher comandos em**, selecione **Guias Principais**. Na lista, clique no sinal de adição à esquerda de **Revisão** para exibir os grupos pré-definidos para essa guia e faça a mesma coisa em **Revisão de Texto** para exibir os comandos desse grupo. No grupo **Revisão de Texto**, clique em **Contar Palavras** e depois em **Adicionar**, adicionando esse comando à sua guia personalizada.

7 Expanda o grupo **Controle**, expanda o menu **Controlar Alterações** e adicione o comando **Controlar Alterações** à sua guia personalizada.

8 Clique no grupo **Comentários** e depois em **Adicionar** para que todo o grupo de comandos seja adicionado depois do grupo personalizado na nova guia. Repita esse processo para adicionar o grupo **Alterações** à guia personalizada.

Para os propósitos deste exercício, suponhamos que você tenha adicionado à sua guia personalizada todos os comandos da guia Revisão que poderá um dia utilizar. Você não precisa mais da guia Revisão.

9 No painel à direita, desmarque a caixa de seleção **Revisão** para remover a guia da Faixa de Opções. Depois clique no sinal de adição ao lado de **Layout da Página** para exibir os grupos de comandos nessa guia.

Vamos modificar o conteúdo e a posição da guia personalizada.

10 No painel direito, arraste o grupo **Configurar Página** para cima e solte-o na sua guia personalizada, depois do grupo **Alterações**. (Uma linha de cor preta indica a posição.) Repita esse processo para mover os grupos **Parágrafo** e **Organizar** para que venham depois do grupo **Configurar Página**. Desmarque a caixa de seleção **Layout da Página** para ocultar a guia, que agora está vazia.

11 No painel direito, clique em **Minha Guia**. Clique uma vez na seta para cima para mover a guia personalizada para cima da guia **Página Inicial** na lista.

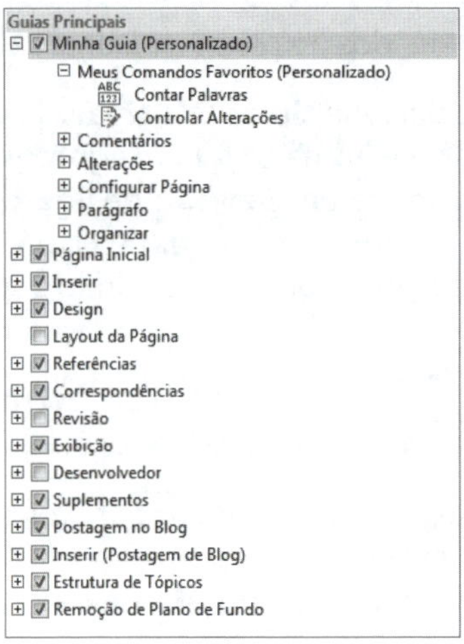

A ordem de cima para baixo no painel determina a ordem da esquerda para a direita na Faixa de Opções.

12 Clique em **OK** para fechar a caixa de diálogo **Opções do Word** e exibir os resultados. A **Minha Guia** aparece na extremidade esquerda da Faixa de Opções, logo depois da guia **Arquivo**. As guias **Layout da Página** e **Revisão** não aparecem na Faixa de Opções.

13 Clique em **Minha Guia** para exibir o conteúdo da sua guia personalizada.

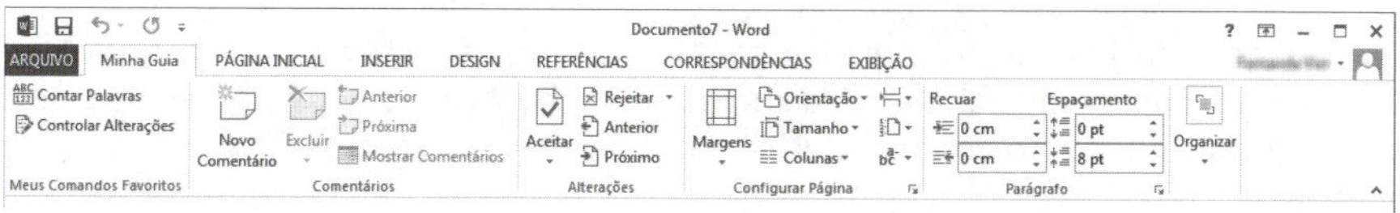

A guia personalizada inclui o grupo personalizado e os grupos que foram adicionados de outras fontes.

14 Caso a janela do programa esteja maximizada, restaure-a clicando em Restaurar Tamanho no canto superior direito da janela. Depois, arraste o canto direito da janela para a esquerda, estreitando a caixa até que os grupos não possam mais ser exibidos na Faixa de Opções.

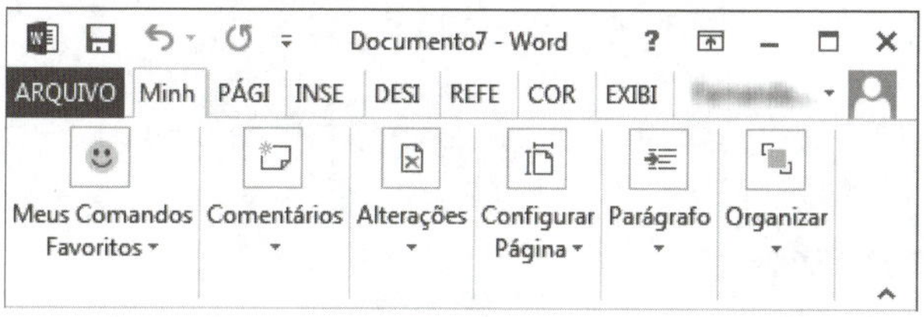

O símbolo que você designou para o grupo aparece no botão do grupo.

15 Abra a página **Personalizar Faixa de Opções** da caixa de diálogo **Opções do Word**. No canto inferior direito, clique em **Redefinir** e depois em **Redefinir todas as personalizações**. Na caixa de mensagem que aparece perguntando se você deseja excluir todas as personalizações da Faixa de Opções e da **Barra de Ferramentas de Acesso Rápido**, clique em **Sim**.

16 Clique em **OK** para fechar a caixa de diálogo **Opções do Word**.

ENCERRAMENTO Feche o documento sem salvar as alterações.

Como personalizar a barra de status

Pode-se facilmente adicionar ou remover controles da barra de status. Basta clicar com o botão direito em qualquer área em branco da barra de status e, no menu Personalizar Barra de Status, clicar no controle que deseja adicionar ou remover.

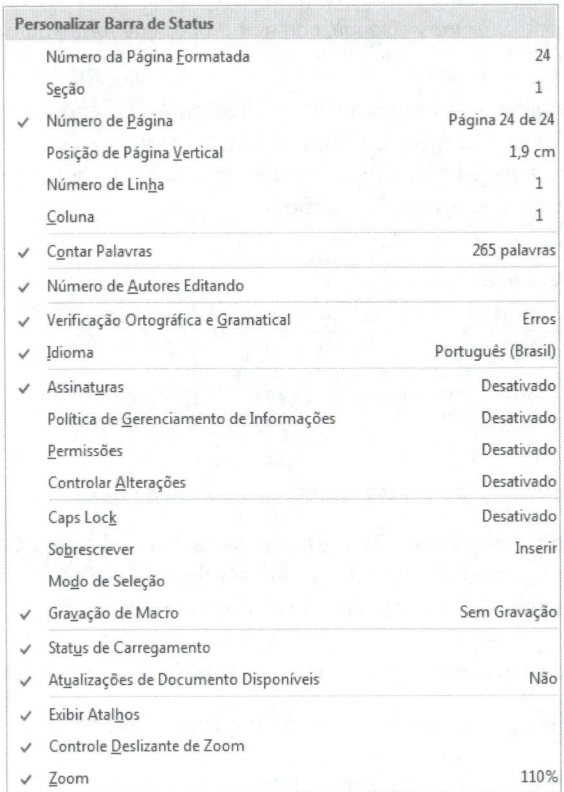

No menu Personalizar Barra de Status, uma marca de seleção indica que um controle é exibido atualmente ou que será exibido quando informações daquele tipo estiverem disponíveis.

Pontos-chave

- O ambiente Word é flexível e pode ser personalizado para atender às suas necessidades.
- Você pode criar estilos e modelos para agilizar o trabalho de formatação de um documento. Os estilos e modelos garantem uma formatação consistente dentro de um documento e entre documentos.
- Não é necessário digitar e revisar o mesmo texto várias vezes. Em vez disso, salve o texto como um bloco de construção para que possa ser inserido com alguns cliques do mouse.
- A maioria das configurações que controlam o ambiente de trabalho estão reunidas nas páginas da caixa de diálogo Opções do Word.
- Com apenas um clique, é possível criar acessos para qualquer comando do Word 2013. É só adicionar um botão para o comando à Barra de Ferramentas de Acesso Rápido para todos os documentos ou para um único documento.
- Você pode personalizar a Faixa de Opções para deixar ao seu alcance exatamente as ferramentas de que você precisa.

Glossário

add-in Programa utilizado para adicionar funções especializadas a um programa maior, mas que não opera como programa independente.

agrupar Reúne diversos objetos, como formas, em uma unidade que age como um só objeto. Objetos agrupados podem ser movidos, redimensionados e formatados com facilidade.

alça de dimensionamento Pequeno círculo, quadrado ou conjunto de pontos que aparece no canto ou na lateral de um objeto selecionado. Pode-se arrastar alças de dimensionamento para alterar o tamanho dos objetos horizontalmente, verticalmente ou proporcionalmente.

área de plotagem Em um gráfico bidimensional, é a área delimitada pelos eixos, incluindo todas as séries de dados. Em um gráfico tridimensional, é a área delimitada pelos eixos, incluindo as séries de dados, nomes das categorias, rótulos de marca de escala e títulos dos eixos.

área de seleção Área à margem esquerda do documento na qual você pode clicar e arrastar para selecionar blocos de texto.

área de transferência Área de armazenamento onde itens recortados ou copiados permanecem; é compartilhada por todos os programas do Microsoft Office.

Área de Transferência do Microsoft Office Consulte *área de transferência*.

área do gráfico Região em um gráfico utilizada para posicionar os elementos do gráfico, renderizar os eixos e plotar os dados.

arquivo de destino Arquivo no qual um objeto incorporado ou vinculado ou dados de mala direta são inseridos. Quando você altera informações em um arquivo de destino, a informação não é atualizada no arquivo de origem. Consulte também *arquivo de origem*.

arquivo de origem Contém as informações incorporadas, vinculadas ou mescladas ao arquivo de destino. Atualizações no conteúdo dos arquivos de origem são refletidas nos arquivos de destino quando a conexão de dados é atualizada.

arrastar Forma de mover objetos que consiste em selecioná-los e, enquanto o dispositivo estiver ativo (por exemplo, enquanto o botão do mouse continua pressionado), mover a seleção para um novo local.

assinatura digital Dados que combinam a identidade do remetente com a informação enviada. Uma assinatura digital pode ser agrupada com qualquer mensagem, arquivo ou informações codificadas digitalmente ou transmitidas separadamente. São usadas em ambientes de chave pública e fornecem autenticação e serviços de integridade.

atalho de teclado Combinação de toques de teclas utilizados para desempenhar uma tarefa que exigiria o uso de um mouse ou de outro dispositivo apontador.

atributo Item de formatação de caractere individual, como tamanho ou cor, que determina a aparência do texto.

AutoCorreção Recurso que detecta e corrige automaticamente erros de ortografia e capitalização. É possível inserir suas próprias entradas à lista AutoCorreção.

AutoForma Uma das várias matrizes de formas pré-desenhadas do Word; ajuda na criação de imagens mais complexas.

balão No modo de exibição Layout de Impressão ou Layout da Web, é uma caixa que apresenta os comentários e as alterações controladas exibidas nas margens de um documento, facilitando a visualização e uma futura resposta.

Barra de Ferramentas de Acesso Rápido Pequena e passível de personalização, exibe os comandos frequentemente utilizados.

barra de ferramentas de Modos de Exibição Barra de ferramentas localizada na extremidade direita da barra de status; contém botões para alternar entre modos de exibição de um documento e alterar a ampliação da exibição.

barra de status Elemento localizado na parte inferior da janela do programa; exibe indicadores e controles.

bloco de construção Texto usado com frequência salvo em uma galeria; pode ser inserido facilmente em um documento.

blog Revista, coluna ou diário online atualizado frequentemente. Os blogs muitas vezes são utilizados para publicar informações pessoais ou corporativas de modo informal. Abreviação de *web log*.

cabeçalho Uma ou mais linhas com conteúdo na parte superior da margem de uma página, geralmente contendo elementos como título, número da página ou nome do autor. Consulte também *rodapé*.

caixa de texto Estrutura que possui texto separado do conteúdo de outro documento.

caminho Sequência de pastas (diretórios) que leva a um arquivo ou pasta específico. Barras invertidas são utilizadas para separar cada pasta em um caminho do Windows; barras comuns são utilizadas para separar cada diretório em um caminho da Internet.

campo Espaço reservado que sinaliza ao Word como inserir as informações especificadas. Também é o conjunto de informações de um tipo específico de uma fonte de dados, como todos os sobrenomes em uma lista de contato.

campo de entrada de índice É o campo XE, incluindo as chaves ({ }), que define as entradas de índice.

campo de mesclagem Espaço reservado substituído por informações variáveis da fonte de dados durante o processo de mesclagem.

caractere curinga Caractere do teclado que pode ser utilizado para representar um ou mais caracteres ao realizar uma busca. O ponto de interrogação (?) representa um único caractere e o asterisco (*) representa um ou mais caracteres.

célula Caixa formada pela intersecção de uma linha e de uma coluna em uma planilha ou tabela, na qual é possível inserir informações.

citação Texto retirado de um documento e demonstrado em uma caixa de texto para despertar um interesse visual.

Clicar e Digitar Recurso que permite que você clique duas vezes em uma área em branco do documento para posicionar o cursor naquele local, com o alinhamento de parágrafo apropriado.

clip-art Imagens prontas e disponíveis sem direitos autorais. São geralmente desenhos, esboços, ilustrações ou fotografias.

coluna Tanto a organização vertical de textos em uma ou mais seções lado a lado, quanto a organização vertical das células em uma tabela ou planilha.

comentário Nota ou anotação adicionada ao documento pelo autor ou revisor. O Word exibe o comentário em um balão à margem do documento ou no painel Revisões.

consulta Critério de seleção para extrair informações de uma fonte de dados.

conteúdo acessível Conteúdo otimizado para pessoas com necessidades especiais e para dispositivos assistenciais como leitores de tela.

cursor Representação na tela da localização do ponteiro do dispositivo de entrada.

destino Arquivo, localização, objeto ou página Web exibidos a partir de um link ou hiperlink.

diagrama Gráfico no qual formas, texto e imagens são utilizados para ilustrar um processo, um ciclo ou uma relação.

diagrama de ciclo Mostra um processo contínuo.

diagrama de imagem Diagrama que utiliza imagens para transmitir informações em vez de ou além do texto.

diagrama de lista Listas em que informações relacionadas ou independentes estão representadas visualmente.

diagrama de pirâmide Apresenta relações fundamentadas na base.

diagrama de processo Representa visualmente o conjunto ordenado de etapas necessário para completar uma tarefa.

diagrama de relação Mostra elementos convergentes, divergentes, sobrepostos ou mesclados.

diagrama hierárquico Ilustra a estrutura de uma organização ou entidade.

diagrama matriz Diagrama que ilustra a relação de componentes com um todo.

Dica de Tela Nota explicativa que aparece na tela fornecendo informações sobre a interface do programa ou sobre certos tipos de conteúdo, como marcações de erros ortográficos e hiperlinks em um documento.

disposição do texto Modo como o texto se dispõe ao redor de um objeto.

divisa Controle ou botão pequeno que indica se há mais itens que possam ser exibidos em um espaço disponível. Você deve clicar nas divisas para exibir os itens extras e também nos caracteres « » que circundam cada campo de mesclagem de um documento principal; também chamados de *aspas francesas*.

documento principal Em uma operação de mesclagem do Word, é o documento que contém originalmente o texto e os elementos gráficos de um documento mesclado.

edição do tipo "arrastar e soltar" Modo de movimentar ou copiar o texto selecionado ao arrastá-lo de um local para outro.

editoração eletrônica Processo que cria páginas combinando textos e objetos, como tabelas e gráficos, de modo visualmente atrativo.

efeitos de fonte Atributo, como um sobrescrito, versalete ou sombra, que pode ser aplicado a uma fonte.

eixo das categorias Utilizado para plotar categorias de dados em um gráfico. Também chamado de *eixo x*.

eixo de profundidade Perpendicular aos eixos x e y; geralmente equivale ao "chão". Também chamado de *eixo z*.

eixo de valores Utilizado para plotar valores em um gráfico. Também chamado de *eixo y*.

eixo x Utilizado para plotar categorias de dados em um gráfico. Também chamado de *eixo das categorias*.

eixo y Utilizado para plotar valores em um gráfico. Também chamado de *eixo de valores*.

eixo z Eixo perpendicular aos eixos x e y; geralmente equivale ao "piso". Também chamado de *eixo de profundidade*.

elemento gráfico Qualquer parte de uma arte usada para ilustrar, transmitir informações ou adicionar interesse visual a um documento.

elemento gráfico SmartArt Conjunto predefinido de formas e texto utilizado como base para a criação de diagramas.

entrada de índice Código de campo que seleciona textos específicos para inserção no índice. Quando você seleciona o texto como uma entrada de índice, o Word insere um campo formatado como texto oculto XE (Entrada de Índice).

entrada de referência cruzada Entrada em um índice que faz referência a uma entrada relacionada.

escala de cinza Espectro de tons de preto em uma imagem.

espaçamento entre caracteres Distância entre os caracteres em uma linha de texto. O espaçamento pode ser ajustado ao expandir ou condensar os caracteres.

estilo Qualquer tipo de formatação nomeada e salva como uma configuração. Consulte também *estilo de caractere*, *estilo de parágrafo*, *Estilos Rápidos* e *estilo de tabela*.

estilo de caractere Combinação de opções de formatação de caracteres identificada por um nome de estilo.

estilo de fonte Ênfase inserida a uma fonte por meio do uso de uma formatação como negrito, itálico, sublinhado ou colorido.

estilo de parágrafo Combinação de formatação de caracteres e formatação de parágrafo nomeada e armazenada como uma configuração. Aplica o estilo a um parágrafo com todas as características de formatação.

estilo de tabela Conjunto de opções de formatação aplicado a uma tabela, como fonte, estilo de borda e tiras nas linhas. As partes de uma tabela, como linha de cabeçalho, coluna de cabeçalho e área dos dados, podem ser formatadas de diversas maneiras.

Estilos Rápidos Conjunto de formatação de caractere e parágrafo que facilita a formatação de documentos e objetos. Os Estilos Rápidos aparecem na galeria Estilos Rápidos e estão organizados como conjuntos prontos para criar um documento atrativo e com aparência profissional.

Faixa de Opções Interface do usuário que organiza comandos em grupos lógicos que aparecem em guias separadas.

filtragem Exibe arquivos ou registros em fontes de dados de acordo com determinado critério; por exemplo, filtrar a fonte de dados para exibir apenas os registros de pessoas que vivem em um estado específico. A filtragem não exclui os arquivos, simplesmente altera a visualização para que sejam exibidos somente os arquivos de acordo com o seu critério.

fonte Design gráfico aplicado a um conjunto de números, símbolos e caracteres. Uma fonte descreve um tipo específico de forma e estilo de texto e pode ter qualidades como tamanho, espaçamento e serifa.

fonte de dados Arquivo com informações variáveis, como nomes e endereços, mesclado com um arquivo principal com informações estáticas.

formatação Consulte *formatação de caracteres* e *formatação de parágrafo*.

formatação de caracteres Formatação que pode ser aplicada a caracteres tipográficos selecionados.

formatação de parágrafo Controla a aparência de um parágrafo. Exemplos incluem recuo, alinhamento, espaçamento entre linhas e paginação.

formato de arquivo Estrutura ou organização de dados em um arquivo. O formato de arquivo de um documento geralmente é indicado pela extensão de nome de arquivo.

fórmula Sequência de valores, referências de células, nomes, funções ou operadores em uma célula de uma tabela ou planilha que, juntos, produzem um novo valor. Uma fórmula inicia sempre com um sinal de igual (=).

galeria Agrupamento de miniaturas que exibem visualmente as opções.

gráfico de barras Gráfico com barras que compara a quantidade de dois ou mais itens.

gráfico de colunas Exibe os dados em barras verticais para facilitar a compreensão e a leitura das informações.

gráfico de linhas Gráfico no qual os pontos de dados em uma série estão conectados por uma linha.

gráfico pizza Gráfico redondo que apresenta a dimensão de itens em uma única série de dados relacionados ao total de itens.

grupo Em uma guia da Faixa de Opções, é a área que contém os botões relacionados a elementos ou funções específicas.

guia Na Faixa de Opções, é a página que contém botões organizados por grupos.

guia contextual Consulte *guia de ferramentas*.

guia de ferramentas Contém grupos de comandos pertinentes para determinado tipo de elemento, como uma imagem, tabela ou caixa de texto. As guias de ferramentas surgem somente quando o conteúdo relevante estiver selecionado.

hifenização Separa uma palavra que acabaria se estendendo além da margem direita da página.

hiperlink Conexão de um texto ou um elemento gráfico, no qual você pode clicar e seguir para exibir um link, como um arquivo, uma parte específica de um arquivo ou um site da Web. Geralmente, é possível identificar hiperlinks devido à sua formatação, como cor diferente do resto do texto ou sublinhado; mas, às vezes, a única forma de identificá-los é posicionando o ponteiro sobre eles, pois o ponteiro se transforma em uma mão.

ícone Pequena imagem ou símbolo que representa um comando, tipo de arquivo, função, programa ou ferramenta.

imagem Foto, imagem do clip-art, ilustração ou qualquer tipo de imagem criada com um programa que não o Word.

indicador Local ou seção de um texto destacado eletronicamente para que você possa voltar exatamente onde parou da última vez. Como um marcador de página, o indicador do Word marca um local específico em um documento. Você pode exibir rapidamente um indicador específico pela página Ir Para, na caixa de diálogo Localizar e Substituir.

indicador da barra de status Notificação na barra de status que exibe as informações relacionadas ao programa atual.

índice Lista de palavras e frases abordadas em um documento impresso, junto com suas respectivas numerações de página.

índice de autoridades Lista com as referências de um documento legal, como referências de casos, estatutos e leis, junto com a numeração da página onde a referência aparece.

índice de ilustrações Lista com as legendas de imagens, gráficos, elementos gráficos, slides ou outras ilustrações de um documento, junto com a numeração da página onde a legenda aparece.

iniciador de caixa de diálogo Botão localizado na parte inferior de alguns grupos da Faixa de Opções utilizado para abrir uma caixa de diálogo com recursos relacionados ao grupo.

Inspetor de Documento Ferramenta que automatiza o processo de detecção e remoção de informações confidenciais ou desnecessárias de um documento.

justificar Organiza todas as linhas de um parágrafo ou coluna de modo a se encaixarem na largura do documento ou coluna, com margens iguais de cada lado.

legenda Identifica as cores e os nomes da série de dados ou categorias usadas em um gráfico.

legenda Texto descritivo associado a uma figura, foto, ilustração ou captura de tela.

letra capitular Letra maiúscula maior e decorativa que aparece no início de um parágrafo.

Linguagem HTML Utiliza marcas para identificar elementos em um documento, indicando, assim, como exibir esses elementos nos navegadores da Web e como eles devem responder às ações dos usuários.

Linguagem XML Formato para dados extensos e estruturados em um modo consistente e padronizado. As marcas XML descrevem o conteúdo de um documento, enquanto as marcas HTML descrevem a aparência do documento. XML é extensível, pois permite que designers criem suas marcas customizadas.

linhas de grade Linhas finas que delimitam as células. As linha de grade da tabela não aparecem na impressão de um documento. Em gráficos, são linhas que simbolizam os valores do eixo y pela área de plotagem.

lista tabulada Organiza o texto em colunas simples separadas por paradas de tabulação esquerda, direita, centralizada ou decimal.

mala direta Processo de mesclagem de informações de uma fonte de dados a um documento, como endereço de email ou banco de dados, para criar documentos personalizados, como cartas modelo ou etiquetas de endereçamento.

marca d'água Texto ou imagem de cores claras dispostos atrás do conteúdo principal do documento.

marca de escala Pequena linha de medida, similar a uma linha de divisão em uma régua, que corta um eixo em um gráfico.

marcador de dados Símbolo ou forma passível de personalização que identifica um ponto de dados em um gráfico. Podem ser barras, colunas, fatias de pizza ou rosca, pontos e outras formas variadas que podem vir em diferentes tamanhos e cores.

marcador de recuo Marcador na régua horizontal que controla o recuo do texto da margem esquerda ou direita do documento.

margem Espaço em branco da página fora da área de impressão.

miniaturas Representação menor de um item, como imagem, página de conteúdo ou configuração de formatação, geralmente obtida ao colocar em escala as imagens. As miniaturas são utilizadas para fornecer identificadores visuais.

modelo Arquivo que contém formatação, layout, texto ou elementos gráficos predefinidos e que serve de base para novos documentos com design ou propósito parecidos.

modo de exibição Estrutura de tópicos Exibe os títulos de um documento com um recuo para representar seus níveis na estrutura do documento.

modo de exibição Layout da Web Exibe o documento com a configuração de navegador da Web. Nesse modo, o documento aparece como uma página (sem quebras); texto e tabelas se dispõem para caber na janela.

modo de exibição Layout de Impressão Visualização da aparência de um documento ao ser impresso; por exemplo, itens como cabeçalhos, notas de rodapé, colunas e caixas de textos aparecem nas suas posições finais.

Modo de exibição Rascunho Exibe o conteúdo do documento em um layout simplificado.

Modo de Leitura Exibe o documento em uma janela simplificada com poucos controles; seu tamanho melhora a leitura de documentos em uma tela de computador. Anteriormente chamado de Modo de Leitura em Tela Inteira ou Layout de Leitura.

navegador da Web Software que interpreta arquivos HTML, formata-os para páginas Web e os exibe. Um navegador da Web, como o Internet Explorer, pode seguir hiperlinks, responder a solicitações para baixar arquivos e reproduzir arquivos de áudio e vídeo vinculados a páginas Web.

nome de campo Célula da primeira linha de uma fonte de dados que identifica os dados em uma coluna abaixo.

nota de fim Aparece ao fim de uma seção ou documento e é referenciada no corpo do documento. Consiste em duas partes vinculadas, uma referência no corpo de texto e o texto correspondente da nota. Consulte também *nota de rodapé*.

nota de rodapé Aparece ao fim de uma página e explica, comenta ou fornece referência no corpo do documento. Consiste em duas partes vinculadas, uma referência no corpo do texto e o texto correspondente da nota. Consulte também *nota de fim*.

objeto Item (como um elemento gráfico) videoclipe, arquivo de som ou planilha, que pode ser inserido em um documento e, então, selecionado e modificado.

objeto de desenho Qualquer elemento gráfico desenhado ou inserido que possa ser alterado e aprimorado. Inclui AutoFormas, curvas, linhas e WordArt.

objeto incorporado Objeto inserido completamente em um arquivo. Incorporar o objeto, e não só inserir ou colar seu conteúdo, garante que ele mantenha o seu formato original. Se você abrir o objeto incorporado, pode editá-lo com as barras de ferramentas e menus do programa usado para criá-lo.

objeto vinculado Inserido em um documento, mas ainda existente no arquivo de origem. Quando as informações são vinculadas, o documento pode ser atualizado automaticamente caso a informação no documento original se altere.

objeto WordArt Objeto de texto criado com efeitos pré-prontos e ao qual é possível aplicar opções de formatação extras.

órfã Primeira linha de um parágrafo impressa sozinha na parte inferior de uma página.

orientação Direção – horizontal ou vertical – na qual a página está disposta.

página Web Documento da World Wide Web. Tipicamente, uma página Web consiste em um arquivo HTML, com arquivos associados a elementos gráficos e scripts em determinada página de um computador. É identificada por um URL (Uniform Resource Locator).

painel da área de estilo Pode ser exibido no lado esquerdo de um documento nos modos de exibição Rascunho ou Estrutura de Tópicos e exibe o estilo de parágrafo do parágrafo adjacente.

painel Navegação Exibe uma estrutura de tópicos dos títulos do documento ou miniaturas das páginas do documento; permite que você vá para um título ou uma página do documento ao clicar no item. Também fornece ferramentas para busca de conteúdo.

paisagem Orientação de uma imagem ou página em que a largura é maior do que a altura.

paleta Coleção de amostras de cores nas quais é possível clicar e aplicar a cor a um texto ou objeto selecionado.

parada de tabulação Posição na régua horizontal que indica até onde recuar o texto ou onde iniciar uma coluna de texto.

parágrafo Bloco de texto que termina quando a tecla Enter é pressionada.

PDF (Portable Document Format) Formato de arquivo com layout fixo, em que a formatação do documento não sofre alterações, independente do modelo do computador usado.

pilha Conjunto de elementos gráficos que sobrepõem-se um ao outro.

plano de fundo Cores, sombreamento, textura e elementos gráficos que aparecem atrás do texto e dos objetos de um documento.

ponto Unidade de medida utilizada para expressar o tamanho dos caracteres em uma fonte; 72 pontos equivale a uma polegada (ou aproximadamente 28 pontos equivalem a 1 cm).

pontos de dados Valores individuais plotados em um gráfico.

Portable Document Format Consulte *PDF*.

posicionar sobre Colocar o ponteiro do mouse ou outro dispositivo apontador sobre um elemento da tela.

postagem Mensagem publicada em um blog, fórum de discussão ou quadro de mensagem.

processamento de texto Redação, edição e formatação de documentos em um programa projetado para trabalhar principalmente com texto.

promover Em uma estrutura de tópicos, altera o corpo de texto em um cabeçalho ou move um título para um nível superior. Consulte também *rebaixar*.

quebra automática de linha Processo automático de quebra de linha para que o texto se mantenha dentro das margens da página ou das delimitações da janela.

quebra automática de linha Quebra manual inserida para que o texto seguinte vá para a próxima linha. Também conhecida como *quebra de linha*.

quebra de coluna Quebra inserida em uma coluna para que o texto seguinte vá para a próxima coluna.

quebra de linha Quebra manual inserida para que o texto seguinte vá para a próxima linha. Também chamado de *quebra de disposição do texto*.

quebra de página flexível Inserida pelo Word quando o texto alcança a margem inferior de uma página.

quebra de página manual Inserida para que a informação seguinte vá para a próxima página.

quebra de seção Marcação que você insere para indicar o final de uma seção. Mantém a formatação dos elementos da seção anterior, como margens, orientação da página, cabeçalhos e rodapés, e continua a numeração de página.

rebaixar Em uma estrutura de tópicos, altera o título para um corpo de texto ou rebaixa o nível do título; por exemplo, alterar Título 5 para Título 6. Consulte também *promover*.

recorte de tela Imagem de todo o conteúdo, ou parte dele, exibido na tela do computador. Pode ser capturado utilizando uma ferramenta como a Recorte de Tela, inclusa em todos os programas do Office.

referência Número ou símbolo exibido no corpo do documento após a inserção de notas de rodapé ou notas de fim.

referência de células Posição de uma célula representada pela letra da coluna e o número da linha, como em *A1*.

refinar Em um campo, é a configuração que refina os resultados do campo; por exemplo, formatando de determinada maneira.

registro Conjunto de dados de uma pessoa, um local, um evento ou qualquer outro item. Os registros equivalem às linhas de uma tabela.

retrato Orientação de uma imagem ou página em que a altura é maior do que a largura.

revisão Alteração em um documento.

rodapé Uma ou mais linhas de texto na parte inferior da margem de uma página, geralmente contendo elementos como o número da página e o nome do arquivo. Consulte também *cabeçalho*.

saturação No gerenciamento de cores, é a pureza da matiz da cor; varia do cinza a uma cor mais vívida.

selecionar Realça um texto ou ativa um objeto a fim de manipular e editar a seleção.

série de dados Pontos de dados relacionados entre si e plotados em um gráfico. Uma ou mais séries de dados podem ser plotadas em um gráfico. Um gráfico de pizza possui somente uma série de dados.

somente leitura Configuração que permite que um arquivo possa ser lido ou copiado, porém não alterado nem salvo. Se fizer alterações em um arquivo somente leitura, é possível salvá-las atribuindo um novo nome ao documento.

subentrada Entrada de índice abaixo de um título mais genérico; por exemplo, *Marte* e *Vênus* podem ser subentradas da entrada de índice *planetas*.

sumário Lista com os títulos de um documento, junto com a numeração da página onde o título aparece.

tabela Uma ou mais linhas de células comumente utilizadas para exibir números e outros itens a fim de facilitar a análise. Os itens de uma tabela são organizados em linhas e colunas.

tabela aninhada Tabela dentro de outra tabela usada para organizar informações em uma página.

Tabela Rápida Tabela com dados de amostra incluídos que você pode personalizar.

tamanho de fonte Altura (em pontos) de um conjunto de caracteres, em que o ponto é igual a aproximadamente 1/72 de polegada (ou aproximadamente 1/28 centímetros).

taxa de proporção A proporção da largura de uma imagem em relação a sua altura.

tela de desenho Área de trabalho para criação de imagens no Word. Mantém as partes da imagem juntas, ajuda a posicionar a imagem e proporciona um limite de enquadramento entre a imagem e o texto da página.

tema Conjunto de elementos de design que combina cores, fontes e efeitos para proporcionar uma aparência profissional ao documento.

tracejado tabulado Caractere repetido (geralmente um ponto ou um traço) que separa o texto antes da tabulação de um texto ou número.

vincular Consulte *hiperlink*; *objeto vinculado*.

Visualização Dinâmica Recurso que exibe temporariamente o efeito de um formato específico para o elemento selecionado do documento.

viúva Última linha de um parágrafo impressa sozinha no topo de uma página.

Web App Consulte *Word Web App*.

Word Web App Aplicativo utilizado para revisar e editar um documento armazenado em local de compartilhamento do seu navegador da Web.

Atalhos de teclado

No decorrer deste livro, mostramos como realizar tarefas com rapidez e eficiência com o auxílio dos atalhos de teclado. Esta seção fornece informações sobre atalhos de teclado incluídos no Microsoft Word 2013 e no Microsoft Office 2013 e atalhos de teclado personalizados.

DICA Nas listas a seguir, as teclas que devem ser pressionadas simultaneamente estão separadas por um sinal de adição (+), e as que devem ser pressionadas sequencialmente, por uma vírgula (,).

Atalhos de teclado do Word 2013

Esta seção fornece uma lista abrangente de atalhos de teclado incluídos no Word 2013. A lista foi retirada da Ajuda do Word e disponibilizada em tabelas para facilitar a pesquisa.

Realizar tarefas comuns

Para	Pressione
Criar um espaço incondicional	Ctrl+Shift+Barra de espaços
Criar um hífen incondicional	Ctrl+Shift+Hífen
Formatar as letras com negrito	Ctrl+N
Formatar as letras com itálico	Ctrl+I
Formatar as letras com sublinhado	Ctrl+S
Reduzir um valor de tamanho da fonte	Ctrl+Shift+<
Aumentar um valor de tamanho da fonte	Ctrl+Shift+>
Reduzir em 1 ponto o tamanho da fonte	Ctrl+[
Aumentar em 1 ponto o tamanho da fonte	Ctrl+]
Remover a formatação de parágrafo ou caractere	Ctrl+Barra de espaços
Copiar o texto ou o objeto selecionado	Ctrl+C
Recortar o texto ou o objeto selecionado	Ctrl+X
Colar um texto ou um objeto	Ctrl+V
Colar especial	Ctrl+Alt+V
Colar somente a formatação	Ctrl+Shift+V

Para	Pressione
Desfazer a última ação	Ctrl+Z
Refazer a última ação	Ctrl+R
Abrir a caixa de diálogo Contar Palavras	Ctrl+Shift+G

Documentos e páginas Web

Criar, exibir e salvar documentos

Para	Pressione
Criar um novo documento	Ctrl+O
Abrir um documento	Ctrl+A
Fechar um documento	Ctrl+W
Dividir a janela do documento	Alt+Ctrl+S
Remover a divisão da janela do documento	Alt+Shift+C ou Alt+Ctrl+S
Salvar um documento	Ctrl+B

Localizar, substituir e navegar pelo texto

Para	Pressione
Abrir o painel de tarefas Navegação (para pesquisar no documento)	Ctrl+L
Repetir a operação de localização (depois de fechada a janela Localizar e Substituir)	Alt+Ctrl+Y
Substituir texto, uma formatação específica e itens especiais	Ctrl+U
Ir para página, indicador, nota de rodapé, tabela, comentário, elemento gráfico ou outro local	Ctrl+Alt+G
Alternar entre os últimos quatro lugares editados	Alt+Ctrl+Z
Abrir uma lista de opções de navegação. Pressione as setas de direção para selecionar uma opção e, em seguida, pressione Enter para navegar em um documento usando a opção selecionada.	Alt+Ctrl+Home
Mover para o objeto anterior procurado (definido nas opções de pesquisa)	Ctrl+Page Up
Mover para o próximo objeto procurado (definido nas opções de pesquisa)	Ctrl+Page Down

Alterar para outro modo de exibição

Para	Pressione
Alternar para o modo de exibição Layout de Impressão	Alt+Ctrl+P
Alternar para o modo de exibição de Estrutura de Tópicos	Alt+Ctrl+O
Alternar para o modo de exibição de Rascunho	Alt+Ctrl+N

Modo de exibição de Estrutura de Tópicos

Para	Pressione
Elevar o nível de um parágrafo	Alt+Shift+Seta para a esquerda
Rebaixar o nível de um parágrafo	Alt+Shift+Seta para a direita
Rebaixar para corpo de texto	Ctrl+Shift+Y
Mover os parágrafos selecionados para cima	Alt+Shift+Seta para cima
Mover os parágrafos selecionados para baixo	Alt+Shift+Seta para baixo
Expandir o texto embaixo de um título	Alt+Shift+Sinal de adição
Recolher o texto embaixo de um título	Alt+Shift+Sinal de subtração
Expandir ou recolher todos os textos ou títulos	Alt+Shift+A
Ocultar ou exibir a formatação dos caracteres	A tecla de barra (/) no teclado numérico
Mostrar a primeira linha do corpo do texto ou o corpo do texto inteiro	Alt+Shift+L
Mostrar todos os títulos com o estilo Título 1	Alt+Shift+1
Mostrar todos os títulos até o estilo Título *n*	Alt+Shift+9
Inserir um caractere de tabulação	Ctrl+Tab

Modo de Leitura

Para	Pressione
Ir para o início do documento	Home
Ir para o fim do documento	End
Ir para a página *n*	*n*, Enter
Sair do Modo de Leitura	Esc

Imprimir e visualizar documentos

Para	Pressione
Imprimir um documento	Ctrl+P
Exibir a página Imprimir no modo de exibição Backstage	Alt+Ctrl+I
Mover-se pela página de visualização quando ela está com mais zoom	Teclas de direção
Mover-se pela página de visualização quando ela está com menos zoom	Page Up ou Page Down
Ir para a primeira página de visualização quando ela está com menos zoom	Ctrl+Home
Ir para a última página de visualização quando ela está com menos zoom	Ctrl+End

Revisar documentos

Para	Pressione
Inserir um comentário	Alt+Ctrl+A
Ativar ou desativar os controles de alterações	Ctrl+Shift+E
Fechar o Painel de Revisão caso ele esteja aberto	Alt+Shift+C

Referências, notas de rodapé e notas de fim

Para	Pressione
Marcar uma entrada de sumário	Alt+Shift+O
Marcar uma entrada de citação	Alt+Shift+I
Marcar entrada de índice remissivo	Alt+Shift+X
Inserir uma nota de rodapé	Alt+Ctrl+F
Inserir uma nota de fim	Alt+Ctrl+D

Como trabalhar com páginas Web

Para	Pressione
Inserir uma hiperlink	Ctrl+K
Voltar uma página	Alt+Seta para a esquerda
Avançar uma página	Alt+Seta para a direita
Atualizar	F9

Editar e mover textos e elementos gráficos

Excluir texto e elementos gráficos

Para	Pressione
Excluir um caractere à esquerda	Backspace
Excluir uma palavra à esquerda	Ctrl+Backspace
Excluir um caractere à direita	Delete
Excluir uma palavra à direita	Ctrl+Delete
Recortar o texto selecionado para a Área de Transferência do Office	Ctrl+X
Desfazer a última ação	Ctrl+Z
Recortar o texto selecionado para o AutoTexto Especial	Ctrl+F3

Copiar e mover textos e elementos gráficos

Para	Pressione
Abrir a Área de Transferência	Pressione ALT+C para ir para a guia Página Inicial e pressione A,F
Copiar o texto ou o elemento gráfico selecionado para a Área de Transferência	Ctrl+C
Recortar o texto ou o elemento gráfico selecionado para a Área de Transferência	Ctrl+X
Colar a inclusão ou o item colado mais recente da Área de Transferência	Ctrl+V
Mover textos ou elementos gráficos uma vez	F2 (e, em seguida, mova o cursor e pressione Enter)
Copiar textos ou elementos gráficos uma vez	Shift+F2 (e, em seguida, mova o cursor e pressione Enter)
Quando um texto ou um objeto estiver selecionado, abrir a caixa de diálogo Criar Novo Bloco de Construção	Alt+F3
Quando um bloco de construção – por exemplo, um elemento gráfico SmartArt – estiver selecionado, exibir o menu de atalho associado a ele	Shift+F10
Copiar o cabeçalho ou o rodapé usado na seção anterior do documento	Alt+Shift+R

Inserir caracteres especiais

Para	Pressione
Um campo	Ctrl+F9
Uma quebra de linha	Shift+Enter
Uma quebra de página	Ctrl+Enter
Uma quebra de coluna	Ctrl+Shift+Enter
Um travessão	Alt+Ctrl+Sinal de subtração
Um traço	Ctrl+Sinal de subtração
Um hífen opcional	Ctrl+Hífen
Um hífen incondicional	Ctrl+Shift+Hífen
Um espaço incondicional	Ctrl+Shift+Barra de espaços
O símbolo de copyright	Alt+Ctrl+C
O símbolo de marca registrada	Alt+Ctrl+R
O símbolo de marca comercial	Alt+Ctrl+T
Reticências	Alt+Ctrl+Ponto
Uma entrada de AutoTexto	Enter (depois de digitar os primeiros caracteres do nome da entrada de AutoTexto e quando aparecer a dica de tela

Inserir caracteres usando códigos de caractere

Para	Pressione
Inserir o caractere Unicode para o código de caractere Unicode (hexadecimal) especificado. Por exemplo, para inserir o símbolo do euro (€), digite 20AC e mantenha a tecla Alt pressionada enquanto pressiona a tecla X.	O código do caractere, Alt+X
Identificar o caractere de código Unicode para o caractere selecionado	Alt+X
Inserir o caractere ANSI para o código de caractere ANSI (decimal) especificado. Por exemplo, para inserir o símbolo do euro, mantenha a tecla Alt pressionada enquanto pressiona 0128 no teclado numérico.	ALT+o código de caractere (no teclado numérico)

Selecionar texto e elementos gráficos

Para	Pressione
Selecionar texto e elementos gráficos	Manter a tecla Shift pressionada e usar as teclas de direção para mover o cursor

Estender uma seleção

Para	Pressione
Ativar o modo de extensão	F8
Selecionar o caractere mais próximo	F8+Seta para a esquerda ou Seta para a direita
Aumentar o tamanho de uma seleção	F8 (pressione uma vez para selecionar uma palavra; duas vezes para selecionar uma sentença e, assim, sucessivamente)
Reduzir o tamanho de uma seleção	Shift+F8
Desativar o modo de extensão	Esc
Estender uma seleção um caractere à direita	Shift+Seta para a direita
Estender uma seleção um caractere à esquerda	Shift+Seta para a esquerda
Estender uma seleção até o final de uma palavra	Ctrl+Shift+Seta para a direita
Estender uma seleção até o início de uma palavra	Ctrl+Shift+Seta para a esquerda
Estender uma seleção até o final de uma linha	Shift+End
Estender uma seleção até o início de uma linha	Shift+Home
Estender uma seleção uma linha para baixo	Shift+Seta para baixo
Estender uma seleção uma linha para cima	Shift+Seta para cima
Estender uma seleção até o final de um parágrafo	Ctrl+Shift+Seta para baixo
Estender uma seleção até o início de um parágrafo	Ctrl+Shift+Seta para cima

Estender uma seleção uma tela para baixo	Shift+Page Down
Estender uma seleção uma tela para cima	Shift+Page Up
Estender uma seleção até o início de um documento	Ctrl+Shift+Home
Estender uma seleção até o final de um documento	Ctrl+Shift+End
Estender uma seleção até o final de uma janela	Alt+Ctrl+Shift+Page Down
Estender uma seleção para incluir todo o documento	Ctrl+T
Selecionar um bloco vertical de texto	Ctrl+Shift+F8 e, em seguida, utilize as teclas de direção; pressione Esc para cancelar o modo de seleção
Estender uma seleção até um local específico em um documento	F8+Setas de direção; pressione Esc para cancelar a seleção

Selecionar textos e elementos gráficos em uma tabela

Para	**Pressione**
Selecionar o conteúdo da próxima célula	Tab
Selecionar o conteúdo da célula anterior	Shift+Tab
Estender a seleção para células adjacentes	Mantenha a tecla Shift pressionada e pressione repetidamente uma seta de direção
Selecionar uma coluna	Use as teclas de direção para mover a parte superior da coluna ou a célula inferior e faça o seguinte: ▪ Pressione Shift+Alt+Page Down para selecionar a coluna da parte superior para a inferior ▪ Pressione Shift+Alt+Page Up para selecionar a coluna da parte inferior para a superior
Estender uma seleção (ou um bloco)	Ctrl+Shift+F8 e, em seguida, utilize as teclas de direção; pressione Esc para cancelar o modo de seleção
Selecionar toda a tabela	Alt+5 no teclado numérico (com Num Lock desativado)

Mover-se pelo documento

Para mover	**Pressione**
Um caractere para a esquerda	Seta para a esquerda
Um caractere para a direita	Seta para a direita
Uma palavra para a esquerda	Ctrl+Seta para a direita
Uma palavra para a direita	Ctrl+Seta para a direita
Um parágrafo para cima	Ctrl+Seta para cima
Um parágrafo para baixo	Ctrl+Seta para baixo

Para mover	Pressione
Uma célula para a esquerda (em uma tabela)	Shift+Tab
Uma célula para a direita (em uma tabela)	Tab
Uma linha para cima	Seta para cima
Uma linha para baixo	Seta para baixo
Para o final de uma linha	End
Para o início de uma linha	Home
Para o início da janela	Alt+Ctrl+Page Up
Para o final da janela	Alt+Ctrl+Page Down
Uma tela para cima (rolando)	Page Up
Uma tela para baixo (rolando)	Page Down
Para o início da próxima página	Ctrl+Page Down
Para o início da página anterior	Ctrl+Page Up
Para o final de um documento	Ctrl+End
Para o início de um documento	Ctrl+Home
Para uma revisão anterior	Shift+F5
Depois de abrir um documento, para o local onde estava trabalhando quando o documento foi fechado	Shift+F5

Mover-se por uma tabela

Para mover	Pressione
Para a próxima célula em uma linha	Tab
Para a célula anterior em uma linha	Shift+Tab
Para a primeira célula de uma linha	Alt+Home
Para a última célula de uma linha	Alt+End
Para a primeira célula de uma coluna	Alt+Page Up
Para a última célula de uma coluna	Alt+Page Down
Para a linha anterior	Seta para cima
Para a próxima linha	Seta para baixo

Inserir caracteres e mover texto em tabelas

Para	Pressione
Inserir novos parágrafos em uma célula	Enter
Inserir caracteres de tabulação em uma célula	Ctrl+Tab
Mover o texto uma linha para cima	Alt+Shift+Seta para cima
Mover o texto uma linha para baixo	Alt+Shift+Seta para baixo

Aplicar formatação de caractere e parágrafo

Copiar formatação

Para	Pressione
Copiar formatação do texto	Ctrl+Shift+C
Aplicar formatação copiada ao texto	Ctrl+Shift+V

Alterar ou redimensionar a fonte

DICA Os atalhos de teclado a seguir não funcionam no Modo de Leitura.

Para	Pressione
Abrir a caixa de diálogo Fonte para alterar a fonte	Ctrl+D
Aumentar o tamanho da fonte	Ctrl+Shift+>
Reduzir o tamanho da fonte	Ctrl+Shift+<
Aumentar em 1 ponto o tamanho da fonte	Ctrl+]
Reduzir em 1 ponto o tamanho da fonte	Ctrl+[

Aplicar formatos de caractere

Para	Pressione
Abrir a caixa de diálogo Fonte para alterar a formatação dos caracteres	Ctrl+D
Alterar as letras entre maiúsculas e minúsculas	Shift+F3
Formatar todas as letras como maiúsculas	Ctrl+Shift+A
Aplicar negrito	Ctrl+N
Aplicar sublinhado	Ctrl+S
Sublinhar palavras, mas não espaços	Ctrl+Shift+W
Aplicar sublinhado duplo ao texto	Ctrl+Shift+D
Aplicar formatação de texto oculta	Ctrl+Shift+H
Aplicar itálico	Ctrl+I
Formatar letras como versaletes	Ctrl+Shift+K
Formatar como subscrito (espaçamento automático)	Ctrl+Sinal de igual
Formatar como sobrescrito (espaçamento automático).	Ctrl+Shift+Sinal de adição
Remover a formatação manual de caracteres	Ctrl+Barra de espaços
Alterar a seleção para fonte Symbol	Ctrl+Shift+Q

Exibir e copiar formatos de texto

Para	Pressione
Exibir caracteres não imprimíveis	Ctrl+Shift+8
Revisar a formatação de texto	Shift+F1 (e, em seguida, clique no texto com a formatação que você deseja revisar)
Copiar formatação	Ctrl+Shift+C
Colar formatação	Ctrl+Shift+V

Definir o espaçamento entre linhas

Para	Pressione
Aplicar espaçamento simples	Ctrl+1
Aplicar espaçamento duplo	Ctrl+2
Aplicar espaçamento de 1,5	Ctrl+5
Adicionar ou remover espaçamento de uma linha antes de um parágrafo	Ctrl+0 (zero)

Alinhar parágrafos

Para	Pressione
Alternar um parágrafo entre alinhamento centralizado e à esquerda	Ctrl+E
Alternar um parágrafo entre alinhamento justificado e à esquerda	Ctrl+J
Alternar um parágrafo entre alinhamento à direita e à esquerda	Ctrl+G
Alinhar o parágrafo à esquerda	Ctrl+Q
Recuar o parágrafo a partir da esquerda	Ctrl+M
Remover o recuo do parágrafo a partir da esquerda	Ctrl+Shift+M
Criar um recuo deslocado	Ctrl+H
Reduzir um recuo deslocado	Ctrl+Shift+H
Remover a formatação de parágrafo	Ctrl+F

Aplicar estilos de parágrafo

Para	Pressione
Abril o painel Aplicar Estilos	Ctrl+Shift+U
Abril o painel Estilos	Alt+Ctrl+Shift+S
Iniciar a formatação automática	Alt+Ctrl+K
Aplicar o estilo Normal	Ctrl+Shift+Y
Aplicar o estilo Título 1	Ctrl+Shift+1

Para	Pressione
Aplicar o estilo Título 2	Ctrl+Shift+2
Aplicar o estilo Título 3	Ctrl+Shift+3
Fechar o painel Estilos	Ctrl+Barra de espaços, teclas de direção para selecionar Fechar e pressione Enter

Mala direta e campos

Realizar uma mala direta

Para	Pressione
Visualizar a mala direta	Alt+Shift+K
Mesclar um documento	Alt+Shift+N
Imprimir o documento mesclado	Alt+Shift+M
Editar um documento com dados de mala direta	Alt+Shift+E
Inserir um campo de mesclagem	Alt+Shift+F

Campos

Para	Pressione
Inserir um campo Date	Alt+Shift+D
Inserir um campo LIstNum	Alt+Ctrl+L
Inserir um campo Page	Alt+Shift+P
Inserir um campo Time	Alt+Shift+T
Inserir um campo vazio	Ctrl+F9
Atualizar informações vinculadas em um documento de origem do Word	Ctrl+Shift+F7
Atualizar campos selecionados	F9
Desvincular um campo	Ctrl+Shift+F9
Alternar entre o código de campo selecionado e seu resultado	Shift+F9
Alternar entre todos os códigos de campo e seus resultados	Alt+F9
Executar GoToButton ou MacroButton no campo que exibe os resultados dos campos	Alt+Shift+F9
Ir para o próximo campo	F11
Ir para o campo anterior	Shift+F11
Bloquear um campo	Ctrl+F11
Desbloquear um campo	Ctrl+Shift+F11

Barra de idiomas

Para	Pressione
Alternar entre idiomas ou layouts do teclado	Alt esquerdo+Shift
Exibir a lista de alternativas de correção	Tecla do logotipo do Windows+C
Ativar ou desativar o manuscrito	Tecla do logotipo do Windows+H
Ativar ou desativar o IME (editor de método de entrada) japonês no teclado 101	Alt+~
Ativar ou desativar o IME coreano no teclado 101	Alt direita
Ativar ou desativar o IME chinês no teclado 101	Ctrl+Barra de espaços

DICA A tecla do logotipo do Windows está disponível na fileira de teclas inferior na maioria dos teclados.

Realizar tarefas com as teclas de função

Teclas de função

Para	Pressione
Obter Ajuda ou visitar o Office.com	F1
Mover textos ou elementos gráficos	F2
Repetir a última ação	F4
Escolher o comando Ir para (guia Página Inicial)	F5
Ir para o próximo painel ou quadro	F6
Escolher o comando Ortografia (guia Revisão)	F7
Estender uma seleção	F8
Atualizar campos selecionados	F9
Mostrar Dicas de Tela	F10
Ir para o próximo campo	F11
Escolher o comando Salvar como	F12

Shift+Tecla de função

Para	Pressione
Iniciar a ajuda contextual ou revelar a formatação	Shift+F1
Copiar texto	Shift+F2
Alterar as letras entre maiúsculas e minúsculas	Shift+F3

Repetir a ação Localizar ou Ir para	Shift+F4
Ir para a última alteração	Shift+F5
Ir para o painel ou estrutura anterior (após pressionar F6)	Shift+F6
Escolher o comando Dicionário de Sinônimos (guia Revisão, grupo Revisão de Texto)	Shift+F7
Reduzir o tamanho de uma seleção	Shift+F8
Alternar entre um código de campo e seu resultado	Shift+F9
Exibir um menu de atalho	Shift+F10
Ir para o campo anterior	Shift+F11
Escolher o comando Salvar	Shift+F12

Ctrl+Tecla de função

Para	Pressione
Expandir ou recolher a Faixa de Opções	Ctrl+F1
Escolher o comando Visualização de impressão	Ctrl+F2
Fechar a janela	Ctrl+F4
Ir para a próxima janela	Ctrl+F6
Inserir um campo vazio	Ctrl+F9
Maximizar ou minimizar a janela do documento	Ctrl+F10
Bloquear um campo	Ctrl+F11
Escolher o comando Abrir	Ctrl+F12

Ctrl+Shift+Tecla de função

Para	Pressione
Inserir o conteúdo do AutoTexto Especial	Ctrl+Shift+F3
Editar um indicador	Ctrl+Shift+F5
Ir para a janela anterior	Ctrl+Shift+F6
Atualizar informações vinculadas em um documento de origem do Word	Ctrl+Shift+F7
Estender uma seleção ou um bloco	Ctrl+Shift+F8; e, em seguida, pressione uma tecla de direção
Desvincular um campo	Ctrl+Shift+F9
Desbloquear um campo	Ctrl+Shift+F11
Escolher o comando Imprimir	Ctrl+Shift+F12

Alt+Tecla de função

Para	Pressione
Ir para o próximo campo	Alt+F1
Criar um novo bloco de construção	Alt+F3
Sair do Word 2013	Alt+F4
Restaurar o tamanho da janela do programa	Alt+F5
Sair de uma caixa de diálogo aberta e voltar para o documento, no caso de caixas de diálogo com suporte a esse comportamento	Alt+F6
Localizar o próximo erro ortográfico ou gramatical	Alt+F7
Executar uma macro	Alt+F8
Alternar entre todos os códigos de campo e seus resultados	Alt+F9
Exibir o painel Seleção e Visibilidade	Alt+F10
Exibir código do Microsoft Visual Basic	Alt+F11

Alt+Shift+Tecla de função

Para	Pressione
Ir para o campo anterior	Alt+Shift+F1
Escolher o comando Salvar	Alt+Shift+F2
Exibir o painel Pesquisa	Alt+Shift+F7
Executar GoToButton ou MacroButton no campo que exibe os resultados dos campos	Alt+Shift+F9
Exibir um menu ou uma mensagem referente a uma ação disponível	Shift+F10
Selecionar o botão Sumário quando o Sumário estiver ativo	Alt+Shift+F12

Ctrl+Alt+Tecla de função

Para	Pressione
Exibir informações do sistema Microsoft	Ctrl+Alt+F1
Escolher o comando Abrir	Ctrl+Alt+F2

Atalhos de teclado do Office 2013

Esta seção fornece uma lista abrangente de atalhos de teclado disponíveis em todos os programas do Office 2013, incluindo o Word.

Exibir e utilizar janelas

Para	**Pressione**
Alternar para a próxima janela	Alt+Tab
Alternar para a janela anterior	Alt+Shift+Tab
Fechar a janela ativa	Ctrl+W ou Ctrl+F4
Restaurar o tamanho da janela ativa após maximizá-la	Alt+F5
Mover para um painel de tarefas a partir de outro painel na janela do programa (direção no sentido horário ou anti-horário, respectivamente) Se ao pressionar F6 o painel desejado não for exibido, pressione Alt para focar na Faixa de Opções e depois pressione Ctrl+Tab para chegar ao painel desejado	F6 ou Shift+F6
Alternar para a próxima janela aberta, se houver	Ctrl+F6
Alternar para a janela anterior	Ctrl+Shift+F6
Maximizar ou restaurar a janela selecionada	Ctrl+F10
Copiar uma imagem da tela para a Área de transferência	Print Screen
Copiar uma imagem da janela selecionada para a Área de transferência	Alt+Print Screen

Utilizar caixas de diálogo

Para	**Pressione**
Ir para a próxima opção ou grupo de opções	Tab
Ir para a opção ou grupo de opções anteriores	Shift+Tab
Alternar para a próxima guia em uma caixa de diálogo	Ctrl+Tab
Alternar para a guia anterior em uma caixa de diálogo	Ctrl+Shift+Tab
Alternar entre as opções da lista suspensa aberta ou entre as opções de um grupo de opções	Teclas de direção
Realizar a ação designada ao botão selecionado; marcar ou desmarcar a caixa de seleção selecionada	Barra de espaços
Selecionar uma opção; marcar ou desmarcar uma caixa de seleção	Alt+*letra sublinhada da opção*
Abrir uma lista suspensa selecionada	Alt+Seta para baixo

Selecionar uma opção da lista suspensa	Primeira letra da opção da lista
Fechar a lista suspensa selecionada; cancelar um comando e fechar a caixa de diálogo	Esc
Executar o comando selecionado	Enter

Utilizar caixas de edição dentro de caixas de diálogo

Uma caixa de edição é uma caixa em branco na qual você digita ou cola uma entrada.

Para	Pressione
Ir para o início da entrada	Home
Ir para o final da entrada	End
Mover um caractere para esquerda ou direita	Seta para a esquerda ou Seta para a direita
Mover uma palavra para a esquerda	Ctrl+Seta para a esquerda
Mover uma palavra para a direita	Ctrl+Seta para a direita
Marcar ou desmarcar um caractere à esquerda	Shift+Seta para a esquerda
Marcar ou desmarcar um caractere à direita	Shift+Seta para a direita
Marcar ou desmarcar uma palavra à esquerda	Ctrl+Shift+Seta para a esquerda
Marcar ou desmarcar uma palavra à direita	Ctrl+Shift+Seta para a direita
Selecionar do ponto de inserção ao início da entrada	Shift+Home
Selecionar do ponto de inserção ao final da entrada	Shift+End

Utilizar as caixas de diálogo Abrir e Salvar como

Para	Pressione
Abrir a caixa de diálogo Abrir ou a página Abrir do modo de exibição Backstage, respectivamente	Ctrl+F12 ou Ctrl+A
Abrir a caixa de diálogo Salvar como	F12
Abrir a pasta ou o arquivo selecionado	Enter
Abrir a pasta um nível acima da pasta selecionada	Backspace
Excluir a pasta ou o arquivo selecionado	Delete
Exibir um menu de atalho para um item selecionado, como uma pasta ou um arquivo	Shift+F10
Avançar pelas opções	Tab
Retroceder pelas opções	Shift+Tab
Abrir a lista Examinar	F4 or Alt+E
Atualizar a lista de arquivos	F5

Utilizar o modo de exibição Backstage

Para	Pressione
Exibir a página Abrir no modo de exibição Backstage	Ctrl+A
Exibir a página Salvar como no modo de exibição Backstage (quando o arquivo for salvo pela primeira vez)	Ctrl+B
Continuar a salvar um arquivo do Office (após especificar o nome e o local do arquivo)	Ctrl+B
Exibir a página Salvar como no modo de exibição Backstage (depois de salvar o arquivo uma vez)	Alt+A+R
Fechar o modo de exibição Backstage	Esc

DICA Você pode utilizar as caixas de diálogo e não as páginas do modo de exibição Backstage selecionando a caixa de seleção Não mostrar o Backstage ao abrir ou salvar arquivos na página Salvar da caixa de diálogo Opções do Word. Configure essa opção em qualquer programa do Office para habilitá-la em todos os programas do Office.

Navegar na Faixa de Opções

1 Pressione Alt para exibir as Dicas de Tela sobre cada recurso no modo de exibição atual.

2 Pressione a letra mostrada na Dica de Tecla sobre o recurso que você deseja usar.

DICA Para cancelar a ação e ocultar as Dicas de Teclas, pressione Alt.

Alterar o foco do teclado sem usar o mouse

Para	Pressione
Selecionar a guia ativa da Faixa de Opções e ativar as teclas de acesso.	Alt ou F10. Pressione uma dessas teclas novamente para voltar ao documento e cancelar as teclas de acesso
Ir para outra guia da Faixa de Opções	F10 para selecionar a guia ativa e, em seguida, Seta para a esquerda ou Seta para a direita
Expandir ou recolher a Faixa de Opções	Ctrl+F1
Exibir o menu de atalho do item selecionado	Shift+F10
Mover o foco para selecionar cada uma das seguintes áreas da janela: ■ Guia ativa da Faixa de Opções ■ Qualquer painel aberto ■ Barra de status na parte inferior da janela ■ Seu documento	F6

Para	Pressione
Mover o foco de cada comando na Faixa de Opções, para a frente ou para trás, respectivamente	Tab ou Shift+Tab
Mover entre os itens na Faixa de Opções	Teclas de direção
Ativar o comando ou o controle selecionado na Faixa de Opções	Barra de espaços ou Enter
Exibir o menu ou a galeria selecionada na Faixa de Opções	Barra de espaços ou Enter
Ativar um comando ou controle na Faixa de Opções de forma que você possa modificar um valor	Enter
Concluir a modificação de um valor em um controle na Faixa de Opções e mover o foco novamente para o documento	Enter
Obter ajuda sobre o comando ou controle selecionado na Faixa de Opções	F1

Desfazer e refazer ações

Para	Pressione
Cancelar uma ação	Esc
Desfazer uma ação	Ctrl+Z
Refazer ou repetir uma ação	Ctrl+R

Alterar ou redimensionar a fonte

DICA O cursor deve estar dentro da caixa de texto quando você for usar estes atalhos.

Para	Pressione
Alterar a fonte	Ctrl+D
Alterar o tamanho da fonte	Ctrl+Shift+P
Aumentar o tamanho da fonte do texto selecionado	Ctrl+Shift+>
Reduzir o tamanho da fonte do texto selecionado	Ctrl+Shift+<
Alterar a fonte	Ctrl+D

Mover-se pelo texto ou por células

Para	Pressione
Mover um caractere para a esquerda	Seta para a esquerda
Mover um caractere para a direita	Seta para a direita

Para	Pressione
Mover uma linha para cima	Seta para cima
Mover uma linha para baixo	Seta para baixo
Mover uma palavra para a esquerda	Ctrl+Seta para a esquerda
Mover uma palavra para a direita	Ctrl+Seta para a direita
Ir para o final de uma linha	End
Ir para o início de uma linha	Home
Mover um parágrafo para cima	Ctrl+Seta para cima
Mover um parágrafo para baixo	Ctrl+Seta para baixo
Ir para o final do texto	Ctrl+End
Ir para o começo do texto	Ctrl+Home
Repetir o último Localizar	Shift+F4

Mover-se por e trabalhar em tabelas

Para	Pressione
Ir para a próxima célula	Tab
Ir para a célula anterior	Shift+Tab
Ir para a próxima linha	Seta para baixo
Ir para a linha anterior	Seta para cima
Inserir uma tabulação em uma célula	Ctrl+Tab
Iniciar um novo parágrafo	Enter
Adicionar uma linha à parte inferior da tabela	Pressionar Tab ao final da última linha

Acessar e utilizar painéis e galerias

Para	Pressione
Mover para um painel de tarefas a partir de outro painel na janela do programa	F6
Quando o menu está ativo, ir para um painel	Ctrl+Tab
Quando um painel está ativo, selecionar a próxima opção ou a anterior do painel	Tab ou Shift+Tab
Exibir todos os comandos do menu do painel	Ctrl+Barra de espaços
Realizar a ação atribuída ao botão selecionado	Barra de espaços ou Enter
Abrir um menu suspenso para o item da galeria selecionada	Shift+F10
Selecionar o primeiro ou o último item de uma galeria	Home ou End

Para	Pressione
Rolar para cima ou para baixo na lista da galeria selecionada	Page Up ou Page Down
Fechar um painel	Ctrl+Barra de espaços, teclas de direção para selecionar Fechar e pressione Enter
Abrir a Área de Transferência	Alt,C, HE

Acessar e utilizar as ações disponíveis

Para	Pressione
Exibir o menu de atalho do item selecionado	Shift+F10
Exibir o menu de Opções de AutoCorreção ou de Opções de Colagem, respectivamente	Shift+F10
Mover-se entre as opções de um menu de ações disponíveis	Teclas de direção
Realizar a ação correspondente ao item selecionado em um menu de ações disponíveis	Enter
Fechar o menu ou a mensagem de ações disponíveis	Esc

Localizar e substituir

Para	Pressione
Abrir o painel Localizar	Ctrl+L
Abrir a caixa de diálogo Substituir	Ctrl+U
Repetir o último Localizar	Shift+F4

Utilizar a janela de Ajuda

Para	Pressione
Abrir a janela de Ajuda	F1
Fechar a janela de Ajuda	Alt+F4
Alternar entre a janela da Ajuda e o programa ativo	Alt+Tab
Retornar para o sumário do Ajuda	Alt+Home
Selecionar o próximo item da janela da Ajuda	Tab
Selecionar o item anterior da janela da Ajuda	Shift+Tab
Realizar a ação do botão selecionado	Enter
Selecionar o texto oculto ou o hiperlink, incluindo Mostrar Tudo e Ocultar Tudo na parte superior do tópico Ajuda	Tab

Para	Pressione
Selecionar o texto oculto ou hiperlink anterior	Shift+Tab
Realizar a ação do Mostrar Tudo, Ocultar Tudo, texto oculto ou hiperlink selecionado	Enter
Voltar para o tópico anterior da Ajuda (botão Voltar)	Alt+Seta para a esquerda ou Backspace
Ir para o próximo tópico da Ajuda (botão Avançar)	Alt+Seta para a direita
Rolar de pouco em pouco para cima ou para baixo, respectivamente, pelo tópico Ajuda atualmente exibido	Seta para cima, Seta para baixo
Rolar bastante para cima ou para baixo, respectivamente, pelo tópico Ajuda atualmente exibido	Page Up, Page Down
Exibir um menu de comandos para a janela da Ajuda. Isso exige que a janela da Ajuda tenha o foco ativado (clique na janela Ajuda)	Shift+F10
Interromper a última ação (botão Parar)	Esc
Imprimir o tópico Ajuda atual Se o cursor não estiver no tópico Ajuda atual, pressione F6 e, em seguida, Ctrl+P	Ctrl+P
No modo de exibição de árvore do sumário, selecionar o próximo item e o anterior, respectivamente	Seta para cima, Seta para baixo
No modo de exibição de árvore, expandir ou recolher os itens selecionados, respectivamente	Seta para a esquerda, Seta para a direita

Como criar atalhos de teclado personalizados

Se um comando que você utiliza frequentemente não está disponível em um atalho de teclado, ou se não gosta do atalho associado a esse comando, você pode criar um novo em um documento específico ou em um modelo. Você também pode modificar os atalhos de teclado incluídos.

Para gerenciar os atalhos de teclado:

1 Exiba a guia **Personalizar Faixa de Opções** da caixa de diálogo **Opções do Word**.

2 Abaixo do painel **Escolher comandos em**, à direita de **Atalhos de teclado**, clique no botão **Personalizar**.

3 Na caixa de diálogo **Personalizar teclado**, selecione a categoria que contém o comando para o qual você deseja criar um atalho de teclado e selecione o comando. A caixa Teclas Atuais exibe todos os atalhos já atribuídos ao comando.

4 Clique para posicionar o cursor na caixa **Pressione a nova tecla de atalho** e pressione a combinação de teclas que você deseja utilizar como atalho de teclado para o comando selecionado.

Na área abaixo da caixa Teclas Atuais, o Word avisa se o atalho está atribuído a outro comando ou não.

5 Para deletar um atalho de teclado existente e disponibilizar o seu, selecione o atalho na caixa **Teclas Atuais** e clique no botão **Remover**.

6 Para atribuir um atalho de teclado disponível a um comando selecionado, faça o seguinte:

- Para salvar o atalho de teclado em todos os documentos baseados no modelo atual, verifique se o nome do modelo na lista **Salvar alterações em** está selecionado e clique em **Atribuir**.
- Para salvar o atalho de teclado somente no documento atual, clique no nome do documento na lista **Salvar alterações em** e clique em **Atribuir**.

7 Para deletar todos os atalhos de teclado personalizados, clique em **Redefinir tudo.**

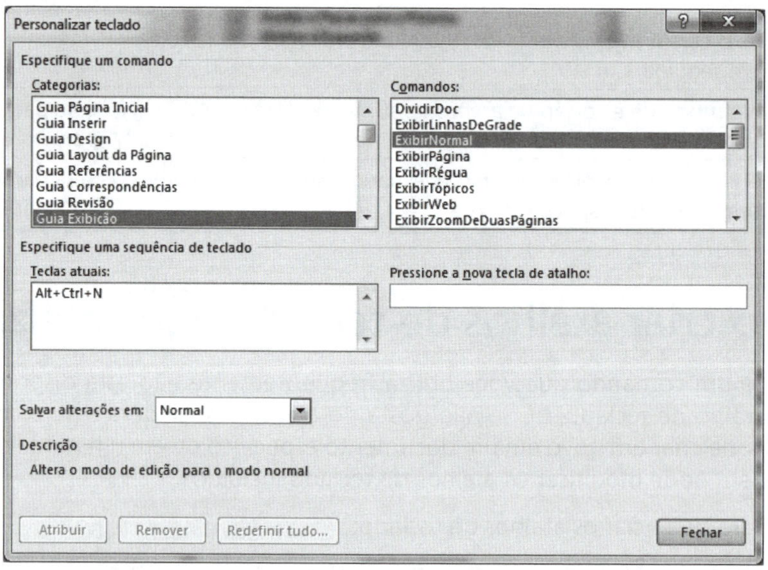

As guias da Faixa de Opções estão listadas no painel Categorias à esquerda e os comandos da categoria selecionada estão listados no painel Comandos à direita.

8 Feche a caixa de diálogo **Personalizar teclado** da caixa de diálogo **Opções do Word**.

Índice

Números

A

D

E

F

G

H

I

J

L

N

O

P